贵州省交通建设系列科技专著

贵州特殊土填方路基设计与施工

贵州省交通运输厅 组织编写
吴立坚 卞晓琳 马显红 编 著

人民交通出版社股份有限公司
China Communications Press Co.,Ltd.

内 容 提 要

本书为“贵州省交通建设系列科技专著”中的一本。全书结合贵州公路路基特点和特殊土分布范围，重点对红黏土与高液限土路基、煤矸石路基、风化板岩路基和高填方路基等进行了阐述。

针对不同类型的特殊土，本书主要论述了各类特殊土的物理力学与路用特性、路基沉降变形规律、典型路基结构、适用条件、压实标准、施工工艺、边坡防护和路堑换填等内容。结合红黏土与高液限土路基挖方边坡极易坍塌的特点，本书对其病害特征与成因机理、稳定分析方法、适用防护措施等进行了论述。高填方路基是贵州公路路基的一大特色，其比例之高、密度之大在国内恐无出其右。本书重点论述了高填方路基的主要病害与成因机理、稳定性分析方法、地基处理、路基沉降变形特征、施工工艺、边坡防护与防排水、稳定与沉降变形监测等内容。

本书适合于国内公路行业的科研、设计、施工与管理人员使用，也可作为其他土木行业从业人员的参考用书。

图书在版编目(CIP)数据

贵州特殊土填方路基设计与施工 / 吴立坚，卞晓琳，马显红编著 ; 贵州省交通运输厅组织编写. — 北京：人民交通出版社股份有限公司，2015. 11

(贵州省交通建设系列科技专著)

ISBN 978-7-114-12589-8

Ⅰ. ①贵… Ⅱ. ①吴… ②卞… ③马… ④贵… Ⅲ. ①公路路基—设计—贵州省 ②公路路基—道路施工—贵州省 Ⅳ. ①U416.1

中国版本图书馆 CIP 数据核字(2015)第 257598 号

贵州省交通建设系列科技专著

书　　名： 贵州特殊土填方路基设计与施工

著 作 者： 吴立坚　卞晓琳　马显红

责任编辑： 周　宇　韩　帅

出版发行： 人民交通出版社股份有限公司

地　　址： (100011)北京市朝阳区安定门外外馆斜街 3 号

网　　址： http://www.ccpress.com.cn

销售电话： (010)59757973

总 经 销： 人民交通出版社股份有限公司发行部

经　　销： 各地新华书店

印　　刷： 北京市密东印刷有限公司

开　　本： 787×1092　1/16

印　　张： 24.25

字　　数： 560 千

版　　次： 2015 年 11 月　第 1 版

印　　次： 2015 年 11 月　第 1 次印刷

书　　号： ISBN 978-7-114-12589-8

定　　价： 100.00 元

贵州省交通建设系列科技专著

编审委员会

总 序

Perface

古往今来，独特的地形地貌赋予贵州重峦叠嶂山高谷深的隽秀之美，但山阻水隔也桎梏着贵州经济社会发展的步伐。打破交通运输瓶颈，建设内捷外畅的现代综合交通运输体系，与全国同步迈向小康，一直是贵州人的夙愿。

改革开放特别是进入"十二五"以来，党中央、国务院及交通运输部等国家部委高度重视贵州经济社会发展。2012 年年初，国务院出台支持贵州发展的国发 2 号文件，将贵州省经济社会发展的战略规划上升到国家层面。贵州省委、省政府立足当前、着眼长远，提出坚持把交通作为优先发展的重大战略，举全省之力加快交通基础设施建设。2012 年以来，贵州省先后启动了高速公路建设、水运建设三年会战，普通国省干线公路建设攻坚，"四在农家·美丽乡村"小康路行动计划，"多彩贵州·最美高速"和"多彩贵州·平安高速"创建等一系列行动，志在"十二五"末，通过交通大建设一举打破大山的束缚，畅通经济发展的交通网络。

广大交通建设者紧紧抓住发展的历史机遇，凝心聚智，在广袤的黔山秀水之间，用光阴和汗水构筑贵州面向未来的交通新格局。"十二五"期间，全省交通基础设施建设将完成投资4 500亿元，新建成高速公路 3 600 公里，高速公路通车总里程将突破 5 100 公里，全省 88 个县(市、区)将全部通高速公路。乌江、赤水河建成四级航道 700 公里，改写了贵州无高等级航道的历史。建成构皮滩水电站翻坝枢纽工程，实现乌江航道全线通航。曾经的黔道天堑正变成康庄大道，一张以高速公路为骨架、国省干线公路为支撑、县乡公路为脉络、小康路为基础的四级公路路网正在形成，"扬帆赴江海"指日可待。

围绕贵州交通发展中出现的科技需求，贵州省交通运输厅组织开展了一批省部级重大科研项目攻关，重点突破一批关键、共性技术难题，在支撑工程建设、引领行业创新发展方面成效显著。在山区复杂条件下大型桥梁建设技术方面，形成了千米级悬索桥、高墩大跨刚构桥和钢管混凝土拱桥等设计施工成套技术，有力支撑了坝陵河大桥、清水河大桥、鸭池河大桥、赫章大桥、木蓬大桥等一批世界级桥梁建设工程，实现了我省桥梁建设技术的大跨越；针对西部山区复杂地质地形条件，从勘察设计、建设施工、养护管理和生态环保等方面系统开展基础研究和技术开发，形成一批山区高速公路修筑技术，其成果居国内先进水平，有力支撑了复杂山区环境下高速公路项目建设；在山区航道整治、船型标准、通航枢纽建设等方面取得的创新性成果，促进了贵州航运工程的发展；完成了“贵州乌蒙山区毕都高速公路安全保障科技示范工程”等交通运输部科技示范项目，有力推动了交通科技成果推广应用；以“互联网＋便捷交通”推进智慧交通建设，率先开展智能交通云的建设和应用。交通运输科技成果连续3年获得贵州省科技进步和成果推广一等奖。

为展现在公路、水路和交通安全、信息化建设等方面取得的技术成就，促进技术交流，加大推广应用，贵州省交通运输厅组织编写了“贵州省交通建设系列科技专著”。这套科技专著的出版，对传承科技创新文化，提升交通科技水平，深入实施科技兴省战略，促进贵州经济社会快速发展，意义重大、影响深远。

交通成就千秋梦，东西南北贯黔中。编撰这套系列科技专著，付出的是艰辛、凝结的是智慧、反映的是成绩，折射了交通改变地理劣势、奋斗推动跨越的创新精神，存史价值较高，是一笔当代贵州的可贵财富。

2015年10月

前 言

Foreword

贵州地处我国西南山区，“地无三尺平，天无三日晴”是贵州自然环境的真实写照。大山的阻隔导致贵州公路建设相对滞后，交通不便一直制约着贵州经济与社会的发展。近年来，贵州公路建设得到了迅猛发展，但公路建设中遇到了大量的红黏土、高液限土、煤矸石、风化板岩等各类特殊土，高填方路基也是贵州公路建设中常见的路基结构，如何利用这些特殊土，以节约工程投资、减少弃方占地、防止工程病害，是贵州公路建设需要解决的技术难题。

为了解决这类问题，贵州交通行业相关部门对这些特殊土路基进行了大量的研究，在设计与施工技术方面取得了丰富的研究成果，并成功应用于工程实践，甚至有些成果还形成了贵州省的地方标准，取得了巨大的经济与社会效益，有力地促进了贵州公路建设的快速发展。为了充分总结贵州在特殊土路基领域的设计与施工技术，更好地服务于贵州和国内其他地区的公路建设，编写了《贵州特殊土填方路基设计与施工》这本专著。

本书以贵州公路行业的相关研究成果与工程经验为基础，充分吸纳了国内其他省份和行业的相关研究成果，力求使本书的内容能较好地反映我国相关特殊土路基的最新成果，同时对贵州乃至全国其他类似地区的公路建设具有较好的参考作用。

本书针对贵州公路特殊土的分布范围、路基设计与施工领域的技术难点和工程需求，考虑国内外在相关领域的技术成熟度，以红黏土与高液限土路基、煤矸石路基、风化板岩路基和高填方路基等内容为重点，分 5 章论述，第 1 章概括性地介绍了贵州特殊土与特殊土路基基本情况、问题及路基要求；第 2 章介绍了红黏土与高液限土的工程特性，红黏土与高液限土路基稳定性评价、沉降计算、适用条件、结构形式、施工技术、压实标准及质量控制、防护及病害治理、典型工程案例；第 3 章介绍了煤矸石的工程特性，煤矸石路基的沉降变形规律、路基结构形式、施工技术、压实标准及质量控制、防护技术；第 4 章介绍了风化板岩的工程特性，风化板岩路基的适用范围、施工工艺、压实标准及质量控制、沉降变形规律等。第 5 章介绍了高填方路基的主要病害、稳定性分析、沉降变形规律及施工工艺。

本书由交通运输部公路科学研究院吴立坚组织撰写，其中第 1 章由马显红执笔，第 2 章、

第3章、第5章由吴立坚、卞晓琳、陈南执笔，第4章由吴万平执笔，全书由吴立坚负责统稿。

本书在编写过程中得到了贵州省交通运输厅、贵州高速公路集团有限公司、中交第二公路勘察设计研究院有限公司的关心与支持，贵州桥梁建设集团有限责任公司、贵州省公路工程集团有限公司、贵州路桥集团有限公司、贵州省交通规划勘察设计研究院股份有限公司和其他一些单位对本专著也提供了大量帮助，在此一并表示感谢！

由于著者水平和经验有限，书中难免有错误和不当之处，恳请同行专家与读者批评指正。

作　者

2015年8月

目　录

Contents

第1章 绪　论

1.1 贵州省地形地貌与地质概况

贵州省简称"黔"或"贵",位于中国西南的东南部,东毗湖南,南邻广西,西连云南,北接四川和重庆市。贵州省国土面积 176 128km^2,全省总人口 3 798.51 万人。

1.1.1 地形地貌

1)地形

贵州地貌属于中国西南部高原山地,境内地势西高东低,自中部向北、东、南三面倾斜,平均海拔在 1 100m 左右。

贵州地势由西向东逐渐降低,形成三级阶梯。第一阶梯分布于普安—织金—毕节一线以西,高度在 1 600m 以上,以中山、高中山和峰丛山地地貌为主,山高谷深,地形起伏强烈,相对高差多在 500m 以上,山体坡度大,多在 30°~50°。第二阶梯分布于安龙—贵定一线以下,高程在 1 000m 以上,以低中山、峰丛山地、峰丛谷地为主,地形起伏较大,相对高差多在 200~500m,山体坡度为 20°~40°。东部高程一般在 800m 以下,多为低山、丘陵,相对高差一般小于 200m,山体坡度一般大于 30°。同时,贵州又处于我国长江水系与珠江水系的分水岭地区,中部高,南、北低,经向形成南北两面斜坡,地形起伏大,最高点威宁韭菜坪海拔 2 901m,最低点在黎平县东部地坪乡水口河出省界处,海拔 148m,全省最大高差 2 753m。二级阶梯的中心部位,地形起伏小,河流切割浅,相对高差小,但在梯级面的转变带,高原边缘以及各大小河流的中下游地区则起伏大,切割深,相对高差大,局部隆起的山地则地势起伏更大,其相对高度可达 700~1 000m。省内山地、丘陵占全省面积的 92.5%,山高坡陡,易引发滑坡、崩塌、泥石流等地质灾害。

2)地貌

贵州高原山地居多,素有"八山一水一分田"之说,是全国唯一没有平原支撑的省份。全省地貌可概括分为:高原、山地、丘陵和盆地 4 种基本类型,其中 92.5%的面积为山地和丘陵。境内山脉众多,重峦叠嶂,绵延纵横,山高谷深,如图 1.1 所示。主要为喀斯特和非喀斯特两大地貌类型,成因上表现为以流水作用为主导的剥蚀-侵蚀地貌系列和以岩溶作用为主导的溶蚀地貌系列。它们形态各异,地貌类型复杂多样。这些山地有的是流水侵蚀而成,有的则是岩溶作用所致。不同成因的丘陵既分布于高原外缘和高原面上,也成片分布于东部地区,呈孤立状、垄岗状或丛聚状。盆地(坝子)形态多样、成因复杂,有断裂形成的断陷盆地,流水侵蚀形成的河谷盆地和岩溶作用形成的溶蚀盆地。这些盆地散布于贵州各地不同高程上,其共同特征是规模不大,面积超过万亩者不到20个,所以没有平原和大型山间盆地是贵州地貌的第二个特征。

图1.1 贵州地貌

1.1.2 气象水文

贵州属亚热带湿润季风气候,四季分明,阴天多,日照少,雨热同期;气温变化小,冬暖夏凉,气候宜人。但因贵州地形复杂,气候也具复杂性和多样性。高原山地和深切河谷地带,气候垂直变化明显,降水多有差异,“一山分四季,十里不同天”。多年降水量平均值在850~1 600mm,由南到北,由东到西逐渐减少。下半年降水强度最大,且强降雨频度大,南部日降水量达50mm的暴雨多在4d以上,日最大降水量极值达336.7mm。气候不稳定、灾害性天气较多,尤以降雨诱发滑坡、崩塌、泥石流地质灾害最为典型。

贵州河流分属长江、珠江两大流域,苗岭为省内一级分水岭。全省河网密布,长度10km或流域面积大于20km^{2}的河流共有984条,占河流总数的91.6%,河网密度平均每100km^{2}河长17.4km。贵州河流多发源于西部高原,水流方向受地势与地质构造条件制约,由二级地势阶梯分别向东、南、北三个方向呈扇形展布。多数河流上游河谷开阔、中游湍急、下游河谷深切,岸坡陡峻,相对高差300~700m。河流山区性特征明显,季节性河流涨幅大,冲刷强烈,易引发滑坡、崩塌、泥石流等地质灾害。

1.1.3 地质状况

贵州地层发育较全,地层岩性组合复杂,自中元古界至第四系均有分布。层序大多连续,主要由沉积岩组成,又以碳酸盐岩地层最为发育,如图1.2所示,其出露面积达93 373.75km^2,占全省面积的53.1%,几乎遍布全省,并与软质岩地层相互产出,沉积类型多样,相变较为复杂。次为火山岩及火山碎屑岩,且大部分变质为绿色岩系,加之长期处于地壳上隆过程中,地壳活动频繁,地质构造复杂,岩土体支离破碎,硬质岩石与软质岩石的不利组合,在地貌上形成陡崖和斜坡,是滑坡、泥石流及崩塌的高发地区。西部地区含煤地层大片分布,易引发滑坡、崩塌、山体开裂、地面沉降、地面塌陷等地质灾害。东南部的变质千枚岩、板岩风化后强度很低,易引发滑坡、泥石流等地质灾害。

图 1.2 贵州岩溶地貌

在山间河谷、盆地及丘陵、缓坡地带，常有红黏土、软土、粉质黏土、粉土、沙土、碎石土、泥炭、淤泥、砂砾石层等软弱堆积层。红黏土、淤泥亲水性强，遇水易软化，常引发地裂缝、滑坡、滑塌和泥石流等地质灾害。省内各种褶皱和断裂构造发育突出，因此破坏了岩体的完整性和稳定性，在褶皱紧密和断裂构造发育的地带，常是地质灾害易发部位。

1.2 贵州省公路特殊土及特殊路基

公路一般位于人口稠密地区，沿着河谷与相对低矮地区展线。根据贵州公路建设遇到的土质，贵州省与公路建设相关的特殊土及特殊路基主要有以下几种类型。

1.2.1 红黏土与高液限土

红黏土与高液限土在定义与成因上有所不同，贵州省内的红黏土也往往是高液限土，有些高液限土也是红黏土。由于其工程特性相近，分布区域也常相互交织，因此公路行业一般将两者放到一起讨论。

这里须指出的是，部分红黏土是高液限土，常称为高液限土红黏土。但高液限土不一定是红黏土，或者说大部分高液限土不是红黏土。

膨胀土是另外一种特殊土，是指含亲水性矿物并具有明显的吸水膨胀与失水收缩特性的高塑性黏土。大部分膨胀土是高液限土，但高液限土不一定是膨胀土，只有少部分高液限土是膨胀土。红黏土、高液限土、膨胀土三者的关系如图 1.3 所示。膨胀土的工程特性与红黏土、高液限土不同，因此本书所讨论的红黏土、高液限土不包括膨胀土。

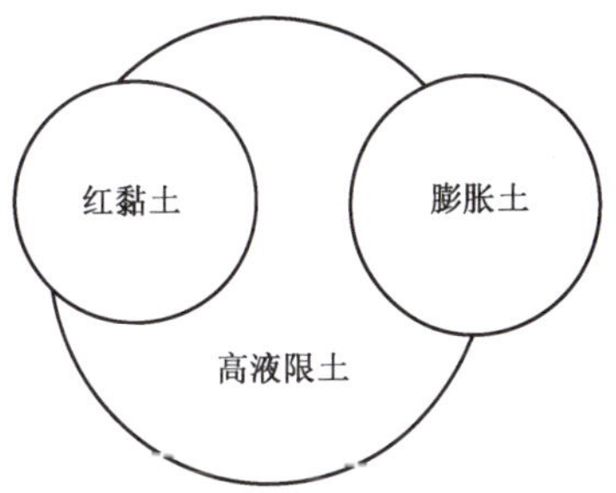

图 1.3 红黏土、高液限土与膨胀土三者的关系

贵州省是我国典型的喀斯特地貌分布区，由碳酸盐岩风化形成的红黏土与高液限土是贵州主要的地基土类，其形成过程主要包括岩溶作用和红土化作用两个阶段。

红黏土与高液限土在贵州各地均有分布，主要位于两个地区：一是黔西高原。该区红黏土以褐红色、棕红色为主，颜色以红色为基调，物质组成及土的结构表现为游离氧化物含量高，游离的 Fe_2O_3 含量为 9.4%～12.5%，游

离 Al_2O_3 的含量为 4.9%～10.2%，Si、Al、Fe 的游离氧化物总量为 18.1%～29.2%，其中 Fe 的游离度为 70.0%～72.2%，在全国各地的红黏土中处于首位。二是黔中高原区。该区以黔中为中心向四面展开，包括黔中地区以及贵州镇宁黄果树瀑布以东、遵义以南、都匀以北的黔中地区，以黄色为基调，多呈黄色、黄褐色，部分剖面的上部为分布不厚的褐红色红黏土层。黔中高原区的红黏土土质细腻，黏性重，天然含水率高，液限及其他界限含水率高。

红黏土与高液限土的主要工程特性是高天然含水率(天然含水率多为 35%～50%，最高可达 70%以上)、高液限(多为 50%～65%，个别超过 100%)、高孔隙比、吸水蓄水能力极强、失水开裂、上硬下软、低压实度、低压缩性和一定条件下较高强度的特点，如图 1.4 所示。压实困难和水稳性差的特点大大影响了高液限土在公路工程中的应用，传统的做法是废弃换填，由此对环境造成了很大影响，也增加了建设成本。另一方面，红黏土与高液限土填方边坡稳定，但挖方边坡极易坍塌，很难处治，一些通车多年的红黏土与高液限土挖方边坡仍不时出现坍塌(图 1.5)，这也成为工程建设中的“顽疾”。

图 1.4　贵州红黏土与高液限土

图 1.5　贵州红黏土边坡坍塌

1.2.2　炭质泥岩类煤矸石

贵州是我国南方煤炭资源最丰富的省区，素以“西南煤海”著称。煤炭资源分布广、储量大、种类全、埋藏浅，煤系地层广泛分布，含煤面积 7 万 km^2，占全省土地面积的 40%以上，除东部少煤、缺煤区外，省内各地多有产出。86 个县(市)中有 74 个产煤。贵州全省可以划分为 8 个煤田和 1 个区，分别为：六盘水煤田、兴义煤田、织纳煤田、黔北煤田、贵阳煤田、黔东北煤田、黔东南煤田、黔西北煤田和黔南区，如图 1.6 所示。其中六盘水、织纳、黔北三大煤田，占全省探明储量的 2/3 以上。全省煤炭探明储量 549 亿 t，比江南 12 省总量还多 100 亿 t。2013 年原煤产量 1.9 亿 t，预计 2015 年原煤产量将达到 2.5 亿 t。

煤系地层是贵州常见的地层，仅晚二叠世含煤地层分布的面积就有 7.1 万 km^2，占贵州总面积的 40%以上。贵州的煤系地层主要为炭质的泥岩、页岩、粉砂岩和砂岩等，岩层交互产出，地层呈现软硬相间的特性。这些炭质岩石具有水理性强、易风化、强度低、变形大，工程性质差的特点，与我国其他省份洗煤、选煤筛拣得到的煤矸石有很大的不同。

煤系地层中的炭质岩石在贵州公路工程应用中习惯称为煤矸石。本书中所指的贵州地区的煤矸石亦即夹在煤系地层中的炭质岩石，岩性以炭质泥岩、炭质页岩等软质岩为主，如图 1.7 和图 1.8 所示。在省内所建的高速公路中几乎每条路都遇到了煤矸石。

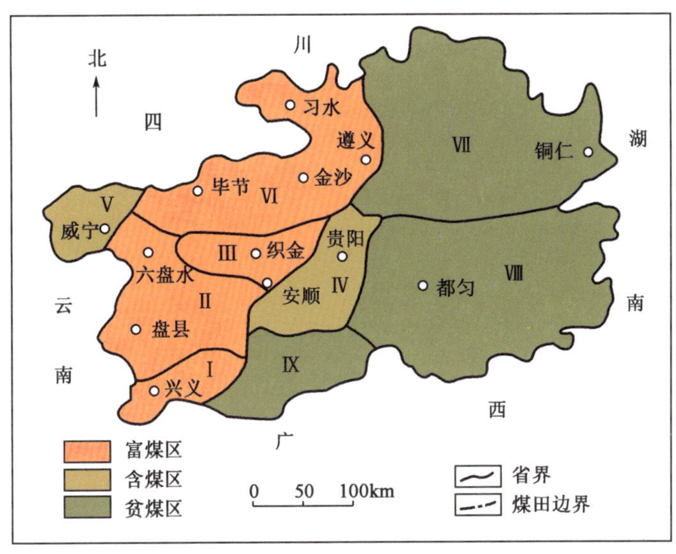

图 1.6 贵州煤田划分及煤炭资源分布图

Ⅰ-兴义煤田；Ⅱ-六盘水煤田；Ⅲ-织纳煤田；Ⅳ-贵阳煤田；Ⅴ-黔西北煤田；Ⅵ-黔北煤田；Ⅶ-黔东北煤田；Ⅷ-黔东南煤田；Ⅸ-黔南区

图 1.7 贵州炭质泥岩

图 1.8 贵州炭质页岩

贵州炭质泥岩类煤矸石具有以下特点：

(1)CBR 强度一般为 8～10，远较其他软岩低，甚至低于一些细粒土。

(2)开挖后极易风化，风吹日晒遇水极易崩解、松散、泥化，性能极不稳定。

(3)烧失量较低，一般在 3%～10%之间。

(4)含黄铁矿，未处理的煤矸石路基存在自燃的风险。

这些特点使得贵州煤矸石路基的沉降量相对较大，性能不稳定，路基需进行包边封闭防护以防自燃，挖方路段的路床需进行必要的换填等，这增加了公路建设难度与成本。

1.2.3 强风化板岩、页岩、泥岩等软质岩

贵州东南部地区变质千枚岩、板岩等广泛出露，如图 1.9 所示。黔西南地区分布有页岩。板岩与页岩开挖风化后在压力作用下易碎裂，强度低。

1.2.4 泥岩

遵义地区泥岩、泥质粉砂岩、粉砂质泥岩等分布较广，颜色呈灰色、黄色、褐红色等，如

图 1.10和图 1.11 所示。这些软质岩在风化和雨水作用下极易崩解、泥化，强度极低，甚至难以定性为是岩还是土。

图 1.9　贵州全风化板岩

图 1.10　贵州灰色泥岩

图 1.11　贵州褐红色泥岩

1.2.5　沟谷型、盆地型软基

贵州山高谷深，在山谷之间往往分布有一些小的盆地、河湖，这些盆地、河湖地区经常有软土分布，如图 1.12 所示。这些沟谷型软土呈灰色，部分含腐殖质，天然含水率为 50%～80%，孔隙比大，渗透系数数量级为 10^{-8}cm/s，多为高液限黏土，处于流塑-可塑状态。厚度一般为 2～6m，个别超过 8m，空间形态呈锅形或盆形。

相比于沿海地区的海相软土，贵州的软土有以下方面的特点：

(1)空间形态上，其规模要小得多，厚度也相对较薄，厚度分布极不均匀，呈锅形、盆形，导致路基在纵、横向的差异沉降大。

(2)含水率高、渗透系数小，属不透水性土，沿海地区常用的排水固结处治方法不可行。

(3)有些软土分布于斜坡上，对路基整体稳定性影响大，是路基失稳的主因。

公路路基通过这些地区时多采用清除换填、碎石桩等方式处理，也有一部分工程直接填筑。从已建工程看，软基路段发生路基整体失稳的概率比较高，尤其是一些工期紧、填筑速度快的高速公路更为明显。我国虽对软土进行了很多研究，并形成了较为完善成熟的处治技术与相关规范，但大多针对沿海软土，对于贵州沟谷型软土的工程特性、处治措施与效果验证等方面研究不多。因此，在进行沟谷型软基处治时仍显得依据不足。

图 1.12 贵州沟谷型软基与高液限软土

1.2.6 松散堆积体路基

贵州山高，在山坡上常有堆积层分布，厚度从数米至数十米不等，如图 1.13 所示。这些堆积体大多属于碎石土，主要由山上岩石风化、剥蚀、冲刷后堆积下来形成，地下潜水丰富。有些堆积体含有黏性土软弱夹层。当路基填筑于其上时，易发生整体位移破坏，如图 1.14 所示。其成因机理主要是设计阶段对路基的地质勘察不够仔细，对于堆积体的地质状况尤其是软弱夹层等未能探明，导致路基的稳定分析缺乏依据。另一方面，路基的填筑压密了堆积体，改变了原来地下潜水的渗流场，抬高了地下水位，导致路基两侧的地基水位差增大，极大地增加了路基与地基的下滑力，从而引起地基的整体失稳。堆积体的失稳有时表现为路基开裂，有时表现为路基整体沉陷，其附近农田、房舍开裂。堆积体的失稳对公路工程的影响很大，通常采用抗滑桩、路改桥等方式处理，严重影响工期与造价。

图 1.13 贵州松散堆积体地基

1.2.7 高填方路基

高填方路基是贵州公路的一大特色，是贵州公路建设中常见的路基形式，甚至是我国高填方路基最密集的地区。尽管相关规范不推荐高填方路基，但贵州公路建设不可避免地产生大量的隧道和边坡开挖的弃渣，为了少占宝贵耕地，尽量做到填挖平衡，对弃土加以充分利用，节约工程造价，高填方路基在贵州不仅是不可避免的，也是科学合理的。

相比于其他省份，贵州的高填方路基有如下特点：

(1)高填方路段密集，连续填挖转换路段多，以厦蓉线水口—都匀高速为例，路线全长208.022km，桥隧比66.13%，高填方路段103处，合计长10 285m，高填方路段约占总里程的5%。

(2)高度大，水都路BT4标某高填方路基中心填高55m，坡脚至路基顶面最大填高108m，如图1.15所示，也许是世界公路之最。

图1.14　堆积体上路基整体失稳

图1.15　贵州某高填方路基

(3)大多高填方路段地形较陡，有“V”字形、“W”形和“U”形，地基表面常有斜坡软弱层，由此导致路基在纵、横向的差异沉降大，尤其是路基横向高差大，常导致路基路面的斜向、纵向开裂。

(4)高填方路堤的填料复杂，有隧道弃渣、边坡开挖的风化碎石土和残坡积黏土等，这点不同于我国西北黄土地区。

(5)施工工期紧，一般高填方路段很难经过一个雨季的自然沉降后再铺筑路面，这也导致路基路面的沉降开裂较多，一些路段通车不久甚至在路面铺筑期间即需注浆处理，如图1.16所示。

图1.16　贵州高速公路沉陷处理

总体而言，高填方路基在贵州不仅是不可避免的，也是科学合理的，但高填方路段也确实出现了较多的病害，这也是需要建设与管理人员深思的。

1.3　贵州省公路路基的主要问题

1.3.1　贵州省公路建设概况

为尽快建立适应贵州省经济社会跨越发展的高速公路路网体系，为贵州省与全国同步全面建成小康社会提供强有力的基础和保障，贵州省委、省政府于 2012 年 12 月 8 日做出决定，从 2013 年至 2015 年在全省范围内实施高速公路三年会战，大力实施“六横七纵八联”高速公路网规划。计划于 2013 年全省高速公路通车总里程超过 3 000km；2014 年贵州省将建成 15 条高速公路，通车里程 721km，全省高速公路总里程将突破 4 000km。2015 年贵州省将再建成 16 条高速公路，通车里程 1 151km，全省高速公路总计通车里程将突破 5 000km，全面建成贵州省境内国家高速公路，届时将实现全省 88 个县(市、区)县县通高速的目标。

进一步增加公路基础设施总量，预计到 2015 年底，全省公路总里程将达到 16 万 km 左右。加强国、省干线公路改造，提高国、省干线的技术等级、提升服务能力和水平，实现现有国道(含国家高速公路)二级及以上公路比重达到 70%以上。到 2015 年底，全省二级及以上公路将达到 9 000km 左右。公路建设规模与力度为贵州公路建设史上之最。

1.3.2　贵州省公路特点

贵州省的高速公路建设具有以下特点：

(1)桥隧比高，高速公路基本为山岭重丘区，全省高速公路的桥隧比一般为 30%～60%。

(2)公路路基平均高度大，高填方路基多，贵州高速公路路基的平均高度可能是全国最高的。

(3)受地形条件约束，一般四车道高速公路路基宽 21.5m。

(4)建设工期短，一般高速公路建设工期为 2～3 年。

(5)路基填料多种多样，填料以填石料为主，但红黏土与高液限土、炭质泥岩煤矸石、泥岩、风化板岩、页岩等各种填料亦常会用到，成为影响路基填筑的重要方面。

(6)公路路基地质状况总体较好，许多路段基岩出露，但公路建设中也经常遇到沟谷型和盆地型软基、松散堆积体路基、斜坡湿软地基等不良地基，对路基的整体稳定性影响很大，导致不少路基出现失稳现象。

(7)贵州气候阴雨天多，晴天少，尤其是秋雨和冬雨期长，雨量不大，影响施工。

1.3.3　贵州省公路路基的主要问题

1)路基整体失稳较多

总体而言，贵州路基发生整体失稳的路段还是比较多的，整体失稳现象绝大部分发生在施工期，个别在通车之后。

发生整体失稳的路基主要位于斜坡路段，整体失稳一般表现为两种形式：

(1)路基路面开裂，裂缝长数十米至上百米，裂缝宽数厘米至数十厘米，甚至更宽，如图 1.17 和图 1.18 所示。裂缝以纵向、斜向为主，常沿填挖交界面展开。

图 1.17　贵州某高速路基整体失稳

图 1.18　路基失稳引起的路面开裂

(2)路基本身无明显开裂症状，但附近居民的房子、田埂等发生开裂与错开，如图 1.19 所示。这类滑动体的范围更宽，路基位于滑动体上，但滑裂面则离路基较远。

图 1.19　路基失稳引起的田埂开裂

导致路基整体失稳的主要内因是地质状况。对众多失稳路基的钻探表明，整体失稳路基大多位于斜坡堆积体和软基上，这些斜坡堆积体下数米深的地方常常有黏性土等软弱夹层分布。路基填筑后改变了原来地下潜水分布，导致土层的力学性能、渗透系数和地下水位等发生改变，路基两侧地下水位的落差使得路基成为“坝体”，从而增加了下滑力。另一方面，路基填筑速度过快和高度过高是引起路基失稳的外因。由于路基的地质勘察资料相对较粗，因此，对于一些斜坡路基的地质资料并不十分清楚，当路基填筑速度过快、过高时易导致路基失稳。因此加强对斜坡湿软地基的勘察、控制路基填筑速度、控制路基高度、做好防排水等对确保路基稳定具有基础性作用。贵州的沟谷型软基路段也常因地基原因导致路基的失稳，而对于沟谷型软基的处治技术仍有待进一步的研究与效果的跟踪验证。

2)路基路面沉陷与开裂

贵州省路基路面开裂和沉陷等现象较多，有些路段在通车后不久甚至建设期间即需注浆处治，高速公路半封闭维修现象多，比例较高，如图 1.20 和图 1.21 所示。

图 1.20　通车不久路基路面沉陷

图 1.21　施工期路基路面开裂

路基路面的沉陷部分通常位于高填方路段，部分位于地质状况差但路基高度不高的路段。按照比例而言，高填方路段的沉陷与开裂比例远高于低填方路段。路基路面的沉陷与开裂多位于陡斜坡路段、路基高度变化剧烈的路段，以纵向、斜向裂缝为主，裂缝常见的分布位置为沿填挖交界面延伸、位于斜坡段的外侧半幅路基路面上，尤其以外侧行车道上的裂缝较常见。

导致路基路面沉陷与开裂的原因是路基的沉降、差异沉降过大。路基沉降主要取决于地质状况、路基高度、施工质量、防排水系统和施工工期。地质状况对路基沉降的影响因地质状况的不同而不同，不同路段差异较大。路基的工后沉降量约占路基高度的 0.7%～1.6%，平均约为 1%。施工质量包括路基填料、碾压层厚、碾压机械和遍数等，尤其是碾压层厚的影响较大。防排水系统主要包括地表水截排、地下潜水的排除和坡面水等，贵州路基的台阶形沉降曲线表明，降雨渗水是路基沉降的外因。施工工期跟路基的填筑速度有关，路基沉降曲线表明，长的施工工期，对于减小路基的工后沉降非常有益。

3)路基强度与耐久性有待提高

贵州一些挖方路段出现路面开裂现象，这些裂缝纵向略多，横向略少，分布位置规律性不强。裂缝宽度一般为数毫米，长数米至数十米不等，如图 1.22 所示。

产生路面裂缝的主要原因是路基的强度较低，在有些路段，路床填料较差，在降雨等渗水作用下，强度明显下降。有些挖方路段，土的含水率超过 50%，若换填深度不够或换填料较差(图 1.23)，则路基模量低，在汽车荷载作用下易导致路面开裂。因此，路床采用水稳性良好的砂砾、碎石等材料，对于确保路基的模量、强度与耐久性有着关键的作用。

4)路基路面防排水系统施工质量有待提高

对于防排水系统，设计大多是完善的，但防排水施工中涉及环节较多，有人认为防排水是附属工程，对其重视不够。施工单位没按照设计要求认真施工，监理与业主对其质量的检测与管理也较松，导致实际防排水效果达不到设计要求，甚至可能起反面作用。从工程上看主要有以下几方面：

(1)中央分隔带排水施工不规范。

(2)边沟沟沿高于地表，成为拦水带。

(3)挖方段路肩未设路面层间水的横向排水管。

图 1.22　挖方段路面开裂

图 1.23　挖方段过湿土

(4)填方段路肩未设横向排水管。

路基路面防排水系统如图 1.24～图 1.27 所示。

图 1.24　中央分隔带排水系统施工不规范

图 1.25　挖方段路肩渗水盲沟高程过高

图 1.26　填方段路肩未设横向排水管

图 1.27　边沟沟沿高于地表

1.4　贵州省公路路基的基本要求

从贵州建设环境、公路特点、存在问题与技术对策等方面考虑，贵州公路应满足以下方面的基本要求。

1.4.1 确保路基的整体稳定

如前所述，因条件所限，贵州山区公路常位于陡斜坡湿软地基上，客观因素使得贵州公路路基的整体失稳现象较多。路基失稳对工程进度、造价或运营安全等带来很大的影响，社会负面影响大。因此，确保路基的整体稳定是公路建设的基础。

路基稳定主要取决于地质状况，因此，在设计阶段应重视路基的地质勘察，施工阶段应进一步复核地质状况，必要时进行施工监控，做好动态设计施工。

1.4.2 控制路基工后沉降

贵州路基高、路基高差大和施工期短的特点，使得贵州公路路基的差异沉降大，许多路段通车不久便发生了路面沉陷与开裂，甚至路面施工期间即需注浆处理，相对于其他省份，路基工后差异沉降明显偏大，这也是影响贵州公路质量的重要方面。

路基的质量评价指标主要为弯沉，但对于贵州公路而言，弯沉合格不能保证路基不沉降。而没有稳定的路基就不可能有耐久的路面。贵州目前对路基的沉降观测仍未全面执行或执行得不到位，导致路基的质量评价不全面，一些路基检测“合格”的路段一铺路面即出问题。因此，对于路基尤其是高填方、陡坡路段必须进行路基沉降观测，并将观测结果作为路基质量评价与路面铺筑的依据。路基设计、施工与管理应考虑路基的工后沉降控制目标，合理安排工期，确保路面铺筑前路基能经过一个雨季或6个月（至少4个月）以上的自然沉降。

1.4.3 确保路床的填料与强度

路基的强度与模量是路面结构设计的重要指标，提高路基模量可明显降低路面结构层在汽车荷载作用下的弯拉应力，延长路面结构层的疲劳作用次数与使用寿命。贵州路面出现的一些裂缝与路基强度不够相关。路基的强度主要取决于路床填料与防排水效果。以往的工程大多对路床填料不作特殊要求，只要CBR满足规范最低要求即可。

因此，采用水稳性良好的砂砾、碎石土等作为路床填料是必要的，对于提高与保持路基的强度与长期性能，进而确保路面的使用寿命具有重要作用。

1.4.4 做好路基路面的防排水系统

防排水系统，常被视为附属工程，但对路基路面的影响非常大。完善有效的防排水系统对于确保道路性能具有重要作用，因此应给予重视。由于有些防排水工程是隐蔽工程，因此应做好施工过程的质量检测与控制。

1.4.5 合理安排工期

贵州高速公路的建设工期一般为2～3年，加之征拆工作难度加大，总体上工期明显偏紧，导致一些路段路基填筑完成即铺路面，几乎没有自然沉降稳定时间，这是影响路基路面质量的重要因素，甚至是主要的因素。

另一方面，在总工期固定的情形下，应合理安排工序。贵州省缺乏路基的工后沉降控制指标，对路基沉降控制技术的研究与工程经验也缺乏总结，因此，路基沉降控制措施未落到实处。但建设单位应有沉降控制的理念，对沉降量和差异沉降量可能较大的路段应优先开工，尽早完成路基填筑，以便留出较长的自然沉降稳定时间，以减小路基工后沉降。理想状况应是基于路基的工后沉降控制，合理编制施工组织设计。

第2章 红黏土与高液限土路基

2.1 概述

红黏土是指碳酸盐类岩石在温湿气候条件下经风化和红土化作用后形成的褐红色黏性土。高液限土是指液限(100g锥试验)超过50%的细粒土。红黏土与高液限土定义不同,成因相近。贵州地区的红黏土往往也是高液限土,称为高液限红黏土。但有些高液限土不是红黏土。由于红黏土与高液限土工程特性相近,分布区域也常相互交织,因此公路行业一般将两者放到一起讨论。

红黏土与高液限土具有高天然含水率(天然含水率多为35%~50%,最高超过70%)、高液限(多在50%~65%,个别超过100%)、高孔隙比、吸水蓄水能力极强、失水开裂、上硬下软、低压实度、低压缩性和一定条件下较高强度的特点。相比于福建、广东、广西和湖南等省份的高液限土与红黏土,贵州红黏土与高液限土的天然含水率普遍为40%~55%,明显高于其他地方,其CBR值一般为4~10,低于其他地方的类似土,工程性质特殊,用于路基填筑时难以压实。红黏土与高液限土在挖方边坡在环境因素的扰动下,容易发生坍塌、溜塌等病害,影响施工进度及公路运营安全。

膨胀土是指含亲水性矿物并具有明显的吸水膨胀与失水收缩特性的高塑性黏土。大部分膨胀土是高液限土,但高液限土不一定是膨胀土,只有少部分具有膨胀性的高液限土是膨胀土。膨胀土的工程特性与红黏土、高液限土不同,膨胀土是另外一种特殊土,因此本书所讨论的红黏土、高液限土不包括膨胀土。

2.1.1 红黏土与高液限土的分布

1)成因与类型

高液限土一般呈黄色、黄褐色、灰白色,如图2.1所示。根据土颗粒组成与土的塑性分布图,高液限土可细分为高液限黏土、含砂高液限黏土、含砾高液限黏土、高液限粉土、含砂高液限粉土、含砾高液限粉土等,详见表2.1。其中由石灰岩、白云岩等母岩分化而来的红黏土与高液限土颗粒较细,黏粒(粒径<0.002mm)含量高,粗颗粒(粒径>0.075mm)含量较低,甚至几乎不含粗颗粒。由花岗岩风化而来的高液限土常含一些粗颗粒,粗颗粒含量多在10%~30%,CBR强度也相对较高。在胀缩性方面,花岗岩、玄武岩风化的红黏土与高液限土的胀缩性比灰岩要小得多,这与它们的颗粒组成相关。花岗岩风化而来的颗粒较粗,黏粒含量低,有较多非亲水的原生矿物，固相的理化活性较低，与水作用的能力较弱，而粒间胶结则较强，这种成分结构特征不利于土体产生胀缩。而碳酸盐岩风化而来的颗粒较细，胀缩性明显要大。

高液限土的种类　　表 2.1

液　限 ω_L	塑性指数	粗粒组成	土代号	土名称
$\omega_L \geqslant 50\%$	$I_P \geqslant 0.73(\omega_L - 20)$	粗粒组≤25%	CH	高液限黏土
		25%<粗粒组≤50%，砂粒≥砾粒	CHS	含砂高液限黏土
		25%<粗粒组≤50%，砂粒<砾粒	CHG	含砾高液限黏土
	$I_P < 0.73(\omega_L - 20)$	粗粒组≤25%	MH	高液限粉土
		25%<粗粒组≤50%，砂粒≥砾粒	MHS	含砂高液限粉土
		25%<粗粒组≤50%，砂粒<砾粒	MHG	含砾高液限粉土

红黏土(laterite)是指出露在地表的碳酸盐岩在更新世以来的湿热环境中，经过一系列复杂的物理和化学风化(特别是红土化)作用，所形成并覆盖在基岩上呈棕红色或黄褐色的高塑性黏土，如图 2.2 所示。高液限土与红黏土之间有着千丝万缕的联系。从成因上说，红黏土是残积、坡积黏性土或粉性土经红土化作用而形成，许多红黏土是高液限土，部分高液限土也是红黏土，也有部分红黏土的液限在 42%～50%，不是高液限土。贵州地区的高液限土与红黏土之间有很大的交集，红黏土往往是高液限土，称为高液限红黏土。

图 2.1　贵州清镇附近的高液限土

图 2.2　贵州凯里附近的红黏土

2)分布区域

红土是 1800 年被一位英国工程师 F. A. BuChanan 在印度德干高原南部马拉巴尔和卡马拉一带首先发现的。红土分布比较广泛，在非洲、亚洲、南美洲、北美洲和大洋洲都能见到，但受气候条件和成因影响，主要分布在热带和亚热带地区，地理位置约在北纬 35°到南纬 35°之间。

在我国红黏土与高液限土主要分布在南方，形成于特殊的湿热气候条件下，其分布特征受到成土条件、气候条件、母岩性质、地形地貌等多种因素的影响。从分布区域来看，红黏土与高液限土在云贵高原及广西地区分布最广，西南、华南及华中地区次之，其他地区也有少量分布。

红黏土与高液限土在贵州各地均有分布，主要位于两个地区：一是黔西高原。该区红黏土以褐红色、棕红色为主，颜色以红色为基调，物质组成及土的结构表现为游离氧化物含量高，游离的 Fe_2O_3 含量为 9.4%～12.5%，游离 Al_2O_3 的含量为 4.9%～10.2%，Si、Al、Fe 的游离氧化物总量为18.1%～29.2%，其中铁的游离度为70.0%～72.2%，在全国各地的红黏土中处于首位。二是黔中高原区。该区以黔中为中心向四面展开，包括黔中地区以及贵州镇宁黄果树瀑布以东，遵义以南，都匀以北的黔中地区，以黄色为基调，多呈黄色，黄褐色，部分剖面的上部为分布较薄的褐红色红黏土层。黔中高原区的红黏土土质细腻，黏性重，天然含水率高，液限及其他界限含水率高。游离氧化物含量较高，游离氧化铁含量4%～6%，游离氧化铝含量4%～7.5%，游离氧化物总量为11.5%～18.5%，氧化铁的游离度为29%～68%。

3)野外辨识特征

红黏土与高液限土的分布具有明显的野外特征，因此可以根据这些特征在野外对其可能的分布范围进行判断。

(1)地形地貌特征。红黏土与高液限土由于具有高天然含水率、高塑性的特点，因此，红黏土与高液限土分布区域一般为低矮平缓的丘陵地区，在崇山峻岭地区很少分布，如图2.3和图2.4所示，一般分布在盆地、洼地、山麓、山坡、谷地或丘陵等地区，形成缓坡、陡坎、坡积裙等微地貌，有的地区地表存在着因塌陷而形成的土坑、碟形洼地。

图2.3 贵州低矮丘陵地区分布的高液限土

图2.4 贵州丘陵地区分布的红黏土

(2)颜色特征。红黏土一般为典型的棕红色及褐黄色，高液限土也呈现出浅黄色、棕黄色、灰黄色和灰色等多种颜色，颜色较杂。土质细滑，有明显的黏手感觉。

(3)分布特征。红黏土与高液限土均由灰岩、白云岩等碳酸盐类岩石风化而来，因此，在灰岩、花岗岩、白云岩等分布与出露的地区分布较广，其他地区很少。

红黏土与高液限土层普遍不厚，一般厚度约 3～8m，少数达 15～30m。但其厚度变化剧烈，一些相邻的土层厚度变化很大，除与地形地貌相关外，也与基岩起伏的影响和风化深度相关。土厚变化与母岩岩性有一定联系，在厚层及中厚层石灰岩、白云岩分布区，由于岩体上部岩溶化强烈，岩面起伏大，导致土体厚薄不一；在薄层灰岩分布区，岩面稍微平整，土层厚度变化相对较小，在高原或山区，分布较零星，在准平原或丘陵地区，分布较连续。

在地貌横剖面上，坡丘(顶)、坡谷(底)土层较薄，坡麓则较厚；在古夷平面、岩区洼地、槽谷中央，土层相对较厚。就地区而言，贵州红黏土与高液限土的厚度约为 3～6m，超过 10m 者较少；云南约为 7～8m，个别地方可达 10～20m 以上；湖南、粤西、广西等地多在 3～10m 左右，个别地带可达 20～30m；福建在 3～6m 居多。

(4)状态特征。深度在 6m 以下的红黏土与高液限土一般呈软塑状态，强度低，特别是在盆地中间较深地带及岩石溶沟中，往往呈流塑状态，贵州一些沟谷型软土即是高液限土。贵州地区红黏土的典型状态特征呈现为从地表往下逐渐变软的规律，上部呈坚硬或硬塑状态。硬塑状态的土占红黏土层的大部分，构成了一定厚度的地基持力层。这种由上至下状态变化的原因，一方面是地表水在往下渗滤的过程中，靠近地表部分易蒸发，愈往深部水分则不断聚集保存下来，而底部岩石为隔水层；另一方面是地下潜水的渗透，有些可能有下卧基岩裂隙水的补给。

高液限红黏土在自然状态下呈致密状，无层理，尤其表面受大气影响已呈坚硬、硬塑状态，当失水后的含水率超过缩限时，土中就开始出现裂缝。接近地表的裂隙呈竖向开口状，往深处逐渐减弱，呈网状微裂隙且闭合。由于裂隙的存在，使土体的整体性遭到破坏，呈碎裂状或镶嵌状结构，使土的总体强度大为削弱。此外，裂隙又为深部土体的水分蒸发提供了一条通道，促使深部土的收缩，进而使原有的裂隙加宽加深，有的甚至可形成地裂。

土中裂隙发育深度一般为 2～4m，由于不均匀的胀缩，裂面相对位移而出现光滑镜面，有时可见擦痕。由于后期水流的作用，裂面附近常有铁锰质侵染。在新近开挖的陡峻剖面上，当气候条件有利，裂隙的发生和发展迅速，数周之内即可将坡面切割成支离破碎。裂隙的张开或闭合受外界条件及季节影响十分明显。

(5)地表植物特征。红黏土缺乏营养，不利于植物生长，因此在农学界有“红色沙漠”之称。公路两侧常可以看到裸露的红黏土边坡经多年后仍未有植物生长。

在一些未经人为开荒扰动的红黏土地区，其地表经常生长一些芦苇草，一些地区生长有松树等，如图 2.5 所示。总体而言，红黏土与高液限土的地表植物以这两种较为常见。

2.1.2 国内外研究概况

1)红黏土与高液限土矿物成分与微观结构

高液限土的形成和分布主要取决于地质历史的气候条件。在热带、亚热带潮湿多雨的自然条件下，各类母岩如石灰岩、白云岩、辉长岩、花岗岩及玄武岩等自然风化作用强烈，促使岩石的矿物化学元素产生氧化、水化、水解，并不断发生淋溶作用，从而形成残积类高液限土。高液限土形成之后，由于所处地形地貌条件的不同，还可被后期的各种外力多次搬运，形成沉积、洪积及冲积类高液限土。我国高液限土的分布区域主要是公路自然区划中的东南湿热区和西

图 2.5　松树林下的高液限土

南潮暖区。

高液限土的工程性质与其矿物成分、化学成分等是密切相关的。廖义玲等研究表明,各类高液限土的化学成分就地区而言,主要是游离氧化铁含量差别较大。Goldberg Sabibe 发现高液限土的特殊性质主要是由游离氧化铁形成的胶结作用和颗粒间特殊的连接形式造成的,且这种胶结是通过胶结物界面上的化学力实现的。James K. Mitchell 发现矿物成分对黏土的性状会产生显著影响。孔令伟、罗鸿禧等进一步研究表明,高液限土中只有部分游离氧化铁起胶结作用,且游离氧化铁的存在形态对高液限土工程性质的影响很大。

在矿物成分鉴定与定量(半定量)分析方面,国内外均进行了大量的研究,取得了一定的成果。目前,在矿物成分鉴定方面,主要有 X 射线衍射法、差热分析法和电镜扫描法;在矿物成分的定量分析方面,主要有内标法、外标法和强度比例因子法。Norrish k. Quirk J P(1954～1963 年)等对黏土矿物进行了较为系统的研究,但定量分析黏土中的矿物成分一直是个难题。G. W. Brindley(1976 年)认为,最困难的是试样的择优取向和标准物质的选择。为了解决这一难题,潭罗荣(1975 年)提出了联立方程解析法,该法在定量确定矿物成分时不需要纯黏土矿物标准样。

土体的微观结构是影响其工程性质的重要原因之一,国内外不少学者对其进行了研究,取得了一定的成果。早在 1925 年,太沙基就提出了土的微观结构概念,并定义了蜂窝结构。Goldschmidt(1926 年)在研究高灵敏度土时提出了片架结构。Lamb(1953～1985 年)从胶体化学、双电层理论出发,提出了絮凝结构和分散排列结构;Van Olphen(1963 年)对这些结构进行了扩充,提出了片堆架结构、书本结构。王幼麟在研究湖北菊析陆水河畔的高液限土时,发现其结构单元主要是片状颗粒的面—面叠聚体,而面与面之间是通过游离氧化铁胶结联系起来的。廖义玲等从颗粒排列、粒间连接和孔隙特征等方面研究我国南方高液限土的微观结构特征时发现,其结构单元主要是团粒和碎屑,且结构单元的排列是随机的、非紧密的堆积。余培厚、郭沛等研究发现,高液限土的基本结构单元和力学单元主要是由水稳性粒团组成的,这些团粒只有在大压力下才发生变形和孔隙水排出的现象;若团粒排列形成空架结构,则土体会有较大的变形空间,因为空架结构是一种不稳定的结构。目前,研究微结构的方法有两大类:分别是直接法和间接法。直接手段有偏光显微镜、电子显微镜和 CT 扫描电镜,其中电子显微镜包括扫描电镜、透射电镜和分析电镜;间接方法有 X 射线衍射仪、结构测角仪等。

2)红黏土与高液限土物理力学特性

按照我国公路路基设计规范,液限大于50%、塑性指数大于26%的细粒土不得直接作为路堤填料。为此,我国许多学者对高液限土(包括改良土)的物理力学特性进行了研究。在物理力学性质方面,Gidigasu(1971年)发现高液限残积土的黏粒含量与最大干密度和最优含水率之间存在相关性,黏粒含量越高,最大干密度越小,最优含水率越大。Vargas(1953年)发现排水条件对红黏土的三轴剪切强度摩尔包络线有影响。Lamb(1962年)等指出,红黏土的剪切强度大小取决于母岩种类和风化程度,不同风化程度的花岗岩在相同击实功作用下抗剪强度参数不同,弱风化土具有较高的内摩擦角。Fredlund曾对压实的非饱和土的抗剪强度进行了大量的研究,并在不排水三轴试验中量测了空隙气压力和空隙水压力。赵训华、余敦猛等分别从胶体化学角度及变形特性角度,对红黏土的抗剪强度做了相关的研究。常立君、刘小文探讨了江西地区非饱和红黏土抗剪强度与含水率和密度的一般规律。曹志娇研究了非饱和土的抗剪强度与基质吸力之间的关系,建立了非饱和红黏土的抗剪强度公式。李景阳对贵州残积红黏土的力学强度特性进行了探讨,指出了红黏土强度特征与成土过程中形成的结构强度密切相关。杨庆、贺洁等研究了非饱和红黏土和膨胀土的抗剪强度,认为红黏土是对环境湿热变化敏感的塑性黏土,具有一般膨胀土吸水膨胀失水收缩的特性。刘春、吴绪春对非饱和红黏土的强度特性进行了三轴试验研究。

在化学成分与矿物成分方面,James K. Mitchell发现矿物成分对黏土的性状会产生显著影响。Goldberg Sabibe发现红黏土的特殊性质主要是由游离氧化铁形成的胶结作用和颗粒间特殊的连接形式造成的,且这种胶结是通过胶结物界面上的化学力实现的。王继庄、冯金良、孔令伟等研究指出:游离氧化铁、铝、硅等是造成红黏土具有一系列特殊工程性质的根本原因。唐大雄、王清等基于野外调查结果和室内试验资料,通过对残积红土的粒度成分、矿物成分、化学成分、物理化学特性、宏观结构、微观结构形态、孔隙特征的全面系统分析,研究了雷州半岛及海南岛北部第四纪玄武岩风化形成的巨厚层残积红土的工程地质性质,认为其与一般土不尽相同,属于特殊性土,阐述了其工程地质性质,对玄武岩残积红土进行了工程地质评价。韦时宏、廖义玲等研究了中国南方(特别是贵阳地区)红黏土的物质组成、宏微观结构及工程地质性质,指出了红黏土成分结构对其工程性质的影响。袁腾方、殷颖、刘小平通过室内试验分析了高液限土的基本工程特性,探讨了高液限土压实中最大含水率及最大空气体积率等问题,提出了以最佳压实功、稠度及最佳含水率作为高液限土路基压实指标的控制参数。张麒蛰鉴于在高液限土路基修筑过程中所面临稳定性差、失水收缩开裂、压实性差等问题,通过室内试验,分析了高液限土的工程特性和物理力学性质,提出了高液限土路基修筑技术。叶琼瑶、陶海燕对高液限土掺加不同比例改良剂进行室内试验,分析其改良效果后的路用性能,提出掺加30%砂砾是比较经济有效的改良措施。

针对特殊土的填料分类,国内外曾开展过相关研究,并取得了许多成果。现有的高液限土判别指标大体归纳为两大类:一是土的物质组成指标,如黏土矿物组成、粒度组成等;二是土粒与水相互作用所呈现的水理性质指标,如塑性指数、液限、自由膨胀率、膨胀力等。杨和平通过对耒宜高速公路红黏土与高液限土填料路用性能的分析,初步提出了可直接用作填料的红黏土的评价标准:直接用作填料的红黏土除必须满足规范规定的压实度和CBR标准外,建议还必须同时满足最大干密度不低于某下限值和天然含水率不高于某上限值的条件。

3)红黏土与高液限土改良处治措施

随着国家高速公路的发展,废弃高液限土会造成很大的经济浪费。因此,不少学者和科研单位对其改良技术进行了广泛的研究,取得了一定的成果。

黄俊等在研究江西省境内高液限土时发现,不同外掺剂对物理指标和承载比的改良效果有显著的差异性,但最优含水率和最大干密度几乎不受外加剂的影响。莫百金等发现随着砂砾掺配率的增大,细粒含量的减少,能有效减弱高液限土的收缩性能,降低液塑限,且土体强度呈先增大后降低的趋势。此外,通过试验段的现场试验发现,砂砾改良高液限土是可行、有效的。从经济和环保方面考虑,采用砂砾改良高液限土的效果比弃土换填和化学改性处治等手段都要好。

叶琼瑶、陶海燕等采用多种改良措施研究全州至兴安高速公路的红黏土时发现:化学改性处治(如掺加石灰、粉煤灰、水泥等)效果不太理想,也不太经济;但物理改良(如掺加砂砾)比较有效,也比较经济。罗斌等在研究嘉宁公路沿线高液限土时,从经济性、承载比和裂缝宽度限制等方面出发,探讨了碎石的最优掺配率。试验结果表明,在施工中用碎石改良高液限土是可行、有效的,具有较好的经济和环保效益。由此可见,采用何种改良措施是因地而异的;即使对于同一区域的高液限土,若采用不同的改良方法,其经济和环境效益也是不一样的。故有必要对每个区域的高液限土采用不同的改良方法进行试验,从经济和环保方面研究其最佳的改良措施。

交通运输部公路科学研究所在“七五”项目“高等级公路过湿土路基综合稳定技术”中对过湿土的处理技术进行了研究,开发了“NCS”系列固化材料,实践证明,对过湿土和膨胀土的处理有较好的效果,但需要机械拌和。长沙交通学院在耒宜高速公路对高液限土的研究中提出了采用性质互补的“混合土法”处治“三高土”(即高液限、高塑性、高含水率的土)的思想,即对不同性质的“三高土”,通过掺配与其土性互补的天然低含水率的非饱和黏土或砂土,并在需要时辅以掺配少量无机结合料(如生石灰、粉煤灰等),使其构成一种新的路用性质良好的混合土。

高液限土掺加固化剂进行改良处理的办法在国内外均有应用。固化剂主要是石灰、水泥等粉体材料。一方面是基于高液限土的天然含水率高,掺加粉体材料可以降低天然含水率和塑性指数,改善可压实性与强度,室内试验效果良好。但基于高液限土的过湿结团的特性,掺加固化剂虽在室内试验可行,但现场拌和十分困难,拌和不均匀可能导致路基填料不均匀,使路基出现一些差异变形。若采用大型拌和设备进行拌和,对于大量的路基填方来说成本过高,施工中难以推广。

4)红黏土与高液限土路基填筑技术

在红黏土与高液限土路基修筑技术的研究方面,Zeballosme(2001 年)研究涉及粉质黏土道路路堤的地基,介绍了阿根廷圣路易省用黄沙黏土修筑路堤的试验,研究土的性能以及变形等与土壤含水率之间的关系。姜东亚在利用高液限土填筑路堤技术上,根据高液限土的特性,提出了设置排水砂层和排水砂井的高液限土路堤结构形式,加速土体固结过程,提高堤身强度,同时也有利于路堤施工的压实控制。在对高液限土施工工艺方面,玉林公路局的秦义保、苏震等人通过对压实状态(如含水率、击实功等)与高液限黏土稳定强度关系的分析,提出在改进施工工艺和加强施工质量控制的情况下,直接就地利用高液限黏土修筑高等级公路路基是可行的。交通运输部公路科学研究院吴立坚等人结合福建的数条高速公路建设，对利用高液限土填筑的路基压实度指标进行了试验研究，得出了相应的控制标准，并对现场碾压技术及影响因素进行了研究。罗文涛结合厦漳高速公路工程实例，对高液限土掺拌固化剂改良的翻晒摊铺和路拌施工工艺进行了分析。

目前国内外对高液限土路堤修筑技术已经有了一定认识，同时在材料改良、设计、施工等方面也已进行了很多的实践，这些实践及研究虽侧重点不同，但对深入认识高液限土性质及高液限土路基性状具有重要的参考价值。

2.1.3 红黏土与高液限土路基的主要问题

综合相关研究成果，我国在红黏土与高液限土物理力学及微观特性、改良处治方法以及路基填筑技术方面取得了一定的成果。在实际工程中，红黏土与高液限土路基主要存在以下方面的问题：

1)施工困难，压实度低

我国红黏土与高液限土的天然含水率一般为30%～70%，其中贵州省的更高些，一般在40%～60%，少数达到70%。如此高的天然含水率和高黏性导致高液限土在车辆行驶过程中易产生很深的车辙或轮印，甚至重载车辆无法在碾压好的路基上行驶，如图2.6所示。重载车在卸料时，有时土易黏在车斗里，需要挖土机帮忙才能卸干净料，如图2.7所示。由于含水率高，红黏土与高液限土的压实度一般为85%～92%，当含水率高于45%时，压实度一般为80%～85%，如图2.8所示，远低于我国公路路基设计、施工规范对路基压实度的要求。路基规范对压实度的规定为：下路堤93%，上路堤94%，路床96%。虽然规范也对路基压实度开了口子：对特殊干旱、潮湿地区的路基压实度在确保路基稳定与强度的前提下可适当放宽，但由于如何界定干旱与潮湿地区没有明确的标准，在实际操作中，我国公路质监部门往往按照一般路基的压实度来要求，这也是影响红黏土与高液限土在工程中应用的主要原因。

图2.6 运输车辆车辙深

图2.7 运料车卸料困难

2)水稳性差，弯沉大

红黏土与高液限土易收缩开裂，如图2.9所示。一些路基因各种原因放置一段时间后表面易龟裂，遇水后易软化。另一方面，由于天然含水率高，一般情况下其弯沉值很大，因此，路床甚至上路堤必须换填其他好的填料。

图 2.8　高液限土压实度低

图 2.9　高液限土路基干缩开裂

3)挖方边坡稳定性差

众多工程表明,红黏土与高液限土填方边坡的稳定性良好,但挖方边坡的稳定性差,极易坍塌,很难处治,一些通车多年的红黏土与高液限土挖方边坡仍不时出现坍塌,如图 2.10 所示。这些坍塌规模一般不大,但发生频率高,与边坡高度几乎无关,有些低矮、坡率较缓的边坡仍会发生坍塌,如图 2.11 所示。坍塌位置不确定,边坡上的任何部位均有可能发生,滑动面剪切出口位于路基顶面以上,不会对路基本身造成大的影响。因此,从某种程度上可以说,红黏土边坡的坍塌是"上不封顶,下不保底"。

图 2.10　红黏土边坡坍塌

图 2.11　低矮红黏土边坡的坍塌

4)红黏土与高液限土路基长期性能的顾虑

红黏土与高液限土天然含水率高,压缩变形量大,甚至人走在上面有时也是一步一个脚印。从经验的角度出发,人们担心其工后沉降量可能很大,工后沉降蠕变历时很长,对红黏土与高液限土路基的长期性能如何感觉心里没底,这也成为影响其利用的重要方面。

实际上,红黏土与高液限土也不是今天才出现的问题,我国以前的公路建设中也曾遇到,只是不像今天对高速公路这么重视。国外也有红黏土与高液限土分布,甚至比我国更厉害,如我国曾援建过的马达加斯加德昂公路,交通运输部公路科学研究院即参与了其中的技术工作,通过高液限土路堤采用轻型压实标准,路床采用砂性土填筑的方法予以处理解决。其他国家也多采用加强路床的方式进行处理,这与国外公路基本顺地爬,路基高度低有关。在我国已建成通车的高速公路中,相关工程与实测数据表明,红黏土与高液限土路基天然含水率高,施工期间的压缩变形很大，压实度低，但在建成通车后路堤的整体稳定性好，工后沉降量并不大，甚至比一般填料还小些，这点与人们的经验感觉完全不同。道路整体使用性能、服务水平完全可以得到保证。

尽管有较多的工程案例表明，红黏土与高液限土路基的长期性能良好，红黏土与高液限土完全可以用于路基填筑。但由于高天然含水率与黏性，红黏土与高液限土路基施工现场给人一团糟、惨不忍睹的感觉。对于一些对红黏土与高液限土路基认识不深、工程经验不足的管理人员而言，其顾虑很难消除。

2.2 红黏土与高液限土的工程特性

红黏土与高液限土作为路基填料，其工程特性有别于一般细粒土，不同地区高液限土之间性质差别较大。明确红黏土与高液限土的物理力学及路用特性是公路工程合理利用的前提和基础。

2.2.1 红黏土与高液限土物理特性

1)试验数据汇总

对贵州省凯(里)羊(甲)、毕(节)生(机)、毕(节)都(格)、松(桃)铜(仁)、晴(隆)兴(仁)、贵阳绕城西南段、贵(阳)清(镇)等高速公路相关路段高液限土土样进行包括天然含水率、液塑限、天然稠度、相对密度、颗粒分析、击实试验等的室内试验与资料分析。另外，为了全面了解、对比不同地区红黏土与高液限土的特性，还对福建和湖南的部分红黏土与高液限土的试验数据进行了汇总。由于土的样本数较多，对各路段所有代表性的土样进行了统一编号，各土样的物理特性如表 2.2 所示。

贵州、福建及湖南红黏土与高液限土的基本物理指标汇总　　表 2.2

编号	取样位置	天然含水率(%)	天然稠度 W_c	相对密度 G (g/cm³)	液限 w_L	塑限 w_P	塑性指数 I_P	细粒组含量(%) <0.075mm	最佳含水率(%)	最大干密度(g/cm³)
1	凯羊 K31+800	49.7	0.64	2.643	61.2	43.2	18	68.89	19.4	1.65
2	凯羊 K34+300	34.2	0.74	2.727	43.7	30.9	12.8	75.33	21.9	1.71
3	毕生 K24+800	35.6	0.63	2.517	53.4	25.3	28.1	74.21	15.7	1.66
4	毕生 K25+500	63	0.50	2.699	85.4	40.3	45.1	89.71	26.5	1.48
5	毕都 K17+040	41.3	0.69	2.376	62.7	34.7	17.8	79.24	24.2	1.57
6	松铜将军山	38.4	0.77	2.721	60.9	31.2	29.8	94.31	23.1	1.64
7	松铜水竹坪	37.8	0.78	2.721	65.6	36.4	29.2	89.44	27.3	1.58
8	松铜太平营	31.5	0.69	2.686	55.8	33.2	22.6	91.23	25.3	1.59
9	松铜坪玉基	30.9	0.71	2.871	62.8	33.0	29.8	87.34	25.6	1.60
10	松铜九龙坡	50.6	0.70	2.599	70.0	34.0	36.0	83.55	25.1	1.60
11	晴兴 K27+980	34.8	0.63	2.467	49.2	28.9	20.3	74.74	19.0	1.70
12	晴兴 K25+370	44.3	0.73	2.654	48.6	30.8	17.8	83.76	17.0	1.68

续上表

编号	取 样 位 置	天然含水率（%）	天然稠度 W_c	相对密度 G（g/cm³）	液限 w_L	塑限 w_P	塑性指数 I_P	细粒组含量（%）<0.075mm	最佳含水率（%）	最大干密度（g/cm³）
13	晴兴 ZK20+250	50.2	0.77	2.338	54.8	31.4	23.4	79.92	20.1	1.58
14	晴兴 ZK20+880	54.3	0.67	2.689	57.6	35.3	22.1	89.03	28.3	1.69
15	晴兴 K22+300	48.8	0.74	2.701	53.7	32.1	21.6	78.72	23.1	1.68
16	晴兴 K30+950	39.0	0.66	2.821	61.6	37.2	20.2	88.18	20.2	1.65
17	贵清 K10+650	43.2	0.70	2.343	60.5	36.7	19.9	86.12	21.0	1.54
18	贵清 K7+980	50.2	0.69	2.543	69.7	29.1	22.6	79.29	24.8	1.66
19	贵清 K8+600	47.8	0.71	2.892	64.7	32.2	21.4	88.92	19.9	1.57
20	贵清 K8+220	49.9	0.66	2.341	79.2	37.0	27.1	86.21	19.2	1.62
21	贵清 K8+010	50.3	0.73	2.574	63.3	37.8	25.2	67.92	20.0	1.59
22	贵清 K9+330	41.2	0.61	2.497	70.1	34.2	21.2	80.32	22.3	1.55
23	贵清 K9+690	47.2	0.73	2.501	63.2	35.2	24.3	82.11	19.0	1.70
24	贵清 K9+900	58.2	0.66	2.682	69.3	40.2	22.2	70.41	20.1	1.66
25	贵阳绕城 T9	20.0	1.25	2.704	48.5	25.7	22.8	86.9	16.3	1.76
26	贵阳绕城 T10	35.0	1.04	2.715	89.5	37.3	52.2	96.1	26.0	1.50
27	K176+250	36.1	0.75	2.696	55.0	29.7	25.3	94.4	—	—
28	K159+722	40.6	0.75	2.715	61.3	33.8	27.5	91.4	21.0	1.55
29	京福三明一期 YK8+800	35～45	0.71～0.95	2.68	74.8	32.8	42.0	98.5	23.4	1.55
30	京福三明一期 K13+640	35～45	0.49～0.95	2.68	55.1	33.9	21.2	66.7	21.0	1.57
31	南平一	33.6	0.97	2.68	58.7	32.7	26.0	54.0	21.4	1.62
32	南平二	36.1	0.79	2.68	57.2	30.5	26.7	72.5	19.0	1.69
33	泉厦高速 K10+514～K13+000	20～30	1.03～1.37	2.68	59.9	30.9	29.0	55.3	14.1	1.72
34	互通区 1	26.0	1.0	2.68	59.6	26.0	33.6	—	—	—
35	天宝服务区	29～32	0.9～1.02	2.69	54.9	29.5	25.4	—	—	—
36	互通区 2	27.4	1.27	2.688	54.0	33.0	21.0	—	—	—
37	K32+620～K32+980	27.0	1.0	2.703	58.0	27.0	31.0	—	—	—
38	寮里村	28.0	0.94	2.674	53.3	26.3	27.0	—	—	—
39	K33+254～K33+420	29.0	1.21	2.716	52.0	33.0	19.0	—	—	—
40	K30+200～K30+470	27.0	1.45	2.694	59.4	37.0	22.4	—	—	—
41	K16+480～K16+680	29.0	1.03	2.719	67.0	30.0	37.0	—	—	—
42	K29+010～K29+160	28.0	1.08	2.689	63.0	30.5	32.5	—	—	—
43	K233+200	27.6	1.18	—	72.4	34.4	38.0	82.2	22.0	1.59

续上表

编号	取样位置	天然含水率（%）	天然稠度 W_c	相对密度 G（g/cm³）	液限 w_L	塑限 w_P	塑性指数 I_P	细粒组含量（%）	最佳含水率（%）	最大干密度（g/cm³）
								＜0.075mm		
44	K234＋040 右 6m	21.6	1.38	—	63.0	32.9	30.1	78.8	19.4	1.62
45	K233＋900 左 10m	25.0	1.24	—	58.6	31.5	27.1	81.0	16.8	1.67
46	K234＋200 中桩	22.8	1.21	—	49.4	27.5	21.9	76.4	19.0	1.69
47	K161＋400 挖方段	—	—	—	65.5	35.4	30.1	72.4	21.7	1.63
48	K161＋340 挖方段	—	—	—	57.6	33.6	24.0	51.6	14.9	1.81
49	K156＋950	19.0	1.35	2.725	39.6	26.4	13.2	93.83	16.2	1.80
50	宁道土样 1	32.6	1.05	—	59.7	33.7	26.0	82.0	18.0	1.62
51	宁道土样 2	23.7	1.05	—	48.9	25.0	23.9	93.9	16.1	1.80
52	宁道土样 3	33.5	1.18	—	60.8	37.7	23.1	97.0	17.2	1.59

注：1. 43～46 号土样为泉三线 12 标 SMA12(K225＋450～K243＋011.466)，27～28、47～49 为泉三线 6 标的土样。
2. 击实试验采用湿法制件。
3. 34～42 号数据引用漳龙高速 A2、A3 标土样的试验数据。

2）土的含水率

（1）土样的天然含水率。从高液限土基本物理性质汇总结果可以看出，高液限土的天然含水率范围在 19%～63%，不同地区高液限土天然含水率差别较大。同一地区不同路段高液限土的含水率也可以相差十几个百分点。表 2.3 为贵州、福建、湖南三地高液限土典型土样天然含水率差异。

不同地区高液限土天然含水率差异 表 2.3

地　　区	统计最大值（%）	统计最小值（%）	平均值（%）
贵州	63.0	20.0	41.1
福建	40.6	19.0	32.2
湖南	33.5	23.7	29.7

从表 2.3 中可以看出，贵州地区高液限土含水率要明显高于福建和湖南地区。高液限土天然含水率过大，对于路基的施工是极为不利的，因此路基工程中对高液限土天然含水率的范围有一定的要求，需要在工程中根据高液限土的路用性能状况确定施工含水率（稠度）。

（2）地基原状土含水率的竖向分布。为了分析高液限土地基含水率随深度的分布规律，在湖南宁道高速第 3 和第 4 合同段选择测试断面，分别取不同深度的高液限土进行测试，得出高液限土地基不同深度处含水率及其他物理指标的分布规律，如表 2.4 所示。两个断面不同深度高液限土天然含水率变化曲线如图 2.12 所示。

从图 2.12 中可以看出，在垂直断面上，天然含水率的分布呈现明显上干下湿的趋势，说明地基土湿度状况受自然环境影响较大。而在 2m 深度以下土体，含水率波动范围较小（一般在塑限附近），说明大气等外界环境对高液限土的影响深度大约在 2～3m。当然这个深度与不同类型高液限土的裂隙性相关，但基本不会超过 3～5m。相比而言，液、塑限和塑性指数等指标并没有随深度增加而增加，分布呈现不规律性。

不同深度高液限土基本物理指标 表2.4

标段	取样桩号	取土深度(m)	液限(%)	塑限(%)	塑性指数(%)	最大干密度(g/cm^3)	最佳含水率(%)	天然含水率(%)	天然稠度	自由膨胀率(%)
3标	K232+500	1.0	71.17	39.03	32.14	1.46	32.5	32.9	1.20	—
		2.0	73.93	43.81	30.12			36.2	1.26	—
4标	K234+900	0.8	70.74	35.6	35.14	1.435	32.0	31.8	1.11	6.47
		1.5	74.03	35.57	38.46			34.9	1.02	8.24
		2.0	78.09	42.99	35.1			36.2	1.19	6.47
		2.5	72.56	40.50	32.06			36.7	1.12	6.47
		3.0	80.33	41.57	38.76			37.1	1.12	5.88
		3.5	76.59	41.40	35.19			37.7	1.11	2.94
		4.5	76.26	39.63	36.63			38.1	1.04	10.00

注:对上述两个断面取剖面保湿土样,采用湿法制件。

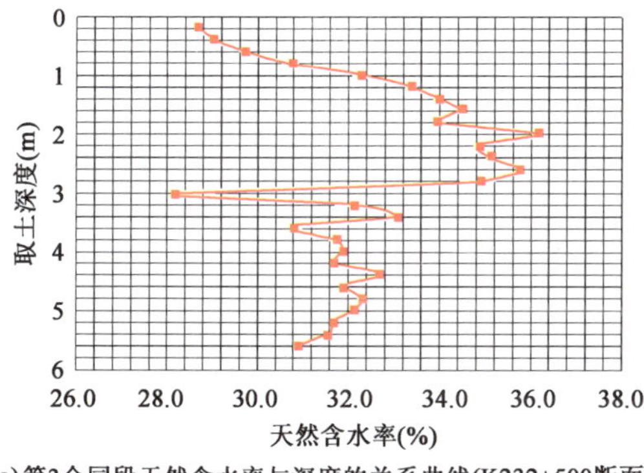

a)第3合同段天然含水率与深度的关系曲线(K232+500断面)

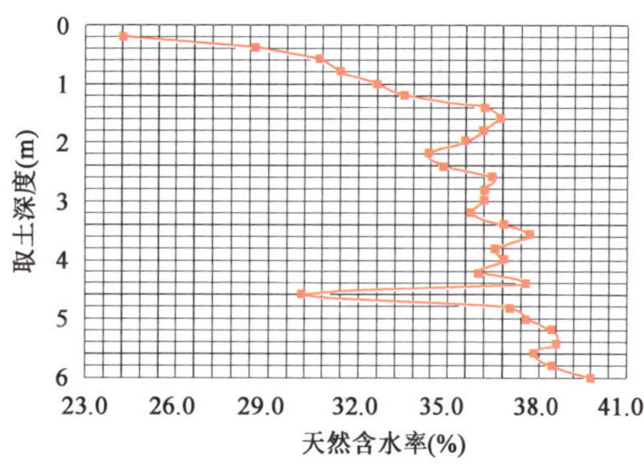

b)第4合同段天然含水率与深度的关系曲线(K234+900断面)

图2.12 天然含水率随深度变化曲线

(3)运营期路基土的含水率。对一般细粒土填料,我国《公路路基施工技术规范》(JTG F10—2006)要求路基碾压含水率控制在最佳含水率的±2%以内。对于高液限土而言,天然含水率一般较大,按照最佳含水率进行控制碾压十分困难,也不合理。这是因为采用最佳含水率进行路基碾压控制对高液限土路基的长期水稳定性不利。高液限土路基的最终稳定含水率均大于按照重型击实标准确定的最佳含水率,这在后面的福建泉三高速公路高液限土路基的含水率长期监测中可以得到反映。

尽管路基填筑期间一般要求按最佳含水率控制,但真正影响路基及路面结构性能的是运营期路基土的稳定含水率。不同地区多条公路运营期路基含水率的检测结果如表2.5所示。从表2.5中可以看出4个路段施工时与不利季节(或运营一年后)测定的w、W_c、S_r、K_L与K_h变化规律。总趋势是按重型压实度控制施工的土基,施工时含水率较低,其稠度平均值为1.2~1.5,经过雨季或一年以上自然条件影响,施工时饱和度低,随着含水率增加,土体膨胀降低了干密度。当含水率增加至塑限附近时,饱和度达到90%左右,土体水分趋于稳定。

路基土稳定含水率及压实度调查 表 2.5

土基路段名称	测定时间	含水率 w(%)		稠度 W_c		饱和度 S_r(%)		轻型压实度 K_L(%)	重型压实度 K_h(%)
		均值	变化范围	均值	变化范围	均值	变化范围		
淮宁线	施工期	18.2	15.6～20.1	1.25	1.18～1.36	87.4	78.1～92.7	102.7	94.6
	运营一年	22.3	19.2～25.5	1.09	0.96～1.22	91.5	84.4～99.3	96.3	88.7
二汽高环	施工期	18.3	16.0～20.3	1.19	1.10～1.29	80.9	70.7～89.7	—	93.0
	运营一年	22.5	19.0～24.4	1.01	0.92～1.16	93.6	85.8～100	—	90.6
沪宁线	施工期	18.8	14.8～23.6	1.19	1.10～1.34	84.6	71.0～96.3	104.3	92.6
	运营一年	22.8	21.0～21.7	1.04	0.98～1.09	89.2	82.0～94.3	99.6	88.8
长农线	施工期	14.3	10.2～24.0	1.42	0.64～1.74	—	—	—	91.0
	不利季节	22.8	—	1.09	—	—	—	—	89.9

205 国道(新线)天长段即宁(南京)连(连云港)公路安徽省天长段采用冲击碾压进行大规模改建前,对原道路进行了冲击碾压试验段的检测,包括:①原各结构层厚度及质量描述;②路基土干湿类型;③土质分类;④含水率;⑤液塑限;⑥密度;⑦灰土压实度;⑧素土压实度;⑨水泥稳定碎石强度。检测位置在行车道上每 40m 取 1 处 5 组测试点,在硬路肩上设 1 组,共计 6 组测试点,分别对上述 11 个项目的冲击碾压前后进行对比试验,结果如表 2.6 所示。从表 2.6 中可以清楚地看出,经过 5 年的运营后,路基土的含水率基本在 20%以上,远较最佳含水率高,基本接近于塑限,即稠度在 1.0 左右。

冲压前后路基土的压实度 表 2.6

探孔编号		1	2	3	4	5	6
探坑位置	桩号板类	K83+242A	K83+278B	K83+294A	K83+566A	K83+608C	K83+622B
	距路中(m)	5.5(5.3)(行车道)	8.5(8.3)(行车道)	10(10.3)(路肩)	7.5(7.7)(行车道)	7.5(8.7)(行车道)	7.5(7.25)(行车道)
灰土层取样	距路面深度(cm)	50	50	50	50	50	50
	含水率(%)	22.5(23)	14(24.5)	12(24)	12(23)	23.5(27.5)	26.5(39.5)
	干密度(g/cm³)	1.58(1.44)	1.59(1.38)	1.62(1.31)	1.68(1.39)	1.50(1.34)	1.47(1.25)
	压实度(%)	94(86)	95(82)	96(78)	100(83)	89(79)	88(75)
素土层取样1	距路面深度(cm)	80	80	80	80	80	80(原地层土)
	含水率(%)	25(20.5)	26.5(24)	21(24.5)	24.5(19.5)	19(22)	22(19.5)
	干密度(g/cm³)	1.55(1.67)	1.53(1.59)	1.59(1.56)	1.63(1.72)	1.72(1.67)	1.62(1.70)
	压实度(%)	85(92)	84(89)	87(87)	90(95)	95(92)	90(95)
素土层取样2	距路面深度(cm)	140	140	140	140	140(原地层土)	140(原地层土)
	含水率(%)	19.5(24.5)	25(23)	21(22.5)	26.5(21.5)	16.5(19)	22(25.5)
	干密度(g/cm³)	1.68(1.63)	1.63(1.59)	1.59(1.61)	1.57(1.58)	1.74(1.64)	1.62(1.61)
	压实度(%)	93(90)	90(87)	90(89)	87(87)	92(90)	89(88)

续上表

探孔编号		1	2	3	4	5	6
素土层取样3	距路面深度(cm)	210	210	210	210(原地层土)	210(原地层土)	210(原地层土)
	含水率(%)	19.5(19)	25(24)	45(26.5)	28(27)	23(22.5)	16(22.5)
	干密度(g/cm^3)	1.68(1.67)	1.63(1.62)	1.43(1.57)	1.59(1.53)	1.54(1.64)	1.72(1.58)
	压实度(%)	92(92)	90(89)	79(86)	88(84)	85(90)	95(87)

注:1. 冲击遍数,路肩为10遍,行车道的右幅(邻接超车道的一边)为25遍;左半幅(邻接路肩的一边宽约1.6～1.9m)因路肩部分冲击重叠共35遍。

2. 括号中的数值为冲压后的试验结果。

3. 探孔2、3、4的灰土层试验结果在5月14日(雨前)用灌砂法所测得,其余试验均在其后(雨后)用钻孔取样环刀法测得。

上述工程调查表明,路基施工期是一个含水率(一般在最佳含水率附近,南方潮湿地区一般高于最佳含水率,西北干旱地区多低于最佳含水率),但运营期南方路基土的含水率普遍高于施工含水率。真正影响路基路面使用性能的是运营期路基土的含水率。因此与其在施工时降低高液限土的含水率进行填筑,然后在自然环境下让其恢复至稳定含水率,不如在施工时便采用运营期土的稳定含水率(稠度)作为路基施工含水率控制更有利于路基稳定,实际操作上也更易实现。这是高液限土可在较高含水率下碾压的依据之一。

3)土的液塑性

(1)液限、塑限与塑指的关系。液限 w_L 和塑限 w_P 又称阿太堡界限(Atterberg limits),是细粒土颗粒与土中水相互作用的一种属性,其物理意义分别表示土体由可塑状态至流态、由半固态至可塑状态的分界含水率。为了掌握高液限土液塑限的分布规律,将贵州省的土样和福建、湖南的土样分别进行统计分析,如图2.13和图2.14所示。

从图2.13中可以看出:高液限土的液限分布多在50%～80.3%之间,平均值为60.1%;塑限分布在22%～43.8%之间,平均值为32.0%;高液限土的塑性指数分布在16.8%～42.3%之间,平均值为28.2%。

高液限土的液限与塑限间的相关性不明显,塑限与塑性指数之间基本不存在相关性,液限与塑指间存在一定的相关性 $w_L=0.9695I_p+38.132(R^2=0.5649)$。

从图2.14可以看出,福建、湖南高液限土液限分布范围为48.5%～89.5%,80%的土样液限值位于50%～65%,均值为60.0%;塑限分布范围为25.7%～37.3%,80%的土样液限值位于26%～34%,均值为31.2%;塑性指数分布范围为19%～52%,80%的土样液限值位于20%～34%,均值为28.8%。

从土的液限与塑限、塑指间的相互关系图中可以看出,高液限土的液限与塑限、塑限与塑性指数之间的相关性不强;液限与塑指间有一定的相关性 $I_P=1.0172w_L-30.869(R^2=0.7732)$。另一方面,土的塑性图(图2.15)中的A线 $I_P=0.73(w_L-20)$,按照塑性图判断,有部分红黏土与高液限土是属于粉土,但在实际工程中其粉性表现得不明显,以黏性为主,这是红黏土与高液限土的一个特点。对于红黏土与高液限土的定名有待进一步的研究。

(2)液塑性在竖向上的分布。根据表2.4的实测数据,高液限土液塑限在不同深度的分布规律如图2.16所示。液、塑限及塑性指数指标随深度的变化波动不是很大,液限指标在2～3m处有增大趋势,随后又趋于稳定,塑限和塑性指数的变化规律不明显。

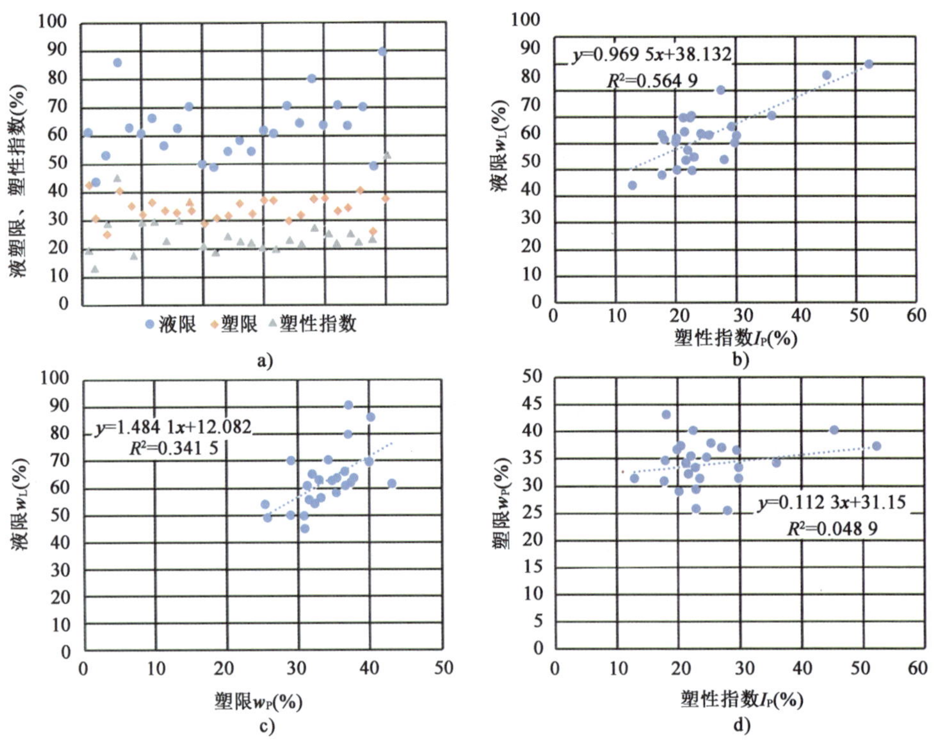

图 2.13 贵州高液限土液、塑限、塑性指数分布及相互关系

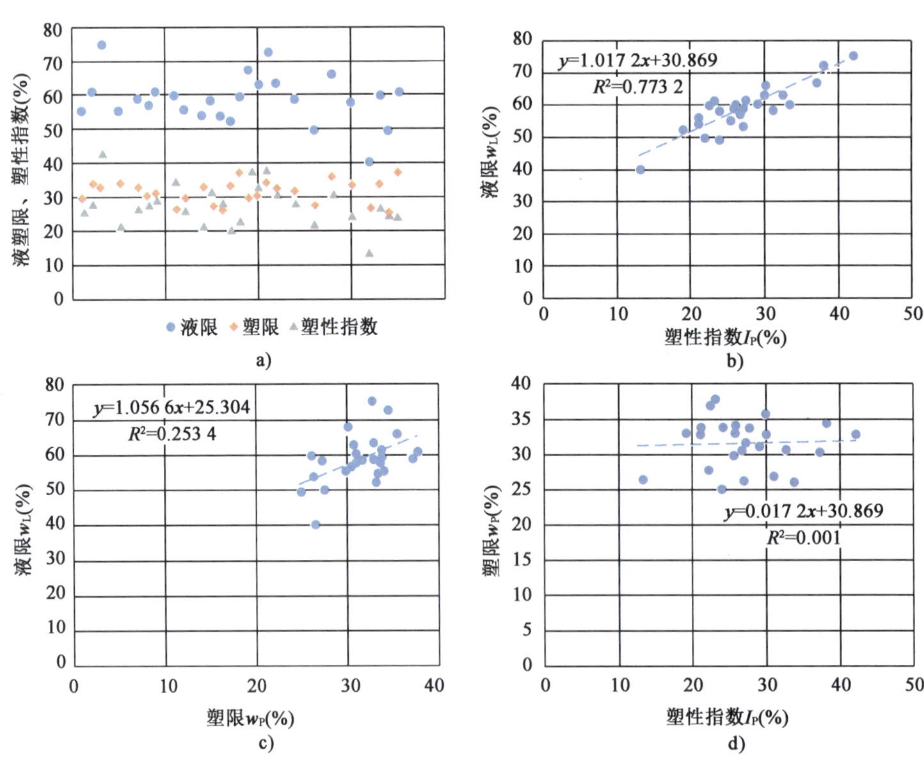

图 2.14 福建、湖南土样液塑限分布及相互关系

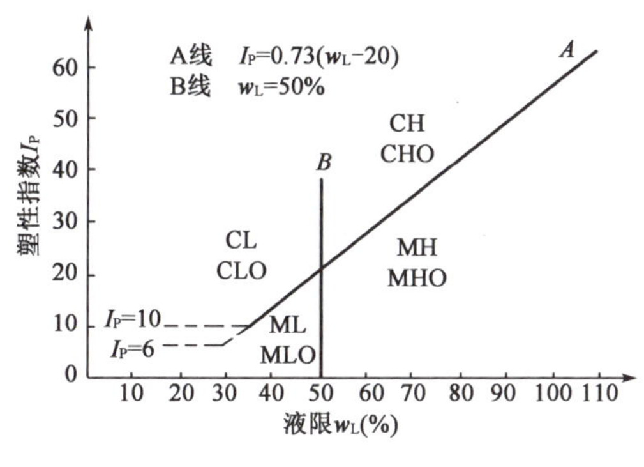

图 2.15 塑性图

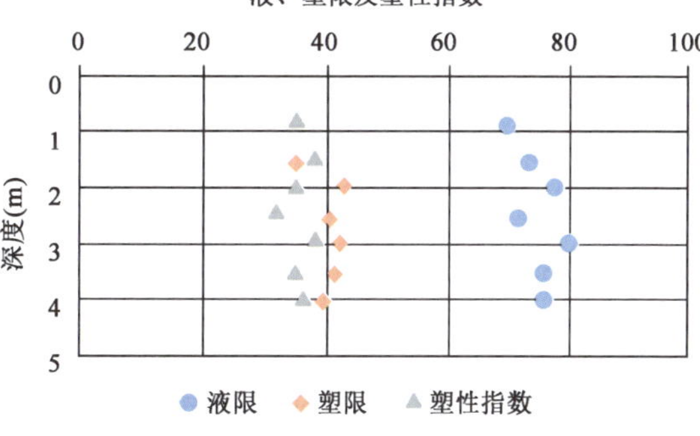

图 2.16 液塑限及塑性指数随深度分布

4)颗粒组成

相对于一般细粒土而言,高液限土的特点是细颗粒(小于 0.075mm 的颗粒)含量高,尤其是黏粒(小于 0.002mm 的颗粒)含量非常高,大部分在 30%以上,一般均大于 40%以上。高液限土粗颗粒含量(粒径大于 0.075mm 的颗粒)与成土母岩和风化程度密切相关,对土的路用特性有明显影响。根据对贵州、福建及湖南总共 52 个高液限土样的粗颗粒含量统计结果可知,粗颗粒含量均不超过 50%,其中 79%的土样粗颗粒含量小于 30%。总体而言,母岩花岗岩风化的高液限土的粗颗粒含量高于石灰岩与白云岩。

选取京福高速公路三明一期 YK8+800 土样,采用筛分法及水洗法对大于 0.075mm 的土颗粒进行试验,对小于 0.075mm 的土颗粒则采用激光粒度分析仪(SHIMADZU SALD—2101)进行试验(图 2.17)。

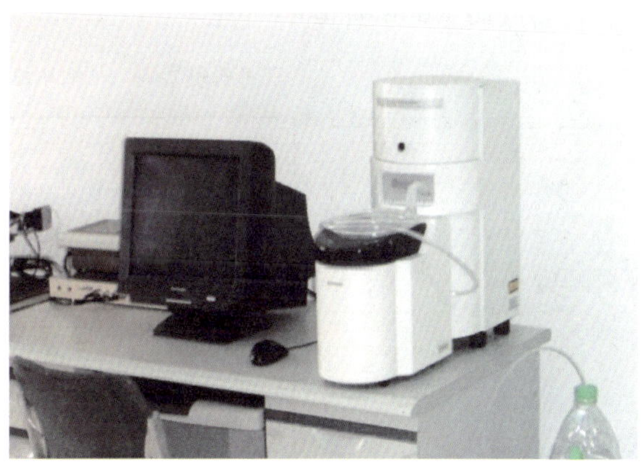

图 2.17 激光粒度分析仪

土中黏粒含量越大,土的可塑性就越大,液塑限指标也相应增大。细粒土的黏粒含量与塑性指数呈良好的线性关系(图 2.18)。直线的斜率称为活动性指数 A_C,当黏粒部分为不同矿物成分时,其活动性指数是不同的,石英的活动性指数为 0,方解石为 0.18,云母为 0.23,高岭石为 0.33~0.46,伊利石为 0.9,钙蒙脱石为 1.5。因此土的塑性与土中含有的高亲水性黏土矿物密切相关。

在加入分散剂后,颗粒直径均小于 0.01mm(10μm),4 号土细粒组含量(小于 0.075mm)

为 91.4%，黏粒含量（<0.002mm）为 41.2%，曲率系数 C_c=0.98，不均匀系数 C_u=2.75，粒度分布非常均匀。事实上，在不加分散剂的悬液中，绝大部分粒径为 0.01～0.05mm，迅速沉淀，给人直观感觉是粉质土的性质，土样由分散剂分散后测得黏粒含量较高，反映了高液限土的微观结构是由游离氧化物胶结成的稳定团聚体，采用浸水煮沸或施加机械力也无法将其分散，这是高液限土普遍的特性。因此，进行红黏土与高液限土的颗粒分析时必须加入足量的分散剂。

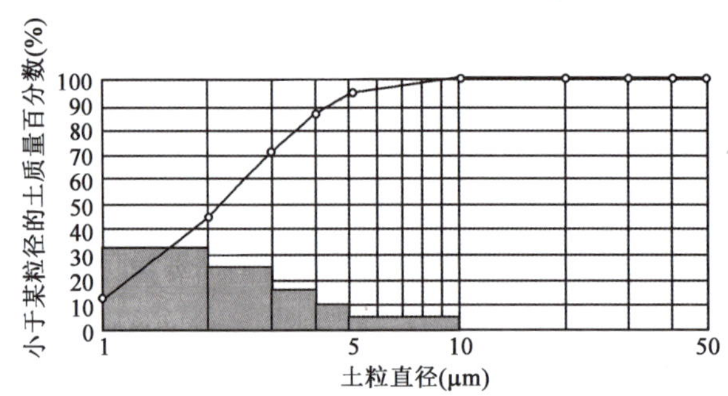

图 2.18　颗粒分析结果（<0.075mm）（4 号土）

土的黏粒含量为 41.2%，活动性指数 A_c=27.5%÷41.2%=0.67（图 2.19），这与福建高液限土主要由花岗岩风化形成，矿物成分主要由高岭石和伊利石构成有关。

5）颗粒相对密度

将贵州以及福建、湖南的高液限土的相对密度分布进行统计分析，统计结果见图 2.20 所示。从图 2.20 中可以看出，贵州土样的颗粒相对密度组成分布在 2.34～2.89g/cm³ 之间，不同区域的高液限土相对密度差异性较大；而福建、湖南宁道土样的颗粒相对密度分布在 2.67～2.72g/cm³ 之间，相对密度的差别相对较小。

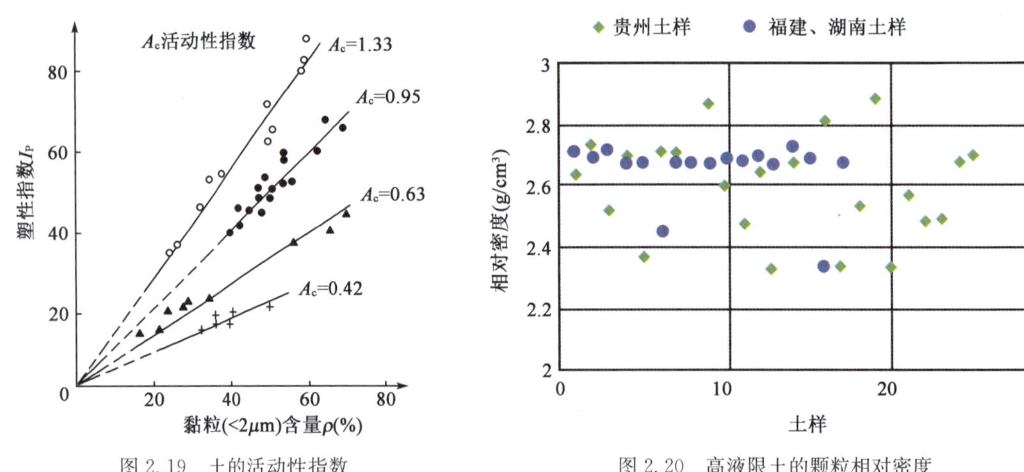

图 2.19　土的活动性指数

图 2.20　高液限土的颗粒相对密度

不同区域高液限土颗粒相对密度分布特征的差异性，通常是由成土母岩的造岩矿物成分差异造成的。贵州土样分别取自省内不同地区的多条高速公路，地质情况的差异较大，因此土样的母岩矿物成分也有一定差别，造成高液限土的颗粒相对密度存在差异。

6）液塑限与击实特性

高液限土的最大干密度、最佳含水率与土的塑性指标之间关系，如图 2.21 所示。从图 2.21

中可以看出，土的液塑限与击实结果间总的趋势是：随着土的液限的增加，最佳含水率逐渐增加，最大干密度逐渐减小。土的塑性指标与土的黏粒含量成正比，随着土中黏粒含量的增加，土颗粒吸附结合水的能力相应增加，而土中结合水将显著影响土的可压实性，造成最佳含水率的增大和最大干密度的下降。

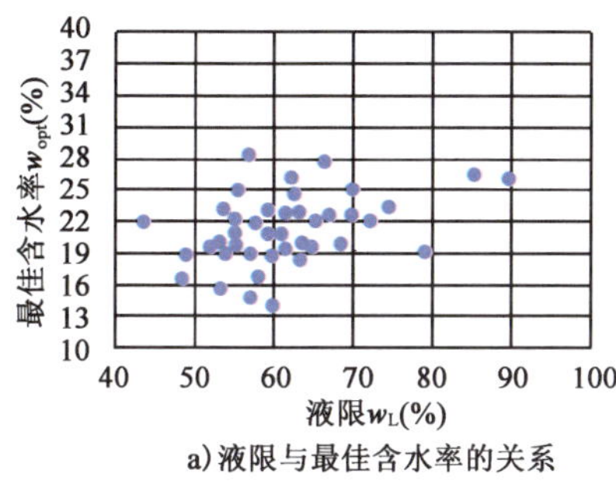

a)液限与最佳含水率的关系

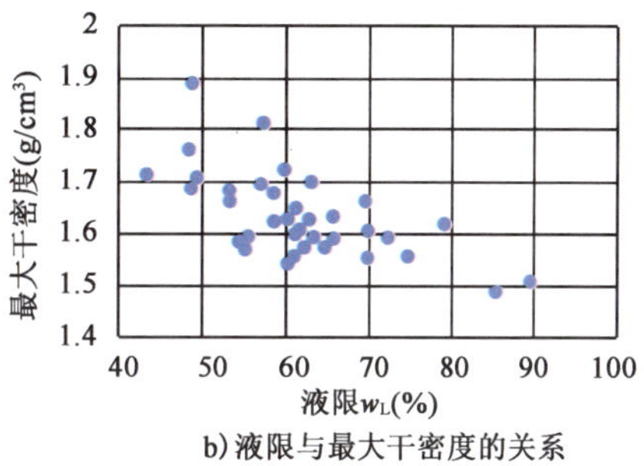

b)液限与最大干密度的关系

图 2.21　液限与击实试验结果的关系(全部土样)

对所有土样的数据进行回归(表 2.7)，回归过程中考虑到部分土样含较多的粗颗粒，而液塑限试验中土样过 0.5mm 筛，因此液塑性试验的土样与击实试验土样不完全对应，这对击实结果有较大影响。为了分析相关性，将粗颗粒含量在 20%以下的土样单独进行统计，如图 2.22 所示。

液塑限与击实试验结果相关性　　表 2.7

回归结果	最大干密度	最佳含水率
液限(a)	$\rho_{dmax}=0.224\,5w_L+5.739\,8$ $R^2=0.523\,2$	$w_{opt}=-0.007\,5w_L+1.992\,7$ $R^2=0.480\,7$
塑限(a)	$\rho_{dmax}=0.673\,0w_P-2.056\,8$ $R^2=0.372\,3$	$w_{opt}=-0.018\,4w_P+2.236\,4$ $R^2=0.403\,7$
塑性指数(a)	$\rho_{dmax}=0.263\,4I_P+11.838$ $R^2=0.468\,3$	$w_{opt}=-0.006\,5I_P+1.833\,8$ $R^2=0.407\,4$
液限(b)	$\rho_{dmax}=0.249\,2w_L+4.094\,6$ $R^2=0.903\,6$	$w_{opt}=-0.005\,7w_L+1.990\,8$ $R^2=0.752$
	$\rho_{dmax}=-0.001\,1w_L^2+0.4w_L-0.926\,9$ $R^2=0.906\,6$	$w_{opt}=0.000\,1w_L^2-0.025w_L+2.631\,6$ $R^2=0.830\,8$
塑限(b)	$\rho_{dmax}=0.830\,7w_P-6.149\,1$ $R^2=0.730\,4$	$w_{opt}=-0.023w_P+2.352\,4$ $R^2=0.877\,8$
	$\rho_{dmax}=0.060\,1w_P^2-2.916\,8w_P+1.366$ $R^2=0.790\,7$	$w_{opt}=0.000\,1w_P^2-0.025w_P+2.631\,6$ $R^2=0.830\,8$
塑性指数(b)	$\rho_{dmax}=0.315\,9I_P+9.880\,5$ $R^2=0.867\,9$	$w_{opt}=-0.006\,8I_P+1.841\,1$ $R^2=0.632\,1$
	$\rho_{dmax}=-0.004\,2I_P^2+0.629I_P+4.507\,9$ $R^2=0.878\,5$	$w_{opt}=0.000\,2I_P^2-0.024\,4I_P+2.142$ $R^2=0.683\,9$

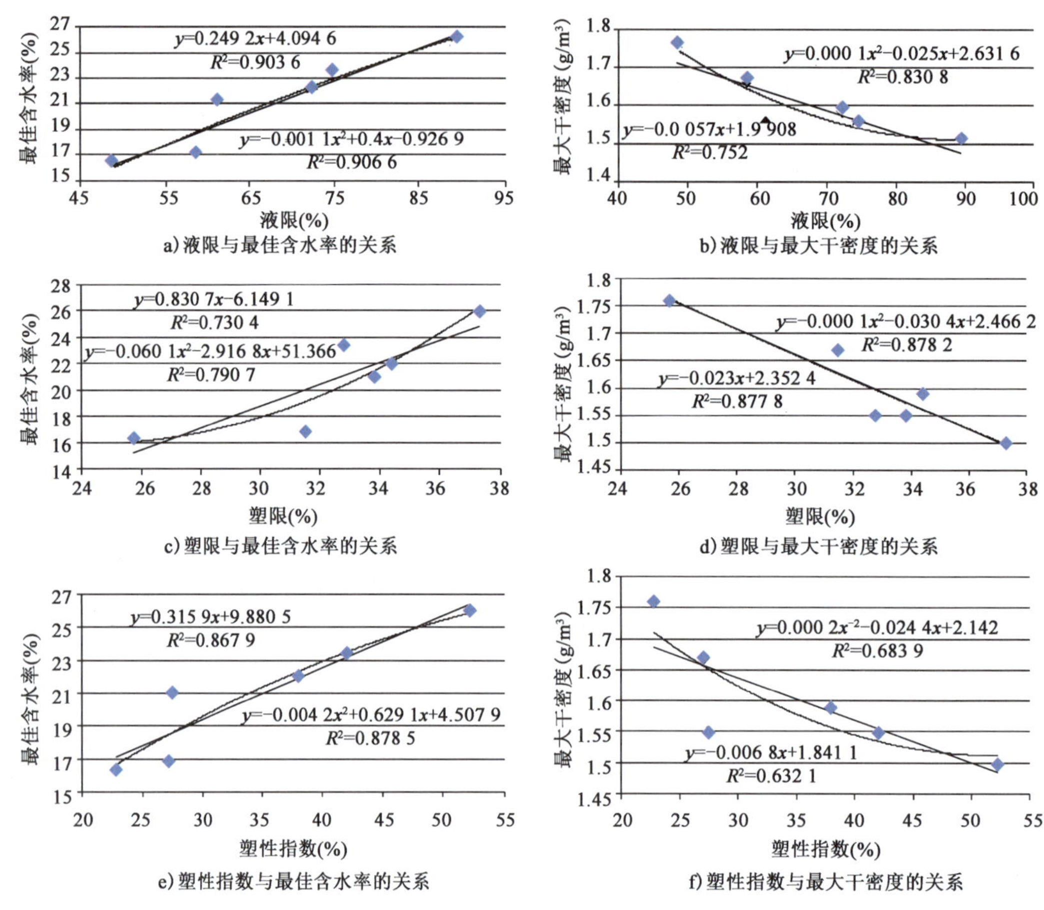

图 2.22 液限与击实试验结果的关系(部分土样)

结合以上分析,若不将粗颗粒土样剔除,塑性指标和击实试验结果间的相关性不明显,剔除粗颗粒后的相关性明显加强。因此,高液限土的液塑性指标与击实试验结果间具有较好的相关性,这也可以根据液塑性确定相应的击实结果,用于指导生产实践。

2.2.2 红黏土与高液限土力学特性

高液限土一般用于路基底部地表水位以上和路基顶面 1.5m 以下的部分(即下路堤),路基顶面下 1.5m 范围内多采用换填砂砾料等办法处治。据《公路路基设计规范》(JTG D30—2015)的相关条文规定,汽车动荷载对路基的影响主要位于路基结构工作区,而路基结构深度范围根据交通量及其轴载组成确定,轻、中交通的公路路基结构深度范围为 0.8m,重、特重交通的公路路基结构深度范围可按 1.20m 计。对于特重轴载的公路,应单独计算路基工作区深度,确定路基结构范围。因此,汽车荷载对高液限土路基的影响不大,研究高液限土路基的压缩变形和抗剪强度特性,不涉及回弹模量及其他动荷载作用下的应力应变等指标。

1)压缩特性

土的压缩性是指土体在上部荷载作用下产生体积压缩变形的性质,通常认为非饱和土的压缩主要是土体中孔隙体积的减小和孔隙水的排出。土的压缩性能通过压缩固结试验取得,采用压缩系数($a_{1\text{-}2}$)和压缩模量(E_s)来表示。压缩系数 $a_{1\text{-}2}$ 指的是 e-P 压缩曲线上某压力段的割线斜率。压缩性能对土的工程性状有重要的影响,采用高压缩性土填筑路基,如果处理措施不当,将可能导致路基的工后沉降过大,因此规范对填料的压缩性提出了要求(表 2.8)。

路基填料压缩性要求　　表 2.8

压缩系数 $a_{1\text{-}2}$(MPa^{-1})	应用分类	适用路堤类型
$a_{1\text{-}2}<0.1$	低压缩性土	可用于路堤高度 10m 以下的路堤填筑
$0.1\leqslant a_{1\text{-}2}\leqslant 0.5$	中压缩性土	可用于路堤高度 6m 以下的路堤填筑
$a_{1\text{-}2}>0.5$	高压缩性土	需进一步论证路堤压缩变形后方可使用

采用福建泉三线的 4 个土样(编号分别为 27、28、30 号高液限土,49 号低液限土)在稠度 0.7～1.6 范围内分别选取 5 个不同含水率进行压缩试验,试验结果见表 2.9。将各土样在不同含水率和击实功下的 e-P 曲线列于图 2.23 和图 2.24。

福建高液限土的压缩试验统计　　表 2.9

土样	制件稠度	含水率(%)	重型击实功	干密度(g/cm^3)	压实度(%)	$a_{1\text{-}2}$(MPa^{-1})	E_s(MPa)
27 号	1.27	19.5	3×98	1.676	95.2	0.14	11.90
	1.08	23.8	3×98	1.570	89.2	0.22	7.75
	0.97	26.3	3×98	1.526	86.7	0.25	6.97
	0.82	29.9	3×98	1.494	84.9	0.36	5.19
	0.72	32.1	3×98	1.480	84.1	0.41	4.51
28 号	1.16	29.2	3×98	1.494	99.6	0.22	8.16
	1.11	31.3	3×98	1.425	95.0	0.15	13.16
	1.03	35.6	3×98	1.391	92.7	0.35	5.56
	0.94	40.6	3×98	1.280	85.3	0.34	6.29
	0.91	42.1	3×98	1.280	85.3	0.41	5.13
30 号	1.47	20.87	3×98	1.550	100	0.03	54.05
	1.31	25.25	3×98	1.524	98.3	0.05	38.46
	1.13	30.32	3×98	1.435	92.6	0.12	16.39
	0.92	35.93	3×98	1.328	85.7	0.37	5.51
	0.74	40.83	3×98	1.248	80.5	0.58	3.78
	0.95	35.20	3×15	1.325	85.5	0.26	7.75
			3×21	1.333	86.0	0.17	11.90
			3×37	1.336	86.2	0.27	7.41
			3×51	1.321	85.2	0.27	7.69
			3×70	1.333	86.0	0.23	8.33
	0.81	38.9	3×15	1.280	82.6	0.45	4.76
			3×21	1.256	81.0	0.53	4.10
			3×37	1.257	81.1	0.57	3.77
			3×51	1.274	82.2	0.56	3.79

续上表

土样	制件稠度	含水率（%）	重型击实功	干密度（g/cm³）	压实度（%）	$a_{1\text{-}2}$（MPa^{-1}）	E_s（MPa）
49号	1.58	18.8	3×98	1.701	94.5	0.12	13.79
	1.32	22.2	3×98	1.634	90.8	0.14	11.76
	1.11	25.0	3×98	1.562	86.8	0.26	6.67
	0.84	28.5	3×98	1.494	83.0	0.40	4.55
	0.67	30.8	3×98	1.458	81.0	0.36	5.13

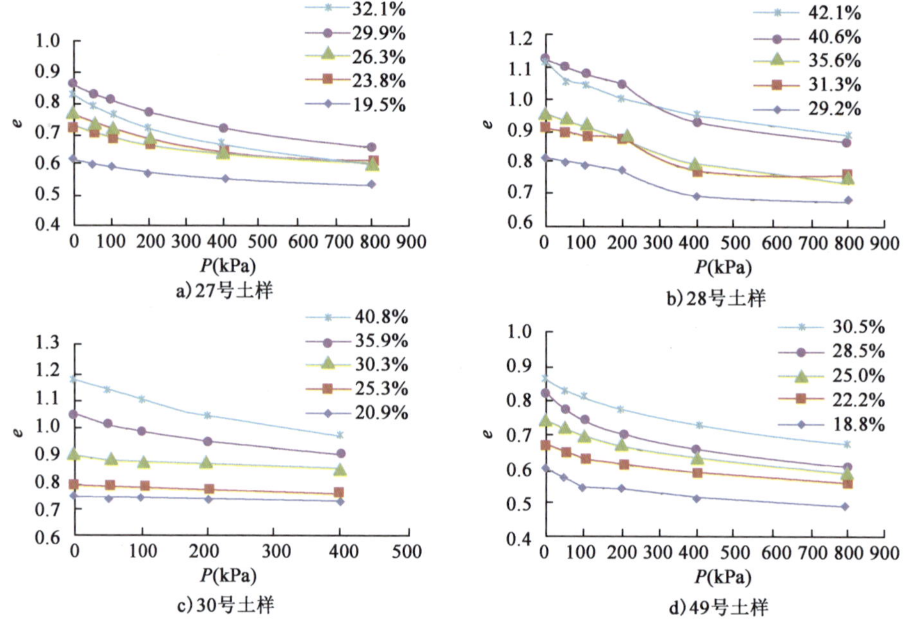

图 2.23 不同含水率制件的 e-P 曲线

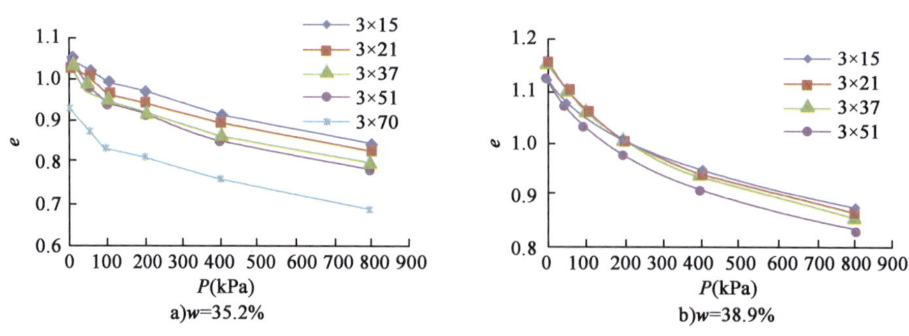

图 2.24 不同击实功制件的 e-P 曲线（30 号土样）

根据试验结果绘制土的压缩性与稠度 W_c 关系曲线，如图 2.25 所示。从图 2.25 中可以看出，压缩系数与稠度负相关（与含水率正相关），压缩模量与稠度正相关（与含水率负相关），即随着稠度增加（含水率减小），压缩系数相应降低，压缩模量相应增大。从 1 号、4 号土样的模量变化统计分析，高液限土的压缩模量曲线呈典型的抛物线形：

$$E_s = 16.701W_c^2 - 20.136W_c + 10.433,(R^2 = 0.9906,27\text{号土样})$$

$$E_s = 98.296W_c^2 - 145.39W_c + 56.875,(R^2 = 0.9908,49\text{号土样})$$

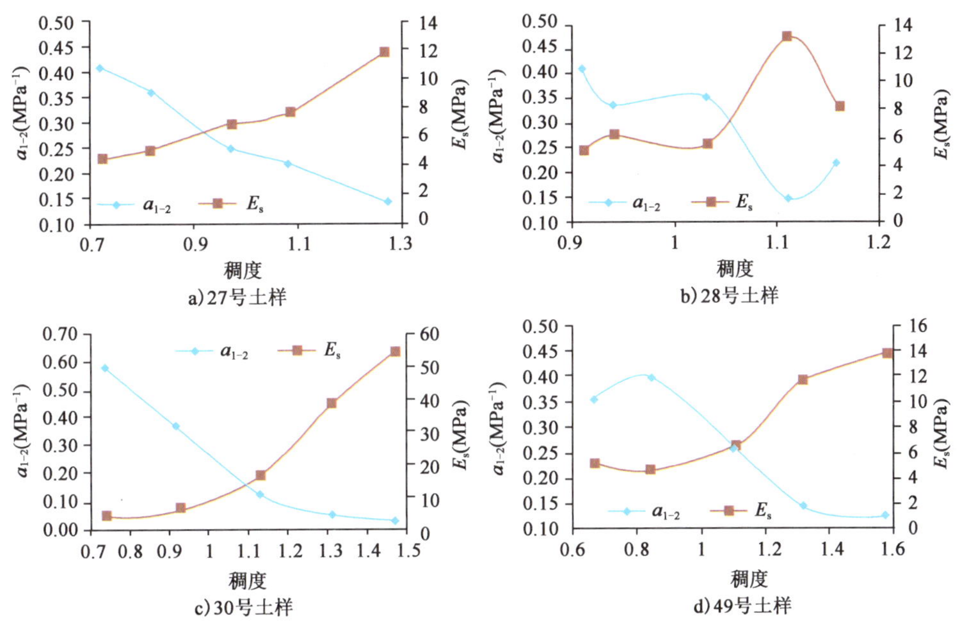

图 2.25 土的压缩性与稠度关系

压缩模量与稠度的二次抛物性相关性良好。分析图中不同土样的压缩曲线可以看出，在稠度 1.05 附近时为压缩模量变化的拐点，当稠度大于 1.05 时，模量增幅明显加大。但不同高液限土的模量绝对值差别较大。

4 种土样的压缩系数大部分在 0.1～0.5MPa^{-1}之间，属于中等压缩性土，因此福建高液限土并没有比同地区的低塑性土表现出更大的压缩性。

2)抗剪强度

土的抗剪强度是指土体对于外荷载所产生的剪应力的极限抵抗能力。剪切破坏是土体强度破坏的重要特点。影响土的抗剪强度的因素很多，主要包括内部因素(如土的组成、状态和结构等)和外部因素(如应力状态、应力历史、加载速率和排水条件等)。高液限土由于在黏粒含量、结构性及天然含水率等方面与一般细粒土区别较大，其在各种因素影响下的抗剪强度变化具有自身的特点及规律。

采用直剪(慢剪)试验对不同条件下(如含水率、干密度等不同)高液限土的抗剪强度进行试验研究。直剪试验是目前室内最常规的抗剪强度测定方法，包括快剪、固结快剪和慢剪 3 种不同试验方法。其试验方法和指标的选用应与工程现场土体的实际状态和施工加荷速率相符合。为了满足对高液限土路基完工后的压缩和稳定分析需要，采用直剪(慢剪)试验符合现场路基填筑后逐步排水固结的变形过程。

(1)抗剪强度指标的统计分析。试验选取福建泉三线土样(统一编号为 27 号、28 号、30 号、49 号)，进行不同含水率和干密度在不泡水条件下的直剪(慢剪)试验，结果见表 2.10。根据试验结果对高液限土的抗剪强度指标分布进行统计如图 2.26。

福建高液限土直剪(慢剪)试验统计　　表 2.10

土样号	制件稠度	含水率(%)	重型击实功	干密度(g/cm^3)	压实度(%)	c(kPa)	φ(°)
27 号	0.71	32.3	3×98	1.478	84.0	15.0	30.8
	0.80	30.3	3×98	1.521	86.4	18.6	29.5
	0.95	26.9	3×98	1.531	87.0	35.6	30.5
	1.08	23.9	3×98	1.589	90.3	52.7	36.0
	1.26	19.7	3×98	1.690	96.0	74.1	37.7
28 号	0.91	42.1	3×98	1.265	84.3	15.3	28.8
	0.94	40.6	3×98	1.283	85.5	19.9	29.0
	1.04	35.3	3×98	1.353	90.2	59.6	26.7
	1.13	30.7	3×98	1.445	96.3	73.4	39.0
30 号	0.79	39.7	3×98	1.289	83.2	19.4	28.3
	0.83	38.5	3×98	1.326	85.6	20.9	28.3
	0.95	35.3	3×98	1.312	84.7	36.0	30.2
	1.04	32.8	3×98	1.375	88.7	11.1	26.4
	1.15	29.8	3×98	1.435	92.6	94.2	27.5
49 号	0.68	30.6	3×98	1.485	82.5	7.1	28.8
	0.90	27.7	3×98	1.548	86.0	6.8	31.4
	1.17	24.2	3×98	1.624	90.2	46.1	31.4
	1.34	21.9	3×98	1.656	92.0	10.2	33.8
	1.56	19.0	3×98	1.746	97.0	44.5	32.9

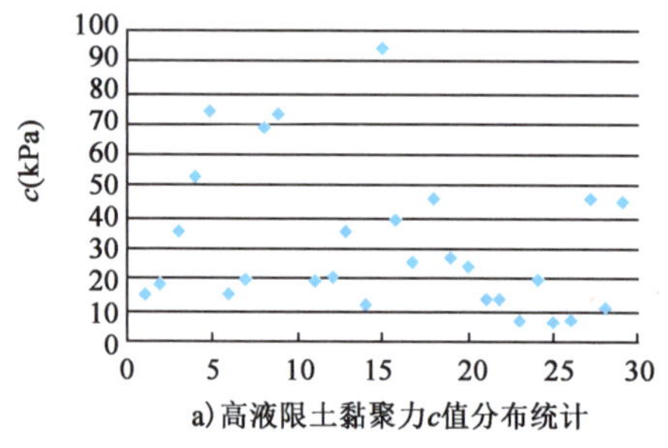

a)高液限土黏聚力c值分布统计

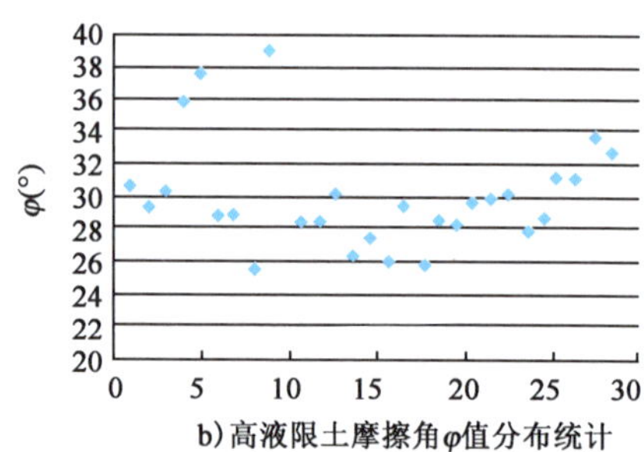

b)高液限土摩擦角φ值分布统计

图 2.26　高液限土抗剪强度指标分布统计

从分布统计来看,试样黏聚力指标变化范围较大(7～94kPa),71%点位分布于 10～50kPa,均值为 31.7kPa;高液限土的内摩擦角分布范围较为集中(25°～39°),78%点位分布于 26°～32°,均值为 30.1°。另外也发现如下特征:①当稠度低于 1.1 时,击实功对内摩擦角影响不大;②当稠度低于 1.1 时,含水率对内摩擦角的影响不大,且内摩擦角的分布非常均匀,基本为 28°～30°。

结合高液限土的压缩模量的分布特点,压缩模量的拐点为稠度 1.05,当稠度小于 1.05 时,压缩模量变化不大,当超过 1.05 后增幅明显加大。内摩擦角的拐点为 1.1,小于 1.1 时,内摩擦角变化很小。因此两者的拐点相近,压缩模量与内摩擦角的变化规律亦相似。对这种现象的机理分析可以认为,内摩擦角的本质是土与土间的摩擦系数,在相同的荷载下,摩擦系数取决于两者间的结合程度或密实程度，这也不难理解内摩擦角与压缩模量间的变化规律具有相似性。关于为何在 1.05 和 1.1 出现拐点，分析认为稠度 1.0 时是土的塑限含水率，即土由塑态向（半）固态转化的含水率，当土由塑态向（半）固态转化时，其力学特性变化明显，成为相应的拐点，处于塑态的高液限土的内摩擦角变化很小，压缩模量变化也较小。因此高液限土的物理特性与其力学特性间具有明显的相关性。

（2）不同含水率的直剪试验。对以上土样分别在不同含水率下采用重型击实功方法进行制件，高液限土样（27 号、28 号、30 号）制备的含水率基本稠度为 0.7～1.3，低塑性土（49 号）制备的含水率基本稠度为 0.7～1.6，制件原则是覆盖工程中可能遇到的实际含水率范围。根据试验结果绘制抗剪强度指标与含水率的关系，如图 2.27 所示。

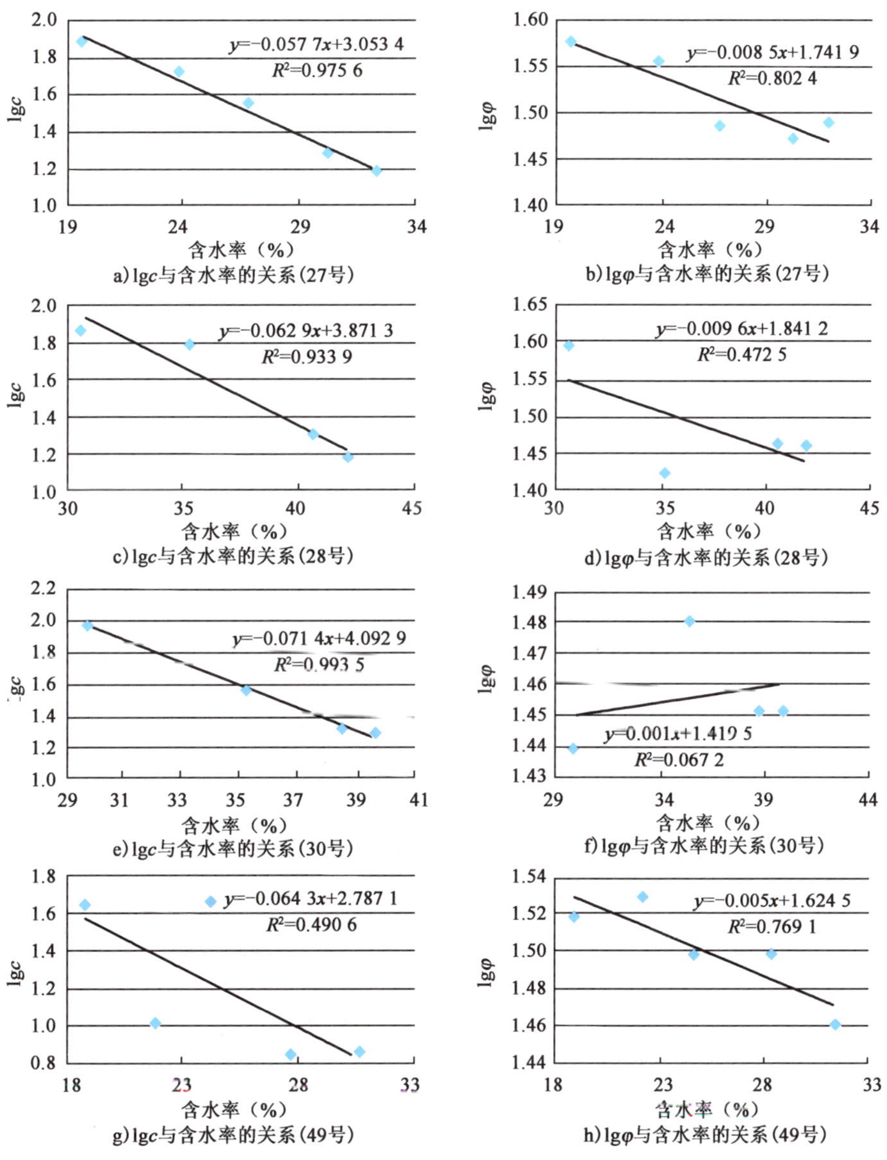

图 2.27　抗剪强度指标与含水率的关系

从图 2.27 中可以看出，高液限土样（1 号、2 号、4 号）的黏聚力的对数与含水率表现出良好的负线性相关性（即随着含水率增大，黏聚力逐渐减小），两者关系可表示为

$$\lg c = -aw + b \tag{2.1}$$

式中：a、b——土样试验确定的回归参数。

高液限土样的内摩擦角的对数与含水率总体表现负相关性，但相关性不明显，反映出高液限土含水率状态对黏聚力参数影响较大，而对内摩擦角参数影响较小。

2.2.3 红黏土与高液限土路用特性

在路基整体稳定的前提下，路基对路面的影响可用强度与变形两个参数来表征。对于高液限土路基而言，其强度与变形均需考虑。高液限土路基的变形规律通过室内模型试验与现场监测，结合非饱和土理论进行模拟计算。路基的强度包括模量与 CBR 值。其中 CBR 值是路基长期稳定强度参数，在贵州、福建这样潮湿多雨地区更具有适用性。因此，强度试验参数主要确定为高液限土的强度 CBR 值；另外，还对高液限土的膨胀性进行详细的研究。

为了掌握高液限土的强度与水稳性，开展路用特性试验，对泡水前后高液限土的各项指标（如击实功、含水率、干密度、湿密度、饱和度、CBR 值、膨胀量等）进行试验分析，分析各指标间的内在联系。确定对高液限土路用特性有显著影响的物理指标，提出高液限土的工程应用分类，用于指导设计与施工。

1）试验内容与方案

选取不同含水率的土组进行 CBR 试验，每组含水率原则上分别采用轻型、中型、重型 3 个击实功制件，制件采用湿法。

试样制备采用湿法和干法的区别在于对土样含水率的控制过程。湿法就是将天然含水率（一般比塑限高 5%～15%）逐步晾晒至需要的含水率，然后进行试验。如击实试验则需晾晒一个击实一个，试验过程相对较长。干法则是将土样在烘箱内完全烘干后，再掺加所需的水量，闷料 12h 后进行相关试验。相对湿土法，干土法的试验过程较为简单，对含水率的控制也更精确。高液限土要求采用湿法制件。制件及 CBR 试验设备如图 2.28 所示。

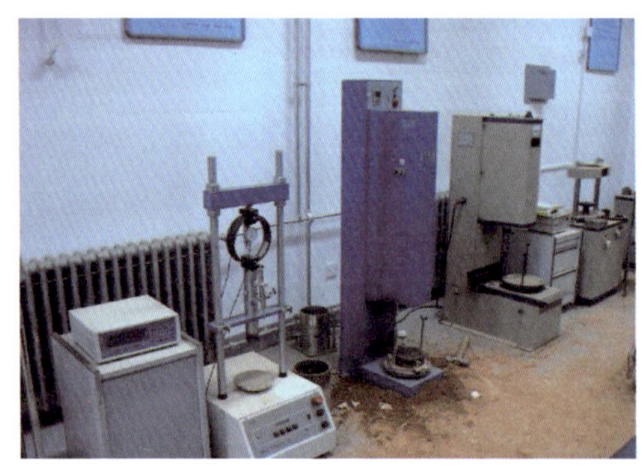

图 2.28　室内试验设备

高液限土的含水率高，其强度受击实功的影响很大，过大的压实功不仅不能提高高液限土的密度，而且会导致其强度的明显下降，因此，确定高液限土的合理击实功对揭示其工程特性

有很大帮助。另一方面，土的击实功与现场压路机的压实功相对应，《公路土工试验规程》(JTG E40—2007)对CBR试验规定的击数为30击、50击和98击，目的是将室内试验时的压实度与现场压实对应，通过插值的方法确定现场路基达到的CBR值。对于高液限土，由于天然含水率普遍较高，现场路基碾压时的含水率也较高，但压实度较低，为了与现场的压实度相对应，在总结以往研究成果的基础上，调整CBR试验的击实次数，分别定为18(16、21)击、30击和98击，目的在于：

(1)3个不同击数所达到的压实度能够基本分开，避免两个击数间的压实度过分接近。

(2)现场压实度在3个不同击数的压实度之间，以便通过插值得到可靠的现场路基CBR值。

(3)分析不同击实功对高液限土强度的影响，避免超压、软弹等现象对路基强度所造成的负面影响。

高液限土的含水率对其路用性能起着关键作用，为了明确不同含水率状况下高液限土的路用性能，进而分析高液限土最佳路用特性的含水率范围，我们进行了不同含水率状况下的路用性能试验。试验含水率基本包括了现场可能遇到的土的含水率范围。由于高液限土的液塑性差别很大，在50～90间均有分布，因此相同的含水率难以精确反映其所处的湿度状态，为此采用稠度指标来反映高液限土的湿度。

2)试验结果汇总

对福建、贵州及湖南的典型土样试验结果进行汇总分析，结果按照土样统一编号汇总如下。

(1)贵州土样试验结果汇总见表2.11～表2.17。

3号土样(K24+800)的路用特性　　表2.11

含水率(%)	稠度 W_c	重型(层数×击数)	湿密度 ρ_w(g/cm³)		干密度 ρ_d(g/cm³)		压实度(%)	承载比CBR(%)	线膨胀率(%)
			泡水前	泡水后	泡水前	泡水后			
28.2	0.89	3×20	1.893	1.908	1.477	1.475	89.0	3.9	0.1
		3×35	1.916	1.927	1.495	1.494	90.0	3.7	−0.2
		3×55	1.911	1.922	1.490	1.490	89.8	3.7	−0.3
33.3	0.72	3×20	1.837	1.850	1.378	1.377	83.0	4.2	0.1
		3×32	1.844	1.856	1.384	1.383	83.4	3.3	−0.2
		3×45	1.855	1.865	1.392	1.391	83.8	3.2	−0.2
35.5	0.64	3×15	1.800	2.090	1.329	1.329	80.0	2.2	0.0
		3×22	1.810	1.817	1.336	1.336	80.4	2.4	−0.3
		3×32	1.814	1.826	1.339	1.340	80.7	2.1	−0.3

4号土样(K25+500)的路用特性　　表2.12

含水率(%)	稠度 W_c	重型(层数×击数)	湿密度 ρ_w(g/cm³)		干密度 ρ_d(g/cm³)		压实度(%)	承载比CBR(%)	线膨胀率(%)
			泡水前	泡水后	泡水前	泡水后			
45	0.90	3×20	1.663	1.699	1.147	1.121	77.3	6.3	1.6
		3×35	1.724	1.743	1.189	1.171	80.1	6.9	1.1
		3×50	1.743	1.748	1.202	1.180	81.0	6.9	1.3

续上表

含水率（%）	稠度 W_c	重型（层数×击数）	湿密度 ρ_w(g/cm³)		干密度 ρ_d(g/cm³)		压实度（%）	承载比 CBR（%）	线膨胀率（%）
			泡水前	泡水后	泡水前	泡水后			
49.4	0.80	3×18	1.659	1.679	1.110	1.101	74.8	5.5	0.6
		3×25	1.689	1.700	1.130	1.122	76.2	5.5	0.5
		3×35	1.695	1.708	1.134	1.128	76.4	5.1	0.4
56.8	0.63	3×15	1.622	1.639	1.034	1.030	69.7	4.4	0.3
		3×20	1.644	1.657	1.049	1.046	70.6	3.9	0.2
		3×30	1.651	1.663	1.053	1.051	70.9	3.3	0.1
61.5	0.53	3×12	1.580	1.597	0.984	0.984	66.3	1.6	0.0
		3×18	1.597	1.613	0.987	0.987	66.5	1.6	0.0
		3×28	1.604	1.619	0.989	0.990	66.6	1.6	−0.1
66.5	0.42	3×12	1.558	1.571	0.936	0.934	63.0	2.3	0.1
		3×18	1.571	1.584	0.943	0.943	63.6	2.2	0.1
		3×28	1.569	1.580	0.942	0.942	63.4	2.0	0.0

25 号土样的路用特性 表 2.13

含水率（%）和（稠度）	轻型（层数×击数）	湿密度 ρ(g/cm³)		干密度 ρ_d(g/cm³)		压实度（%）	承载比 CBR（%）	饱和度 S_r（%）		线膨胀率（%）
		泡水前	泡水后	泡水前	泡水后			泡水前	泡水后	
31（1.28）	3×14	1.63	1.73	1.24	1.21	82	2.2	68.6	89.7	2.5
	3×30	1.80	1.83	1.37	1.34	90	7.8	82.5	91.6	2.2
	3×50	1.88	1.90	1.44	1.42	95	15.0	90.4	95.0	1.2
38.9（1.01）	3×14	1.69	1.74	1.22	1.21	80	6.8	83.2	91.8	0.6
	3×30	1.81	1.81	1.31	1.29	86	8.8	94.1	94.8	1.1
	3×50	1.83	1.82	1.32	1.30	87	7.1	95.5	96.2	0.9
40.9（0.95）	3×14	1.77	1.79	1.26	1.26	83	4.2	92.5	95.0	0.1
	3×30	1.81	1.82	1.28	1.28	84	3.7	95.8	97.7	0.0
	3×50	1.81	1.82	1.29	1.28	85	3.3	96.3	97.8	0.0
42.3（0.90）	3×14	1.76	1.77	1.23	1.23	81	3.1	92.4	94.2	0.0
	3×30	1.78	1.79	1.25	1.25	83	2.7	95.1	96.7	0.0
	3×50	1.79	1.79	1.26	1.26	83	2.5	95.4	96.7	0.0
48.9（0.68）	3×14	1.71	1.73	1.15	1.15	76	2.0	94.5	97.5	−0.1
	3×30	1.73	1.74	1.16	1.16	76	1.9	96.3	96.9	−0.1
	3×50	1.73	1.74	1.16	1.16	76	1.9	96.2	97.9	−0.1

26 号土样的路用特性 表 2.14

含水率（%）和稠度	轻型（层数×击数）	湿密度 ρ(g/cm³)		干密度 ρ_d(g/cm³)		压实度（%）	承载比 CBR（%）	饱和度 S_r（%）		线膨胀率（%）
		泡水前	泡水后	泡水前	泡水后			泡水前	泡水后	
34.3（1.22）	3×14	1.57	1.67	1.17	1.11	79	2.6	69.0	93.0	3.9
	3×30	1.72	1.75	1.28	1.21	87	4.0	81.0	94.2	5.71

续上表

含水率(%)和稠度	轻型(层数×击数)	湿密度ρ(g/cm³)		干密度ρ_d(g/cm³)		压实度(%)	承载比CBR(%)	饱和度S_r(%)		线膨胀率(%)
		泡水前	泡水后	泡水前	泡水后			泡水前	泡水后	
34.3(1.22)	3×50	1.81	1.83	1.35	1.29	92	6.3	89.3	98.9	5.72
41.3(1.02)	3×14	1.64	1.71	1.16	1.14	79	4.6	81.8	96.8	4.64
	3×30	1.78	1.80	1.26	1.24	85	9.1	94.3	99.2	2.07
	3×50	1.83	1.83	1.29	1.28	88	8.4	98.9	101.2	1.07
46.7(0.87)	3×14	1.67	1.70	1.14	1.13	77	5.3	89.3	96.1	0.70
	3×30	1.75	1.76	1.20	1.19	81	5.8	97.3	99.5	0.50
	3×50	1.76	1.77	1.20	1.20	81	4.9	97.9	100.0	0.36
50.3(0.77)	3×14	1.69	1.71	1.12	1.12	76	5.2	94.4	98.0	0.17
	3×30	1.75	1.75	1.16	1.16	79	4.4	99.7	100.8	0.34
	3×50	1.75	1.75	1.16	1.16	79	3.7	100.0	100.9	0.14
53.2(0.69)	3×14	1.65	1.66	1.08	1.08	73	2.5	93.5	95.0	0.11
	3×30	1.67	1.67	1.09	1.09	74	2.1	94.8	95.8	0.04
	3×50	1.68	1.69	1.10	1.10	74	1.9	95.8	97.3	0.10
56.7(0.59)	3×14	1.67	1.68	1.07	1.07	72	2.4	97.4	99.0	−0.12
	3×30	1.68	1.68	1.07	1.07	72	2.0	98.0	99.4	0.03
	3×50	1.68	1.69	1.07	1.07	73	1.8	98.1	99.7	−0.03
58.7(0.53)	3×14	1.64	1.65	1.03	1.03	70	2.1	96.2	97.8	−0.05
	3×30	1.66	1.67	1.05	1.05	71	1.8	97.8	98.8	−0.01
	3×50	1.66	1.67	1.05	1.05	71	1.6	97.9	99.0	−0.03
64.1(0.38)	3×14	1.60	1.60	0.97	0.97	66	1.0	95.7	95.8	−0.03
	3×30	1.61	1.62	0.98	0.98	67	1.0	97.1	97.2	−0.12
	3×50	1.61	1.61	0.98	0.98	66	1.0	96.5	96.6	−0.13

11号土样的路用性能 表2.15

含水率(%)	稠度W_c	轻型(层数×击数)	湿密度ρ(g/cm³)		干密度ρ_d(g/cm³)		压实度(%)	承载比CBR(%)	线膨胀率(%)
			泡水前	泡水后	泡水前	泡水后			
39.8	0.91	3×21	1.77	1.79	1.27	1.27	86	3.7	0.1
		3×40	1.79	1.81	1.28	1.28	86	3.3	0.2
		3×80	1.79	1.81	1.28	1.28	86	3.0	0.1
36.0	1.06	3×21	1.73	1.78	1.28	1.27	86	12.0	0.8
		3×40	1.81	1.83	1.33	1.32	90	15.4	0.6
		3×80	1.83	1.85	1.34	1.34	91	14.8	0.5
34.1	1.13	3×21	1.75	1.80	1.30	1.28	88	9.5	1.9
		3×40	1.74	1.84	1.30	1.28	88	15.1	1.3
		3×80	1.86	1.88	1.40	1.38	95	19.7	1.0

续上表

含水率(%)	稠度 W_c	轻型(层数×击数)	湿密度 ρ(g/cm³)		干密度 ρ_d(g/cm³)		压实度(%)	承载比CBR(%)	线膨胀率(%)
			泡水前	泡水后	泡水前	泡水后			
29.9	1.29	3×30	1.74	1.82	1.34	1.33	91	12.7	1.4
		3×50	1.82	1.87	1.40	1.38	95	18.6	1.1
		3×98	1.89	1.91	1.45	1.43	98	25.7	1.0
26.6	1.42	3×30	1.62	1.76	1.28	1.24	86	5.9	3.5
		3×50	1.70	1.81	1.35	1.31	91	9.7	3.4
		3×98	1.78	1.86	1.40	1.36	95	13.3	3.0

12 号土样的路用性能 表 2.16

含水率(%)	稠度 W_c	轻型(层数×击数)	湿密度 ρ(g/cm³)		干密度 ρ_d(g/cm³)		压实度(%)	承载比CBR(%)	线膨胀率(%)
			泡水前	泡水后	泡水前	泡水后			
34.2	0.86	3×21	1.87	1.89	1.40	1.40	83	4.1	0.1
		3×40	1.90	1.91	1.42	1.42	85	3.4	0.1
		3×80	1.88	1.89	1.42	1.42	85	2.9	0.1
28.9	1.11	3×30	1.90	1.92	1.47	1.46	88	9.7	0.5
		3×50	1.92	1.93	1.49	1.49	89	8.2	0.3
		3×98	1.94	1.95	1.51	1.50	90	6.8	0.3
24.8	1.30	3×30	1.89	1.95	1.52	1.50	90	15.6	1.0
		3×50	1.96	2.00	1.58	1.57	94	16.5	0.9
		3×98	2.01	2.02	1.60	1.59	95	17.8	0.8

13 号土样的路用性能 表 2.17

含水率(%)	轻型(层数×击数)	湿密度 ρ(g/cm³)		干密度 ρ_d(g/cm³)		压实度(%)	承载比 CBR(%)	线膨胀率(%)
		泡水前	泡水后	泡水前	泡水后			
23.1	3×30	1.82	1.84	1.49	1.49	92	9.4	0.1
	3×50	1.82	1.84	1.48	1.48	91	7.4	0.1
	3×98	1.86	1.86	1.51	1.49	93	7.3	0.9
19.2	3×30	1.78	1.85	1.49	1.49	92	20.5	0.0
	3×50	1.84	1.88	1.55	1.55	96	31.8	0.0
	3×98	1.88	1.91	1.57	1.57	97	33.9	0.0

(2)福建土样试验结果汇总(表 2.18～表 2.26)

27 号土样的路用特性 表 2.18

含水率(%)	稠度 W_c	轻型(层数×击数)	湿密度 ρ_w(g/cm³)		干密度 ρ_d(g/cm³)		压实度(%)	承载比CBR(%)	饱和度 S_r(%)		线膨胀率(%)
			泡水前	泡水后	泡水前	泡水后			泡水前	泡水后	
18.8	1.3	3×18	1.79	1.90	1.51	1.47	85.8	3.8	64.8	95.1	2.63
		3×50	1.89	1.96	1.59	1.55	90.3	6.3	73.4	98.5	2.76

续上表

含水率(%)	稠度 W_c	轻型(层数×击数)	湿密度 ρ_w(g/cm³) 泡水前	泡水后	干密度 ρ_d(g/cm³) 泡水前	泡水后	压实度(%)	承载比CBR(%)	饱和度 S_r(%) 泡水前	泡水后	线膨胀率(%)
18.8	1.3	3×98	2.06	2.07	1.73	1.70	98.3	16.8	92.3	102.8	1.96
22.6	1.14	3×18	1.88	1.93	1.54	1.51	87.5	6.7	81.6	96.3	1.58
		3×50	1.96	1.99	1.60	1.58	90.9	11.4	90.0	99.4	1.27
		3×98	2.03	2.04	1.66	1.65	94.3	14.6	98.1	101.6	0.41
25.4	1.01	3×16	1.90	1.93	1.52	1.51	86.4	7.4	88.9	97.5	0.56
		3×50	1.98	1.99	1.58	1.58	89.8	6.7	98.0	101.3	0.32
		3×98	2.01	2.02	1.60	1.60	90.9	5.9	101.3	104.4	0.22
27.8	0.91	3×18	1.96	1.98	1.57	1.56	89.2	6.7	96.1	101.1	0.36
		3×50	1.94	1.95	1.52	1.52	86.4	3.4	98.0	100.6	0.21
		3×98	1.95	1.95	1.52	1.52	86.4	2.7	98.2	100.3	0.23
31.9	0.73	3×18	1.89	1.90	1.43	1.43	81.3	1.7	98.5	100.4	0.01
		3×50	1.89	1.90	1.44	1.44	81.8	1.4	98.8	100.4	0.03
		3×98	1.91	1.91	1.45	1.45	82.4	1.4	100.3	101.6	0.04

28号土样的路用特性　　表2.19

含水率(%)	稠度 W_c	重型(层数×击数)	湿密度 ρ_w(g/cm³) 泡水前	泡水后	干密度 ρ_d(g/cm³) 泡水前	泡水后	压实度(%)	承载比CBR(%)	饱和度 S_r(%) 泡水前	泡水后	线膨胀率(%)
31.0	1.12	3×18	1.56	1.65	1.19	1.13	79.3	2.0	—	—	5.75
		3×50	1.69	1.73	1.29	1.22	86.0	3.5	—	—	5.40
		3×98	1.89	1.87	1.44	1.40	96.0	10.5	—	—	3.02
36.9	1.01	3×18	1.69	1.73	1.23	1.21	82.0	5.1	—	—	1.92
		3×50	1.80	1.81	1.32	1.30	88.0	8.4	—	—	0.84
		3×98	1.86	1.86	1.36	1.36	90.7	6.7	—	—	0.17
37.5	1.0	3×18	1.69	1.74	1.23	1.22	82.0	5.1	—	—	1.41
		3×50	1.80	1.82	1.31	1.30	87.3	8.4	—	—	0.47
		3×98	1.84	1.85	1.34	1.34	89.3	5.9	—	—	0.09
43.3	0.89	3×16	1.73	1.74	1.21	1.20	80.7	4.6	—	—	0.30
		3×50	1.76	1.77	1.23	1.23	82.0	3.7	—	—	0.11
		3×98	1.77	1.78	1.23	1.24	82.0	2.6	—	—	−0.02
48.2	0.79	3×18	1.72	1.73	1.16	1.16	77.3	2.5	—	—	0.00
		3×50	1.72	1.73	1.16	1.16	77.3	2.3	—	—	−0.02
		3×98	1.72	1.73	1.16	1.16	77.3	1.8	—	—	−0.05

30 号土样的路用特性 表 2.20

含水率(%)	稠度 W_c	重型(层数×击数)	湿密度 ρ_w(g/cm³)		干密度 ρ_d(g/cm³)		压实度(%)	承载比CBR(%)	饱和度 S_r(%)		线膨胀率(%)
			泡水前	泡水后	泡水前	泡水后			泡水前	泡水后	
19	1.54	3×21	1.64	1.82	1.38	1.32	89.0	3.1	54.1	99.3	4.36
		3×50	1.76	1.89	1.48	1.41	95.5	4.2	63.0	101.7	5.35
		3×98	1.84	1.93	1.55	1.47	100.0	5.5	70.2	102.3	5.42
20.7	1.48	3×21	1.67	1.82	1.38	1.33	89.0	3.2	59.5	98.1	3.89
		3×50	1.80	1.90	1.49	1.42	96.1	4.6	70.2	101.3	4.98
		3×98	1.89	1.95	1.57	1.49	101.3	7.1	78.6	102.9	5.20
26.6	1.26	3×21	1.72	1.82	1.35	1.32	87.1	4.1	74.9	101.0	2.74
		3×50	1.87	1.91	1.48	1.44	95.5	8.1	88.3	102.2	2.66
		3×98	1.93	1.94	1.52	1.49	98.1	10	94.2	101.0	2.35
30	1.14	3×21	1.74	1.81	1.34	1.30	86.5	5.9	80.3	99.4	2.5
		3×50	1.88	1.89	1.44	1.41	92.9	7.4	94.3	101.6	2.4
		3×98	1.91	1.92	1.47	1.45	94.8	8.6	98.1	102.7	1.23
34.7	0.97	3×21	1.74	1.78	1.29	1.28	83.2	3.9	86.4	96.5	1.03
		3×50	1.84	1.86	1.37	1.36	88.4	4.6	97.4	102.0	0.79
		3×98	1.87	1.88	1.39	1.39	89.7	3.9	100.8	102.9	0.47
35.7	0.93	3×21	1.75	1.79	1.29	1.28	83.2	2.9	88.6	97.5	0.76
		3×50	1.85	1.86	1.36	1.35	87.7	3.5	99.4	102.0	0.63
		3×98	1.86	1.87	1.37	1.36	88.4	3.2	100.3	103.1	0.34

49 号土样的路用特性 表 2.21

含水率(%)	稠度 W_c	重型(层数×击数)	湿密度 ρ_w(g/cm³)		干密度 ρ_d(g/cm³)		压实度(%)	承载比CBR(%)	饱和度 S_r(%)		线膨胀率(%)
			泡水前	泡水后	泡水前	泡水后			泡水前	泡水后	
17.5	1.67	3×18	1.81	1.93	1.54	1.52	85.6	4.3	62.8	95.2	1.92
		3×50	1.90	1.99	1.62	1.59	90.0	8.1	70.5	97.3	2.19
		3×98	2.07	2.09	1.76	1.73	97.8	21.3	88.0	100.8	1.71
20	1.49	3×16	1.88	1.96	1.57	1.55	87.2	5.8	74.4	96.0	1.28
		3×50	1.99	2.03	1.66	1.64	92.2	12.1	85.4	99.3	1.36
		3×98	2.09	2.10	1.74	1.73	96.7	17.6	97.9	101.5	0.54
25.3	1.08	3×14	1.94	1.95	1.55	1.54	86.1	5.1	91.1	95.9	0.53
		3×50	2.00	2.00	1.59	1.59	88.3	3.8	98.0	99.4	0.34
		3×98	2.01	2.01	1.60	1.60	88.9	2.6	99.2	100.5	0.26
27.9	0.89	3×16	1.95	1.95	1.52	1.51	84.4	1.8	96.8	98.8	0.91
		3×50	1.96	1.97	1.53	1.53	85.0	1.5	98.7	102.0	0.08
		3×98	1.96	1.97	1.53	1.53	85.0	1.2	97.9	101.0	0.04

续上表

含水率(%)	稠度 W_c	重型(层数×击数)	湿密度 ρ_w(g/cm³)		干密度 ρ_d(g/cm³)		压实度(%)	承载比 CBR(%)	饱和度 S_r(%)		线膨胀率(%)
			泡水前	泡水后	泡水前	泡水后			泡水前	泡水后	
32	0.58	3×18	1.94	1.94	1.47	1.47	81.7	1	102.8	103.4	−0.10
		3×50	1.94	1.94	1.47	1.47	81.7	1	103.0	103.4	−0.08
		3×98	1.93	1.93	1.46	1.46	81.1	1	101.7	102.3	−0.07

31 号土样的路用特性 表 2.22

含水率(%)	重型(层数×击数)	稠度 W_c		湿密度 ρ_w(g/cm³)		干密度 ρ_d(g/cm³)		承载比 CBR(%)		饱和度 S_r(%)		线膨胀率(%)
		泡水前	泡水后	泡水前	泡水后	泡水前	泡水后	泡水前	泡水后	泡水前	泡水后	
13.9	3×21	1.45	0.81	1.488	1.710	1.307	1.214	31.7	2.0	35.4	90.6	7.7
	5×39		0.95	1.656	1.802	1.454	1.337	80.0	2.9	44.2	92.8	8.7
	5×59		0.94	1.734	1.860	1.522	1.377	104.1	3.3	49.0	99.4	10.6
19.8	3×21	1.31	0.75	1.587	1.732	1.325	1.210	34.7	1.9	51.9	95.2	9.5
	5×39		0.93	1.797	1.841	1.500	1.358	80.5	3.5	67.5	98.0	10.4
	5×59		0.95	1.814	1.831	1.515	1.359	102.5	3.2	69.0	95.8	11.4
20.6	3×21	1.29	0.74	1.555	1.694	1.289	1.180	—	1.5	51.2	91.8	9.2
	5×39		0.90	1.793	1.827	1.487	1.334	—	2.5	68.8	98.1	11.4
	5×59		0.96	1.893	1.875	1.569	1.396	—	2.8	78.0	99.9	12.4
23.0	3×21	1.23	0.79	1.602	1.700	1.303	1.201	—	1.8	58.3	90.5	8.5
	5×39		0.98	1.866	1.843	1.517	1.378	—	3.2	80.4	95.6	10.1
	5×59		1.01	1.939	1.903	1.577	1.439	—	3.8	88.1	100.2	9.5
25.5	3×21	1.17	0.80	1.638	1.737	1.305	1.232	26.2	1.9	64.9	93.5	5.9
	5×39		1.03	1.917	1.907	1.527	1.449	52.1	6.6	90.6	99.7	5.4
	5×59		1.08	1.961	1.938	1.563	1.497	18.2	8.3	95.6	99.7	4.4
27.5	3×21	1.13	0.83	1.644	1.697	1.290	1.215	—	2.1	68.5	88.3	6.6
	5×39		1.06	1.890	1.875	1.483	1.439	—	8.3	91.5	94.1	3.9
	5×59		1.08	1.951	1.927	1.531	1.489	—	10.4	98.5	98.6	2.8
30.4	3×21	1.06	0.81	1.668	1.708	1.279	1.212	17.3	2.5	74.4	90.6	5.5
	5×39		0.99	1.890	1.888	1.450	1.417	13.5	9.1	96.0	100.0	2.3
	5×59		1.02	1.875	1.881	1.438	1.425	10.9	11.5	94.3	97.4	0.9
32.5	3×21	1.01	0.97	1.844	1.861	1.392	1.390	—	6.3	94.1	97.8	0.1
	5×39		0.99	1.875	1.883	1.415	1.413	—	7.2	97.5	99.5	0.1
	5×59		0.98	1.883	1.893	1.421	1.418	—	6.2	98.4	100.8	0.2
35.8	3×21	0.93	0.90	1.826	1.834	1.345	1.339	8.0	5.5	97.6	99.9	0.4
	5×39		0.91	1.821	1.827	1.341	1.339	4.6	4.0	97.0	98.8	0.1
	5×59		0.91	1.796	1.804	1.323	1.321	3.9	3.6	94.4	96.2	0.1

续上表

含水率(%)	重型(层数×击数)	稠度 W_c		湿密度 ρ_w(g/cm³)		干密度 ρ_d(g/cm³)		承载比 CBR(%)		饱和度 S_r(%)		线膨胀率(%)
		泡水前	泡水后	泡水前	泡水后	泡水前	泡水后	泡水前	泡水后	泡水前	泡水后	
36.2	3×21	0.92	0.89	1.807	1.804	1.327	1.314	—	5.9	96.1	97.1	0.9
	5×39		0.89	1.811	1.826	1.330	1.330	—	3.8	96.6	99.6	0.0

32 号土样的路用特性 表 2.23

含水率(%)	重型(层数×击数)	稠度 W_c		湿密度 ρ_w(g/cm³)		干密度 ρ_d(g/cm³)		承载比 CBR(%)		饱和度 S_r(%)		线膨胀率(%)
		泡水前	泡水后	泡水前	泡水后	泡水前	泡水后	泡水前	泡水后	泡水前	泡水后	
28.1	3×21	1.30	0.73	1.690	—	1.324	—	14.8	2.6	72.6	98.1	3.5
	5×39		1.06	1.866	—	1.450	—	25.7	5.6	88.4	98.7	4.0
	5×59		1.13	1.907	—	1.491	—	27.2	6.0	93.4	99.7	3.4
	5×79		1.13	1.879	—	1.466	—	24.4	7.2	93.5	98.7	3.3
30.0	3×21	1.18	0.69	1.724	—	1.328	—	13.9	2.6	78.7	98.9	3.1
	5×39		0.89	1.868	—	1.436	—	20.5	4.8	93.1	99.7	2.7
	5×59		0.98	1.883	—	1.448	—	19.9	4.9	94.8	101.1	3.0
32.0	3×21	1.09	0.73	1.746	—	1.322	—	12.9	3.5	84.0	97.0	3.3
	5×39		0.97	1.858	—	1.408	—	16.0	6.1	94.9	99.8	2.2
	5×59		0.96	1.859	—	1.409	—	14.3	6.2	95.1	99.4	1.7
35.9	3×21	0.90	0.74	1.760	—	1.294	—	9.4	4.2	90.1	97.0	2.0
	5×39		0.82	1.807	—	1.333	—	6.7	5.8	94.8	97.8	1.0
	5×59		0.81	1.814	—	1.333	—	5.8	3.3	95.5	98.1	1.0

33 号土样的路用特性 表 2.24

含水率(%)	稠度 W_c	重型(层数×击数)	湿密度 ρ_w(g/cm³)		干密度 ρ_d(g/cm³)		压实度(%)	承载比 CBR(%)	饱和度 S_r(%)		线膨胀率(%)
			泡水前	泡水后	泡水前	泡水后			泡水前	泡水后	
21.4	1.43	3×21	1.613	1.809	1.329	1.324	80.7	1.8	56.4	95.8	0.4
		5×39	1.898	1.923	1.563	1.499	94.9	7.2	80.3	96.3	4.3
		5×59	1.977	1.973	1.628	1.578	99.6	12.3	88.8	96.1	3.2
24.1	1.33	3×21	1.675	1.735	1.350	1.289	81.9	2.2	65.5	85.9	4.7
		5×39	1.953	1.949	1.574	1.537	95.6	15.3	91.9	96.6	2.4
		5×59	1.981	1.977	1.596	1.579	96.9	19.6	95.1	96.7	1.1
27.2	1.21	3×21	1.773	1.799	1.394	1.353	84.7	4.5	79.1	90.2	3.1
		5×39	1.933	1.950	1.519	1.518	92.2	10.9	95.4	99.7	0.1
		5×59	1.940	1.952	1.525	1.525	92.6	10.2	96.3	99.0	0.0
29.3	1.13	3×21	1.844	1.868	1.426	1.411	86.6	7.5	89.3	96.6	1.1
		5×39	1.939	1.948	1.500	1.499	91.0	6.9	99.8	101.9	0.1
		5×59	1.936	1.948	1.497	1.496	90.9	5.9	99.4	102.2	0.0

续上表

含水率(%)	稠度 W_c	重型(层数×击数)	湿密度 ρ_w(g/cm^3)		干密度 ρ_d(g/cm^3)		压实度(%)	承载比CBR(%)	饱和度 S_r(%)		线膨胀率(%)
			泡水前	泡水后	泡水前	泡水后			泡水前	泡水后	
31.7	1.04	3×21	1.862	1.875	1.414	1.410	85.8	6.9	94.8	98.0	0.2
		5×39	1.888	1.896	1.434	1.433	87.0	4.0	97.7	99.5	0.0
		5×59	1.884	1.895	1.431	1.431	86.9	4.0	97.3	99.7	0.0
33.6	0.97	3×21	1.837	1.847	1.375	1.374	83.5	4.1	94.9	97.1	0.1
		5×39	1.849	1.859	1.384	1.384	84.0	3.2	96.2	98.2	0.0
		5×59	1.858	1.871	1.391	1.391	84.5	2.8	97.2	99.8	0.0

34 号土样的路用特性 表 2.25

含水率(%)	稠度 W_c	重型(层数×击数)	湿密度 ρ_w(g/cm^3)		干密度 ρ_d(g/cm^3)		压实度(%)	承载比CBR(%)	饱和度 S_r(%)		线膨胀率(%)
			泡水前	泡水后	泡水前	泡水后			泡水前	泡水后	
21.6	1.33	3×18	1.725	1.825	1.418	1.365	83.9	2.7	65.1	93.8	3.9
		5×29	1.942	1.989	1.597	1.566	94.5	14.8	85.4	101.7	2.0
		5×59	2.045	2.053	1.682	1.668	99.5	25.0	97.5	101.9	0.8
25.5	1.19	3×18	1.810	1.861	1.442	1.415	85.4	5.4	79.7	94.5	1.9
		5×29	1.970	1.980	1.570	1.567	92.9	15.3	96.6	99.6	0.2
		5×59	1.996	2.007	1.590	1.590	94.1	10.9	99.8	102.6	0.0
27.7	1.10	3×18	1.866	1.899	1.462	1.455	86.5	8.3	89.1	97.0	0.4
		5×29	1.953	1.966	1.529	1.528	90.5	8.1	98.7	101.8	0.1
		5×59	1.953	1.961	1.529	1.528	90.5	6.0	98.7	100.7	0.1
30.3	1.01	3×18	1.885	1.900	1.447	1.444	85.6	6.5	95.3	98.9	0.2
		5×29	1.919	1.928	1.473	1.473	87.1	4.2	99.1	100.9	0.0
		5×59	1.920	1.926	1.474	1.474	87.2	3.6	99.2	100.6	0.0
32.7	0.92	3×18	1.866	1.873	1.406	1.406	83.2	3.8	96.8	98.4	0.1
		5×29	1.883	1.892	1.419	1.419	84.0	2.7	98.6	100.5	0.0
		5×59	1.869	1.881	1.408	1.409	83.3	2.4	97.1	99.5	0.0
34.1	0.87	3×18	1.831	1.843	1.366	1.365	80.8	2.7	95.0	97.4	0.0
		5×29	1.854	1.865	1.382	1.383	81.8	2.0	97.3	99.5	−0.1
		5×59	1.856	1.865	1.384	1.385	81.9	2.0	97.6	99.3	−0.1

35 号土样的路用特性 表 2.26

含水率(%)	稠度 W_c	重型(层数×击数)	湿密度 ρ_w(g/cm^3)		干密度 ρ_d(g/cm^3)		压实度(%)	承载比CBR(%)	饱和度 S_r(%)		线膨胀率(%)
			泡水前	泡水后	泡水前	泡水后			泡水前	泡水后	
15.2	1.54	5×39	1.96	1.99	1.7	1.60	98.8	2.9	70.7	95.4	6.5
		5×59	2.03	2.01	1.76	1.64	102.3	3.2	80.0	95.4	7.25
		5×79	2.06	2.04	1.79	1.68	104.1	3.2	81.9	95.4	6.83

续上表

含水率(%)	稠度 W_c	重型(层数×击数)	湿密度 ρ_w(g/cm³)		干密度 ρ_d(g/cm³)		压实度(%)	承载比CBR(%)	饱和度 S_r(%)		线膨胀率(%)
			泡水前	泡水后	泡水前	泡水后			泡水前	泡水后	
18.4	1.43	3×21	1.76	1.87	1.49	1.45	86.6	2.6	61.7	91.4	2.73
		5×39	1.98	1.98	1.67	1.59	97.1	4.4	81.5	96.2	4.76
		5×59	2.00	2.05	1.69	1.67	98.3	4.7	85.0	99.0	2.51
20	1.38	3×21	1.84	1.85	1.53	1.47	89.0	2.8	71.4	85.6	3.78
		5×39	2.00	1.99	1.67	1.63	97.1	4.7	88.8	91.6	2.55
		5×59	2.02	2.02	1.68	1.65	97.7	4.5	90.6	96.9	2.14
21.7	1.32	3×21	1.84	1.89	1.51	1.45	87.8	3	74.8	95.4	2.86
		5×39	1.98	1.94	1.63	1.57	94.8	4.8	90.3	90.1	3.7
		5×59	1.98	1.97	1.63	1.59	94.8	4.6	90.8	94.8	2.5
25.9	1.17	3×21	1.86	1.86	1.48	1.45	86.0	4.8	85.7	88.9	2.23
		5×39	1.94	1.92	1.54	1.52	89.5	3.9	94.0	91.2	1.43
		5×59	1.94	1.92	1.54	1.52	89.5	2.9	93.7	91.7	1.12
29	1.07	3×21	1.86	1.85	1.44	1.42	83.7	2.86	92.1	92.4	1.36
		5×39	1.87	1.86	1.45	1.44	84.3	1.67	90.0	90.0	0.95
		5×59	1.88	1.88	1.46	1.45	84.9	0.91	92.7	92.5	0.89

(3)湖南土样试验结果汇总(表2.27、表2.28)

50号土样的路用特性

表2.27

含水率(%)	稠度 W_c	重型(层数×击数)	湿密度 ρ_w(g/cm³)		干密度 ρ_d(g/cm³)		压实度(%)	承载比CBR(%)	线膨胀率(%)
			泡水前	泡水后	泡水前	泡水后			
26.1	1.29	3×21	1.588	1.718	1.260	1.231	80.3	2.2	2.33
		3×40	1.707	1.792	1.354	1.317	86.4	4.1	2.82
		3×80	1.821	1.873	1.444	1.418	92.1	15.5	1.86
29.5	1.16	3×21	1.752	1.817	1.353	1.344	86.3	8.4	0.65
		3×40	1.875	1.903	1.448	1.443	92.3	18.8	0.39
		3×80	1.932	1.943	1.492	1.491	95.1	15.7	0.12
31.4	1.09	3×21	1.810	1.846	1.377	1.375	87.8	11.8	0.20
		3×40	1.898	1.908	1.445	1.443	92.1	10.3	0.10
		3×80	1.906	1.917	1.451	1.449	92.5	6.2	0.09
34.4	0.97	3×21	1.824	1.839	1.357	1.356	86.5	3.8	0.10
		3×40	1.847	1.858	1.375	1.375	87.7	3.6	0.08
		3×80	1.854	1.866	1.379	1.381	88.0	3.1	0.02
36.3	0.90	3×21	1.815	1.838	1.331	1.330	84.9	3.9	0.08
		3×40	1.839	1.850	1.349	1.348	86.0	3.3	0.02
		3×80	1.839	1.846	1.349	1.349	86.1	2.6	0.05

52 号土样的路用特性　　表 2.28

含水率（%）	稠度 W_c	重型（层数×击数）	湿密度 ρ_w(g/cm³)		干密度 ρ_d(g/cm³)		压实度（%）	承载比 CBR(%)	线膨胀率（%）
			泡水前	泡水后	泡水前	泡水后			
27.1	1.46	3×21	1.576	1.709	1.240	1.214	83.5	2.9	2.17
		3×40	1.701	1.794	1.338	1.308	90.1	2.5	2.37
		3×80	1.849	1.892	1.455	1.436	98.0	18.8	1.42
30.9	1.29	3×21	1.750	1.808	1.337	1.330	90.0	11.3	0.51
		3×40	1.882	1.899	1.438	1.437	96.8	16.5	0.17
		3×80	1.918	1.927	1.465	1.465	98.7	10.6	0.10
34.7	1.13	3×21	1.765	1.794	1.310	1.303	88.2	13.8	0.53
		3×40	1.851	1.860	1.374	1.370	92.5	12.6	0.34
		3×80	1.891	1.893	1.404	1.401	94.5	7.8	0.26
36.2	1.06	3×21	1.764	1.798	1.295	1.294	87.2	10.4	0.51
		3×40	1.854	1.869	1.361	1.361	91.7	8.0	0.17
		3×80	1.862	1.877	1.367	1.367	92.1	4.9	0.10
38.6	0.96	3×21	1.805	1.818	1.302	1.302	87.7	9.0	0.07
		3×40	1.827	1.835	1.318	1.318	88.8	5.2	0.04
		3×80	1.832	1.844	1.322	1.322	89.0	3.3	−0.01
40.2	0.89	3×21	1.781	1.790	1.271	1.264	85.6	4.8	0.03
		3×40	1.813	1.816	1.293	1.289	87.1	3.4	0.04
		3×80	1.818	1.824	1.297	1.294	87.3	2.9	0.06

3)土的含水率、击实功与压实度

从以上试验结果的统计分析可知，高液限土的密实度与击实功、含水率密切相关。以福建高液限土样为例，压实度与稠度击实功关系如图 2.29 所示。

分析图中的曲线，可以得出如下结论：

(1)随着击实功的提高，高液限土的击实曲线的密度峰值点逐步提高，最佳含水率逐渐减小。轻型与重型击实功时的最佳含水率可相差 10 个百分点，压实度相差超过 10 个点。49 号低液限土样，不同击实功下的最佳含水率基本接近，轻型与重型击实功时的压实度相差约 10 个点。表明击实功对低液限土的最佳含水率影响不大，但对高液限土影响明显；但对两者的压实度均有较大影响，相差约 10 个百分点。

(2)图中压实度达到 93%对应的最小稠度，土样 28 为 1.05，土样 30 为 1.1，土样 34 为 1.2，土样 49 为 1.3；根据试验结果统计，大部分高液限土稠度在 1.1～1.3 之间采用重型击实功，能达到 93%的压实度，通过翻拌晾晒可将碾压稠度控制到此范围，但部分含水率过高的高液限土由于翻拌设备、天气、工程进度等原因可能存在困难。图中可见，通过增加碾压遍数提高压实度的效果不明显，因此对于天然含水率较大的高液限土，降低含水率是提高压实度最直接甚至是唯一的办法。

(3)根据试验结果统计，采用湿法重型击实，高液限土的最佳含水率一般出现在稠度1.2～

1.7之间，且最佳含水率与土的液限呈正相关趋势。

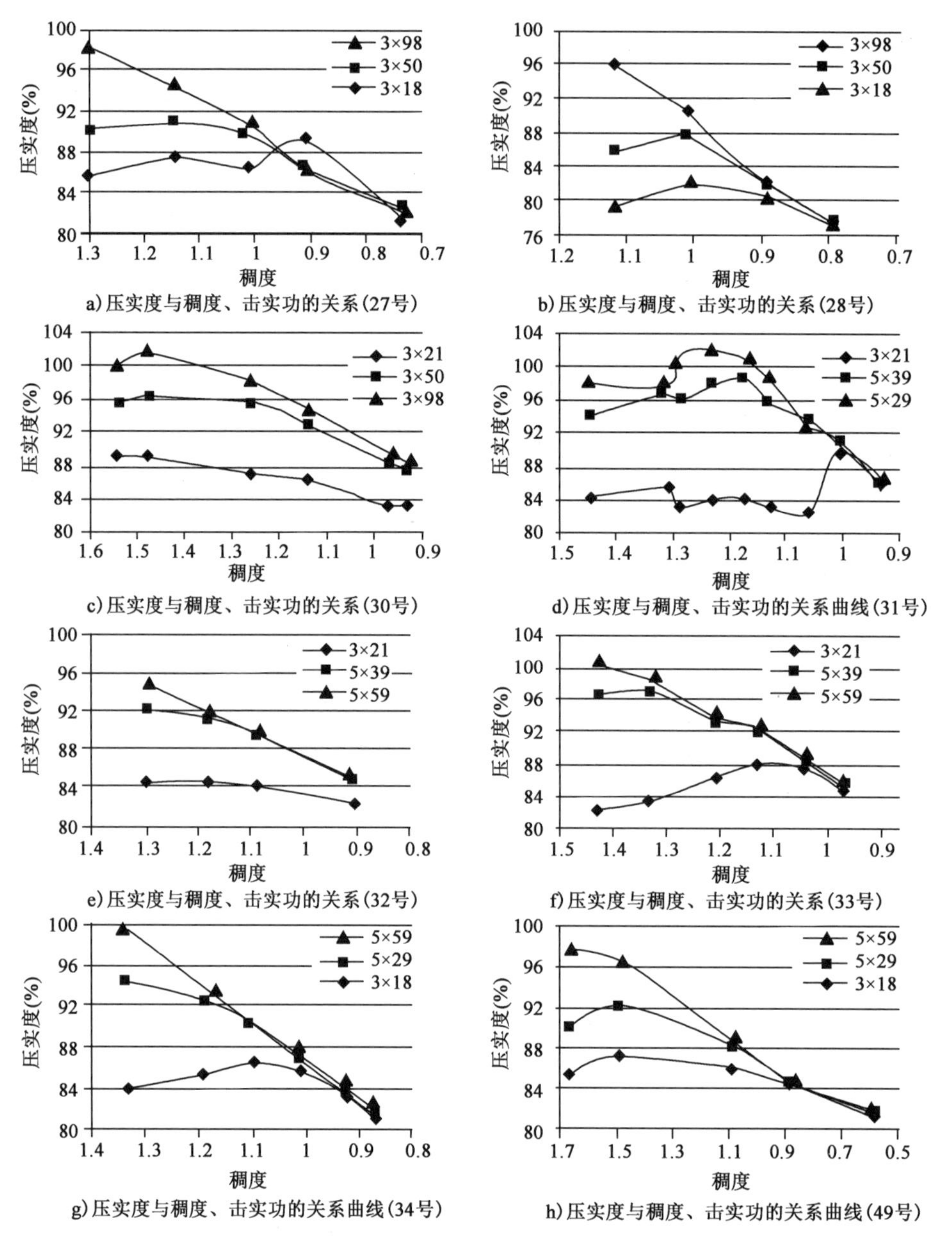

图2.29　高液限土的压实度与稠度、击实功关系曲线

图2.30及图2.31为贵阳绕城高速两个土样(25号及26号)含水率、击实功与密实度的关系。

由图2.30可以看出，随着含水率的增加干密度呈下降趋势，在轻型击实功下(3×14)下，其干密度随含水率的变化幅度较小，含水率在34.3%～64.1%变化时，其干密度的变化幅度为0.2g/cm^{3}左右。在中轻型(3×30)和中型(3×50)击实功下，其干密度增加迅速，当含水率小于50%时(或稠度>0.8)，其干密度基本可达1.1以上；当含水率超过50%后，轻型和中型击实功所得的干密度相差不大；当含水率大于53%之后，不同击实功所得的干密度基本一致，且均处于较低的水平，为1.0左右。因此，当该路段高液限土的含水率低于50%左右时，能达到的压实度也相对较高。当含水率大于50%时，过分地强调压路机的吨位或碾压遍数的意义不大。

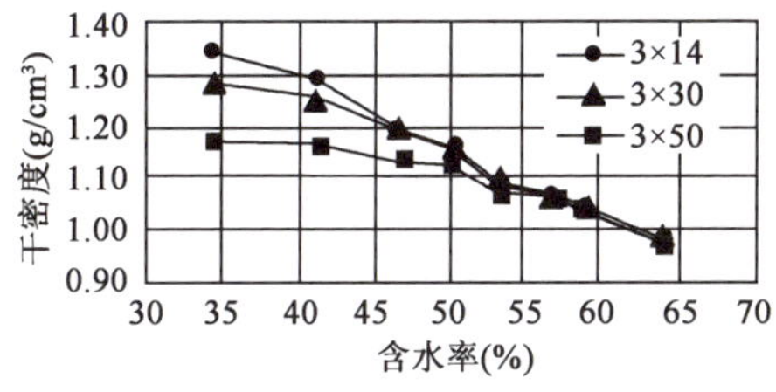

图2.30　25号土不同含水率、击实功下的干密度

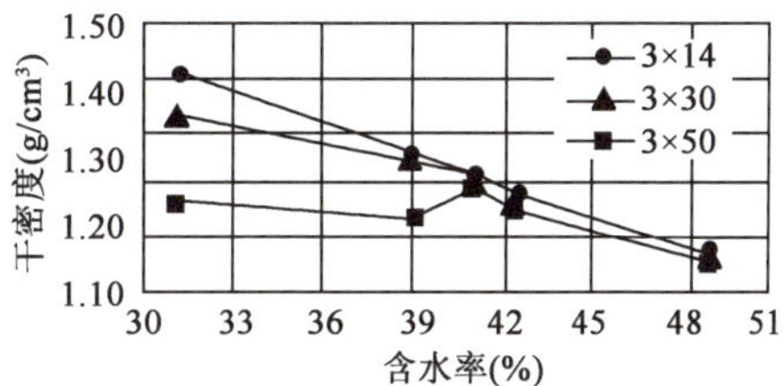

图2.31　26号土不同含水率、击实功下的干密度

由图2.31可以看出，随着含水率的增加干密度呈下降趋势，在轻型击实功下(3×14)，其干密度随含水率的变化幅度较小，含水率在31%～48.9%变化时，其干密度的变化幅度为0.1g/cm³左右。在中轻型(3×30)和(3×50)击实功下，其干密度增加迅速，当含水率小于45%时，其干密度基本可达1.2以上；当含水率大于41%之后，不管是轻型(3×18)、(3×30)和中型(3×50)，其所得到的干密度基本一致，且均处于较低的水平。因此，当该路段高液限土的含水率低于41%左右时，可达到的压实度较高。当含水率大于41%时，不必过分碾压。

4)土的密实度

高液限土的水稳性可以通过泡水前后密实度的变化来反映，福建土样绘制泡水前后高液限土的密实度变化曲线如图2.32和图2.33所示。从图中可以看出：

(1)高液限土泡水前后密实度变化值随稠度提高(含水率降低)而增加；当稠度大于1.3时，泡水前后的密实度有较明显的变化，30号土样尤为明显，说明此时尽管能达到较高的干密度，但土体水稳性很差。

(2)稠度值1.1可以看作击实功与密实度、水稳性关系的分界点。

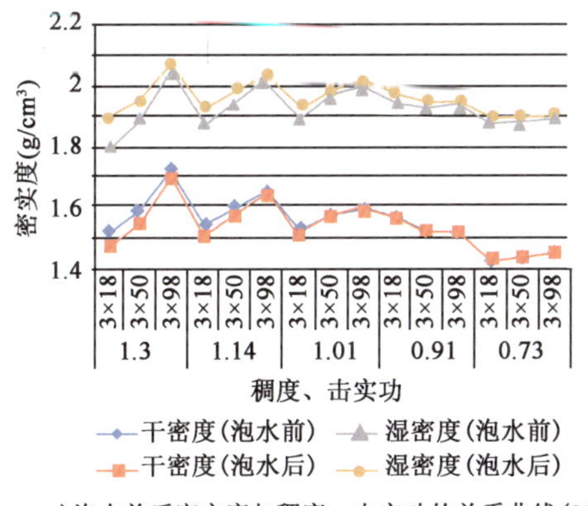

a)泡水前后密实度与稠度、击实功的关系曲线(27号)

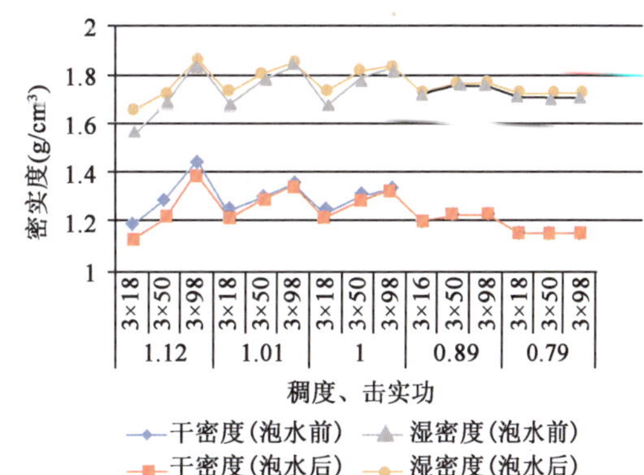

b)泡水前后密实度与稠度、击实功的关系曲线(28号)

图2.32　27和28号土样泡水前后密实度与稠度、击实功的关系曲线

当稠度大于1.1时，击实功对于高液限土的密实度、水稳性提高有明显作用，如泡水前后的湿密度变化值，轻型击实功(3×21、3×18)时相对密度型击实功(3×98)时偏大，此时应强调

增大击实功，提高土体密实度。

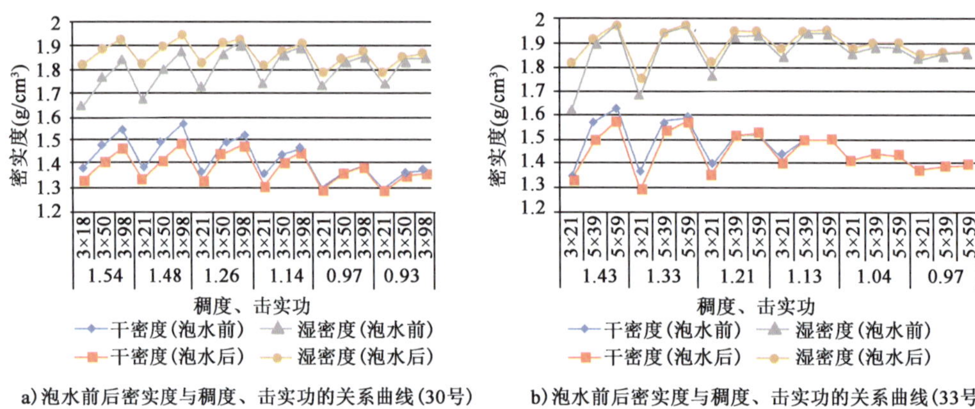

a)泡水前后密实度与稠度、击实功的关系曲线(30号)　　b)泡水前后密实度与稠度、击实功的关系曲线(33号)

图 2.33　30 和 33 号土样泡水前后密实度与稠度、击实功的关系曲线

当稠度小于 1.1 时，泡水前后的密实度变化值均较小，尤其是小于 1.0 以后泡水前后的密实度更是非常接近，此时增大击实功对提高密实度作用有限。

在击实曲线上，达到某一干密度往往对应着高低两个含水率，对于高液限土而言，达到相同干密度在含水率较高一侧进行路基碾压有利于长期稳定。

(3)高液限土泡水后的密实度明显比低塑性土小，如 49 号土样在稠度 0.58～1.67 的范围内泡水前后的干密度基本不变，说明其水稳性较好，当 49 号土样稠度大于 1.1 时，泡水后的湿密度有明显的增加。

图 2.34 为 34 号和 49 号土样泡水前后密实度与稠度、击实功的关系曲线；贵州毕生高速公路土样泡水前后密实度变化如图 2.35 所示。从图中可以看出高液限土的水稳性(泡水前后密实度变化值)较好，泡水前后密实度变化不大。

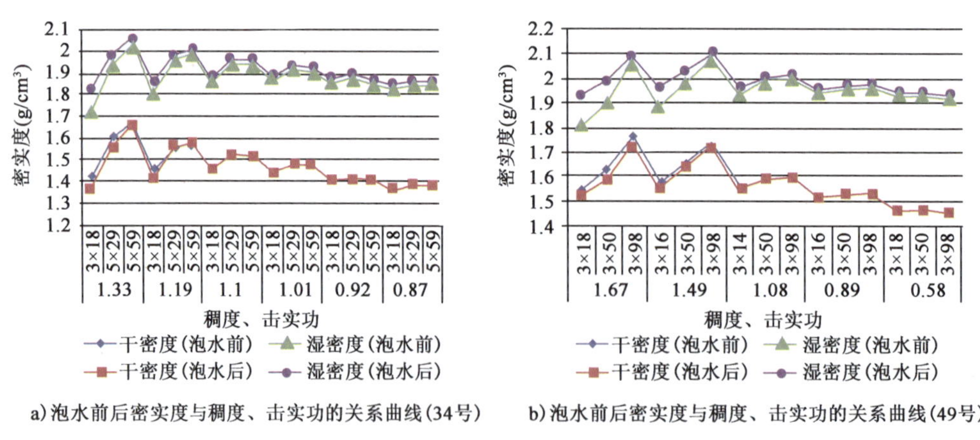

a)泡水前后密实度与稠度、击实功的关系曲线(34号)　　b)泡水前后密实度与稠度、击实功的关系曲线(49号)

图 2.34　34 和 49 号土样泡水前后密实度与稠度、击实功的关系曲线

5)土的饱和度

饱和度是土力学中一个重要的物理力学指标，反映了土中孔隙被水充满的程度。一般情况下饱和度越高则土的水稳性越好，对描述高液限土的压实状态具有很好的适用性。比较分析

27号、28号、32号、33号、34号及49号土样由泡水前后饱和度与稠度、击实功的关系(图2.36～图2.38),可以看出:

(1)所有高液限土样泡水后的饱和度均超过90%。当土样稠度小于1.0时,泡水前的饱和度也基本达到90%以上。自然条件下高液限土处于饱和度较高的状态,这也是导致其压实度难以提高的关键。

(2)当稠度大于1.0时,泡水前后的饱和度有明显的变化,此时加大击实功可以大幅提高土体饱和度,降低泡水前后饱和度的差别,当稠度小于1.0时,击实功对土的饱和度影响程度降低。

(3)当土的稠度为1.0～1.3时,采用中型击实功的饱和度一般达到85%以上,重型击实功的饱和度可达90%以上。

(4)应当指出,试验结果中部分试样泡水后饱和度超过了100%,分析其原因:一是试验误差的影响,如相对密度、干密度、含水率的试验误差,该因素属于偶然误差;二是高液限土中结合水含量较大,而强结合水表现为固体性质,相对密度在1.2～2.4之间,平均为1.5左右,在105℃时被烘干后计算在自由水含量中,因此自由水体积计算时明显偏大,从而造成饱和度大于100%的情况较多。

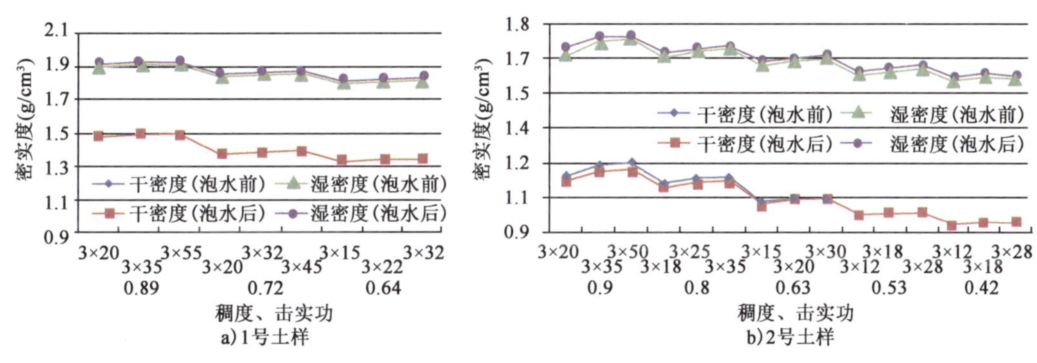

图2.35　泡水前后密实度变化曲线

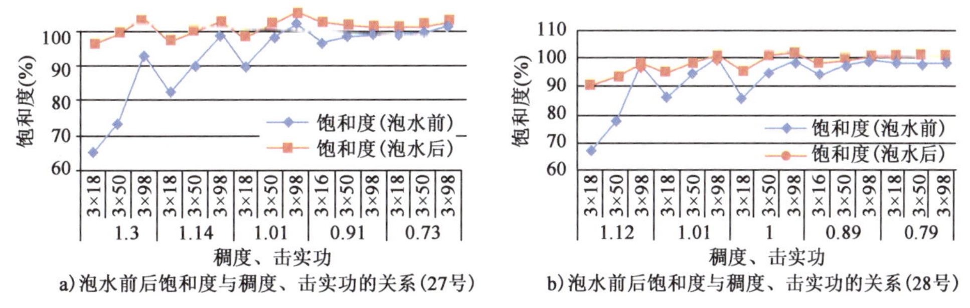

图2.36　27号和28号土样泡水前后饱和度与稠度、击实功的关系曲线

当稠度大于1.3时,饱和度较低,此时应加强压实机械的能量与碾压遍数,宜采用重型压路机进行施工;当稠度为1.0～1.3时,路基的饱和度S_r可达90%以上,采用适当的压实功使饱和度达到95%以上是压实的关键;当稠度小于1.0时,路基的饱和度基本超过95%,此时不宜过分碾压,过大的压实功容易使路基产生“软弹”现象。

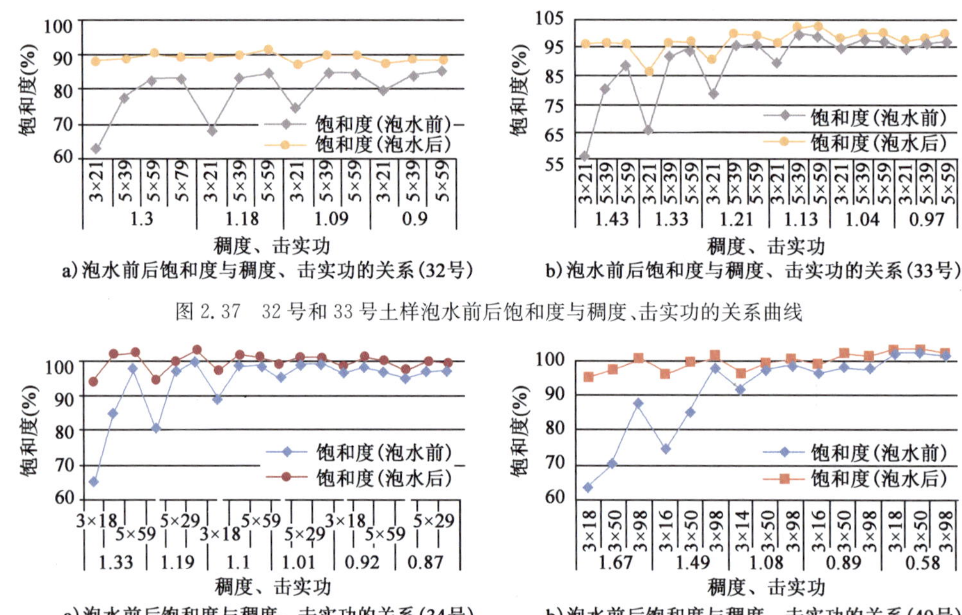

a)泡水前后饱和度与稠度、击实功的关系(32号)

b)泡水前后饱和度与稠度、击实功的关系(33号)

图 2.37 32 号和 33 号土样泡水前后饱和度与稠度、击实功的关系曲线

a)泡水前后饱和度与稠度、击实功的关系(34号)

b)泡水前后饱和度与稠度、击实功的关系(49号)

图 2.38 34 号和 49 号土样泡水前后饱和度与稠度、击实功的关系曲线

6)土的 CBR 强度

路基强度是反映路基填筑质量的关键指标,也是路面结构设计的重要参数。路基填土的强度除与土质本身密切相关外,还与含水率(稠度)、密实度、击实功等因素相关。而密实度主要由击实功来调整。贵州毕生高速公路土样试验结果如图 2.39 所示。结合各土样的强度与含水率、击实功的关系曲线可以看出:

(1)当红黏土与高液限土的稠度小于 1.0 时,CBR 强度与稠度呈正比例关系,随着稠度的增大,CBR 强度也增大,CBR 强度最大值对应此击实功下的最大强度和最大强度含水率;在最大强度含水率附近,CBR 强度表现出对含水率变化的敏感性,即在较小的稠度范围内 CBR 值变化较大。

(2)击实功与最大强度的关系也因为稠度的不同而不同,当稠度为 0.6~0.8 时,随着击实功的增加,CBR 强度相应减小;而当稠度小于 0.6 时,CBR 值随击实功的增加而略有减小,但因 CBR 值小于 3,已无工程意义。因此对于红黏土与高液限土,要根据含水率(稠度)确定合理的击实功,以取得较大的 CBR 强度。

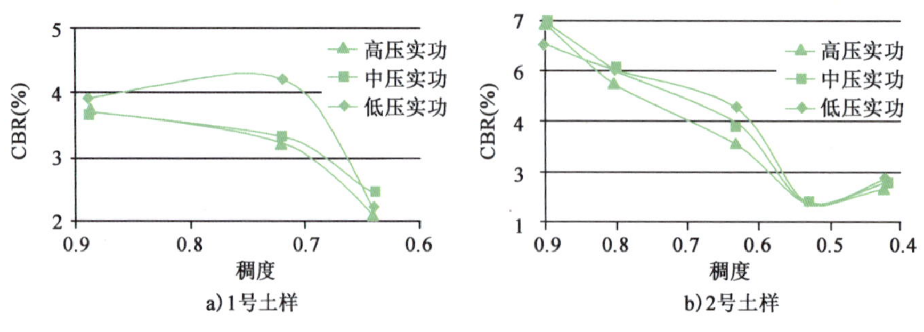

a)1号土样

b)2号土样

图 2.39 贵州毕生高速公路土样稠度、击实功与 CBR 强度关系

(3)从所取土样的不同含水率 CBR 试验可见，当土样的稠度大于 0.6～0.7 时，基本上可以满足下路堤最小强度要求(CBR>3)。

福建土样的试验结果如图 2.40～图 2.42 所示。结合各土样的强度与含水率、击实功的关系曲线可以看出：

(1)CBR 强度曲线与击实曲线具有类似的峰值点，此点对应此击实功下的最大强度和最大强度含水率；在最大强度含水率附近，CBR 强度表现出对含水率变化的敏感性，即在较小的稠度范围内 CBR 值变化较大；随着击实功的增加，最大强度相应增大，最大强度含水率相应降低。

(2)最大强度的含水率与土的液塑性呈正相关，随着土的液限或塑性指数增加，最大强度的含水率相应增加。

(3)根据试验结果统计，当稠度大于 0.9 时，在相当宽的含水率范围内，高液限土的 CBR 值大于 3，完全能够满足下路堤对填料最小强度的要求。

(4)稠度 1.0 可以看作 CBR 值与击实功关系的分界点，当稠度小于 1.0 时，过大的击实功反而导致强度的降低，此时应防止超压；而当稠度大于 1.0 时，增大击实功能有效提高 CBR 值，尤其对于稠度大于 1.2 时应加大击实功。

(5)高液限土的最大强度含水率一般出现在稠度 1.2～1.3 之间，而低液限黏土(25 号)最大强度含水率出现在稠度 1.6 附近，与高液限土有较大差别。

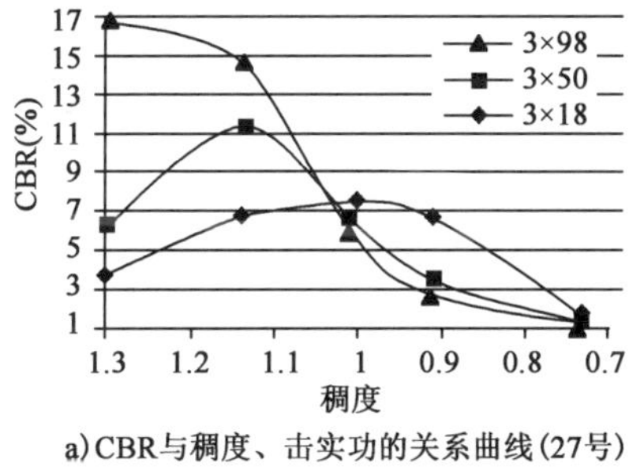

a)CBR与稠度、击实功的关系曲线(27号)

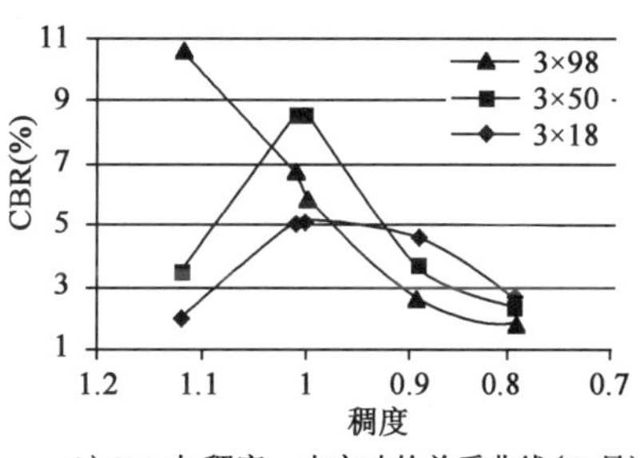

b)CBR与稠度、击实功的关系曲线(28号)

图 2.40　27 号和 28 号土样 CBR 与稠度、击实功的关系曲线

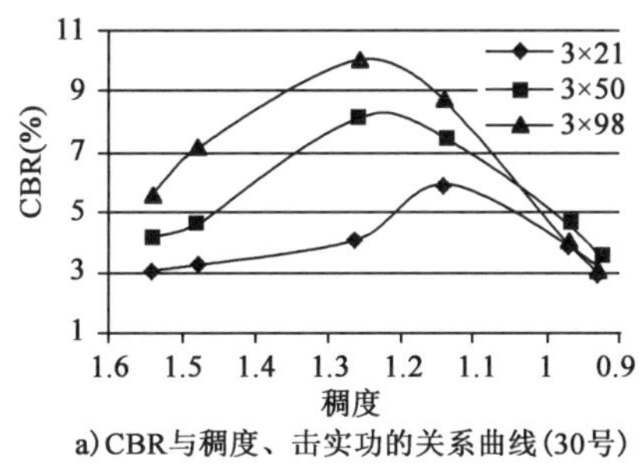

a)CBR与稠度、击实功的关系曲线(30号)

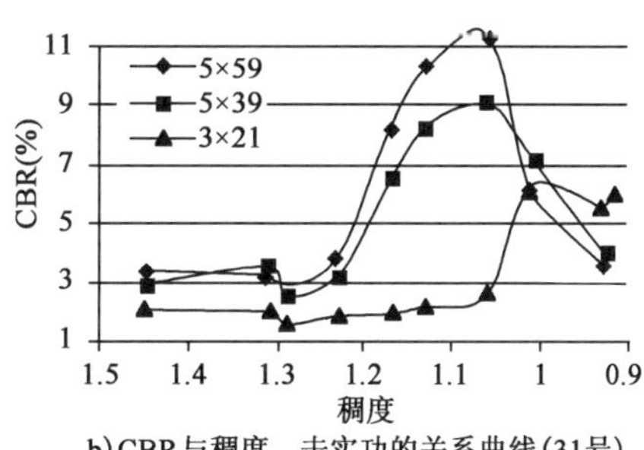

b)CBR与稠度、击实功的关系曲线(31号)

图 2.41　30 号和 31 号土样 CBR 与稠度、击实功的关系曲线

7)干密度与 CBR 强度

在我国现行的路基路面设计中，路基的压实度只是控制路基填筑质量的手段，压实度对路基路面的结构设计不具有任何物理意义。我国路面结构设计采用的土基计算参数是回弹模量

和设计弯沉值,因此强度和变形控制才是路基质量控制的关键。对于通常填料,密实度越大强度也越高,而对于高液限土而言并不完全如此。图 2.43～图 2.46 为福建土样的干密度、CBR 强度与稠度的关系。为便于分析,仅对重型击实功(3×98,5×59)时的干密度与 CBR 进行对比分析,从图中可知:

(1)高液限土的密实度-含水率曲线与强度-含水率曲线相互分离,分别存在不同的峰值点:即最大干密度和最佳含水率、最大强度和最大强度含水率。这是高液限土区别于一般细粒土的重要特征之一。

(2)低塑性土(49 号)的 CBR 曲线与击实曲线变化趋势基本相同,也就是干密度越大,CBR 强度越大,两条曲线的顶点对应相同的含水率,这也是一般路基质量控制采用压实度指标的原因,即压实度越大,则强度及稳定性越好。

(3)对于高液限土而言,采用最佳含水率、增大击实功,可以获得较高的干密度。但此时土的饱和度较低,在自然条件下路基土经过干湿循环,含水率仍将增大,密实度减小,强度降低,因此对于路基长期稳定不利。

(4)根据试验结果统计,最大 CBR 强度含水率较最佳含水率一般在稠度上小 0.2～0.3,即含水率大 6%～10%,这为高液限土填料的现场含水率控制提供了便利,现场按照最大强度含水率控制路基碾压对于路基的长期稳定有利。

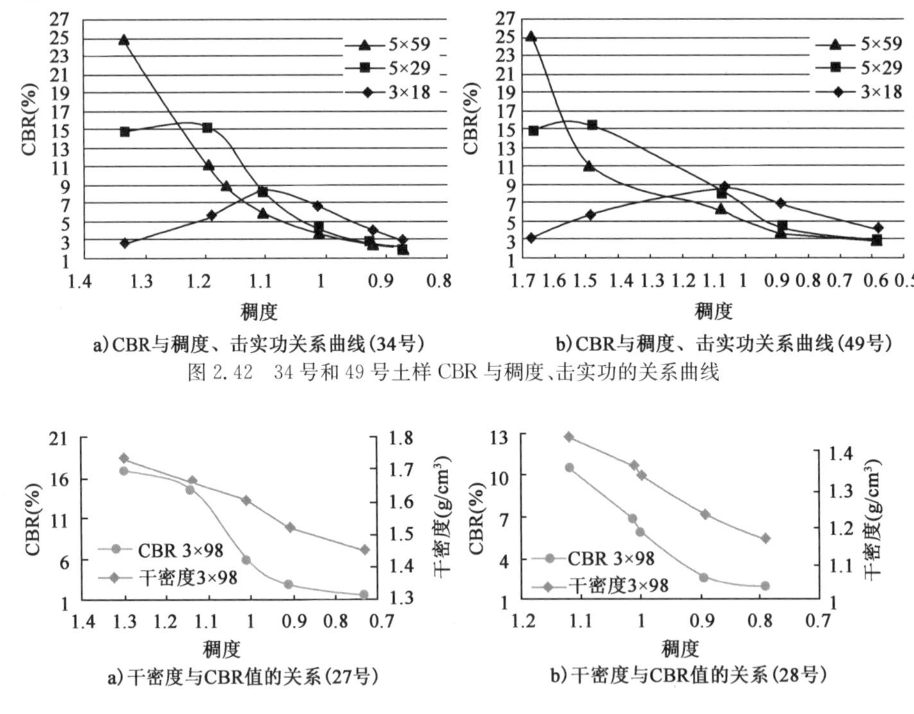

图 2.42　34 号和 49 号土样 CBR 与稠度、击实功的关系曲线

图 2.43　27 号和 28 号土的干密度与强度 CBR 值的关系曲线

图 2.47、图 2.48 为贵州贵清高速土样干密度与强度 CBR 值的关系。从图中可以看出:密实度曲线和 CBR 强度曲线的峰值点对应的含水率并不重合,两条曲线相互分离,分别存在不同的峰值点:即最大干密度和最佳含水率、最大强度和最大强度含水率。这与福建土样的规律类似,说明 CBR 曲线、密实度曲线峰值分离的情况是高液限土的普遍特征。

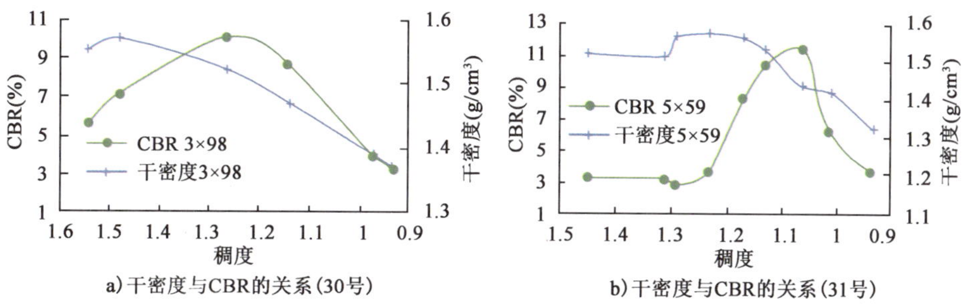

a)干密度与CBR的关系(30号)　　b)干密度与CBR的关系(31号)

图 2.44　30 号和 31 号土的干密度与强度 CBR 值的关系曲线

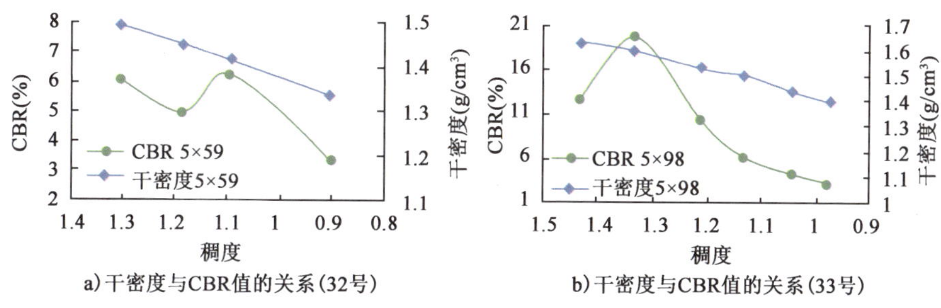

a)干密度与CBR值的关系(32号)　　b)干密度与CBR值的关系(33号)

图 2.45　32 号和 33 号土的干密度与强度 CBR 值的关系曲线

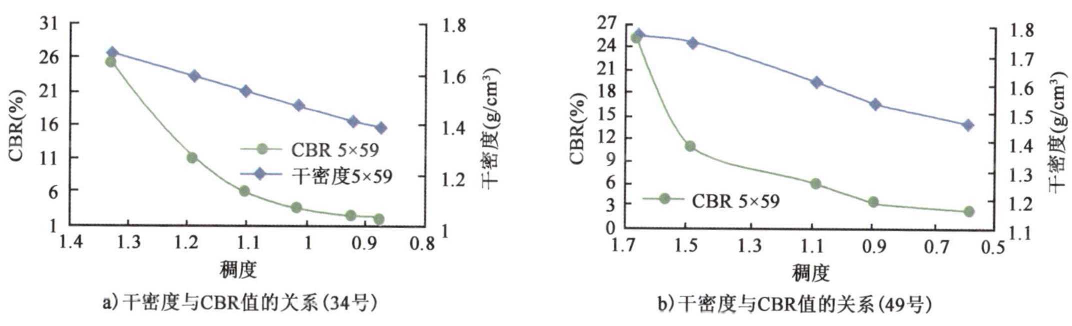

a)干密度与CBR值的关系(34号)　　b)干密度与CBR值的关系(49号)

图 2.46　34 号和 49 号土的干密度与强度 CBR 值的关系曲线

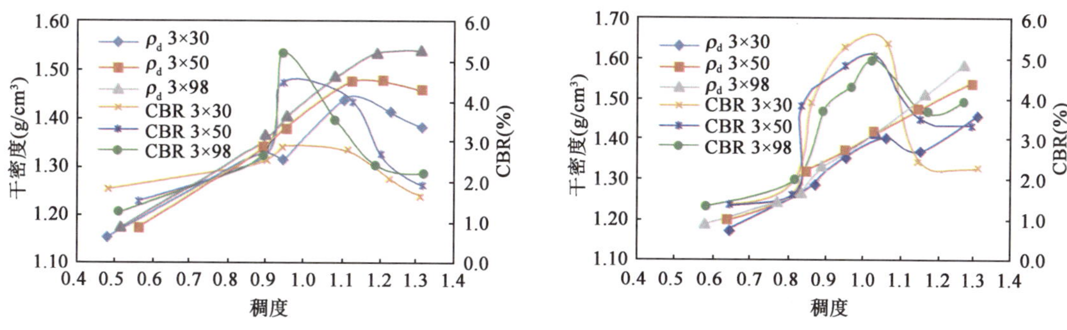

图 2.47　17 号土样干密度与强度 CBR 值的关系曲线　　图 2.48　19 号土样干密度与强度 CBR 值的关系曲线

8)膨胀性

为了明确高液限土的膨胀规律，采用数字百分表和多通道数采仪对土样 CBR 试件的泡水膨胀过程进行自动采集，自动采集的时间间隔为 2～3min，图 2.49 和图 2.50 是土样 28 和土样 49 的膨胀曲线。从图中可以看出：

(1)土的膨胀主要集中在前面的 6h 内，6h 以后土体的膨胀量非常有限。

(2)当土的含水率超过一定值(稠度小于 0.7～0.8)，土体的孔隙率较大，在外荷载作用下将发生固结压缩。

(3)土样泡水膨胀的稳定时间，间接表示了高液限土的渗透性能，从侧面说明饱和度较高、渗透系数较小的高液限土样膨胀量一般较小，其水稳强度也是有保障的。

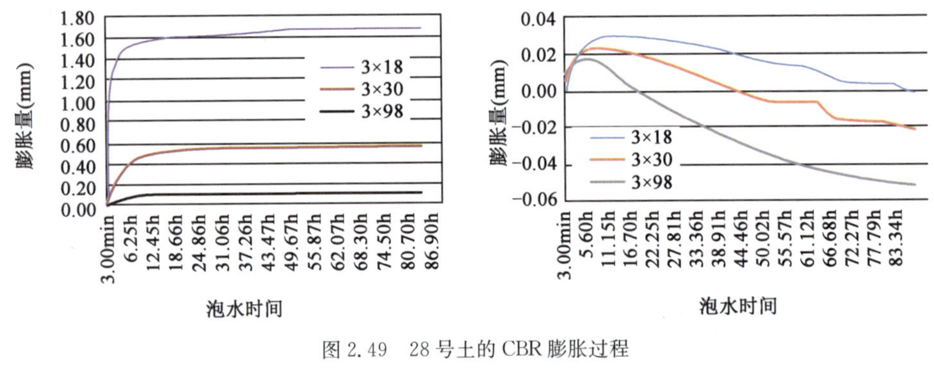

图 2.49　28 号土的 CBR 膨胀过程

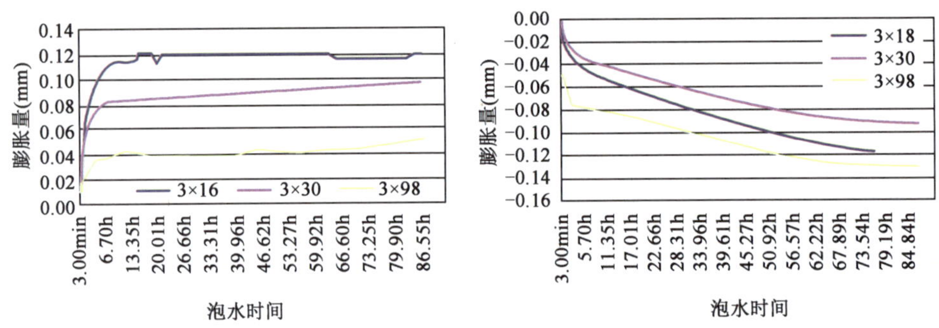

图 2.50　49 号土的 CBR 膨胀过程

2.2.4　红黏土与高液限土的改良特性

红黏土与高液限土具有黏粒含量高、持水能力强、天然含水率高、可压实性差的特点，作为路基填料使用受到一定的限制。施工气候条件导致高液限土含水率过高、难以晾晒利用时，综合工期、质量和造价等因素的考虑，采用低剂量的石灰、水泥等外掺剂进行化学改良也是人们考虑的处治方法之一，其主要目的是降低红黏土与高液限土的天然含水率和塑性指数，改善可压实性，提高土体强度及稳定性。

1)石灰改良

掺加石灰、水泥改良细粒土有一定的适用范围，通常塑性指数小于 12 的土不适宜用石灰来稳定，塑性指数大于 17 的土不宜采用水泥来稳定，因此高液限土宜采用石灰稳定或石灰水泥综合稳定，不适宜单独采用水泥稳定。本节主要根据工程经验及相关规范推荐的石灰、水泥剂量验证高液限土的改良效果。

(1)石灰改良土的强度机理。研究表明,石灰改良土的强度增长机理可归纳为4个方面:离子交换与凝聚作用、火山灰反应、结晶反应及碳酸化反应。

①离子交换与凝聚作用。石灰与土混合后,石灰溶液中的Ca^{2+}与吸附在土粒周围的阳离子(吸附能小于Ca^{2+}的阳离子,如K^{+}、Na^{+}、Fe^{2+}等)发生离子交换,使得Ca^{2+}约束在土粒表面。离子交换的结果是黏土胶体的双电层减薄,土的带电状态改变,土颗粒之间的相互排斥能降低,从而使黏土胶体颗粒发生聚集,土中原有颗粒组成改变而呈现"粗化"现象,同时土的分散性、塑性降低,土的强度及稳定性得以提高。这一作用过程主要发生在初期,持续时间较短。

②火山灰反应。火山灰反应是指土中的活性硅、铝矿物(SiO_2、Al_2O_3)在碱性环境激发下与石灰中的$Ca(OH)_2$反应生成水化硅酸钙(CSH)、水化铝酸钙(CAH)及水化硅铝酸钙(CSAH)的过程。其反应式为:

$$Ca(OH)_2+SiO_2+nH_2O \rightarrow xCaO \cdot SiO_2 \cdot (n+x)H_2O$$

$$Ca(OH)_2+Al_2O_3+nH_2O \rightarrow xCaO \cdot Al_2O_3 \cdot (n+x)H_2O$$

这些生成物与硅酸盐水泥水化后的生成物相同,具有水硬性质,是一种水稳性很好的结合料,附着于土颗粒表面,形成一层具有较强黏结力的网状结晶保护膜,促使土颗粒互相黏结形成絮凝结构,是石灰土获得强度和水稳性的基本因素。

火山灰反应发生的前提条件之一是强碱性环境($pH>12.4$),使土壤pH值达到12.4所需要的最小灰剂量因土类与石灰的质量而异,但是通常接近3%,这也是通常情况下在土中掺入少许石灰(通常指0~2%),土的强度不会有明显改善的原因。

③结晶反应。石灰稳定土中$Ca(OH)_2$浓度达到一定时,即会由饱和溶液转变成为过饱和溶液,形成含水晶格,反应式为

$$Ca(OH)_2+nH_2O \rightarrow Ca(OH)_2 \cdot nH_2O$$

$Ca(OH)_2$晶体相互结合,并与土粒结合形成共晶体,把土粒胶结成整体,因此土的强度得以提高,水稳性也因$Ca(OH)_2$晶体溶解度的降低而改善。

④碳酸化反应。消石灰与空气或土中的CO_2反应生成具有微结晶性能的$CaCO_3$和$MgCO_3$,加强了土粒之间的连接,提高了土体的强度和水稳性,反应式为

$$Ca(OH)_2+CO_2=CaCO_3+H_2O$$

当石灰土表面碳酸化后,会形成硬壳阻碍CO_2进一步渗入,因此碳酸化反应是一个相当长的过程,也是形成石灰土后期强度的主要原因之一。

(2)试验方案。分别采用石灰、水泥对最不利季节的高液限土进行改良处治,对改良土的强度及路用性能进行试验评价。

试验目的主要明确高液限土进行改良的实际效果,为了符合现场施工的实际条件,分别针对试验土样、制件含水率、石灰剂量、试验指标制订以下试验方案:

①试验土样。采用27号、30号土样,其基本物理力学指标见表2.29。

考虑制件含水率模拟最不利季节的天然含水率,根据取土场调查确定。

②石灰剂量。采用消石灰按5%、8%剂量设计,同时采用水泥剂量4%、6%进行效果对比。水泥采用普通425级硅酸盐水泥。

试验土样基本性质 表 2.29

<table>
<tr><td>土样编号</td><td>桩号</td><td>相对密度 G(g/cm³)</td><td>液限 w_L</td><td>塑限 w_P</td><td>塑性指数 I_P</td></tr>
<tr><td rowspan="6">27</td><td rowspan="6">K159+110</td><td>2.704</td><td>48.5</td><td>25.7</td><td>22.8</td></tr>
<tr><td>细颗粒含量(<0.075mm)</td><td>最佳含水率(%)</td><td>最大干密度(g/cm³)</td><td>土名</td></tr>
<tr><td>86.9</td><td>16.3</td><td>1.76</td><td>ML</td></tr>
<tr><td rowspan="2">制件含水率(%)</td><td colspan="3">CBR(%)</td></tr>
<tr><td>3×18</td><td>3×50</td><td>3×98</td></tr>
<tr><td>31.9</td><td>1.7</td><td>1.4</td><td>1.4</td></tr>
<tr><td rowspan="7">30</td><td rowspan="7">K159+722</td><td>相对密度 G(g/cm³)</td><td>液限 w_L</td><td>塑限 w_P</td><td>塑性指数 I_P</td></tr>
<tr><td>2.715</td><td>61.3</td><td>33.8</td><td>27.5</td></tr>
<tr><td>细颗粒含量(<0.075mm)</td><td>最佳含水率(%)</td><td>最大干密度(g/cm³)</td><td>土名</td></tr>
<tr><td>91.4</td><td>21.0</td><td>1.55</td><td>MH</td></tr>
<tr><td rowspan="2">制件含水率(%)</td><td colspan="3">CBR(%)</td></tr>
<tr><td>3×21</td><td>3×50</td><td>3×98</td></tr>
<tr><td>35.7</td><td>2.9</td><td>3.5</td><td>3.2</td></tr>
</table>

③试验项目。试验项目包括 28d 龄期的 CBR 试验和 7d、28d 龄期的无侧限抗压强度(UCS)试验，试验方法参考《公路土工试验规程》(JTG E40—2007)和《公路工程无机结合料稳定材料试验规程》(JTG E51—2009)。具体试验项目及参数见表 2.30。

石灰改良试验项目及参数 表 2.30

<table>
<tr><td>试验项目</td><td>试验土样</td><td>素土含水率(稠度)</td><td>龄　期</td><td>石灰剂量</td><td>水泥剂量</td></tr>
<tr><td>UCS</td><td>30 号土样</td><td>42%、38%
(0.70、0.85)</td><td>7d、28d</td><td>5%、8%</td><td>4%、6%</td></tr>
<tr><td rowspan="3">CBR</td><td>27 号土样</td><td>32%
(0.72)</td><td>28d</td><td>5%、8%</td><td>4%</td></tr>
<tr><td rowspan="2">30 号土样</td><td rowspan="2">42%
(0.70)</td><td>4d</td><td>5%、8%</td><td>—</td></tr>
<tr><td>28d</td><td>—</td><td>6%</td></tr>
</table>

(3)试验结果及分析。石灰和水泥改良高液限土的室内试验结果见表 2.31～表 2.33。

改良土 CBR 试验结果(养生 24d+浸水 4d) 表 2.31

<table>
<tr><td colspan="2" rowspan="2">外掺剂剂量</td><td colspan="2">素　土</td><td rowspan="2">改良土含水率(%)</td><td>重型击实功</td><td colspan="2">湿密度 ρ_w(g/cm³)</td><td colspan="2">干密度 ρ_d(g/cm³)</td><td rowspan="2">承载比 CBR(%)</td><td rowspan="2">线膨胀率(%)</td></tr>
<tr><td>含水率(%)</td><td>稠度</td><td>层数×击数</td><td>泡水前</td><td>泡水后</td><td>泡水前</td><td>泡水后</td></tr>
<tr><td rowspan="6">石灰</td><td rowspan="3">5%</td><td rowspan="3">32.1</td><td rowspan="3">0.72</td><td>30.4</td><td>3×30</td><td>1.880</td><td>1.885</td><td>1.441</td><td>1.440</td><td>10.5</td><td>0.1</td></tr>
<tr><td>30.5</td><td>3×50</td><td>1.904</td><td>1.910</td><td>1.460</td><td>1.459</td><td>10.0</td><td>0.0</td></tr>
<tr><td>30.4</td><td>3×98</td><td>1.908</td><td>1.957</td><td>1.463</td><td>1.465</td><td>9.9</td><td>−0.1</td></tr>
<tr><td rowspan="3">8%</td><td rowspan="3">32.5</td><td rowspan="3">0.70</td><td>27.7</td><td>3×30</td><td>1.866</td><td>1.868</td><td>1.462</td><td>1.462</td><td>23.5</td><td>0.0</td></tr>
<tr><td>26.9</td><td>3×50</td><td>1.908</td><td>1.910</td><td>1.503</td><td>1.503</td><td>20.6</td><td>0.0</td></tr>
<tr><td>27.8</td><td>3×98</td><td>1.941</td><td>1.939</td><td>1.518</td><td>1.518</td><td>19.9</td><td>0.0</td></tr>
</table>

续上表

外掺剂剂量		素土		改良土含水率(%)	重型击实功	湿密度 ρ_w(g/cm³)		干密度 ρ_d(g/cm³)		承载比CBR(%)	线膨胀率(%)
		含水率(%)	稠度		层数×击数	泡水前	泡水后	泡水前	泡水后		
水泥	4%	32.9	0.68	30.2	3×30	1.887	1.891	1.449	1.449	13.3	0.0
				29.7	3×50	1.905	1.909	1.469	1.469	31.1	0.0
				29.5	3×98	1.908	1.917	1.473	1.473	28.6	0.0
	6%	33.5	1.01	34.0	3×30	1.827	1.850	1.363	1.363	22.4	0.0
				33.7	3×50	1.851	1.863	1.384	1.384	22.4	0.0
				33.8	3×98	1.845	1.847	1.379	1.379	26.3	0.0

注:水泥6%剂量采用30号土样,其他配比采用27号土样。

石灰改良土CBR试验结果(浸水4d) 表2.32

石灰剂量	制件含水率(%)	重型击实功(层数×击数)	湿密度 ρ_w(g/cm³)		干密度 ρ_d(g/cm³)		承载比CBR(%)	线膨胀率(%)
			泡水前	泡水后	泡水前	泡水后		
5%	34.6	3×30	1.810	1.822	1.345	1.344	16.5	0.1
	35.2	3×50	1.834	1.844	1.357	1.356	15.8	0.0
	34.9	3×98	1.831	1.837	1.358	1.357	15.2	0.0
8%	35.3	3×30	1.810	1.825	1.337	1.336	25.0	0.1
	35.0	3×50	1.824	1.835	1.350	1.349	21.1	0.1
	35.5	3×98	1.813	1.844	1.338	1.338	19.7	0.0

注:采用30号土样制件,标准条件养生。

掺灰改良土无侧限抗压试验结果 表2.33

试验条件		7dUCS(MPa)(养生6d+浸水1d)			28dUCS(MPa)(养生27d+浸水1d)		
外掺剂	剂量	素土含水率	平均值	偏差系数	素土含水率	平均值	偏差系数
石灰	5%	38.7%	0.60	0.071	36.3%	0.81	0.058
		42.4%	0.41	0.087	39.3%	0.67	0.056
	8%	38.7%	0.69	0.036	36.3%	1.18	0.032
		42.4%	0.60	0.084	39.3%	1.04	0.034
水泥	4%	38.7%	0.44	0.093	36.3%	0.61	0.054
		42.4%	0.20	0.059	39.3%	0.36	0.100
	6%	38.7%	0.71	0.049	36.3%	1.00	0.071
		42.4%	0.33	0.062	39.3%	0.58	0.079
素土(标准养生4d)		42.4%	0.13	0.062	—	—	—
		38.7%	0.20	0.041	—	—	—

注:采用30号土样制件,标准条件养生。

由试验结果总结不同剂量、龄期、制件含水率与UCS的关系如图2.51所示。

①掺配剂量对稳定土强度的影响较为明显。从试验结果看,相同龄期条件下试件强度随

剂量增大而提高。对于石灰稳定土而言,通常存在一个使得稳定土的无侧限抗压强度达到最大的石灰剂量,这个剂量值被称为考虑无侧限抗压强度单因素条件下的最佳灰剂量,试验剂量是基于现场土质状况根据相关工程经验而设计的。

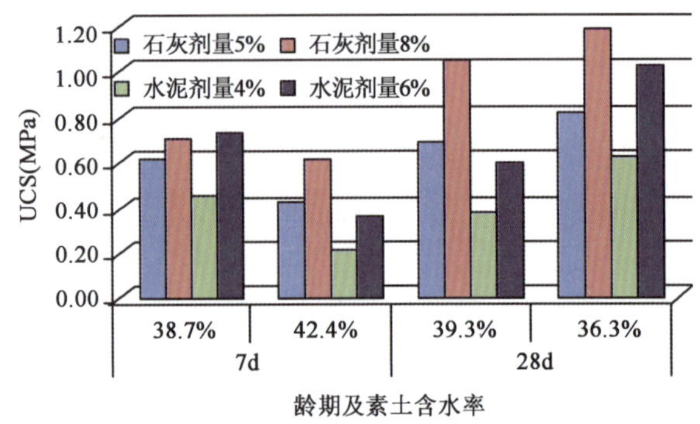

图 2.51　不同工况下的无侧限抗压强度(UCS)

②稳定土强度随龄期增加而显著提高。试验土样掺配 8%石灰的 7d 无侧限抗压强度均大于 0.5MPa,28d 无侧限抗压强度均大于 1.0MPa。由于石灰稳定土的后期强度增长主要来自石灰与土之间的火山灰反应,随着反应的进行,石灰剂量不断衰减,当剂量小于某值时,土壤溶液的 pH 值达不到 12.4,火山灰反应难以继续进行,从而石灰稳定土强度基本达到最大值,通常剂量较高的石灰稳定土强度达到稳定所经历的时间更长。另一方面,早期水泥稳定土的强度较高,石灰稳定土的长期性能较水泥稳定土好。

③在高含水率条件时,石灰稳定效果较水泥稳定效果好。试验土样在稠度小于 0.85($w>38\%$)时,5%剂量的石灰稳定土 UCS 强度基本大于相同龄期 4%、6%剂量的水泥稳定土,尤其在稠度为 0.7($w=42\%$)时石灰稳定的效果更为明显。工程实践中高液限土通常处于高含水率状态,因此采用石灰改良更为适合。

(4)不同龄期、剂量、制件含水率、击实功与 CBR 强度的关系。根据试验结果总结不同剂量、龄期、制件含水率、击实功与 CBR 强度的关系如图 2.52 所示。

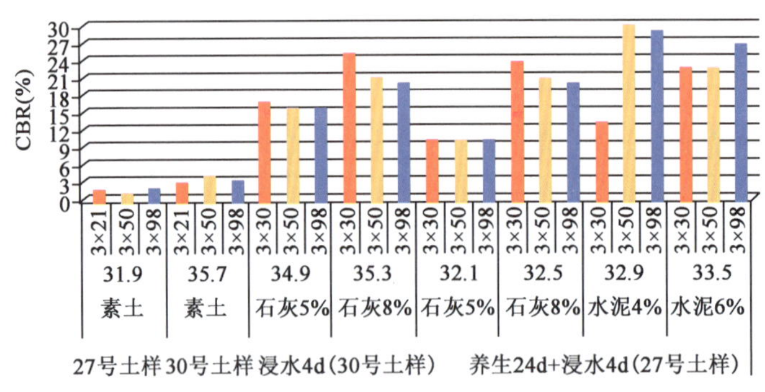

图 2.52　不同工况下的 CBR

①掺灰改良能明显提高稳定土的 CBR 强度。掺灰改良的稳定土 CBR 强度都显著提高,远大于相同含水率时素土的 CBR 强度。试验中不同剂量稳定土 28d 龄期的 CBR 强度均大于 9%,大部分大于 20%,完全满足作为路基填料的强度要求。

②高含水率条件下增大击实功难以提高石灰稳定土CBR强度。由试验结果看，各龄期石灰稳定土的均表现出CBR强度随击实功增加而减小的趋势，此趋势与素土在高含水率时（通常稠度＜1.0）的压实特性是一致的，因此对于稳定土的压实，也应避免采用过大的压实功，防止“软弹”现象发生，进行最佳压实。

（5）分析结论。综上所述，采用石灰能有效稳定高液限土，使改良后的高液限土的强度及水稳性得到有效提高。对于试验土样，在不利季节天然含水率较高时采用5%～8%石灰稳定即可满足路基填料的强度要求。石灰相比水泥更适合稳定高液限土，在降低含水率、改善压实性能等方面的效果，石灰稳定优于水泥稳定。石灰剂量、素土含水率、拌和的均匀程度对石灰稳定土强度影响显著。现场施工时应配备有效的翻拌机械，以达到拌和均匀的处治效果。石灰稳定高液限土的压实特性与高液限土类似，在高含水率条件下，过大的击实功下强度和压实度可能反而下降，应结合现场含水率，避免采用过大的压实功，进行最佳压实，防止“软弹”现象发生。石灰改良处治作为高液限土利用的补充方法，当气候条件不利于高液限土的晾晒，或因工程进度的需要不允许长时间晾晒时，可采用该方法处治。

2）碎石改良

掺配碎石改良红黏土与高液限土是工程中考虑的措施之一。为了分析碎石掺量对高液限土工程性质的影响，分别采用素土和掺15%、20%、30%碎石的改良土进行击实试验，试验结果见表2.34。

击实试验结果　　表2.34

土样	最大干密度	最佳含水率	土样	最大干密度	最佳含水率
素土	1.660	21.0	20%碎石	1.810	16.4
10%碎石	1.740	17.6	30%碎石	1.880	13.6
15%碎石	1.764	15.6			

从试验结果看，最大干密度、最佳含水率与碎石含量表现为良好的线性相关（图2.53），随着碎石含量的提高，最大干密度呈线性递增，最佳含水率则相应降低，此线性相关性也可从理论计算上得到验证。

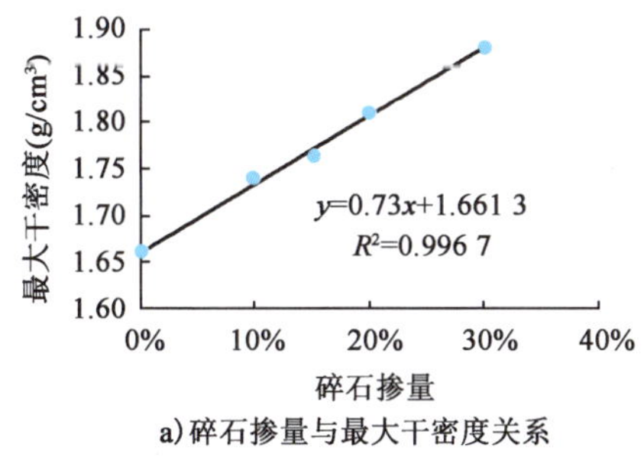

a）碎石掺量与最大干密度关系

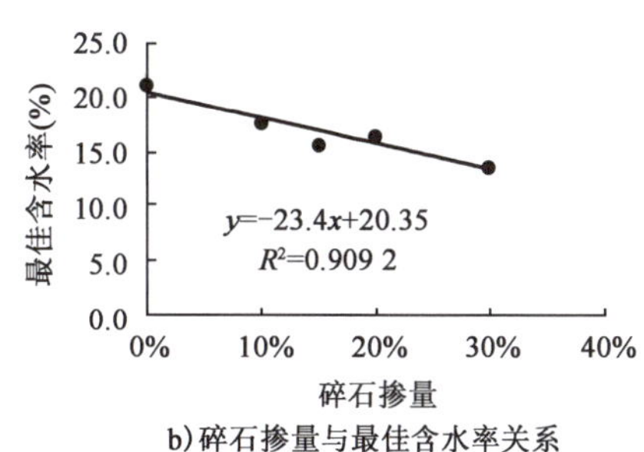

b）碎石掺量与最佳含水率关系

图2.53　碎石掺量与改良土击实试验结果的关系

采用碎石掺量15%、20%、30%的改良土进行CBR试验，CBR试验中制件含水率为天然含水率自然晾晒后掺加碎石，试验结果见表2.35。

根据试验结果，CBR值随着碎石掺量的增加并没有明显的提高，其原因在于此时掺加碎石的改良土仍处于悬浮密实型结构形式，碎石未互相嵌挤形成骨架结构，对改良土的强度没有太大的影响。根据高液限土中不同的碎石掺配比例，可形成以下3种结构类型：

CBR 试 验 结 果 表2.35

击实功(层数×击数) \ 碎石掺量(%)		15	20	30
3×30	CBR值(%)	2.8	3.0	2.5
	线膨胀率(%)	3.3	1.6	3.0
	制件平均干密度(g/cm³)	1.660	1.726	1.723
	制件平均含水率(%)	16.5	13.8	13.6
3×50	CBR值(%)	5.4	5.1	4.3
	线膨胀率(%)	2.9	1.9	3.1
	制件平均干密度(g/cm³)	1.770	1.797	1.807
	制件平均含水率(%)	15.8	15.5	14.0
3×98	CBR值(%)	8.9	9.7	9.6
	线膨胀率(%)	1.7	1.9	2.2
	制件平均干密度(g/cm³)	1.818	1.849	1.898
	制件平均含水率(%)	15.73	16.46	13.12

(1)悬浮密实结构[图2.54a)]。当碎石掺量较少时，碎石之间不能互相接触，而悬浮在土中，因此未起到骨架作用，对土体的强度及水稳性影响较小，对改善红黏土干缩裂缝的作用有限。

(2)骨架密实结构[图2.54b)]。随着碎石含量的继续增加，碎石之间相互嵌挤，同时碎石间的空隙由细粒土完全填充，形成骨架密实结构，密实度进一步提高，土的收缩性显著降低。

(3)骨架空隙结构[图2.54c)]。当碎石与土的配比超过骨架密实结构的界限，细粒土无法完全填充碎石之间的空隙，即形成骨架空隙结构，其物理力学性质应按碎石填料考虑。

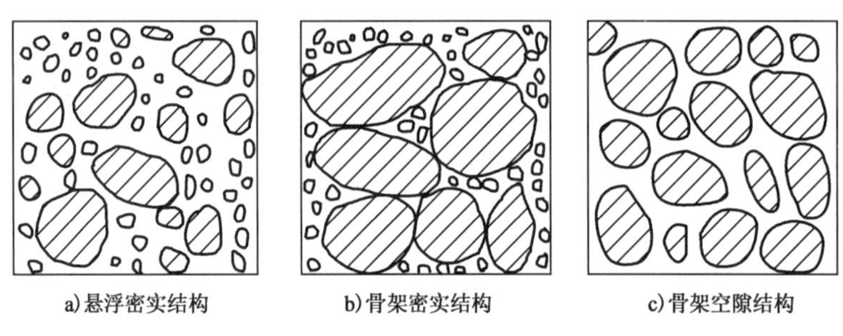

图2.54 掺碎石改良土的结构类型

3)“NCS”固化剂处治

由交通部公路科学研究所主持的“七五”国家重点课题研制成功一种新型复合型土壤固化材料“NCS”(New Type of Composite Stabilizer for Cohesive Soil)。“NSC”的土壤固化机理：“NCS”固化材料与湿黏质土混合后即发生一系列水化反应，形成富含结晶水的硫铝酸钙，可使自由水以结晶水形式固定下来，使土壤中的含水率迅速降低。该生成物系针状结晶体，使得土的固相体积增加120%以上，并有效地填充土团粒间孔隙，使加固土变得致密起来。同时，在显微镜下，可以发现黏土颗粒被C-S-H凝胶所包围，并相互连成一片，加强了黏土颗粒之间的连接，增加了加固土结构的强度。"NCS"相应产品与粉质土、砂质土混合（必要时洒水）压实后，即在混合体中产生造岩作用，通过亲和作用构成火山岩的原子群与其他组分胶结而固化成型。

"NCS"固化材料属于能延迟硬化时间的迟硬性结合料，这对于现场施工十分有利，可以在2～3d内碾压完毕，大大增加了施工的灵活性，可以充分压实满足要求。"NCS"固化材料能增加塑限，降低塑性指数，稠度加大，有效地改善了土壤的可压实性。"NCS"的高吸水性和使黏土粗粒化，有效地改善了过湿土压实条件，能直接地使用过湿土，易于碾压达到压实要求。

根据不同细粒土特性配制的"NCS"有不同的型号。针对阳茂高速公路沿线多为液限50%～70%，塑性指数25～30的高液限土的特性，根据交通部公路科学研究所提供的技术资料，课题组决定选用适用于塑性指数18～35的黏土、过湿土、红黏土、膨胀土和有机土的"NCS-4"作为阳茂高速公路高液限土的改良剂。2002年12月28日～2003年1月14日，课题组采用"NCS-4"进行了相关试验。"NCS-4"的掺量分别为2%、4%、6%、8%，含水率、液塑限变化曲线如图2.55所示。结果表明，"NCS-4"对液限的影响不明显，对于降低塑性指数有一定的效果。

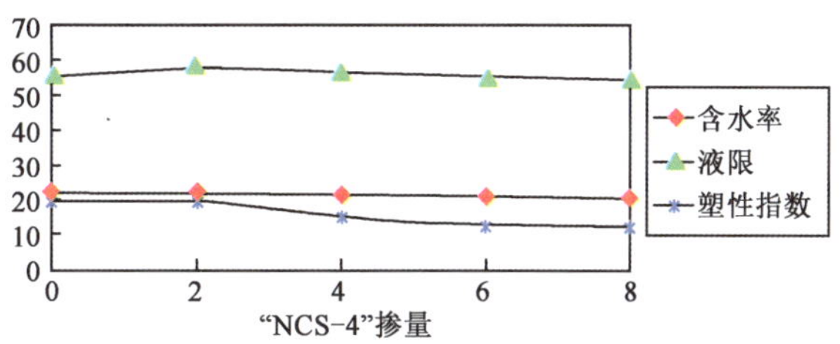

图2.55　掺加"NCS-4"含水率、液限、塑性指数变化曲线

2.2.5　结合水与微观特性

土的物理性质和力学性质是由土颗粒的矿物组成、粒径、形状、颗粒间的排列和作用力决定的。所谓土的结构性就是指由于土颗粒结构而形成的力学特性，土的结构性对土的物理力学特性有非常明显的影响，一般而言，原状土相对重塑土表现出更强的结构性，这是由于原状土在漫长的沉积过程及随后的各种地质作用过程中，土粒间排列和各种作用力导致明显的结构性。

1）结合水特性

根据农业部门的划分，水在土壤中的存在形式如图2.56所示。

高液限土的胶凝物质（$Fe_2O_3 \cdot nH_2O$，$SiO_2 \cdot nH_2O$等）中包含大量结合水，而结合水受土粒分子引力作用，具有与自由水不同的性质，结合水又可分为弱结合水与强结合水。干燥的土粒靠分子引力从土壤空气中吸持的气态水称为吸湿水，这种吸持能力是由于颗粒表面存在自由能并带有电荷，而水分子是偶极分子的缘故。其紧靠土粒表面的水分子受到的吸持力范围从10^9～3.1×10^6Pa（10 000～31大气压），密度1.2～2.4g/cm^3，平均1.5g/cm^3，表现出固态水的性质，冰点低至－7.8℃，不能移动，没有溶解能力，相当于强结合水。土粒吸持空气中的水

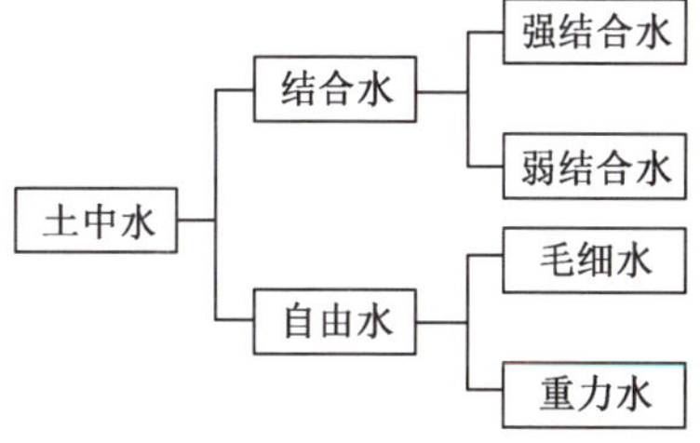

图2.56　水在土壤中存在形式

汽达到饱和后，土粒表面还有剩余的分子引力，这时如果土粒表面与液态水接触，土粒能够进一步吸附液态水。土粒靠分子引力吸持的液态水，在土粒吸湿水外围形成薄的水膜，称为膜状水。膜状水被土粒吸持的力为 0.625～31MPa(31～6.25 大气压)。所受引力大于常态水，平均密度为 1.25g/cm³，冰点约为－4℃，微有溶解能力，为弱(或松散)结合水。高液限土含有一些具"固体"性质的结合水，使得高液限土虽具有较高的含水率和持水能力，其力学性能却较好。

(1)液塑限试验

采用湿法和干法制件进行液塑限试验，干法采用《公路土工试验规程》(JTG E40—2007)的试验方法，即将土样在 105℃烘干后过筛加水保湿进行试验；湿法则将天然含水率状态下的高液限土采用手捻的方式(或水洗沉淀后利用)去掉粒径大于 0.5mm 的粗颗粒，然后分别加水或晾晒至液限、塑限和中间含水率，以此来分析结构性对土的液塑性的影响。典型土样的试验结果如表 2.36 所示。

制件方法与液塑限指标的关系 表 2.36

土样	液限(%)		塑限(%)		塑性指数	
	干法	湿法	干法	湿法	干法	湿法
27 号	48.5	55.0	25.7	26.0	22.8	29.0
28 号	89.5	101.1	37.3	39.5	52.2	61.6
30 号	61.3	66.5	33.8	35.2	27.5	31.3
49 号	39.6	42.5	26.4	27.2	13.2	15.3

土的液塑性是反映土颗粒与自由水相互作用的物理指标，反映了土颗粒对自由水的敏感性。从表中可见，高液限土的液限湿法与干法相差 5～10 个百分点，塑限差别不大，约在 2 个百分点内，塑性指数相差 3～8 个点。因此干法与湿法结果差别较大。

(2)重型击实试验

湿法与干法的击实试验同样可以反映土的结构性对击实结果的影响，典型土样的击实试验结果列于表 2.37。结合水的影响可使试验结果相差 10%以上，对路基压实度指标有着不可忽视的影响。采用湿土法得出的最佳含水率包括了矿物的结合水含量，能更准确地反映高液限土的矿物成分与结合水的特性，即结合水在某种程度上应作为固体土颗粒的组成部分，而不是自由水。由于路基现场施工时高液限土填料的天然含水率一般较大(超过塑限)，须晾晒降低含水率后再进行碾压。实际工程中高液限土的含水率为零的情况不可能出现，即结合水不会完全消失，因此采用湿土法进行重型击实试验更符合实际施工过程。从表 2.37 中可见，湿法的最佳含水率较干法高出约 2%～5%，最大干密度则变化范围较大，可低约 0.02～0.2g/cm³。

制件方法与击实试验结果的关系 表 2.37

土　样	最佳含水率(%)		最大干密度(g/cm³)	
	干法	湿法	干法	湿法
27 号	14.8	16.3	1.80	1.76
28 号	21.0	26.0	1.52	1.50
30 号	15.5	21.0	1.74	1.55
49 号	15.5	16.2	1.82	1.80

(3)CBR 试验

典型土样的 CBR 试验结果列于表 2.38。湿土法 CBR 试验结果的 CBR 值大于干土法，而膨胀率小于干土法；普通低塑性土湿土法 CBR 试验结果与干土法差别不明显。对土的液塑性、击实特性和强度等产生影响的主要是颗粒中的自由水。高液限土烘干后破坏了结合水与颗粒间的结合力与团粒结构，失水后具有不可逆性。对于普通黏性土而言，湿土法与干土法所得的 CBR 值相差不大，但高液限土采用湿土法试验的 CBR 值明显高于干土法的，液限越高，差值越大，两者差值约为 15%～25%，膨胀率相差约 5%～10%。

制件方法与 CBR 试验结果的关系　　表 2.38

土　样	CBR(%)		泡水膨胀率(%)	
	干法	湿法	干法	湿法
27 号	16.8	18.8	1.96	1.87
28 号	11.5	14.8	3.02	2.69
30 号	12.6	15.1	2.55	2.32
49 号	21.3	20.3	1.71	1.64

2)微观结构特性

高液限土的结构性与其成因及微观结构有密切的关系。采用扫描电镜(SEM)对泉三线典型高液限土(27 号土样及 30 号土样)进行分析(图 2.57、图 2.58)。从图中能较清楚地分辨出片状黏土矿物聚集成的大小不一的团聚体，直径多在 2μm 以下。这些团聚体通过胶结物再聚集而成更大的粒团单元，大的单元之间充填有小的单元，单元之间及单元内部存在大量孔隙，因此从微观结构上反映出高液限土黏粒含量高、孔隙比大的特点。

图 2.57　SEM 照片(27 号土，放大倍数：1 000 倍、3 000 倍)

基于上述结论，可以对高液限土物理力学性质的微观机理做如下讨论：

(1)由于单元粒团的絮凝结构、粒团间的架空结构，因此土体可有较大的孔隙比和高含水率。

(2)由于联结粒团的胶结物质是在成土过程中形成，具有相当的稳定性和联结强度，因而使土体有较强的抗压缩性和结构强度。但重塑或扰动，都会导致粒团之间，特别是聚集体之间的联结削弱而使结构强度丧失或部分损失。

(3)由于胶结物质是由极细的胶粒为骨架的凝胶组成，具有较大的表面积和吸附水的能力

(但不具明显离子交换性能)。因而它对土体的液、塑限皆有明显贡献,一旦被除去,将使土样的液、塑限和表面积降低,而离子交换能力却因胶结物覆盖的交换位置的复活及黏土矿物的相对含量增加而提高。同时,颗分试验测得的细颗粒明显增加。

图 2.58 SEM 照片(30 号土样,放大倍数:5 000 倍)

(4)因胶结物质呈凝胶状态,并相对稳定,即使土体处于风干状态,凝胶团不断失水而缩小,一旦吸水膨胀仍具凝胶特性,即具有一定的可逆性。但 105℃烘干后,胶结物失去了凝胶特性,使土体的各种与凝胶有关的各种特性具有不可逆性。

2.2.6 红黏土与高液限土的分类

高液限土由于风化程度和土质成分的不同,其物理指标差别很大,这也导致了其工程特性的不同。在工程实践中,技术人员依据土的工程分类方法,对高液限土填料进行定名、描述及定性评价,但是仅通过简单的物理指标(如液塑限、颗粒组成等)对高液限土的路用性能及应用范围仍难以把握。因此通过试验研究,以影响路用性能的因素为分类指标,建立物性指标与路用性能之间的关系,对高液限土进行工程应用分类,以指导生产实践是十分必要的。

1)土的分类方法

通常土的分类是以颗粒组成特征、塑性指标、有机质含量等物理指标作为依据,构成土的分类指标体系。目前较为通用的是以塑性图(图 2.59)作为分类依据,结合颗粒组成特征对细粒土进行工程分类(表 2.39)。建筑行业也有依据颗粒组成特征的分类方法,通常以某个粒组含量为依据将细粒土分为黏性土、砂质黏性土、砾质黏性土或砂砾质土等。

2)工程应用分类

高液限土的路用性能主要包括强度、稳定性、压实性能、压缩性等,主要采用 CBR 值、抗剪强度(c、φ 值)及压缩系数等指标来表征。影响路用性能的因素很多,如塑性指标(液限、塑性指数)、湿度状态(天然稠度)、粗颗粒含量、土的结构性(原状土与重塑土的性能不同)、试验方法(湿法与干法)等,高液限土的物理指标与其路用性能间有良好的相关性。因此高液限土的工程应用分类以路用性能为目标,以容易通过试验确定的物理指标为依据进行划分。由于土的塑性指标、粗颗粒含量、含水率(稠度)对高液限土的路用性能的影响较大,因此工程应用分类表以这 3 项为基础进行分类。

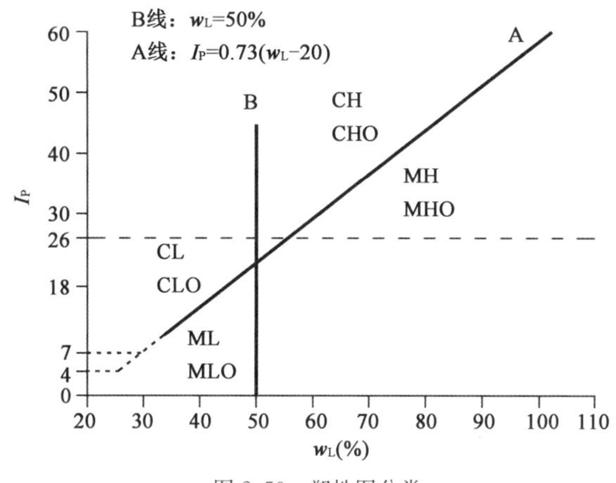

图 2.59　塑性图分类

《公路土工试验规程》(JTG E40—2007)对高液限土的分类　　表 2.39

液　　限	塑性指数	粗粒组比例	土代号	土的名称
$w_L \geqslant 50\%$	$I_P \geqslant 0.73(w_L-20)$	粗粒组≤25%	CH	高液限黏土
		25%<粗粒组≤50%且砂粒组≥砾粒组	CHS	含砂高液限黏土
		25%<粗粒组≤50%且砂粒组<砾粒组	CHG	含砾高液限黏土
	$I_P \leqslant 0.73(w_L-20)$	粗粒组≤25%	MH	高液限粉土
		25%<粗粒组≤50%且砂粒组≥砾粒组	MHS	含砂高液限粉土
		25%<粗粒组≤50%且砂粒组<砾粒组	MHG	含砾高液限粉土

(1)塑性指标

塑性图是目前国际通用的细粒土分类方法，其根据液限和塑性指数的关系对细粒土进行分类。液限和塑性指数是对高液限土路用性能影响较大的因素，其反映了土的颗粒大小、形状、矿物成分含量、孔隙水与黏土矿物的化学作用等因素的综合影响。黏性土的塑性可以用水膜理论来解释，通常认为它是一种与黏土颗粒表面活性有关的现象。黏粒含量愈高，亲水性矿物愈多，水膜厚度愈厚，则土粒持水量就相应增加，液限、塑性指数也愈大，其工程性质也随之变化。

红黏土与高液限土的液限分布如图 2.60 所示，绝大部分土样分布在液限 50%～70%，塑性指数 18%～40%，其力学性质基本类似。根据统计分析，当液限超过 70%或塑性指数大于 40，其物理力学性质有明显的改变，最大干密度一般在 1.5 以下，强度 CBR 值也相对较低。但并非完全排除其应用，主要是考虑如果能确保高液限土路基的含水率稳定，使填料的水稳强度保持大于规范要求的最小强度，通过保湿防渗措施是可以保证路基使用性能的。另一方面，外界因素对高液限土的影响深度在 2m 左右，高速公路路面厚度(约 70cm)和路床(80cm，要求采用砂砾、碎石等粗粒料填筑)、上路堤(厚 1.5m)总厚度大丁 2m，因此结合综合防排水措施可以保证路基含水率的稳定，含水率稳定即意味着路基性能的基本稳定，实际上我国的一些道路也在利用这类土填筑路基。

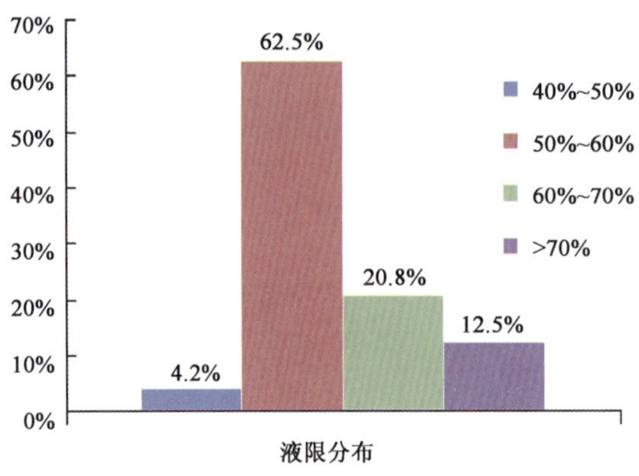

图 2.60 高液限土在塑性图分类区域

(2)天然稠度

在对高液限土的湿度状态进行描述时,引入土的稠度概念。含水率对于高液限土的路用性能有着巨大的影响,由于高液限土的液限差别较大,在 50～90 间均有分布(甚至超过 100),其天然含水率差别也很大,不同高液限土在相同含水率条件下表现出的物理力学性质相差很大,而处于相同稠度的不同高液限土,其所处的湿度状态基本相同,表现出的物理力学性质相近。因此稠度指标可以更好地反映高液限土的湿度状态。确定合适的稠度范围后可以通过合理的碾压达到较高的路基强度,这对指导路基填筑具有重要的意义。具体分类见表 2.40。

按天然稠度对压实性能分类 表 2.40

天然稠度 W_c	应用分类	说明
<0.75	不可利用	现场要通过机械翻晒,达到可压实状态十分困难
[0.75,1.0)	需晾晒利用	采用适当机械翻晒,可满足碾压稠度要求,进行合理碾压
[1.0,1.3]	可直接利用	采用合理的压实工艺,可以满足规范对路基的强度与稳定要求
>1.3	需洒水利用	需洒水调整,以满足碾压稠度要求,进行合理碾压

对全国各省区的浅层高液限土的天然稠度进行了调查统计(图 2.61),统计结果表明,天然稠度为 0.9～1.3 的土样占 59.4%,说明在天然状态下稳定含水率基本在塑限附近,根据表 2.28 的划分标准,超过一半的高液限土是可能被直接利用的,因此采用天然稠度指标对高液限土进行应用分类具有一定适用性。

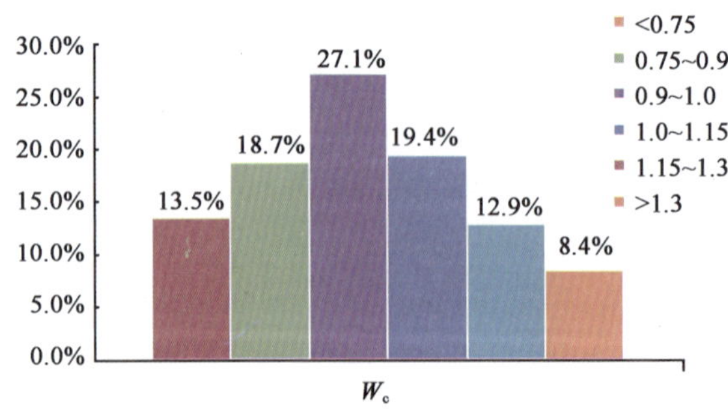

图 2.61 高液限土的天然稠度分布

高液限土工程应用分类

表 2.41

<table>
<tr><th rowspan="2">液塑性</th><th rowspan="2">天然稠度</th><th rowspan="2">粗颗粒含量（>0.075mm）</th><th rowspan="2">施工含水率控制范围</th><th colspan="2">CBR 值（%）</th><th rowspan="2">线膨胀率（%）</th><th rowspan="2">适用范围</th><th rowspan="2">主要施工工艺</th><th rowspan="2">压实度标准</th></tr>
<tr><th>要求</th><th>统计值</th></tr>
<tr><td rowspan="5">$w_L \geqslant 70$ 或 $I_P \geqslant 40$</td><td rowspan="3">≥0.9</td><td rowspan="3">—</td><td>$0.9 \leqslant w_c < 1.0$</td><td rowspan="3">3</td><td>4～7</td><td>0.2</td><td rowspan="3">下路堤</td><td rowspan="2">每层松铺厚度不超过 25cm；
18t 以上压路机静碾 1 遍后振碾 3～4 遍</td><td rowspan="2">≥85</td></tr>
<tr><td>$1.0 \leqslant w_c < 1.1$</td><td>7～10</td><td>2.5</td></tr>
<tr><td>$1.1 \leqslant w_c \leqslant 1.2$</td><td>5～8</td><td>6.0</td><td>每层松铺厚度不超过 30cm；
18t 以上压路机静碾 1 遍后振碾 5～6 遍</td><td>≥88</td></tr>
<tr><td>0.8～0.9</td><td colspan="8">根据工期、气候等实际情况确定是否利用，常用处治措施为：翻拌晾晒、物理改良、化学改良</td></tr>
<tr><td><0.8</td><td colspan="8">建议废弃换填或化学改良</td></tr>
<tr><td rowspan="8">$40 \leqslant w_L < 70$ 且 $I_P < 40$</td><td rowspan="6">≥0.9</td><td rowspan="3"><30</td><td>$1.0 \leqslant w_c < 1.1$</td><td rowspan="3">3</td><td>4～8</td><td>1.1</td><td rowspan="3">下路堤</td><td rowspan="2">每层松铺厚度不超过 25cm；
18t 以上压路机静碾 1 遍后振碾 3～4 遍</td><td rowspan="2">≥86</td></tr>
<tr><td>$1.1 \leqslant w_c < 1.2$</td><td>8～11</td><td>2.0</td></tr>
<tr><td>$1.2 \leqslant w_c < 1.3$</td><td>6～8</td><td>2.6</td><td>每层松铺厚度不超过 30cm；
18t 以上压路机静碾 1 遍后振碾 5～6 遍</td><td>≥88</td></tr>
<tr><td rowspan="3">≥30</td><td>$1.0 \leqslant w_c < 1.1$</td><td rowspan="2">3</td><td>4～8</td><td>0.4</td><td rowspan="2">下路堤</td><td rowspan="2">每层松铺厚度不超过 25cm；
18t 以上压路机静碾 1 遍后振碾 3～4 遍</td><td rowspan="2">≥87</td></tr>
<tr><td>$1.1 \leqslant w_c < 1.2$</td><td>7～11</td><td>0.7</td></tr>
<tr><td>$1.2 \leqslant w_c \leqslant 1.3$</td><td>4</td><td>10～15</td><td>1.5</td><td>上路堤</td><td>每层松铺厚度不超过 30cm；
18t 以上压路机静碾 1 遍后振碾 4～5 遍</td><td>≥90</td></tr>
<tr><td>0.75～0.9</td><td colspan="8">根据工期、气候等实际情况确定是否利用，常用处治措施为：翻拌晾晒、物理改良、化学改良</td></tr>
<tr><td><0.75</td><td colspan="8">建议废弃换填或掺生石灰粉处理</td></tr>
</table>

注：1. 膨胀量为 CBR 试验泡水后的平均线膨胀率。
2. 此表为 24 个高液限土样本的统计汇总分析。
3. 碾压遍数以往返碾压一次计一遍，现场碾压遵循先静压后振压、先两边后中间的原则，出现软弹时应停止碾压。
4. 压实标准应根据试验路确定，一般不宜低于表中的压实度标准，但不得一律采用本表中的低限标准。

(3)粗颗粒含量

粗颗粒在土中起“骨架”作用,粗颗粒含量对土的强度及水稳性有较大的影响。通常当高液限土的粗颗粒含量大于30%时,其强度(CBR强度、抗剪强度)和水稳性将得到明显改善。

(4)工程应用分类体系

在明确高液限土的物理与工程特性的基础上,对其工程应用进行了分类(表2.41),该分类体系采用了正交分析法以确定各物理力学参数因子(表2.42)对高液限土路用特性的影响。

高液限土工程应用分类体系　　表2.42

分类因素		液限 w_L (%)	塑性指数 I_P (%)	粗颗粒含量 (%)	天然稠度
特征值	1	[40,70)	<40	<30	<0.8
	2	≥70	≥40	≥30	[0.8,0.9)
	3	—	—	—	≥0.9

2.3 红黏土与高液限土路基的稳定与沉降变形规律

2.3.1 红黏土与高液限土路基水分分布规律

高液限土路基性能的变化亦受到含水率变化的影响,若含水率保持稳定,则路基性能基本稳定,反之亦然。因此掌握路基含水率的变化规律对分析高液限土路基的长期性能具有重要价值。

目前工程中现场含水率监测多采用取样法和射线法,取样法会对土层产生扰动,深层取样困难,射线法采用核子密度仪测试深度有限,两种方法均难以满足路基断面深层连续定位监测的需要。采用基于TDR技术的含水率传感器克服了上述缺点,通过施工过程中在路基内部埋设探针,可以方便地实现快速、无损、连续、定位监测。

通过对典型断面的含水率监测,可达到以下目的:

(1)明确自然环境下填方路堤边坡的含水率分布与变化范围。

(2)明确自然环境下填方路床顶面含水率分布与变化状况。

(3)明确挖方路堑段路床顶面含水率分布与变化状况。

(4)明确自然条件下高液限土挖方边坡含水率变化。

1)监测仪器及原理

时域反射仪(Time Doman Reflectometry,简写TDR)是以液体介电特性的研究为基础而发展起来的,Topp在1975年将其引入土壤水分测量的研究,根据电磁波在不同介电常数的介质中传播时其传播速度会有所改变的物理现象提出了时域反射测试方法。

土体由固、液、气三相组成,在大部分TDR的频率范围内,土中自由水的介电常数为80,固体颗粒的介电常数为3~4,气体的介电常数为1,因此一定体积土体中水的比例不同时土壤中固、液、气三相的混合介电常数(又称表观介电常数)便有明显的变化。

Topp等首先测得土壤的表观介电常数,进而在大量试验的基础上建立了土壤体积含水

率与介电常数间的经验关系式

$$w = -5.3\times10^{-2} + 2.92\times10^{-2}\varepsilon - 5.5\times10^{-4}\varepsilon^{2} + 4.3\times10^{-6}\varepsilon^{3} \tag{2.2}$$

式中：w——体积含水率(%)；

ε——土壤表观介电常数。

上述关系式被固化在 TDR 仪器的测试单元中用来将 ε 的现场测量值转换为土壤的体积含水率。对于介电常数 ε 和体积含水率之间的关系，近年来国内外学者进行了大量的研究，目前描述这种关系的模型主要有经验模型、扩散模型、体积混合模型。

本次含水率监测采用美国 AQUA-TEL-TDR 的含水率传感器(以下简称 TDR 计)(图 2.62)，该仪器的含水率测量量程为 0～100%，精度为 0.1%量级，能够满足监测的精度要求，并可埋置于路基内部进行长期观测，有效测量半径是 5cm，仪器显示读数为体积含水率，详细技术参数见表 2.43。

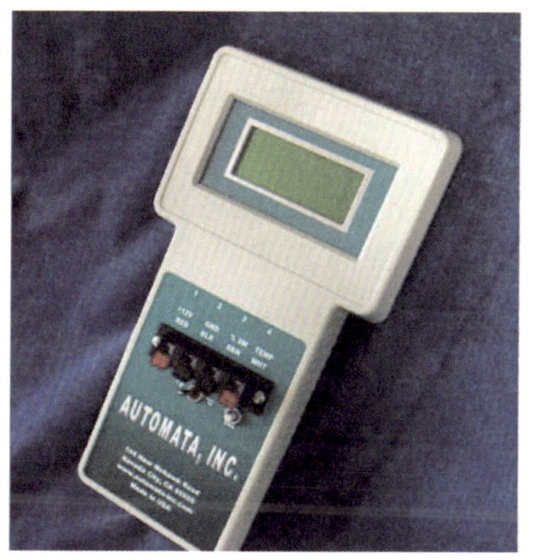

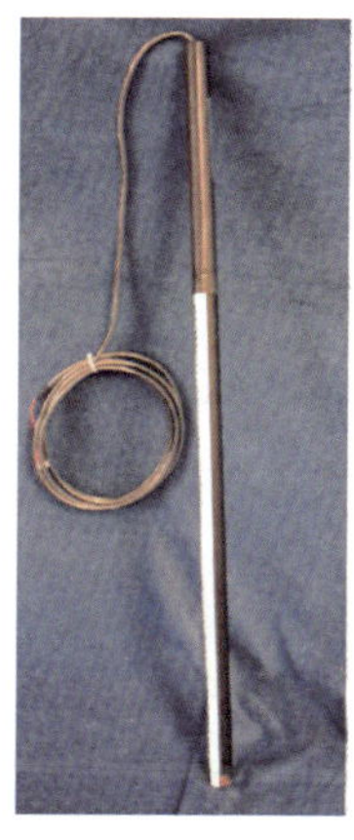

图 2.62　AQUA-TEL-TDR 含水率计及读数仪

AQUA-TEL-TDR 含水率计技术参数　　表 2.43

电源：12VDC±20%@40mA	性能指标
输出：可选 0～5V；4～20mA；0～1mA	测量范围：0～100%
尺寸规格：长度 68cm×直径 1.9cm	误差：<3%
标准电缆：3m(可延长至最长 100m)	重复性误差：<1%

2)仪器的标定与埋设

由于 TDR 含水率计反映的是体积含水率，而公路工程中使用的是质量含水率指标，为了使 TDR 计能够准确反映路基质量含水率变化情况，室内标定试验是现场监测前准备工作的关键。为了尽量模拟路基现场的监测条件，采用与现场压实程度相近的固定体积土样，逐级提高含水率以进行对比标定试验。

采用一端封闭的 PVC 管作为固定体积容器进行含水率对比测试，为了尽量模拟现场路基压实状态，将 TDR 计置于 PVC 管中间位置，按施工现场干密度分十层回填试验土样并捣实，采取必要的密封措施。仪器标定试验装置如图 2.63 所示。

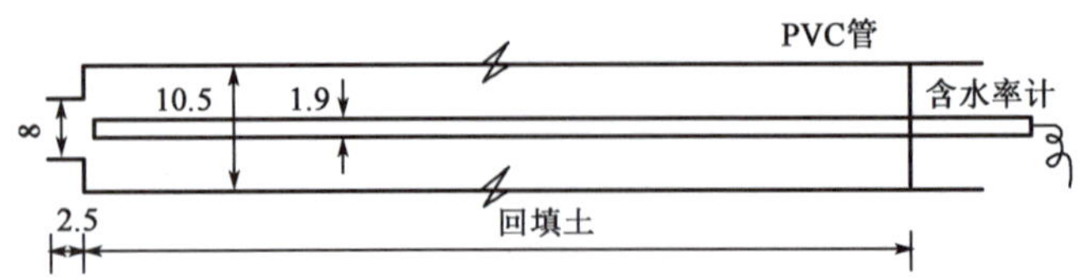

图 2.63　试验装置(尺寸单位:cm)

具体试验步骤为:

(1)制备土样,按试验方案回填土样。

(2)静置 24h,待仪器读数稳定 4h 后,读取初始读数。

(3)采用每次递增 5%的质量含水率向 PVC 管中加水,加水质量根据初始测定的干土质量计算得到。

(4)每次加水完毕静置 24h 以上,待读数稳定 4h 后读取仪器读数,同时根据 PVC 管装置的总质量增加计算得到实际质量含水率。

(5)若 PVC 管内加入的水在 48h 无法下渗,认为土体基本饱和,试验结束。

根据以上试验方案,对两个土样进行平行试验,对每个土样采用质量含水率和体积含水率(仪器读数)进行线性回归,分别设置截距为 0 和不设置截距得到两组回归曲线。两个土样所得的回归曲线线性相关系数均大于 0.99,如图 2.64 所示。

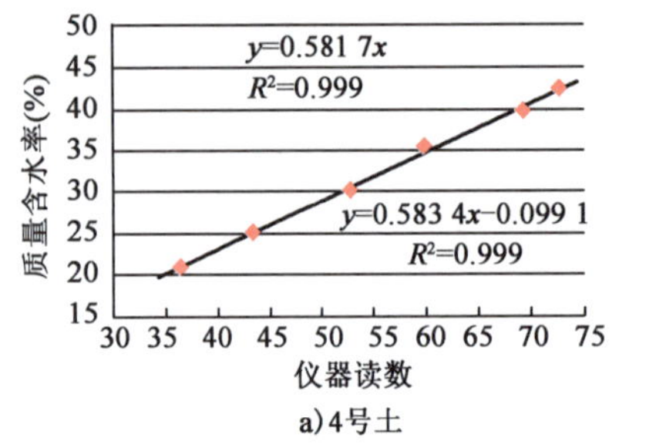

a)4号土

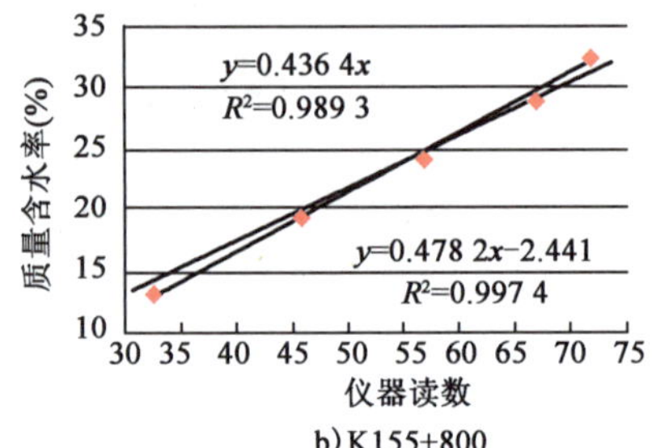

b)K155+800

图 2.64　室内标定曲线

质量含水率和体积含水率有以下的换算公式

$$w_{质量} = \frac{\rho_{水}}{\rho_{干}} \times w_{体积}$$

式中:$\rho_{水}$——土中水的密度(g/cm^3);

$\rho_{干}$——土的干密度(g/cm^3)。

根据上述公式(2.1)可知:质量含水率 $w_{质量}$ 和体积含水率 $w_{体积}$ 之间存在一个换算系数 A,理论上两者的关系应该是线性关系,且是一条通过原点的直线。室内标定试验验证了两者的线性关系。

根据室内标定试验,TDR 计的仪器读数和实际质量含水率存在很好的线性相关性,只需在埋设 TDR 计时确定标定系数,就可以通过仪器读数得到所监测土样的实际质量含水率。即

$$w_{质量} = A \times w_{体积}$$

可以看出,理论上系数 $A=\rho_{水}/\rho_{干}$,但在室内标定试验中两者并不相等。通过 3 组土样的平行试验注意到,对于任意一组压实状态已经确定且不再变化的土体,其系数 A 是确定的。

由此确定现场监测方法:在埋设 TDR 计同时,在同位置取样测定土的初始质量含水率,

待 TDR 计读数稳定 24h 后记录初始仪器读数，标定系数 A = 初始质量含水率 ÷ 初始仪器读数，监测的现场质量含水率即为现场仪器读数与标定系数 A 的乘积。

3)监测案例与分析

(1)福建三泉高速公路监测案例

在福建三泉高速公路试验路段选取 3 个监测断面，分别在路堤边坡及路床顶面共埋设了 4 个点位共 8 根 TDR 计，具体埋设示意如图 2.65 和图 2.66 所示。

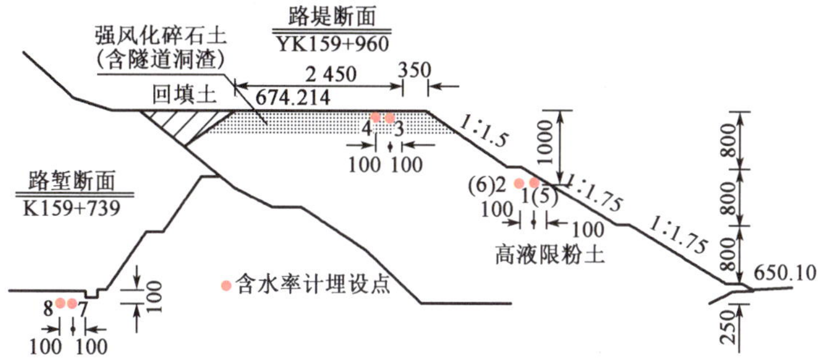

图 2.65 TDR 计埋设断面示意图(尺寸单位:cm)

图 2.66 各断面 TDR 计埋设及监测结果

经过两年多的监测，各测点含水率的最大值、最小值与变化如表 2.44 所示。从观测数据统计结果可知，高液限土路基的含水率在运营期的变化幅度范围大约在 4.9%～16.7%之间，变化幅度较大。1、5 号点含水率的波动范围最大，这是因为该点位于边坡坡面上，受到降雨等自然因素的影响较为明显。3、4号点位于路面结构以下，由于路面结构本身为封闭结构，因此其含水率波动幅度较小。

含水率监测结果统计(%)　　表2.44

测点位置		最小值	最大值	变化幅度	测点位置		最小值	最大值	变化幅度
路堤边坡	1号(1m)	28.8	41.7	12.9	填方路床	3号(1m)	29.4	38.7	9.3
	2号(2m)	34.9	44.2	9.3		4号(2m)	27.5	32.4	4.9
	5号(1m)	30.1	46.8	16.7	挖方路床	7号(1m)	25.1	31.1	6.0
	6号(2m)	37.9	47.8	9.9		8号(2m)	26.0	34.0	8.0

(2)贵州凯羊高速公路监测案例

凯羊高速公路基长度约占80%，沿线广泛分布有红黏土与高液限土，红黏土具有"高含水率、高液限、压实困难、干缩开裂"等特点。2012年9月6日选取了4标和5标的4个具典型代表性的土样进行了详细的室内试验及现场测试。红黏土路基性能的变化亦为含水率变化所故，若含水率保持稳定，则路基性能基本稳定，反之亦然。因此掌握路基含水率的变化规律对分析高液限土路基的长期性能具有重要价值。沿路基横断面距边坡1m、3m、6m和10m位置埋设TDR水分传感器监测路基水分变化(图2.67)。通过对典型断面的含水率监测，明确自然环境下填方路堤含水率的变化。

图2.67　红黏土路基含水率监测

红黏土路基的含水率监测结果如表2.45所示。从表中监测结果分析，含水率监测结果已基本稳定，且与压实度检测的含水率基本一致。

K31+080～K31+180段含水率监测结果　　表2.45

日期(月-日)	距离边坡距离(m)			
	1	3	6	10
1-16	11.7	5.7	15.9	9.6
1-17	28.3	20.3	29.3	29.7
1-18	28.3	20.5	29.4	29.7
1-19	34.7	29.2	30.7	32.1
1-20	35.7	31.0	30.0	32.5
1-21	35.9	31.0	31.0	33.0

2.3.2 红黏土与高液限土路堤的稳定性

1)红黏土与高液限土路基的失稳模式

红黏土与高液限土挖方路堑的失稳或坍塌现象在工程中很普遍,如图2.68所示。这主要是原状高液限土在自然环境易产生干燥收缩开裂,裂缝深度可达2~3m,甚至5m,裂缝使得高液限土被切割成块状。在降雨条件下,裂缝充水导致高液限土受水浸泡软化,裂缝底部的高液限土抗压强度不足产生坍塌,也就是工程上形象比喻的“坐下去”。因此某种程度上,高液限土挖方边坡是“裂缝有多深,坍塌就有多深”。其滑动面很少穿越地面,甚至位于边坡中间。

对于高液限土填方路堤,大量工程调查表明,路基表层干燥时会开裂,但由于路基是分层碾压的,层与层之间相对分离,裂缝不会贯通,如图2.69所示。雨水不易往下渗透,因此高液限土路堤总体上较稳定。个别高液限土路堤的破坏以整体失稳圆弧滑动为主,采用Bishop法进行稳定计算较合理。

图2.68 高液土路堑坍塌

图2.69 高液限土路堤裂缝不会贯通

2)Bishop稳定分析方法

高液限土填方路堤的破坏模式主要是整体圆弧滑动,整体圆弧滑动采用Bishop法分析是合适的。

(1)土坡稳定分析的条分法

因滑动面上各点上覆土重及荷载引起的法向应力的不同,造成滑动面上各点抗剪强度的不同。为确定法向应力,通常将滑弧内的滑动土体分成若干等宽的竖条进行计算,这种方法称为条分法。

如图2.70所示土坡,将滑动土体分为n个土条,任取一个土条记为i,其上的作用力有:

①土条质量W_i;

②滑动面上的法向力N_i和切向力T_{si};

③两相邻土条分界面上的法向条间力E_i和切向条间力X_i;

④其他作用力如边界面的水压力、地面荷载及地震惯性力等。

对于每一个土条,土条的质量W_i的大小、方向和作用点是已知的。滑动面上的法向力N_i和切向力T_{si}的方向和作用点已知(若土条取得极薄,可近似的认为N_i和T_{si}作用于土条的中点)。但大小未知。土条分界上切向条间力X_i的方向和作用点已知,大小未知;法向条间力

E_i 的方向已知，大小和作用点未知。

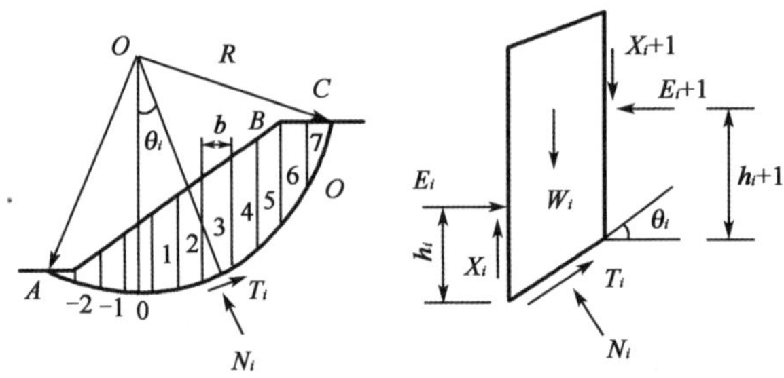

图 2.70　条分法边坡稳定计算受力图

综上所述可知，整个滑动土体分为 n 个土条。具有 $n-1$ 个分界面。每个土条上有 2 个未知量（N_i 和 T_{si}的大小），n 个土条就有 $2n$ 个未知量。每个分界面上有 3 个未知量（X_i 的大小和 E_i 的大小、作用点），$n-1$ 个分界面就有（$3n-3$）个未知量。再加上 1 个未知量土坡安全系数 K_s，未知量总数为（$5n-2$）个。根据静力平衡条件，n 个土条可建立 $3n$ 个条件方程。由此可见，条分法是一个（$2n-2$）次超静定问题。

采用条分法进行土坡稳定分析，必须建立（$2n-2$）个补充的条件方程，将超静定问题化为静定问题。根据不同的假设，可以得到不同的计算方法。在实际工程设计中，应用最为广泛的为简化 Bishop 法。

(2)简化毕肖普法(Bishop Method)

将滑动面内的滑动土体分成 n 个土条，从中任取一个土条 i，如图 2.71 所示，其上的作用力有：

①土条质量 W_i；

②滑动面上的法向力 N_i 和切向力 T_{si}；

③土条界面上的法向条间力 E_i，$E_i+\Delta E_i$ 和切向条间力 X_i、$X_i+\Delta X_i$。

毕肖普提出一分析方法，假定：

①每个土条都与土坡具有相同的安全系数，当 $K_s>1$ 土坡处于稳定状态时，任一土条内的抗剪强度只发挥了一部分。并与此时滑动面上的滑动力相平衡，即 $T_{si}=T_{si}/K_s$；

②土条分界面上条间力的合力是水平的，假定条间力的切向分量为零。根据这两条假定，可建立（$2n-2$）个条件方程，使问题得到解决。

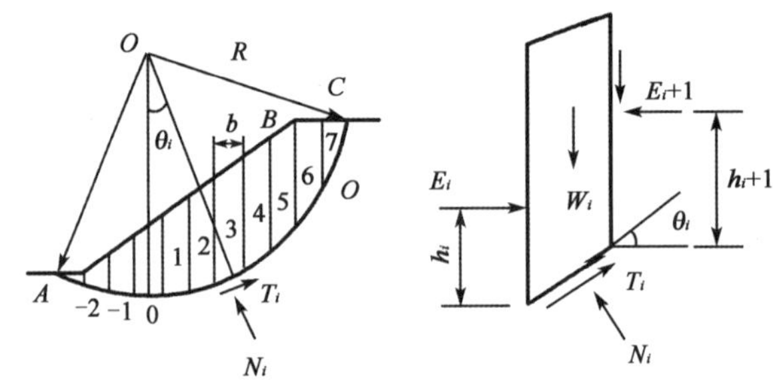

图 2.71　毕肖普公式推导示意图

得到

$$N_i = \left[W_i + \Delta X_i - \frac{c_i' l_i}{K_s}\sin\alpha_i\right]\frac{1}{m_\alpha} \tag{2.3}$$

式中

$$m_\alpha = \cos\alpha_i + \frac{\sin\alpha_i \tan\varphi_i'}{K_s}$$

土坡处于稳定状态时($K_s \geqslant 1$),得稳定安全系数 K_s 为

$$K_s = \frac{\sum[W_i \tan\varphi_i' + c_i' b_i]\dfrac{1}{m_{\alpha i}}}{\sum W_i \sin\alpha_i} \tag{2.4}$$

上式即为简化毕肖普法稳定安全系数的计算公式。计算结果表明:取条间力切向分量为零引起的误差不超过1%。

但是,对于 α_i 为负值的那些土条,要注意是否会使 m_α 趋近于零,如果 m_α 趋近于零,则简化毕肖普法就不能使用。

式(2.5)为安全系数 K_s 的计算公式,其中也包含 K_s,所以按式(2.4)计算 K_s 时要采用迭代法。具体的方法是:

先假定一个 K_{s1} 值,代入式(2.5)的右边,计算出 K_{s2}。再将 K_{s2} 代入式(2.5)的右边,计算出 K_{s3},如此反复迭代,至 $K_{si} = K_{si}+1$ 为止。

如果将式(2.4)右边 m_α 中的 K_s 取为1,即

$$K_s = \frac{\sum[(W_i - u_i b_i)\tan\varphi_i' + c_i' b_i]\dfrac{1}{\cos\alpha_i + \sin\alpha_i + \tan\varphi_i'}}{\sum W_i \sin\alpha_i} \tag{2.5}$$

此即为克莱法(Krey's Method)的边坡稳定安全系数的计算公式。当 $K_s>1$ 时,克莱法计算出的结果,总是略小于毕肖普法计算出的数值,说明克莱法的稳定安全系数对于稳定的边坡来说是偏于安全的。

(3)最危险滑动圆弧圆心位置的确定

前面介绍的安全系数 K_s 是在任意假定一个滑弧的情况下计算得到的,此滑弧不一定是土坡的最危险滑弧。实际中土坡的最危险滑弧一定是安全系数最小的滑弧,只有当最小安全系数大于允许值时,土坡才是安全的。

当土坡形状和土层分布都比较复杂时,寻找最危险滑弧的位置相当困难。在这方面,一些学者作了很大努力,研究最危险滑弧位置的规律。

对于简单土坡,安全系数 K_s 的大小与滑弧圆心坐标 x 和 y、半径 R、坡高 H、坡度 m 及土性参数 γ、φ、c 等因素有关。成都科技大学张天宝在简单条分法的基础上,通过数学推导,建立了简单土坡稳定安全系数 K_s 与滑动圆弧圆心坐标 x、y 及半径之间的函数关系,导出了 K_s 达到极小值时所需的极值条件方程组

$$\begin{cases} \dfrac{\partial K_s}{\partial x} = 0 \\ \dfrac{\partial K_s}{\partial y} = 0 \\ \dfrac{\partial K_s}{\partial R} = 0 \end{cases} \tag{2.6}$$

采用数值解法计算了常用土料，一般坡高范围内，坡度由 1∶1.5 到 1∶7 的条件下，最危险滑弧位置和相应的最小安全系数 K_{smin}，并将此计算结果编制成数表及曲线，以方便查用。

在计算中，张天宝采用“相对黏结度”的概念（相对黏结度 S 是反映土的黏结力与摩擦力关系的参数。$S=c/\gamma\tan\varphi$，单位为 m。）认为简单土坡最危险滑弧的位置在坡高和坡度一定时，其变化规律为：

①滑弧圆心的横坐标 x 随 S 的增加而增加，对砂性土 $S\to0$，$x\to-\infty$；对纯黏土，$S\to\infty$，则 $x\to1/2$。滑弧圆心的纵坐标 y 与 S 间的关系为：$S\to0$ 时，$y\to-\infty$。当 S 值在 H 至 $3H$ 之间时，y 有一极大值，而当 $S\to\infty$时，又有 $y\to-\infty$。滑弧半径 R 与 S 的关系和 y 与 S 的关系相似，当 $S\to0$ 时，$R\to\infty$；S 达到某一数值时，R 有一极小值，而当 $S\to\infty$时，又有 $R\to\infty$。且 S 值越大，最危险滑弧位置越深，反之，S 越小，最危险滑弧位置越高。对于砂性土，$S=0$，最危险滑动面成为与坡面重合的平面，安全系数 $K_s=\tan\varphi/\tan\beta$（$\beta$ 为坡角）。对于纯黏土 $S=\infty$，最危险滑弧在无限深处，这与费伦纽斯法（Fellenius Method）和泰勒法（Taylor Method）得到的结论是一致的。

②最危险滑弧圆心的位置随 S 变化的轨迹，近似于双曲线的一侧，此双曲线的原点位于边坡中点，并以边坡中点的法线及铅垂线为渐近线。潘家铮则认为，分别以 $L/2$ 和 $3L/4$ 为半径，以坡面中点为圆心作弧交坡面的法线及中垂线于 a、a'、b、b'，则最危险滑弧圆心的位置，大致位于 $aa'bb'$之内。

对于复杂土坡，最危险滑弧圆心位置与各土层的 S 值相关。有多少层土层（包括同一土层在地下水位线上、下的不同部分）就有可能出现多少个安全系数 K_s 的极小值区。整个土坡的稳定安全系数为各极小值区内 K_s 的最小值。计算时，先固定一个出滑点（如图中的 A_1、…A_n），所有计算的滑弧均应通过同一个出滑点，求出 K_{smin}。再选定另一个出滑点，又计算出一个 K_{smin}，最后对不同出滑点的 K_s 的值进行比较，从中求出最小的 K_s，作为土坡的稳定安全系数。

上述计算可利用程序通过电子计算机进行，大量的计算结果表明，对基于极限平衡理论的各种稳定分析法。若滑动面采用圆柱面时，尽管求出的 K_s 的不同。但最危险滑弧的位置却很接近，而且在最危险滑弧附近，K_s 值的变化很不灵敏，因此，可利用简单条分法确定出最危险滑弧的位置，然后，对最危险滑弧或其附近的少量的滑弧，用比较精确的稳定分析方法来换算它的安全系数，以减少计算工作量。

3）一般条件下高液限土路堤稳定分析

在考虑高液限土特殊工程性质的基础上，对高液限土路堤边坡稳定性进行分析。高液限土路堤的稳定包括施工期和运营期，两者受降雨等因素的影响有所不同，因此对两种情况分别进行分析。

（1）施工期的稳定性

高液限土路堤边坡的失稳破坏因其抗剪强度不足所致。高液限土常处于非饱和状态，在分析已有非饱和土成果基础上，应用简化的毕肖普公式分析高液限土试验段的边坡稳定性。

①计算模型。

为了分析高液限土填筑路基施工期的边坡稳定性，计算模型中假设路基土体由均匀高液限土填筑完成，且填筑过程中按照高液限土施工工艺严格控制，即其施工时高液限土的含水率控制在最优含水率附近。

计算采用总应力法，同时不考虑车辆荷载。根据《公路路基设计规范》(JTG D30—2015)的规定，在计算过程中，土体的抗剪强度采用三轴不固结不排水剪指标。高液限土三轴不固结不排水剪试验结果如图 2.72 所示。

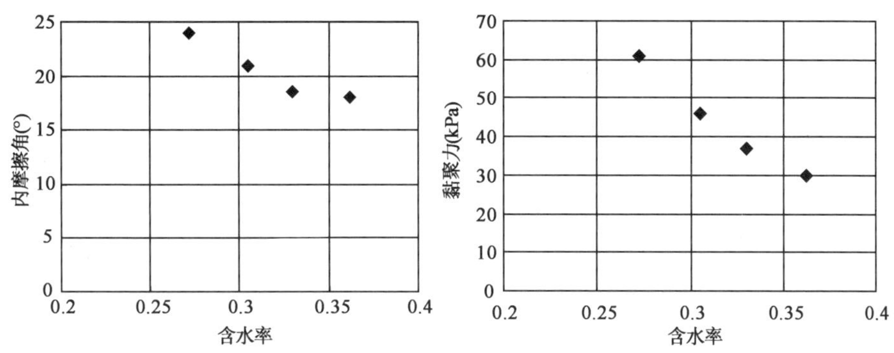

图 2.72　高液限土抗剪强度和含水率之间的关系

②计算结果。

由于高液限土在施工时的含水率总体上相比运营时低，其抗剪强度则比运营期的抗剪强度大，即施工期时的边坡稳定性要比运营期的边坡稳定性要高。因此选择相对不利的工况进行计算，即路基高度为 30m、坡率为 1.5、地质状况良好时红黏土与高液限土边坡的稳定性。计算得到填土为不同含水率时其对应的最小安全系数如表 2.46 所示。表中结果表明，在计算的含水率范围内，该边坡的安全系数都在 1.0 以上，表明在这个范围内使用高液限土作为填筑材料，在施工阶段边坡在稳定性方面是安全的。同时，由于该边坡稳定性需有一定的安全储备，根据《公路路基设计规范》(JTG D30—2015)的规定可知，公路高路堤边坡的设计安全系数应大于 1.4。从表中可以看出，当含水率高于 30%时，计算得到的安全系数都小于该数值，因此在实际工程中使用高液限土作为填筑材料时，需要严格控制填土的含水率，否则应放缓坡率。

不同含水率时的安全系数　　表 2.46

含水率(%)	40	35	30	25
c_{uu}	24.4	32.6	47.8	75.2
φ_{uu}	18	18	22	25
安全系数 K_s	1.010	1.103	1.370	1.622

(2)运营期的稳定性

计算剖面如图 2.73 所示。为了分析红黏土与高液限土路堤运营期的边坡稳定性，计算模型中假设路基土体均质。地基和路基土体且均已完成固结。计算荷载包括路基土体自重以及汽车荷载。汽车荷载取公路—Ⅰ级，采用车辆荷载方法计算，认为其在车辆外形尺寸范围内均匀分布。

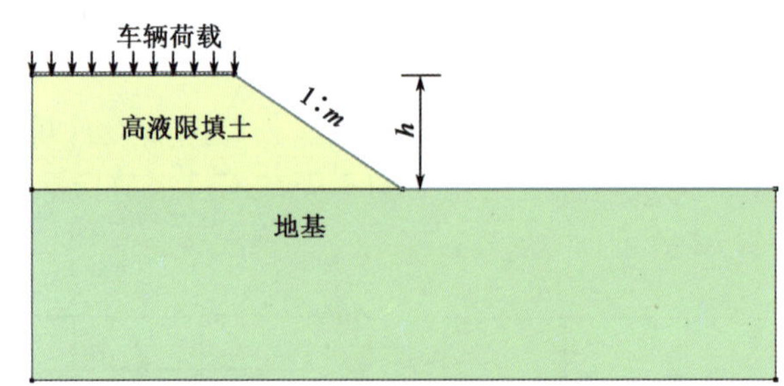

图 2.73　路基稳定性计算模型

红黏土与高液限土路堤通车运营后，根据实测结果，其含水率一般为 35%～40%，本次计算取其值为 38.5%。由于是运营阶段边坡的稳定性，因此抗剪强度指标采用慢剪试验结果，取值为 $\varphi=29°$，$c=17.7$kPa。地基土为粉质黏土，其抗剪强度指标为 $\varphi=28°$，$c=10$kPa。计算得到在不同路堤高度和坡率下高液限土路堤的安全系数见表 2.47。从表中可以看出，各工况下路堤的安全系数大于 1.0，因此理论计算表明，高液限土路堤是稳定的。

不同路堤高度和坡率条件下路堤安全系数　　表 2.47

填土高度(m)	坡　率		
	1∶1.5	1∶1.75	1∶2
30	1.327	1.468	1.600
27.5	1.353	1.492	1.624
25	1.388	1.521	1.654
22.5	1.428	1.553	1.686
20	1.466	1.593	1.728

4)强降雨条件下的稳定分析

红黏土与高液限土多为非饱和土，非饱和土体的土坡稳定性与滑面上的土体抗剪强度有很大的关系，如果采用不同的抗剪强度公式，就会得出不同的边坡稳定性计算公式，但不论采用何种形式的公式，土体的含水率都与边坡稳定性直接相关。土体含水率的变化就会引起抗剪强度参数的变化，加上土体含水率增大后，土体本身的重度变化，因而土坡的稳定性随之改变。对于运营期土体的结构性是否增强目前仍无明确的研究结论。

(1)雨水入渗模型

一般的边坡稳定性分析过程中，材料强度的选取应结合工程实际，采用相应的试验方法，如三轴中的 UU、CU 或 CD 试验，得到相应的强度，然后认为土体的强度保持不变，采用一定的计算方法进行计算。这种计算方法不考虑含水率变化对土体抗剪强度和边坡稳定性的影响，即认为土体的强度是一个固定值。但是，由非饱和土的强度特性可知，非饱和土的强度和土体的含水率相关，因此在使用 Bishop 方法计算非饱和土土坡稳定时，需要采用和非饱和土土坡含水率相匹配的土体强度，即任意点的强度需要由该点的含水率确定。因此，要将 Bishop 法应用于雨水入渗条件下的非饱和土土坡时，需要确定出雨水入渗条件下土坡含水率的分布，才可以通过雨水入渗模型分析计算。

非饱和土降水入渗模型的计算模型即为求解非饱和土的固结模型中的非饱和土渗流方程。因此,其具体的求解方法可以参看非饱和土的固结分析部分。在此仅分析非饱和土降水入渗模型的初始条件以及一些相关的问题。

(2)降雨入渗过程的边界条件

降雨入渗过程中,累积入渗量、入渗率和土体含水率随时间的变化是和地表处水的施加方式和状况有关的,也就是说和入渗边界条件有关,为了求出入渗过程中土体含水率分布,可以在一定的初始含水率分布条件下,根据入渗边界条件,求解水流运动的基本方程。对于入渗边界,可有以下3种简化模型:

①地表含水率已知。

当降雨强度超过地表入渗能力时,地表有积水或形成径流。此时地表含水率保持在一个非常接近饱和含水率的定值,即有

$$\theta_{|\Gamma_1} = \theta_s \tag{2.7}$$

式中:θ_s——饱和体积含水率(%)。

在土壤水动力学中称含水率为已知的边界条件为第一类边界条件。

②地表通量已知。

当降雨强度低于地表入渗能力时,不形成积水或地表径流,地表入渗通量与降雨强度相等,在土壤水动力学中,称表面通量已知的边界条件为第二类边界条件。可表示为

$$D(\theta)\frac{\partial\theta}{\partial n} - K(\theta) = -R(t) \tag{2.8}$$

式中:$D(\theta)$——扩散率;

n——边界的外法线方向。

③地表通量已知,但是经历一段时间 t_a 后超过土壤入渗能力,此时假定形成径流。因此,当 $0<t<t_a$ 时,边界条件是第二类边界条件;当 $t>t_a$ 时,此时又归结为第一类边界条件。

(3)土中吸力的初始分布情况

土中吸力与现场外部条件(如降雨、蒸发、植被等)密切相关。一般认为土中吸力的分布可分为4种情况,如图2.74所示。

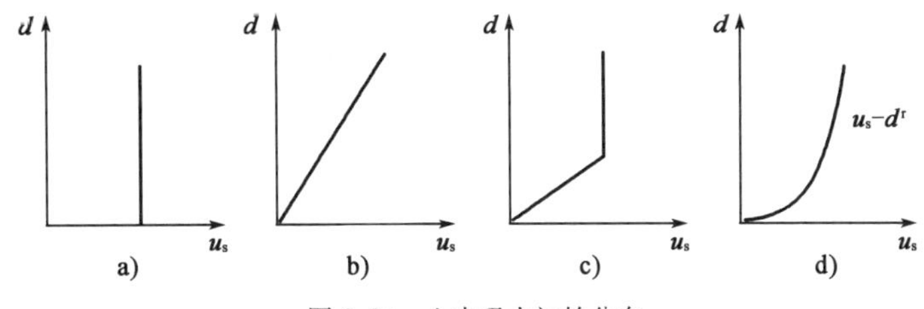

图2.74 土中吸力初始分布

(4)非饱和土渗透系数

一般情况下,非饱和土体的渗透系数不是一个常数,它随土体的饱和度变化而变化。非饱和土体的渗透系数不容易确定,通常是根据土体饱和情况下的固结系数,采用经验公式进行拟合。常用的拟合公式有Fredlund公式、Green和Cored公式以及Van Genuchten公式。在此采用Green和Cored公式进行拟合。该拟合公式为

$$k(\theta)=k_{s}\cdot\frac{30T^{2}}{\mu g\eta}\frac{\xi^{p}}{n^{2}}\cdot\sum_{j=i}^{m}[(2j+1-2i)h_{i}^{-2}] \tag{2.9}$$

式中：$k(\theta)$——对应体积含水率为θ时的渗透系数(m/s)；

k_s——饱和渗透系数(m/s)；

h_i——对应体积含水率的空隙压力(kPa)；

n——总的系列数，$n=m-i+1$；

T——表面张力(kN/m)；

μ——水的密度(kg/m^3)；

η——水的黏滞系数(kPa·s)；

p——表征空隙间相互关系的系数。

在上式中，渗透系数是由$\sum_{j=i}^{m}[(2j+1-2i)h_{i}^{-2}]$控制的；$[(30T^{2})/(\mu g\eta)]\cdot(\xi^{p}/n^{2})]$一般可以取为常数。

计算中高液限土的渗透系数如图 2.75 所示。

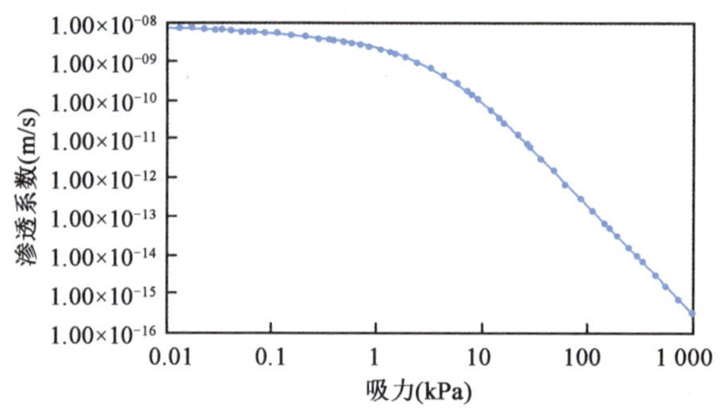

图 2.75 高液限土的渗透系数

(5)降雨条件下路堤的整体稳定性计算

根据非饱和土强度和含水率之间的关系，结合雨水入渗模型，计算边坡高度为 30m、坡率为2.0 的高液限土边坡运营期间在强降雨前后的稳定性。计算的断面和图形一致。由于本次研究主要是研究高液限土边坡的稳定性，因此，假定地下水位非常低，即路基的基质吸力全部为 80kPa，对应高液限土体的含水率约为 0.35。

假设存在一个极端的雨期，计算中取降雨时间为 30d，即连续 30d 的强降雨。在计算雨水入渗条件下地基的孔隙水压力分布时，其边界条件如图 2.76 所示，在土体表面形成了径流，即在路基的边坡边界处其边界条件取为第一类边界条件，其压力水头为 0。由于路面由沥青等材料覆盖，在此认为路面是不透水的，即也为第二类边界条件。在地基的两侧也认为是不透水的，即为第二类边界条件。

汽车荷载取值以及地基的初始孔隙水压力分布和不考虑雨水入渗时地基稳定性计算中的取值相同。

强降雨一个月后，地基中的孔隙水压力的分布如图 2.77 所示。从图 2.77 中可以看出，在路基的边坡位置，孔隙水压力由表及里逐渐减小，其影响范围基本在离坡面 1m 深度范围以内，在 1m 范围以下土体受降水的影响比较小。这个结果说明，由于高液限土渗透性非常小，雨水的入渗影响范围约为表面 1m。

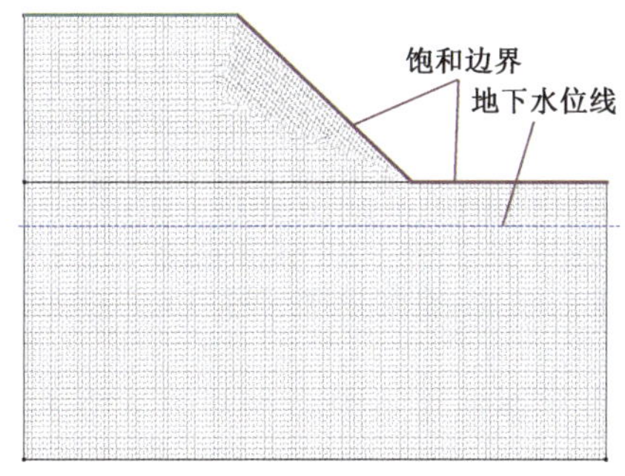

图 2.76 雨水入渗计算模型

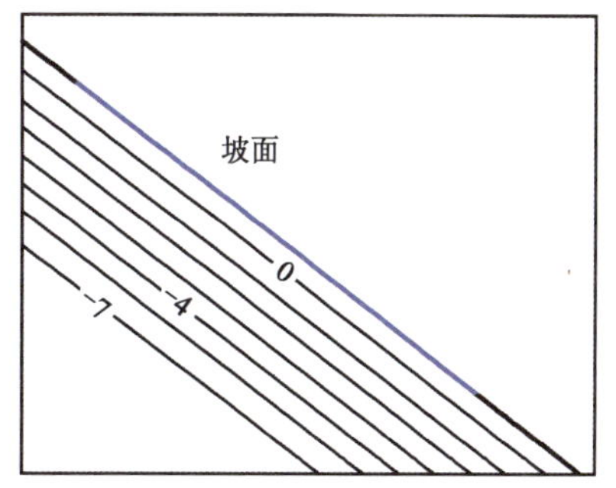

图 2.77 强降雨 30d 后路基边坡压力水头(m)

结合图 2.77 以及土体强度与含水率之间的关系，可以计算降雨 30d 后路基的稳定性。由于该情况下土体表面的含水率变化大，可以近似取该层土体完全被水浸泡饱和，其强度接近于 0。如果不考虑仅在表层的滑动，计算得到的安全系数为 1.599，表明土坡是安全，且和降雨前的安全系数 1.600 相比，安全系数基本一致。该计算结果表明，降雨对高液限土土坡稳定性影响非常小。但是，由于边坡表面含水率比较大，土体的强度非常小，因此，土坡可能发生表层冲刷作用，需要做好土坡表面的防冲刷保护工作。

5)路堤边坡防护

红黏土与高液限土路堤的工程调查表明，路堤的整体稳定性良好，在工程中很少发生红黏土与高液限土路堤整体失稳现象。这与红黏土与高液限土挖方边坡的极易坍塌形成了鲜明的对比，可以形象地比喻为"一边是海水，一边是火焰"，是两个极端。但在现实工程中，红黏土与高液限土路堤边坡的冲刷与流坍现象仍然较多，这也是填方边坡防护的重点。红黏土与高液限土路堤的稳定性计算分析可知，红黏土与高液限土路堤的整体稳定性主要取决于路堤土的含水率与渗流。因此提高路堤边坡稳定性的关键是防止水对边坡的入渗、冲刷等。

国内也有一些技术人员觉得红黏土与高液限土开裂严重，担心渗水后会对路堤稳定性产生较大的影响，提出应参照膨胀土的包边处理方式，对红黏土与高液限土边坡采用低液限土进行包边处理，以防止路堤边坡开裂，从而提高路堤的整体稳定性和减少路基沉降。但在实际工程中，尽管红黏土与高液限土表面开裂严重，如图 2.78 所示。但由于路堤是分层填筑，层与层之间并不完全密合，就如击实试验中即使拉过毛的土样在脱模后土样仍然会分为 3 块。因此，表层红黏土与高液限土的裂缝不会贯穿至下层(图 2.79)。由于每层的厚度一般不超过 30cm。因此，尽管红黏土与高液限土路堤边坡表面会产生较多、较大的裂缝，但每条裂缝的竖向深度一般不超过 30cm。由于裂缝一般竖向往下发展，其水平向开裂延伸的几乎没有。按路堤边坡边率 1∶1.5 计，裂缝对路堤边坡的影响范围在 45cm 左右；若坡率为 1∶1.75，则影响范围约为 52cm。这从某种程度上可以解释在工程中为什么红黏土与高液限土路堤整体稳定性好，但仍存在一些表层的冲刷与流坍现象，如图 2.79 所示。

基于红黏土与高液限土路堤边坡的稳定性，在工程中常用的拱形(菱形、人字形)骨架植草防护方式是合适的。骨架可以将部分路面水和坡面水通过骨架导流至边沟，大幅减少了对坡面的冲刷。草本植物的浅根系在坡面以下 20～40cm 范围内的土壤中盘根错节，使边坡土体和植物根系形成一个复合加筋体，对表层土体起到一个加筋作用。植草防护既可以缓解水流的冲刷，植物也可遮挡阳光曝晒，减轻、减缓红黏土与高液限土坡面土的开裂。在工程中是非常简单、实用、有效的技术措施。

图 2.78 红黏土与高液限土路堤表层开裂

图 2.79 红黏土与高液限土路堤冲刷与流坍

对于浆砌片石护面墙防护方式不太适用于路堤边坡，片石护面墙对于路堤边坡的绿化极为不利，实际上是做了“绝育”手术；另一方面，片石虽可防止边坡表面的水分蒸发与坡面开裂，但也影响了路堤水分的排出。由于路堤边坡总体上是稳定的，因此片石护面方式对路堤边坡的稳定并无多大意义。

对于完全的生态植物防护，宜只用于一些高度小于 3m 的低矮的路堤边坡。路面水和坡面水若不能做到集中排放，必将对坡面造成较大的冲刷，从而影响路基的稳定。因此，尽管生物防护的环保性最好，但对公路的长期性能与耐久性有较大的影响。对于边坡的植物类型以草本植物与低矮的灌木为宜。与周围生态环境相融合，逐渐达到一个平衡。降低噪声，吸收和净化车辆排放的废气，减少污染，改善公路景观，减轻和缓解驾乘人员的视觉疲劳。

2.3.3 红黏土与高液限土路堤的沉降变形规律

路面对于路基的要求是密实、均匀、稳定，具体来说就是在强度、变形和整体稳定等方面满足使用要求。室内试验及相关工程表明，尽管红黏土与高液限土具有高天然含水率、较高强度和低压实度的特点，但许多工程表明，通过施工工艺控制利用红黏土与高液限土填筑路基是可行的，能够确保工程质量与使用的耐久性。因此，明确红黏土与高液限土路基的沉降变形规律是合理、正确利用的基础，是确定设计和施工工艺的基础。

国内对于路基的沉降计算只有饱和软土是成熟的，包括其沉降机理、计算理论、假设条件和参数取值等，饱和软基的沉降计算基于太沙基的固结理论与计算方法。国内其他路基的计算理论不成熟，或者说没有沉降计算理论，只有一些经验公式与模拟规律。对于路基为什么会沉降？也就是路基的沉降机理并不明确，也无统一的认识。这就导致路基的沉降计算带有明显的经验总结的成分。我国路基的沉降计算一是基于模型试验，二是对路基沉降观测数据的统计、分析，进而提出预测公式。

自从 20 世纪 70 年代加拿大的 Fredlund 提出非饱和土理论以来，国内外对非饱和土的固结理论进行了许多研究，也取得了较大的成果，对于解决路基的沉降计算提供了新的手段与途径。

红黏土与高液限土是典型的非饱和土，其沉降变形采用非饱和土固结理论进行计算分析不失为一种新的可探索的途径。

1)室内模型试验

通过缩小比例模型，模拟路堤填筑加载过程中不同位置土体的压缩变形，通过分层总和法计算路堤的压缩变形，与实测结果进行对比分析。

(1)试验方案

采用福建泉三线30号土样，按照试验段路堤施工的实际含水率及干密度进行试样制备，试验土样制备参数见表2.48。模型试筒及加载装置采用蠕变试验机及相关配件改造而成(图2.80)，试筒尺寸为ϕ20cm×33cm，所需荷载通过杠杆及球形加载头实现，通过数字位移计及数采仪对试件压缩变形量进行实时监测，并根据需要自动定期记录。

模型试验土样制备参数　　表2.48

试样号	含水率(%)	湿密度(g/cm³)	干密度(g/cm³)	压实度(%)	饱和度(%)
1	30	1.773	1.364	88.0	82.2
2	35	1.742	1.29	83.2	86.1
3	40	1.764	1.26	81.3	94.0

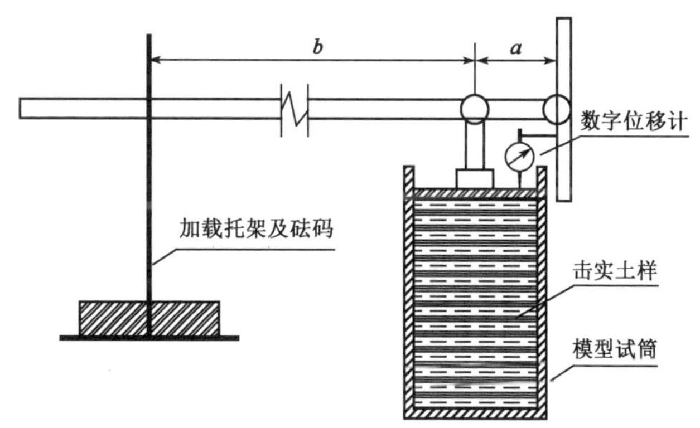

图2.80　模型试验加载装置及示意图

通过模拟路堤填筑过程逐级加载，每级增加的荷载等效于现场填筑2.5m的高度，依次模拟上覆荷载2.5m、5m、7.5m、10m、12.5m、15m时试样的压缩变形量，加载过程为完全侧限，试件允许试件排水固结，数据采集频率为13min记录一次，当2h变形量小于0.01mm时，认为变形稳定，加下一级荷载。采用3组不同含水率及干密度的试样进行平行试验，各试样每级的加载质量见表2.49。根据表中所需加载质量可计算得到加载砝码及加载杠杆位置。

(2)试验结果分析

根据前述试验步骤得到模型试验累计变形量(表2.50)及变形过程曲线(图2.81)。从图中可以看出：变形量随土体含水率的增加而增加，但并不是线性地增加，当含水率由30%增加至35%时，土的压缩变形量明显增加，远高于含水率由35%增加至40%时的压缩变形增量，塑限是土由(半)固态向塑态转变的含水率分界线，由此表明在含水率高于塑限时，高液限土的压缩变形有相当一部分是流塑性变形，即体积压缩变形量小，单向流塑性变形量大。另一方面，当含水率超过塑限后，其变形量虽有所增加，但增加幅度明显减小。上述现象表明高液限土的物理特性与其变形特性间有密切的联系。

试样逐级加载质量(单位:kg)　　表 2.49

加载步骤＼试样号(含水率)	1(30%)	2(35%)	3(40%)
1 级(2.5m)	139	137	138
2 级(5m)	278	274	276
3 级(7.5m)	417	411	414
4 级(10m)	556	548	552
5 级(12.5m)	695	685	690
6 级(15m)	834	822	828

试样累计压缩变形量(单位:mm)　　表 2.50

加载步骤＼试样号(含水率)	1(30%)	2(35%)	3(40%)
1 级(2.5m)	0.480	2.115	3.540
2 级(5m)	0.780	4.480	6.730
3 级(7.5m)	0.965	7.920	7.920
4 级(10m)	1.255	8.955	11.835
5 级(12.5m)	1.530	11.510	16.350
6 级(15m)	1.725	11.910	16.760

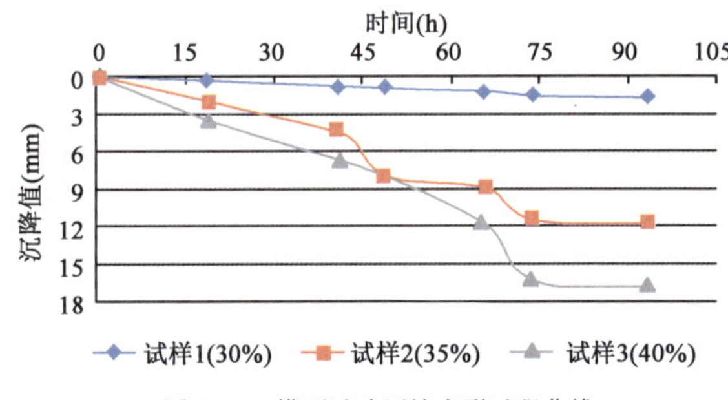

图 2.81　模型试验压缩变形过程曲线

2)试验路铺筑与观测

对典型高液限土路堤进行沉降变形监测的主要目的是:①明确高液限土路基的沉降速率与填土速率的关系;②明确高液限土路基横断面的沉降分布与填土高度、上部荷载的关系;③分析高液限土路基沉降速率的变化规律，确定路面结构层铺筑的参考依据;④明确高液限土路基沉降的分布规律及发展趋势。

(1)福建泉三线高液限土路堤沉降观测

课题组曾经监测断面选择在高填方路堤 YK159+960 断面，最大填高 26.5m。2007 年 2 月埋设剖面沉降管，4 月设置永久水准点，开始沉降监测。监测时间为 2007 年 4 月至 2009 年 7 月。

剖面沉降管埋设于填高 16.5m 位置，距离路基顶面 10m，埋设长度为 29.5m（其中距边坡最外侧 6m 为 2007 年 6 月接管埋设）。埋设示意图如图 2.82 所示。该填方均采用 4 号土（福建泉三线 K159＋722 土场）填筑，在距路基顶面 2.5m 范围换填强风化碎石土。

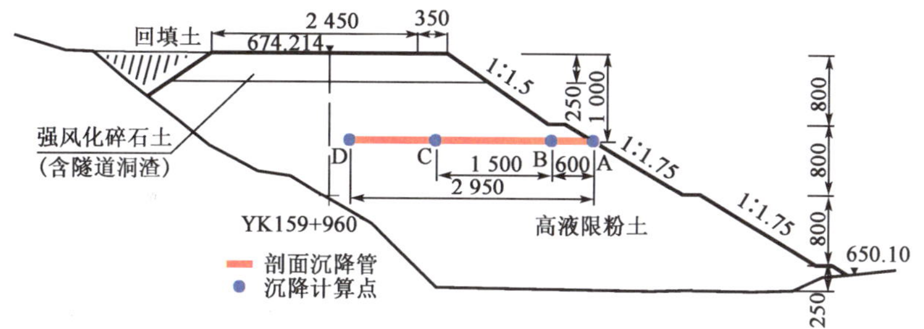

图 2.82 剖面沉降管埋设断面示意图（尺寸单位：cm）

①地质状况与地基处理。

高液限土高填方路堤 YK159＋960 位于一沟谷内（图 2.83）。地质状况：表层约 0～1.0m 为含有机质黏土，含水率约 43%；1.0～11.6m 为粉质黏土，含水率约 32%；11.6～16.5m 为风化粉砂岩，16.5m 以下为粉砂岩。地下水位埋深 3.2m。在路基填筑前对地表下 2m 的表层土进行了清淤处理。

图 2.83 剖面沉降管埋设层位

②路基填筑速率及填料情况。

根据沉降监测路段现场施工记录及取样试验，整理出路基填筑进展及填料情况，见表 2.51 及图 2.84。

路基填筑进展及填料情况 表 2.51

日期（年-月-日）	天数（d）	填筑高度（m）	填筑层位	填料及含水率
2006-07-02	1	0.3	第 1 层碾压试验段	—
2006-09-02	63	0.3	第 2 层碾压试验段	平均含水率 38%
2006-09-02	63	0.6		
2006-10-02	93	0.9	第 3 层碾压试验段	平均含水率 32%
2006-10-10	101	6	路堤填筑	含水率 38%～40%
2006-10-22	113	6		

续上表

日期(年-月-日)	天数(d)	填筑高度(m)	填筑层位	填料及含水率
2006-11-07	129	16.2	路堤填筑	含水率 38%~40%
2006-12-06	158	16.2		
2006-12-16	168	16.5	碎石土封盖层	隧道洞渣
2007-07-04	368	16.5	路堤填筑	含水率 38%~40%
2007-07-31	395	25.4		
2007-11-01	488	25.4	路床施工	强风化碎石土 含水率 10%~30%
2007-11-05	492	26.5		
2008-08-01	762	26.5		
2008-08-25	786	26.5	路面结构层施工	—
2008-09-01	793	26.7	路面施工完成	—
2009-07-02	1 097	26.7	—	—

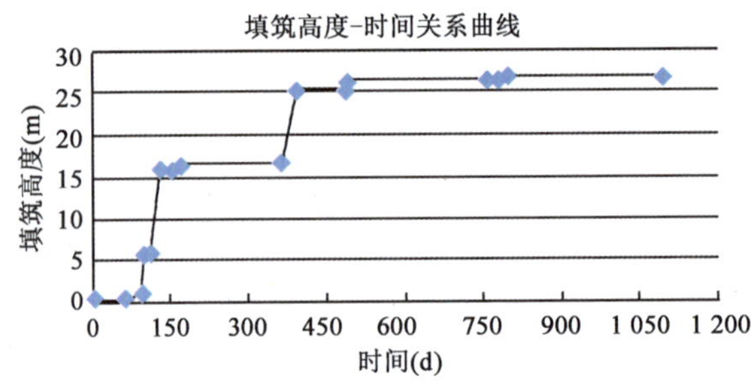

图 2.84　路基填筑速率

③路基断面沉降过程。

每次对 A 点的高程进行水准测量，作为沉降基准点，因此即使路基发生整体下滑，其沉降值也能反映出。路基断面累计沉降曲线及图表汇总如图 2.85 所示。从图中可以看出：最大沉降发生在距边坡 27m 位置，监测期间总沉降量为 673mm；在填筑过程中，靠近路基中央位置的沉降量明显大于边坡位置，在路基填筑到位之后，整个断面沉降基本趋于均匀。

④各沉降计算点沉降过程。

在路基断面分别取边坡点、边坡台阶位置、路肩位置、行车道位置等四个点，对填筑高度-沉降过程进行分析，如图 2.86 所示。由图中可以看出，沉降速率与填土速率密切相关，路堤填筑时沉降量较大，之后逐渐趋于稳定。由于高液限土在饱和状态下渗透系数很小，因此排水固结的过程较为缓慢，经过一年左右的时间，各计算点沉降基本趋于稳定。

路堤施工阶段沉降占总沉降比率均在 80%以上，考虑到监测层位在半年前已经填筑完成，在此期间的沉降并未计入总沉降量，因此施工期沉降将占总沉降量的绝大部分，并且沉降在半年以内基本完成。高液限土路基在 260d 的路基自然沉降阶段约占总沉降量的 10%，路面铺筑后的工后沉降量略小于总沉降量的 10%。

(2)贵州凯羊高速公路高液限土路堤沉降观测

为了分析凯羊高速公路沿线高液限土(红黏土)路基的沉降，两个试验路段分别在中桩位置埋设了3个沉降板，沉降板在竖向上的埋设位置分别为地表碎石层顶面和红黏土顶面。其中地表碎石层顶面的沉降板反映地基的沉降量，与地表沉降板紧挨着的位于红黏土顶面的沉降板用于反映红黏土层的压缩变形(图2.87)。K31＋080～K31＋180和K34＋700～K31＋720两个段落的路基填筑与沉降观测结果如图2.88和图2.89所示。

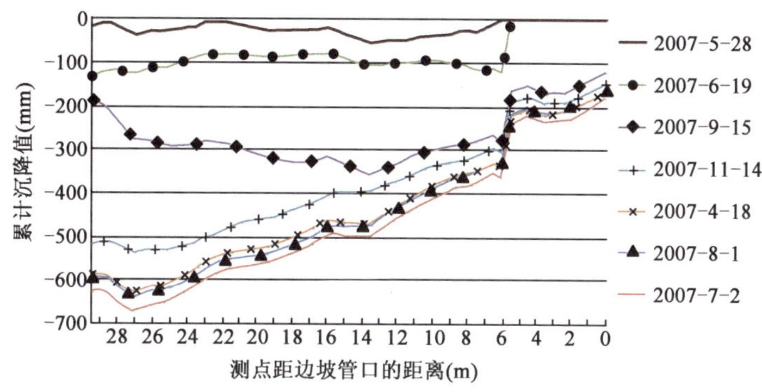

图2.85 监测断面累积沉降曲线

注：1. 监测断面均采用相对高程，以监测路基对面山坡设置的水准点为相对高程零点，沉降管口的初始高程为2007年4月20日测得。

2. 距边坡6m范围为2007年6月拓宽施工时埋设，因此沉降数据在此处有断层现象。

3. 2007年9月15日测试值在距边坡13m以后沉降数据明显偏差，主要原因是传感器在预埋导管中发生偏转，造成读数累积偏差。

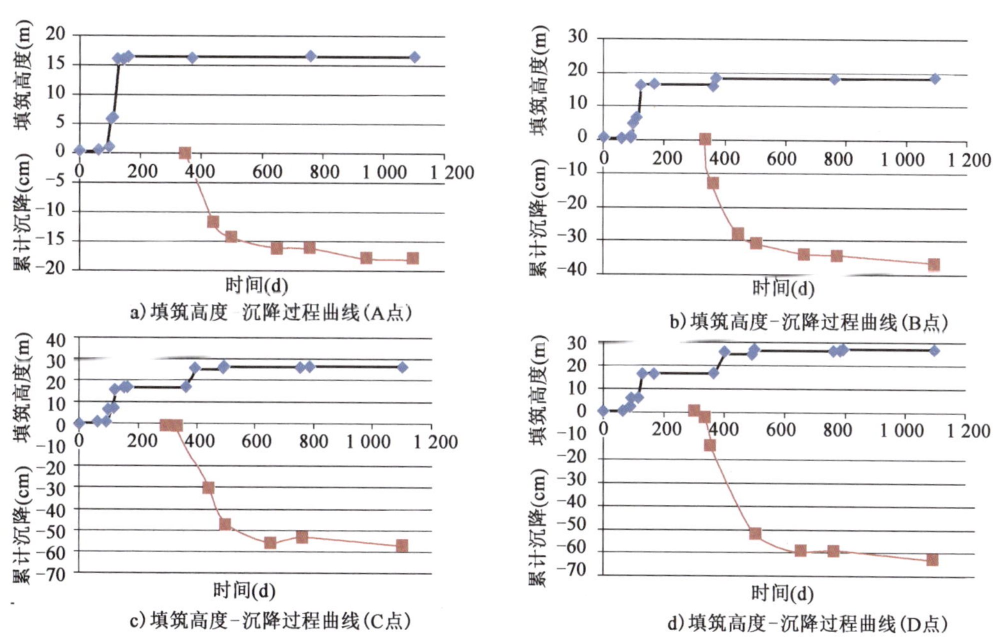

图2.86 各点沉降过程曲线

从沉降曲线分析，红黏土路基填筑5m、2.5m后两个段落的地表沉降量为4.5cm和6cm，与其他高速公路相比并不算大，在正常范围之内，这从另一方面说明了红黏土与高液限土地基的压缩变形不大。因此，总体上分析，这两段红黏土路基是基本稳定的。

图 2.87　路基沉降监测点

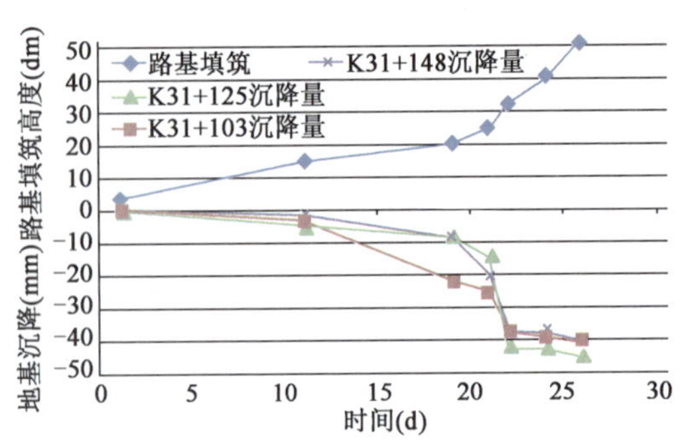

图 2.88　K31＋080～K31＋180 路基填筑过程与沉降曲线

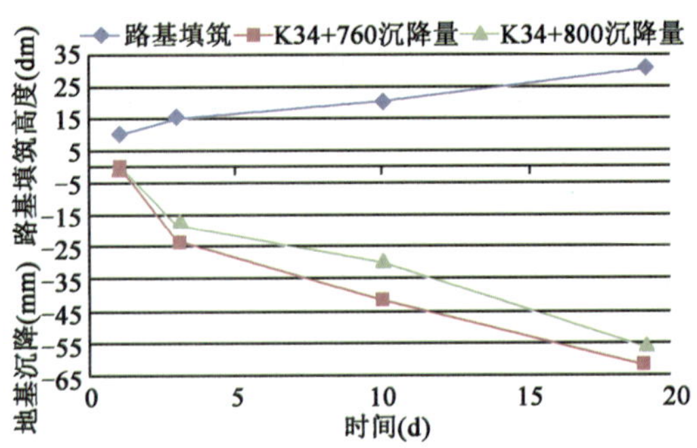

图 2.89　K34＋700～K31＋720 路基填筑过程与沉降曲线

(3)高液限土路堤与填石路堤的沉降对比

图 2.90 是贵州某填石路堤高填方，最大中心填高 52.75m，右侧边坡最高分 8 级，平台宽度 2.0m，第 1、2 级坡率 1∶1.5，第 3 级坡率 1∶1.75，第 4～8 级坡率 1∶2.0。路基全部采用灰岩填石路基。路基完工后顶面不同桩号的沉降量如图 2.91 所示。从图可见，填石路堤的工后沉降量较大，但由于路堤高，路基沉降产生的附加应力扩散后传递到路面结构层的附加应力较小，因此路面本身未出现任何开裂等病害，质量状况良好。

图 2.90　贵州某填石路堤高填方

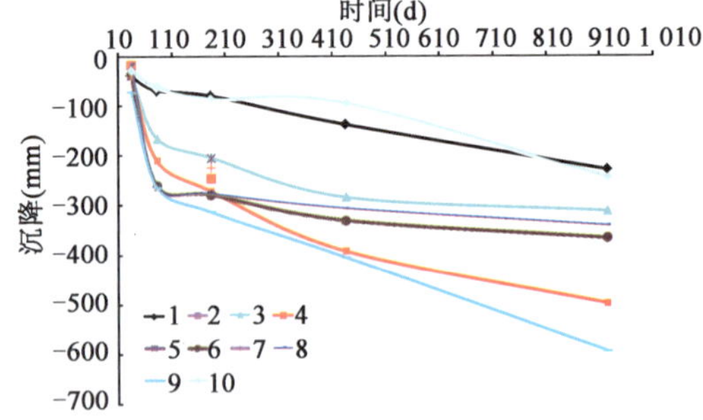

图 2.91　贵州某填石路堤高填方路基顶面沉降曲线

通过比较高液限土路堤与填石路堤的沉降可知，高液限土路基的工后压缩变形量并不比其他填料的路基工后沉降量大(表 2.52)。这也可消除人们对高液限土在高含水率碾压后路基工后沉降量可能过大的担忧。

观测点不同期间的沉降量 表 2.52

计 算 点	监 测 阶 段	天数(d)	沉降值(mm)	占总沉降比率(%)
A	路堤施工阶段	148	145.4	81
	自然沉降阶段	261	16	9
	路面铺筑及工后沉降阶段	335	18	10
B	路堤施工阶段	170	308.5	84
	自然沉降阶段	261	34	9
	路面铺筑及工后沉降阶段	335	23.2	6
C	路堤施工阶段	170	471.2	83
	自然沉降阶段	261	64.2	11
	路面铺筑及工后沉降阶段	335	36.6	6
D	路堤施工阶段	170	515.9	82
	自然沉降阶段	261	74.4	12
	路面铺筑及工后沉降阶段	335	36.9	6

2.3.4 高液限土路基沉降计算

根据土骨架孔隙内液体和气体体积关系和运动特点，土可以分为以下几类：

(1)干土。土骨架孔隙内气体连续，没有自由运动的液体。液体物质以微粒形式存在于孔隙气体中和固体颗粒之间的微孔隙内，不能脱离这些物质的约束。干土的饱和度为零。

(2)低饱和度土。土骨架孔隙由液体和气体共同占据，但液体相对很少，不连续，不能自由流动，只能在土颗粒表面形成弯液面。气体连续的在土孔隙内流动。

(3)中饱和度土。土骨架孔隙中的液体和气体能连续流动，液体和气体的分界面的形状主要由它们的相对体积决定。

(4)高饱和度土。土骨架孔隙中的液体能连续流动，气体不连续，只能以气泡的形式分布在孔隙液体中，气泡对液体的流动有明显的影响。

(5)饱和土。土骨架孔隙完全被液体占据，孔隙内无气体或有很少量的气体。气体以微小气泡的形式分布在液体中，微小气泡对液体的流动无明显的影响，饱和度等于1。饱和土孔隙中液体和气体混合物能当作单一可压缩流体处理。这5类土也可以统称为非饱和土，饱和度为零的非饱和土是干土；饱和度为1的非饱和土是饱和土；而其他3类土(低饱和度土、中饱和度土和高饱和度土)的饱和度在0～1之间。Fredlund 把孔隙水压力为正的土称为饱和土，孔隙水压力为负的称为非饱和土。

土的各种组成相互作用相互影响，使土表现出非常复杂的行为。土骨架孔隙分布的随机、可变性以及孔隙形状的多样性，使骨架的力学性质与形成土骨架的材料的力学性质有很大的差异。土骨架的变形和孔隙流体的运动相互影响，又使土在变形、强度和多种行为方面表现出与其组成物质完全不同特点。

1)非饱和土固结理论

非饱和土在土骨架形成的空隙中同时含有气体和水，气体在压缩时会有部分溶解于水中，非饱和土的压缩性和渗透性比饱和土复杂得多，因此迄今为止还没有公认为成熟的非饱和土固结理论。

（1）Scott 固结理论。以孔隙水压消耗方程求解，孔隙气压以封闭气泡存在于土体孔隙中，孔隙气不与大气连同，水在单位时间内流入和流出微体内水量连续条件。固结过程中，渗透系数假设为常数，水和土粒的状态方程以及组成关系得出非饱和土的固结方程。它适用于接近饱和状态，即 $S_r>90\%$。

（2）Barden 固结理论。Barden 将击实土按饱和度大小分为 5 类，并研究了各类土的固结特性。该固结理论考虑了空气的可压缩性，应用理想气体溶解于水的亨利定律和压力作用下空气等温条件下体积改变的波义耳定理，再根据空气质量连续条件和水连续条件，建立联合求解孔隙水、孔隙气消散方程。

（3）Fredlund 固结理论。Fredlund 从 Terzaghi 固结理论出发，放弃了有争议的非饱和土有效压力原理，代之以外加应力$(\sigma-u_a)$和吸力(u_a-u_w)这两个独立应力状态变量建立非饱和土各相体的本构关系。在此基础上，同时考虑孔隙气和孔隙水流动，建立了孔隙水压力消耗和孔隙气压力消耗的偏微分方程。该方程能同时反映湿胀、湿陷和干缩等特性，能很好地与饱和土理论衔接。

（4）杨代泉固结理论。杨代泉以吸力状态函数代替孔隙水体变本构方程，分别考虑了孔隙水压、气压的消耗。根据质量守恒定理，孔隙状态方程和吸力状态方程建立了非饱和土的广义固结理论。

（5）陈正汉固结理论。陈正汉从混合物理论出发，应用公理化理论发展了一种非饱和土的固结理论。该理论把有效应力原理和 Curie 对称原理作为非饱和土的两个重要的本构原理建立了非饱和土固结的数学模型，并给出了一维固结问题的解析解。

（6）气水混合理论。Chang 和 Duncan、孙长龙和殷宗泽等考虑孔隙流体为单一孔隙混合体，将非饱和土视为孔隙混合流体充满的饱和材料，建立相应的固结方程。Chang 和 Duncan 的固结理论，形式简单，便于和饱和土理论很好衔接。

2）非饱和土简化固结理论

高液限土样的路用特性研究结果表明，当高液限土的含水率超过 23%时，压实后土体的饱和度基本上可以达到 88%以上，因此可以认为是孔隙气、水近似组成混合流体，而非饱和土即为具有可压缩性流体的两相土。因此可以采用简化的非饱和土固结理论进行分析。

（1）非饱和土体的应力状态变量

土力学的性状（变形和抗剪强度性状）取决于土的应力状态。土中的应力状态可用若干应力状态变量组合描述，这些变量必须与土的物理性质无关。饱和土的有效应力概念$(\sigma-u_w)$已被普遍接受，在试验中得到很好的验证，并在工程中广泛应用。曾经试图对非饱和土也建立类似的有效应力概念，但由于非饱和土比饱和土复杂得多，对其应力状态描述一直难以达成共识。

对各种有效应力公式进行重新评价之后，许多研究者倾向于采用两个独立的应力状态变量来描述非饱和土的力学性质，这两个独立的应力状态变量一般为(u_a-u_w)和$(\sigma-u_a)$。因此，对于平面问题，非饱和土的应力状态可以表示为

$$\begin{bmatrix}(\sigma_x - u_a) & \tau_{yx} \\ \tau_{xy} & (\sigma_y - u_a)\end{bmatrix} \tag{2.10a}$$

$$\begin{bmatrix}(u_a - u_w) & 0 \\ 0 & (u_a - u_w)\end{bmatrix} \tag{2.10b}$$

式中：σ_x、σ_y——分别为 x 和 y 方向的法向应力；

τ_{xy}、τ_{yx}——剪应力；

u_a、u_w——分别为孔隙气压力和孔隙水压力。

(2)非饱和土的水-土特征曲线

非饱和土不同于饱和土的根本原因就是非饱和土中吸力的存在。基质吸力在控制非饱和土的力学性质方面起着十分重要的作用。非饱和土的基质吸力随着含水率的变化而变化，水-土特征曲线是表示非饱和土的基质吸力与重量含水率、体积含水率、饱和度或有效饱和度之间的关系曲线。土的含水率可以是质量含水率(ω)，体积含水率(θ)，也可以是饱和度(S)。吸力可以是基质吸力[也称毛细压力(u_a-u_w)]，也可以是总的吸力(基质吸力与渗透吸力的总和)。

图 2.92 是粉质黏土的典型的水-土特征曲线图。曲线上有两个特征点：一个对应于土的进气值$(u_a-u_w)_b$，土的进气值是空气进入土颗粒或颗粒集合体之间的最大孔隙时对应的基质吸力值；另一个特征点是对应于残余含水率 θ 的点。当土体中含水率随着吸力的增加而降低到一定值时，含水率的继续减少需要增加很大的吸力，含水率的这一临界值称为残余含水率。

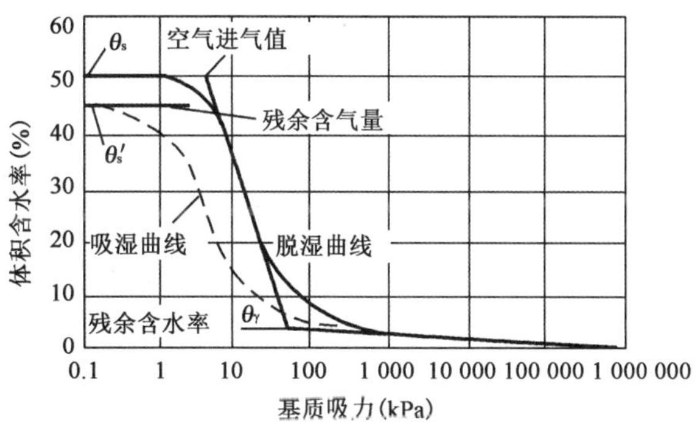

图 2.92　粉质黏土的典型水-土特征曲线

以水-土特征曲线中的两特征点为界，将其分为 3 段，则各区段对应于非饱和土的不同水气存在状态。第一区段对应于水-土特征曲线上基质吸力小于进气值的初始平缓段，气相处于完全封闭状态。在这个区段，土体的含量接近于饱和含水率，土体吸力变化很小，气相只能以封闭气泡的形式悬浮在水中，并随水流动，土体的性质接近于饱和土的性质。因此，处于这一区段的土体可以被看作含有可压缩流体的两相土，可用单一的有效应力($\sigma-u_a$)来研究土的力学性状。当基质吸力达到或超过土的进气值时，土体则进入非饱和的第二区段，即对应于水-土特征曲线的下降段，此时气相处于内孔隙连通形态和部分连通形态。在这一区段，空气开始进入并占据土体内部较大的空隙通道，随着吸力的增加，饱和度快速下降。这个区段是非饱和土性质变化最大的阶段，实际工程中遇到的大部分非饱和土都处于这个阶段。第三区段对应于水-土特征曲线上第二个平缓段($\theta<\theta_\gamma$)。这一区段的气相处于完全连通状态，由于土中水分很少，空隙水只充填在个别微小空隙或空隙死角中，此时的土体具有很高的基质吸力，但基

质吸力的大幅度增加只能引起土体含水率的很小变化，所以吸力对非饱和土的性质影响很小。

图 2.92 还表明，同一土体，对应于吸湿过程和脱湿过程有两个不同的水-土特征曲线，这种现象称为滞后现象。产生滞后现象的原因主要是由于土中孔隙的几何形状所引起的。由于吸湿和脱湿两个过程存在的瓶颈现象而导致相同的吸力值对应于不同的含水率。另外，脱湿过程和吸湿过程中的液、固表面接触角不同也是引起滞后现象的原因。

(3)土体结构的本构方程

应力状态变量与应变状态变量可以通过适当的本构关系联系起来，这些本构关系含有以系数形式表示的土特性。跟饱和土的本构关系相比，非饱和土本构关系中主要引进了模量 H，表征土体随着饱和度的下降变硬的特性，并采用$(\sigma-u_a)$和(u_a-u_w)的双应力状态变量。非饱和土的应力应变增量关系可以表示如下

$$d\varepsilon_x=\frac{d(\sigma_x-u_a)}{E}-\mu\frac{d(\sigma_y+\sigma_z-2u_a)}{E}+\frac{d(u_a-u_w)}{H} \tag{2.11a}$$

$$d\varepsilon_y=\frac{d(\sigma_y-u_a)}{E}-\mu\frac{d(\sigma_x+\sigma_z-2u_a)}{E}+\frac{d(u_a-u_w)}{H} \tag{2.11b}$$

$$d\varepsilon_z=\frac{d(\sigma_z-u_a)}{E}-\mu\frac{d(\sigma_y+\sigma_x-2u_a)}{E}+\frac{d(u_a-u_w)}{H} \tag{2.11c}$$

$$d\gamma_{xy}=\frac{d\tau_{xy}}{G}\qquad d\gamma_{xz}=\frac{d\tau_{xz}}{G}\qquad d\gamma_{zy}=\frac{d\tau_{zy}}{G} \tag{2.11d}$$

式中：ε_x、ε_y、ε_z——x、y、z 方向的正应变；

γ——剪应变；

σ_x、σ_y、σ_z——x、y、z 方向的总法向应力；

τ_{xy}、τ_{xz}、τ_{zy}——剪应力；

u_a——孔隙气压力；

u_w——孔隙水压力；

E、G——土体结构的弹性模量和剪切模量；

H——由基质(u_a-u_w)引起的非饱和土结构的模量；

μ——泊松比。

此方程在形式上与 Biot 提出的本构方程是相似的，在二维空间的，用应变-应力的形式可以表示如下

$$\begin{Bmatrix}\Delta(\sigma_x-u_a)\\ \Delta(\sigma_y-u_a)\\ \Delta(\sigma_z-u_a)\\ \Delta\tau_{xy}\end{Bmatrix}=\frac{E(1-\nu)}{(1+v)(1-2v)}\begin{bmatrix}1&0&0&0\\ &1&0&0\\ &&1&0\\ &&&\dfrac{1-2v}{2(1+v)}\end{bmatrix}\begin{Bmatrix}\Delta\left(\varepsilon_x-\dfrac{u_a-u_w}{H}\right)\\ \Delta\left(\varepsilon_y-\dfrac{u_a-u_w}{H}\right)\\ \Delta\left(\varepsilon_z-\dfrac{u_a-u_w}{H}\right)\\ \Delta\gamma_{xy}\end{Bmatrix} \tag{2.12}$$

该方程的应力—应变增量关系也可以用另一种形式表示

$$\Delta\boldsymbol{\sigma}=\boldsymbol{D}\Delta\boldsymbol{\varepsilon}-\boldsymbol{D}\boldsymbol{m}_{\mathrm{H}}(u_a-u_w)+\Delta\boldsymbol{u}_a \tag{2.13}$$

式中：$\boldsymbol{D}$——刚度矩阵；

$\boldsymbol{m}_{\mathrm{H}}$——$\left\langle\frac{1}{H} \quad \frac{1}{H} \quad \frac{1}{H} \quad 0\right\rangle$。

如果进一步假设认为孔隙气压在任何时候都保持为大气压，则方程(2.12)变成

$$\Delta\boldsymbol{\sigma}=\boldsymbol{D}\Delta\boldsymbol{\varepsilon}+\boldsymbol{D}\boldsymbol{m}_{\mathrm{H}}u_{\mathrm{w}} \tag{2.14}$$

另一方面，对于完全饱和的土体单元，土体结构上的总应力由式(2.15)给出

$$\Delta\boldsymbol{\sigma}=\boldsymbol{D}\Delta\boldsymbol{\varepsilon}+\boldsymbol{m}\Delta u_{\mathrm{w}} \tag{2.15}$$

式中：$\boldsymbol{m}$——各向同性的单位张量，$\langle 1 \quad 1 \quad 1 \quad 0\rangle$。

比较式(2.14)和式(2.15)，当土体完全饱和时($S_{\mathrm{r}}=100\%$)，可以看出

$$\boldsymbol{D}\boldsymbol{m}_{\mathrm{H}}=\boldsymbol{m} \tag{2.16}$$

对于线弹性的材料而言，当 $H=E/(1-2v)$时，这一条件是满足的。

(4)非饱和土的平衡方程

取非饱和土的一个立方单元考虑，利用气相、水和收缩膜的平衡方程以及土单元的总体平衡方程，可以求出土结构的平衡方程为

$$\frac{\partial\sigma_x}{\partial x}+\frac{\partial\tau_{xy}}{\partial y}=0 \tag{2.17}$$

$$\frac{\partial\tau_{xy}}{\partial y}+\frac{\partial\sigma_y}{\partial y}=\gamma \tag{2.18}$$

式中：τ_{xy}——x、y 面上的剪应力；

σ_x、σ_y——x、y 面上的总法向应力；

γ——土的重度。

将式(2.13)代入式(2.18)，可得

$$G\nabla^2 w_x+\frac{G}{1-2\mu}\frac{\partial\varepsilon_{\mathrm{v}}}{\partial x}+\frac{\partial u_{\mathrm{a}}}{\partial x}-\beta\frac{\partial(u_{\mathrm{a}}-u_{\mathrm{w}})}{\partial x}=0 \tag{2.19}$$

$$G\nabla^2 w_y+\frac{G}{1-2\mu}\frac{\partial\varepsilon_{\mathrm{v}}}{\partial y}+\frac{\partial u_{\mathrm{a}}}{\partial y}-\beta\frac{\partial(u_{\mathrm{a}}-u_{\mathrm{w}})}{\partial y}=\gamma \tag{2.20}$$

式中：w_x、w_y——与液相有关的孔隙率；

β——与收缩膜有关的孔隙率；

$u_{\mathrm{a}}-u_{\mathrm{w}}$——基质吸力；

ε_{v}——体应变。

(5)渗流连续方程

在非饱和土体中假设一个厚度为 dz 的单元，在 x、y 方向有水流穿过，如图 2.93 所示，单元 3 个方向上的尺度都为无穷小量，流速以图中标注方向为正。

假设土骨架不变形，水为不可压缩流体，不考虑生物化学作用对渗流的影响。根据质量守恒原理，非饱和土二维非稳定流情况下，流入流出单元的水量变化率等于该单元内水量随时间的变化率，由此得出的连续方程为

$$\frac{\partial\theta_{\mathrm{w}}}{\partial t}=-\left[\frac{\partial v_x}{\partial x}+\frac{\partial v_y}{\partial y}\right] \tag{2.21}$$

非饱和渗流同饱和渗流一样，从水势高处自发地向水势低处动。假设水仅通过水占有的孔隙空间流动，空气所占有的孔隙对水的流动来说是非传导性的流槽，土体可以处理为一种减

小含水率的饱和土，从而饱和土中 Darcy 定律同样可以适用于非饱和土中，即

$$v_x = k_x \frac{\partial h}{\partial x} \tag{2.22a}$$

$$v_y = k_y \frac{\partial h}{\partial y} \tag{2.22b}$$

式中：v_x、v_y——分别为 x 和 y 方向的渗流速度；

h——总水头，一般情况下包括重力水头、压力水头和基质势；

k_x、k_y——分别为土体在 x、y 方向的渗透系数。

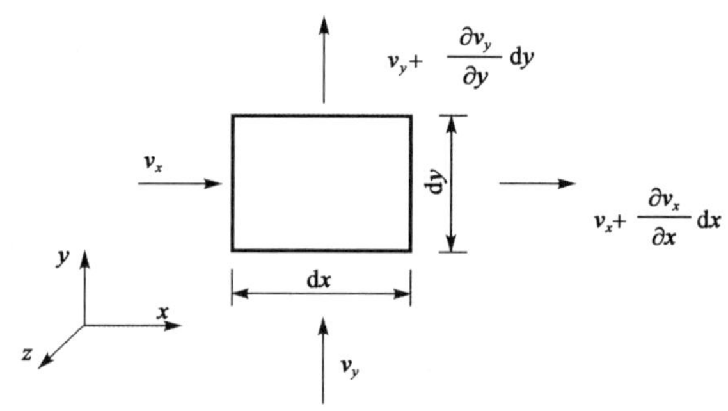

图 2.93　非饱和土单元二维水流示意图

在饱和土中，渗透系数主要受多孔介质孔隙比与孔隙连通性的影响，当土体处于饱和状态时，全部孔隙都充满了水，因而具有较高的导水率值，为了使问题得到简化，常常可以将渗透系数假设为常数。非饱和土体中部分孔隙水被气体填充，故其导水率值低于该土体的饱和导水率。不仅如此非饱和土体的渗透系数一般不能按常数对待，它同时受到土体的孔隙比和饱和度(或含水率)变化的影响。由于非饱和土的孔隙比变化可能很小，它对渗透系数的影响在问题简化的情况下是可以忽略不计的。而饱和度变化的影响则是主要因素，因而常常将渗透系数表达为饱和度 S 或体积含水率 θ_w 的单一函数 $k_w(\theta_w)$。

将式(2.21)代入式(2.26)，得出非饱和土渗流的基本微分方程

$$\frac{\partial \theta_w}{\partial t} = \frac{\partial}{\partial x}\left[k_x(\theta_w)\frac{\partial h}{\partial x}\right] + \frac{\partial}{\partial y}\left[k_y(\theta_w)\frac{\partial h}{\partial y}\right] \tag{2.23}$$

式中：k_x、k_y——分别表示 x、y 方向水的渗流系数；

θ_w——水的体积含水率；

t——时间。

根据 Dakshanamurthy 等人的理论，在弹性材料中，体积含水率满足如下关系

$$\theta_w = \frac{\beta}{3}\varepsilon_v - wu_w \tag{2.24}$$

$$\beta = \frac{E}{H}\frac{1}{1-2v}$$

$$w = \frac{1}{R} - \frac{\beta}{H}$$

式中：ε_v——体积应变量；

R——与体积含水率相关的模量。

体积含水率的变化会引起基质吸力的变化。从绘制的水—土特征曲线上可以得到体积含水率和基质吸力($u_a - u_w$)之间相应的变化规律，水土特征曲线斜率的倒数即为参数。

在一个增量步中，假设材料的性质保持不变，方程式(2.21)可以写成以下的增量形式

$$\Delta\theta_w = \beta\Delta\varepsilon_v - w\Delta u_w \tag{2.25}$$

在饱和土中，体积含水率的变化 $\Delta\theta_w$ 等于土体的体积应变 $\Delta\varepsilon$，这一条件在方程中是满足的，此时 $w=0$。

3)渗流固结耦合分析的有限元公式

(1)平衡方程的有限元分析公式

在渗流固结的耦合分析问题中，要同时求解平衡方程和连续方程。有限元平衡方程利用虚功原理表示，在整个平衡系统中，总的内虚功等于总的外虚功。当外力只有一个节点力 F 作用，对于这种简单的情况，虚功方程可以写为

$$\int \boldsymbol{\varepsilon}^{*\mathrm{T}} \Delta\boldsymbol{\sigma} \mathrm{d}v = \int \boldsymbol{\delta}^{*\mathrm{T}} \boldsymbol{F} \mathrm{d}v \tag{2.26}$$

式中：$\boldsymbol{\delta}^*$——虚位移；

$\boldsymbol{\varepsilon}^*$——虚应变；

$\boldsymbol{\sigma}$——内应力。

将式(2.22)代入式(2.23)中，通过数值积分可以得到有限元方程

$$\sum \boldsymbol{B}^{\mathrm{T}}\boldsymbol{DB}\Delta\boldsymbol{\delta} + \sum \boldsymbol{B}^{\mathrm{T}}\boldsymbol{Dm}_{\mathrm{H}}\langle \boldsymbol{N}\rangle \Delta u_w = \sum F \tag{2.27}$$

$$\boldsymbol{K} = \boldsymbol{B}^{\mathrm{T}}\boldsymbol{DB}$$

$$\boldsymbol{L}_{\mathrm{d}} = \boldsymbol{B}^{\mathrm{T}}\boldsymbol{Dm}_{\mathrm{H}}\langle \boldsymbol{N}\rangle$$

$$\boldsymbol{m}_{\mathrm{H}}{}^{\mathrm{T}} = < \frac{1}{H} \quad \frac{1}{H} \quad \frac{1}{H} \quad 0 >$$

式中：$\boldsymbol{B}$——梯度矩阵(也称应变矩阵)；

$\boldsymbol{D}$——排水的本构矩阵；

$\boldsymbol{K}$——劲度矩阵；

$\boldsymbol{L}_{\mathrm{d}}$——耦合矩阵；

$\Delta\boldsymbol{\delta}$——位移增量；

u_w——孔隙水压增量。

对于饱和土来说，耦合矩阵 $\boldsymbol{L}_{\mathrm{d}}$ 能写为

$$\boldsymbol{L}_{\mathrm{d}} = \boldsymbol{B}^{\mathrm{T}}\boldsymbol{m}\langle \boldsymbol{N}\rangle \tag{2.28}$$

$$\boldsymbol{m} = \langle 1 \quad 1 \quad 0\rangle$$

(2)流体运动方程的有限元分析公式

同理，流体运动方程也可以利用虚功原理来建立有限元分析公式，并用孔隙水压和体积应变的形式建立虚功方程。如果将虚孔隙水压 u_w^* 应用于流体运动方程，并对体积进行积分，可以得到虚功方程

$$\int u_w^* \left[\frac{k_x}{\gamma_w}\frac{\partial^2 u_w^*}{\partial x^2} + \frac{k_y}{\gamma_w}\frac{\partial^2 u_w^*}{\partial y^2} + \frac{\partial\theta_w}{\partial t}\right]\mathrm{d}V = 0 \tag{2.29}$$

对方程(2.29)进行分步积分得

$$-\iint\left[\frac{k_x}{\gamma_w}\frac{\partial u_w^*}{\partial x}\frac{\partial u_w}{\partial x}+\frac{k_y}{\gamma_w}\frac{\partial u_w^*}{\partial y}\frac{\partial u_w}{\partial y}\right]\mathrm{d}V+\int u_w^*\frac{\partial\theta_w}{\partial t}\mathrm{d}V=\int u_w^*\nu_n\mathrm{d}A \tag{2.30}$$

式中：ν_n——边界条件。

将表达式中的体积含水率 θ_w 用方程(2.25)代入得

$$-\iint\left[\frac{k_x}{\gamma_w}\frac{\partial u_w^*}{\partial x}\frac{\partial u_w}{\partial x}+\frac{k_y}{\gamma_w}\frac{\partial u_w^*}{\partial y}\frac{\partial u_w}{\partial y}\right]\mathrm{d}V+\int u_w^*\frac{\partial(\beta\varepsilon_v-wu_w)}{\partial t}\mathrm{d}V=\int u_w^*\nu_n\mathrm{d}A \tag{2.31}$$

用有限元近似表示，方程(2.30)可以改写为

$$-\int\frac{1}{\gamma_w}\boldsymbol{B}^{\mathrm{T}}\boldsymbol{K}_w\boldsymbol{B}\boldsymbol{u}_w\mathrm{d}V-\int\langle\boldsymbol{N}\rangle^{\mathrm{T}}\langle\boldsymbol{N}\rangle\left\{\frac{\partial(wu_w)}{\partial t}\right\}+\int\langle\boldsymbol{N}\rangle^{\mathrm{T}}\boldsymbol{m}^{\mathrm{T}}\boldsymbol{B}\left\{\frac{\partial(\beta\delta)}{\partial t}\right\}\mathrm{d}V=\int\langle\boldsymbol{N}\rangle^{\mathrm{T}}\nu_n\mathrm{d}V$$

$$\boldsymbol{K}_f=\int\boldsymbol{B}^{\mathrm{T}}\boldsymbol{K}_w\boldsymbol{B}\mathrm{d}V$$

$$\boldsymbol{M}_N=\langle\boldsymbol{N}\rangle^{\mathrm{T}}\langle\boldsymbol{N}\rangle$$

$$\boldsymbol{L}_f=\int\langle\boldsymbol{N}\rangle^{\mathrm{T}}\boldsymbol{m}^{\mathrm{T}}\boldsymbol{B}\mathrm{d}V$$

式中：$\boldsymbol{K}_w$——渗流系数矩阵；

$\boldsymbol{K}_f$——单元刚度矩阵；

$\langle\boldsymbol{N}\rangle$——形函数；

$\boldsymbol{M}_N$——质量矩阵；

$\boldsymbol{L}_f$——渗流耦合矩阵；

$\boldsymbol{m}^{\mathrm{T}}$——单元张量，$\langle 1\quad 1\quad 1\quad 0\rangle$；

δ——节点位移。

对方程(2.31)在时间 $t\sim t+\Delta t$ 进行积分

$$-\int_t^{t+\Delta t}\frac{1}{\gamma_w}\boldsymbol{K}_f\boldsymbol{u}_w\mathrm{d}t-\int_t^{t+\Delta t}\boldsymbol{M}_N\left\{\frac{\partial(wu_w)}{\partial t}\right\}\mathrm{d}t+\int_t^{t+\Delta t}\boldsymbol{L}_f\left\{\frac{\partial(\beta\delta)}{\partial t}\right\}\mathrm{d}t=\int_t^{t+\Delta t}\langle\boldsymbol{N}\rangle^{\mathrm{T}}\nu_n\mathrm{d}A\mathrm{d}t$$

将 θ 作为时间步长，对方程(2.31)进行差分，得到如下有限元方程

$$\begin{aligned}&-\frac{\Delta t}{\gamma_w}\left[\theta\boldsymbol{K}_f\boldsymbol{u}_w\big|_{t+\Delta t}+(1-\theta)\boldsymbol{K}_f\boldsymbol{u}_w\big|_t\right]-\boldsymbol{M}_N(wu_w)\big|_t^{t+\Delta t}+\boldsymbol{L}_f\boldsymbol{\beta\delta}\big|_t^{t+\Delta t}\\&=\Delta t\int\langle\boldsymbol{N}\rangle^{\mathrm{T}}\left[\theta\nu_n\big|_{t+\Delta t}+(1-\theta)\nu_n\big|_t\right]\mathrm{d}A\end{aligned} \tag{2.32}$$

当进行时间步长的隐式计算时，令 $\theta=0$，并假设在一个时间增量步中 β 和 w 保持不变，则方程(2.32)改写为

$$-\frac{\Delta t}{\gamma_w}\boldsymbol{K}_f\boldsymbol{u}_w\big|_{t+\Delta t}-w\boldsymbol{M}_N\Delta\boldsymbol{u}_w+\beta\boldsymbol{L}_f\Delta\boldsymbol{\delta}=\Delta t\boldsymbol{Q}\big|_{t+\Delta t} \tag{2.33}$$

式中：$\boldsymbol{Q}$——边界节点的流量。

为了使方程中只饱含孔隙水压增加的项，将原方程的第一项$\frac{\Delta t}{\gamma_w}\boldsymbol{K}_f\boldsymbol{u}_w\big|_t$ 分别加到方程的两边，最后得到描述孔隙水渗流的方程

$$\beta\boldsymbol{L}_f\Delta\boldsymbol{\delta}-\left(\frac{\Delta t}{\gamma_w}\boldsymbol{K}_f+w\boldsymbol{M}_N\right)\Delta\boldsymbol{u}_w=\Delta t\left(\boldsymbol{Q}\big|_{t+\Delta t}+\frac{1}{\gamma_w}\boldsymbol{K}_f\boldsymbol{u}_w\big|_t\right) \tag{2.34}$$

在对饱和土/非饱和土进行渗流固结耦合分析时，在公式中都是把位移增量和孔隙水压增量作为变量。总之，有限元分析的耦合方程就是平衡方程(2.33)和流体运动方程(2.34)，这些方程可以重写为下面的形式

$$\boldsymbol{K}\Delta\boldsymbol{\delta}+\boldsymbol{L}_{\mathrm{d}}\Delta\boldsymbol{u}_{\mathrm{w}}=\Delta\boldsymbol{F} \tag{2.35}$$

$$\beta\boldsymbol{L}_{\mathrm{f}}\Delta\boldsymbol{\delta}-\left(\frac{\Delta t}{\gamma_{\mathrm{w}}}\boldsymbol{K}_{\mathrm{f}}+w\boldsymbol{M}_{\mathrm{N}}\right)\Delta\boldsymbol{u}_{\mathrm{w}}=\Delta t\left(\boldsymbol{Q}\mid_{t+\Delta t}+\frac{1}{\gamma_{\mathrm{w}}}\boldsymbol{K}_{\mathrm{f}}\boldsymbol{u}_{\mathrm{w}}\mid_{t}\right) \tag{2.36}$$

$$\boldsymbol{K}=\sum\boldsymbol{B}^{\mathrm{T}}\boldsymbol{D}\boldsymbol{B}$$

$$\boldsymbol{L}_{\mathrm{d}}=\sum\boldsymbol{B}^{\mathrm{T}}\boldsymbol{D}\boldsymbol{m}_{\mathrm{H}}\langle\boldsymbol{N}\rangle$$

$$\boldsymbol{m}_{\mathrm{H}}=<\frac{1}{H}\quad\frac{1}{H}\quad\frac{1}{H}\quad 0>$$

$$\boldsymbol{K}_{\mathrm{f}}=\sum\boldsymbol{B}^{\mathrm{T}}\boldsymbol{K}_{\mathrm{w}}\boldsymbol{B}$$

$$\boldsymbol{M}_{\mathrm{N}}=\sum\langle\boldsymbol{N}\rangle^{\mathrm{T}}\langle\boldsymbol{N}\rangle$$

$$\boldsymbol{L}_{\mathrm{f}}=\sum\langle\boldsymbol{N}\rangle^{\mathrm{T}}\boldsymbol{m}\boldsymbol{B}$$

同时，由方程(2.35)可知

$$\beta=\frac{E}{H}\frac{1}{(1-2v)}=\frac{3K_{\mathrm{B}}}{H} \tag{2.37}$$

$$w=\frac{1}{R}-\frac{3\beta}{H} \tag{2.38}$$

为了使上述方程能模拟饱和土的情况，必须满足下列条件

$$\beta=1\quad\omega=0\quad\boldsymbol{L}_{\mathrm{f}}=\boldsymbol{L}_{\mathrm{d}}^{\mathrm{T}} \tag{2.39}$$

4)数值计算结果

有限元计算主要是模拟试验段的沉降变形过程。该试验段模型断面如图2.94所示。该断面中，路堤高度为26.5m。地基计算深度取25m，宽度取200m，开挖后原边坡顶部高出路堤表面8m。根据实际施工情况，模型材料分为3种类型，地基土为粉质黏土，下路堤(路基顶面下1.5m)为高液限土，路基顶层1.5m为碎石土。粉质黏土和高液限土的渗透系数为一定值，因此计算中考虑其固结作用，对于碎石土，由于其渗透系数大，因此认为是完全透水的，即不考虑该部分的固结作用。

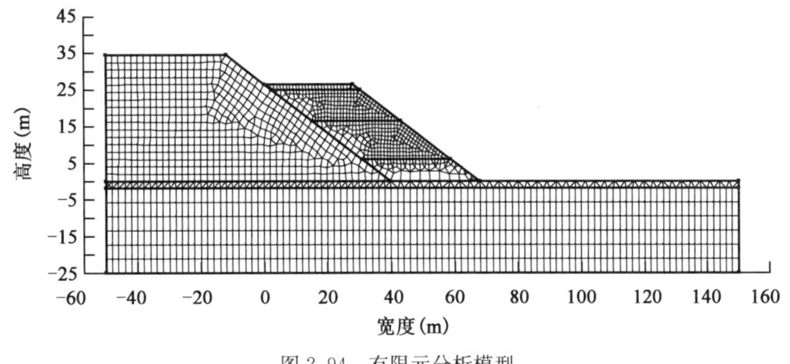

图2.94　有限元分析模型

(1)模型参数

模型变形部分的边界条件为地基底部为固定，两侧为水平向固定、竖向可自由变形。因

此，计算中假定地基底面不排水，仅在坡面排水，排水边界气压始终等于大气压，水压为－80kPa，即吸力等于80kPa。模型中地基土体和高液限土采用理想弹塑性模型。土体的弹性模量随平均压力的增加而增加，其计算公式为

$$E = k_{b} \cdot p_{a} \cdot \left(\frac{\sigma}{p_{a}}\right)^{n} \tag{2.40}$$

式中：k_b、n——拟合参数；

p_a——标准大气压力(kPa)；

σ——平均压力(kPa)。

根据三轴CU试验结果，对于地基土体，k_b 和 n 分别取130和0.5，对于高液限土，k_b 和 n 取值分别为35和0.88。土体的破坏准则采用Mohr-Coulomb破坏准则，地基土体的内摩擦角和黏聚力分别为25°和20kPa，高液限土的内摩擦角和黏聚力分别为30°和20kPa。对于填筑的碎石土，其模型采用线弹性，弹性模量为40MPa，泊松比为0.3。

一般情况下，非饱和土体的渗透系数不是一个常数，它随土体的饱和度变化而变化。非饱和土体的渗透系数不容易确定，通常是根据土体饱和情况下的固结系数，采用经验公式进行拟合。常用的拟合公式有Fredlund公式、Green和Cored公式以及Van Genuchten公式。在此采用Green和Cored公式进行拟合。该拟合公式为

$$k(\theta) = k_{s} \cdot \frac{30T^{2}}{\mu g \eta} \cdot \frac{\xi^{p}}{n^{2}} \cdot \sum_{j=i}^{m}\left[(2j+1-2i)h_{i}^{-2}\right] \tag{2.41}$$

式中：$k(\theta)$——对应体积含水率为 θ 时的渗透系数(m/s)；

k_s——饱和渗透系数(m/s)；

h_i——对应体积含水率的空隙压力(kPa)；

n——总的系列数，$n=m-i+1$；

T——表面张力(kN/m)；

μ——水的密度(kg/m^3)；

η——水的黏滞系数(kPa·s)；

p——表征空隙间相互关系的系数。

在上式中，渗透系数是由 $\sum_{i=1}^{m}[(2j+1-2i)h_i^{-2}]$ 控制的，$[(30T^2)/(\mu g\eta)]\cdot(\xi^p/n^2)$ 一般可以取为常数。根据已有实测资料可知，土体的实际渗透系数比实验室得到的渗透系数要大。在计算时，高液限土在饱和状态下的渗透系数取为 8.0×10^{-7}cm/s，地基土在饱和状态下的渗透系数取为 5.0×10^{-6}cm/s。

图2.95为由室内采用张力计和渗透仪测得的水分特征曲线和渗透曲线。由于是土体失水固结过程，土—水特征曲线采用脱湿过程曲线。

(2)土体的初始条件

地基土体的天然重度取18kN/m^3，填土的天然重度取18.5kN/m^3。根据勘察资料，地下水位为－8m。在水位以上，地基土体的最小基质吸力为－80kPa。根据填筑时高液限土的平均质量含水率为40%以及水分特征曲线，高液限土的初始基质吸力取为－20kPa。

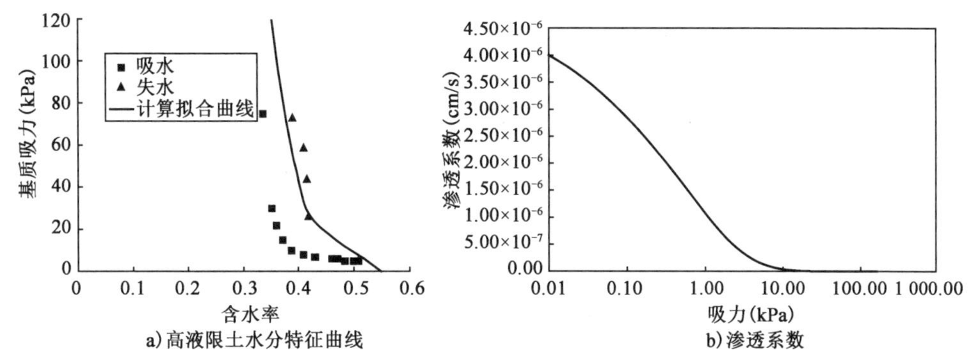

图 2.95　高液限土计算曲线

(3)施工工序

为了模拟施工工况，首先计算地基在自重作用下的初始应力，包括总应力和水压力，然后再模拟路基填筑。路基填筑分为 4 层进行，其填筑施工的进度如图 2.96 所示。施工结束后，在路基表面施加汽车荷载。汽车荷载采用车辆荷载，荷载等级为公路Ⅰ级，其大小等于车辆荷载除以车辆外形尺寸，即 14.67kPa，均匀分布于路面。

(4)计算结果分析

为了验证计算结果的可靠性，图 2.97 为计算得到监测位置的沉降值和实际监测值的对比图。由于现场的监测仪器是 2 月份安装的，因此实测结果为相对于安装时的相对沉降。为此，图中的计算结果也取相对沉降，即为计算该时刻的总沉降减去 2 月 15 日的计算沉降，这样图中的计算结果就和实测结果时间一致。从图中可以看出，除了第 564d 的计算结果略小于实测结果外，其余的计算结果和实测结果接近，这说明该结果可靠。计算结果表明，随着距边坡位置的增加，该位置的沉降都是先增加，然后降低，即最大的沉降位置位于路基的中央部分，这和实测的结果一致。由于第 564d 的计算工况和 399d 的计算工况一致，即此时路基的顶部都已经填筑完成，因此它们之间的差值仅为孔隙水压力消散导致的变形。由于在填筑最后一层前路基地基已经固结了 93d，且该层增加的高度仅为 1.5m，因此计算得到的固结沉降差仅为 0.4mm，实测结果相差达到 5cm。实际上两者出现差异是合理的，计算的结果是高液限土的固结变形，而实际结果主要是高液限土的压缩变形，这包含很大一部分土的流塑性变形，因此这两个结果反映的是不同的变量。

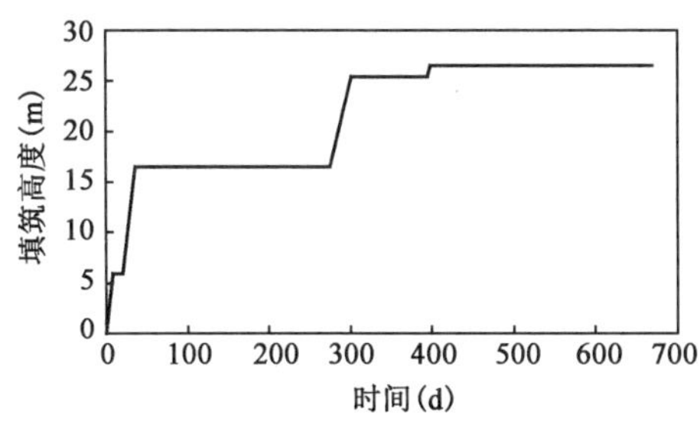

图 2.96　施工进度图

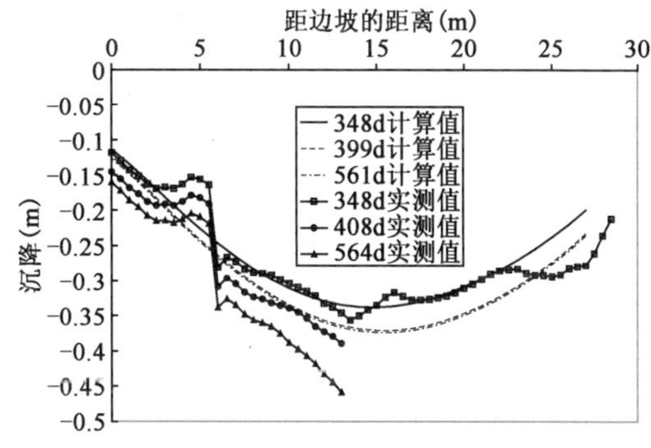

图 2.97　理论分析结果和实测结果对比

计算得到的路基表面沉降如图 2.98 所示。从图中可以看出,在路面位置靠近原有边坡位置处的变形比其他位置处的变形要大,产生这个的原因是在模拟路基填筑过程中,原有边坡位置处的点会随着每一层路基的填筑而沉降,即每一次填筑都将导致其变形,而其他位置处的点的沉降只有在该层填筑完成以后才会有沉降,即其沉降是由后面填筑变形导致的,因此,填筑的路面要远小于原有边坡路面位置处的沉降。从图中同时可以看出,在路基施工结束时和在车辆荷载作用下,随着距边坡位置距离的增加,路面的沉降是先增加,然后降低,即最大的沉降位置位于路基的靠近边坡一定距离的位置。在这个断面中,路基施工结束后,路面的最大沉降量为 7.21cm,发生位置为距边坡 6m 位置处;通车两年后路面的最大沉降为 10.64cm,发生位置为距边坡 6m 位置处。在该计算结果中,靠近原开挖边坡位置处的沉降小于路基边坡的沉降,产生这种现象的原因是由于填筑的高液限土压缩性比较高,而原有边坡的压缩性相对较低,因此,在半挖半填路段,靠近原开挖边坡位置处,由于其底部原边坡地基土体的厚度相对较小,从而其沉降也较小。图中也表明,高液限土的工后沉降量与其填筑高度基本成正比。

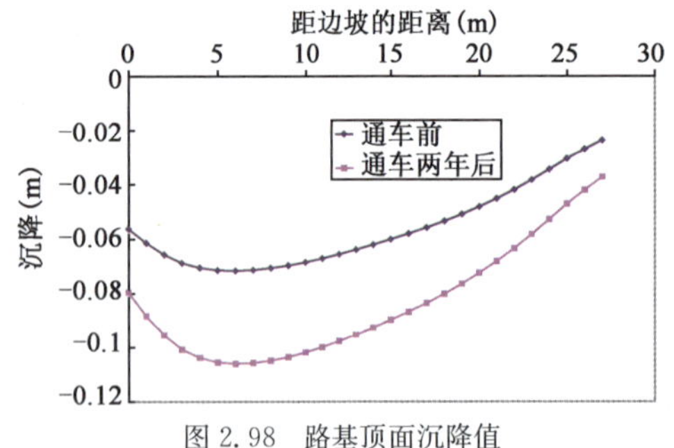

图 2.98 路基顶面沉降值

图 2.99 为路面距边坡不同位置处的沉降随时间的发展过程,图中 600 多天时沉降突然增加是路面铺筑所致。从图中可以看出,由于路基土体的固结作用,路面的沉降随着时间的增加而增加。在填筑路基顶层过程中,由于填土的自重,顶面发生了较大的沉降,其中边坡位置、中央位置和距边坡 27m 位置处的沉降分别为5.31cm、5.90cm 和 2.06cm。填筑完成后,由于地基的固结,各个位置处的沉降随着时间的增加而继续增加,但增加速度逐渐变慢,在第 453d,即填筑 54d 后期增加速度以非常小,其速度小于 4×10^{-6}m/d,基本上可以认为固结结束。从填筑结束到使用前的 370d 内,总沉降约为 3.5mm。在公路使用阶段,由于车辆荷载,路面沉降迅速增加,这 3 个位置处的沉降分别增加 2.12cm、2.85cm 和 1.16cm。然后随着时间的增加,其固结速度又开始逐渐变缓,施加车辆荷载后 70d,路基的固结速度变得非常缓慢,速度小于 4×10^{-6}m/d。该图结果同时表明,路面的沉降主要发生在填筑过程和加荷过程,土体固结导致的变形只占整个变形过程的一小部分。

通车两年后路面的沉降量计算结果如图 2.100 所示。从图中可以看出,路面的工后沉降分布不均匀,最大沉降位置为离边坡距离 7m 处,最大工后沉降为 3.43cm。

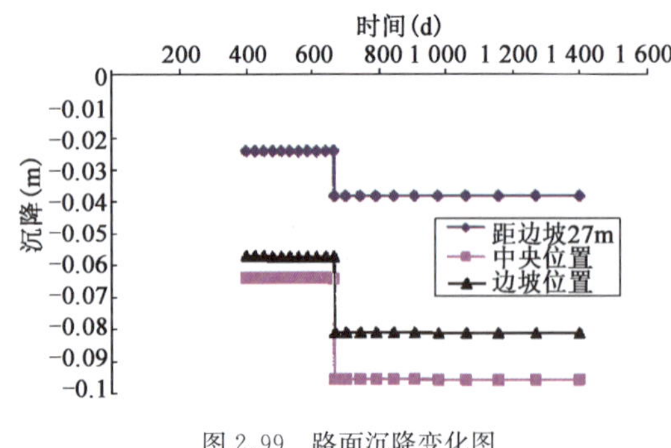

图 2.99 路面沉降变化图

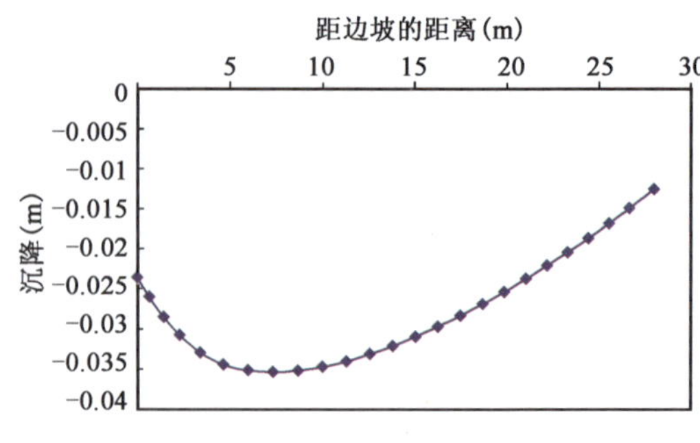

图 2.100 工后沉降曲线

2.4 红黏土与高液限土路基的适用条件与典型结构形式

红黏土与高液限土具有特殊的工程特性，在工程应用中也有其适用条件，并且对路基的结构形式有一定的要求。根据作者在贵州、福建、湖南等地多年的工程经验和相关科研成果，总结概括了红黏土与高液限土的适用条件与范围。

2.4.1 规范对红黏土与高液限土路基的相关规定

《公路路基设计规范》(JTG D30—2015)对路基填料和压实度要求如下：

(1)路堤宜选用级配较好的砾类土、砂类土等粗粒土作为填料，填料最大粒径应小于150mm。

(2)泥炭、淤泥、冻土、强膨胀土、有机土及易溶盐超过允许含量的土等，不得直接用于填筑路堤。冰冻地区的路床及浸水部分的路堤不应直接采用粉质土填筑。

(3)路堤填料最小强度应符合表2.53的规定。

路堤填料最小承载比要求 表2.53

填挖类型		路面底面以下深度(m)	填料最小承载比(CBR)(%)		
			高速公路、一级公路	二级公路	三、四级公路
上路堤	轻、中交通	0.8～1.5	4	3	3
	重、特重交通	1.2～1.9	4	3	3
下路堤	轻、中交通	1.5以下	3	2	2
	重、特重交通	1.9以下			

注：1. 当路基填料CBR值达不到表列要求时，可掺石灰或其他稳定材料处理。

2. 当三、四级公路铺筑沥青混凝土和水泥混凝土路面时，应采用二级公路的规定。

(4)液限大于50%、塑性指数大于26的细粒土，不得直接作为路堤填料。

(5)浸水路堤应选用渗水性良好的材料填筑。当采用细砂、粉砂作填料时，应考虑振动液化的影响。

(6)桥涵台背和挡土墙墙背应采用渗水性良好的填料。在渗水材料缺乏的地区，采用细粒土填筑时，可采用石灰、水泥、粉煤灰等无机结合料进行稳定或综合稳定。

路堤应分层铺筑，均匀压实，压实度应符合表2.54的规定。

路堤压实度 表2.54

填挖类型		路面底面以下深度(m)	压实度(%)		
			高速公路、一级公路	二级公路	三、四级公路
上路堤	轻、中交通	0.80～1.50	≥94	≥94	≥93
	重、特重交通	1.2～1.9	≥94	≥94	≥93
下路堤	轻、中交通	1.50以下	≥93	≥92	≥90
	重、特重交通	1.90以下			

注：1. 表列压实度系按《公路土工试验规程》(JTG E40—2007)重型击实试验法求得的最大干密度的压实度。

2. 当三、四级公路铺筑沥青混凝土和水泥混凝土路面时，应采用二级公路的规定值。

3. 路堤采用特殊填料或处于特殊气候地区时，压实度标准可根据试验路在保证路基强度要求的前提下适当降低1～2个百分比。

《公路路基施工技术规范》(JTG F10—2006)对路基填料的要求规定如下：

(1)含草皮、生活垃圾、树根、腐殖质的土严禁作为填料。泥炭、淤泥、冻土、强膨胀土、有机质土及易溶盐超过允许含量的土，不得直接用于填筑路基；确需使用时，必须采取技术措施进行处理，经检验满足设计要求后方可使用。

(2)液限大于50%、塑性指数大于26、含水率不适宜直接压实的细粒土，不得直接作为路堤填料；需要使用时，必须采取技术措施进行处理，经检验满足设计要求后方可使用。

(3)粉质土不宜直接填筑于路床，不得直接填筑于冰冻地区的路床及浸水部分的路堤。

(4)填料强度和粒径，应符合一定的要求。

《公路路基施工技术规范》(JTG F10—2006)在特殊路基施工6.1.4条作了相关规定：

用湿黏土、红黏土和中、弱膨胀土作为填料直接填筑时，应符合下列规定：

(1)液限为40%～70%、塑性指数为18～26。

(2)碾压时填料稠度应控制在1.1～1.3。

(3)压实度标准可比表2.54的规定值降低1%～5%，具体降低数值应根据当地土质等情况通过试验确定。

(4)不得作为二级及二级以上公路路床、零填及挖方路基0～0.80m范围内的填料；不得作为三、四级公路上路床、零填及挖方路基0～0.30m范围内的填料。

从路基设计、施工规范可以看出，红黏土与高液限土作为特殊土，对其利用作了专门要求：①液塑性不得过高；②CBR值应满足路基相应层位的要求；③压实度根据试验路应降低；④不得用于路床。规范的这些规定对于确保红黏土与高液限土的合理利用与工程质量起到了关键作用。国内利用红黏土与高液限土填筑路基的工程质量状况普遍良好。

2.4.2 红黏土与高液限土路基填料要求

除了满足路基规范对填料的基本要求外，总结我国多年来红黏土与高液限土的应用经验与研究成果，对红黏土与高液限土路基填料的CBR、含水率(稠度)以及土质条件应满足如下要求：

1)土的CBR

用于公路路基填筑的红黏土与高液限土的CBR值应不小于3。红黏土与高液限土与CBR值在塑限附近或稠度接近于1.0时变化明显。

CBR大于3既是规范的要求，也是工程施工的需要。一般而言，只要红黏土与高液限土的含水率合适，其CBR值一般为5～10，少部分土的CBR值可达15以上。完全能满足规范要求。但在实际工程中，由于天然含水率普遍较高，因此天然含水率下的CBR值可能较小，不一定大于3。此时运输车辆与压路机很可能会有很深的车辙或陷进路基中，造成施工困难。

2)天然稠度

用于路基填筑的红黏土与高液限土的天然稠度一般应大于0.8。液限、塑限对稠度计算结果有很大影响，因此应确保液限、塑限试验结果的准确性。当土的稠度大于0.8时，其CBR值一般能大于3，可用于路基填筑。运输、卸料、摊铺和碾压等各个环节基本可顺利进行。当稠度小于0.8时，土的天然含水率高，易导致上料和碾压困难。在实际工程中，若要对红黏土与高液限土进行翻拌晾晒是非常困难的，在天气晴好且每天翻拌两遍的情形下，土的含水率平均下降约3%，下降速度慢，对翻拌机械的要求也较高，普通的农用旋耕犁的有效翻拌深度不超过 15cm，我国北方常见的深耕犁的翻拌深度约在 25cm，平地机刀片斜刮时的翻拌深度可达 30cm，在实际工程操作性不强。另外现在高速公路的建设工期普遍很紧，一般为 2～3 年，加上征拆等工作难度加大，实际施工工期更短，时间上也不允许有较长时间的晾晒；贵州阴雨天多的气候特点也使得晾晒困难或不可行。因此，红黏土与高液限土的天然含水率在很大程度上决定了其能否利用。

3)液塑性指标

一般情况下，当土的液限 $\omega_L \geqslant 70\%$或塑性指数 $I_P \geqslant 40\%$时，其天然含水率普遍很高，压实度低，土的黏性大，不宜利用。但在实际工程中，贵州一些高液限土的液限超过 70 甚至超过 100，天然含水率有可能超过 65%，但其力学性能、路用性能表现较好。在这种情况下，若需利用高液限土用于路基填筑或对挖方路段进行换填，则应在明确高液限土的路用性能的基础上，结合工程特点与公路等级进行综合论证确定。

2.4.3　适用路基工况条件

红黏土与高液限土路基填筑对于路基填筑高度、地基状况以及施工工期有较高的要求。具体要求如下：

(1)红黏土与高液限土可用于下路堤的填筑，路床与上路堤(路基顶面以下 0～150cm)须采用粗粒土或碎石进行填筑。

关于路床填料，国内的施工控制要求 CBR 强度大于 8，路床顶面弯沉满足设计要求。实践表明，仅有这两个指标不足以满足荷载要求。对于 CBR 大于 8 的标准与国外相比也偏低。路基弯沉值只能反映路基交工时的状况，与运营时的状况差异较大，随着时间的增长，路基的含水率总体上较施工时增加，最终达到平衡含水率(一般接近于塑限)。因此，国内对于路床部分的力学性能较已往更为重视。红黏土与高液限土的性能受含水率影响较大，而砂砾料在含水率变化的情况下仍能保持很好的水稳强度。另一方面，从路面结构层的受力分布来看，路面结构层为半刚性材料，与路基之间的过渡仍需一个缓冲层，因此，采用砂砾料填筑路床是必要的。综合考虑，确定路基顶面下 1.5m 范围内采用砂砾或碎石填筑，以确保路基强度与模量。路基浸水对细粒土的强度和稳定性影响较大，因此要求采用水稳性、排水性好的碎石作为基底层。

(2)路基基底与浸水部分不得采用红黏土与高液限土填筑。

红黏土与高液限土分布区域一般位于丘陵，路基多位于斜坡上，若基底采用红黏土与高液限土填筑，由于红黏土与高液限土的低渗透性，路基可能成为拦水坝，阻断地表水的渗流，改变地表水的分布与流向，不利于路基的稳定。因此对于路基基底与浸水部分不建议采用红黏土与高液限土填筑，相反，这部分应采用透水性良好的粗颗粒材料填筑。

(3)红黏土与高液限土路堤高度不宜超过 20m，且其填筑厚度不宜超过 12m。红黏土与高液限土宜用于路基上面部分的填筑。

红黏土与高液限土能够填筑的高度国内也无明确定论。按照计算，超过 20m 的路基理论上是可行的，实际上有些山体红黏土与高液限土的厚度就超过 20m。福建泉三线某高填方(26m 高)全部采用高液限十填筑(图 2.101)，自 2009 年通车至今效果良好，通车 4 年后实测的沉降量为 3cm，并不比其他填料的高填方大，整个路段路面质量状况良好，因此高液限土用于高填方填筑似乎也是可行的。但考虑到土的天然含水率普遍较高，碾压时路基压缩变形量大,人们担心在荷载作用下可能会产生较大的工后蠕变变形,因此从偏于工程安全考虑,倾向于控制路基高度,结合贵州多条高速路基工程的建设经验,确定路基最大高度不超过 20m,且采用红黏土与高液限土填筑的厚度不宜超过 15m(路基设计规范的规定是 10m)。

图 2.101　福建泉三线某高液限土高填方

(4)红黏土与高液限土路堤应优先安排施工填筑,以利于红黏土与高液限土路堤的自然稳定,路基填筑完成后应有 6 个月以上的自然沉降稳定期方可铺筑路面,因此应有合理的工期安排和施工组织设计。

根据对贵州、福建、湖南等地红黏土与高液限土路基的沉降观测,沉降主要发生在路基填筑期间和稳定初期,经过 6 个月的自然沉降稳定后,沉降速率大幅下降,工后沉降量已不大,不会对路面结构层产生病害。基于红黏土与高液限土路基的沉降特点,要求利用红黏土与高液限土填筑的路基应有 6 个月的自然稳定期。在实际工程中,个别施工单位、管理部门对于路基自然沉降稳定期的要求重视不够,只要路基的压实度和弯沉满足规范要求,对路基的沉降观测不太重视,导致路基沉降过大、路面开裂的现象较多。因此,对于路基的自然沉降稳定期,也不是红黏土与高液限土路基的专利,应是所有路基的共性要求。相对于其他填料路基,这个自然沉降稳定期的要求要明确些。

(5)红黏土与高液限土不宜用于陡坡路段路堤填筑。红黏土与高液限土路基应满足地基和路基整体稳定要求。

路基的整体稳定是路基最基本的要求,红黏土与高液限土路基自然不能例外,但相对于粗粒土,其抗剪强度要小些,因此在计算时需注意。另一方面,绝大部分路基失稳是因地基原因所致,尤其在贵州一些地段存在下伏软弱泥质夹层,路基填筑将改变地下潜水渗流场易导致路基失稳开裂。对于陡坡路段,因需采用碎石等粗粒料填至地表以上,因此其基底的碎石填方量很大,而高液限土的填方利用量受限;另一方面,陡坡路基的稳定性相对较差,因此陡斜坡地基上禁止采用红黏土与高液限土填筑路堤。

2.4.4　适用路堤结构形式

红黏土与高液限土填筑路堤目前常用的结构形式有以下几种:

1)汉堡包中间充填式

采用汉堡包中间充填式(图 2.102)的填筑方式进行红黏土与高液限土的路基填筑。路基基底清表后采用填石料进行填筑,填石料的最薄厚度不少于 50cm,填石料顶面可铺设无纺土工布予以隔离,防止红黏土与高液限土渗入石料层。基底石料层的主要作用是确保斜坡上的地表与地下水能够顺利通过路基并排走,避免路基成为大坝,另一方面是增加地表与路基间的

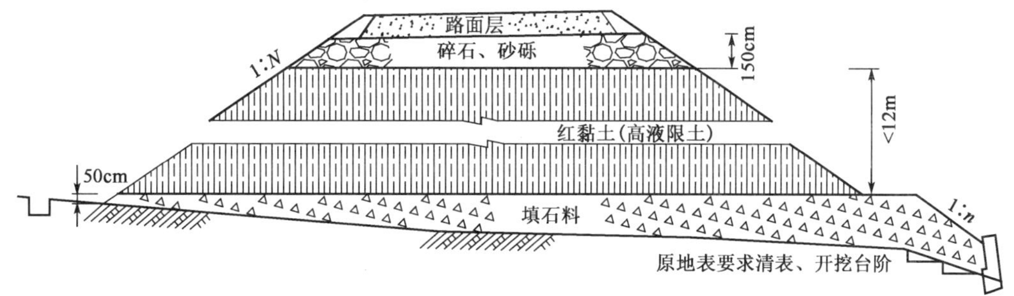

图 2.102 红黏土与高液限土路基填筑结构示意图

摩擦力,提高路基的稳定性。

关于路床和上路堤的填筑,高速公路、一级公路的路床和上路堤(路基顶面以下 150cm,不少于 100cm)、二级公路的路床(路基顶面以下 80cm,不少于 50cm),应采用碎石、砂砾等粗颗粒填筑,确保路基强度。关于这个粗颗粒层的厚度主要是基于弯沉值的考虑。作者曾在贵州余凯羊高速公路上进行过不同换填厚度的弯沉值检测,每层碎石厚 50cm,共分 3 层填筑,每填筑完一层后即进行弯沉检测。2013 年 1 月 20 日填完第一层碎石后的弯沉检测结果如表 2.55 所示,第二层碎石和第三层碎石填筑后弯沉检测结果如表 2.56 和表 2.57 所示。从表 2.55 中可知,第一层碎石弯沉很大且离散,其主要原因有以下 3 个方面:

(1)由表层的石粉所致,如图 2.103 所示,当汽车驶过后留下明显的轮印,表层的石粉即使用脚也能踩下去几毫米,更何况弯沉车。

(2)下面红黏土层的影响,由于碎石层的厚度为 50cm,因此下面的红黏土层对弯沉也有一定影响。

(3)至于离散性大主要是填料的均匀性不够所致。对于这种情况采用弯沉测得的数据反算得到的回弹模量与直接采用承载板测得的回弹模量将有较大的出入。

K31+080~K31+180 段第一层碎石弯沉检测结果 表 2.55

测 点	车 道	左侧(0.01mm)			右侧(0.01mm)		
		初读数	终读数	回弹弯沉	初读数	终读数	回弹弯沉
1	一	338	−20	716	330	0	660
2		865	686	358	350	160	380
3		798	742	112	454	370	168
4	二	700	0	1 400	520	−80	1 200
5		850	410	880	541	−80	1 242
6		750	20	1 460	710	−80	1 580
7	三	770	630	280	920	780	280
8		792	642	300	780	685	190
9		934	716	436	750	647	206
10		775	550	450	580	455	250
平均回弹弯沉值(0.01mm)		639.2			615.6		
标准差		471			529		
代表弯沉值(0.01mm)		1 581			1 673		

K31+080～K31+180段第二层碎石弯沉检测结果　　表2.56

测点	车道	左侧(0.01mm)			右侧(0.01mm)		
		初读数	终读数	回弹弯沉	初读数	终读数	回弹弯沉
1	一	720	590	260	541	441	200
2		698	600	196	603	525	156
3		500	386	228	610	520	180
4	二	574	527	94	525	457	136
5		774	646	256	541	494	94
6		396	327	138	465	412	106
7		550	468	164	500	450	100
8	三	736	698	76	467	422	90
9		490	435	110	534	467	134
10		512	422	180	370	259	222
11		526	501	50	675	621	108
12		508	452	112	426	368	116
平均回弹弯沉值(0.01mm)		169.1			132.9		
标准差		70			39		
代表弯沉值(0.01mm)		309			212		

K31+080～K31+180段路床顶面(第三层碎石)弯沉检测结果　　表2.57

测点	车道	左侧(0.01mm)			右侧(0.01mm)		
		初读数	终读数	回弹弯沉	初读数	终读数	回弹弯沉
1	一	557	497	120	525	499	52
2		635	595	80	549	502	94
3		467	434	66	439	402	74
4		557	505	104	550	510	80
5	二	521	438	166	392	335	114
6		480	455	50	646	607	78
7		511	483	56	597	529	136
8		519	484	70	431	386	90
9	三	458	424	68	385	350	70
10		448	418	60	482	462	40
11		475	454	42	210	168	84
12		485	461	48	609	571	76
平均回弹弯沉值(0.01mm)		77.5			82.3		
标准差		36			25		
代表弯沉值(0.01mm)		150			133		

第二层碎石的弯沉检测相比于第一层有明显的下降，这主要是表层石粉减少的原因，但此时的弯沉代表值还不能完全满足设计要求。第三层碎石填筑完成至路床顶的左、右车道的弯沉代表值为150、133，完全能够满足路面结构设计的要求。弯沉与碎石层厚度的关系如图2.104所示。因此，从表中可知，对于红黏土与高液限土路基的路床和上路堤至少换填100cm，且换填的材料要有良好的粒径与一定的级配，否则弯沉的标准差可能较大，从而导致弯沉的代表值较大。但换填了150cm后路基的弯沉值已完全能够满足要求。

图2.103　第一层碎石填筑后弯沉检测

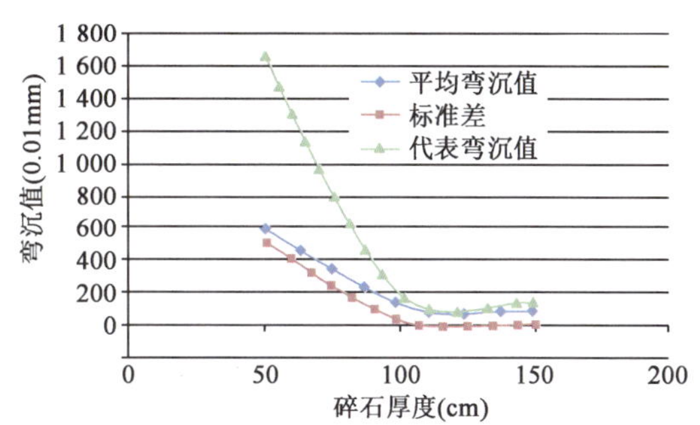

图2.104　碎石层厚度与弯沉值的关系

二级公路对弯沉的要求相对较低，一般情况下只要换填路床(80cm)即可满足弯沉要求，若砂砾、碎石等材料困难，至少应换填50cm，且填料的均匀性与强度要较好，否则可能导致弯沉的标准差大，而代表值需加上2倍的标准差，由此导致代表值偏大。因此，红黏土与高液限土路基对路床的要求明显比其他路基要高。

填石上路堤最大粒径不超过30cm，路床不超过10cm。上路床填石料肉眼观察应较均匀，不得用细粒土贴皮找平，填料粒径小于2mm的含量不超过15%，采用筛分法进行小于2mm的含量检测。采用最大激振力40t以上的压路机碾压4遍或以上，至表面无轮迹。

在实际工程中，各个省的做法略有区别。湖南省宁道高速将路床填筑大致分为三个结构层，路床顶面以下0～20cm(结构层一)采用未筛分碎石(或砂砾)，路床顶面以下20～50cm(结构层二)采用粗粒土或石灰处治土，路床顶面以下50～80cm(结构层三)采用当地合格填料(CBR值>8)填筑。采用这种方式与红黏土与高液限土的性能有关，宁道高速的红黏土的含水率在28%左右，相对较低，模量较高，因此采用只对路床进行换填或处治方法能够确保弯沉在规范规定范围以内。但对于贵州的红黏土与高液限土，其含水率普遍在45%左右，若换填厚度过薄，则弯沉难以满足要求。

这种结构形式的优点是施工方便，红黏土与高液限土的施工质量相对可控，路基的均匀性较好，路基强度(顶面弯沉)能够满足设计要求，整体稳定性较好。缺点是底面、顶面两层碎石、砂砾有时料源不好找，增加了施工难度与成本。在红黏土与高液限土的天然含水率偏高、稠度偏小时，红黏土与高液限土的运输、卸料、摊铺、碾压困难，运输车辆难以在成形的路基上行驶上料，需要在路基边上专门摊铺一条运料用的石渣施工便道。总体而言，该处治方法施工简单、质量可控、成本较低、施工速度快、工程质量状况良好。

2)三明治式

三明治式是一层土、一层石相互间隔填筑的方式，贵阳绕城西南段的红黏土与高液限土路基填筑即采用此方法。

这种结构形式的优点是上料运输较容易，在成形的填石路基上运输重型车不会产生过深的车辙。而且在碾压过程中压路机的轮印较浅。缺点是路基沉降后，由于路基中心沉降量一般较两侧大，易形成一个碟形的碎石层，路基边坡上的水可能会沿着碎石层渗入路基并积蓄在路基内部，从而影响路基的性能。尽管这种担心有道理，但从现有的工程来看，采用这种路基结构形式的红黏土与高液限土路基的质量状况似乎也还可能，病害不明显。

3)土石混填式

土石混填一般要求将土、石采用1∶1的比例进行充分混合后再碾压成形。尽管这样的设计方案较多，但在实际工程中却很少采用。

这种形式的优点是混合后的路基填料既有较高的密实度也有较高的强度，且运输车辆可以在成型的路基上上料运输，压路机的轮印相对较浅。另一方面，也可以将填料作为填石路基进行对待，以施工工艺控制为主，避免了红黏土与高液限土因压实度过低，质监部门不认可的管理上的弊端。缺点是料源很难正好1∶1匹配，且很难混合均匀。若在料场混合则需将一种填料运至另一个料场混合，增加了运输成本和环节，影响施工效率。若在路基现场混合，则不易翻拌，加之红黏土与高液限土的高黏性，更不易混合均匀，由此极有可能导致路基填料的严重不均匀，从而引起差异沉降与变形，施工质量难以控制是建设部门不愿意采用的主要原因。

4)掺灰处理

掺灰处理在国内有应用，我国江苏、黑龙江等平原地区，地下水位高，路基填料多为过湿土，若不掺灰处理路基很难压实，加之这些地区路基高度低，路基受地下水的影响大，黑龙江路基冻胀严重，路基的变形或强度衰减将对路面造成严重的影响。因此，这些地区路基常采用掺生石灰粉充分拌和均匀后再碾压，如图2.105所示。我国一些公路红黏土与高液限土路基的路床也有采用掺灰处理的，如图2.106所示。

图2.105 黑龙江绥北高速施工现场

图2.106 湖南宁道高速公路红黏土路床掺灰处理

国内对于红黏土与高液限土路基采用掺灰处理的工程不多，有些是试验段性质。掺灰处理的优点是其室内试验效果非常好，一般来说，只要掺加5%左右的生石灰即可满足工程要求，尤其是红黏土与高液限土的天然含水率很高，无法正常运输与碾压时效果更明显。但在实际工程中，掺类处理的拌和均匀性是一个关键的环节，如图2.105所示，黑龙江绥北路路基的掺灰处理现场需要多台不同的机械进行翻拌，有深耕犁、耙犁和旋耕犁等多台机械在同一个作业段同时进行作业。黑龙江平原地区高速公路路基高度一般为1.5～2m，基本是路床与上路堤的层位，加之气候寒冷，路基冻胀翻浆严重，故路基一般均采用灰土填筑，东北地区大型农用机械普及，施工相对较精细。掺灰处理的缺点是拌和困难，如图 2.107 和图 2.108 所示。图中显示，碾压完成的路基表面拱现出密密麻麻的白色鼓包，这是由于石灰掺拌不均造成的，这对路基的均匀性和密实度带来较大的影响。这也是掺灰处理红黏土与高液限土难以大规模推广的主要原因。

图 2.107　贵州某高速公路灰土处理高液限红黏土施工现场

图 2.108　掺灰不均造成的石灰鼓包

在美国等国家，对于高液限土路基的处理一般采用掺灰处理，美国的公路路基高度很低，基本为顺地爬，在外观上只见路面，不见路基。美国对于高液限土路基通过掺灰后采用拌和机拌和均匀后进行碾压作为路床。这种处治方法与美国的公路特点相符。

5）其他处治方法

国内对于红黏土与高液限土的其他处治方法包括掺加河沙、粉煤灰和液体固化剂等处理方法。掺加河沙、粉煤灰的方法与土石混填、掺灰处理的方法相类似，有效果但难以掺拌均匀，对路基的均匀性影响大。掺和液体固化剂室内试验也有一定效果，但红黏土与高液限土的天然含水率已较高，再喷洒液体固化剂后其含水率更高，进一步增加了施工难度。上述这些方法虽有试验，但用量都很少，相关的成果总结不多。

6）推荐的处治方法

在明确各种处治方法优缺点的基础上，结合贵州的公路特点推荐合适的红黏土与高液限土路基结构形式与处治方法是必要的。

贵州公路多位于山陵重丘区，路基平均高度高，路基多位于山区斜坡上，施工工期紧，阴雨天多，晾晒困难，大部分地区石料较丰富。基于上述因素，优先推荐中间充填式的处治方法。该处治方法施工简单、质量可控、成本较低、施工速度快，其工程质量与使用耐久性可从已建成通车的福建泉厦高速公路、泉三高速公路、湖南宁道高速公路、贵州凯羊高速公路等多条路上得到验证。在红黏土与高液限土的天然含水率很高，压路机无法正常行驶碾压时，可采用三明治夹心式路基结构形式与处治方法。这种方法在石料丰富的地区可操作性较强，工艺简单，质量基本可控，成本较低，施工速度较快，工程质量基本有保证。

7)路堤边坡防护形式

由于红黏土与高液限土良好的耐冲刷性，在工程中常用的拱形(菱形、人字形)骨架植草防护方式是合适的。骨架可以将部分路面水和坡面水通过骨架导流至边沟，大幅减少了对坡面的冲刷。草本植物的浅根系在坡面以下 20～40cm 范围内的土壤中盘根错节，使边坡土体和植物根系形成一个复合加筋体，对表层土体起到一个加筋作用。植草防护既可以缓解水流的冲刷，植物也可遮挡阳光曝晒，减轻、减缓红黏土与高液限土坡面土的开裂。在工程中是非常简单、实用、有效的技术措施。

我国已通车的红黏土与高液限土路堤边坡防护方式表明，采用拱形骨架与生物防护相结合的方式是完全可以满足工程质量要求，也具有良好的景观效果。没有必要采取额外的包边土防护方式，也没有必要采取挖方边坡常用的工程防护方式，如护面墙、窗式护面墙、支撑渗沟等。对于完全的生态防护，如挂网植草等不太适用，由于坡面的径流量较大，即使红黏土与高液限土边坡的耐冲刷性强，但也会产生较大的冲沟，造成坡面脱空等。

在地表迎水面设置边沟，对于地形高差变化大的路段可采用重力式挡墙收坡，在挡墙底部每隔 2～3m 需设置一个泄水孔。

2.4.5 适用路堑结构形式

红黏土与高液限土多是灰岩、花岗岩和白云岩等碳酸盐风化而来，在岩、土分界处往往含水率很高，处于软塑、流塑状态，需进行换填处理。零填及挖方段红黏土与高液限土路基的换填如图 2.109 所示。换填材料应采用碎石、砂砾等粗颗粒填筑，确保路基强度与弯沉符合要求，填石上路堤最大粒径不超过 30cm，路床不超过 10cm。上路床填石料肉眼观察应较均匀，不得用细粒土贴皮找平，填料粒径小于 2mm 的含量不超过 15%，采用筛分法进行小于 2mm 的含量检测。采用最大激振力 40t 以上的压路机碾压 4 遍以上，至表面无轮迹。

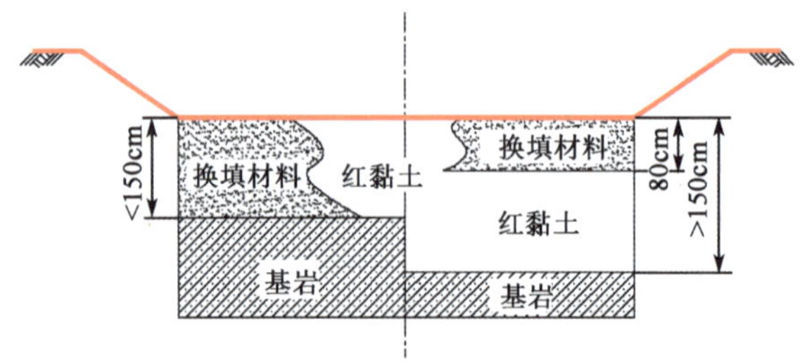

图 2.109 红黏土与高液限土零填、路堑换填示意图

换填厚度按如下规定处理：

(1)路基设计高程下150cm范围内发育有石柱、石笋时，应将该范围内的石柱、石笋等予以清除。如果此范围内的石柱、石笋等不予清理，则可能对路面结构层造成影响。

(2)若红黏土与高液限土厚度小于150cm，应将基岩面上的红黏土与高液限土完全清除并换填。

(3)若红黏土与高液限土厚度超过150cm，应将路床(0～80cm)范围内的红黏土与高液限土挖除并换填。

2.5 红黏土与高液限土路基施工技术

2.5.1 施工前的准备

1)室内试验

路基施工前应对填料进行试验，试验内容见表2.58。

室内试验内容　　表2.58

序号	试验内容	序号	试验内容	序号	试验内容
1	取样深度(m)	5	天然稠度	9	最大干密度(g/cm^3)
2	天然含水率(%)	6	颗粒筛分	10	最大强度(承载比CBR)
3	液、塑限(%)	7	土样定名	11	最大强度含水率(稠度)
4	塑性指数	8	最佳含水率(%)		

试样制备方法对高液限红黏土物理力学试验结果有较大的影响。试样制备采用湿土法和干土法的区别在于土样含水率的控制过程。相对湿土法，干土法的试验过程较为简单，对含水率的控制也更精确。高液限土烘干后破坏了结合水与土颗粒间的结合力与分子结构，失水后具有不可逆性，即失水后其胶凝作用不可恢复。对于普通黏性土而言，湿土法与干土法所得的试验结果相差不大，但高液限红黏土湿土法试验的物理力学指标明显高于干土法，两者差值可达25%以上。

(1)液塑性

土的液塑性是反映土颗粒与自由水相互作用的一个物理指标，反映了土颗粒对自由水的敏感性。采用干土法试验能够消除结合水所占的份额，能更准确地反映自由水对土的物理状态的影响，因此液塑性试验宜采用干土法。

(2)击实试验

结合水的影响可使击实试验结果相差10%以上，对路基的压实度指标有着不可忽视的影响。采用湿土法得出的最佳含水率包括了矿物的结合水含量，能更准确地反映高液限红黏土的矿物成分与结合水的特性，即结合水在某种程度上应作为固体土颗粒的组成部分，而不是自由水。由于路基现场施工时高液限土填料的天然含水率一般较大(超过塑限)，须晾晒降低含水率后再进行碾压，实际工程中红黏土的含水率为零的情况并不可能出现，即结合水不会完全消失，因此采用湿土法进行击实试验更符合实际施工过程。另一方面，红黏土的现场压实度因天然含水率普遍较高,故其压实度也较低,因此,湿法击实试验对压实度也有重要影响。

(3)CBR 试验

《公路土工试验规程》(JTG E40—2007)中 CBR 试验是在最佳含水率下按照轻型、中型、重型击实功制备土样,通过内插法取得压实度 93%、94%、96%时对应的 CBR 值,以判断填料强度是否满足相应路基层位的要求。但对高液限红黏土而言,要达到这样的压实度既非常困难,更不稳定,甚至是错误的做法。这样的压实度标准要求红黏土与高液限土的碾压含水率在最佳含水率附近,这样碾压得到的红黏土与高液限土往往在一场雨之后其压实度会降低至80%左右,对路基的性能带来极大的负面影响。因此,红黏土与高液限土的压实度应在合理的范围内才能确保其性能的稳定。

根据前面的分析可知,红黏土与高液限土的击实曲线(干密度-含水率曲线)与 CBR 强度曲线是相互分离的双驼峰曲线,两条曲线具有不同的峰值点。对于路基而言,压实度是确保路基强度的手段,路基强度是目的,红黏土与高液限土多处于高温潮湿地区,因此采用 CBR 指标能较好地反映路基在不利条件下的长期稳定强度。为此红黏土与高液限土试验应以 CBR 强度曲线为目标进行,同时应考虑路基现场的含水率和密实度(压实度)范围,即室内 CBR 试验的含水率范围应能涵盖现场可能的路基填料含水率和压实度范围,以便判断路基的强度是否能满足相应分区的要求(上路床、下路床、上路堤、下路堤分别对应着 8、5、4、3)。红黏土与高液限土填料的 CBR 试验可按以下规定进行:

①试验内容可参考表 2.59 进行。根据现场红黏土与高液限土填料的天然含水率,确定相应的 CBR 试验含水率范围。

红黏土与高液限土 CBR 试验 表 2.59

含水率(%)	稠度 W_C	重型(层数×击数)	湿密度 ρ_w(g/cm^3)		干密度 ρ_d(g/cm^3)		压实度(%)	CBR(%)	线膨胀率(%)
			泡水前	泡水后	泡水前	泡水后			
	0.8	3×15							
		3×25							
		3×40							
	…	3×21							
		3×50							
		3×70							
	1.2	3×21							
		3×50							
		3×98							

②CBR 试验时土的含水率一般在稠度 0.7～1.2 之间,室内试验的含水率范围应涵括路基填料的现场压实含水率,根据实际情况确定 CBR 试验土的含水率范围。每个土样含水率的间隔宜为 3～5 个百分点或稠度间隔 0.1～0.15。

③每一个含水率对应着一个相应的最大 CBR 和最大 CBR 含水率,通过调整击实功确定相应的最大 CBR 和最大 CBR 含水率。一般击实功为重型 3×20(层数×每层击数,余同)、3×30 和 3×40。击数(击实功)应根据含水率的大小调整,含水率越大,击数越少,反之亦然。

必要时可增加不同击数的试验数量，以确定出该含水率时的最大 CBR 和最大 CBR 的含水率。及时总结不同含水率时土的最大 CBR 的击数。

④绘制不同含水率时土的 CBR 试验结果曲线，如图 2.110 和图 2.111 所示，根据 CBR 大于 3 的要求，确定红黏土与高液限土路基的可用含水率范围。

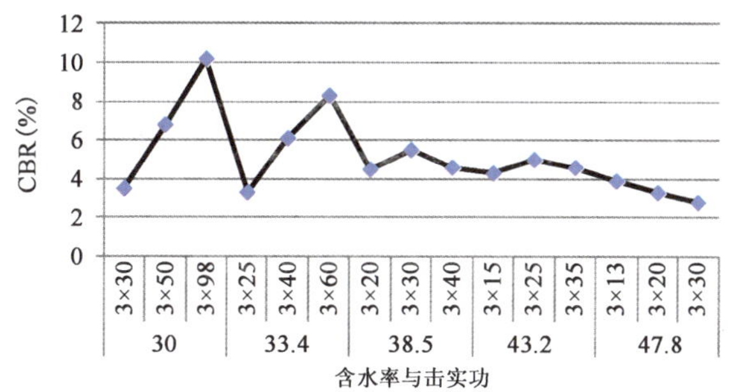

图 2.110　CBR 与含水率、击实功的关系曲线

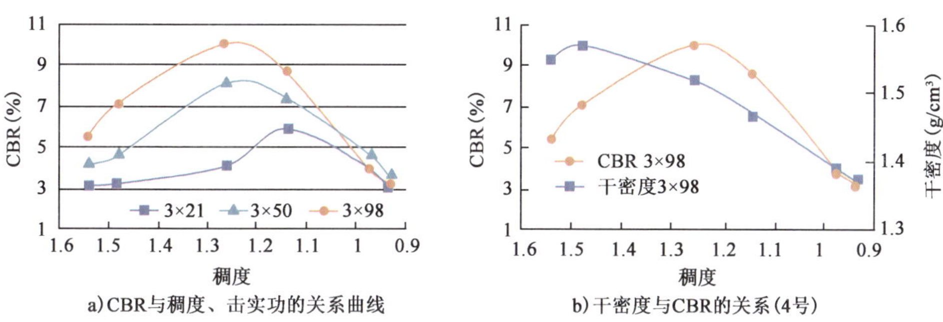

a) CBR与稠度、击实功的关系曲线　　b) 干密度与CBR的关系（4号）

图 2.111　高液限土的密实度与 CBR 强度

2）试验路的铺筑

试验路的铺筑是红黏土与高液限土路基大规模填筑前的重要内容，试验路铺筑应达到以下目的：

(1)实测含水率分布范围，检验红黏土与高液限土用于路基填筑的适用性；确定可碾压的含水率范围。

(2)明确红黏土与高液限土现场含水率的晾晒速度及翻松设备的效果。

(3)确定合适的红黏土与高液限土碾压施工工艺，包括上料方式、摊铺工艺、松铺厚度、碾压遍数、机具组合等。

(4)结合室内 CBR 试验结果，以路基的 CBR 值大于 3 为判据，确定红黏土与高液限土压实质量控制标准与检测方法。

试验路作业流程如图 2.112 所示，试验内容与步骤如下：

(1)压路机等机械设备为正常使用的型号。

(2)试验检测指标主要为压实度和沉降差。

(3)红黏土与高液限土的天然含水率较高，易弹簧，因此碾压遍数少。试验路从第一遍开始，每单程碾压一次即需检测压实度与沉降差，压实度采用灌砂法，沉降差采用铁钉和塑料袋定点。压实度每次检测点数不少于 6 个，沉降差不少于 20 个检测点。

(4)绘制碾压遍数与压实度、沉降差的关系曲线。根据现场实测压实度(或干密度)与含水率,与室内 CBR 试验结果(表 2.59 和图 2.111)进行对比,采用插值的方法确定现场路基的 CBR 值,以此判断路基的 CBR 是否满足要求。

(5)根据实测压实度与 CBR 值,确定相应的压实度标准。

(6)总结施工工艺,确定相应的质量控制措施与验收标准。

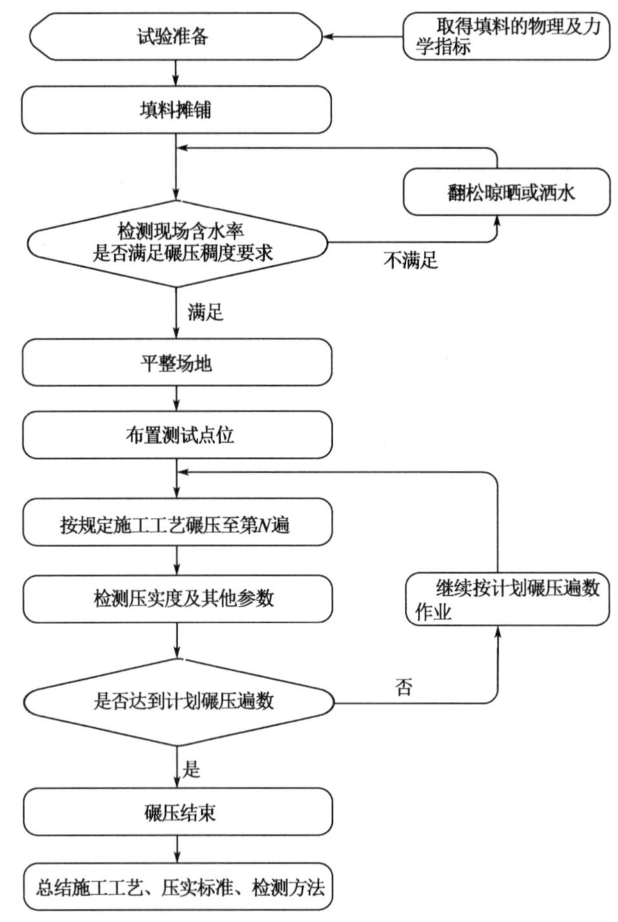

图 2.112　试验路作业流程

2.5.2　运输、摊铺与碾压

红黏土与高液限土工程特性较差,对自然环境影响较为敏感,因此现场施工时对填料的晾晒、松铺厚度、机具组合、碾压遍数等施工工艺及质量标准有一定的要求:

1)运输与上料

运输车辆在碾压成型的红黏土与高液限土路基上行驶时,当土的天然含水率高时,会有很深的车轮印,甚至会导致重载车辆陷进路基里(图 2.113),行驶困难。对于此种情况一般采用在红黏土与高液限土路基边缘铺设一宽约 3～5m 的石渣施工便道(图 2.114),以便运输车辆运输上料。对于有些红黏土与高液限土黏车而无法正常自动卸料时,尚需勾机辅助配合卸料,如图 2.114 所示。关于石渣便道对红黏土与高液限土路基性能的影响，从贵州余凯羊和毕生等高速公路工程来看，影响不明显，是可以接受的。

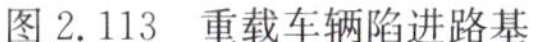

图 2.113　重载车辆陷进路基

图 2.114　红黏土路基石渣便道与勾机辅助卸料

2)翻拌与晾晒

翻拌是红黏土与高液限土处治的重要环节，对于改性处理或晾晒具有直接的影响。各种常用翻拌机械的性能介绍如下：

(1)旋耕犁

旋耕犁的翻拌深度一般不超过 15cm，如图 2.115 所示。旋耕犁尽管翻拌深度有限，但能够将结块成团的黏性土粉碎。具有较好的拌和效果，这种农用机械效率较高，设备价格便宜，对于一些小型工程具有较好的适用性，翻拌深度浅是其致命缺陷。

图 2.115　旋耕犁的翻拌

(2)深耕犁

深耕犁在我国东北很常见，图 2.116 为履带式深耕犁及其翻拌后的黏性土路基。深耕犁的翻拌深度可达 25～30cm，满足我国公路层厚要求。深耕犁可以说非常适合于公路部门的翻拌，翻拌效率高，但其缺点是不能将黏性土块粉碎，对于掺灰处理时不易拌和均匀。但可用于土的晾晒。为了解决翻拌均匀的问题，东北地区的公路施工常采用深耕犁、耙子和旋耕犁等多种设备在一个作业段共同作业的措施，如图 2.117 所示。

(3)平地机

将平地机的刀片斜置后可用于黏性土的斜刮翻拌，如图 2.118 所示。平地机的斜刮翻拌深度可达 30cm，满足公路部门对碾压层厚的要求。由于刀片具有良好的切割作用，因此对于黏性土具有一定的粉碎作用，但这种粉碎作用不是很明显。另一方面，平地机机型较长，转弯等不便，由于只有一个刀片，每次翻拌宽度在 30～40cm 之间，因此施工效率低下。

图 2.116　履带式深耕犁及其翻拌后的黏性土路基

图 2.117　高速公路多种设备共同作业现场

图 2.118　平地机斜刮翻拌高液限土

(4)推土机

推土机后面带有 3 个钩子，钩子的翻拌深度可达 30～40cm，完全能够满足公路工程对层厚的要求，如图 2.119 所示。但 3 个钩子只能将土钩松，由于钩子间的间隙大，有时两个钩子间的土并不能完全松动。另一方面，钩子对土的粉碎作用很小。推土机由于行驶速度较慢，再加上自重的碾压作用，因此推土机翻拌效率低、成本高、效果差。

图 2.119　推土机的翻拌

红黏土与高液限土的主要问题是天然含水率偏高，碾压困难，压实度低。因此，在气候条件允许的情况下，有些省份也采用晾晒的方式进行处理。交通运输部公路科学研究院对高液限土的晾晒进行过相关试验研究。图2.120是在福建三明某高速公路进行的翻拌晾晒试验，时值10月份，多云天气，平地机每天翻拌两遍后，高液限土路基的平均含水率从35%降至32%左右，含水率的均匀性也有了显著的提高。

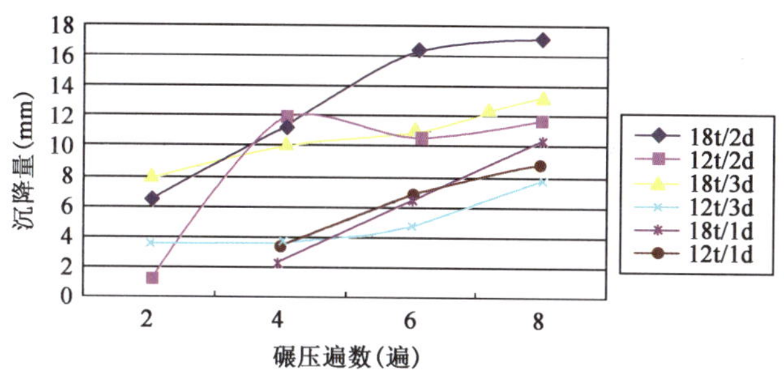

图2.120　福建三明某高速公路压沉量

3)松铺厚度

红黏土与高液限土路基填筑可采用20～30cm的松铺厚度，工程中可先在试验段分别进行测试，比较试验结果后选择合适的松铺厚度。红黏土与高液限土路基填筑最大松铺厚度不宜大于40cm。实际上，红黏土与高液限土的松铺系数小，表2.60、表2.61是贵州余凯羊高速红黏土与高液限土试验段的检测数据，表2.61和图2.122是福建三明某高速公路试验路的压沉量检测数据。碾压的沉降量见表2.63检测结果表明，18t压路机的压沉量比12t略大，碾压8遍后的沉降量为10mm左右。红黏土与高液限土的压沉量在15mm以内。

KT4现场试验汇总(K31+080～K31+180)　　表2.60

试验段桩号			松铺厚度	最大干密度		最佳含水率			累计下沉量(mm)
K31+080～K31+180			35cm	1.60g/cm³		22.2%			
晾晒条件	碾压遍数	检测点位	干密度	含水率(%)	压实度(%)	平均含水率	平均压实度	CBR(%)	
晾晒1d	静压1遍	1	1.423	34.1	88.9	34.3	87.9	6.0	7.3
		2	1.465	34.1	91.6				
		3	1.389	32.6	86.8				
		4	1.363	37.6	85.2				
		5	1.391	33.5	86.9				
		6	1.411	33.6	88.2				
	静压1遍+振压1遍	7	1.379	34.9	86.2	34.3	86.3	4.7	11.4
		8	1.325	34.0	82.8				
		9	1.351	36.5	84.4				
		10	1.416	32.5	88.5				
		11	1.381	33.5	86.3				
		12	1.436	34.5	89.8				

续上表

试验段桩号			松铺厚度	最大干密度		最佳含水率			累计下沉量(mm)
K31+080～K31+180			35cm	1.60g/cm³		22.2%			
晾晒条件	碾压遍数	检测点位	干密度	含水率(%)	压实度(%)	平均含水率	平均压实度	CBR(%)	
晾晒1.5d	静压1遍	1	1.439	32.6	89.9	32.4	90.1	6.1	—
		2	1.443	32.1	90.2				
	静压1遍+振压1遍	3	1.451	31.5	90.7	30.7	92.6	6.1	—
		4	1.512	29.8	94.5				
晾晒3d	静压2遍	1	1.466	—	91.6	30.2	91.6	6.1	—
	静压1遍+振压1遍	2	1.322	—	82.6	30.1	82.6	2.5	—

KT4现场试验汇总(K34+700～K31+720)　表2.61

试验段桩号		松铺厚度	晾晒条件		最大干密度			最佳含水率
K34+700～K34+720		35cm	无		1.69g/cm³			19.5%
碾压遍数	检测点位	干密度	含水率(%)	压实度(%)	平均含水率(%)	平均压实度(%)	CBR(%)	累计下沉量(mm)
静压1遍+振压1遍	1	1.488	31.0	88.0	32.7	86.7	5.8	7.2
	2	1.442	34.4	85.3				
静压1遍+振压2遍	5	1.509	31.2	89.3	32.4	89.5	11.6	12.8
	6	1.515	33.5	89.6				
静压1遍+振压4遍	3	1.475	31.7	87.3	33.0	86.7	5.8	12.7
	4	1.454	34.2	86.0				

碾压的沉降量(mm)　表2.62

压路机吨位＼碾压遍数		2遍	4遍	6遍	8遍
晒2d	18t	6.3	11.1	16.1	17.1
	12t	1.1	11.5	10.5	11.5
晒3d	18t	7.8	9.9	10.8	13.3
	12t	3.5	3.7	4.7	7.8
晒1d	18t	—	2.5	6.5	10.3
	12t	—	3.4	6.7	8.9

4)碾压设备

对于红黏土与高液限土,不同吨位的压路机的碾压效果差别不大,表2.63～表2.65、图2.121～图2.123是不同吨位压路机的检测结果。表中数据和图表明,静重18t和12t的压路机碾压后的压实度与饱和度差别不大。在实际工程中,当压路机吨位偏大、土的含水率过高时,反而不利于红黏土与高液限土路基的压实,如图2.124所示。国外一些国家对于红黏土与高液限土仍在采用轻型压实标准，这实际上对红黏土与高液限土路基是适合的、有利的。国内压路机的吨位总体上在不断增加，因此，碾压遍数在下降，但过重的压路机并不适合于高含水率红黏土与高液限土路基的碾压，有时可能会陷进土里打滑而无法行驶碾压。重型压实标准较之轻型压实标准压实度低约 10～12 个百分点。基于红黏土与高液限土的压实特性，我国应该考虑恢复轻型压实标准，这符合红黏土与高液限土的碾压特性。

晒 2d 压实度检测结果 表 2.63

碾压遍数	18t					12t				
	w	ρ_w	S_r	k_h	k_l	w	ρ_w	S_r	k_h	k_l
2 遍	34.1	1.27	0.820	83.0	94.8	27.2	1.36	0.751	88.9	101.5
	35.5	1.23	0.810	80.4	91.8	30.0	1.36	0.830	88.9	101.5
	36.8	1.23	0.834	80.4	91.8	32.9	1.25	0.770	81.7	93.3
	37.8	1.23	0.855	80.4	91.8	33.4	1.29	0.830	84.3	96.3
	39.1	1.21	0.869	79.1	90.3	—	—	—	—	—
	—	—	—	—	—	34.1	1.29	0.848	84.3	96.3
平均值	36.7	1.23	0.838	80.7	91.8	31.5	1.31	0.807	85.6	97.8
4 遍	30.8	1.35	0.842	88.2	100.7	29.2	1.43	0.898	93.5	106.7
	31.3	1.36	0.859	88.9	101.5	32.8	1.36	0.910	88.9	101.5
	34.2	1.24	0.786	81.0	92.5	33.8	1.32	0.883	86.3	98.5
	37.0	1.25	0.864	81.7	93.3	36.2	1.27	0.874	83.0	94.8
	37.8	1.23	0.855	80.4	91.8	36.2	1.30	0.913	85.0	97.0
	39.6	1.25	0.933	81.7	93.3	38.1	1.25	0.896	81.7	93.3
平均值	35.1	1.28	0.858	83.7	95.5	34.4	1.32	0.897	86.4	98.5
6 遍	33.1	1.28	0.817	83.7	95.5	26.4	1.40	0.774	91.5	104.5
	34.2	1.34	0.918	87.6	100.0	30.5	1.38	0.867	90.2	103.0
	35.1	1.32	0.910	86.3	98.5	31.1	1.28	0.764	83.7	95.5
	35.3	1.33	0.933	86.9	99.3	33.0	1.35	0.902	88.2	100.7
	36.9	1.329	0.973	86.9	99.2	33.1	1.31	0.845	85.6	97.8
	38.0	1.261	0.905	82.4	94.1	35.6	1.33	0.947	86.9	99.3
平均值	35.4	1.31	0.909	85.6	97.8	31.6	1.34	0.850	87.7	100.0
8 遍	31.5	1.42	0.954	92.8	106.0	30.9	1.39	0.893	90.8	103.7
	34.4	1.32	0.901	86.3	98.5	31.2	1.35	0.848	88.2	100.7
	36.0	1.39	1.039	90.8	103.7	31.4	1.42	0.953	92.8	106.0
	36.1	1.32	0.932	86.3	98.5	32.1	1.39	0.920	90.8	103.7
	37.8	1.33	0.995	86.9	99.3	33.4	1.36	0.928	88.9	101.5
	38.8	1.29	0.964	84.3	96.3	35.8	1.33	0.939	86.9	99.3
平均值	35.8	1.35	0.965	87.9	100.7	32.5	1.37	0.914	89.8	102.2

晒 3d 压实度检测结果 表 2.64

碾压遍数	18t					12t				
	w	ρ_w	S_r	k_h	k_l	w	ρ_w	S_r	k_h	k_l
2 遍	32.0	1.341	0.859	87.6	100.1	33.7	1.294	0.843	84.6	96.6
	32.9	1.362	0.911	89.0	101.6	34.0	1.299	0.856	84.9	96.9
	32.7	1.319	0.849	86.2	98.4	29.8	1.302	0.755	85.1	97.2
	32.4	1.329	0.855	86.9	99.2	34.0	1.284	0.838	83.9	95.8
	32.3	1.361	0.893	88.9	101.6	29.3	1.230	0.666	80.4	91.8
	29.5	1.359	0.813	88.8	101.4	32.9	1.272	0.796	83.1	94.9
平均值	32.0	1.345	0.863	87.9	100.4	32.3	1.280	0.792	83.7	95.5
4 遍	30.4	1.342	0.817	87.7	100.1	33.5	1.266	0.804	82.7	94.5
	31.0	1.313	0.798	85.8	98.0	32.1	1.332	0.850	87.1	99.4
	32.7	1.372	0.919	89.6	102.4	34.0	1.291	0.847	84.4	96.3
	34.0	1.321	0.886	86.3	98.6	37.4	1.135	0.737	74.2	84.7
	33.6	1.340	0.900	87.6	100.0	31.6	1.345	0.853	87.9	100.4
	31.8	1.259	0.756	82.3	94.0	32.1	1.325	0.841	86.6	98.9
平均值	32.3	1.324	0.846	86.6	98.8	33.5	1.282	0.822	83.8	95.7
6 遍	33.4	1.312	0.858	85.7	97.9	33.8	1.323	0.883	86.5	98.7
	31.4	1.377	0.890	90.0	102.8	36.4	1.210	0.803	79.1	90.3
	32.2	1.377	0.912	90.0	102.8	33.1	1.330	0.874	86.9	99.3
	34.0	1.306	0.866	85.4	97.5	37.8	1.284	0.932	84.0	95.8
	33.7	1.339	0.902	87.5	99.9	37.4	1.281	0.918	83.7	95.6
	33.6	1.302	0.851	85.1	97.2	33.2	1.336	0.885	87.3	99.7
平均值	33.1	1.336	0.880	87.3	99.7	35.3	1.294	0.882	84.6	96.6
8 遍	33.9	1.322	0.884	86.4	98.7	32.2	1.309	0.823	85.5	97.7
	29.1	1.371	0.817	89.6	102.3	34.8	1.276	0.848	83.4	95.2
	34.4	1.347	0.931	88.0	100.5	37.0	1.358	1.018	88.7	101.3
	32	1.182	0.677	77.2	88.2	32.3	1.376	0.913	89.9	102.7
	33.9	1.352	0.925	88.4	100.9	33.3	1.343	0.896	87.8	100.2
	29	1.403	0.854	91.7	104.7	36.3	1.306	0.925	85.4	97.5
平均值	32.1	1.329	0.848	86.9	99.2	34.3	1.328	0.904	86.8	99.1

晒 1d 压实度检测结果 表 2.65

碾压遍数	18t					12t				
	w	ρ_w	S_r	k_h	k_l	w	ρ_w	S_r	k_h	k_l
4 遍	27.1	1.430	0.838	93.4	106.7	30.0	1.382	0.862	90.3	103.1
	27.4	1.389	0.797	90.8	103.7	30.6	1.396	0.899	91.2	104.2
	28.6	1.526	1.024	99.8	113.9	31.4	1.435	0.979	93.8	107.1
	29.8	1.381	0.856	90.3	103.1	34.1	1.330	0.907	86.9	99.3

续上表

碾压遍数	18t					12t				
	w	ρ_w	S_r	k_h	k_l	w	ρ_w	S_r	k_h	k_l
4 遍	35.3	1.348	0.965	88.1	100.6	37.5	1.237	0.867	80.9	92.3
	36.6	1.207	0.809	78.9	90.1	38.0	1.269	0.922	82.9	94.7
平均值	30.8	1.380	0.881	90.2	103.0	33.6	1.341	0.907	87.7	100.1
6 遍	27.2	1.452	0.870	94.9	108.4	29.2	1.348	0.797	88.1	100.6
	29.4	1.430	0.909	93.4	106.7	30.4	1.386	0.879	90.6	103.4
	29.4	1.366	0.825	89.3	101.9	30.5	1.372	0.864	89.7	102.4
	30.4	1.369	0.857	89.5	102.2	33.0	1.389	0.960	90.8	103.7
	31.0	1.444	0.978	94.3	107.8	34.1	1.317	0.889	86.1	98.3
	37.6	1.247	0.883	81.5	93.1	36.1	1.251	0.853	81.8	93.4
平均值	30.8	1.384	0.888	90.5	103.3	32.2	1.344	0.874	87.8	100.3
8 遍	27.7	1.456	0.891	95.1	108.7	29.2	1.428	0.900	93.3	106.6
	29.0	1.398	0.854	91.4	104.3	30.0	1.385	0.867	90.5	103.4
	29.2	1.392	0.853	91.0	103.9	30.0	1.337	0.806	87.4	99.8
	30.7	1.225	0.697	80.1	91.4	32.6	1.376	0.930	90.0	102.7
	32.3	1.417	0.980	92.6	105.7	39.3	1.238	0.911	80.9	92.4
	37.4	1.290	0.937	84.3	96.3	42.4	1.219	0.954	79.7	91.0
平均值	31.1	1.363	0.867	89.1	101.7	33.9	1.331	0.899	87.0	99.3

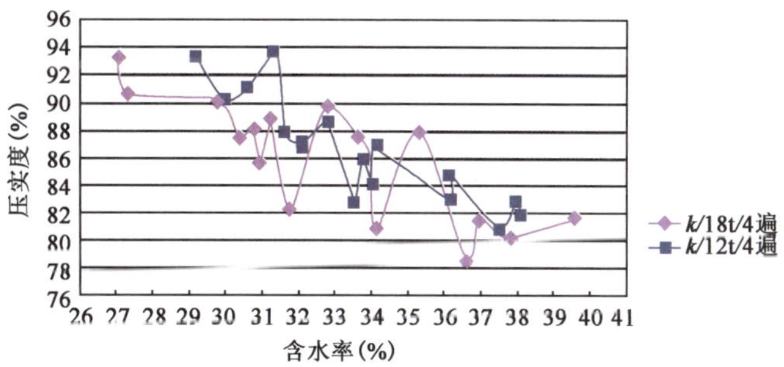

图 2.121　不同吨位压路机碾压 4 遍时的压实度

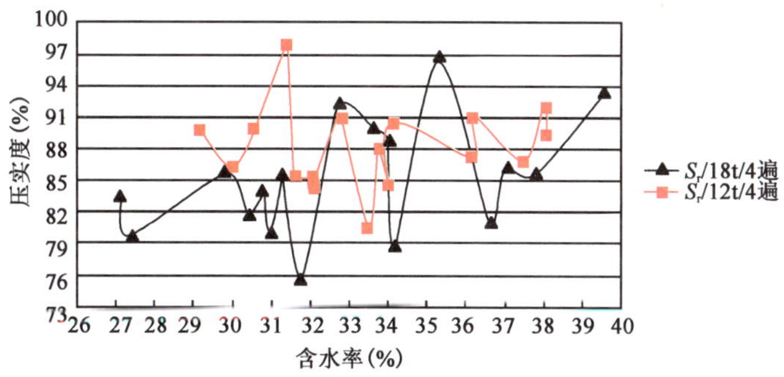

图 2.122　不同吨位压路机碾压 4 遍时的饱和度

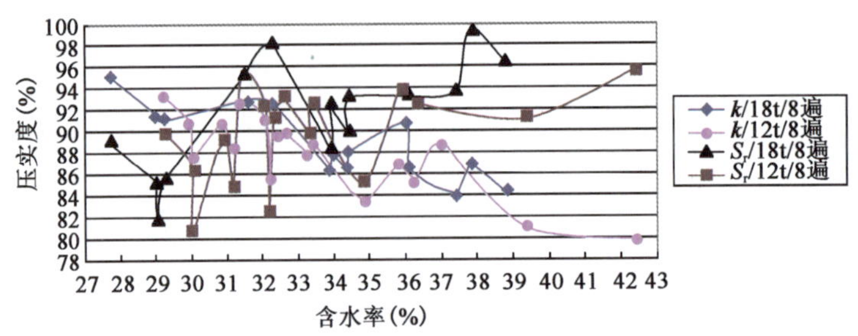

图 2.123　不同吨位压路机碾压 8 遍时的压实度和饱和度

图 2.124　压路机吨位不宜过大

5)碾压工艺

压实工艺必须对含水率进行严格控制。在红黏土与高液限土装运前，应对料场土进行含水率检测，若含水率超出可碾压含水率范围，则不能利用。压实优先采用羊足碾压路机，坚持先静压后弱振、先两边后中间的原则，通常碾压 2～3 遍即可，至土体出现软弹即停止碾压。石方填筑层压实质量以碾压工艺控制为主，碾压至表面平整无轮迹。

红黏土与高液限土路堤压实工艺应严格采用以下标准或参数控制：

(1)红黏土与高液限土路堤的碾压含水率宜在最大强度含水率附近。

(2)松铺厚度应控制为 20～30cm，当填料需要翻拌晾晒时，为了提高晾晒效果，松铺厚度可考虑取低值。

(3)坚持先静压后振压、先凸轮碾后光轮碾、先两边后中间的原则，碾压遍数由试验路确定，防止土体出现软弹现象。

红黏土与高液限土路堤填筑质量检测以施工过程记录及压实度指标进行控制。压实度的检测频率按《公路路基施工技术规范》(JTG F10—2006)的相关规定执行，即每 1 000m^2 检验 2 点，不足 1 000m^2 时检验 2 点。

红黏土与高液限土路堤宜优先安排施工填筑，以利于红黏土与高液限土路堤的自然稳定；土的填料来源不同，性能相差较大时，应分层填筑；红黏土与高液限土路堤的填筑高度不宜超过 20m，对于高度超过 20m 的在填筑前应进行论证；红黏土与高液限土路堤应避免雨季施工，避免松土被雨淋湿。施工中应保持作业面横坡不小于 3%，路基施工期间应设置边沟以防路基被雨水浸泡。雨后作业面，应经晾晒且重新压实合格后方可进行下一道工序的施工，晾晒过程中不必重新开挖、翻松。

为防止高液限红黏土路基作业面的收缩开裂可采取如下措施：

(1)高液限红黏土路基应连续施工，压完一层经检测合格后马上进行下一层的摊铺，防止作业面因水分蒸发而开裂。

(2)对于碾压完成的作业面，如因故不能及时进行下一层路基或路床施工时，应进行封盖处理，防止路基工作面暴晒失水。

6)灰土处治

石灰处治在国内虽用得不多，但在含水率偏高、工期紧的一些工程中仍有应用。鉴于红黏土与高液限土的高天然含水率，一般采用生石灰 CaO 进行改性，一方面生石灰遇水消解后可以释放大量的热量，有利于土中水分的蒸发；另一方面，生石灰的消解将吸收大量的水分，有利于降低土的天然含水率，有利于路基的碾压成型。工程中石灰用量一般在 4%～6%之间(石灰与干土质量百分比)。宜采用磨细生石灰粉，不宜采用生石灰块用于路基改性。石灰改良现场施工如图 2.125、图 2.126 所示。

图 2.125 翻松石灰土

图 2.126 石灰土翻拌后效果

石灰改良路基填筑施工工艺如下(场拌结合路拌)：

(1)闷料

取土场的填料土用挖掘机堆放，根据天然含水率确定掺灰量。其方法是一层土、一层石灰，再一层土、一层石灰，然后用挖掘机翻拌灰土堆，堆放闷料时间不小于 24h。若用生石灰应考虑水分的吸收与散失，闷好料的含水率宜在 $w_{opt}+4\%\sim w_{opt}+8\%$之间。

(2)填料摊铺

根据石灰土的松铺系数确定松铺厚度。根据每车灰土方量，确定每车的面积，用石灰打出网格线。用推土机初平，平地机整平。每层的松铺厚度不超过 30cm。

(3)现场拌和

路拌机拌和，并设专人检查拌和到底，拌和好的灰土颜色一致，土块最大粒径不超过 6cm。在拌和过程中应随时检查含水率，如含水率不足应补充洒水补拌，碾压时的含水率应在 $w_{opt}+3\%\sim w_{opt}+6\%$之间。对于灰土的碾压含水率为什么要比最佳含水率高，主要是考虑到贵州的红黏土与高液限土天然含水率普遍在 45%～50%之间，素土的最佳含水率一般在 20%～25%之间，若将灰土的碾压含水率控制在 20%～25%之间，则需要的掺灰量很高，不仅增加了施工成本，增加掺灰量对于路基的稳定性和减少沉降量作用不大。另一方面，灰土在固化过程中由 $Ca(OH)_2$ 生成 $CaCO_3$ 的过程中将吸收部分水分，可降低路基土的含水率。因此，在实际工程中，灰土的碾压含水率可比素土的最佳含水率略大些。

(4)碾压

先整个工作面静碾一遍，然后强振 3 遍即可(往返碾压一次计一遍)，若压实度达不到要求则应增加碾压遍数。

2.5.3 路基压实标准及质量控制

1)地基与基底处理

与其他公路一样，对于红黏土与高液限土路基应确保路基的整体稳定与安全，因此，地基处理必须到位。

基底是路基与地基的结合部，容易成为影响路基整体稳定与位移的部位。对于红黏土与高液限土路基的基底，除常规的清表、开挖台阶外，尚需采用遇水不易崩解、强度较高的填石料进行填筑，厚度不少于 50cm，基底的质量检测参照填石路基的施工要求，以工艺控制为主，最大粒径不超过 30cm。填石基底层顶面铺设一层无纺土工布作为隔离层，在土工布上面填筑红黏土与高液限土。

2)红黏土与高液限土路堤

红黏土与高液限土路堤的压实标准是一个关键指标，其压实标准在我国不同时期有不同的标准，在 2004 年以前，我国的路基设计、施工规范对红黏土与高液限土均要求采用轻型压实标准，轻型压实标准较之重型低约 10～12 个百分点，要求轻型压实度在 95%以上，基本相当于重型压实度在 83%～85%以上。这是符合红黏土与高液限土路基的实际情况的，成型的路基质量状况较好，也没发现有什么问题。随着我国施工机械设备的发展，压路机的吨位逐年增加，为提高路基的压实度标准提供了可能与设备。随着 1998 年金融危机后我国公路建设高潮的兴起，建设工期越来越短，要求 2～3 年通车的情况较多，我国高速公路的质量问题逐渐显现出来，人们普遍要求提高路基的压实度，以减少路基路面的早期损坏。因此，在 2004 版路基设计规范中取消了轻型压实标准，也提高了路基的压实度标准。这种做法对于粗粒土或其他细粒土合适，但对于红黏土与高液限土而言，采用重型压路机并不适用，采用提高后的重型压实标准既达不到，也不科学。虽然规范对于特别潮湿地区的路基填筑的压实标准也开了一个口子，但在实际操作中，由于特别潮湿地区无明确的定义与界限，管理部门一般不采用降低压实标准的做法。导致工程中要么做假账，要么废弃换填。在已建成通车的工程中，采用红黏土与高液限土填筑的公路其性能良好，并未表现出比其他填料差的现象，甚至比其他填料效果更好。

交通运输部公路科学研究院在福建泉厦高速公路建设中，对高液限土提出了采用压实度与饱和度双指标控制，但在实践中发现，红黏土与高液限土的饱和度普遍在 95%以上，甚至超过 100%，这在理论上说不通。产生这种现象除试验误差外，主要是由于红黏土与高液限土含有部分结合水，结合水的相对密度在 1.1～2.3 之间，其性能更接近于固体而非自由水，但在计算饱和度时却将其相对密度取为 1.0，由此导致饱和度超百。部公路所对红黏土与高液限土路基的质量也尝试采用落球仪、动力圆锥贯入仪(DCP)进行路基的现场强度检测，但发现现场路基检测数据较离散，难以制定一个统一的压实标准。

交通运输部公路科学研究院在随后的泉三、宁道、余凯羊等高速公路红黏土与高液限土路基的填筑中，取消了饱和度指标，在明确红黏土与高液限土路用特性的基础上，通过试验路的铺筑，提出了红黏土与高液限土路基的压实标准。一般将红黏土与高液限土路基的压实度控制在85%以上，具体标准通过试验路的铺筑结合室内试验结果确定。实践证明，对于红黏土与高液限土采用这样的控制标准是合理的，路堤的整体稳定性好，工后沉降量小，完全能够确保公路工程质量。

我国现行路基施工技术规范规定，红黏土与高液限土的压实度标准可比一般细粒土降低1%～5%，具体降低数值应根据当地土质等情况通过试验确定。也就是说最多可降低至87%以上的压实度。这样的标准对福建、湖南等省份的红黏土与高液限土较适用，对贵州的红黏土与高液限土而言，这样的标准较难达到，这是红黏土与高液限土的成分与性质差异所致。事实上，贵州一些压实度在85%以上红黏土与高液限土路基的总体性能状况良好，使用过程中也未出现什么工后沉降（蠕变）等病害。因此，对贵州省的红黏土与高液限土采用不小于85%的压实度标准是可行的，当然具体的压实度标准需通过试验路和室内试验联合确定，而不是一律采用85%的压实度标准。

3）红黏土与高液限土上路堤与路床

红黏土与高液限土含水率高，路床部分难以采用，否则弯沉指标难以满足。因此，红黏土与高液限土路基的路床和上路堤必须采用粗粒料填筑。

高速公路、一级公路的路床和上路堤（路基顶面以下150cm，不少于100cm）、二级公路的路床（路基顶面以下80cm，不少于50cm）应采用遇水不易崩解的碎石、砂砾等粗颗粒填筑，确保路基强度，这是作者推荐的路基结构形式。

这部分的质量控制可依照路基设计、施工规范对填石路基和路床的相关要求执行，并无特别之处。填石上路堤最大粒径不超过30cm，路床不超过10cm。上路床填石料肉眼观察应较均匀，不得用细粒土贴皮找平，填料粒径小于2mm的含量不超过15%，采用筛分法进行小于2mm的含量检测。采用最大激振力40t以上的压路机碾压4遍以上，至表面无轮迹。

4）红黏土与高液限土路堑换填

挖方路段的换填施工前，做好施工期临时排水系统和排水工程，在换填范围内两侧挖两条纵向排水沟，根据需要增设部分横向排水沟，保证挖除范围内不积水，以防施工中路基受水浸泡，影响换填质量。

换填厚度按如下规定处理：

（1）路基设计高程下150cm范围内发育有石柱、石笋时，应将该范围内的石柱、石笋等予以清除。如果此范围内的石柱、石笋等不予清理，则可能对路面结构层造成影响。

（2）若红黏土与高液限土厚度小于150cm，应将基岩面上的红黏土与高液限土完全清除并换填。

（3）若红黏土与高液限土厚度超过150cm，应将路床（0～80cm）范围内的红黏土与高液限土挖除并换填。

换填材料应采用遇水不易崩解的碎石、砂砾等粗颗粒填筑，确保路基强度与弯沉符合要求，填石上路堤最大粒径不超过30cm，路床不超过10cm。上路床填石料肉眼观察应较均匀，不得用细粒土贴皮找平，填料粒径小于 2mm 的含量不超过 15%，采用筛分法进行小于 2mm 的含量检测。采用最大激振力 40t 以上的压路机碾压 4 遍以上，至表面无轮迹。

5)石灰处治

石灰改良红黏土与高液限土的质量检测与控制方法如下：

(1)灰土路基的质量控制采用石灰剂量与压实度双指标控制，两者应同时满足如下要求：

①路基压实度大于 93%。

②采用滴定法测定石灰剂量平均值不小于设计值(一般在 5%左右)，单点不小于 4%。

(2)灰土的最大干密度与最佳含水率应采用设计掺灰量的击实试验结果。

(3)施工现场应土色均匀，不得出现明显的石灰鼓包或石灰集中等现象，如图 2.127 所示。

(4)压实度检测采用灌砂法，挖坑时应挖至上一层顶面。粗颗粒含量少的可采用环刀法，取样位置应为该碾压层的中间。

(5)对于不满足质量要求的应重新翻松、掺灰、翻拌、整平、碾压，并重新进行检测，直至合格。

图 2.127 灰土拌和不均产生的鼓包

2.5.4 路基沉降观测与路面铺筑

如前所述，由于贵州山高谷深的特点，贵州的公路路基高度普遍较高，路基多位于斜坡上，路基纵、横向的高差大，由此导致路基的整体稳定性与工后差异沉降量较大，路面开裂严重，这是影响贵州省道路工程质量重要甚至是主要的方面。现有的路基质量检测指标主要是压实度和弯沉，但这并不能完全反映路基的质量状况，许多压实度与弯沉指标合格的路段仍旧发生失稳与路面开裂现象。因此做好路基的沉降与稳定性观测对于准确评价路基质量具有重要作用，也是路面铺筑的依据。

1)路基沉降观测

(1)观测点的确定

红黏土与高液限土路堤的沉降观测点主要埋于如下位置：

①路堤最大高度超过 8m。

②地质状况不良路段。

③陡坡路段。

一般情况只需进行沉降观测，路线纵向上每 300～400m 设一观测断面，地形和路基高度变化大的地方可适当加密，不足 300m 的路段单独设观测断面。

(2)每一观测断面设置 3 个沉降观测点，如图 2.128 所示。沉降观测采用沉降板，沉降板分别埋设于路堤中央和两侧路肩位置。沉降板在竖向上分别埋置于原地面和路基顶面，以反映路基和地基的压缩变形量。

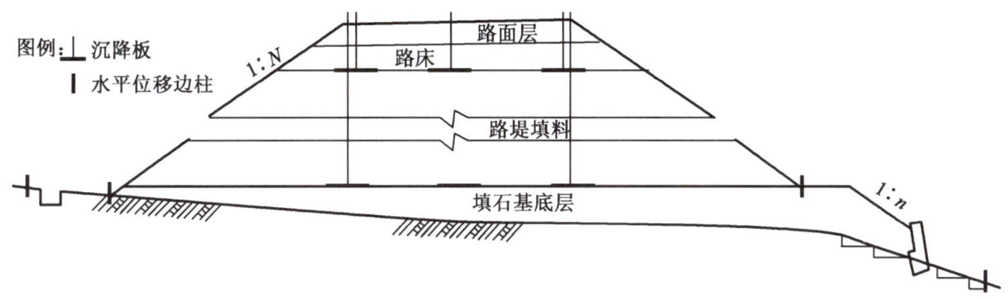

图 2.128 路基沉降与位移观测点布置示意图

(3)沉降板的加工、埋设、接长与安全警示规定如下：

①沉降板由钢板、金属测杆和保护套管组成。底板尺寸不小于 40cm×40cm×1cm，测杆直径以 4cm 为宜，保护套管尺寸以能套住测杆并留有适当空隙为宜。

②随着填土的增高，测杆和套管也相应接高，每节长度不宜超过 50cm。接高后的测杆顶面应略高于套管上口，套管上口应加盖封住管口，避免填料落入管内而影响测杆下沉自由度，盖顶高出碾压面高度不宜大于 50cm。

③在沉降板周围设置警示框，避免施工破坏，确保人员安全，如图 2.129 所示。

图 2.129 路基沉降板埋设与警示保护图

④可能存在较大侧向位移的路基应进行水平位移观测，如图 2.130 所示。观测点埋设于最大水平位移处，一般位于路基坡脚，该位移观测点兼作沉降观测点。

⑤沉降与位移观测频率在路基填筑期间每周一测，间歇期 2 周一测，自然稳定期 1 月一测，根据观测值变化适当调整观测频率。观测精度误差应小于 1mm。

⑥将红黏土与高液限土路基的沉降观测结果绘制成沉降量—时间曲线，如图 2.130～图 2.132 所示。

⑦根据沉降与位移观测结果，分析路基的稳定性、沉降变形规律与发展趋势，为路基填筑与路面铺筑提供依据。

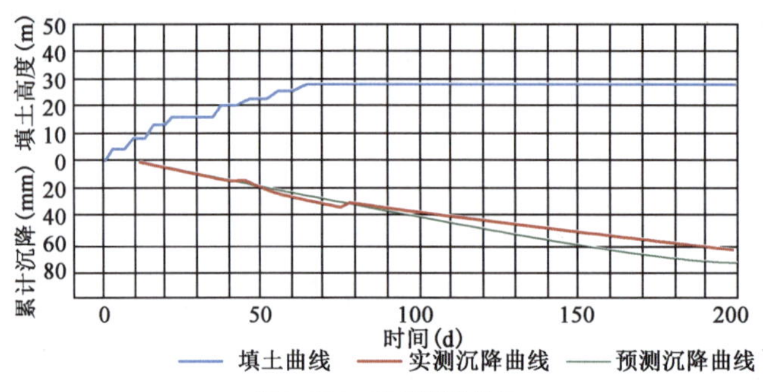

图 2.130　地基沉降曲线

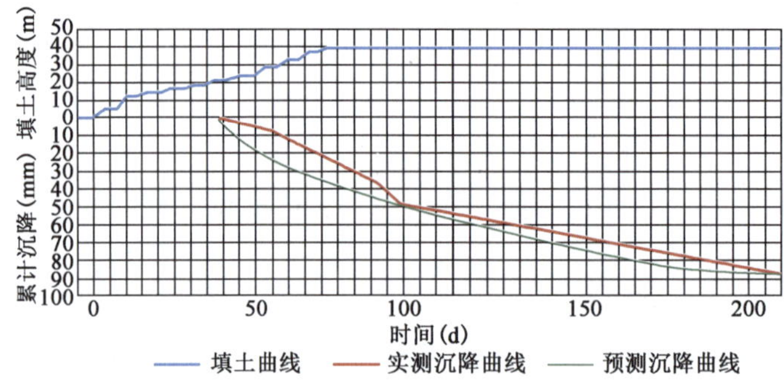

图 2.131　路堤边坡某平台沉降曲线

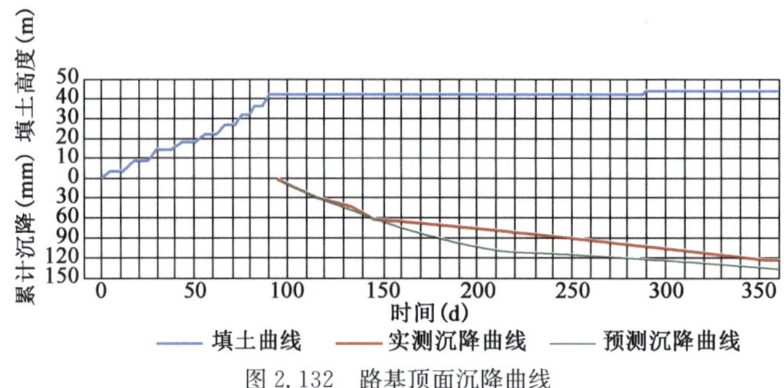

图 2.132　路基顶面沉降曲线

2)路面铺筑的条件

路基沉降对路面结构层的影响是不言而喻的。轻者增加路面结构层的附加应力，重者导致路面开裂。

对于路面铺筑时路基的沉降控制标准，国内外并无统一的认识，因为这涉及路基高度等因素。国内对于软基路段有明确的工后沉降控制标准，江苏等软基分布较广的地区也总结地提出了路面铺筑的软基路段路基沉降控制标准，具体如下：

(1)铺筑底基层条件：连续两月沉降观测速率不大于 5～10mm/月。

(2)铺筑基层条件：连续两月沉降观测速率不大于 3～5mm/月。

(3)铺筑面层条件：连续两月沉降观测速率不大于 1～3mm/月。

从目前各条公路的运营情况来看，以上控制标准是基本可行的，按照上述标准进行控制铺筑的路面，一般不会出现较大的沉降问题。

软基的沉降基本是均匀连续的，365d天天在沉，而路基路面本身是弹塑性材料，具有一定的适应变形的能力，因此有些地方软基的沉降量很大，但路面并不开裂。对于贵州等山区公路的红黏土与高液限土路基而言，其工后沉降量普遍较小，但其早期沉降速度较快，且路面结构层铺筑后的沉降速度明显小于路面铺筑前。另一方面，贵州的路基高度较高，较大的沉降量通过路基的扩散对路面结构层附加应力的影响较小，这是有利的一面。从贵州、福建、湖南等地高液限土路基工程经验来看，采用沉降速率控制指标来控制路面铺筑时间是较为合适的。红黏土与高液限土路堤沉降速率小于5mm/月，则表示高液限土路堤基本趋于稳定，可以开始铺筑路面底基层与基层。

2.6　红黏土与高液限土路堤典型工程案例

将贵州、福建等地的红黏土与高液限土填筑路基的工程案例进行汇总分析，从而大体了解高液限土填筑路基技术的工程应用效果。

2.6.1　贵州余凯羊高速公路

1）工程概况

贵州余庆至凯里（含施秉连接线）、凯里至羊甲高速公路，是《贵州省高速公路网规划》“678网”中的第六横——余庆至安龙公路的前段。该公路全长142km，投资估算约128亿元，采用四车道高速公路标准建设，设计车速为80km/h，路基宽21.5m，采用沥青混凝土路面。高速公路于2012年9月正式开工，于2014年底正式通车，工期紧。

凯羊高速路基长度约占80%，沿线广泛分布有红黏土与高液限土，红黏土具有“高含水率、高液限、压实困难、干缩开裂”等特点。红黏土与高液限土虽为特殊土，但国内众多工程表明，只要合理利用，红黏土与高液限土是完全可以用于高速公路路基填筑的。为此，对凯羊沿线的红黏土与高液限土进行调查的基础上，于2012年9月6日选取了4标和5标的4个具典型代表性的土样进行了详细的室内试验。根据现场施工进展，选取KT4标的K31＋080～K31＋180，K34＋700～K34＋820作为试验段，分别进行了红黏土的填筑试验和路基顶面下1.5m碎石土的弯沉检测，以总结红黏土路基填筑施工工艺及质量控制标准，分析红黏土路基的弯沉状况。对试验段路基的整体稳定性进行了分析。

在试验段的基础上，编制了《贵州凯里至羊甲、余庆至凯里高速公路红黏土与高液限土路基施工技术指南》，该指南通过了贵州高速公路集团公司的评审，并在全线推广应用，据不完全统计，全线有近400万m^3红黏土与高液限土用于路基填筑，该高速公路于2014年底通车，沉降与弯沉指标显示路基质量状况良好。取得了巨大的社会与经济效益。

2）土的物理力学与路用特性

土的物理性质如表2.66所示。其物理力学与路用特性汇总如下：凯羊高速高液限红黏土为白云岩风化而成；液限为48%～63%，塑性指数为21%～27%；天然含水率为35%～48%；

粗颗粒含量少，基本为高液限黏土；强度 CBR 值在 3～5 之间，含水率合适时可达 17；泡水后的膨胀率小，一般在 0.1%以下。

土的基本物理性质 表 2.66

土样号	取样桩号	天然含水率(%)	液限 w_L(%)	塑限 w_P(%)	塑性指数 I_P(%)	最大干密度(g/cm^3)	最佳含水率(%)	颗粒分析(%)	比重
								<0.075mm	
1	K24+800	35.8	48.0	27.0	21.0	1.69	18.4	76.0	2.68
2	K25+000	42.4	55.1	33	22.1	1.60	22.2	92.2	2.74
3	K36+460	43.8	56.8	29.4	27.4	1.48	26.7	98.7	2.65
4	K45+115	48.5	63.3	35	28.3	1.51	28.7	95.3	2.66

3)试验段概况

选择 KT4 标的 K31+080～K31+180、K34+700～K34+820 作为试验段，如表 2.67 和图 2.133 所示。分别进行了红黏土的填筑试验和路基顶面下 1.5m 碎石土的弯沉检测，以总结红黏土路基填筑施工工艺及质量控制标准，分析红黏土路基的弯沉状况。试验段基底处理于 11 月完成。

试验路段情况 表 2.67

序号	试验段	平均填高(m)	备注
1	K31+080～K31+180	10	位于兴仁互通主线，路基左侧为两级边坡，坡率为 1∶1.5 和 1∶1.75，地基清表后填筑碎石层并高出地表 50cm
2	K34+700～K34+820	12	路基左侧为两级边坡，坡率为 1∶1.5 和 1∶1.75，路基右侧一级边坡，坡率为 1∶1.5，地基清表后填筑碎石层并高出地表 50cm

图 2.133 现场试验段情况

4)地形地貌与地质状况

K31＋080～K31＋180 试验段位于平缓坡顶(图 2.134),K34＋700～K34＋820 试验段位于一平缓山坡上(图 2.135)。

图 2.134　K31＋080～K31＋180 试验段地形地貌

图 2.135　K34＋700～K34＋820 段地形地貌

K31＋080～K31＋180 段基岩零星出露,地表多为旱地,植被不发育,地表受溶蚀作用强烈,属低山溶蚀地貌。上覆第四系残坡积层(Q^{el+dl})粉质黏土,下伏基岩为寒武系中统高台组($\in_{2g}$)薄至中厚层状白云岩。地表红黏土强度高,开挖后直立性较好(图 2.136)。

K34＋700～K34＋820 场区上覆第四系残坡积层(Q^{el+dl})黏土、人工回填土(Q^{me}),下伏基岩为寒武系上统炉山组($\in_{31}$)薄至中厚层状白云岩。

5)路基填筑过程

试验段红黏土的填筑方案如图 2.136 所示。首先进行清表、开挖台阶后铺筑碎石,直至工作面高出地表 50cm,以利于地表渗水的排泄,确保路基水稳性与强度。然后采用红黏土填筑直至路基顶面下 1.5m,上路堤和下路床采用碎石填筑。

填筑试验主要结合不同碾压遍数进行压实度、沉降量进行检测,并进而确定路基现场的 CBR 强度,对路基的含水率也进行了跟踪监测。在路基顶的碎石层进行了弯沉检测。K31＋080～K31＋180 段压路机为徐工 XS202JZ,K34＋700～K34＋720 段为宝马 BW225D-3,静碾 1 遍,振碾 1 遍,于 2012 年 12 月 20 日开始填筑,于 2013 年 1 月底完成填筑。重载车在成型的路基上车辙很深,后采用石渣便道解决,如图 2.137 所示。压实度检测结果如图 2.138 所示。

图 2.136　K31＋080～K31＋180 开挖地质断面

图 2.137　路基填筑与车辙

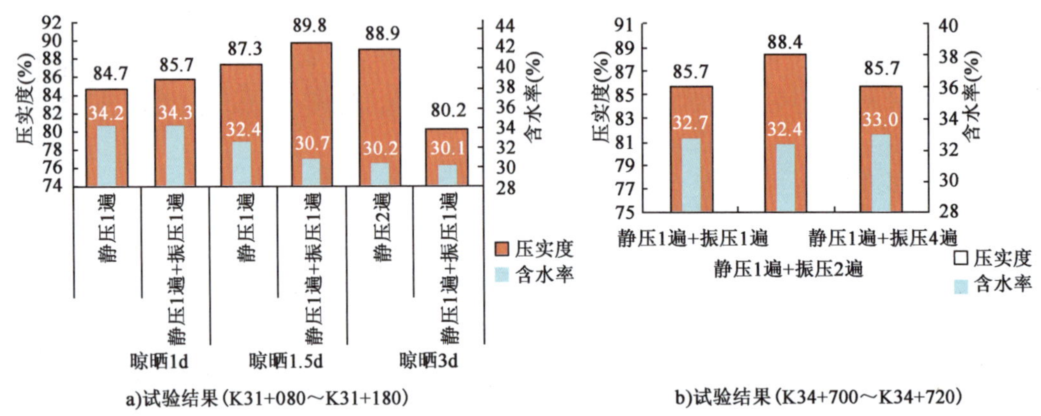

图 2.138　现场碾压试验汇总

6)路基沉降与弯沉检测

红黏土与高液限土路段的沉降观测资料如图 2.139 所示。结果表明,红黏土与高液限土路堤的沉降变形量并不大,7m 厚的红黏土与高液限土路堤的压缩变形量在 8cm 左右,并不比其他土质大。上路堤与路床(路基顶面以下 1.5m)采用碎石渣填筑,路床顶的左、右车道的弯沉代表值为 150(0.01mm)、133(0.01mm),完全能够满足路面结构设计的要求。

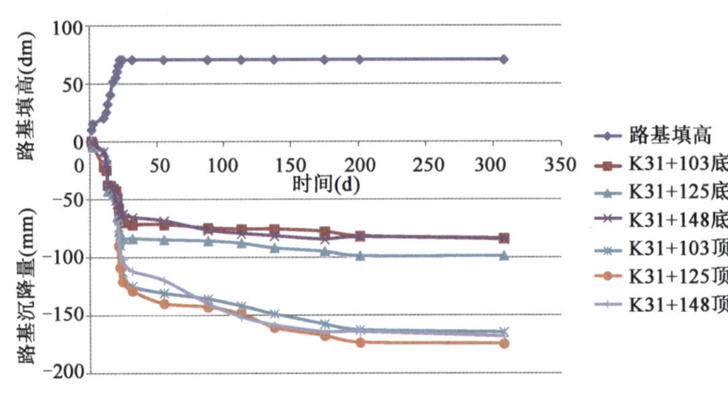

图 2.139　路基填筑与沉降曲线

7)工程效果评价

余凯羊高速公路在试验段的基础上编制了相应红黏土与高液限土路基填筑技术指南,并经评审在全线推广应用,有近 400 万 m^3 红黏土与高液限土用于路堤填筑。从试验段和全线工程来看,红黏土与高液限土填筑路段的整体稳定性、沉降量与弯沉均符合相关要求,总体工程质量状况良好,该工程已于 2014 年底正式通车。

2.6.2　福建泉三高速公路高液限土高填方

1)项目概况

福建泉(州)三(明)高速公路于 2005 年开工建设,于 2009 年正式通车。泉三沿线有大量的高液限土分布,为了合理利用高液限土用于路基填筑,项目建设单位与交通运输部公路科研所合作,开展了高液限土路基填筑技术研究。项目试验段位于 YK159＋960,路基断面的最大填高 26.5m，如图 2.140 所示。

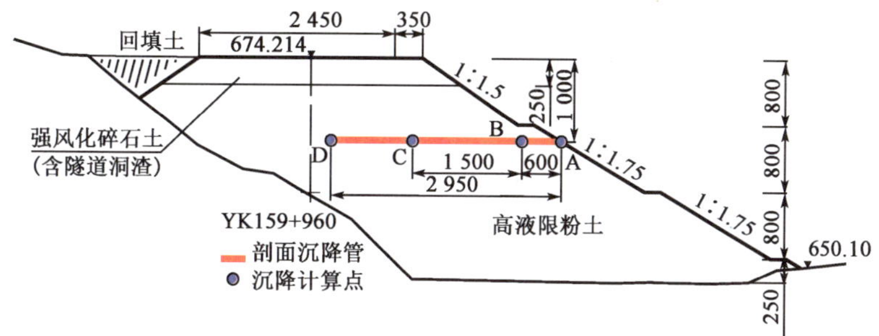

图 2.140　路基横断面及剖面沉降管埋设示意图(尺寸单位:cm)

2)地质状况与地基处理

表层约 0～1.0m 为含有机质黏土，含水率约 43%；1.0～11.6m 为粉质黏土，含水率约 32%；11.6～16.5m 为风化粉砂岩，16.5m 以下为粉砂岩。地下水位埋深 3.2m。在路基填筑前对地表下 2m 的表层土进行了清淤处理。

3)路基填料及填筑速率

该高填方的下路堤全部采用高液限土填筑，如图 2.141 所示，上路堤与路床采用强风化碎石土与隧道洞渣填筑。路基填筑进展及填料情况见表 2.68 及图 2.142，施工试验段检测见表 2.69。

路基填筑进展及填料情况　　表 2.68

日期(年-月-日)	天数(d)	填筑高度(m)	填筑层位	填料及含水率
2006-07-02	1	0.3	第一层碾压试验段	—
2006-09-02	63	0.3	第二层碾压试验段	平均含水率 38%
2006-09-02	63	0.6		
2006-10-02	93	0.9	第三层碾压试验段	平均含水率 32%
2006-10-10	101	6	路堤填筑	含水率 38%～40%
2006-10-22	113	6		
2006-11-07	129	16.2		
2006-12-06	158	16.2		
2007-07-04	368	16.5	路堤填筑	含水率 38%～40%
2007-07-31	395	25.4		
2007-11-01	488	25.4	路床施工	强风化碎石土 含水率 10%～30%
2007-11-05	492	26.5		
2008-08-01	762	26.5		
2008-08-25	786	26.5	路面结构层施工	
2008-09-01	793	26.7	路面施工完成	
2009-07-02	1097	26.7	—	

图 2.141　高液限土填筑下路堤

福建泉三线高塑性土试验路成果　　表 2.69

试验段填料		松铺厚度	液限	塑限	塑性指数	最大干密度	最佳含水率
K159+722 取土场		25～30cm	61.3	33.8	27.5	1.55g/cm³	21.0%
碾压遍数	检测点位	干密度	含水率	稠度	压实度	平均含水率	平均压实度
振碾 4 遍	1	1.369	29.7%	1.15	88.3%	31.1%	85.5%
	2	1.347	33.8%	1.00	86.9%		
	3	1.285	28.7%	1.19	82.9%		
	4	1.290	32.2%	1.06	83.2%		
	5	1.328	32.9%	1.03	85.7%	均方差	均方差
	6	1.328	29.4%	1.16	85.7%	1.93%	1.91%
振碾 5 遍	1	1.356	29.8%	1.15	87.5%	31.6%	85.8%
	2	1.304	33.1%	1.03	84.1%		
	3	1.344	31.9%	1.07	86.7%		
	4	1.328	30.4%	1.12	85.7%		
	5	1.328	32.5%	1.05	85.7%	均方差	均方差
	6	1.314	32.0%	1.07	84.8%	1.15%	1.13%
振碾 6 遍	1	1.339	33.5%	1.01	86.4%	33.9%	85.2%
	2	1.322	35.1%	0.95	85.3%		
	3	1.311	35.4%	0.94	84.6%		
	4	1.322	34.1%	0.99	85.3%		
	5	1.338	33.0%	1.03	86.3%	均方差	均方差
	6	1.287	32.2%	1.06	83.0%	1.12%	1.14%
振碾 7 遍	1	1.283	35.4%	0.94	82.8%	33.7%	86.2%
	2	1.274	36.2%	0.91	82.2%		
	3	1.398	32.6%	1.04	90.2%		
	4	1.296	34.4%	0.98	83.6%		
	5	1.384	30.9%	1.11	89.3%	均方差	均方差
	6	1.376	32.7%	1.04	88.8%	1.81%	3.33%

注：压路机型号：厦工三重 20t 振动压路机 XG6203M，往返碾压一次计一遍。

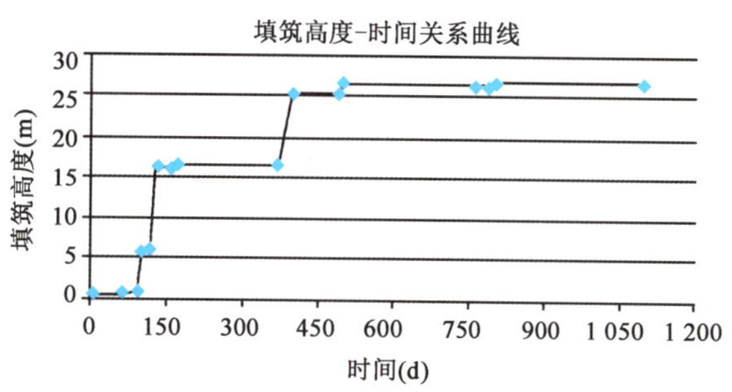

图 2.142 路基填筑过程曲线

4)路基沉降监测结果

路基在填筑过程中,对其沉降进行了跟踪监测,沉降点的埋设如图 2.140 所示,监测结果如图 2.143 所示。沉降根据现场施工情况将监测区间分成路堤施工、自然沉降、工后沉降三个阶段。各点监测期间的沉降量比率如表 2.70 所示。通车之后,于 2013 年对其沉降量再次进行了观测,沉降观测结果与路面状况表明,该高液限土高填方的沉降量并不大。

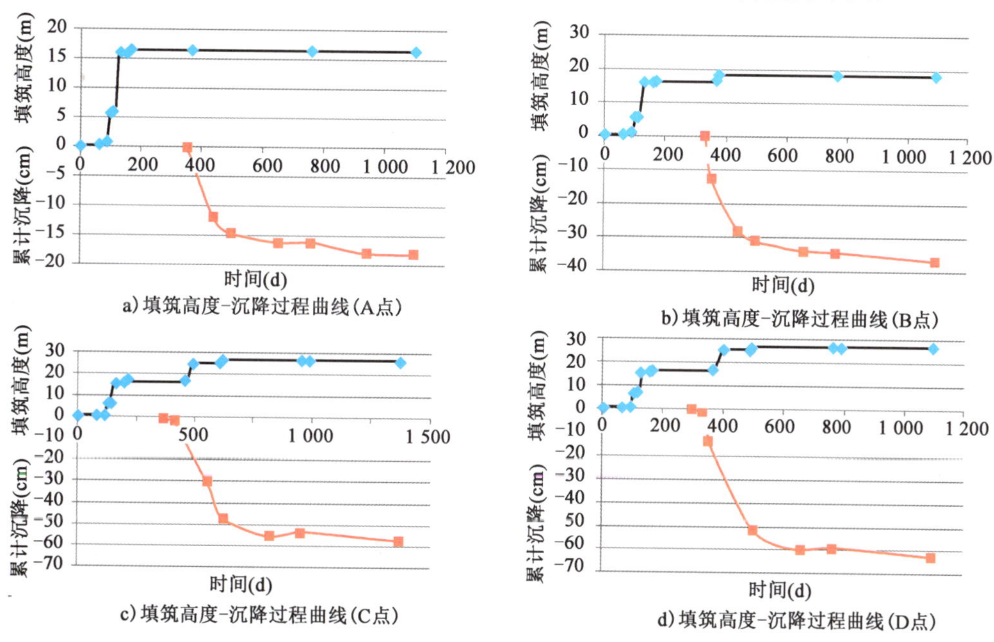

a)填筑高度-沉降过程曲线(A点)

b)填筑高度-沉降过程曲线(B点)

c)填筑高度-沉降过程曲线(C点)

d)填筑高度-沉降过程曲线(D点)

图 2.143 各点沉降过程曲线

观测点不同期间的沉降量 表 2.70

计算点	监 测 阶 段	天数(d)	沉降值(mm)	占总沉降比率(%)
A	路堤施工阶段	148	145.4	81
	自然沉降阶段	261	16	9
	路面铺筑及工后沉降阶段	335	18	10
B	路堤施工阶段	170	308.5	84
	自然沉降阶段	261	34	9
	路面铺筑及工后沉降阶段	335	23.2	6

续上表

计算点	监 测 阶 段	天数(d)	沉降值(mm)	占总沉降比率(%)
C	路堤施工阶段	170	471.2	83
	自然沉降阶段	261	64.2	11
	路面铺筑及工后沉降阶段	335	36.6	6
D	路堤施工阶段	170	515.9	82
	自然沉降阶段	261	74.4	12
	路面铺筑及工后沉降阶段	335	36.9	6

5)工程效果评价

泉三高速于2009年通车,2013年交通运输部公路科学研究院的技术人员对YK159+960段高液限土高填方的沉降再次进行了观测,并对该路段进行了回访调查。观测结果表明,该高液限土高填方的沉降量不大,甚至比其他填料的高填方更小。路面行车道线平整,未见任何波浪起伏与路面裂缝,道路工程质量状况良好,是一个非常成功的高液限土试验段工程。

2.7 红黏土路堑边坡防护

红黏土是一种特殊土,红黏土边坡失稳破坏也较为普遍,且与一般土质边坡的破坏差异很大。调研中发现,许多坡率在1∶1~1∶1.5的边坡出现了不同程度的坍塌破坏,一些坡率缓于1∶1.5的缓坡也会发生失稳破坏,而试验的强度指标并不低;有些边坡在施工阶段就发生破坏(例如,贵州余凯羊高速及毕生高速就较为普遍),而并未达到设计所预估的危险工况。有相当多的边坡完工后不破坏,而是运营几年后才出现破坏(例如,福建、湖南的多条已运营公路都已出现)。从破坏的范围及程度来看,红黏土边坡浅层范围内的坍塌溜塌破坏为主,大范围的整体失稳较为少见(整体失稳往往是由于局部破坏渐进式发展产生),因而浅层破坏是红黏土边坡最主要的问题。当然,也有很多红黏土边坡在1∶1.5以下的坡率长期保持稳定的案例,工程技术人员对此尚不能给出很好的解释。

综上所述,红黏土边坡的稳定问题较为复杂,也是工程上的一个难题。目前,红黏土边坡稳定与防护方面的研究热点主要集中在以下几个方面:①红黏土边坡的强度及稳定性的主要影响因素及变化规律;②红黏土边坡典型破坏模式特征及合理的稳定性计算方法;③工程中提高红黏土边坡长期稳定性的方法、措施及应用的效果评价。

2.7.1 红黏土边坡主要病害

红黏土边坡破坏现象多种多样,引起破坏的原因也是多方面的,对贵州、湖南等地多条高速的红黏土边坡进行了广泛深入的调研,在此基础上总结概括了红黏土路堑边坡的典型病害。

1)表层破坏

坡面冲蚀(冲沟)及风化剥落是工程中最常见的红黏土边坡表层破坏现象,这类破坏侵害边坡浅表,一般不会造成较大危害,但是边坡长期发生表层破坏会影响稳定性。

(1)坡面冲蚀

坡面表层在降雨等作用下破坏和流失的现象称为坡面冲蚀,主要指坡面流对表层的水力冲刷(图 2.144)。红黏土边坡开挖后,坡面植被破坏,坡面失去保护屏障,直接暴露在大气环境中。雨滴溅蚀作用首先开始,随着降雨历时的延长,若降雨强度超过坡面土体入渗强度,坡面开始产流。产流后在坡面形成薄层漫流。随着降雨强度的增大可在坡面形成坡面径流,坡面土体出现小的股流对坡面进行冲刷。主要表现为,坡面下切作用十分明显,有时甚至在一场降雨过程中出现从溅蚀、面蚀、细沟侵蚀乃至切沟侵蚀的整套连续的发育过程。坡面出露的风化物在吸水膨胀软化后强度急剧降低,容易产生坡面表层溜塌等病害。

(2)坡面剥落

剥落变形指边坡坡面土层在大气降水及蒸发的影响下,因干湿效应,土层出现自然碎裂解体的现象(图 2.145)。一般情况下,坡脚位置含水率变化相对较大,且边坡开挖后坡脚位置产生应力集中,应力水平明显高于其他部位,因此,剥落变形破坏多发生在坡脚,土体呈块状或片状从坡面脱离,一般影响范围不深,多为数厘米或数十厘米。沿线红黏土部分含有蒙脱石等亲水矿物,遇水膨胀,失水收缩,受反复胀缩活动影响,坡面岩土结构极易破坏,并在自重的作用下脱离原坡面,发生剥落破坏。剥落变形虽不会直接影响边坡的整体稳定性,但在长期的剥蚀作用下,将造成坡面疏松解体,不但增加维护难度,而且可能诱发更大规模的破坏。

图 2.144　余凯红黏土边坡冲蚀

图 2.145　调研路段红黏十边坡剥落

2)浅层失稳破坏

红黏土边坡浅层失稳破坏是浅层土体在环境因素的扰动影响下,强度及稳定性逐步衰减所导致,以局部坍塌、溜塌等破坏现象较为普遍。浅层失稳破坏是红黏上边坡最主要的工程问题。

由于红黏土孔隙比大,天然含水率较高,土体基本接近饱和状态,在干湿循环作用下会逐渐发生坍塌。坍塌破坏面的形式为上陡下缓,最终的坍塌剪出可以发生在边坡的任何部位,如图 2.146 所示。

坍塌后坡体内都会形成一段新的破裂面,并呈横展式分布在坡体内,将坍塌体切割成破碎的条带状土条,并在坡面上形成满布的裂隙及错台高度不一的台阶。残坡积红黏土扰动后强度骤减,初次坍塌的规模一般不大,如不及时加固常会诱发多次逐层坍塌,或最终诱发整体牵引式滑坡。

3)整体失稳破坏

红黏土边坡滑坡破坏较为少见。红黏土边坡整体失稳通常是稳定性逐步恶化直至整体破坏的渐进过程,其发生过程多为由于坡脚处土体受降雨入渗等因素影响,强度降低,坡脚处首先发生鼓胀、剥落等局部小变形,坡体出现细微裂缝;变形进一步发展,坡脚出现局部坍塌或小规模滑坡,滑坡体或坍塌体堆积在坡脚,斜坡上的裂缝范围向后扩展,裂缝宽度变大;坡体下部支撑能力降低,不足以承担上部坡体的下滑力,经过一段时间后发生牵引性滑动。从第一次坡脚局部失稳,到最终稳定,边坡一般会经历几次甚至十几次牵引滑动。产生滑坡后如不及时加固治理或处治方式不恰当,影响范围将扩大到最初的几倍甚至几十倍,见图 2.147。

图 2.146　余凯羊红黏土边坡坍塌、溜塌破坏

图 2.147　余凯线红黏土边坡滑坡

2.7.2　红黏土边坡失稳破坏机理

裂隙性是红黏土最重要的工程特性,也是影响土体强度指标和稳定性的关键因素。红黏土边坡的裂隙与外界环境的扰动密切相关,本节将基于现场试验研究环境因素对红黏土边坡浅层土体的扰动规律。

1)红黏土边坡稳定影响因素

未受扰动的红黏土由于基质吸力对抗剪强度的贡献,边坡的整体稳定性较好。开挖后红黏土在干湿循环作用下裂隙极为发育,边坡的稳定性受到环境因素的影响较为明显。

(1)外界环境扰动

环境因素包括气温、降水、空气湿度及蒸发等。在大面积裸露的红黏土边坡坡面上,降雨入渗及蒸腾作用导致红黏土受到干湿循环的扰动,其表层土体极易产生裂隙发育。雨水直接冲刷坡面,导致表层土体风化剥落、裂缝扩展延伸。

降雨入渗实质上是非饱和土渗流问题,入渗速率与地表介质渗透性、初始含水率、植被覆盖等因素有关,入渗过程相对比较复杂。随着降雨的入渗,水在土体中渗流会形成渗流场,土体饱和度增加,表层土体达到饱和含水率,水不断向土体深部迁移。但如果在降雨历时过程中,土体入渗能力小于降雨强度,部分雨水进入土体内部,部分水形成地表径流,形成有压渗透,这样非饱和土坡可在降雨过程中分为暂态饱和区、水力传导区、浸润区、饱和区。当降雨强度小于土体入渗能力时候,降雨全部转化为入渗,雨水自由入渗,降雨边界条件为无压渗透,随着时间增加,土体含水率持续增大,浸润区向下迁移。水分进入土体的过程,是由基质吸力和毛细力共同作用,当降雨入渗结束后,土体内水分重分布。当然降雨入渗过程中的入渗雨量、入渗速率等问题与初始路基边坡干燥条件、基质吸力、降雨、土体密实度(空隙大小)、有无裂缝及裂缝大小等诸多因素相关。

降雨入渗过程是土体在时间和空间上发生变化的过程。一般降雨入渗过程可分为两个阶段:开始时,地表的含水率梯度很大,入渗率也很高,一般而言大于降雨强度,这一阶段称为通量控制阶段,这一阶段属于无压入渗或自由入渗。随着入渗的进行,含水率梯度不断减小,入渗率也不断降低,当小于降雨强度时,开始形成地表径流或积水,这一阶段成为剖面控制阶段,为有压入渗。因此,实际的入渗量取决于土壤的初始含水率、降雨强度和持续时间以及表面径流量,如图 2.148 所示。

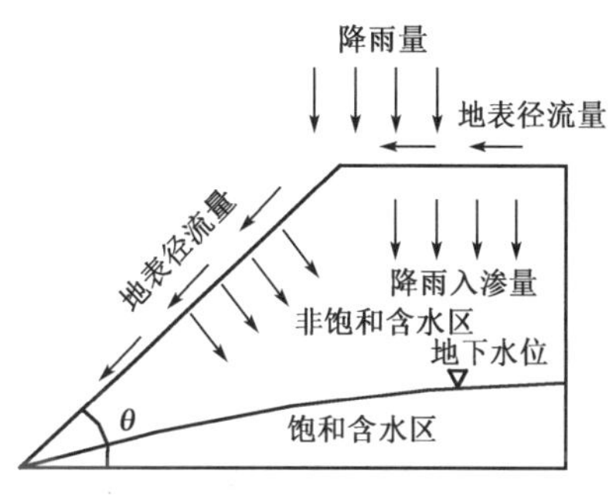

图 2.148 降雨入渗概念模型

降雨入渗过程本质上是水分在土体饱气带中运动的一个过程,它涉及二相流,即水分在入渗中替换空气的过程。这一进程从雨水降至地面开始。如果土体表面水分含量较低,降水在土体分子引力作用下形成薄膜水,赋存于地表土体中。当薄膜水达到其最高限额,入渗水将在土体中充填其毛细裂缝,形成毛细水。红黏土边坡开挖后,土体中裂纹大量张开,裂隙张开程度较小部分会被毛细水充填,开放的较大部分裂缝仍为空气所占据,此时,土体为非饱和状态,至此形成非饱和渗流。当降雨强度持续升高,土体表面逐渐饱和开始进入第二阶段。降雨入渗率随时间增加逐渐降低,此时土体表面开始积水,甚至产生地表径流。经过一个相对长的时间入渗进入第三阶段,此时入渗率由土壤性质决定,并趋于稳定。

降雨入渗在边坡土体内部形成暂态饱和区和暂态水压力场,土体饱和度、重度增加,加上水对土的侵蚀软化作用,含水率的增加使得基质吸力减小,土体抗剪强度降低,再加之红黏土的干缩不可逆效应,会导致表层土体开裂,边坡极易发生失稳破坏。

(2)裂隙的产生和发展

红黏土边坡稳定问题主要是由于其容易开裂引起的,裂隙为浅层红黏土的失水提供了通道,从而促使土体收缩,使裂隙逐渐张拉延伸,更有利于地表水下渗,引起土体软化和容重增加,并可能由此引起边坡的失稳破坏。

土力学观点认为土体的体积变化可以由不同的因素引起，如湿度、压力、温度和化学环境的变化等。从红黏土的微观结构来分析，体积变化实质是土粒间排斥力和吸引力平衡状态变化的结果。饱和红黏土的干缩可分为三个阶段：第一阶段土体失水的体积等于土体收缩的体积，土体仍保持饱和，为正常的干缩；第二阶段土体的收缩开始变慢，土体收缩的体积小于失水的体积，空气开始进入土中孔隙，土体进入非饱和阶段；第三阶段土体由于土粒排列结构的变化而发生收缩，这种收缩往往是不可恢复的，为残余的干缩。土中含水率减小时，土样体积发生干缩的力，是土样边界处孔隙的"水-气"间弯液面两侧压力差引起，土孔隙内产生负孔隙水压力(基质吸力)，使土粒向内收缩。当这种收缩力超过土粒间的阻力时，就使土粒互相拉拢，土体发生收缩，随着土粒间距的减小，土粒间的阻力变大，当收缩力不能克服土粒间的阻力，土体就不再收缩，于是失水的孔隙由空气来取代，这时土样进入非饱和状态。土体在干缩的过程中，当土体不受约束处于自由变形状态时，含水率降低导致基质吸力增加，宏观上土体会呈现均匀收缩而不会产生裂隙。实际工程中红黏土边坡土体的水分丧失是不均匀的，表面的水分丧失速度较快，即土体表面的含水率最小，产生的基质吸力最大，引起土体的收缩最大；土体内部的水分丧失较慢，其含水率相对较大，产生的基质吸力较小，引起的土体收缩也较小，这种不均匀的收缩变形是导致红黏土开裂的微观机理。

非饱和红黏土裂隙深度与基质吸力存在定量关系。假设红黏土是均质、各向同性的，应用非饱和土弹性本构关系应力应变关系可得

$$\varepsilon_{\mathrm{v}}=\left(\frac{\sigma_{\mathrm{v}}-u_{\mathrm{a}}}{E}\right)-\frac{2\mu}{E}(\sigma_{\mathrm{h}}-u_{\mathrm{a}})+\frac{u_{\mathrm{a}}-u_{\mathrm{w}}}{H} \tag{2.42}$$

$$\varepsilon_{\mathrm{h}}=\left(\frac{\sigma_{\mathrm{h}}-u_{\mathrm{a}}}{E}\right)-\frac{\mu}{E}(\sigma_{\mathrm{v}}+\sigma_{\mathrm{h}}-u_{\mathrm{a}})+\frac{u_{\mathrm{a}}-u_{\mathrm{w}}}{H} \tag{2.43}$$

式中：ε_{v}——竖直方向法向应变；

ε_{h}——水平方向的法向应变；

σ_{v}——竖直方向总法向应力；

σ_{h}——水平方向总法向应力；

μ——泊松比；

E——与$(\sigma-u_{\mathrm{a}})$变化有关的弹性模量；

H——与$(u_{\mathrm{a}}-u_{\mathrm{w}})$变化有关的弹性模量；

u_{w}——孔隙水压力；

u_{a}——孔隙气压力。

式(2.42)对两个水平方向均适用，完整、均质的非饱和土体处于静止状态时，即无侧向位移，水平方向应变可取为零，净水平应力可用竖向应力来表示

$$\sigma_{\mathrm{h}}-u_{\mathrm{a}}=\frac{\mu}{1-\mu}(\sigma_{\mathrm{v}}-u_{\mathrm{a}})-\frac{E}{1-\mu}(u_{\mathrm{a}}-u_{\mathrm{w}})H \tag{2.44}$$

基质吸力为零时土中水平应力可以表示为

$$\sigma_{\mathrm{h}}-u_{\mathrm{a}}=\frac{\mu}{1-\mu}(\sigma_{\mathrm{v}}-u_{\mathrm{a}}) \tag{2.45}$$

大量红黏土抗拉强度试验研究表明，红黏性土具有一定的抗拉强度，抗拉强度与土的干密度、含水率、饱和度和吸力有关，对于一定深度范围内可以假设干密度是恒定的，而含水率、饱

和度和吸力三者是相互关联的。为简化问题，暂不考虑含水率和饱和度的影响，只考虑吸力对抗拉强度的影响。抗拉强度和吸力的关系可以用下式表示

$$\sigma_1 = a(u_a - u_w) + b \tag{2.46}$$

当土体受到的拉应力达到并超过土体所能承受的抗拉强度时，土体便会形成张拉裂缝，并继续向土体深度扩展。因此，令土体处于开裂前的极限平衡状态，结合以上各式可以得到

$$\sigma_h - u_a = -\left[\frac{\mu}{1-\mu}(\sigma_v - u_a) - \frac{E}{(1-\mu)H}(u_a - u_w)\right] = a(u_a - u_w) + b \tag{2.47}$$

其中，土中竖向应力 $\sigma_v = \sigma g h$。

基质吸力与土的含水率有关，土体不同深度的含水率不一样，导致不同深度土体的基质吸力也是变化的。因此，如果能够通过现场监测获得基质吸力和深度变化关系，就可以推出裂缝深度 h 的表达式

$$h = \frac{\mu_1 N - b(1-\mu)}{\rho g \mu + Nk} \tag{2.48}$$

$$N = (1-2\mu) + a(1-\mu) \tag{2.49}$$

通过以上分析可知，裂隙发育与基质吸力（湿度）的波动密切相关。红黏土微结构研究表明，土中颗粒排列以“边—面”结合形成絮凝结构为主，颗粒间有游离氧化物形成的结构联结，孔隙的连通性并不太好。红黏土粒间联结物不能以“包膜”形式覆盖于土粒表面，而是以絮状胶态物形式连接土粒，不能完全制约土粒的胀缩。因此在自然环境条件下土体风干脱水、逐步固化，便产生不可逆的变化而改变其原来的胀缩性。简言之，红黏土由于干缩不可逆效应其裂隙很难愈合，边坡稳定性在环境因素扰动下逐渐下降。

2)红黏土边坡浅层土体扰动特性

外界环境因素（尤其是干湿循环）扰动下，距表面一定深度范围内红黏土的物理力学性态逐步发生变化，这里把环境扰动能够影响到的最大深度范围定义为扰动深度。扰动深度范围内土体湿度场变迁及强度衰减是造成红黏土边坡浅层失稳破坏的基础，本节通过现场测试的方法获取实际工程中红黏土边坡浅层湿度场分布及土体的扰动特性。

测试目的包括：

(1)在边坡不同位置取出距坡面不同深度处的土样，通过烘干法了解扰动区土体含水率分布情况。

(2)在不同时间段测试各断面土体含水率，了解边坡扰动区湿度场变迁规律。

(3)在各断面进行动力圆锥贯入试验(DCP)，定性评价扰动区不同深度土体的相对松散程度及强弱特征。

含水率测试使用小螺钻在边坡上钻孔取土，得到不同深度处的土样，如图 2.149 所示。钻孔深度分别取 0.2m、0.5m、0.8m、1m、1.2m、1.5m、2m、2.5m 及 3m，钻孔位置包括坡面的上部（坡顶附近）、中部（或平台）及下部（坡脚以上）。含水率测试分别在三个时段开展：第一个阶段在 2014 年 6 月下旬，该时段黔东南地区气温炎热、降雨密集；第二个阶段在 2014 年 9 月上旬；第三个阶段在 2014 年 10 月下旬，该时段气温已降至 10℃左右，降雨相对较少。

DCP 落锤重为 8kg，贯入杆、标尺及贯入杆端部连接直径为 20mm 的圆锥尖，贯入杆在落锤的冲击作用下逐渐贯入土体内部，测试深度最大可达 4m，如图 2.150 所示。土体越松散或

者越湿软，贯入一定深度需要的锤击次数就越少，相应的每锤贯入的深度就越大，反之亦然。因此，DCP 的测试结果可以定性反映不同深度土体受扰动的强弱程度。

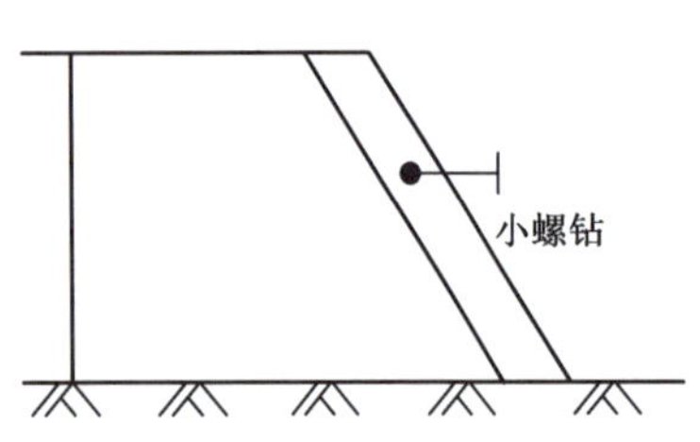

图 2.149　取土位置示意图

图 2.150　现场 DCP 测试

现场测试依托余凯线及凯羊线六个标段的红黏土边坡工程，选取了土层覆盖较厚、不同坡高、不同坡率及防护类型的 6 处边坡，详细工况如表 2.71 所示。

DCP 测试边坡工况　　表 2.71

断面编号	桩　　号	坡高(m)	坡　　率	边坡防护类型
1	Y-K7+700 左	15	1∶1.5	二级，裸坡
2	Y-K2+490 左	10	1∶1	一级，裸坡
3	K-K18+060 右	15	1∶1.25	二级，生物防护
4	Y-K34+710 左	14	1∶1.5	二级，生物防护
5	Y-BK0+030 右	14	1∶1.5	二级，骨架+生物防护
6	K-K5+620 右	18	1∶1.75	二级，窗式护面墙+生物防护

注：1. 测试边坡开挖时间 1.2～1.5 年，扰动区深度趋于稳定。
2. Y-余凯线，K-凯羊线。

(1)扰动区土体湿度场分布特征

边坡土体含水率变化受到深度、季节、土质、防护类型等因素的影响。取土过程中发现，有些边坡坡面下部红黏土覆盖层厚度较小，往往钻孔深度不大时即触及岩石结构层，因此本文主要比较红黏土边坡中部及上部扰动区湿度场时空分布特性，如图 2.151～图 2.156 所示。

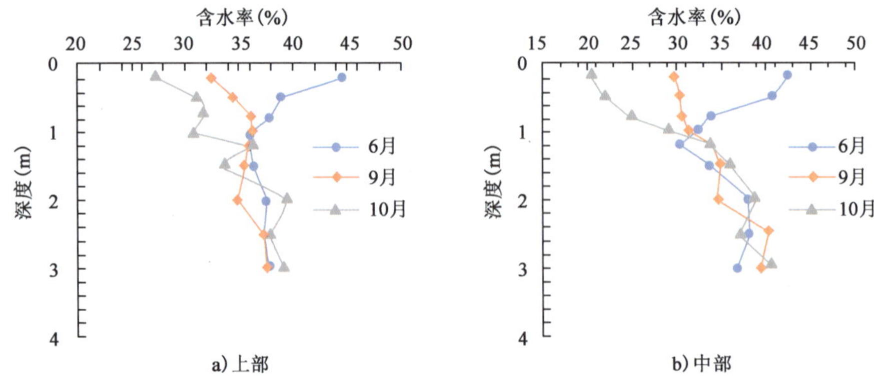

图 2.151　断面 1 边坡上部及中部湿度场时空分布

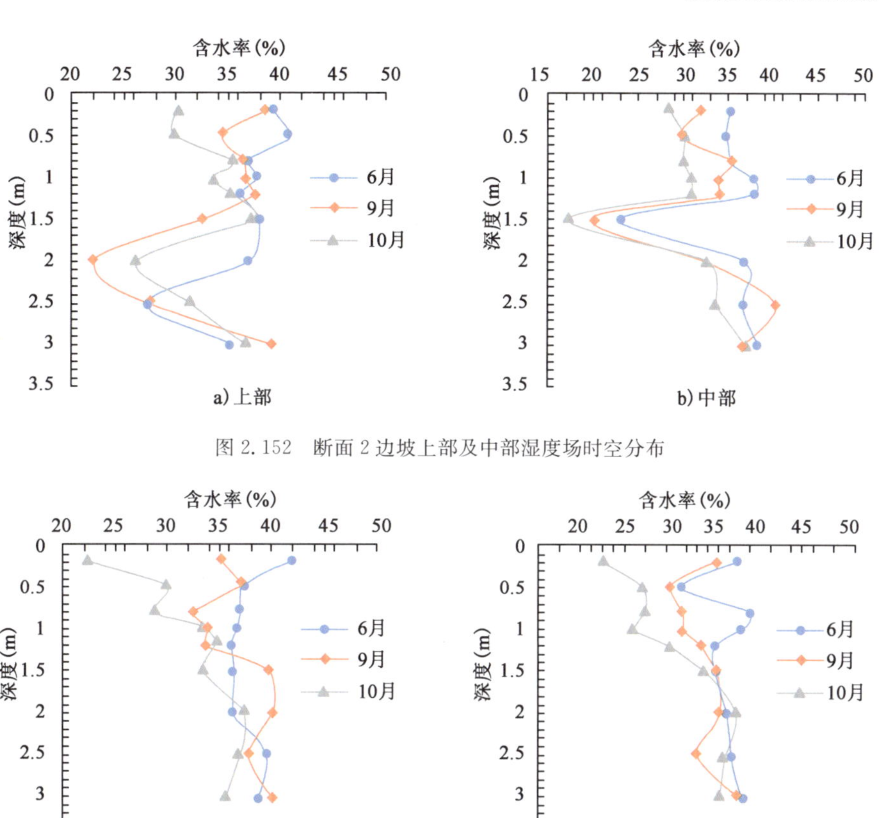

图 2.152　断面 2 边坡上部及中部湿度场时空分布

图 2.153　断面 3 边坡上部及中部湿度场时空分布

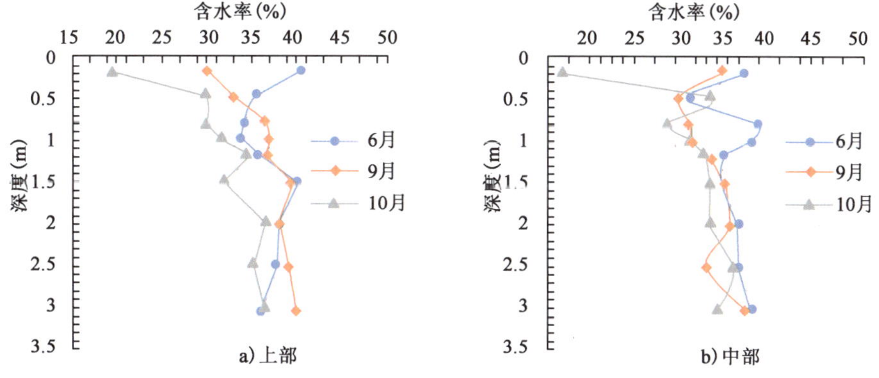

图 2.154　断面 4 边坡上部及中部湿度场时空分布

①湿度场空间分布规律。

从以上各图可以看出，无论是 6 月份的雨季还是相对少雨的 9、10 月份，随着深度的增加边坡浅层土体含水率均发生规律性变化。测试边坡地处黔东南地区，6 月降雨较为密集且雨量较大，因此该时段测得距坡面深度较小的浅表土体含水率普遍较高，距坡面 0～0.5m 范围内含水率普遍达到 38%～45%的水平；随着扰动深度的增加土体含水率逐步下降且趋于稳定。在 9、10 月份降雨相对较少，表层红黏土蒸发加强，0～0.5m 范围内土体含水率明显下降，而随着深度的增加，蒸发作用对含水率的影响逐步降低，土体含水率呈现逐步增大并且趋于稳定的规律。由此可见，浅表土体含水率受降雨及蒸发作用的影响非常剧烈，除了土体渗透方式的原因之外浅表红黏土极为发育的裂隙为水分的迁移提供了通道。

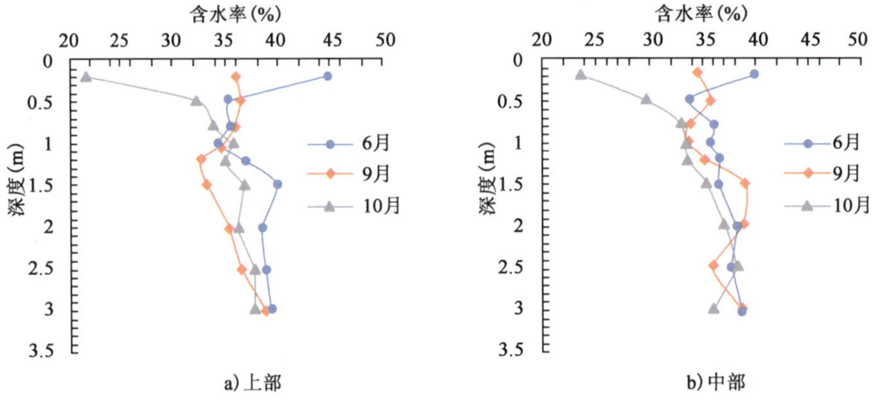

图 2.155　断面 5 边坡上部及中部湿度场时空分布

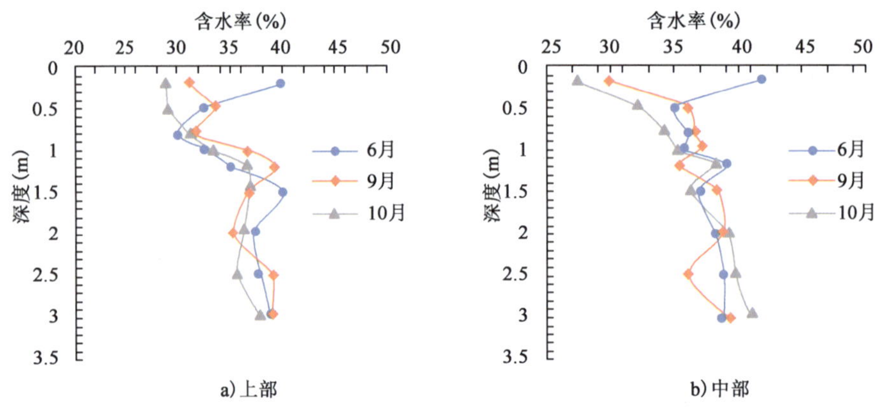

图 2.156　断面 6 边坡上部及中部湿度场时空分布

从钻孔位置分析，不同深度处边坡上部的土体含水率要比中部略高，但在有些断面这种特征不是很明显。边坡中部位置受表水冲刷作用相对较强，因此中部位置浅表土体含水率比上部土体要高；随着深度的增加，环境因素对土体的影响减弱，含水率分布受到其他因素（比如土质类型、岩土结构层分布等）的影响。图 2.152 断面 2 中深度 1.5～2.0m 附近含水率出现了突变，这是边坡土质类型变异造成的。该边坡高度仅为 10m，红黏土覆盖层不厚，在钻至 1.5～2.0m范围时发现样土变为灰白色粉砂状颗粒形态，局部土质变异对该深度范围内土体湿度场造成了影响。

②湿度场时间变迁规律。

湿度场随时间推移发生变迁的主要原因是外界气候环境因素的变化使得对浅层土体的扰动方式和程度发生改变，图 2.157 为无防护措施的边坡不同位置处 6 月份及 10 月份含水率差值（绝对值）随深度变化规律。

从图 2.157 可以看出，红黏土边坡浅层土体湿度场随时间的推移变化非常明显。其中，

0～0.5m深度范围内含水率变化较大，最大可达23个百分点。深度在0.5～1.2m范围内，变化值逐步减小，这是因为随着扰动深度的增加，环境因素的影响逐步减弱，土体含水率受内在因素控制逐步趋于稳定。其他断面边坡扰动区土体湿度场变迁也呈现出类似的规律，值得注意的是边坡防护工程对于湿度场时变规律有较大影响。

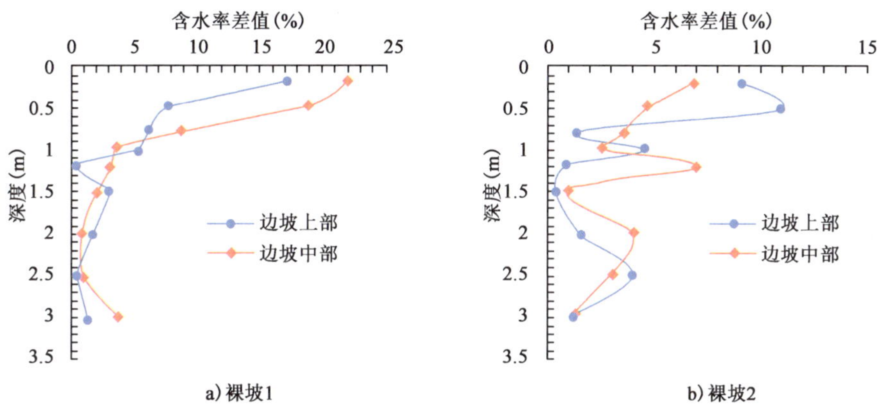

图2.157 裸坡1及裸坡2雨、旱两季含水率差随深度变化

③防护类型的影响。

相比于不加防护的裸坡，采用生物防护、骨架+生物防护、护面墙+生物防护的边坡浅层土体湿度场变迁规律有一定的差异，如图2.158和图2.159所示。

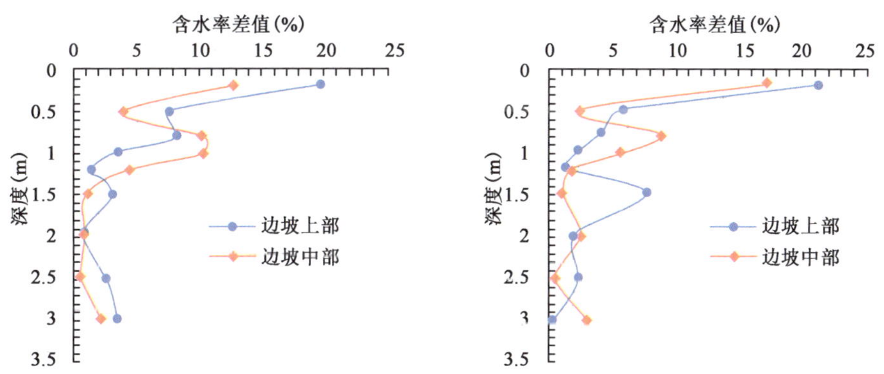

图2.158 生物防护边坡含水率差随深度变化

仅采用生物防护的边坡，表层0～0.5m深度范围内含水率变化依旧非常明显；护面墙+生物防护的情况下，表层土体含水率变化也较为明显。但是，随着扰动深度的增加，防护工程对湿度场的影响逐渐趋于显著。其中，仅采用生物防护的边坡在0.5～1.2m范围内存在含水率逐步减小的过渡区，然后趋于稳定，这与裸坡的情况类似；而采用"护面墙+生物"及"骨架+生物"防护的条件下，距坡面0.5m深度后含水率波动值迅速趋于稳定。以上规律说明，合理的防护工程能够有效减少红黏土边坡受环境因素的影响程度，并且使得扰动深度范围明显减小。

(2)红黏土边坡扰动深度测试方法

扰动深度范围内土体裂隙极为发育，是导致浅层破坏的根本原因。本节根据DCP测试的结果，分析土体受扰动强弱程度随深度变化规律，提出红黏土边坡扰动深度确定方法。

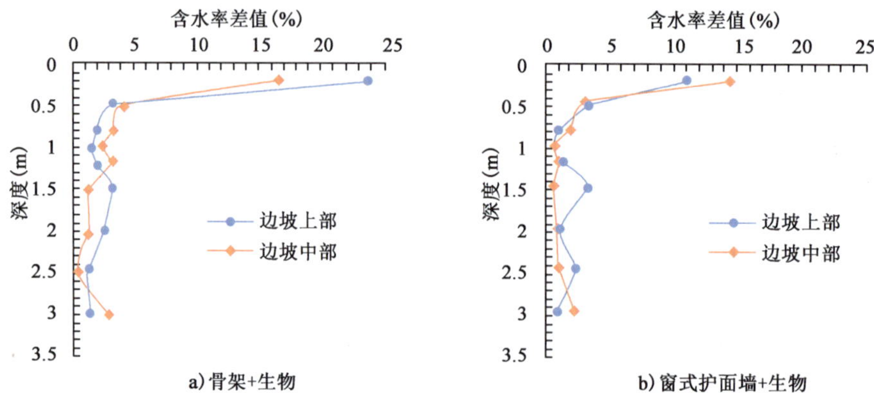

图 2.159　骨架＋生物及窗式护面墙＋生物边坡含水率差随深度变化

①DCP 测试结果分析。

选取不同防护类型边坡的断面开展 DCP 测试，测试边坡桩号为：Y-K700 左（裸坡）、K-K18＋060 右（生物防护）、Y-BK0＋030 右（骨架＋生物防护）、K-K5＋620 右（窗式护面墙＋生物防护）。测试位置选择土体覆盖较厚边坡中上部，测试结果如图 2.160 所示。

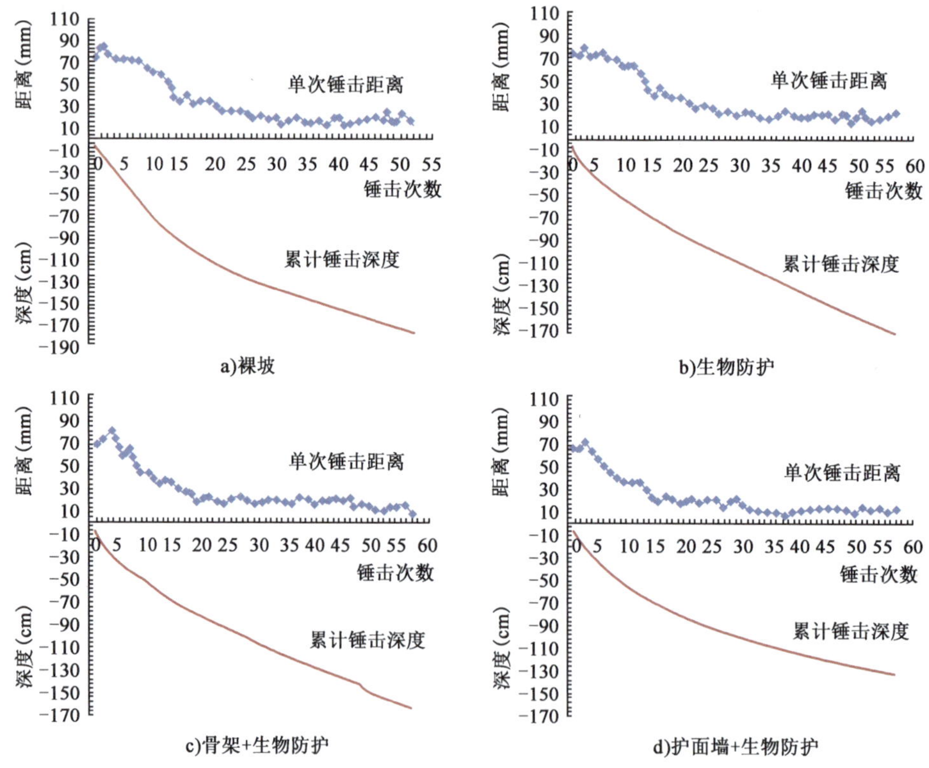

图 2.160　不同防护类型边坡 DCP 测试结果

从图 2.160 中的 DCP 测试曲线可以看出，单次锤击距离变化趋势呈现出先大后小逐步稳定的趋势，在 DCP 曲线收敛过程中，收敛速度呈现先快后慢的规律。各断面浅表深度范围内的单次锤击距离较大，其原因有两个方面：第一，浅表裂隙结构使得土体极为松散，因此前几次锤击的贯入深度较大；第二，裂隙使得表水极易入渗，造成浅层土体较为湿软，贯入度增大。随着贯入深度的增加，单次锤击距离逐渐减小。当贯入深度仍然在扰动区范围内时，单次贯入距离收敛速度较快；而当圆锥逐渐贯入稳定区后，不受扰动的土体强度变化小，圆锥受到的阻力趋于稳定，因此单次贯入距离收敛速度较慢。

圆锥贯入至一定深度后，单次贯入距离基本收敛于稳定值，这一变化过程受到防护类型的影响。裸坡及生物防护的边坡收敛过程相对较长，而骨架＋生物防护及护面墙＋生物防护的边坡收敛较快，这是因为防护工程有效减小了扰动深度范围。

②扰动深度确定方法。

基于以上分析，DCP测试曲线能够表征土体受扰动程度随着深度变化趋势，因此本文提出根据DCP测试曲线确定边坡扰动深度的方法。DCP测试曲线的斜率表征单次锤击距离的变化率，是衡量土体相对强弱程度的指标，DCP曲线的拐点对应的深度是扰动土和非扰动土的分界处，因此可根据该深度位置确定红黏土边坡的扰动深度。由于DCP测试的方向为竖直向下，根据测试结果确定的深度应当乘以坡率修正系数得到扰动区的深度，如式(2.50)所示。

$$H=\frac{h}{\delta} \tag{2.50}$$

式中：H——扰动区深度(m)；

h——DCP曲线拐点位置深度(m)；

δ——坡率。

可采用合理的经验公式对DCP测试数据进行拟合，然后根据拟合公式求导算出拐点对应的深度位置，本文采用具有S变化过程的模型对DCP曲线进行拟合，然后计算出拐点所对应的深度位置即为扰动区(与稳定区分界)的深度。以余凯K18＋060右(生物防护)的DCP曲线(图2.164)为例，采用Logistic曲线模型进行拟合。

$$f(x)=762\,618\,440.026(1+9\,426\,460.093e^{0.037x}) \tag{2.51}$$

对方程求导，计算得出拐点值

$$f'(x)-0, x_0=19.37 \tag{2.52}$$

当锤击次数达到第20次时对应的贯入深度 h 为0.914m，由此确定扰动深度为

$$H=\frac{0.194}{1:1.25}=1.143(\mathrm{m}) \tag{2.53}$$

根据以上方法，对余凯羊高速的边坡扰动深度进行了计算分析，得到该地区不同防护类型红黏土边坡的扰动深度范围。其中，最大、最小及平均扰动深度分别为 $H_{max}=2.932$m，$H_{min}=0.695$m以及 $H_a=1.289$m。根据调研可知，工程中红黏土边坡的实际扰动深度一般在0～3m，超过3m的情况较为鲜见。

2.7.3 红黏土边坡稳定性分析方法

根据机理分析可知，红黏土边坡的失稳破坏与裂隙的开展密切相关，并且裂隙的深度范围一般不超过3m，工程中对破坏面深度的调查结果与这一结论是相符的。红黏土边坡破坏的典

型特征基本都和裂隙发展有关:首先,裂隙的存在使得土体强度降低,降雨入渗后土体强度更加变弱;其次,裂缝的发展过程有差异,使得边坡破坏发生的时间不同(施工期及运营期均可出现);最后,很多边坡的破坏都发生在雨季,这是因为雨水灌入裂缝后土由非饱和变为饱和,强度进一步降低,并且裂缝中的水还会对滑体形成推力(渗透性低引起静水压力)。

根据以上分析,红黏土边坡的稳定分析必须要全面考虑裂隙的存在对稳定性的影响。本节首先对红黏土边坡的破坏模式进行分析,然后分析目前普遍采用的圆弧滑动面力学平衡法(以简化 Bishop 法为代表)的适用性及局限性,最后提出针对红黏土边坡裂隙影响的裂隙水推力平衡法。

1)红黏土边坡破坏模式特征

工程调研中发现,红黏土边坡结构组成、裂隙发育程度均存在差异,对应的失稳破坏模式也表现出不同的特征。本文据此将实际工程中红黏土边坡进行分类,如表 2.72 所示。

实际工程中红黏土边坡结构类型　　表 2.72

分类		裂隙及结构特征	破坏特征	稳定控制因素
红黏土边坡	裂隙发育较弱土质边坡	裂隙发育弱,无明显贯通结构面	环境扰动小,仅表层土体受环境作用出现剥落、冲沟、溜方,裂隙发育较弱	①土体强度; ②坡形
	裂隙发育较强土质边坡	浅层土体存在贯通裂隙,且裂隙面为控制性结构面	环境扰动大,土体裂隙极为发育,容易出现局部坍塌破坏	①裂隙; ②土体强度; ③坡形
	土岩分界边坡	坡体由岩层及红黏土层组成,控制面为土岩分界面及裂隙面	容易受环境扰动,出现泥槽、溜方、坍塌等破坏	①土岩分界面; ②裂隙; ③土体强度; ④坡形

(1)土质红黏土边坡破坏模式

在红黏土覆盖较厚的地方开挖的边坡,土质分布相对较为均匀。由于基质吸力对土体强度的贡献,刚开挖的均质红黏土边坡稳定安全性较好(图 2.161),有时甚至比一般的土质边坡更加稳定。

图 2.161　刚开挖的均质红黏土边坡

但随着时间的推移,自然环境逐渐对红黏土边坡产生影响,边坡土体的性质也逐渐发生变化,裂隙发育是最重要特性。根据裂隙发育程度不同,可以将均质红黏土边坡分为以下两种类型：

①裂隙发育较弱土质边坡。

当环境因素扰动深度较浅时，坡面裂隙通常发育在浅表，向坡面内部贯穿的深度不大，且横向一般不容易相互连通(图 2.162)。这种裂隙对于浅表土体的稳定有一定的影响，在坡面水的冲刷下容易导致冲沟、剥落、溜方等破坏，但对边坡整体稳定的影响不大。

开挖不久以及坡面防护较好的红黏土边坡均属于这一类型。裂隙发育较弱的红黏土边坡破坏机理与一般均质土坡较为接近，当边坡沿潜在滑动面所受到的抗滑力(矩)小于其下滑力(矩)时，边坡将沿潜在滑动面发生剪切滑动破坏，如图 2.163 所示。这类边坡的整体稳定性主要取决于土体的强度及坡形。

图 2.162　弱扰动均质边坡浅表微裂隙

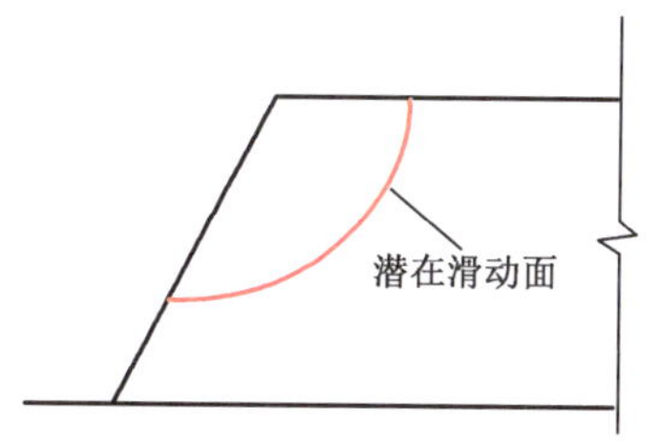

图 2.163　弱扰动均质边坡破坏模式

②裂隙发育较强土质边坡。

边坡长期裸露于自然环境中，并且没有进行合理的坡面防护，环境因素扰动深度较大，边坡土体裂隙发育的深度也相应增大。此时，坡面裂隙在一定的深度范围内容易出现连通，从而形成贯穿坡面的主裂缝(图 2.164)。主裂缝形成以后会在横向逐渐延伸，从而最终形成潜在的破坏结构面。

图 2.164　边坡主裂缝贯穿延伸

裂隙发育显著的均质红黏土边坡破坏模式与一般均质土坡有明显差异，主张拉裂缝的发育(位置、深度)往往决定了破坏面的形态和范围。由于竖向贯穿裂隙的存在，该类型边坡的破坏面的形态特征往往表现为“上陡下缓”，破坏发生时坡体移动方向几乎沿着坡面向下坍塌，现场工程人员形象地称之为“坐”下来的(图 2.165)，滑体剪出位置一般位于坡面的中部或下部。

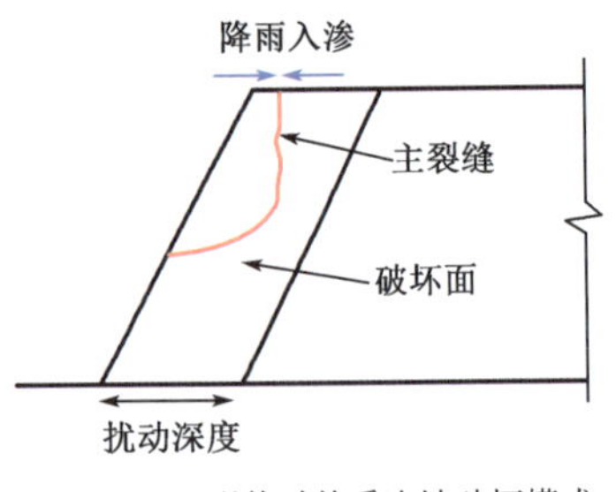

图 2.165　强扰动均质边坡破坏模式

通过调研发现，坍落型破坏经常发生在强降雨过后，发生过程也较为突然，这是因为降雨从主裂缝中入渗以后对滑体产生了三种效应：①水的入渗增加了滑体的自重；②裂隙中水压力对滑体产生了横向推力；③水的侵入降低了破坏面上的抗剪强度。

(2)土岩分界边坡破坏模式

红黏土地层形成历时较长、过程复杂，原状土内部存在较大差异，引起开挖后红黏土边坡结构的不均衡性，从而使得有些边坡表现出土岩分界较为发育(图 2.166)。

图 2.166　土岩分界红黏土边坡

土岩分界边坡结构组成的不均衡性会导致不同深度土体强弱及含水率的差异。土体在环境扰动下裂隙发育，其破坏分界面可以是土岩分界面(图 2.167)也可以是裂隙面，甚至是裂隙与土岩分界面组合的结构面。因此，土岩分界边坡失稳破坏模式相对较为复杂。

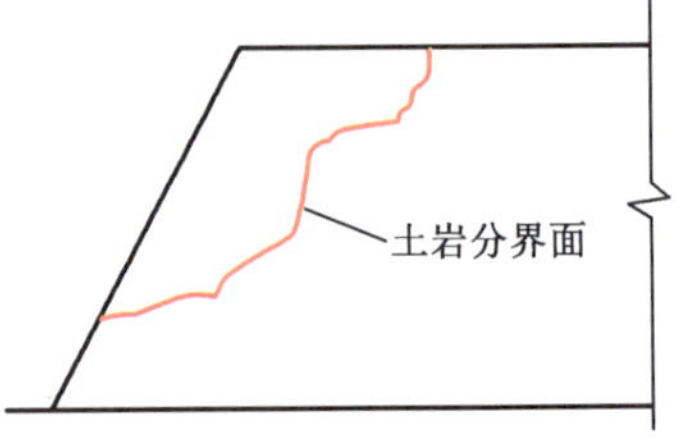

图 2.167　土岩分界边坡破坏模式

(3)红黏土边坡破坏模式判定

由于红黏土边坡扰动深度通常在 0～3m 的范围，因此本文将岩层深度位置大于 3m 的边坡界定为土质红黏土边坡，将岩层深度位置小于 3m 的边坡界定为土岩分界边坡。通过调研发现，裂隙发育较弱的边坡通常只发生风化剥落、溜方等表层破坏，且破坏深度一般不超过0.5m，因此将扰动深度小于 0.5m 作为裂隙发育较弱边坡的判定标准，将扰动深度大于0.5m的边坡界定为裂隙发育较强土质边坡。红黏土边坡类型及破坏模式判定标准如表 2.73 所示。

红黏土边坡类型及破坏模式判定标准　　表 2.73

红黏土边坡类型		对应破坏模式	判定标准
土岩分界边坡		裂隙面或分界面处剪切滑动	岩层深度 $h \leqslant 3$m
土质边坡	裂隙发育较弱	潜在滑动面上剪切破坏	岩层深度 $h \geqslant 3$m，扰动深度 $H \leqslant 0.5$m
	裂隙发育较强	裂隙面剪切滑动破坏	岩层深度 $h \geqslant 3$m，扰动深度 $H \geqslant 0.5$m

实际工程中的岩层深度 h 可以根据边坡断面设计资料或者现场DCP试验获得，扰动深度 H 可以采用本文提出的DCP曲线法确定。在无法获知边坡实际扰动深度的情况下，所有土质边坡都应视作裂隙发育较强的边坡。

2）土质边坡稳定性评价方法

一般土质边坡的稳定性评价方法可以分为定性分析法及定量分析法两类：

（1）定性分析方法

定性分析方法主要是通过工程地质勘察，对影响边坡稳定性的主要因素，可能的变形破坏方式及失稳的力学机制等的分析，对已变形地质体的成因及演化史进行分析，从而给出被评价边坡稳定性状况及可能发展趋势的定性的解释，其优点是能综合考虑影响边坡稳定性的多种因素，对边坡稳定状况及发展趋势快速作出评价。常用的方法主要有：自然历史分析法、工程地质类比法、边坡稳定性分析数据库和专家系统、图解法。

①自然历史分析法。

自然历史分析法主要根据边坡发育的地质环境、变形破坏、基本规律和稳定性影响因素的分析，追溯边坡演变全过程，对边坡稳定性的总体状况、趋势和区域性特征做出评价和预测，对已发生滑动的边坡判断其能否复活或转化，其主要用于天然边坡的稳定性评价。

②工程地质类比法。

工程地质类比法是利用已有自然边坡和人工边坡的稳定性状况及其影响因素，并将有关设计方面的经验应用到类似边坡的稳定性分析和设计中去的一种方法。它需要对已有边坡和目前研究对象进行广泛调查分析，全面研究工程地质因数的相似性和差异性，分析影响边坡变形破坏的各主导因素、破坏机理、发展阶段的相似性和差异性。通过这些分析来类比分析和判断研究对象的稳定性状况、发展趋势、加固处理设计。在工程实践中既可进行自然边坡和人工边坡之间进行类比，又可在自然边坡之间或人工边坡之间进行类比。因而是目前应用最广的一种定性分析法。

③边坡稳定性分析数据库和专家系统。

边坡工程数据库是收集已有的多个自然边坡和人工边坡实例的计算机软件。建立边坡工程数据库的目的是进行工程类比、信息交流。它可以直接根据不同设计阶段的要求和相关的类比依据，方便快捷地从中查得相似程度最高的实例进行类比，从而更好地指导实践、节约费用。

专家系统是一种按某学科及相关学科专家的水平进行推理和解决问题，并说明缘由的计算机程序。边坡稳定分析设计专家系统就是进行边坡工程稳定性分析与设计的智能化计算机程序。它把某位或多位边坡工程专家的专业知识、工程经验、数值分析、物理模拟、现场监测等行之有效的知识和方法有机地组织起来，建立一个边坡工程知识库，然后利用智能化的推机来模拟并再现人（专家）脑的思维（推理与决策）过程，吸收其合理的知识结构，寻求优化的技术路径；同时，它又能建立计算机模型，结合相关学科不同专家的知识进行推理和决策，对所研究的对象（边坡）进行稳定性评价。

④图解法。

图解法主要用于岩质边坡的稳定分析，其主要优点是可快速直观地分辨出控制边坡的主要和次要结构面，确定边坡结构的稳定类型，判定不稳定块体的形状规模及滑动方向。图解法判定为不稳定的边坡，需要进一步用计算法加以验证。图解法主要包括赤平极射投影、诺模图、实体比例投影等。

(2)定量分析方法

定量分析主要是根据边坡的岩土力学性质,确定其可能的破坏模式,并考虑所受的各种荷载(如重力、水作用力、地震或爆破震动力等),选定适当的参数进行计算。定量分析的常用计算方法大体可分为三种:极限平衡法、极限分析法和数值分析法。表2.74给出了各行业采用的边坡稳定安全系数及其所采用的分析方法。

各行业边坡稳定安全系数及稳定分析方法　　表2.74

部门	工程名称		安全系数	分析方法	备注
建筑	地基边坡		1.2	瑞典法	《建筑地基基础设计规范》(GB 50007—2011)
	自然边坡	甲级建筑物	1.25	不平衡推力法	《建筑地基基础设计规范》(GB 50007—2011)
		乙级建筑物	1.15		
		丙级建筑物	1.05		
公路	路堤边坡		1.25	瑞典法	《公路路基设计规范》(JTG D30—2015)
	软基路堤		1.1	瑞典法、快剪	《公路软土路基路堤设计与施工技术细则》(JTG/T D31-02—2013)
			1.4	Bishop法	
铁路	路堤边坡		1.15~1.25		《铁路路基设计规范》(TB 10001—2015)
	铁路边坡	一级边坡	1.25	不平衡推力法	—
		二级边坡	1.15		
		三级边坡	1.05		
水利	堤防工程土质边坡	一级边坡	1.3	瑞典法	《堤防工程设计规范》(GB 50286—2013)
		二级边坡	1.25		
		三级边坡	1.2		
		四级边坡	1.15		
		五级边坡	1.1		
	土石坝边坡		1.5	严格条分与简化Bishop法	—
	库区自然边坡		1.3	严格条分与简化Bishop法	—
港口	土坡		1.0~1.2	瑞典法、快剪	《港口工程地基规范》(JTS 147-1—2010)
			1.1~1.3	瑞典法、固快	
			1.3~1.5	Bishop法、有效剪	

①极限平衡分析法。

极限平衡法是将滑体视为刚性体,不考虑其本身的变形,除楔形破坏外,其余的破坏大多简化为平面问题。根据土体沿着假想滑动面上的极限平衡条件进行分析,边坡岩土的破坏遵从摩尔—库仑定律,并认为当边坡的稳定系数 $F_s=1$ 时,滑体处于临界状态。这类方法必须通过许多可能的滑动面的试算求出最小安全系数,使其结果尽量接近真实解。极限平衡分析法是工程实践中应用最早,也是目前使用最普遍的一种定量分析方法。这些方法大致可分为三类:满足整体力矩平衡法、满足力平衡法、满足力和力矩的平衡法,如表2.75所示。

极限平衡分析的各种方法

表2.75

方法	静力平衡		对多余未知量的假定	合理性要求	滑裂面形状
	力矩平衡	力的平衡			
楔形体滑动	不满足	满足	滑裂面转折处β值	不校核	折线
瑞典法	满足	部分满足	土条间作用力合力平行条底	不校核	圆弧
毕肖普法	满足	部分满足	假定$\beta=0$	不校核	圆弧
对数螺旋法	满足	满足	不假定	不校核	螺旋线
简布法	满足	满足	假定$A_c=1/3$	不校核	任意形状
斯潘塞法	满足	满足	假定β为常数	不校核	圆弧
美国陆军师团法	不满足	满足	假定β等于边坡平均坡度	不校核	任意形状
摩根斯顿-普赖斯法	满足	满足	假定β为各种可能的函数	不校核	任意形状

②数值分析方法。

由于经典力学对解析解的设定非常严格,使其用于岩土工程的求解极为有限,也为数值解研究岩体工程问题开拓了广阔的空间。数值方法可以把力学中的微分方程或积分方程或多未知量问题化归为大型线性方程组去求解。而计算技术的发展使长期困扰工程力学回避求解大型方程组的问题得到解决,这是历史性的大变革。目前,在岩体工程课题中,计算技术日新月异且方兴未艾。这些技术与方法的发展,为研究岩体工程问题提供了强有力的工具。数值分析方法主要有:有限元方法、边界元方法、离散元方法、DDA方法、拉格朗日法、数值流行与无单元方法、界面元方法、运动单元法、块体理论分析法和概率可靠度分析方法等。

3)基于圆弧滑动面的红黏土边坡稳定性分析方法

目前,工程上还是采用常规的土质边坡稳定分析方法来计算红黏土边坡的稳定安全系数。这种方法将具有裂隙结构的红黏土边坡均质化,采用室内或原位试验获取强度参数,然后将裂隙及渗透的影响等效为强度参数的折减;破坏面均假设为圆弧形态,利用极限平衡方法进行边坡稳定性的分析。这类方法中最有代表性的就是简化Bishop法。

(1)考虑红黏土边坡裂隙影响的简化Bishop法

红黏土边坡土体在降雨入渗作用下与吸水渗透、力学强度衰减以及坡形等因素有直接的关系。红黏土在天然状态下的强度还是比较高的,但是吸水后强度的衰减较快。所以在强降雨作用下,红黏土边坡容易由原来的稳定状态过渡到不稳定状态,进而容易引发失稳破坏。文献[20]根据红黏土的基本物理力学试验和强度水敏感性试验获得了在不同含水率状况下对应的抗剪强度指标(c和φ)的曲线关系,进一步通过回归分析等方法建立了坡体上部红黏土含水率与抗剪强度指标c、φ值之间的函数模型,见式(2.54)和式(2.55),并求得了针对该试验样本的函数未定参数拟合值。拟合函数模型从红黏土抗剪强度方面描述了土体在降雨入渗过程中强度衰减规律。

$$c = A + Be^{\frac{-(w-D)}{E}} \tag{2.54}$$

$$\varphi = a - bw \tag{2.55}$$

极限平衡法是当前国内外应用最广的土坡稳定分析方法。它是传统边坡稳定分析方法的代表。Duncan 认为极限平衡法中简化 Bishop 法是适用于所有情况的计算方法，且其解都是准确的（遇到数值分析的情况例外），只适用于圆弧滑动面和有时可能遇到数值分析问题是其仅有的局限性。简化 Bishop 法任意土条受力 N_i 为作用于上条底面的总法向力；S_{mi} 为土条底面引发的抗剪力；E 为条间法向力；X 为条间竖向剪力。

定义安全系数 F_s 为滑面上的抗剪强度与滑面上实际产生的剪切力的比值，则简化 Bishop 法的安全系数为

$$F_s = \frac{\sum \frac{1}{m_{\theta_i}}[cb + (W_i - u_i b)\tan\varphi]}{\sum W_i \tan\theta_i} \tag{2.56}$$

式中：F_s——安全系数；

c——黏聚力(kPa)；

φ——内摩擦角(°)；

b——土条宽度(m)；

W_i——土条自重(kN)；

$$m_{\theta_i} = \cos\theta_i + \frac{\tan\varphi}{F_s}\sin\theta_i \tag{2.57}$$

对红黏土边坡而言，雨水的下渗引起土壤含水率的增加，特别是坡体表层土体在短时间内还有可能出饱和状态，土体重度因此会发生较大的变化，这将对边坡的稳定性造成较大的影响。表现在安全系数计算式中的土体自重 W_i 将变大。在利用简化 Bishop 法进行稳定性计算时，可做出如下改进：

①浸润面以下的土体，土体重度取为饱和重度 γ_s；

②浸润面以上的土体，当孔隙水压力 $u>0$ 时，土体重度取为饱和重度 γ_s，否则为天然土重度 γ。由于在计算过程中并未考虑孔隙水压力对坡体稳定性的影响，所以浸润面以上土体重度在计算过程中也取饱和重度 γ_s，即

$$W_i = bh_i\gamma_s \tag{2.58}$$

红黏土边坡的整体稳定性随土体抗剪强度参数的降低而降低，并最终导致失稳破坏的发生。在边坡稳定性计算过程中采用岩土工程勘察报告所提供的红黏土天然状态下的强度参数值是不适宜的，而应当考虑降雨入渗对边坡红黏土强度衰减的影响，这对于计算弱扰动均质红黏土边坡的稳定性更加符合现实情况，也更加准确。文献[20]建议采用警戒含水率（红黏土边坡处于极限平衡状态时的含水率）所对应的 c、φ 值（c_0、φ_0）来代替简化 Bishop 法中所采用的天然状态下的红黏土 c、φ 值，c_0、φ_0 可以通过现场取原状土进行室内试验或者通过大量的失稳边坡的调研获得。改进的简化 Bishop 法可表示为

$$F_s = \frac{\sum \frac{1}{m_{\theta_i}}[c_0 b + (W_i - u_i b)\tan\varphi_0]}{\sum W_i \tan\theta_i} \tag{2.59}$$

式中：c_0——警戒含水率所对应的红黏土黏聚力(kPa)；

φ_0——警戒含水率所对应的红黏土内摩擦角(°)；

W_i——降雨入渗作用下的土条自重(kN)，$W_i = bh_i\gamma_s$。

(2)简化 Bishop 法用于红黏土边坡稳定计算的不合理性

以简化 Bishop 法为代表的常规的边坡稳定分析方法将具有裂隙结构的边坡均质化,计算中采用室内或原位试验获取强度参数,并将其视为边坡土体的整体强度参数。在此基础上,通过降低强度参数的大小来反映裂隙的影响,利用极限平衡方法进行边坡稳定性的分析。显然,这种计算方法存在一些不合理性,主要有如下几点:

①边坡滑动面呈圆弧形的假设与实际破坏形态不符。调研发现大部分红黏土边坡的实际破坏面呈现出上陡下缓的形态,破坏面后缘主要受土体中垂直裂隙的控制,滑面形态基本呈折线形态(图 2.168)。因此,常规方法在进行红黏土裂隙边坡稳定性分析时,与实际工况存在较大出入。

图 2.168 竖向裂隙与剪出口呈折线形态

②将含有裂隙的红黏土体通过强度衰减来体现裂隙对边坡稳定的影响不够充分。采用单一均质土层的假设无法客观表征膨胀土的裂隙特性,尤其是不能将裂隙的空间展布及裂隙面强度纳入计算考虑。即使将计算时采用的强度参数认为衰减至裂隙面上的最低强度,也只有当滑动面位于裂隙面上时才符合实际。

③原位取土试验确定的强度参数也存在不合理的可能性。对于裂隙发育的红黏土,由于裂隙作用导致同一地点取样试验所得的强度往往都具有很大的离散性,并不存在单一的土体强度指标。

④没有考虑裂隙中雨水渗入后对边坡土体及滑体的影响。裂隙水的入渗除了增加土体重度,降低滑动面上的抗滑力以外,还对滑体本身有推力作用。当裂隙中充满水的时候,由于红黏土渗透系数较低,裂隙中水柱将产生静水压力,并且对滑体产生水平推力的作用。如果稳定计算中不考虑这一作用,将使得计算出的安全系数偏于危险。

综上所述,目前工程中普遍采用常规方法(以简化 Bishop 法为代表)计算红黏土边坡稳定安全系数是不合理的。工程实践也表明,很多边坡在设计环节验算稳定安全性是没有问题的,但是还是出现了失稳破坏,说明常规的安全系数计算方法对红黏土边坡是不合理的。因此,有必要提出一种能够客观反映裂隙存在的影响,计算条件接近裂隙性红黏土边坡真实状态的边坡稳定性分析方法。

4)基于裂隙破坏面的静水压力推力平衡法

根据裂隙发育较强边坡的破坏模式特征，贯穿的裂隙面是该类边坡破坏的控制结构面。实际工程中的红黏土边坡，多在坡顶附近位置分布有垂直裂隙发育，并且由于经历长期的、周期性干湿循环，形成上宽下窄的垂直裂隙面。当出现强降雨后，这些裂隙将充满水，并产生静水压力。显然，在边坡稳定分析中红黏土边坡坡顶裂隙无法提供抗滑力的作用。根据调研及工程经验，裂隙面深度一般不超过红黏土边坡的扰动深度(0～3m)。

基于裂隙破坏面假设的方法验算红黏土边坡稳定性时，需要首先根据工况选取合理的裂隙深度 h，然后根据高度 h 内的滑体下部的破坏面具体形态进行力学平衡分析，从而求出最终的安全系数表达式。实际工程中滑体下部破坏面为不规则形态，本文根据膨胀土、黄土边坡的相关研究成果，分别对直线滑动面及圆弧滑动面两种代表性的假设，分别给出安全系数的计算式。

(1)直线滑动面的裂隙水压力推力平衡法

红黏土边坡最大扰动深度一般不超过 3m，而存在稳定问题的红黏土边坡的高度大多在10m 以上，根据基本几何原理，长度较短的弧线可以用直线(割线)近似表示。因此，可以将实际工程中裂隙面以下的滑动面假设为直线滑动面，其计算模式及滑体的受力平衡状态如图 2.169 所示。

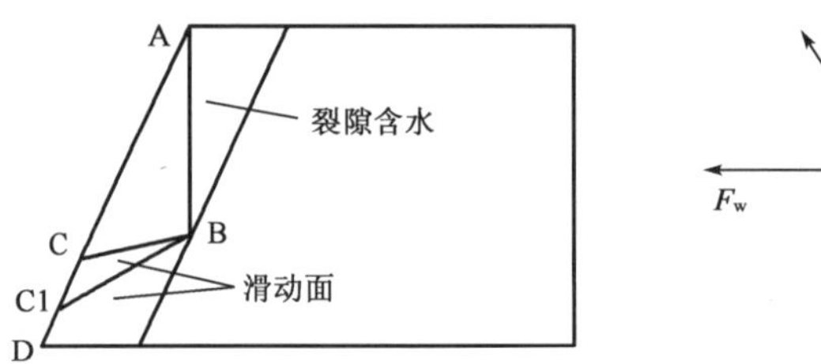

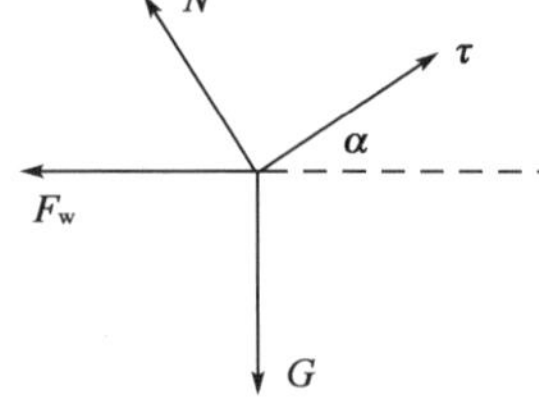

图 2.169　直线滑面稳定计算模式

根据以上破坏模式的分析，考虑裂隙面中水的推力的稳定安全系数计算式为

$$F_s = \frac{R}{T} = \frac{(G\cos\alpha - F_w \sin\alpha)\tan\varphi + cL}{G\sin\alpha + F_w \cos\alpha} \tag{2.60}$$

式中：G——滑体的质量(kN)；

F_w——扰动土区域垂直裂缝中水压力(kN)；

α——滑动方向与水平方向的夹角(°)；

L——滑动面长度(m)；

T——滑动面上的切向分力(kN)；

c、φ——土体强度参数。

裂隙的存在决定了该破坏模式的两个基本特征：

①滑动面长度为 BC 段(长度为 L)，AB 段(长度为 h)为张开的裂隙，不能提供抗剪强度；

②AB 段裂隙中存在的水柱会对滑体本身产生水压力，由于红黏土自身渗透系数较低，因此可以按照静水压力计算 F_w 大小，即

$$F_w = \frac{1}{2}\rho g h^2 \tag{2.61}$$

工程应用时，可采用试算法假定若干较危险的破坏面，然后分别计算不同破坏面条件下的

稳定安全系数,取最小值作为最终的稳定安全系数。

(2)圆弧滑动面的裂隙水压力推力平衡法

若假设滑体下部滑动面为圆弧滑动面,则采用条分法进行计算,土条间相互作用力仅传递裂隙水推力,其他假设条件与上面相同,见图 2.170。

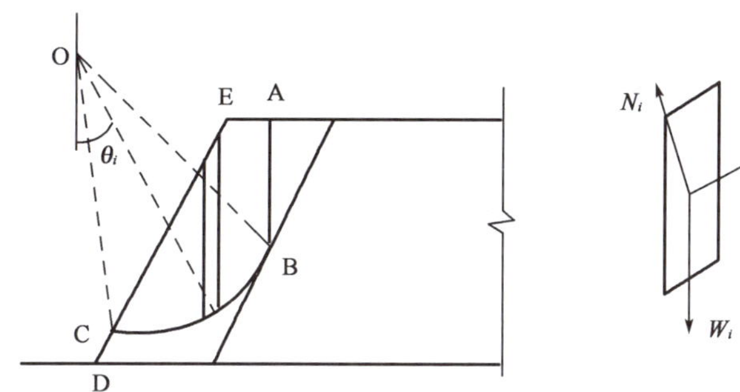

图 2.170　圆弧滑面稳定计算模式

单一土条在 N_i 方向静力平衡(n 个)为

$$N_i = W_i \cos\theta_i \tag{2.62}$$

滑动面上极限平衡(n 个)为

$$T_i = \frac{c_i L + W_i \cos\theta_i \tan\varphi_i}{F_s} \tag{2.63}$$

总体对圆心 O 的力矩平衡(1 个)为

$$M_s = M_R \tag{2.64}$$

$$\sum W_i \sin\theta_i R + F_w d_w = \sum T_i R = \frac{\sum(c_i L_i + W_i \cos\theta_i \tan\varphi_i)}{F_s} R \tag{2.65}$$

则安全系数的计算式为

$$F_s = \frac{\sum(c_i L_i + W_i \cos\theta_i \tan\varphi_i)}{\sum W_i \sin\theta_i + \frac{F_w d_w}{R}} \tag{2.66}$$

裂隙水柱静水压力对滑体产生推力 F_w 计算式为

$$F_w = \frac{1}{2}\rho g h^2 \tag{2.67}$$

工程应用时,可采用试算法假定若干较危险的圆弧滑动面进行试算,取最小值作为最终的稳定安全系数。

5)土岩分界边坡稳定性评价

土岩分界边坡红黏土层均处于扰动深度范围内,因此有可能出现贯穿裂隙及相应的剪切滑动破坏,这种情况与强扰动均质边坡类似。另一方面,土岩交界面上水容易汇聚,因此交界面也是自然的结构控制面。基于以上分析可知,对于土岩分界边坡的稳定性验算,必须分别采用交界处的控制面以及裂隙控制面进行稳定安全性分析(图 2.171),计算原则

图 2.171　土岩分界边坡稳定计算图示

如下：

(1)以土岩交界面为潜在滑动面(可假设为圆弧滑动面的情况)，采用改进简化 Bishop 法进行稳定安全系数验算。

(2)若土岩交界面为直线或折线，可采用直线或折线型滑面的力学平衡法进行稳定安全系数的验算。

(3)在红黏土层中假定不同裂隙面位置，采用裂隙水压力平衡法进行安全系数验算，滑体下部的滑动面应当取为土岩分界面。

(4)最终安全系数取值为采用以上方法验安全系数中的最小值。

6)红黏土边坡稳定性的数值分析方法

根据以上分析可知，采用数值方法进行红黏土边坡稳定安全性分析的关键是对裂隙及降雨入渗的模拟。降雨入渗在边坡土体内部形成暂态饱和区和暂态水压力场，土体饱和度、重度增加，加上水对土的侵蚀软化作用，含水率的增加使得基质吸力减小，土体抗剪强度降低，一旦达到极限平衡状态，就会引发边坡的破坏；裂隙的存在使得这种影响波及的深度进一步增加。运用 Geo—studio 软件可以分析降雨入渗条件下降雨强度、裂隙深度、渗透系数变化对边坡渗流场影响，采用有限元强度折减法可以进行耦合模拟分析。

(1)边坡稳定性分析的强度折减法原理

有限元强度折减，就是在有限元的计算中，将边坡土体的抗剪切强度指标内摩擦角和黏聚力逐渐进行折减，通过不断的折减，直至边坡达到破坏状态为止，通过有限元程序的计算，不仅可以获得边坡稳定安全系数，还能获得最危险滑动面(塑性贯通区)出现的位置。不需要假设任何滑移面，就能求得可能发生滑动的滑动面，而且没有圆弧或者直线限制，滑动面可以是任意形状的。同时它还可以真实的反映坡体失稳及塑性区的开展过程。有限元强度折减的理论思路是将土体参数 c 和 φ 值同时除以一个强度折减系数 F_r，得到一组新的内摩擦角和黏聚力 c' 和 φ'。然后将这一组新的参数带入有限元中进行试算，当结果收敛时，继续增大 F_r 直到刚好收敛时，将对应的 F_r 称为边坡的最小安全系数，此时边坡处于将要滑动的状态，即将发生剪切破坏。

$$c' = \frac{c}{F_r} \tag{2.68}$$

$$\tan\varphi' = \frac{\tan\varphi}{F_r} \tag{2.69}$$

采用强度折减有限元方法计算边坡稳定性的过程中，安全系数的选取在于失稳判据的选取。根据对文献中学者研究成果的总结，提出三个主要判据：根据有限元计算收敛与否；根据塑性区在边坡中是否贯通；根据滑面土体是否发生应变及位移的突变。

(2)渗流控制方程

边坡降雨入渗可考虑为二维“饱和-非饱和”渗流问题，Geostutio 有限元软件 seep 模块立足于二维 Richards 渗流控制方程，可进行非饱和土稳态和瞬态渗流分析，将土体渗透性系数、基质吸力表示为体积含水率的函数，通过对一系列边界条件的控制变化，求取渗流场随时间变化关系，渗流控制方程为

$$\frac{\partial}{\partial x}\left(k_x \frac{\partial H}{\partial x}\right)+\frac{\partial}{\partial y}\left(k_y \frac{\partial H}{\partial y}\right)+Q=\frac{\partial\theta}{\partial t} \tag{2.70}$$

式中：k_x——x 方向的渗透系数(m/s)；

k_y——y 方向渗透系数(m/s)；

H——总水头(m)；

Q——进入土体的渗流量(m^3/s)；

θ——体积含水率(%)；

t——时间(s)。

土体的渗透性函数和土水特征曲线是孔隙水压的函数，本节假定土体渗透性各向同性，所用红黏土饱和渗透系数及渗透性曲线参考文献中的试验结果获取，如图 2.172 所示。

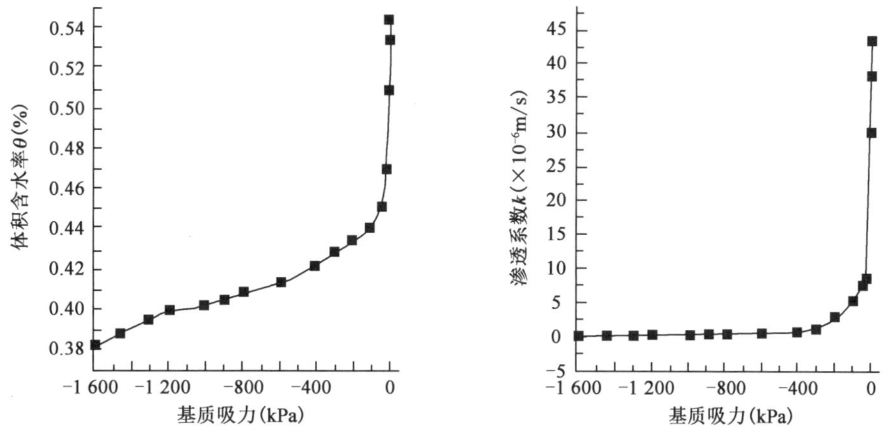

图 2.172　土水特征曲线

(3)边界条件设置

红黏土边坡裂隙发育程度不同，对降雨入渗的贡献也不一样，也即是对渗透性系数的影响不同。影响渗透参数的因素有裂缝宽度、裂缝深度、密度、长度、裂块大小、吸力特性等。为了模拟裂隙对土体渗透性的影响，可将存在裂隙的土层设置为一种等效材料，并假定在高吸力状态时，存在裂隙的上层渗透系数为裂隙等效渗透系数，裂隙边坡降雨入渗效果优于无裂隙边坡。当降雨强度 R 小于土体饱和渗透性系数时，为非饱和入渗，降雨强度 R 即为流量边界；当降雨强度 R 大于土体饱和渗透性系数时，为饱和入渗，采用零力水头边界。一般红黏土边坡的模型及网格划分如图 2.173 所示。

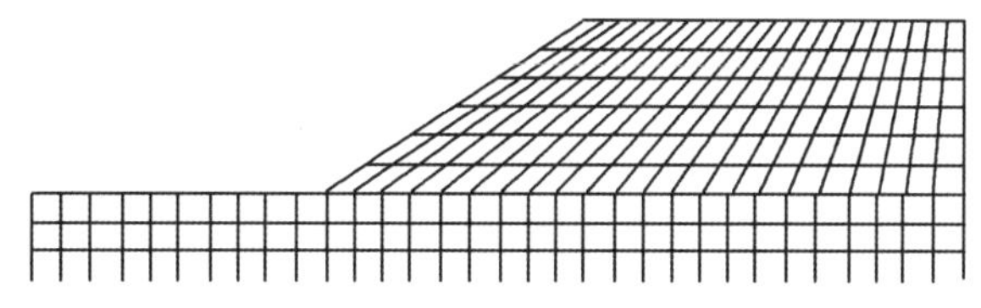

图 2.173　边坡模型及网格划分

7)工程应用与分析

采用前面提出的分析方法，选取余凯、凯羊高速的典型红黏土边坡进行稳定性分析，验证提出方法的适用性及合理性。余凯高速 11 标 FK+090 互通右侧边坡为二级边坡，一级坡高为 13m，二级坡高为 5m；两级边坡的坡率均为 1∶1。2013 年底开挖完成，开挖后没有及时进行防护措施导致坍塌破坏，清理后补做菱格窗式护面墙。采用护面墙防护后，该边坡于2014年上半年再次出现坍塌破坏。

该边坡红黏土层覆盖较厚，为均质红黏土边坡。由于开挖后没有及时进行防护，且已经反复出现坍塌破坏，因此初步判定该边坡为裂隙发育较强的边坡（DCP测试确定的实际扰动深度为1.47m）。第二次坍塌后的边坡仍采用了清方后护面墙处治，并且对以及平台进行了封闭处理，目前边坡没有出现破坏，但是调研发现在一级平台的顶部出现了失稳裂缝（图2.174和图2.175），说明该边坡依旧存在失稳破坏的隐患。

图2.174　FK+090右边坡坍塌破坏

图2.175　余凯FK+090右边坡失稳裂缝

分别采用改进简化Bishop法、裂隙水压力推力平衡法以及考虑裂隙渗流的有限元法对该边坡的稳定安全性进行分析。采用Geo-studio进行数值模拟时，当降雨强度R小于土体饱和渗透性系数时，为非饱和入渗，降雨强度R即为流量边界；当降雨强度R大于土体饱和渗透性系数时，为饱和入渗，采用零力水头边界。根据以上原则，对边坡实际裂隙区条件进行模拟，裂隙区饱和渗透系数K_S假定为4.34×10^{-5}m/s，下部非裂隙区饱和渗透性系数K_S为4.34×10^{-7}m/s；裂缝深度分别假定为1.0m及2.5m两种情况；降雨强度分别假定为4×10^{-7}m/s；降雨历时144h。依据土水特征曲线，结合现场天然条件，设计初始坡面负压力水头值取为−100m，设计地下水位较深，地下水位距离坡顶18m，距离坡脚7m，地下水初始自适应毛细水上升，进行负压力水头及含水率的重分布。依据摩尔库仑强度理论的线性非饱和土抗剪切强度原理进行边坡稳定性耦合分析，采用有限元强度折减的方法计算边坡稳定性安全系数。结合地勘资料及文献，确定红黏土边坡土体强度参数如表2.76所示。

红黏土强度参数取值　　　　表2.76

干密度 ρ_d	湿密度 ρ_w	有效黏聚力 c'	有效内摩擦角 φ'
kN/m³	kN/m³	KPa	°
15.4	19.2	16	18

采用不同方法分析计算出的边坡稳定安全系数如表2.77所示。从表中可以看出，简化Bishop法计算出的安全系数值最大为1.36；裂隙水推力平衡法试算出的安全系数值，采用直线滑动面假设时为1.08，采用圆弧滑动面假设时为1.03；采用考虑裂隙入渗的数值分析方法计算出的安全系数与裂隙深度的假设有关，当裂隙深度假设为1.0m时，安全系数为1.24，当裂隙深度假设为2.5m时，安全系数降低为1.13。由此可见，对于强扰动均质边坡而言，裂

隙是控制边坡稳定性的主要因素，如果在稳定分析中不能考虑裂隙的影响将使得稳定安全系数计算结果偏于危险。裂隙水压力推力平衡法下部滑面的形态对稳定计算结果的影响不大。

不同方法计算出的边坡最小安全系数值 表 2.77

分析方法		最小安全系数	备注
改进简化 Bishop 法		1.36	浸润面以上土体容重取为饱和重度 γ_s，c_0、φ_0 通过原状土干湿循环试验获得
裂隙水压力推力平衡法	直线滑面	1.08	最危险破坏面的裂隙位置在坡顶，裂隙深度贯穿扰动区
	圆弧滑面	1.03	
考虑裂隙渗透数值分析方法	裂隙深度 1.0m	1.24	降雨历时均为 144h
	裂隙深度 2.5m	1.13	

该边坡已经发生了两次失稳破坏（并且第二次破坏发生在坡面防护以后），其稳定安全性较差。通过不同方法计算出的安全系数中，裂隙水推力平衡法计算结果最小，更能反映边坡的实际稳定状态。因此，本节提出的裂隙水压力推力平衡法是针对裂隙发育较强的土质红黏土边坡的较为合理的稳定安全系数计算方法。

2.7.4 红黏土边坡治理与防护技术

红黏土边坡治理防护工作的重点是避免浅层失稳破坏，同时兼顾整体稳定性、经济性及环境友好性。由于浅层土体在自然环境扰动条件下的裂隙性是导致浅层失稳破坏的根本原因，因此减小环境对坡面土体的影响是红黏土边坡防护的关键。

1）边坡断面结构优化技术

红黏土边坡断面结构优化是根据设计阶段确定的合理坡率、边坡实际高度及土质状况，通过对边坡结构采取坡率放缓、设置平台、修筑防排水设施等技术措施，提高边坡的稳定安全性。

（1）放缓边坡

边坡坡率是影响稳定性的重要因素。根据理论推导的结果，不采取任何防护措施或者仅采用生物防护的红黏土边坡的安全坡率为 1∶1.732，该结论基于一系列的假设得出，而实际工程中的边坡条件较为复杂。因此，本节建议工程中红黏土边坡的安全坡率应当结合理论分析结果和现场调研的结果综合而定。

（2）设置平台

对于高度较大的边坡，设置一级或者多级平台是工程上常用的提高边坡稳定性的技术手段。对红黏土边坡而言，平台设置的依据主要有两个方面：

①根据边坡高度设置平台。

通常当开挖的边坡高度大于 15m 时就可以考虑设置平台，根据贵州、湖南等地工程经验，覆盖较厚且土质均匀的红黏土边坡可以按照每 8～10m 设置一级平台。平台的设置改善了边坡结构的力学平衡状态，有效地提高了整体稳定性。图 2.176 为余凯线 11 标某红黏土二级边坡及设置的平台，从图上可以看出，平台位置采用混凝土进行了全封闭处理，并且设置相应的排水孔，这样做的目的是为了防止降雨及地表水在平台上滞积入渗到下部坡体。

图 2.176　余凯线 11 标某红黏土二级边坡

②根据土质变化及分层设置平台。

土质变化和分层是残积红黏土的典型特征，边坡开挖后常常出现土石混合的断面（包括分层明显及泥槽两种情况），如图 2.177 所示。

a）土石分层

b）泥槽

图 2.177　红黏土边坡的土石分层及泥槽

尤其是土石分界明显的边坡在余凯羊线的某些路段较为普遍，其特点是上部为一定厚度的红黏土，而其下部是较为稳定的岩质结构。针对这种情况，本节建议可以先对上部红黏土向内进行挖掘，使之自然成为一级平台，然后再施加防护，该种治理方法的示意如图 2.178 所示。

削坡放缓

红黏土层

岩质结构

图 2.178　土质分层边坡削坡形成平台

（3）防排水设施

降雨及表水的冲刷是导致冲沟、剥落等表层破坏的主要原因，也是红黏土浅层土体扰动的重要机理。因此，采取必要的工程措施防、排、疏导坡面上的水，对提高红黏土边坡稳定性具有重要的意义。红黏土边坡的防排水设施包括截水沟、排水沟、平台及防护结构的泄水孔等。图 2.179 为余凯羊线红黏土边坡排水设施，截排水沟应当定期检查防止杂物淤积，泄水口要避免堵塞。

2）边坡坡面防护技术

红黏土边坡因开挖使原来处于稳定状态的土体暴露于环境中，在降雨等因素的扰动下边坡浅层土体的强度及稳定性逐步衰减，导致各种失稳破坏的发生。因此，对红黏土进行坡面防护的最主要目的是阻隔和减弱环境因素对红黏土的影响，同时也能对坡体起到加固作用。边坡坡面防护类型较多，不同防护类型的特点和适用范围也各不相同。

a)截排水沟

b)护面墙泄水孔

图 2.179　边坡顶截排水沟及护面墙泄水孔(右)

(1)生物防护

生物防护一般适用于高度不大、坡率较缓的边坡，并且要求排水通畅且地质良好。生物防护需要在边坡开挖后尽快实施，草种宜采用易成活、生长快、根系发达、叶茎矮或有匍匐茎的多年生草种。当边坡特别稳定或者基本以岩石为主时，可以单独采用生物防护措施；生物防护也经常与骨架护坡、窗式护面墙和锚杆框架梁等措施结合使用(图 2.180)。

图 2.180　边坡生物防护

生物防护措施最大的优点是具有景观友好性，开挖边坡裸露的坡面视觉效果差，生物防护能够较好的弥补道路工程对自然景观的破坏。但是，生物防护对于红黏土边坡自身稳定性的加强效果有限，因此对于长期稳定性较差的路段必须采取其他更为有效的防护措施。

(2)骨架类防护

红黏土边坡骨架护坡常采用浆砌片石砌筑成拱形、菱形或者人字形骨架(图 2.181)，骨架内种草绿化，骨架上可设置导水的镶边石，从而防止坡面的冲刷、剥蚀。骨架护坡适用于两级以上，边坡坡率不陡于 1∶1.5 的红黏土边坡，地下、地表水发育时，宜结合盲沟、渗沟使用。骨架护坡可根据边坡土质的情况结合不同方式的植物种植方式，包括人工植草、三维网植草以及

图 2.181　人字形骨架防护

喷播植草。

骨架护坡是工程措施与植物措施相结合的防护形式，它最主要的防护机理就是能够很好防止边坡冲刷，并且由于骨架嵌入坡面土体一定深度，客观上阻碍了浅层裂隙的延伸贯通。另外，由于它避免了实体护面墙的坡面封闭效应，因而改善了路容景观。在红黏土边坡坡率较陡或者坡高较高的情况下，可以采用加强型的骨架防护，即将拱形、菱形或人字形骨架加大尺寸，增大圬工防护，以提高红黏土边坡的稳定性。

(3)护面墙类防护

护面墙是红黏土边坡广泛采用的防护形式(图 2.182)，采用浆砌片石或混凝土砌筑，按照墙面窗口的形式可以分为菱格护面墙、窗格护面墙以及满铺式护面墙等类型。护面墙边坡坡率最大可保持在 1∶0.75～1∶1 之间，单级高度不宜大于 10m，墙体顶宽 40～60cm。护面墙防护的红黏土边坡应做好防排水设施，墙体设置伸缩缝和泄水孔，还要设置截、排水沟，以防止表水渗入坡体。

图 2.182　满铺式护面墙防护

护面墙防护红黏土边坡的机理在于它可以有效防止降水沿坡面入渗到红黏土体边坡内部，防治红黏土土体中水分的迁移和干湿循环效应，从机理上阻止边坡裂缝的产生和发展，是一种有效的红黏土边坡防护措施。护面墙防护中有一种满铺式护面墙，即采用浆砌片石或者混凝土对全坡面进行封闭处治，这种坡面防护效果非常好。满铺护面墙上开孔成窗来增加生态恢复的功能，因此它不仅能有效防护红黏土边坡，还可以植生美化景观。窗式护面墙形式有多种(图 2.183),常见的有方圆形及菱形,在红黏土边坡较陡或高度较高的情况下,可采用加强型窗式护面墙,适当加大墙体面积,减小窗口尺寸。

图 2.183　窗式护面墙防护

3)边坡支挡加固技术

红黏土边坡的支挡结构主要是由各种挡墙组成的,现有的挡墙主要包括一般挡土墙、土钉墙、框锚结构、锚喷混凝土护坡等。

(1)锚杆框架支护

锚杆框架支护由锚杆、框架梁和附属绿化工程组成,是一种工程措施与植物措施相结合的防护类型(图 2.184)。它既保留了锚杆对风化破碎岩石边坡主动加固作用,防止边坡经开挖卸荷和爆破松动而产生的局部楔形破坏,又具有骨架防护的造型美观、便于绿化的优点。

图 2.184　锚杆框架梁防护

锚杆框架梁适用于含碎石较多的红黏土边坡。考虑到工程耐久性与绿化要求,在红黏土边坡中,框架梁一般由钢筋混凝土制作,而锚杆大多采用非预应力锚杆。

锚杆防护作为一种常用的边坡防护形式,一直在岩质边坡中广泛使用,但其在红黏土边坡中的作用效果还需要进一步研究验证。为此,课题组在余凯 11 标和凯羊 4 标红黏土边坡采用不同锚杆设计参数以及施工工艺,结合锚杆拉拔试验,对锚杆在红黏土边坡中的作用效果进行了验证,试验结果如表 2.78 所示。

从试验结果可见,锚杆锚固长度并不是越长锚固效果越好,从统计的数据上看,6m 长的锚杆的抗拉拔力最大,3m 长的抗拔力次之,最小的反而是 9m 长的锚杆,这是由锚杆与砂浆的摩擦力分布沿杆体分布的特点有关，同时跟砂浆和土体的摩擦力分布也有关。KT4 标 3 种长度的锚杆抗拔力水平相似，而 YT11 标 3 种锚杆抗拔力水平相差较大，尤其是 9m 的锚杆，这主要是由于锚杆埋设过程中，注浆不饱满导致砂浆体与锚杆体接触不充分，无法有效包裹，从而抗拔力较小。从锚杆直径的对比上发现，杆体直径较大的锚杆抗拔力较大，而无砂浆的锚杆抗拔力不足 100kN，明显小于灌注 M30 砂浆的锚杆，可见锚杆直接作用在红黏土中效果较差。从试验数据中可以发现，直径 25mm、长 6m 的锚杆在灌注 M30 砂浆的情况下，对红黏土边坡的加固效果较好，可以较好地应用在红黏土边坡的工程防护中。

锚杆拉拔试验结果　　表 2.78

标段	锚杆长度(m)	砂浆强度等级	千斤顶读数(MPa)	抗拔力(kN)	平均值(kN)
KT4	9m	M30	66	311	311
	6m	M30	82	386	386
	3m	M30	72	339	339
YT11	9m	M30	30	150	110
		M30	24	120	
		M30	12	60	
	6m	M30	78	390	330
		M30	66	330	
		M30	54	270	
	3m	M30	60	300	290
		M30	66	330	
		M30	48	240	
	6m	无砂浆	20	100	97
			22	110	
			16	80	

(2)挡墙支护

挡墙是一类防止坡体变形失稳而承受侧向土压力的结构物，红黏土边坡一般采用片石砌筑或混凝土重力式挡墙。挡墙适宜高度一般为 2～8m，要求地基承载力为 0.5MPa，适用于土石混合、泥槽极发育，坡比陡于 1∶1 的红黏土边坡。挡墙基础开挖量较大，为避免大范围开挖易引起坡体失稳，施工中多采用分段跳槽开挖，分段砌筑。挡墙分段砌筑时，两段间应设置伸缩缝，在地基地质变化处设置沉降缝，缝宽一般为 2～3cm，缝内可用胶泥填塞。挡墙需设置泄水孔，在高出地面 30cm 以上处设置，间距为 2～3m，上下交错设置，见图 2.185 所示。

图 2.185　多次破坏的边坡设置挡墙加固

2.8 红黏土路堑边坡工程案例

示范工程为余庆至凯里高速公路4、11、12标三个标段以及凯里至羊甲高速公路4、5、6标三个标段(图2.186),这些标段遇到了大量的红黏土挖方边坡。这两条高速公路是贵州省规划的"678网"中"第6横"余庆至安龙高速公路中的前段和中段,其中余凯线全长85km,凯羊线全长56km。全线采用设计速度为80km/h的双向四车道高速公路标准。整体式路基宽度21.5m,分离式路基宽度11.25m,桥梁设计荷载为公路—I级。

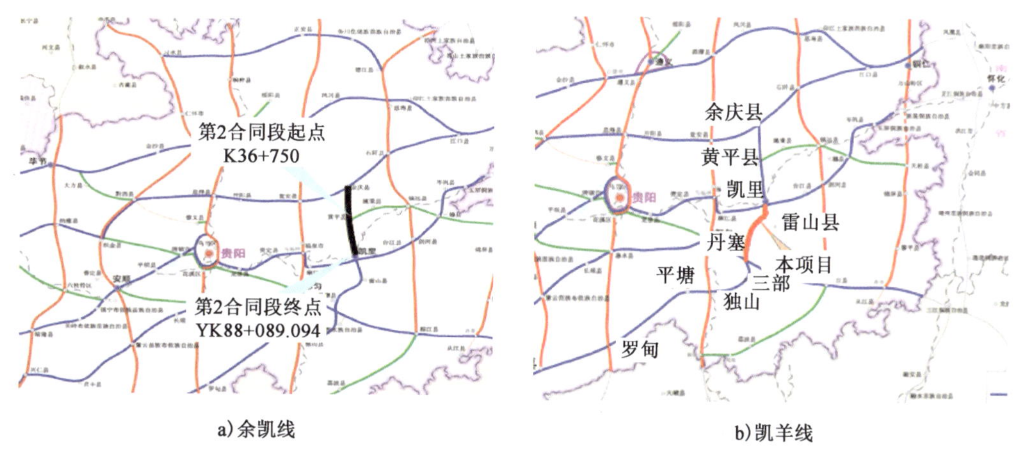

图2.186 余凯线及凯羊线位置

2.8.1 边坡破坏及处治

凯羊线4、5、6标以及余凯线4、11、12标红黏土边坡共计40处,边坡防护类型主要包括:①无防护(拟防护)4处;②生物防护11处;③护面墙类+生物防护14处;④骨架类+生物防护8处;⑤其他防护类型(挡墙、锚杆框架)3处;各类防护类型所占比例如图2.187所示。

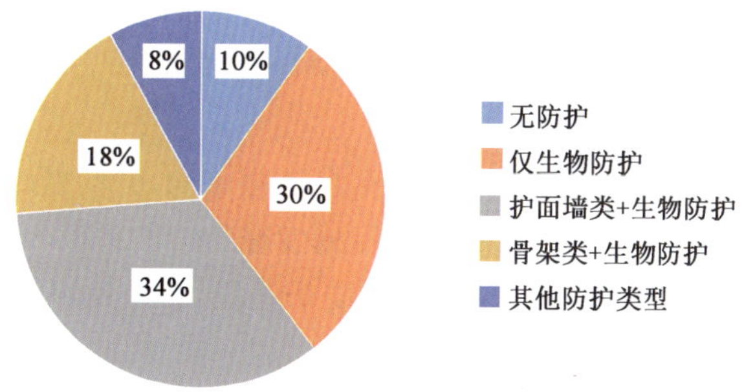

图2.187 示范工程防护类型比例

通过调查发现,红黏土边坡发生的破坏类型主要为局部坍塌和坡面冲刷两种,未见整体失稳破坏病害。发生局部坍塌(溜塌)的路段达到7处,占调研段落的20%左右;较为明显的冲沟、泥流、剥落等坡面冲刷病害有5处(轻度冲刷均未纳入统计),约占总段落数的13%;边坡完好或仅发生冲刷病害的路段共28处，占总段落数67%左右。

为了比较不同防护类型的应用效果，课题对各种防护类型边坡进行了抽样DCP测试并且计算扰动区深度，不同防护类型边坡抽样测试及扰动区平均深度如表2.79所示。

不同防护类型边坡平均扰动深度　　表2.79

防护类型	无防护	生物防护	骨架类防护	护面墙类防护	支挡加固
抽样数	4	7	5	5	2
平均扰动深度(m)	1.97	1.64	0.82	0.75	1.07

从表2.79可以看出，骨架防护类型和护面墙防护类型的边坡平均扰动深度较小，说明该防护类型能够有效减缓环境因素对边坡红黏土的影响程度；而无防护裸坡以及仅采用生物防护的边坡扰动区深度相对较大，存在一定的失稳破坏安全隐患。鉴于发生破坏的段落大部分都是没有进行防护的边坡，因此余凯羊线红黏土边坡整体较为稳定，防护工程的总体效果较好。

1)无防护边坡

调查发现，未及时采取防护的红黏土边坡稳定性较差，见图2.188。统计的4处无防护措施边坡均发生了程度不同的局部坍塌(溜塌)。另外，在有些防护工程的段落存在一些防护不到位致使一部分坡面裸露的情况，裸露部分也出现了坍塌。由此可见，红黏土边坡开挖后必须及时进行防护，否则坡体在自然环境的扰动下将很快发展到失稳破坏的阶段。

图2.188　无防护边坡坍塌破坏

2)生物防护边坡

采取生物防护的边坡往往是以白云岩为主的较为稳定的边坡，这部分边坡防护后稳定性较好，视觉效果佳，见图2.189。但是也有一些泥槽发育的边坡采取生物防护措施，发生了冲刷甚至局部坍塌破坏。在调研的总共11处生物防护路段，有4处边坡完好，3处边坡发生不同程度的冲刷，有4处发生了局部坍塌，占总数的30%左右。因此，对于土质类型主要为红黏土(或者泥槽)的边坡不宜单独采用生物防护，应当考虑加强防护措施。

3)护面墙类防护边坡

采用(满铺、窗式、菱格)护面墙+生物防护的边坡整体稳定性在所有防护类型中效果最好。调查的所有14处护面墙防护边坡目前稳定性良好，防护工程表面也没有出现开裂等破坏，见图2.190。其中，满铺式护面墙采用全封闭的方式将边坡彻底与外界环境中的水(降雨、

图 2.189　生物防护边坡总体稳定情况

图 2.190　护面墙防护边坡总体稳定情况

坡面水）隔离开来，是防护效果最好的类型。

4）骨架类防护边坡

骨架防护包括拱形、菱形和人字形，通常配合以生物防护，见图 2.191。坡面上的骨架结构主要为坡面水提供了固定的流动渠道，有效阻止了破面冲刷；同时，由于骨架在施工时会嵌入边坡表面土体内，因此起到了阻止裂缝扩展的作用。调研的路段设计骨架防护的边坡共 11 处，绝大部分稳定性良好；其中有一处骨架防护边坡曾经发生过坍塌，重修防护后目前稳定性良好。

图 2.191　采用骨架防护的边坡

2.8.2 安全坡率及防护建议

对余凯羊线的所有红黏土边坡进行了调研，分析红黏土边坡的坡率与失稳破坏的关系。为了提高分析结论的普遍性，还加入了贵州省内的铜大路、凯麻高速、凯麻市政路、凯羊高速、厦蓉线丹寨连接线、厦蓉线水都高速、晴兴高速、汕昆线板江高速的边坡调研数据，调研样本边坡段落共计 94 处。

由于冲刷、剥落、轻度溜方等表层破坏一般不会对工程造成显著影响，因此本节统计的边坡破坏主要是指浅层失稳（坍塌、溜塌）以及整体失稳（滑坡）破坏。在统计的 94 处边坡当中，发生破坏的边坡数为 27 处，破坏率为 27.7%，不同坡率（多级边坡取综合坡率）所占的比例及发生破坏的概率如图 2.192 所示。

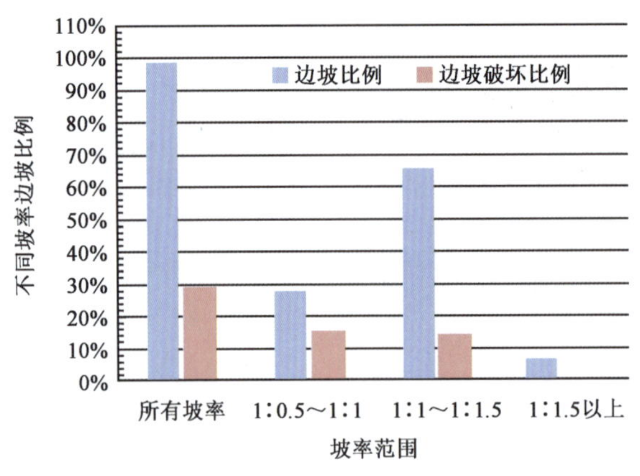

图 2.192 不同坡率边坡及破坏比例

从图 2.192 中可以看出，坡率在 1∶0.5～1∶1 之间边坡有 26 处，约占总边坡数的 27.7%，该坡率下有 14 处边坡发生了破坏，超过了该坡率边坡数的一半以上；坡率在 1∶1～1∶1.5 之间边坡数为 62 处，约占总边坡数的 66%，该坡率下边坡破坏有 13 处，约占该坡率范围边坡数的五分之一；坡率在 1∶1.5 以上的边坡有 6 处，该坡率下没有发生破坏的边坡。通过以上分析可以看出，在坡率小于 1∶1 的情况下，红黏土边坡发生失稳破坏的概率较大，而坡率缓于 1∶1.5 时边坡发生失稳的概率较小。

但是，不同坡率边坡破坏情况与防护类型密切相关，以下将统计典型防护类型条件下，边坡坡率与失稳破坏之间的关系。

1）无防护边坡安全坡率

第 4 章通过理论分析得出无防护红黏土边坡的最小适用坡率为 1∶1.732，并且建议工程中无防护红黏土边坡的坡率应当放缓至 1∶1.75 以上，以保证边坡长期稳定安全性。本次调研共有 11 处无（拟）防护边坡，不同坡率范围边坡及破坏边坡数的比例如图 2.193 所示。

从图 2.193 中可以看出，11 处无防护边坡有 7 处发生了失稳破坏。坡率在 1∶0.5～1∶1 之间的裸坡有 2 处，均发生了破坏；坡率在 1∶1～1∶1.5 之间的有 8 处，其中 5 处发生了破坏；坡率在 1∶1.5 以上的有 1 处，未发生破坏。调研结果说明，工程中对红黏土边坡进行合理的防护治理是必要的，而不施加防护的红黏土边坡的坡率宜放缓至 1∶1.75 以上。

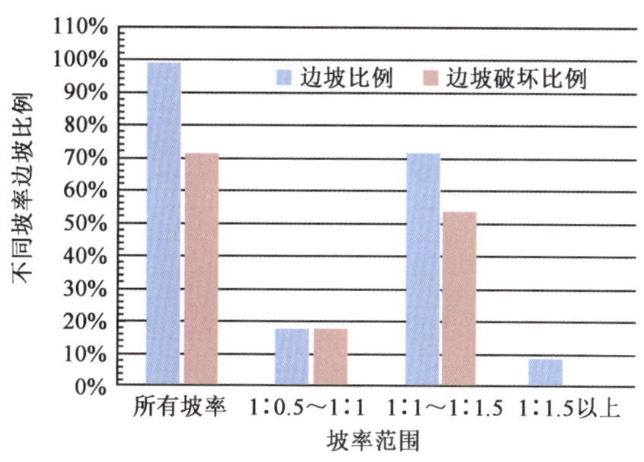

图 2.193 无防护边坡坡率与破坏边坡比例

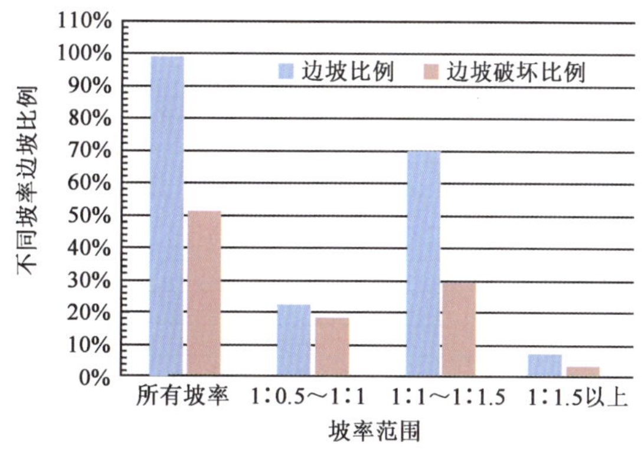

图 2.194 生物防护边坡坡率与破坏边坡比例

2)生物防护边坡安全坡率

采用生物防护的边坡共 27 处,其中 14 处发生破坏,边坡坡率与破坏所占比例如图 2.194 所示。从图 2.194 中可以看出,坡率在 1∶0.5～1∶1 之间的有 6 处,其中 5 处发生了破坏;坡率在 1∶1～1∶1.5 之间的有 19 处,其中 8 处发生了破坏;坡率在 1∶1.5 以上的有 2 处,其中 1 处发生破坏。调研结果说明,生物防护对于提高边坡稳定性的作用十分有限。实际上,余凯羊线通常对红黏土覆盖层不厚、土质基本为岩石结构的边坡采用生物防护,而对于覆盖层较厚的边坡建议同样放缓至 1∶1.75 或者加强防护级别。

3)骨架类防护边坡安全坡率

采用骨架防护(基本配合生物防护)的边坡总共有 18 处,发生破坏的仅有 2 处。坡率为 1∶0.5～1∶1 的边坡有 4 处,其中 2 处发生破坏;坡率缓于 1∶1 的有 14 处,基本没有发生破坏。从统计结果可以看出,坡率陡于 1∶1 时即便采用骨架护坡的方式仍然不能保证红黏土边坡的稳定安全,因此骨架防护的适用坡率为缓于 1∶1 的边坡,如图 2.195 所示。

4)护面墙类防护边坡安全坡率

采用护面墙防护类型的边坡共有 23 处,其中破坏的仅一处。坡率为 1∶0.5～1∶1 之间的护面墙防护边坡有 8 处,其中 1 处坍塌破坏;而坡率缓于 1∶1 的边坡共有 15 处,无 1 处发生破坏。从分析结果可见,护面墙类防护对于提高红黏土边坡稳定安全性的效果非常好;当边坡坡率陡于1∶1而又不具备支挡加固条件时，建议采用满铺式护面墙进行防护，见图2.196。

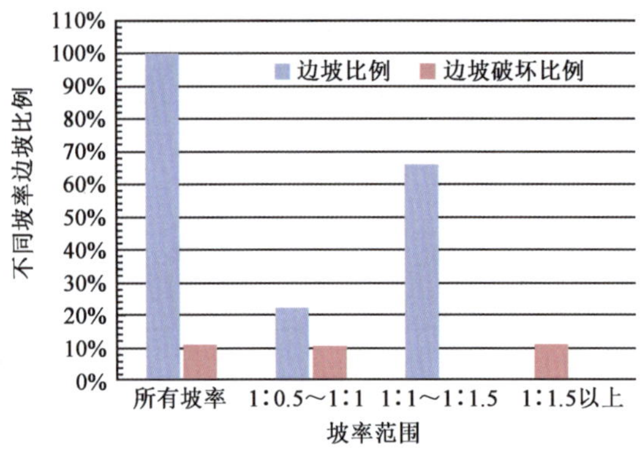

图2.195　骨架类防护边坡坡率与破坏边坡比例

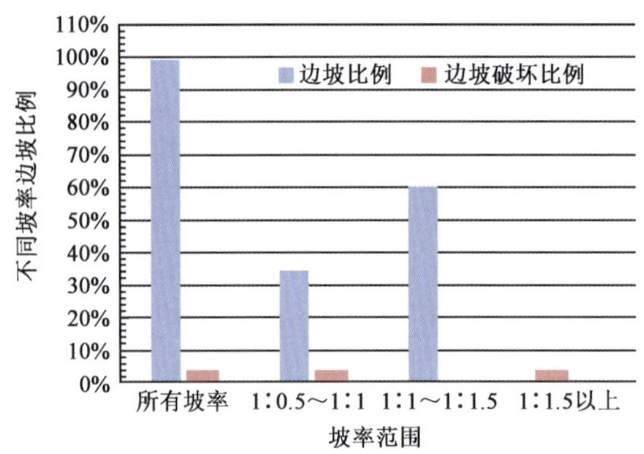

图2.196　护面墙类防护边坡坡率与破坏边坡比例

5)支挡加固防护类型适用条件

红黏土边坡最主要的支挡加固类型包括矮脚墙、挡墙以及锚固框架，调研路段中共有14处支挡加固的边坡。其中，大部分为锚固框架防护类型，锚杆框架防护类型(配合生物防护)适用于土质变异明显的情况，尤其对泥槽及土中夹杂琐碎岩质体的边坡能够起到很好的加固作用；矮脚墙对于坡脚位置有很好的加固，但是对上部边坡的局部破坏防护作用不明显；挡墙结构一般用于重要路段或者破坏后难以治理的边坡。通常，在以下情况下考虑设置挡墙，以保证边坡稳定安全性：

(1)不具备放缓坡率条件，而边坡稳定安全性存在较大隐患的情况。

(2)发生破坏的边坡经过加固防护等治理措施后再次发生破坏或者久治不愈的情况。

(3)一旦发生失稳会极大影响主线安全或者对周边重要构造物(民房、电塔等)造成威胁的情况。

本章参考文献

[1] 西部地区典型高塑性土路基设计理论和施工技术指南[R].南京：南京水利科学研究院，2004.

[2] 高塑性土路基稳定技术研究[R].南京:南京水利科学研究院,2004.
[3] 谭罗荣,孔令伟.某类红黏土的基本特性与微观结构模型[J].岩土工程学报,2001,23(4),458-461.
[4] 孔令伟,罗鸿禧,袁建新.红黏土有效胶结特征的初步研究[J].岩土工程学报,1995,15(5):42-47.
[5] 孔令伟,赵颖文.原状红黏土脱湿过程的工程性状与机理分析[J].中国土木工程学会第九届土力学及岩土工程学术会议论文集,北京:2003,424-427.
[6] 赵颖文,孔令伟.广西原状红黏土力学性状与水敏性特征[J].岩土力学,2003,24(4):568-572.
[7] 赵颖文,孔令伟.广西红黏土击实样强度特征与胀缩性能[J].岩土力学,2004,24(3):369-373.
[8] 谭罗荣.红土特性的微观基础[C]//全国第三次工程地质大会论文选集.成都:成都科技大学出版社,1988:52-58.
[9] 谭罗荣,孔令伟.特殊岩土工程学[M].北京:科学出版社,2006.
[10] 谭罗荣.红土有关问题的讨论[C]//第二届全国红土工程地质研讨会论文集.贵阳:贵州科技出版社.1991:1-10.
[11] 孔令伟,郭爱国,吕海波,等.典型红黏土的基本特性与微观结构特性[J].岩石力学与工程学报,2001,20(51):973-977.
[12] 孔令伟,罗鸿禧,谭罗荣.红土胶结问题的讨论[C]//中国青年学者岩土工程力学及其讨论会论文集.武汉:科学出版社,1994:95-99.
[13] 拓勇飞,孔令伟,郭爱国,等.湛江地区结构性软土的赋存规律及其工程特性[J].岩土力学,2004,25(12):1879-1884.
[14] 张慧颖,张云淑,彭玉林,等.昆明红黏土的基本特征及工程效应影响机理的探讨[J].云南农业大学学报,2007,22(4):615-617.
[15] 杨书燕,刘春原.高液限黏土微结构分析与强度机理的研究[J].河北工业大学学报,2002,31(5):335-337.
[16] M. Celaltonoz. Effects of lime stabilization on engineering properties of expansive Ankara clay [J]. Earth and Environment Science,2004,104: 466-474.
[17] Gidigasu M D,Bhatia H S. Importance of soil profile in the engineering studies of laterite soils[A]. Proceeding African Region Conference Soil Mechanics Foundation Engineering 5th[C]. Luanda:1971,1:255-260.
[18] 常立军,刘小文.江西地区非饱和红土的强度特性试验[J].陕西建筑,2008,(总152):42-45.
[19] Vargas,M. Some engineering properties of residual clay soils occurring in Southern Brazil[A]. Proceeding International Conference Soil Mechanics Foundation Engineering [C]. 1953,1:67-71.
[20] 芦建新.郴州地区开挖边坡降雨入渗作用下稳定性分析方法研究[D].长沙:中南大学,2011.
[21] 唐大雄,王清,张庆云,等.雷琼地区玄武岩残积红土的工程地质研究[J].长春地质学院

学报,1992,22(3):317-323.

[22] 韦时宏,廖义玲,秦刚,等.黔中地区红黏土的超固结性及低密实度和变形特征[J].贵州工业大学学报(自然科学版),2006,35(4):9-12.

[23] 廖义玲,朱要强,赵坤,等.对贵州红黏土成因的再探讨[J].贵州大学学报(自然科学版),2006,23(4):361-365.

[24] 廖义玲,毕庆涛,姜国萍,等.碳酸盐岩地表岩溶与红黏土[J].地球与环境,2005,33(4):13-19.

[25] 廖义玲,贺珺,秦刚,等.中国南方红黏土工程属性的变化规律[J].贵州科学,2008,26(4):53-58.

[26] 李景阳,梁风,朱立军,等.两种典型碳酸盐岩红土风化剖面的物理化学特征[J].中国岩溶,2005,24(1):28-34.

[27] 杨庆,贺洁,栾茂田.非饱和红黏土和膨胀土抗剪强度的比较研究[J].岩土力学,2003,24(1):14-16.

[28] 刘春,吴绪春.非饱和红黏土强度特性的三轴试验研究[J].四川建筑科学研究,2003(6):65-73.

[29] 黄质宏,朱立军,蒲毅彬,等.三轴应力条件下红黏土力学特性动态变化的CT分析[J].岩土力学,2004,25(8):1215-1219.

[30] Lamb D W. Decomposed granite as fill material with particular reference to earth dam construction[A]. Proceeding Symposium Hong Kong Soils[C],1962,57-71.

[31] Fredlund D G,Bergan A T,Wong P K. Relation between Resilient Modulus and Stress Conditions for Cohesive Subgrade Soils. Transportation Research Record,1977,642:73-81.

[32] 王继庄.游离氧化铁对红黏土工程特性的影响[J].岩土工程学报,1982,5(1):141-146.

[33] 冯金良,赵泽三,高国瑞.红土中游离氧化铁的作用及其机理探讨[J].河北科学院学报,1994(1):35-43.

[34] 孔令伟,罗鸿禧.游离氧化铁形态转化对红黏土工程性质的影响[J].岩土工程学报,1993,14(4):25-39.

[35] 孔令伟,罗鸿禧,袁建新.红黏土有效胶结特征的初步研究[J].岩土工程学报,1995,17(5):42-47.

[36] 何益东.关于红黏土的若干问题研究[D].南宁:广西大学,2007.

[37] 马琳.游离氧化铁对花岗岩残积红土强度增长的试验及本构模型研究[D].吉林:吉林大学,2007.

[38] 赵训华,廖义玲.红黏土颗粒之间结构联结的胶体化学特征[J].贵州工业大学学报(自然科学版),2004,33(1):26-29.

[39] 杨和平.武广客运专线原装红黏土强度和变形特性试验研究[D].长沙:中南大学,2008.

[40] 廖义玲.黏性土饱和度的计算误差及形成原因分析[J].贵州工业大学学报,1997,26(2):80-84.

[41] 贵州省地方标准.DB 22/46—2004 贵州建筑岩土工程技术规范[S].贵阳:贵州省建设

厅,2004.
[42] 廖义玲,余培厚.红黏土的微结构及其概化模型[J].工程地质学报,1994,2(1):27-37.
[43] 廖义玲,朱立军,周训华.土体中惰性孔隙及其物理力学属性的研究[J].工程勘察,2001,1(1):5-8.
[44] 张伟华.衡枣高速公路高液限黏土的主要工程性质[J].湖南交通科技,2003,29(2):39-40.
[45] 吴立坚,钟发林,吴昌兴,等.高塑性土的路用特性研究[J].岩土工程学报,2003,25(2):193-195.
[46] 吴立坚,钟发林,吴昌兴,等.高塑性土路基填筑技术研究[J].中国公路学报,2003,16(1):32-35.
[47] 吴立坚.路基对高速公路早期损坏的影响[J].中国公路,2005,3:84-85.
[48] 吴立坚,陈礼彪,张燕清,等.高塑性土路基压实与压实标准[J].公路,2007,3:33-35.
[49] 周红安,孙艳鹏,王钊,等.高塑性土路基施工方法及处理措施[J].建筑技术开发,2003,3(11):29-31.
[50] Lamb,D. W. Decomposed granite as fill material with particular reference to earth dam construction[A]. Proceeding Symposium Hong Kong Soils[C],1962,57-71.
[51] Fredlund D. G. ,Bergan,A. T. ,Wong,P. K. Relation between Resilient Modulus and Stress Conditions for Cohesive Subgrade Soils. Transportation Research Record,1977,642:73-81.
[52] Evans,E. A. A laboratory investigation of six lateritic gravels from Uganda[J]. British Road Research Laboraty,Note,1958,3241:20.
[53] 刘见天.掺砂改良高液限土的试验研究[J].中外公路,2004,24(4):147-149.
[54] 曾宪新.掺砂改良高液限土修筑路基技术研究[J].广东交通职业技术学院学报,2005,4(4):13-19.
[55] D. G. Fredlund,H. Rahardjo.非饱和土力学[M].陈仲颐,等,译.北京:中国建筑工业出版社,1998.
[56] 刘晨彬.高塑性土的处治方法[J].铁道勘察,2006,6:48-49.
[57] 仇益梅.高速公路不良土工程性质的分析与应用技术的探讨[J].广西交通科技,2002,2:41-43.
[58] 罗志强.高塑性土在高速公路建设中的应用研究[J].中南公路工程,2004,3:88-91.
[59] ZEBALLOS M E;GIACCHINO M,Road embankment behavior on loessic sandy silts,International Conference on soil mechanics and geotechnical engineering,15(Istanbul TUR),2001-08-27 2001,3 2195-2198.
[60] 秦义保,苏震.高液限黏土路基填筑的可行性研究[J].广西交通科技,2001(2):67-69.
[61] 罗文涛.高液限土在高等级公路上的处理使用——厦漳高速公路工程实例[J].工程科技,1999,74(1):39-44.
[62] Terzaghi,k. Mechanism of landslide in paiges,Application of Geology to Engineering practice Geol. Soc. of America[J]. 83-123 New York,1950.

[63] George Ter-Stepanian. Depth creep of slopes and long-term landslide development,Geomechanics and Water Engineering in Environmental Management. A. A. BALKEMA/ROTTERDAM,1992.

[64] Andrea Segalini,Gian Paolo Giani. Geomechanical studies on slow slope movements in Parma Apennine[J]. Engineering Geology,2009,(109): 31-44.

[65] 山田刚二,渡正亮,小桥澄治.滑坡和斜坡崩塌及其防治[M].滑坡和斜坡崩塌及其防治翻译组,译.北京:科学出版社,1980.

[66] 张鲁新,周德培.蠕动滑坡成因及隧道变形机理的分析[J].岩石力学与工程学报,1999,18(2):217-221.

[67] 邓清禄,王学平.斜坡深层岩石蠕变与黄土坡滑坡[J].长春科技大学学报,29(1):1999,60-73.

[68] 宴同珍,杨顺安,方云.滑坡学[M].北京:中国地质大学出版社,2000.

[69] 王兰生,张倬元.斜坡岩体变形的基本地质力学模式,水文地质工程地质论丛[M].北京:地质出版社,1986.

[70] 徐邦栋,王恭先.几类滑坡的发生机理[J].滑坡文集(第5集),北京:中国铁道出版社,1986.

[71] 王恭先.滑坡机理概论—中国铁道科学的进步与发展[C]//铁道部科学研究院50周年论文集.北京:中国铁道出版社,2000.

[72] 胡广韬.滑坡动力学[M].西安:陕西科技出版社,1980.

[73] 王思敬,王效宁.大型高速滑坡的能量分析及其灾害预测[C]//1987年全国滑坡学术会议论文集.成都:四川科学技术出版社,1989.

[74] 吴其伟,李天池.半成岩大型滑坡机制和滑速分析[J].山地学报,1986,4(1):47-53.

[75] 王念秦,张又安.翟所滑坡的发育特征及演变趋势[J].甘肃科学学报,1998,10(2):40-46.

[76] 骆银辉,朱春林,李俊东.云南红层边坡变形破坏机制及其危害防治研究[J].岩土力学,2003,24(5):836-839.

[77] 陈洪凯,唐红梅.散体滑坡室内启动模型试验[J].山地学报,2002,20(12):112-115.

[78] 潘家铮.建筑物的抗滑稳定和滑坡分析[M].北京:水利出版社,1980.

[79] Bishop A. W. . The use of the slip circle in the stability analysis of slopes[J]. Geotechnique,1955,5(1): 7-17.

[80] Janbu N. . Earth Pressure and bearing capacity calculations by generalized procedure of slice[J]. 4th Int. Conf. Soil Mech. And Found. Eng. . London,1957,207-212.

[81] Janbu N. . Slope stability computations. Embankment Dam Engineering. New York: John Wiley and Sons,1973: 47-86.

[82] Spencer E. . A method of analysis of the stability of embankments assuming parallel inter-slice forces[J]. Geotechnique,1967,17(1): 13-19.

[83] Morgenstern N. R. and Price V. E. . The analysis of the stability of general slip surfaces[J]. Geotechnique,1965,15(1): 79-93.

[84] Chen Z. and Morgenstern N. R. . Extensions to the generalized method of slices for stability analysis[J]. Canadian Geotechnical Journal,1983,20(1): 104-119.

[85] Sarma S. K. . Stability analysis of embankments and slopes[J]. Geotechnique,1973,23(3): 23-31.

[86] 孙君实.条分法的提法及其数值计算的最优化方法[J].水力发电学报,1983,(1).

[87] 杨家岭,朱维申,罗晓东,等.藕塘古滑体在三峡水库形成后的稳定性分析[J].岩土力学,1998,19(2).

[88] 邱祥波,廖志刚,刘宗仁,等.小浪底工程边坡稳定性有限元流变分析[J].岩土力学,1998,19(3):27-32.

[89] 郑颖人,赵尚毅,张鲁渝.用有限元强度折减法进行边坡稳定分析[J].中国工程科学,2002,4(10):57-61.

[90] 张鲁渝,郑颖人,赵尚毅,等.有限元强度折减系数法计算土坡稳定安全系数的精度研究[J].水利学报,2003(1):21-27.

[91] 秦四清,张悼元,黄润秋.非线性工程地地学导引[M].成都:西南交通大学出版社,1993.

[92] 李天斌,陈明东,王兰生.滑坡实时跟踪预报[M].成都:成都科技大学出版社,1999.

[93] 黄润秋,许强.斜坡失稳时间的协同预测模型[J].山地研究,1997,15(1):17-21.

[94] 吴承祯,等.滑坡预报的 BP-GA 混合算法[J].山地学报,2000,18(4):23-27.

[95] 黄志全,等.滑坡预报的协同-分岔模型[J].岩石力学与工程学报,2002,21(4):34-38.

[96] 秦四清,张悼元,黄润秋.滑坡灾害预报的非线性动力学方法[J].水文地质工程地质,1993,5:1-4.

[97] 黄润秋.论滑坡预报[J].国土资源科技管理,2004,06:15-20.

[98] 黄润秋,许强.工程地质广义科学分析原理及应用[M].北京:地质出版社,1997.

[99] 王年香.被动桩与土体相互作用研究综述[J].水利水运科学研究,2000(3):69-76.

[100] 李宁,张平,等.岩质边坡的预应力锚固设计原则与方法的讨论[J].岩石力学与工程学报,2004,23(17):2972-2976.

[101] 李崖.坡地地貌坍方的水文工程地质研究[J].长春地质学院学报,1995,25(4):428-434.

[102] 段蔚平.坡堆积层滑坡防治[J].金属矿山,1997,256:13-15.

[103] 张作辰.滑坡地下水作用研究与防治工程实践[J].工程地质学报,1996,4(4):80-85.

[104] 徐卫亚,高德军,等.山峡库区大石板滑坡区排水系统效果评估[J].工程地质学报,2002,10(1):83 88.

[105] De Graft-Johnson,J. W. S. ,Bhatia,H. S. ,Gidigasu,M. D. The strength characteristics of residual micaceous soils and their application to stability problems [A]. Proceeding International Conference Soil Mechanics Foundation Engineering 7th[C]. Mexieo: 1969,1:165-172.

[106] De Graft-Johnson,J. W. S. ,Bhatia,H. S. ,Gidigasu,M. D. The engineering charac teristics of lateritic residual clay of Ghana for earthdam construction [A]. Symposium Earth Rockfill Dams[C]. 1968,1:94-107.

[107] Vargas M. Some engineering properties of residual clay soils occurring in Southern Brazil [A]. Proceeding International Conference Soil Mechanics Foundation Engineering [C]. 1953,1:67-71.

[108] Lamb D W. Decomposed granite as fill material with particular reference to earth dam construction [A]. Proceeding Symposium Hong Kong Soils[C],1962,57-71.

[109] Fredlund D G, Bergan A T, Wong P K. Relation between Resilient Modulus and Stress Conditions for Cohesive Subgrade Soils. Transportation Research Record, 1977,642:73-81.

[110] Fredlund D G, Anqing Xing, Shangyan Huang. Predicting the Permeability function for unsaturated soil using the soil-water characteristic curve. Canadian Geotechnical Journal,1994,31:533-546.

[111] Fredlund D G, H. Rahardjo. Soil Mechanics for Unsaturated Soils. John Wiley & Sons, Inc. 1993.

[112] Fredlund M D, Wilson G W, Fredlund D G. Use of the grain-size distribution for estimation of the soil-water characteristic curve [J]. Canadian Geotechnical Journal, 2002,39(5): 1103-1117.

[113] Vanapalli S K, Fredlund D G, Pufahl D E. The influence of soil structure and stress history on the soil-water characteristics of a compacted till [J]. Geotechnique, 1999, 49(2): 143-159.

[114] Fredlund D G, XING A. Equations for the Soil-water Characteristic Curve [J]. Canadian Geotechnical Journal,1994,31(4): 521-532.

[115] Pham H Q, Fredlund D G. Equations for the entire soil-water characteristic curve of a volume change soil [J]. Canadian Geotechnical Journal,2008,45(4): 443-453.

[116] Fredlund D. G. ,H. Rahardjo,非饱和土土力学[M]. 陈仲颐,等,译. 北京:中国建筑工业出版社,1997.

[117] Bishop A W. The Principal of effective stress. Norwegian Geotechnical Institute,1960 (32):1-5.

[118] Bishop A W, Blight G E. Some aspects of effective stress in saturated and unsaturated soils . Geotechnical. 1963,13(3):177-197.

[119] Vanapalli S K. Simple test Procedures and their interpretation in evaluating the shear strength of unsaturated soils [D]. University of Saskatchewan,1994.

[120] Miao L C, Jing E, Houston 5 L. soil-water Characteristic Curve of Remolded Expansive soils. In Proceedings of unsaturated soil, ASCE,2006:997-1004.

[121] A. S. AL-Homoud. Cyclic Swelling Behavior of Clays [J], Journal of Geotechnical Engineering. 1995,7: 562-565.

[122] Chu kweze H. Pavement failures caused by soil erosion. Proc 2nd Int. Conf Case. Histories in Geotech Engng St, Louis,1973,936-945.

[123] Allam. Effect of wetting and drying in shear strength [J], Geotech. Engineering Div.

ASCE,1980,107(4):681-687.

[124] R. W. Day. Swell-shrink behavior of compacted clay [J],Geotech. Engineering Div. ASCE 1994,120(3): 618-623.

[125] Evans,E. A. A laboratory investigation of six lateritic gravels from Uganda [J]. British Road Research Laboraty,Note,1958,3241:20.

第3章 煤矸石路基

煤矸石是煤在形成过程中与煤层伴生的一种含碳量低的黑色岩石，是夹在煤系地层中的岩石或煤炭在生产和加工过程中产生的固体废弃物，是碳和岩石的混合物，是一种碳质岩，主要由碳质的泥岩、页岩、粉砂岩、砂岩等岩石组成。贵州省是我国南方煤炭资源最丰富的省区，煤系地层广泛分布，煤系地层中的碳质岩石在贵州公路工程中被大量用做路基填料。本章中所指的贵州地区的煤矸石亦指夹在煤系地层中的碳质岩石，岩性以碳质泥岩、碳质页岩等软质岩为主。

3.1 煤矸石概述

我国煤炭资源丰富，是一个以煤炭为主要能源的发展中国家，已查明的煤炭资源总量为1.3万亿t，约占全世界煤炭资源总量的四分之一，居世界第二位。其中煤矸石排放量占煤炭产量的10%～15%。煤矸石由于热值低，经常被废弃，大量堆弃的煤矸石给当地环境和生产生活带来了巨大的不利影响。因此，对煤矸石进行综合利用，不仅能取得较好的社会和经济效益，而且还可以保护环境。

3.1.1 煤矸石的分布

1)国内煤矸石的分布

煤矸石与煤炭相伴而生，因此煤矸石的分布与煤炭分布基本一致。我国煤炭资源的分布总体来说北多南少，西多东少，主要集中在山西、陕北—内蒙古西部、新疆北部和川黔滇交界地区。这些地区的煤炭资源占全国总量的85.3%，沿海的13个发达省份的煤炭资源仅占我国总量的3.4%，其余省、市、自治区约占11.3%。华东地区的煤炭资源储量87%集中在安徽、山东；中南地区煤炭资源72%集中在河南；东北地区52%的煤炭资源集中在北部黑龙江；西南煤炭资源67%集中在贵州。全国煤炭资源分布如图3.1所示。随着经济的迅速发展和人民生活水平的不断提高，对煤炭的需求量也日益增加，我国2000年以来的煤炭和煤矸石产量情况如表3.1和图3.2所示。

我国历年原煤产量统计表　　表3.1

年份(年)	2000	2001	2002	2003	2004	2005	2006
原煤生产总量(万t标准煤)	98 855	105 028	110 732	130 992	151 615	167 785	180 625
年份(年)	2007	2008	2009	2010	2011	2012	2013
原煤生产总量(万t标准煤)	192 135	200 103	212 280	227 437	247 393	253 863	257 040

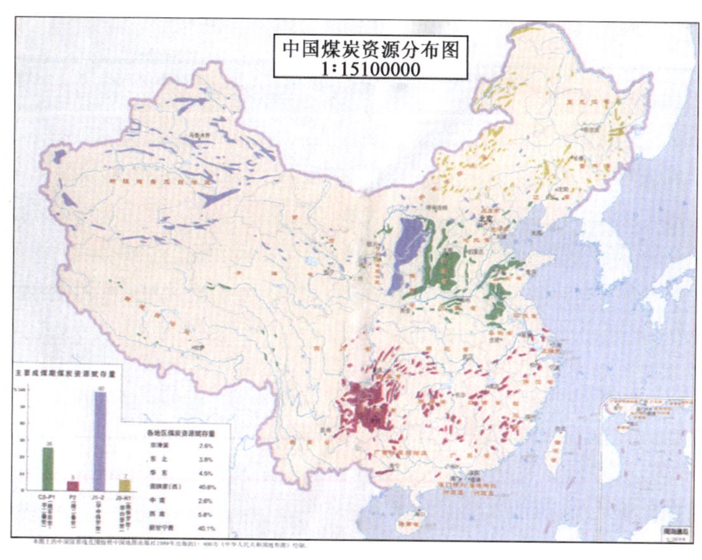

图 3.1　我国煤炭资源分布

2)贵州煤矸石的分布

贵州是我国南方煤炭资源最丰富的省区，煤炭资源分布广、储量大、种类全、埋藏浅，煤系地层广泛分布，含煤面积 7 万 km^2，占全省土地面积的 40%以上，素以“西南煤海”著称。除东部少煤、缺煤区外，省内各地多有产出。86 个县(市)中有 74 个产煤。贵州全省可以划分为八个煤田和一个区，分别为六盘水煤田、兴义煤田、织纳煤田、黔北煤田、贵阳煤田、黔东北煤田、黔东南煤田、黔西北煤田和黔南区。其中六盘水、织纳、黔北三大煤田，煤炭资源约占全省探明储量的 2/3 以上。全省煤炭探明储量 549 亿 t，比江南 12 省总量还多 100 亿 t。2013 年原煤产量 1.9 亿 t，预计 2015 年原煤产量将达到 2.5 亿 t，如图 3.3 所示。

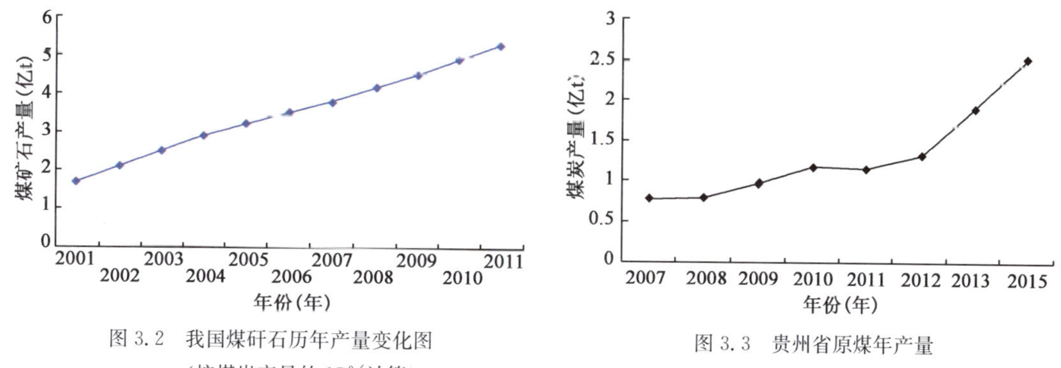

图 3.2　我国煤矸石历年产量变化图
(按煤炭产量的 15%计算)

图 3.3　贵州省原煤年产量

不同于我国其他省份，煤系地层是贵州省常见的地层，仅晚二叠世含煤地层分布的面积就有 7.1 万 km^2，占贵州省总面积的 40%以上。贵州省的煤系地层主要有碳质的泥岩、页岩、粉砂岩和砂岩等，岩层交互产出，地层呈现软硬相间的特性。这些碳质岩石具有水理性强、易风化、强度低、变形大，工程性质差的特点，与我国其他省份通过洗煤、选煤筛拣得到的煤矸石有很大的不同。

3.1.2 煤矸石的综合利用

煤矸石的大量堆积给当地人民的生产和生活带来了严重危害，综合利用煤矸石，改善当地环境，是矿区人民的迫切要求。

1)煤矸石的环境影响

(1)煤矸石对土壤环境的污染

目前我国煤矸石的综合利用水平较低，煤矸石多采用圆锥式或沟谷倾倒式自然松散的堆放在矿井四周，侵占了大量土地(图 3.4)。据统计，我国 2010 年煤矸石排放量达到了 7.1×10^8 t，预计到 2020 年堆存的煤矸石约为 40 亿吨，规模较大的煤矸石山有 2 600 多座，占地 1.2×10^4 hm^2。煤矸石在风化过程中可分解出部分可溶盐，如 Ca^{2+}、Mg^{2+}、Cl^-、K^+、Na^+、$SO4^{2-}$ 等，这些可溶盐浸入土壤，将导致土壤盐渍化，影响农作物生长。另外，煤矸石中含有有毒重金属，如铅、铬、汞、砷、镉等，这些有毒重金属元素通过雨水淋溶渗入土壤，增加了土壤中有毒重金属的含量，破坏了土壤的有机养分。

图 3.4 堆放的煤矸石山

(2)煤矸石对水体环境的污染

煤矸石中除含有 SiO_2 和 Al_2O_3 化合物以及铁、锰等常规矿物元素外，一些煤矸石中还含有铅、镉、汞、砷、铬等有害的微量重金属元素。这些煤矸石在露天堆放的情况下，经受风吹、日晒和雨淋等剥蚀作用，如图 3.5 所示。其中的有毒重金属元素和 Cl^-、HCO^{3-}、Mg^{2+}、Ca^{2+}、K^+、Na^+ 等组成部分可溶盐可能通过雨水淋溶进入地表水域或渗入土壤，进而通过土壤渗入浅层地下水，使浅层地下水和地表水的可溶盐类含量增大，重金属元素浓度可能会超过国家污染物最高允许排放标准，从而破坏土壤中的有机养分，情况严重时还会使水质酸化。煤矸石淋溶液不仅污染煤矸石堆积区，还会通过各种水力联系(导水砂层、地层裂隙、农灌、河流等)发生污染转移，从而大范围地影响工农业生产，特别是水产养殖业。其中，毒性最大的铅、镉、汞、砷、铬它们能在食物链中逐渐富集，最后进入人体，对人体健康产生长远的不良影响，会引起急性和慢性中毒。

(3)煤矸石对空气的污染

煤矸石在露天堆放的过程中，其表面会风化成粉末，遇风易形成扬尘。煤矸石粉尘中除含有对人体有害的物质。(砷、铬、汞、铅等)外，还含有少量天然放射性元素如钍 232、铀 238、镭

226 等，这些有害的粉尘如被人体吸入肺部，会引起肺气肿、气管炎、尘肺等疾病，严重时还会导致癌症。

图 3.5　沿河堆弃的煤矸石

此外，煤矸石中含有黄铁矿、有机硫、残煤和碳质泥岩等可燃物，长期堆积，日积月累，煤矸石内部的热量逐渐积蓄，当温度达到可燃物的燃点时便会自燃，如图 3.6 所示。煤矸石自燃时，其内部温度为 800～1 000℃，在自燃过程中会产生大量的 CO_2、CO、H_2S、SO_2、CH_4、C_2H_4、NO_x 等有毒气体，其中以 SO_2 为主。煤矸石自燃还会产生许多严重危害环境的多环芳烃类有机污染物，如苯并芘、二苯并蒽、苯并荧蒽、二苯并荧蒽等，它们以气相形式或吸附于微细粉尘烟尘排入大气，加剧大气污染，特别是苯并芘具有强的致癌性。这些有害气体的排放不仅降低了煤矸石山周围的空气质量，影响周围居民的身体健康，还破坏了周围的生态环境。

图 3.6　煤矸石自燃

(4)煤矸石对地面环境的影响

多数煤矸石的堆积未经设计，呈自然堆放、露天堆放状态，具有坡度大、结构疏松、稳定性较差等特点，如图 3.7 所示。在人为开挖、降雨淋滤、山洪冲刷作用下，容易失稳引发诸如泥石流、坍塌以及滑坡等重力灾害。此外，煤矸石山中碳、硫含量较高，氧化作用所产生的热量累积使煤矸石山内部温度升高，可以达到 800～1 200℃，形成一个高温高压的环境，并产生大量可燃瓦斯气体，当该气体浓度聚集到一定程度且得不到有效释放时，会发生爆炸。煤矸石的大量堆积，不仅占用了大量土地，而且对大气、土壤和水体环境以及人民的生命财产安全构成了严重威胁，因此，综合利用煤矸石，改善当地环境，正越来越引起人们的重视。

图 3.7　公路沿线的煤矸石弃土场

2)国外煤矸石的综合利用

国外对煤矸石的初步利用可以追溯到第二次世界大战以前,但是直至 20 世纪 60 年代后期,这项工作才真正引起各国重视。

原苏联曾对煤矸石分类做过研究,将煤矸石的来源、特征、成分等不同指标分等级列出分类符号,然后根据煤矸石在工业利用方面的质量要求,填入所需要的分类符号,根据分类符号所规定的质量要求,就可以选择煤矸石的加工工艺。在顿巴斯、库兹巴斯、卡拉干达等产煤地区广泛选用煤矸石作原料,生产实心或空心砖。利用煤矸石制砖,燃料消耗可以减少 80%,产品成本可以降低 19%~20%。

英国自燃煤矸石积存量约 3 亿 t,煤管局在 1970 年成立了煤矸石管理处,将煤矸石用于填筑公路路基和其他土建工程的普通填充物,年用量约 600 万 t 至 700 万 t;英国、波兰和匈牙利联合成立了海尔得克斯矸石利用公司,这些机构是专门从事煤矸石处理和利用的。

法国对煤矸石堆积地主要采用覆土种草措施,整个复垦过程分三个阶段完成。第一阶段为试验阶段,对复垦地进行系统绿化,比较各种树木的效果,总结提高土壤肥力的经验;第二阶段为综合种植阶段,在第一阶段的比较结果中,筛选出生长较好的白杨和赤杨,进行大面积种植试验;第三阶段为树种多样化和分阶段种植阶段。煤矸石堆积地经过阶段性复垦后,最后成为新农田,改善原有的生态环境。此外,法国还将含碳发热量较高的煤矸石作为燃料投入到窑炉中,煤矸石燃烧后又变成水泥的原料。

日本在煤矸石的利用方面也取得了巨大的成功。日本于 1964 年将煤矸石烧治成煤矸石砖,用于建筑房屋,可有效节约建筑物重量;在生产水泥的过程中用部分煤矸石替代硅质原料;将含碳量较高的煤矸石与煤炭混合起来用于发电,实践证明,煤矸石的燃烧非常稳定,可以满足发电机长期满载发电。

作为一种筑路材料,煤矸石也已经大量应用于各国公路网的建设中,如美国宾夕法尼亚州公路网、法国北部公路网、德国鲁尔地区公路网、英国利物浦等地区干线公路及高速公路等。法国将自燃煤矸石进行破碎和分级,用于停车场和公共广场表面铺筑,年用量可达 40 万~50 万 t。苏联将自燃后的煤矸石加工后,作为筑路材料,铺在沥青混凝土路面下,作双垫层的底层,年用量约 40 万~50 万 m^3。另外还将自燃煤矸石磨细用作沥青混凝土石粉,并且将煤矸石用于水泥混凝土中,作为一种抗冻材料,使用状态良好。在铁路工程中,煤矸石也可以作为路基填料，如英国 Gloucester、克罗伊登铁路编组站、Victoriabrighne 铁路等；在水工建筑中，煤矸石可作为坝体和路堤填充材料，如拦海坝、潜坝，海岸护堤水库大坝、运河河堤等；在其他方面，煤矸石作为地基垫层广泛地用于停车场地基、软弱地基处理等。近年来，以煤矸石作建筑材料，从城市道路发展至乡村道路，从轻荷载汽车道路发展到重荷载公路、铁路路基，人行道甚至到公园小路和运动场地等。

3)我国煤矸石的综合利用

我国从 20 世纪 70 年代后期开始对煤矸石的资源化进行开发利用。国家建材工业局专门行文发布了《自燃煤矸石轻集料》(JC/T 541—1994)行业标准，于 1994 年 12 月 1 日起实施，为煤矸石应用从技术上提供了必要的保证。此外，在 1996 年和 1998 年下达了《关于进一步开展资源综合利用的意见》、《资源综合利用目录》、《煤矸石综合利用管理办法》等文件，鼓励科技人员对煤矸石作深入研究。“十一五”期间我国煤炭工业大力发展循环经济，按照减量化、再利用、再循环的原则，重点治理和利用煤矸石、矿井水和粉煤灰。国家工业和信息化部发布的工业节能“十二五”规划中的重点行业节能途径与措施，提出推广煤矸石烧结砖隧道窑技术和烧结砖内燃工艺，替代黏土实心砖。经过几十年的不懈努力，我国对煤矸石资源化综合利用领域不断拓宽，涵盖了供热发电、建材、化工、农业、工程利用等领域。

(1)煤矸石能源利用

煤矸石含碳量的高低是决定其能源利用的主要依据，根据含碳量的高低，将煤矸石能源利用的途径划分为三类，具体划分标准见表 3.2。其中，含碳量小于 10%不具有能源利用条件；含碳量在 10%～20%时可作为水泥、筑砖部门的混合能源；当含碳量大于 20%时可作为能源利用，回收其中的煤炭、制备煤气，或作为发电、供热等代替能源。

煤矸石能源利用含碳量分类　　表 3.2

含碳量(%)	发热量(kJ/kg)	利用途径
4	≤2 090	水泥混合材、混凝土掺合料、橡胶和塑料填料、提取铝等
5～10		
11～20	2 090～6 270	生产建筑材料如水泥原料、烧结砖
>20	6 270～12 550	发电、取暖

对含碳量高的煤矸石(含碳量≥20%)，可以直接用作流化床锅炉的燃料发电或对混在煤矸石中的煤炭资源利用现有的选煤技术加以回收。煤矸石发电不仅解决了煤矸石堆放所带来的环境问题，而且可以缓解我国能源紧张的局面，并且在生产工艺中，产生的有害气体、烟尘、废弃物基本上都能够得到回收，大气污染物的排放也可达到国家排放标准。新汶、邯郸矿务局都建有煤矸石电厂，其流程均以洗煤厂洗矸为原料，经破碎、脱硫处理后加入沸腾炉进行燃烧。电厂已正常运行多年，效果良好。

煤炭资源选煤回收是煤矸石能源利用和其他资源再生利用的预处理工作。在煤矸石资源化再生利用之前，回收其中的部分煤炭既节约能源又增加了经济效益，同时也对保证煤矸石建材、化工利用的产品质量，稳定生产工艺和操作方法十分有利。目前回收煤炭的洗选工艺主要有两种，水力旋流器分选和重介质分选。

将发热量较高的煤矸石粉碎到 3mm 以下，再根据其发热量需要掺入一定量原煤、水分和助燃剂等，制成各种形状和用途的成型燃料。将40%的煤矸石与烟煤、添加剂按一定比例配制成合成燃料，供工业锅炉和窑炉使用，可节省大量优质煤并降低生产成本。在相同条件下燃烧，煤矸石合成燃料燃烧后的排放物指标优于烟煤。

(2)煤矸石在建筑材料中的应用

煤矸石用作建筑材料主要包括煤矸石制砖、代替黏土制成水泥、配置混凝土、制备轻集料等。

①煤矸石制砖。

煤矸石制砖的技术在我国较为成熟，这是大宗利用煤矸石的主要途径。我国煤矸石制砖从20世纪60年代开始至今，已积累了丰富的实践经验，产品也逐步多样化，从实心砖到空心砖、低标号砖到高标号砖，形成了不同规格的一系列产品，煤矸石砖的产品质量可以达到甚至超过传统黏土砖的质量标准。而且，在煤矸石烧结砖的基础上，还研制了免烧砖、装饰砖等。利用煤矸石制砖是节土、节煤、保护环境的有效途径，符合国家政策要求。

此外，煤矸石制烧结砖可以利用煤矸石能释放一定热量这一特性，先将窑体内的温度提高到煤矸石燃点，待煤矸石砖坯进入窑体后利用其自燃进行烧制，实现了"制坯不用土，烧砖不用煤"的节能环保目标。

目前，全国煤矸石砖生产企业有近千家，年生产煤矸石砖60亿块，利用煤矸石1 600万t，年节约土地近万亩，节约标煤60万t。此外，全国利用煤矸石生产黏土内烧结砖的(平均掺煤矸石量约15%)厂家较多，每年生产煤矸石内烧结砖500亿块，年利用煤矸石量1 800万t，如图3.8所示。

图3.8　煤矸石砖

②煤矸石做水泥混合材。

在水泥生产方面，煤矸石和黏土的化学成分相近，并能释放一定的热量，用其代替黏土和部分燃料生产普通水泥能提高熟料质量。这不仅可以解决煤矸石对环境的负面影响，而且可以代替部分水泥熟料，降低水泥成本，减少水泥在工业生产中的环境污染问题，同时煤矸石还能释放一定热量，代替部分燃料，减少水泥生产过程中的能耗。作为火山灰质水泥的混合材，煅烧煤矸石和自燃煤矸石必须满足以下技术要求：煤矸石属于碳质泥岩、泥岩、砂岩、石灰岩，且人工的火山灰质混合材烧失量不得超过10%，三氧化硫含量不得超过3%，火山灰性必须合格。

③煤矸石配置混凝土。

热活化煤矸石因其具有良好的火山灰活性及胶凝活性，可以作为高性能混凝土的矿物掺合料。煅烧煤矸石或自燃煤矸石作为混凝土掺合料使用，不但能降低水泥用量，从而降低能源消耗，而且可以大量利用工业废渣，降低对环境的污染。此外，煤矸石作混凝土掺合料可以赋予混凝土某些特殊功能，改善水泥混凝土的性能，增加水泥混凝土的抗碳化和抗硫酸盐侵蚀等能力，提高混凝土制品质量和工程质量。如降低混凝土的水化热，减少因水化升温而引起的混凝土开裂，提高混凝土的耐久性。

④煤矸石制备轻集料。

煤矸石中含有各种重金属化合物、碳酸钙和硫铁矿等，它们在高温下分解溢出气体，使物料在塑性阶段产生膨胀，形成孔隙结构，因此，煤矸石可以用来制备轻集料。我国堆存的煤矸石中有 40%左右适合于烧制轻集料。如果能将煤矸石制备成轻集料，不仅能够为混凝土轻质、高强、保温等提供技术途径，还可减少占用土地的面积，降低煤矸石堆放对环境的污染，具有巨大的环境、经济和社会效益。

(3)煤矸石在化工产品中的应用

煤矸石中含有氧化铝、二氧化硅化合物以及碳等元素，利用煤矸石可以生产氧化铝、氯化铬、絮凝刘、硫酸铝、四氯化硅、聚硅酸、活性炭吸附剂、炭黑等化工产品。聚合氯化铝可用于饮用水净化、工业废水处理等领域；硫酸铝主要用于水处理、造纸、印染等。在利用煤矸石制备铝盐的过程中，过滤出大量的残渣，其主要成分是二氧化硅，可用来生产某些含硅的化工产品，如水玻璃、白炭黑、硅铝炭黑等。白炭黑是一种工业填料，可以作为塑料填充剂，具有广泛的应用情景。硅铝炭黑在橡胶制品及塑料制品中应用广泛。

分子筛是指具有均匀的微孔，其孔径与一般分子大小相当的一类吸附剂或薄膜物质。从其结构来看，分子筛具有四面体骨架，由硅原子、铝原子、氧原子形成三维骨架结构。骨架具空隙，能强烈吸附水中的极性分子。4A 分子筛是一种人工合成沸石。在矿物学上，它属于含水架状铝硅酸盐类。近年来，4A 分子筛在我国的石油、化工、冶金、电子技术、医疗卫生等部门应用广泛。将煤矸石破碎后煅烧，提高其反应活性，然后加入 NaOH 溶液与之反应、晶化，最后过滤、洗涤、干燥即得 4A 分子筛成品。

在塑料、橡胶等有机高分子材料制品中，为了降低生产成本，提高有机高分子材料制品的某些性能，通常加入一定量的填充剂。煤矸石具有密度小、易加工、价格低廉特性，且处理后与高分子材料有良好的混合性能，可作为填充剂使用。

此外，煤矸石中含有大量的有价元素，如硅、铝、铁、钙和大量的微量元素及稀有元素如镓、钒、钛、钴等。当煤矸石材料中某种元素或几种元素富集到具有利用价值时就可以提取综合利用。要有效地利用煤矸石中的有用成分，首先要对其进行热活化，使其晶体结构转变为活性较高的、半晶质及非晶质的 Al_2O_3 和 SiO_2，从而提高其反应活性。

(4)煤矸石在农业方面的应用

①改良土壤。

煤矸石中有机质含量在 15%以上，还含有丰富的 K、Ca、P、Mg、Mn、Zn、Co、Mo、Cu 等植物生长必需的元素，且煤矸石具有较大的吸收容量，可以改良土壤，增强土壤疏松度，改善土壤结构，实现增产的效果。

②生产农业肥料。

煤矸石中含有一定量的有机物,近年来开始发展以煤矸石为载体生产的无机复合肥和微生物肥料,即优质、高效、对环境无污染的新型肥料。以煤矸石和廉价的磷粉为原料,外加添加剂等,制成煤矸石微生物肥料,可作为主施肥应用于种植业。煤矸石中的有机质含量越高越好,有机质含量20%以上,pH值6左右的碳质泥岩或粉砂岩,经过粉碎研磨,以一定比例与过磷酸钙混合,同时加入适量添加剂,搅拌均匀加适量水,充分活化反应并堆沤后,即成为一种新型实用肥料。此外,以含碳量较高的煤矸石为主原料还可以制成有机-无机复合肥料,适用于各种农作物土壤。据不完全统计,全国有微生物菌肥厂几十余个,年生产能力上百吨,大部分以煤矸石为载体,获得了显著的环境效益和社会效益。

(5)煤矸石在工程方面的应用

在工程利用方面,煤矸石作为一种充填材料,可用于回填塌陷区以及铁路、公路、水利、工民建等众多的土木工程领域。煤矿区常有大面积洼地、塌陷地,利用煤矸石作为复垦采煤塌陷区的回填材料,不仅可以大量的消耗煤矸石,还可使采煤破坏的土地得到恢复,复地后可供矿区生活、生产基建用地,缓解基建用地紧张。甚至还可以进行覆土还田,种植农作物。

3.1.3 煤矸石在公路工程中的应用

煤矸石用于公路工程中是众多煤矸石利用途径中较为有效地一种。随着我国向资源友好型和环境节约型社会的发展,低碳公路成为我国公路工程的发展方向。因此,将煤矸石用于公路工程中,成为目前公路科研部门的热点研究课题之一,研究煤矸石的性能,进行煤矸石在公路工程中的应用分析,将有较大的经济价值和社会、环境效益。

1)用于公路路基填筑

煤矸石作为路堤填料,可有效利用挖方,减少弃方,降低施工成本,已经大量应用于各国公路网的建设中。我国的山西、山东、辽宁等产煤大省在煤矸石填筑路基方面曾做了大量的工作,主要针对煤矸石的矿物成分、物理化学性质、级配要求,混合料强度、水稳性、收缩性、冻融稳定性以及最佳配比等方面进行了大量的室内外研究,并取得了一定的研究成果,为推广煤矸石在道路建筑方面的综合利用提供了许多宝贵的经验。此外,对其施工工艺和质量检测也进行了研究,并在一些高等级道路如省道、国道、高速路上进行了实践性的推广,目前运行情况良好,但其耐久性还需进一步考证。

2)用做道路基层材料

煤矸石具有与粉煤灰相似的化学活性成分,具有一般石料的集料压碎值,满足高等级公路基层强度要求,煤矸石具备用石灰或水泥稳定的技术条件,可以作为道路基层材料,并在我国山东、河南、湖北、吉林、重庆等地区的公路工程中进行了应用,且取得了较好的使用效果。煤矸石在道路基层中的应用方式主要有:①直接用做道路的底基层,主要采用强度较高,压碎值较小并且性质稳定的煤矸石;②采用石灰、水泥及粉煤灰单独或综合稳定。

3)用于道路面层

沥青混合料中用煤矸石代替碎石作为粗集料制成煤矸石沥青混合料,很多学者从煤矸石粗集料物理力学性能、矿料级配和配合比设计、煤矸石沥青混合料综合路用性能方面作了系统研究，证明了煤矸石在高等级道路沥青面层应用的可行性，并在北京市门头沟担下路、长安街道路大修工程中得到了成功应用。

4)软土地基处理

在公路工程的建设过程中，会遇到很多软土地基。目前软土地基处理常采用传统的散体材料桩(砂柱、碎石桩等)存在完全依赖桩周土的围限约束才能发挥作用的问题，造成桩体强度低、变形大、荷载传递性能差、处理后的复合地基承载力提高不显著而地基变形仍较大等缺陷。有些学者将煤矸石与传统的碎石桩、混凝土桩进行了综合应用，形成了注浆煤矸石桩和煤矸石混凝土桩等新型的复合地基形式，不但能克服传统散体材料桩的缺点，提高桩身强度，改变桩体破坏模式，大幅度提高地基处理效果，而且可以变废为宝。

5)改善膨胀土路基填料的工程性质

由于膨胀土具有显著的吸水膨胀和失水收缩两种变形特征，膨胀土用做路基填料时常需要改良处理，最常用的改良方法是石灰处理。鉴于煤矸石存在的大量危害和膨胀土的不良工程性质，许多学者在煤矸石大量存在和膨胀土也广泛分布地区，尝试用煤矸石来改良膨胀土的路用性能，研究表明，煤矸石改良后膨胀土混合料的路用性能有了明显改善。

3.1.4 煤矸石路基存在的主要问题

在我国北方等煤的主产区，煤矸石主要是由煤矿洗煤、选煤所产生的，这些煤矸石的产地相对固定，位于煤矿、电厂或煤化基地附近。这些煤矸石的强度较高、水稳性较好，因此用于路基填筑在技术上是可行的。制约煤矸石利用的主要因素是运距。由于公路是带状工程，而煤矸石产地固定，当煤矸石的运距超过 30km 后运输成本将很高，使煤矸石的利用在经济上难以承受。因此，北方煤矸石的利用一般用于产地附近的厂矿道路和公路。

与其他省份不同，贵州省煤层的分布有其显著的特点：①煤层分布极广，除黔东南为少煤区外，其他西、南、北均有广泛分布；②煤层出露浅，一些煤层分布于地表下数米，人工可以开采；③煤层薄，有些煤层厚仅 1～2m 至数米；④煤质较差，煤矸石含量高，含煤量低，甚至煤矸石的含量远高于煤，是煤矸石里找煤，因此许多地方的煤不具有工业开采价值，而是由当地老百姓自行人工采挖。因此贵州许多地区老百姓的房前屋后堆满了煤块，这些煤都是当地老百姓自己动手挖来的，如图 3.9 所示；⑤煤矸石的强度很低，多为碳质泥岩、碳质页岩、碳质粉砂岩和碳质砂岩等，一遇水风化即崩解、泥化。

图 3.9 贵州煤矸石分布与找煤情形

在贵州修建公路，边坡、隧道开挖中常会挖出大量的煤矸石，这些煤矸石部分用于路基填筑，部分被废弃，如图 3.10 所示。在煤矸石路基中，大部分路基使用效果良好，但也有一些煤矸石路基出现了较大沉降和自燃现象，对于自燃煤矸石路基多采用坡面封闭、路基注浆的方式进行处理，效果较好。

图 3.10 贵州公路建设中边坡与隧道开挖煤矸石

3.2 贵州煤矸石的工程特性

3.2.1 矿物与化学成分

煤矸石是含碳岩石和其他岩石的混合物，随着煤层地质年代、地区、成矿条件、开采条件的不同，煤矸石的化学成分、矿物成分也各不相同。

1)矿物组成

矿物成分是决定煤矸石水理性和水稳性的基础。煤矸石是多种沉积岩组成的集合体，不同的沉积岩又由不同成岩矿物组成。煤矸石中主要矿物成分有高岭石、伊利石(水云母)、绿泥石、蒙脱石、多水高岭石、地开石、海泡石、白云母、黑云母、长石(钾长石、斜长石)、石英、蛋白石、方解石、白玉石、菱铁矿、菱镁矿、黄铁矿、赤铁矿、磁铁矿、褐铁矿、铝土矿及微量元素等。

贵州地区煤矸石岩性以碳质泥(页)岩为主，部分煤矸石 X 射线衍射结果如图 3.11 所示，煤矸石的矿物组成以亲水性强的高岭石、伊利石和蒙脱石等黏土矿物为主，其他矿物一般包括埃洛石、绿泥石、石英以及绢云母等。我国部分地区煤矸石的矿物成分如表 3.3 所示。相比于矿区煤矸石，碳质泥岩类煤矸石黏土矿物的含量较高(>50%)，亲水性强，含水率的变化对碳质泥岩类煤矸石性质影响较大。煤矸石遇水后容易出现较大的膨胀或者崩解，水稳定性不好。

2)化学成分

煤矸石的化学组成是评价煤矸石性质，决定化学活性的一项重要的指标，直接影响到其作为路基填料的可行性。对煤矸石的化学成分进行分析研究可以掌握煤矸石的化学活性成分，有助于了解和分析煤矸石的工程性质。

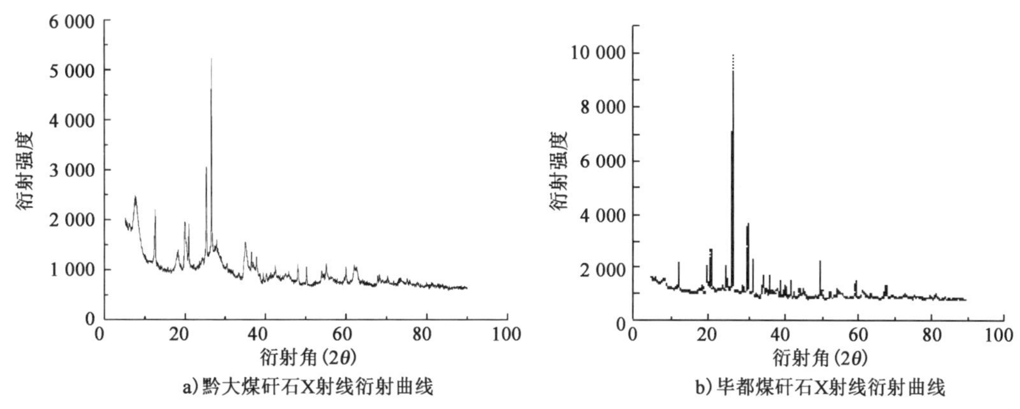

图 3.11　部分煤矸石 X 射线衍射曲线

我国部分地区煤矸石矿物组成(%)　　表 3.3

省份	煤矸石产地	类型	蒙脱石	伊利石	高岭石	石英	娟云母
贵州	贵新高速	碳质泥岩	3～5	10～15	80～85	5～8	—
广西	寨任路		6	15	35	5	—
	宜柳路		5	20	30	3	—
	百色电站		3	—	25	6	5
	河池		18.5	—	16.3	23.8	7.8
湖南	湘西		11.5	4.3	27.6	31.3	9.4
吉林	蛟河	矿区煤矸石	12	3	22	26	—
贵州	六盘水		5.12	1.73	15.46	41.51	5.23

煤矸石的化学成分复杂，无机质主要包括各类矿物的物质组成，构成各类矿物成分的化学元素多达数十种，一般以 SiO_2、Al_2O_3、Fe_2O_3 为主，还有数量不等的 CaO、MgO 等氧化物以及微量的稀有金属(如钛、钒、钴等)。有机质主要包括碳、氢、氧、氮、硫等，随含煤量的增加而增高。其中，碳是有机质的主要成分，也是燃烧时产生热量的最重要元素；硫分为有机硫和无机硫两部分，有机硫是成煤植物带来的硫，分布均匀，较难分离出来；无机硫主要以硫化物(FeS_2)或硫酸盐($CaSO_4 \cdot 2H_2O$，$FeSO_4 \cdot 7H_2O$)的形式存在。我国矿区煤矸石化学成分中 SiO_2 的含量最高，在 40%～70%之间；其次为 Al_2O_3，含量在 10%～40%之间；Fe_2O_3 的含量一般在 0.1%～10%之间。总体来说，大部分矿区煤矸石中三者的含量之和大于 70%。国内主要煤矿的煤矸石化学成分如表 3.4 所示。

国内主要煤矿的煤矸石化学组成　　表 3.4

省份	地区	SiO_2	Al_2O_3	Fe_2O_3	CaO	MgO	FeO	TiO_2	K_2O	Na_2O	烧失量
河南	焦作	49.12	17.82	4.62	7.48	1.73	—	—	—	—	16.44
江苏	徐州	56.57	16.71	5.05	5.46	0.34	0.28	—	—	—	—
宁夏	太西矿	44.9	13.35	7.6	3.09	1.97	1.66	—	—	—	29.18
河北	井滦	64.33	17.85	4.4	3.74	2.15	—	—	1.75	—	—
山东	官庄矿	57.08	19.1	9.33	2.38	1.96	5.31	—	1.86	0.53	2.16

续上表

省份	地区	SiO_2	Al_2O_3	Fe_2O_3	CaO	MgO	FeO	TiO_2	K_2O	Na_2O	烧失量
安徽	淮北	58.94	35.8	2.16	0.26	0.46	—	0.96	1.17	0.16	—
山西	大同	48.33	19.87	9.85	1.85	0.73	—	0.09	1.65	0.1	—
湖南	青峰	61.78	25.93	0.17	0.72	0.66	—	0.76	1.5	0.18	—
贵州	六盘水	43.98	15.63	15.79	0.98	2.63	—	3.02	0.84	0.32	14.12
云南	宣威	65.05	24.93	6.83	1.47	0.54	—	0.97	3.22	0.24	—
广西	河池	59.45	12.17	5.47	3.32	0.69	—	0.43	1.94	0.21	13.62
辽宁	抚顺	43.11	17.4	10.4	0.96	0.89	—	—	0.65	0.18	—
黑龙江	鸡西	54.09	21.62	2.28	0.23	0.44	—	—	1.75	0.13	—
江西	萍乡	55.56	16.57	3.35	1.24	2.01	—	—	2.39	0.21	—
四川	攀枝花	46.32	19.24	5.63	0.96	2.76	—	—	3.57	0.18	—

贵州地区路用煤矸石属碳质泥岩，碳质泥岩类煤矸石中 SiO_2 的含量最高，Al_2O_3 的含量次之，相比传统矿区的煤矸石，碳质泥岩类煤矸石的烧失量较低，均低于15%。贵州地区煤矸石中 SiO_2、Al_2O_3 和 Fe_2O_3 的含量均大于70%，烧失量在10%以下。贵州及其他地区碳质泥岩类煤矸石的化学成分如表3.5所示。

国内碳质泥岩类煤矸石化学组成 表3.5

省份	地区	SiO_2	Al_2O_3	Fe_2O_3	CaO	MgO	FeO	TiO_2	K_2O	Na_2O	烧失量
贵州	毕都	52.95	29.24	5.00	0.61	0.97	—	5.46	2.89	1.62	2.90
	黔大	53.68	25.52	7.00	4.80	1.43	—	0.85	2.82	0.21	3.34
	六盘水	48.82	15.27	7.6	5.1	0.8	—	0.5	1.4	0.28	3.17
	开阳	55.6	10.04	6.35	3.11	3.03	—	—	4.3	0.71	—
	织金	70.12	11.39	2.72	1.15	1.71	—	—	2.89	1.36	—
	贵新1	70.44	16.04	—	0.1	0.59	0.56	—	1.66	0.14	7.88
	贵新2	74.16	14.38	—	0.11	0.52	0.49	—	1.50	0.14	6.89
广西	六寨	48.6	15.23	7.5	7.48	0.8	—	0.5	1.5	0.3	14.97
	河池	59.45	12.17	5.47	3.32	0.69	—	—	1.94	0.21	13.62
	宜柳路	38.56	19.21	3.35	11.25	0.85	—	1.12	4.58	—	9.08
	百色电站	65.55	17.83	1.55	1.55	0.58	—	—	2.85	—	7.31
重庆	—	45.45	17	7.54	2.14	2.91	—	—	4.9	1.75	—
四川	—	52.39	10.9	2.71	12.2	0.07	—	—	—	—	—
安徽	巢湖	65	19.9	5.9	0.4	2.4	—	—	—	5.2	—
湖南	湘西	51.6	14.3	7.8	7.5	—	—	—	—	—	—

总体来说，各地区煤矸石中的化学成分虽然有差别，但 SiO_2、Al_2O_3 和 Fe_2O_3 的含量都比较高，特别是 $SiO_2+Al_2O_3$ 的含量一般在60%以上，烧失量除个别地区外，都不超过20%，性能比较稳定，大多可用于路基填筑。

3.2.2 级配组成

颗粒组成是影响煤矸石压实的重要因素，Michalski 对比分析了煤矸石的粒度分布与密实度之间的关系，发现煤矸石的可压密度与矸石颗粒的不均匀系数 C_u 在量值上表现出很强的关联性，C_u 越大煤矸石可压密的程度就越高。

工程上把 $C_u<5.0$ 的土称为匀粒土，以为级配不良，反之则称为非均匀土；C_u 大，表示粒组分布范围比较广，$C_u>10$ 的土级配良好。但如果 C_u 过大，表示可能缺失中间粒径，表明级配不连续，可认为级配不良，故不能仅仅依靠不均匀系数 C_u 来判断级配的好坏，需同时用曲率系数 C_s 来评价，曲率系数 C_s 反映粒径分布曲线的整体形状及细粒含量，研究表明：如果曲率系数 $C_s<1.0$，土级配不连续，细粒含量大于 30%；反之，如果曲率系数 $C_s>3$，土级配也不连续，细粒含量小于 30%；故曲率系数 $C_s=1.0\sim3.0$ 时，土粒级配连续性较好。因此，在工程上对路堤填料级配的判定需同时考虑不均匀系数 C_u 和曲率系数 C_s 的取值，其标准为 $C_u>5.0$，同时 C_s 在 1.0～3.0 之间，粒径累计曲线表现为曲线跨度较大、平滑，呈现凹面朝上的形式，且坡度较缓。

1)贵州煤矸石级配

贵州及附近地区碳质泥岩类煤矸石的级配如图 3.12 和表 3.6 所示。不均匀系数 C_u 大于 10，且曲率系数 C_s 都在 1.0～3.0 之间。

2)其他地区煤矸石的级配

不同矿区的煤矸石在级配上存在一定的差异，我国部分矿区煤矸石的颗粒级配曲线如图 3.13 和表 3.7 所示。由图 3.13 可以看出，煤矸石的粒径分布从数十厘米至 0.1mm 以下，级配较差，粗颗粒含量高，细颗粒含量少，粒径超过 5mm 的颗粒含量多在 60%以上，粒径小于 0.075mm 的颗粒含量多在 7%以下，有的甚至不足 0.1%，煤矸石颗粒粒度分布极不均匀。不均匀系数 C_u 从 2 变化至 90，曲率系数 C_c 从 0.1 变化至 5。

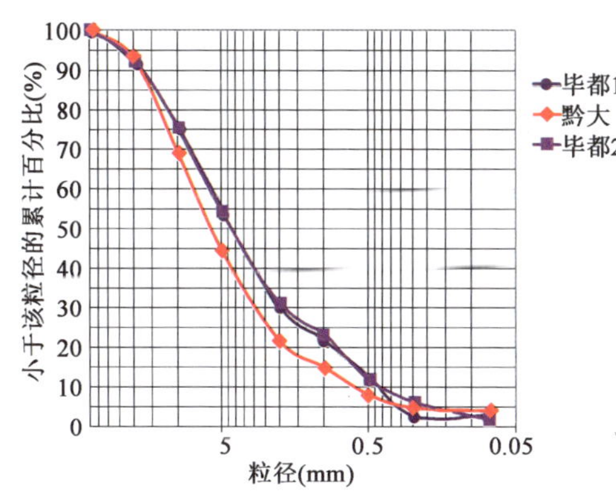

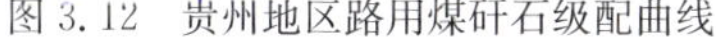
图 3.12 贵州地区路用煤矸石级配曲线

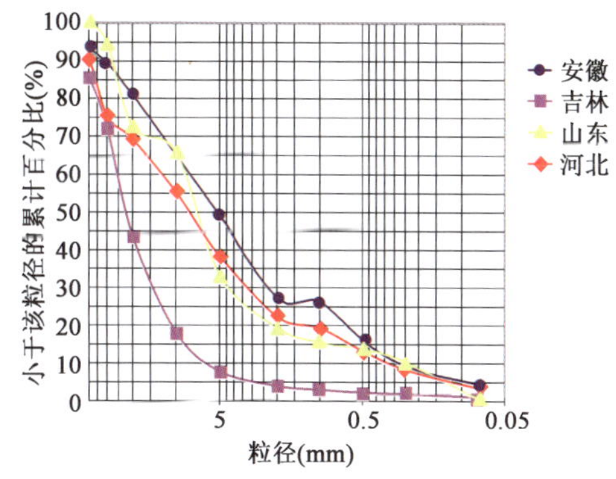

图 3.13 国内主要矿区煤矸石粒径级配曲线

煤矸石级配评价表 表 3.6

地点		d_{10}	d_{30}	d_{60}	C_u	C_c	级配
贵州	毕都高速 1	0.44	2.01	6.02	13.68	1.53	良好
	毕都高速 2	0.42	1.99	6.02	14.33	1.57	良好
	黔大高速	0.65	3.00	8.00	12.31	1.73	良好

续上表

地点		d_{10}	d_{30}	d_{60}	C_u	C_c	级配
广西	六寨至河池 1	0.49	3.83	14.19	28.96	2.11	良好
	六寨至河池 2	0.26	2.67	12.5	48.08	2.19	良好
	六寨至河池 3	1.14	8.43	26.55	23.29	2.35	良好
	南宁柳南路	—	—	—	13.1	2.1	良好
重庆		—	—	—	7.14	1.93	良好

煤矸石级配评价表 表 3.7

省　份	地　点	C_u	C_c	级　配
安徽	港口二矿	20.00	3.20	良好
	阜新矿区	2.00	1.28	不良
	淮南煤矿	20.00	3.20	良好
吉林	蛟河矿区	3.21	1.09	不良
	九台矿区	2.67	1.12	不良
	珲春矿区	3.95	1.35	不良
	道清矿区	4.26	1.40	不良
	九台矿区	2.67	1.12	不良
山东	潍坊矿区	21.46	4.47	良好
	枣矿东井	15.95	3.42	良好
河北	开滦矿务局林西煤矿	36.94	2.79	良好
	武安矿区陶一矿	3.68	0.94	不良
	峰峰矿区黑色煤矸石	8.13	1.04	不良
	邢台矿灰色煤矸石	88.46	2.44	良好

3.2.3 煤矸石的液塑限

贵州及附近碳质泥岩煤矸石的液塑限如表 3.8 所示。从表 3.8 中可以看出,碳质泥岩的液限、塑限分布较宽,表明泥岩的矿物成分与粒径分散。由于液塑性是对颗粒过 0.5mm 筛的细粒土进行试验,因此液塑性与试验时的土样粒径密切相关。液塑性只是从某个角度反映了碳质泥岩的特点,但不是起主要指标作用。

贵州地区煤矸石液塑限试验结果 表 3.8

煤矸石产地		液限(%)	塑限(%)	塑性指数(%)
贵州碳质泥岩	毕都	29.83	6.36	23.5
	六盘水	36.03	20.05	15.98
贵州泥岩	安龙	63	35	28
广西碳质泥岩	寨仁路	42.9	22.6	20.3
	六寨至河池	25～32.9	15.1～19.3	6～14.7

续上表

煤矸石产地		液限(%)	塑限(%)	塑性指数(%)
广西碳质泥岩	宜柳路	42.0	26.7	15.3
	南宁柳南路	42.6	19.4	23
	玉铁高速	29.3	22.4	6.9
	第三系泥岩	19.5～46.5	12.4～27.6	6.2～24.3
湖南碳质页岩	湘西	57.01	32.3	14.3

3.2.4　压实特性

贵州部分煤矸石的最佳含水率和最大干密度如表3.9所示。从表3.9中可以看出，同一地区煤矸石的最大干密度和最佳含水率分布比较均匀；但不同地区的煤矸石的击实结果却有较大的差异。黔大高速煤矸石的最佳含水率在7.6%～9.72%，最大干密度在1.96～2.08g/cm^3；六盘水地区煤矸石的最佳含水率为14.8%～15.2%，最大干密度为1.69～1.71g/cm^3。最大干密度和最佳含水率的差异也与试验取样的差异有直接关系。

贵州部分煤矸石击实结果　　表3.9

产　地		最大干密度(g/cm^3)	最佳含水率(%)
贵州	黔大路AK1+750	1.97	9.72
	黔大路DK0+550	1.96	9.65
	黔大路YK41+400	2.02	9.50
	黔大路K43+200	2.08	7.6
	贵州六盘水	1.69～1.71	14.8～15.2

3.2.5　强度特性

贵州地区的煤矸石含有较多的黏土矿物，黏土矿物成分对其工程力学性质有重要影响，在不同的含水率下煤矸石会表现出不同的力学性质，一般含水率高，其强度就低；反之则高。

1)抗剪强度

煤矸石不同含水率时的抗剪强度如图3.14所示，内摩擦角和黏聚力随着含水率的增大而减小。因此，路基施工和运营期间应做好防排水措施。

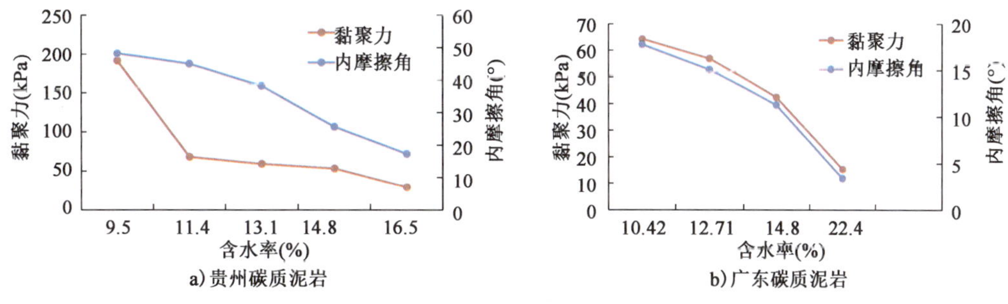

图3.14　煤矸石抗剪强度与含水率关系

2)抗压强度

随着含水率的减少,煤矸石的单轴抗压强度增大,如图 3.15 所示。此外,研究表明软岩填料随着级配的提高,压实度增大,单轴抗压强度增大;随着级配填料中粗颗粒含量的增加,单轴抗压强度降低。因此,控制填料的级配(级配中粗颗粒不大于 15mm)是提高压实度及强度的有效措施。

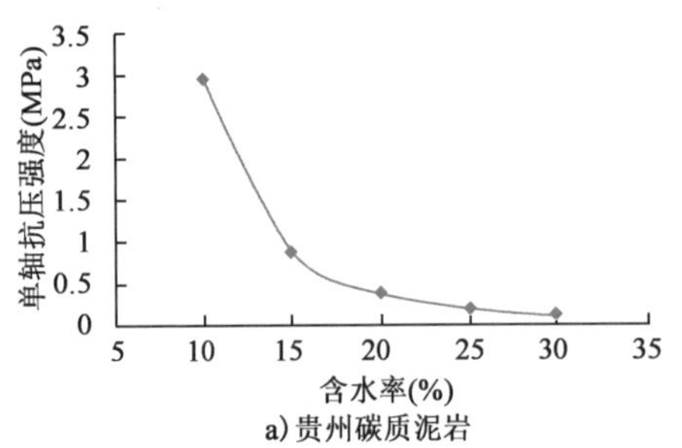

a)贵州碳质泥岩

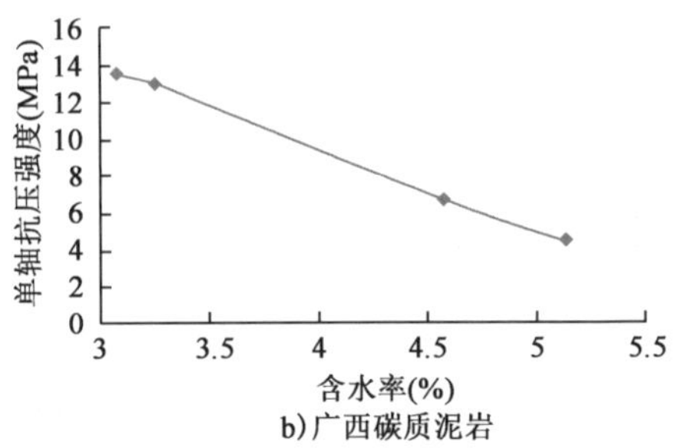

b)广西碳质泥岩

图 3.15　煤矸石的抗压强度随含水率的变化曲线率

3.2.6　煤矸石的承载比 CBR

CBR 是公路行业评定路基材料承载力的关键指标,其主要是表征材料在浸泡状态下的力学性能。《公路路基设计规范》(JTG D30—2015)对路床、路堤填料的 CBR 值要求如表 3.10 和表 3.11 所示。

路床压实度要求　　表 3.10

<table>
<tr><th colspan="2" rowspan="2">路基结构形式</th><th rowspan="2">路面底面
以下深度(m)</th><th colspan="3">路床压实度(%)</th></tr>
<tr><th>高速公路、一级公路</th><th>二级公路</th><th>三、四级公路</th></tr>
<tr><td colspan="2">上路床</td><td>0～0.3</td><td>≥96</td><td>≥95</td><td>—</td></tr>
<tr><td rowspan="2">下路床</td><td>轻、中交通</td><td>0.3～0.8</td><td>≥96</td><td>≥95</td><td>≥94</td></tr>
<tr><td>重、特重交通</td><td>0.3～1.2</td><td>≥96</td><td>≥95</td><td>—</td></tr>
</table>

注:1. 表中所列压实度系按《公路土工试验规程》(JTG E40—2007)重型击实试验所得最大干密度求得的压实度。

2. 三、四级公路铺筑沥青混凝土和水泥混凝土路面时,其压实度应采用二级公路压实度标准。

3. 路堤采用特殊填料或处于特殊气候地区时,压实度标准可根据试验路在保证路基回弹模量要求的前提下降低 1～2 个百分点。

路堤填料最小承载比要求　　表 3.11

<table>
<tr><th colspan="2" rowspan="2">项 目 分 类</th><th rowspan="2">路面底面以下深度
(m)</th><th colspan="3">填料最小承载比(CBR)(%)</th></tr>
<tr><th>高速公路、一级公路</th><th>二级公路</th><th>三、四级公路</th></tr>
<tr><td rowspan="2">上路堤</td><td>轻、中交通</td><td>0.8～1.5</td><td>4</td><td>3</td><td>3</td></tr>
<tr><td>重、特重交通</td><td>1.2～1.9</td><td>4</td><td>3</td><td>3</td></tr>
<tr><td rowspan="2">下路堤</td><td>轻、中交通</td><td rowspan="2">1.5 以下
1.9 以下</td><td rowspan="2">3</td><td rowspan="2">2</td><td rowspan="2">2</td></tr>
<tr><td>重、特重交通</td></tr>
</table>

注:1. 当路基填料 CBR 值达不到表列要求时,可掺石灰或其他稳定材料处理。

2. 当三、四级公路铺筑沥青混凝土和水泥混凝土路面时,应采用二级公路的规定。

1)贵州煤矸石的 CBR 值

贵州黔大高速碳质泥岩煤矸石的 CBR 试验结果如表 3.12 所示。CBR 值普遍不高,大多接近 10,提高压实度可以增加 CBR 值。碳质泥岩煤矸石的线膨胀率很小,表明煤矸石不具有膨胀性,但在试验过程中碳质泥岩的崩解、碎裂现象非常明显。相较于其他矿区的煤矸石(表 3.13),贵州碳质泥岩煤矸石的 CBR 强度要低得多,表明碳质泥岩的水稳性差。

贵州黔大高速 CBR 试验结果 表 3.12

取样位置	含水率(%)	重型 层数×击数	湿密度 ρ_w(g/cm^3)		干密度 ρ_d(g/cm^3)		压实度(%)	CBR(%)	线膨胀率(%)
			泡水前	泡水后	泡水前	泡水后			
K43+200	14.9	3×98	2.302	2.303	2.004	2.005	94.6	8.6	0.1
	8.3	3×98	2.169	2.169	2.004	2.003	96.3	10.7	0.0
YK41+400	15.8	3×98	2.190	2.189	1.891	1.890	93.6	8.2	0.1
	10.2	3×98	2.146	2.147	1.947	1.947	96.4	9.8	0.0

2)国内其他矿区的煤矸石 CBR 值

我国部分矿区煤矸石的 CBR 统计结果如表 3.13 所示。表明我国多数矿区的煤矸石的 CBR 值较高,完全可用于公路路基填筑。

我国部分矿区 CBR 统计结果 表 3.13

省份	产地	线膨胀率(%)			CBR(%)		
		压实度(93%)	压实度(95%)	压实度(97%)	压实度(93%)	压实度(95%)	压实度(97%)
重庆	南桐矿区芭蕉湾已燃煤矸石	0.07	0.09	0.11	16.6	22.8	31.8
	南桐矿区芭蕉湾未燃煤矸石	0.05	0.08	0.09	33.2	35.6	44.9
山东	潍坊矿区(红矸石)	0.07	0.14	0.20	79.8	85.4	94.6
	潍坊矿区(黑矸石)	0.08	0.13	0.17	47.6	58.8	68.1
安徽	港口一矿	0.10	0.14	0.18	25.3	27.9	31.2
	港口二矿	0.08	0.14	0.19	33.5	35.9	39.4
	宁国港口矿区	0.05	0.08	0.14	17.2	22.3	28.5
	淮南潘一矿	0.02	0.06	0.09	23.3	25.4	29.3
	淮南谢一矿	0.08	0.11	0.15	18.5	21.4	27.6
	淮南孔集矿	0.03	0.08	0.15	29.3	33.6	35.7
	淮南谢三矿(东)	0.01	0.05	0.07	21.2	25.1	29.7
	淮南李一矿	0.01	0.14	0.18	25.3	27.9	31.2
	淮南李咀孜	0.08	0.14	0.19	33.5	35.9	39.4
	淮南谢三矿(西)	0.02	0.09	0.12	33.4	33.1	38.6
	淮南谢二矿	0.08	0.11	0.20	25.6	28.2	31.3
	淮南谢三矿(南)	0.14	0.18	0.22	18.5	22.2	24.4
	淮南谢三矿(北)	0.03	0.04	0.07	29.3	33.4	37.6
	淮北煤矿	0.02	0.05	0.09	34.4	69.0	96.3

续上表

省份	产　地	线膨胀率(%)			CBR(%)		
		压实度(93%)	压实度(95%)	压实度(97%)	压实度(93%)	压实度(95%)	压实度(97%)
江苏	徐州权台新矿	0.05	0.10	0.15	45.3	55.8	64.8
	徐州权台老矿	0.02	0.09	0.12	19.9	29.6	38.4
	徐州韩桥矿夏桥井	0.07	0.13	0.18	15.5	26.5	38.7
	徐州大黄山矿	0.01	0.03	0.08	43.5	55.1	67.9
	徐州青山泉二号井	0.04	0.09	0.13	27.0	33.5	36.1
河南	焦作1号矿区	0.05	0.08	0.18	14.6	17.7	31.8
	焦作吴村矿区	0.02	0.06	0.12	13.8	19.1	21.2
	焦作李固矿区	0.08	0.05	0.20	15.5	17.7	28.3
	焦作程村矿区	0.08	0.14	0.22	16.4	27.5	39.3
吉林	道清煤矸石	0.05	0.11	0.16	51.0	57.0	82.0
	辽源煤矸石	0.03	0.08	0.15	72.0	77.0	90.0
河北	武安矿区陶一矿未燃	0.04	0.18	0.15	16.0	18.0	22.0
	武安矿区陶一矿已燃	0.07	0.09	0.15	12.0	12.0	20.0
	武安矿区陶二矿未燃	0.11	0.07	0.10	13.0	18.0	23.0
	武安矿区陶二矿已燃	0.02	0.09	0.11	15.0	21.0	28.0
	峰峰矿区灰色煤矸石	0.05	0.11	0.16	12.7	19.8	24.6
	峰峰矿区红色煤矸石	0.04	0.13	0.17	9.1	16.2	20.4
	峰峰矿区黑色煤矸石	0.07	0.15	0.24	18.6	27.7	30.2

3.2.7 煤矸石的崩解性

贵州碳质泥岩煤矸石的一个重要特征是其崩解、泥化，如图3.16所示。由此可能导致路基路面的沉降，严重影响道路的正常使用。根据《公路工程岩石试验规程》(JTG E41—2005)，对煤矸石的崩解性进行了试验。

图3.16　煤矸石崩解

煤矸石崩解过程中颗粒变化曲线如图3.17所示。贵州地区煤矸石的崩解是逐步解体分散从而失去整体性的过程。10～40mm的颗粒在崩解初期含量增加，随着崩解的进行含量减小。碳质泥岩崩解过程的前期和中期，小粒径颗粒持续增加，后期不再增加。介于大、小粒径之间的颗粒含量先增长后缓慢下降，如粒度2～5mm的颗粒，随着渐进崩解试验的进程均为先增长然后缓慢下降。研究表明煤矸石崩解到一定程度后，崩解物颗粒粒组都会在较长的时间内没有变化(或者变化幅度微小)，认为煤矸石此时崩解基本停滞。

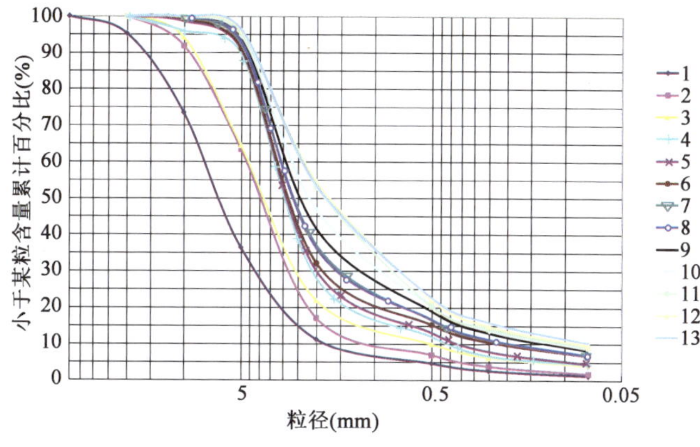

图3.17　煤矸石崩解过程中颗粒变化曲线

《水利水电工程岩石试验规程》(SL 264—2001)根据煤矸石的耐崩解性指数将其耐崩解能力分为很低(<30%)、低(30%～60%)、中等(60%～85%)、中高(85%～95%)、高(95%～98%)和很高(>98%)6个级别。为分析煤矸石的耐崩解性质，两种煤矸石各选择4块无裂隙的样品，放入水中浸泡，计算浸泡1d、5d、15d、30d的崩解量(为累计百分比)，结果如图3.18所示。两种煤矸石岩样在水中浸泡30d后，崩解量都达到30%以上，具有较强的崩解性。

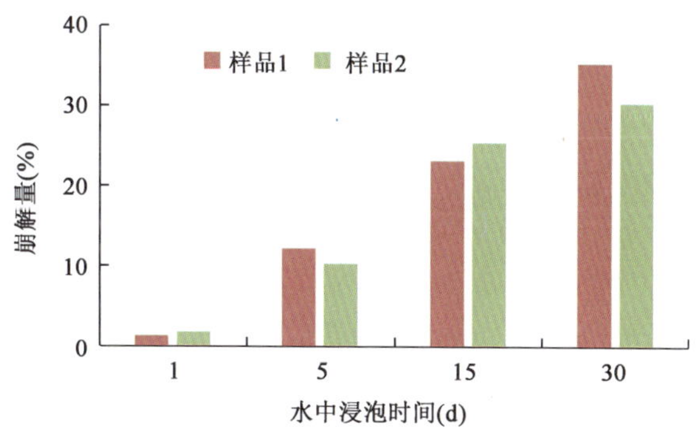

图3.18　煤矸石崩解量

煤矸石产生崩解，其最重要的前提是水的存在，因此在实际工程中，为防止煤矸石后期崩解导致病害产生，最为关键的就是避免煤矸石处于水环境中，所以对煤矸石路基的排水处理措施一定要做好。此外，煤矸石受气候因素影响，会产生风化破坏作用。煤矸石在长期风化应力作用下，会产生破裂、剥落和泥化等现象，使路基结构破坏、强度降低。因此，煤矸石路基需要采用包边土进行封闭保护。

我国部分矿区煤矸石的崩解性指标如表 3.14 所示。我国部分矿区的典型煤矸石均出现了崩解现象，但崩解量都较小，满足规范要求，可以作为路基填料使用；未燃煤矸石的崩解量与已燃煤矸石相比有增大的趋势，其中峰峰矿区未燃煤矸石与邯邢武安矿区陶二矿已燃煤矸石相比最为典型，粒径 60mm 时崩解量增加了 7.9%，粒径 40mm 时崩解量增加了 8.0%，粒径 20mm 时崩解量增加了 7.6%。

我国部分矿区煤矸石的崩解性指标　　表 3.14

省份	产地	煤矸石崩解量(%)		
		粒径 60mm	粒径 40mm	粒径 20mm
安徽	港口矿区	3.7	3.7	2.5
山东	潍坊煤矸石(红矸石)	2.6	2.7	2.8
	潍坊煤矸石(黑矸石)	2.8	2.9	2.7
河北	邯邢武安矿区陶一矿未燃	3.9	6.4	5.8
	邯邢武安矿区陶一矿已燃	3.2	1.1	3.6
	邯邢武安矿区陶二矿未燃	5.2	3.7	1.6
	邯邢武安矿区陶二矿已燃	1.4	0.8	0.7
	峰峰矿区灰色煤矸石	9.3	8.8	8.3
	峰峰矿区红色煤矸石	2.1	1.3	3.4
	峰峰矿区黑色煤矸石	6.5	6.9	5.6
	邢台矿灰色煤矸石	3.2	6.8	5.6
	邢台矿红色煤矸石	2.4	4.2	1.9
	邢台矿黑色煤矸石	5.3	7.3	3.7

3.2.8　煤矸石的烧失量

煤矸石中含有煤等有机质成分，对其工程性质有较大影响。氧化环境下的风化崩解、煤的自燃、有机质的“灰化”或浸水后软化、残留煤和有机质的化学分解等作用都会改变煤矸石的密度和结构状态，从而导致过量的压缩变形，并引起抗剪强度和承载力的降低。在选作路基填料时，宜选择烧失量小的煤矸石，防止在氧化环境及浸水条件下，路堤沉降而不稳定。

路基设计规范规定，用于高速公路、一级公路路堤的粉煤灰烧失量宜小于 20%。烧失量超过标准的粉煤灰应作对比试验，分析论证后采用。对于煤矸石的规定如下：①未经充分氧化与陈化的煤矸石、塑性指数大于 10 或烧失量大于 20%的煤矸石不宜直接用于填筑高速公路和一级公路路堤。性能较差的煤矸石应通过改良，并经试验论证后方可采用。②煤矸石中主要成分 SiO_2、Al_2O_3 和 Fe_2O_3 的总含量之和不应低于 70%，烧失量不应大于 20%，煤矸石中不宜含有杂质。

贵州碳质泥岩类煤矸石及其他部分矿区的煤矸石的烧失量如表 3.15 所示。与传统矿区煤矸石的烧失量相比，贵州地区煤矸石烧失量变化幅度较小，从 1%变化到 15%，满足路基填筑烧失量不大于 20%的要求。从表中也可发现，过火的煤矸石比未燃的煤矸石的烧失量要低得多。

贵州及其他矿区煤矸石烧失量 表 3.15

岩石主要类型	产 地	烧失量(%)
贵州煤矸石	毕都高速	2.90
	黔大高速	3.34
	六盘水	3.17
	贵新高速 1	7.88
	贵新高速 2	6.89
广西炭质泥岩	六寨	14.97
	河池	13.62
	宜柳路	9.08
	百色电站	7.31
矿区煤矸石	矿区	10.00～39.00

3.2.9 自燃特性

自燃是煤矸石区别于其他土类和岩石的显著特点。煤矸石中含有硫、碳、水分。其中硫为可自燃物质，碳为可燃物质，二者构成煤矸石山的自燃基础，而氧气和水分则是煤矸石自燃的必要条件。煤矸石自燃的原因，主要有煤氧复合自燃学说和硫铁矿氧化学说。煤氧复合自燃学说认为煤矸石中通常夹带着 10%～25%的碳质可燃物，在常温下，煤矸石中的煤会发生缓慢的氧化反应，同时放出热量，当热量聚积到一定程度时，便引起可燃物的自燃，从而导致矸石山自燃。硫铁矿氧化学说是目前解释煤矸石自燃的主要理论，它认为，煤矸石中的硫铁矿在低温下发生氧化，产生热量并不断聚积，使煤矸石内部温度聚集，引起煤矸石中的煤和可燃有机物燃烧起来，从而导致煤矸石自燃。煤矸石中的硫以硫铁矿、有机硫、硫酸盐化合态存在，硫铁矿中的硫是在缺氧的条件下生成赋存于煤和煤系地层之中，呈晶体和结核状态，采出堆放在露天场地后，由于和空气中的氧接触，再加上微生物的作用便发生氧化。对于不同的外界条件，硫化铁的氧化可能产生以下四种不同的反应

$$4FeS_2+11O_2=2Fe_2O_3+8SO_2\uparrow$$

$$FeS_2+3O_2=FeSO_4+SO_2\uparrow$$

$$2FeS_2+2H_2O+7O_2=2FeSO_4+2H_2SO_4$$

$$4FeS_2+3O_2=2Fe_2O_3+8S$$

上述四种反应均为氧化反应，反应过程中都伴随着大量的热量释放，生成 H_2SO_4 进一步加速了硫化铁的分解，日积月累，煤矸石内部的热量不断累积温度不断升高，当温度达到煤的燃点(一般为 360℃)时，便可将煤矸石中的煤点燃，从而使煤矸石自燃。所以含硫量的大小是影响煤矸石自燃的主要因素。据有关矿区分析，凡开采煤层含硫量在 3%左右，硫铁矿硫占 40%，并有硫铁矿的结核体出现时，煤矸石山一般都会发生自燃现象。

贵州黔大高速 K43+200 桩号煤矸石的硫化铁含量为 2.68%，含硫量不高，发生自燃的风险较小。

3.3 煤矸石路基的沉降变形与温度变化

3.3.1 煤矸石路基的沉降变形规律

贵州煤矸石以炭质泥(页)岩为主,岩质软弱、崩解性强,具有吸水膨胀崩解、失水收缩开裂等特征,因此煤矸石路基可能发生较大的沉降,且其沉降变形规律与其他填料路基会有所差别。

1)贵州黔大高速煤矸石路基的沉降变形监测

贵州黔西—大方(简称黔大)高速公路于 2013 年 4 月左右正式开工,于 2014 年底建成通车。黔大高速公路沿线分布有大量的碳质泥岩煤矸石。为了确保黔大高速公路煤矸石路基的施工质量,结合黔大高速公路建设,开展了煤矸石路基的施工监控,监控内容主要有方案的可行性论证、路基变形与地温监测、路基施工过程控制等。初步明确了煤矸石路基的工程特性。

(1)地质条件

地表土层以风化碎石土和黏性土为主,其下 2～5m 常有煤矸石层分布,间或夹有厚约 1m 的煤层。少数段落地表出露灰岩,地质状况总体良好,未见明显不良地质现象。

(2)地形地貌与路基高度

路基填方多位于"V"、"U"形冲沟内,部分沿山坡填筑,山坡的坡度多在 15°～35°之间,沿线山坡总体较缓。路基高度在纵向和横向差异较明显。

(3)路基填筑过程

路基于 2013 年 5 月开始填筑,大部分路段于 2013 年底完成路基填筑。

(4)降雨

沿线降雨量主要集中在 5～8 月,年降雨量约 1 000mm。

(5)路基填料

路基填料多为煤矸石、风化碎石土、灰岩填石料、强风化泥岩、黏性土和强风化砂岩。

(6)路基坡率

路基边坡设计坡率最上面一级为 1∶1.5,其下为 1∶1.75。

(7)地基处理

主要作清表处理。

(8)路基填筑

除正常碾压外,个别段落采用 60t 振动压路机进行补压,个别高填方加铺土工格栅。

(9)坡面防护与排水

路基四周设置了截水沟,填筑到一定高程大都设置了排水涵洞,坡面防护大多采用拱形护坡植草。

(1)煤矸石路基位移与沉降变形监测

为了对比煤矸石路基与其他填料路基的沉降变形规律,对黔大沿线的 10 个典型高填方进行了稳定与沉降变形监测。其中 6 个为煤矸石路基，如图 3.19 所示，3 个为灰岩填石路基，1 个为煤矸石与黏土混填路基。对一些陡坡路基进行了侧向位移与沉降监测，其余路段进行了沉降观测。

图 3.19　黔大高速煤矸石路基填筑

①YK41＋320～YK41＋360。

该段路基中心填高 23m，2013 年 7 月 1 号开始填筑，8 月初填筑至路床位置，填料为煤矸石，测点的平面布置如图 3.20 所示。路基填筑过程与沉降曲线如图 3.21 所示。

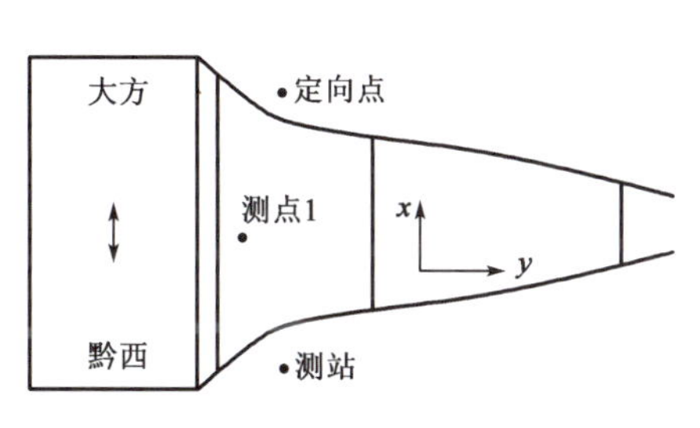

图 3.20　YK41＋320～YK41＋360 测点平面位置

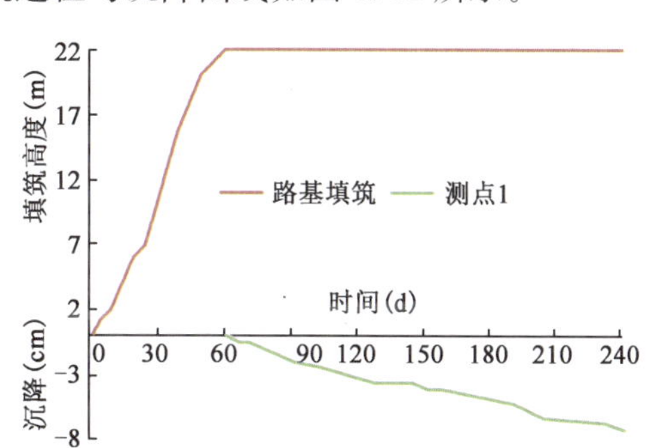

图 3.21　YK41＋320～YK41＋360 路基填筑过程与沉降曲线

②YK42＋060～YK42＋100。

路基填料为煤矸石，四级边坡，该段路基自 2013 年 6 月 5 日开始填筑，到 2013 年 11 月 25 日填筑至 96 区，水平位移的测点 1 和测点 2 于 2013 年 12 月 9 日埋设在出露的两级边坡平台上，测点的平面分布如图 3.21 所示。由于路基刚填筑完就进行了观测，因此虽然监控时间只有 83d，但路基的位移变化还是较大的。测点 1 的累积水平位移为 59mm，累积沉降量为 64mm；测点 2 的累积水平位移为 86mm，累积沉降量为 87mm，如图 3.22 所示。

路基填筑与测点沉降量的时间曲线如图 3.23 所示，从图中可以看出，测点 1 的沉降量变化较测点 2 小且平稳，从目前的情况来看两测点的沉降量还将继续增大一段时间。

③YK42＋320～YK42＋380。

四级边坡，最大填高 28m，采用煤矸石填筑。该段路基自 2013 年 8 月 27 日开始填筑，到 2013 年 12 月 9 日填筑至 96 区，测点的平面分布如图 3.24 所示。与 YK42＋060～YK42＋100 段情况类似，该路段也是在路基刚填筑完就进行了观测，路基的位移变化较大，测点 1 的累积水平位移为 85mm，累积沉降量为 54mm，测点 2 的累积水平位移为 112mm，累积沉降量为 92mm，如图 3.25 所示。

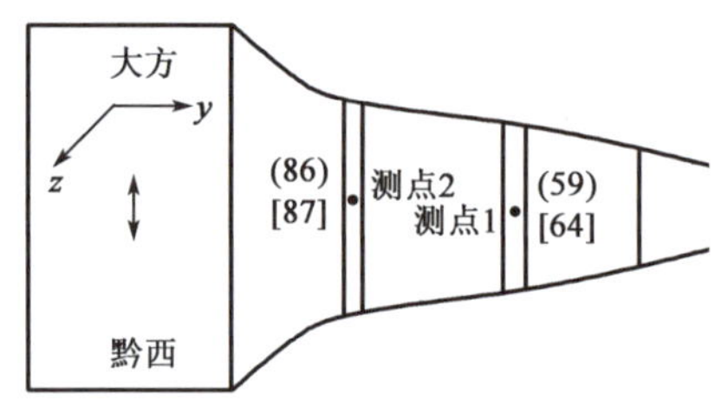

图 3.22　YK42＋060～YK42＋100 测点位置与累积位移变形

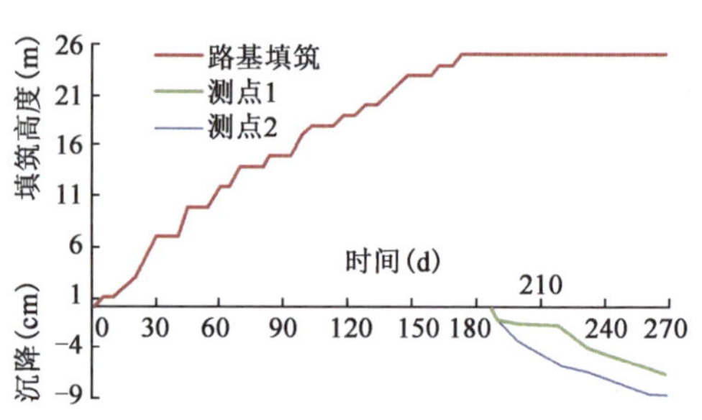

图 3.23　YK42＋060～YK42＋100 路基填筑过程与沉降曲线

图 3.24　YK42＋320～YK42＋380 测点位置及累积位移变形

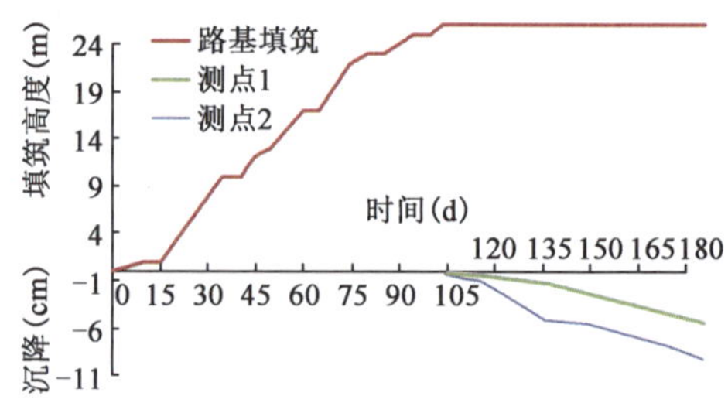

图 3.25　YK42＋320～YK42＋380 路基填筑过程与沉降曲线

④K43＋400～K43＋460。

该段落煤矸石路基中心最大填高为 21m，在路基中心位置埋设沉降板监测煤矸石路基的沉降变化情况，2013 年 7 月 2 日开始填筑，沉降板于 2013 年 8 月 31 日埋设时，路基已填筑 6m，至 2014 年 3 月 1 日时路基填筑到 13.5m，距离 96 区还有 7.5m，因此监测时间内路基共填筑 7.5m，在监测的近 200d 内，路基累积沉降 17cm，路基填筑与沉降量时间曲线如图 3.26 所示。从时间曲线上看，路基的沉降量与路基的填筑速率相关性较大，随着起初路基的缓慢填筑，路基的沉降量也较缓增长，平均沉降速率约为 0.8mm/d，随着 92～102d 内路基的集中填筑，路基沉降量也大幅增加，随后随着路基填筑的减缓，路基沉降量也趋于平缓。

除了路基填筑 6m 时在路基中部埋设沉降板以外，在该段路基的一级边坡上还埋设了水平位移观测点一个，用于对路基填筑过程中的水平位移和竖向变形进行观测，同时与沉降板测得的沉降量进行对比分析。测点的平面分布如图 3.27 所示。路基填筑与测点沉降量的曲线如图 3.28 所示，从图中可以看出，测点 1 测得的沉降变形曲线与沉降板测得的趋势类似，基本上也是随着路基填筑高度的变化而变化，但沉降量比沉降板测得的数值略小，这是因为测点 1 埋设的位置较沉降板略底，并且测点 1 位于路基的边缘，相对中心位置的沉降量较小。

⑤AK1＋500～AK1＋600。

路基中心最大填高为 28m，采用煤矸石填筑。在路基中心位置埋设沉降板监测煤矸石路基的沉降变化情况，路基自 2013 年 6 月 12 日开始填筑，沉降板于 2013 年 8 月 31 日埋设时，路基已填筑 10m，至 2014 年 3 月 1 日时路基填筑到 26m，距离 96 区还有 2m，因此监测时间内路基共填筑了 16m，在监测的近 200d 内，路基累积沉降 30cm，路基填筑与沉降量时间曲线如图 3.29 所示。

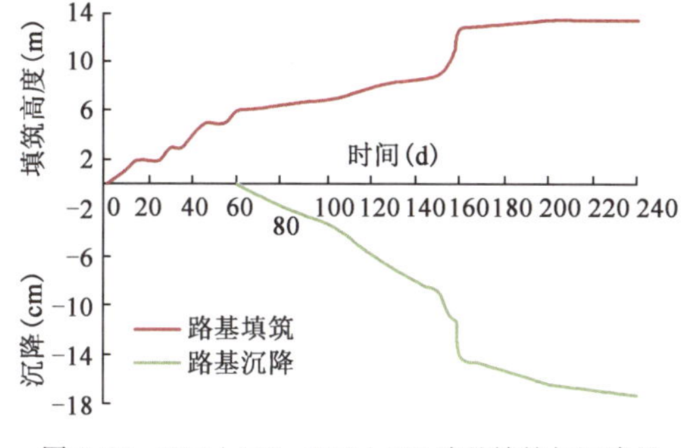

图 3.26 K43+400～K43+460 路基填筑与沉降量

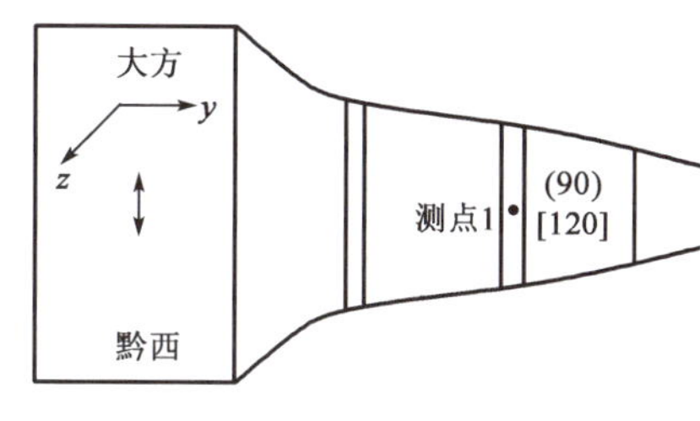

图 3.27 K43+400～K43+460 测点位置与累积位移变形

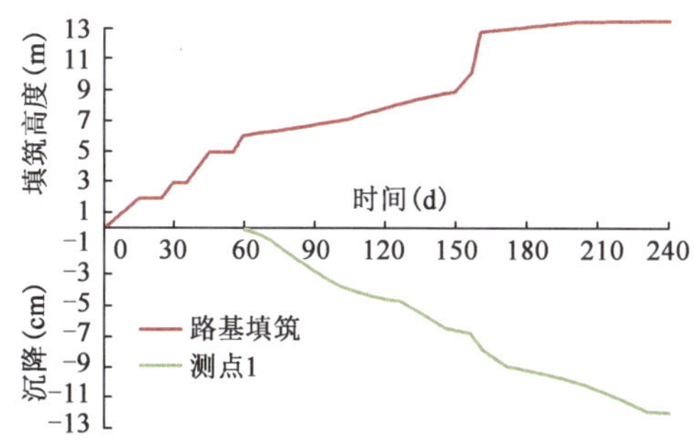

图 3.28 K43+400～K43+460 路基填筑与沉降量

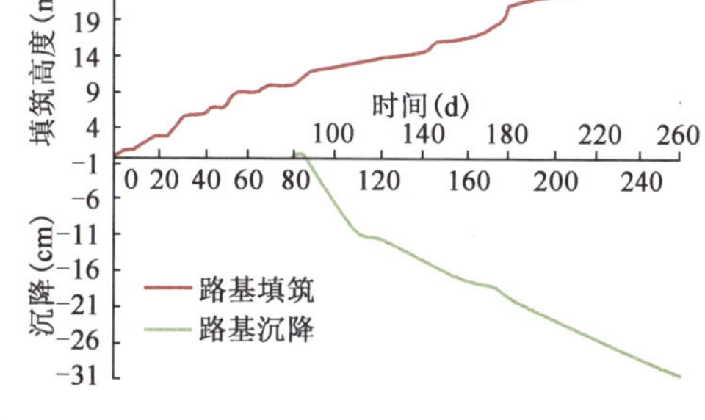

图 3.29 AK1+500～AK1+600 路基填筑、沉降量与时间曲线

填筑初期路基有少量隆起，在之后一个月之内，沉降速率较大，达到 4mm/d，累积沉降量达到了 10cm，随后沉降速率减缓，约为 1.2mm/d，这跟这段时间路基填筑的速率有关，在 30～100d 的时间内，路基填筑较慢。100d 后随着路基填筑的加快，路基的沉降速率增加，约为 1.6mm/d，由于路基仍在继续填筑，可以预见煤矸石路基沉降量将继续增大，随着填筑的结束，沉降速率将减缓。

⑥AK1+680～AK1+840。

三级边坡，填高约 24m，采用煤矸石填筑。该段路基自 2013 年 7 月 23 日开始填筑，到 2013 年 8 月 17 日填至 96 区，此段落设置了水平位移观测点两个，分别为测点 1 和测点 2，测点的平面分布如图 3.30 所示。测点 1 位于填方路基坡脚原地表，测点 2 位于第一级边坡平台上，可以认为测点 1 代表了地基的位移变形，而测点 2 代表了煤矸石路基的位移变形，因此通过两个测点的对比可以近似得出煤矸石路基和地基整体的位移变化以及煤矸石路基自身的位移变化情况。由于设置测点时煤矸石路基已填筑至设计高程(16m)，因此从开始监测时到测读时的 2013 年 8 月 31 日至 2014 年 3 月 1 日 182d 内，两测点的位移变形不大，测点 1 的累积水平位移为 25mm，累积沉降量为 33mm；测点 2 的累积水平位移为 38mm，累积沉降量为 74mm，可见近 200d 的时间内，煤矸石路基一级边坡自身向外平移了 13mm，其自身压缩量为 44mm。

路基填筑与测点沉降量的时间曲线如图 3.31 所示，从图中可以看出，测点 1 自始至终变化较平稳，变化量不大，测点2起始沉降量变化较大，随着时间推移，沉降量逐渐趋于稳定。

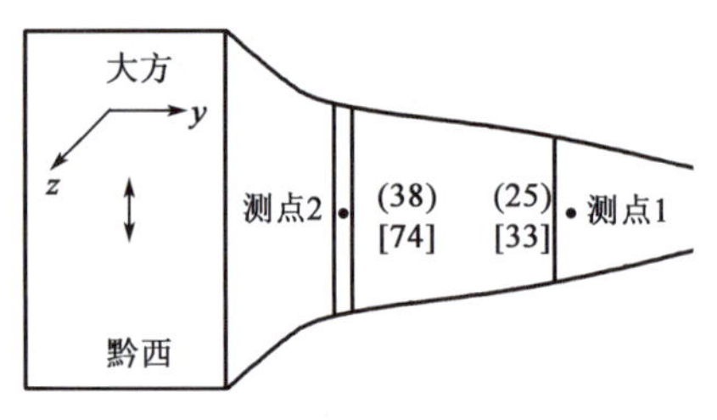

图3.30　AK1＋680～AK1＋840测点位置与累积变形

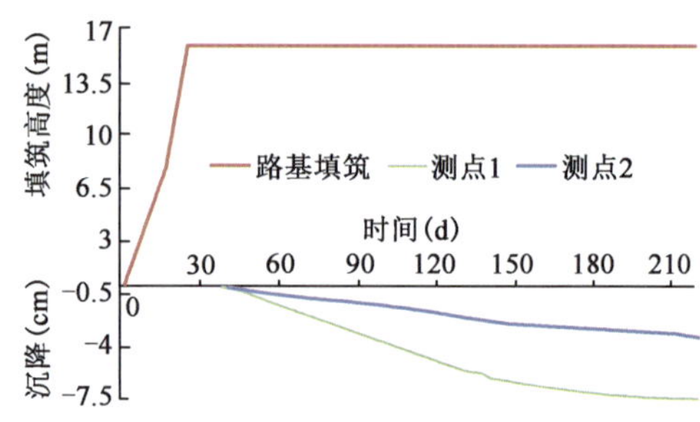

图3.31　AK1＋680～AK1＋840路基填筑与沉降曲线

⑦K44＋940～K45＋200。

该段路基中心填高18m，左侧填方高达37m，采用煤矸石与黏土填筑。自2013年5月2日开始填筑，至今已填筑至29m，水平位移测点1设置在左侧边坡的第二级边坡台阶上，由于该段落缺少合适的填料，因此填筑速度较慢，从2013年11月3日设置监测点以来的119d，测点的位移变形不大，累积水平位移为76mm，累积沉降量为71mm，如图3.32和图3.33所示。沉降量与填筑速度密切相关，起初40d内填筑速度较快，沉降速率也较大，随后随着填筑速度的放慢，测点的沉降量也趋于平缓。

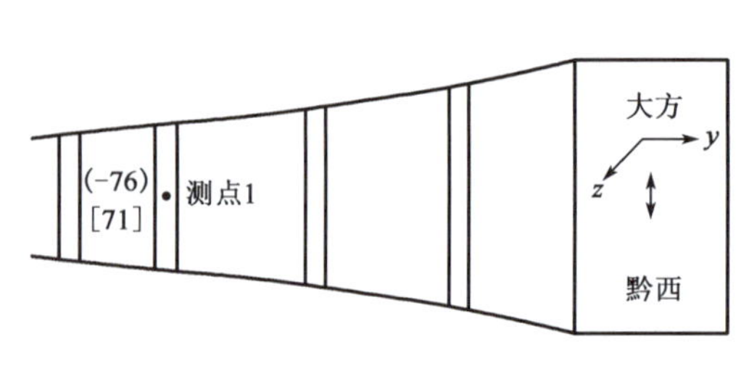

图3.32　K44＋940～K45＋200测点位置与累积位移变形

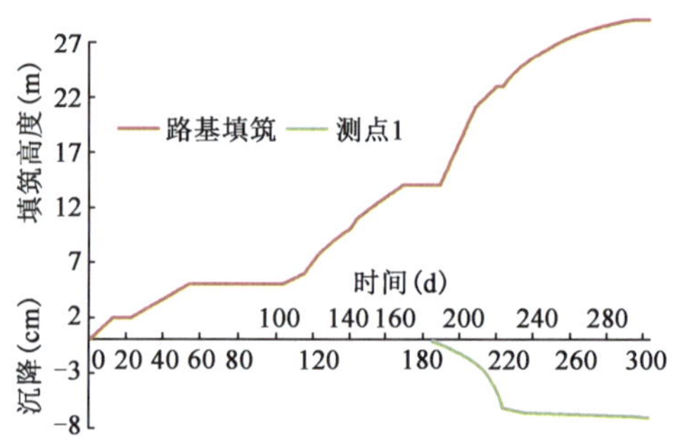

图3.33　K44＋940～K45＋200路基填筑与沉降曲线

⑧K45＋280～K45＋340。

四级边坡，采用灰岩填石路基，该段路基自2013年5月23日开始填筑，到2013年8月26日填筑至96区，在路基左侧的二级边坡上设置水平位移桩一个。由于路基也是较早完成填筑，所以整体上测点的位移变形也不大，在监测的182d内，测点1的累积水平位移为68mm，累积沉降量为63mm，如图3.34和图3.35所示。测点1刚开始沉降量变化较大，68d以后沉降放缓，145d以后基本上趋于稳定。

⑨K46＋060～K46＋620。

中心填高31m，最大填高45m，采用灰岩填石路基。该段路基从2013年3月20日开始填筑。测点布置与沉降分别如图3.36和图3.37所示。

⑩K49＋280～K49＋510。

路基中心填高较高达33m，右侧是弃土场，左侧有三级台阶，第一级填土，上部为灰岩填石料，石料粒径较大。该段自2013年7月24日开始填筑，测点布置与沉降分别如图3.38和图3.39所示。

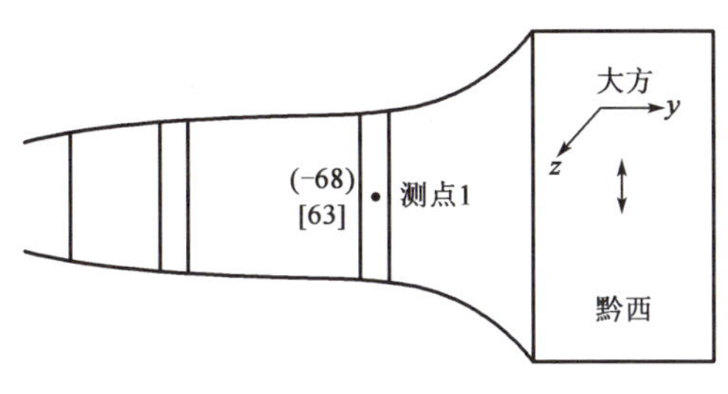

图 3.34　K45＋280～K45＋340 测点位置与累积位移变形

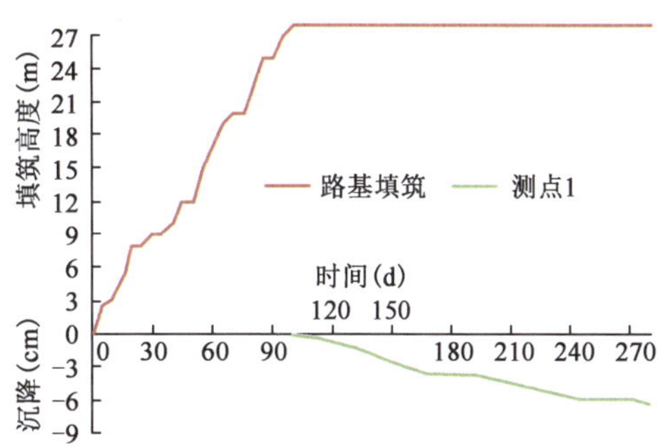

图 3.35　K45＋280～K45＋340 路基填筑与沉降曲线

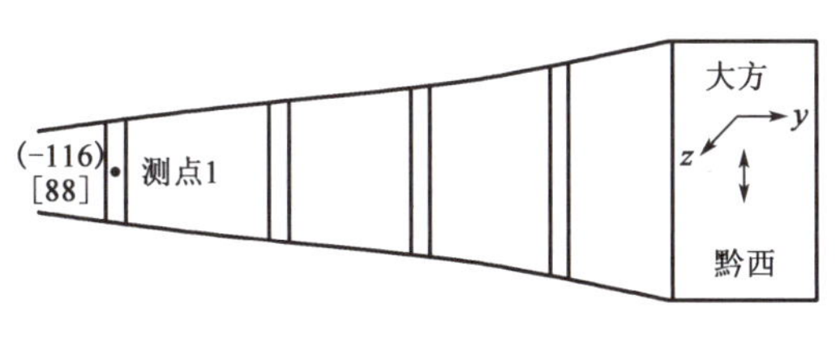

图 3.36　K46＋060～K46＋620 测点位置与累积位移变形

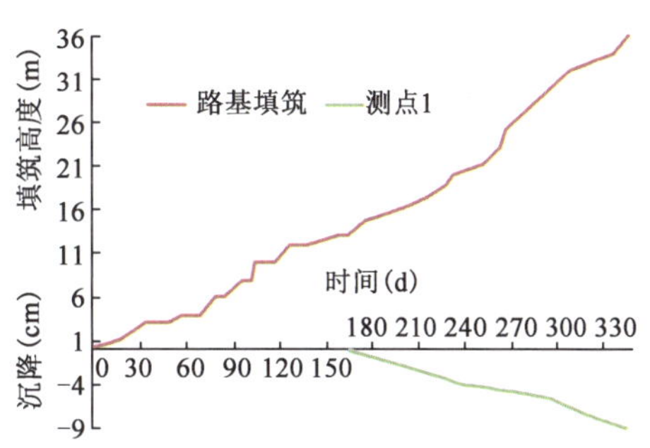

图 3.37　K46＋060～K46＋620 路基填筑与沉降曲线

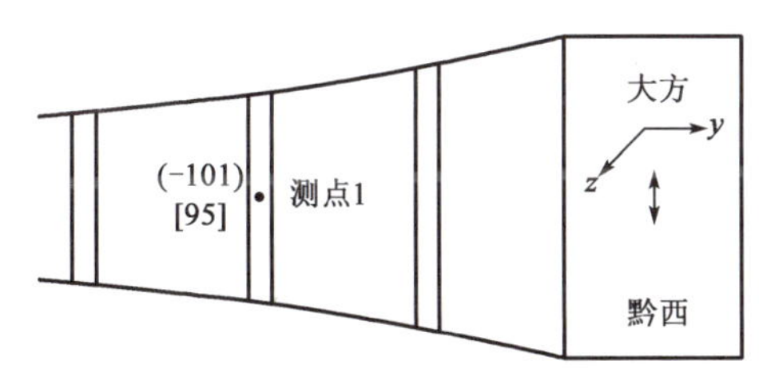

图 3.38　K49＋280～K49＋510 测点位置与累积位移变形

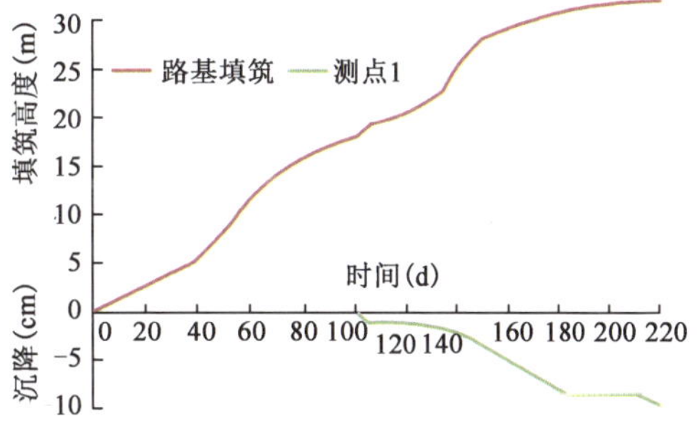

图 3.39　K49＋280～K49＋510 路基填筑与沉降曲线

(2)路基的沉降变形监测结果

①路基填筑阶段变形分析。

通过埋设在 K43＋400～K43＋460 和 AK1＋500～AK1＋600 两个段落的沉降板以及各监测段落的水平位移监测点，可以了解煤矸石路基的基本沉降规律，煤矸石路基的沉降基本随着路基填筑变化，路基填筑速率快，路基的沉降速率也增大，当路基填筑结束后，沉降逐渐趋于平稳；由于沉降板埋设于煤矸石路基中部，考虑到下部路基和地基的沉降，对于填筑 16m 的煤矸石路基，累积沉降量约为 30cm，对于一层 40～50cm，4d 一层的路基填筑速度，路基平均沉降速率在 1.2～1.6mm/d 之间。通过水平位移桩观测各监测路段，根据路基填料和填高以及填筑速率的不同，出现了不同的水平位移。对于已经填筑完成的路段，整体水平位移不大，在 60～90mm 之间；正在填筑的路段，水平位移稍大，尤其是填石路基，因为填高较大，再加上位于斜坡地形中，水平位移较大，如 K46＋060～K46＋620 的累积水平位移达到 116mm，K49＋

280～K49＋510 的累积水平位移为 101mm，对于这种路段施工中应控制填筑速度，并及时做好边坡的防护工作；通过埋设两个水平位移测点的段落对比发现，埋设在路基上部的测点水平位移量普遍大于埋设在路基下部的测点。

②稳定沉降期路基变形观测。

2014 年 7 月上旬，对已经完工的各高填方布设了沉降观测点，布设位置为一级边坡坡顶附近，并且跟踪观测了路基工后沉降发展情况。观测段落中有 5 段为煤矸石填料的路基（YK41＋320～YK41＋360、YK42＋060～YK42＋100、K43＋400～K43＋460、K43＋620～K43＋760、AK1＋680～AK1＋840），其余路段为填石路堤。从沉降观测结果来看，填石路堤工后沉降变化较小，各段落每两周的沉降变化量均小于 1cm；煤矸石路堤沉降相对较大，且在降雨前后沉降变化差异较大，7 月 11～24 日之间路段经历了较长时间的持续降雨，各路段煤矸石路堤在这段时间内的沉降在 1～6cm 左右，降雨过后的 7 月 24 日～8 月 8 日期间各路段沉降量在 1cm 左右。从观测结果来看，降雨对煤矸石路堤工后沉降速率的影响较为显著。

2)广西六河高速炭质页岩路基的沉降变形监测

广西六寨至河池高速公路起于河池市六寨镇龙里（黔桂界），接贵州省在建的都匀至新寨（黔桂界）高速公路，中经芒场、南丹（小场）、车河（拉柱）、北香圩、水任，在河池市金城江区西郊的肯研，与宜州至河池段终点相接，路线全长 108km。沿线处于云贵高原向广西丘陵过渡的地带，地貌类型主要为剥蚀低山丘陵地貌。地层岩性较为复杂，泥盆系上统及石炭系上、中、下统地层均有出露，分布大量炭质页（泥）岩。本节以六河高速典型碳质页岩路堤断面 K19＋133 断面为例，对碳质页岩路堤的沉降变形进行现场监测。

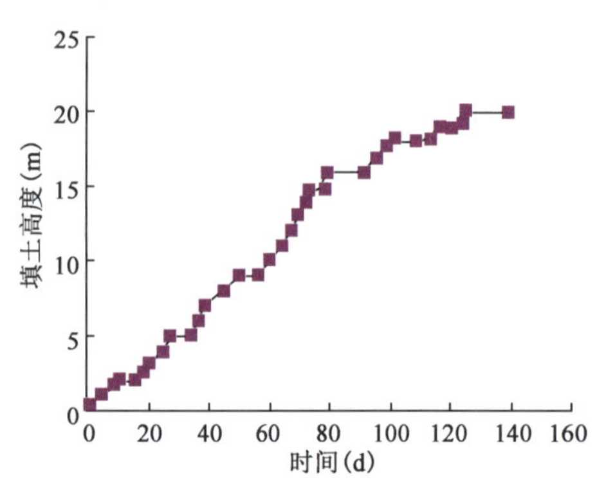

图 3.40　路基填筑过程

六河高速 K19＋133 断面路堤总高度为 19.9m，分两级施工，底层高为 12.0m，按 1∶1.75 放坡，上路堤高 7.9m，按 1∶1.5 放坡；并在 12m 处设 2m 平台，炭质页岩填筑高度为 19.1m，路面宽 24.5m；地基土表层 1～2m 为植被土，下层为炭质灰岩，路堤施工时将表层土清除并压实，由于炭质灰岩强度较高，承载力较大，地下水位埋藏较深，在路堤荷载作用下沉降几乎为零。路堤施工历时 139d，填土高度与时间的关系如图 3.40 所示。断面埋设 9 个沉降板，分三级，每级三个，沉降板布置如图 3.41 和图 3.42 所示。

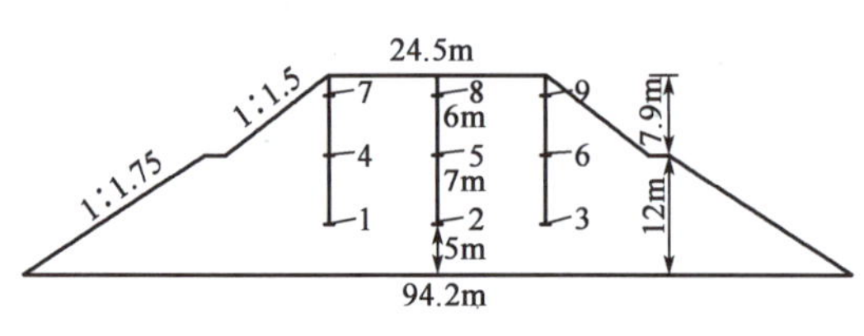

图 3.41　沉降板布置立面图

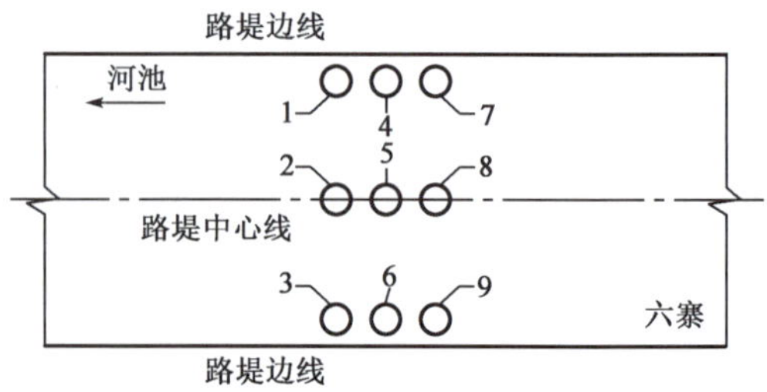

图 3.42　沉降板布置平面图

施工期及工后沉降板的沉降曲线如图 3.43 所示。从图中可以看出：

(1)路堤填筑高度进程随时间大致呈台阶形状，各沉降板的沉降也大致与填筑高度曲线相似；施工间歇期，沉降继续发生，但沉降曲线较施工期缓和，沉降量相对施工期小，施工期，沉降速率快，沉降值大；在填筑初期，随着路堤填筑高度的增加，各个沉降板的沉降值大致呈线性变化，且沉降量较大，这是由于在预埋沉降板时，沉降板底填料没有完全压实，导致沉降板沉降较大。

(2)在同一水平面上的沉降板，中间的沉降板沉降量最大，两边的沉降值基本相当，这是由路堤荷载分布造成的。

(3)第二级沉降板沉降值最大，第三级沉降板沉降值最小，即路堤中部沉降最大，顶部和底部稍小；这是因为底层填料相对较薄，可压缩性相对小，中部炭质页岩填料较底层厚，可压缩性大，上面路堤荷载也较大，顶层沉降板以上填料少，即上部荷载小，故沉降也少。

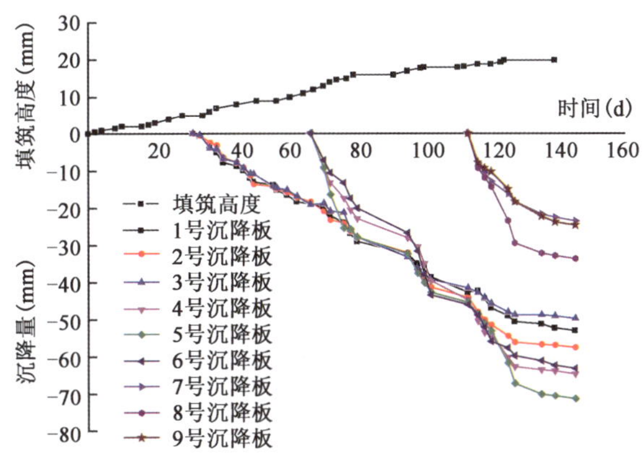

图 3.43　路基沉降观测结果

3)煤矸石路基的沉降变形规律

(1)煤矸石路基的沉降与路基填筑过程关系密切。

煤矸石路基的沉降基本随着路基填筑的过程变化。施工期，煤矸石填料在外荷载作用以及自身重力作用下发生弹塑性变形。在这个阶段煤矸石填料颗粒之间以脆性接触为主，颗粒棱角受到挤压变得破碎，颗粒与颗粒之间位移不断调整，填筑路基变得愈发密实，填料厚度增加，沉降量增加，且路基填筑速率快，路基的沉降速率快，沉降值大；施工间歇期，沉降继续发生，但沉降曲线较施工期缓和，沉降量相对施工期小；当路基填筑结束后，在自重或风化作用下，煤矸石填料进一步破碎、细化，颗粒发生进一步滑移，在宏观上产生蠕变变形，沉降逐渐趋于平稳。根据路基填料和填高以及填筑速率的不同，水平位移也不同。对于已经填筑完成的路段，整体水平位移不大，路基上部的水平位移量普遍大于路基下部的水平位移量。

(2)煤矸石路基工后沉降相对较大。

煤矸石路堤中未完全崩解稳定的煤矸石填料遇水后可能发生崩解、软化，使路堤强度降低，而引起路堤的沉降变形(图 3.44～图 3.46)，这是煤矸石

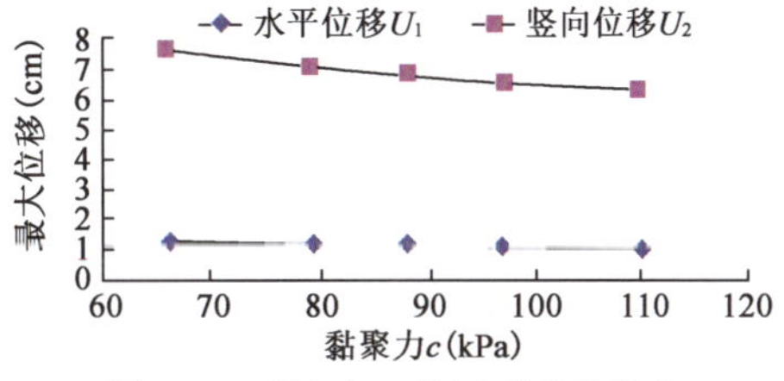

图 3.44　黏聚力 c 对最大位移的影响

路堤不同于其他填料路堤沉降的重要特征,因此,煤矸石路堤的沉降除了具有与一般填料路堤沉降的共同特点外,还有遇水软化崩解引起沉降的特点,煤矸石路堤较之填石路堤,其工后沉降变化相对较大。

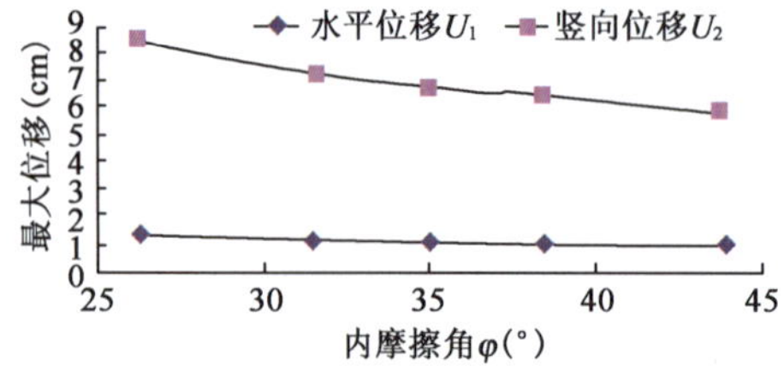

图 3.45 内摩擦角 φ 对最大位移的影响

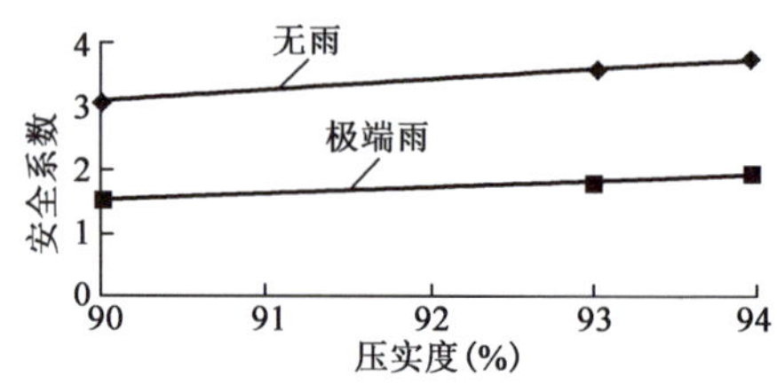

图 3.46 煤矸石路基压实度与安全系数的关系

(3)降雨对煤矸石路堤沉降影响显著。

煤矸石路基在降雨前后沉降变化差异较大,降雨对煤矸石路堤工后沉降速率的影响较为显著,如图 3.47 所示。煤矸石作路堤填料特别要引起关注的是煤矸石填料碾压不充分,在路基填筑过程中出现孔隙,一旦空气和水进入将产生软化作用使煤矸石强度降低(表 3.16),从而产生路堤沉降。因此,在施工过程中必须让煤矸石完全崩解,碾压中不能有大孔隙出现,同时应加强地下排水以免路基浸水,防止路面开裂雨水入渗造成路基沉降。

煤矸石填料抗剪强度 表 3.16

强度指标	未浸水的土样	先浸后压的土样	先压后浸的土样
C_{cu}(kPa)	102.8	78.6	36.5
φ_{cu}(°)	45.8	25.7	33.3

研究表明,软岩填料在第一次饱水时会产生较大的沉降变形,且在经历第一次和第二次沉降变形后,其沉降变形量会大幅度减少直至稳定,如图 3.48 所示。因此,煤矸石路堤成型后经过一至两个雨季后再铺筑路面,会明显减少路堤的沉降量,其沉降变形状况将大大改善。

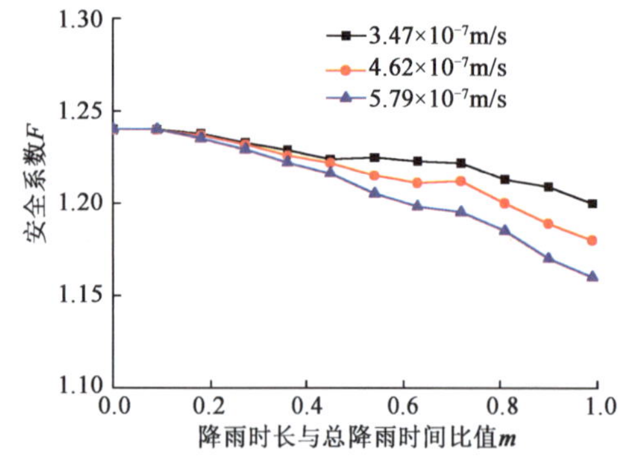

图 3.47 不同降雨强度下煤矸石路堤边坡安全系数变化规律

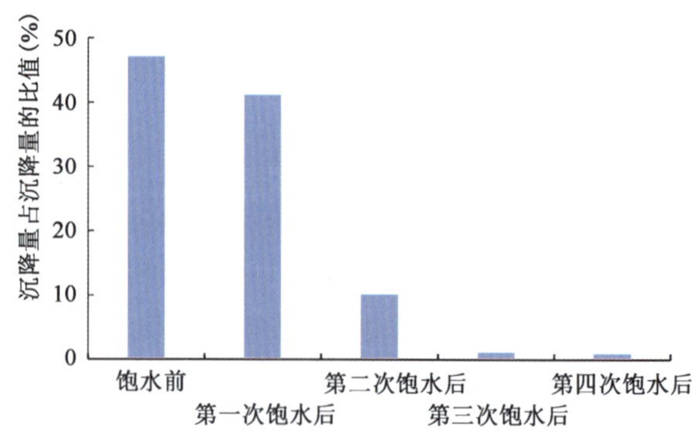

图 3.48 循环沉降量占总沉降量的比值

3.3.2 煤矸石路基的温度变化

煤矸石作为一种路基填筑材料,其温度的变化直接影响到路基内部含水率和路基的稳定性。煤矸石路基的一个重要考虑因素是路基的自燃,贵州省的一些煤矸石路基曾发生过自燃现象,后多采用注浆方式进行处理。本节以贵州黔大高速公路和传统矿区的煤矸石路基为依托,对煤矸石路基的温度变化规律进行分析。

1)贵州黔大高速煤矸石路基地温监测

贵州黔大高速于 2013 年初开工,2014 年底通车。沿线部分路基利用煤矸石填筑,为了防止路基自燃,采用了如图 3.49 所示的结构形式。硫化铁含量小于 3%的煤矸石路堤,因自燃风险较低,每填筑 2m 煤矸石需铺筑 40cm 的其他填料予以隔离。对于硫化铁含量高于 3%的煤矸石路基,因路基自燃风险高,隔离层采用黏性土,同时进行包边防护,包边宽度 3m。路床与上路堤(路基顶面以下 1.5m)采用碎石土等粗粒料填筑。

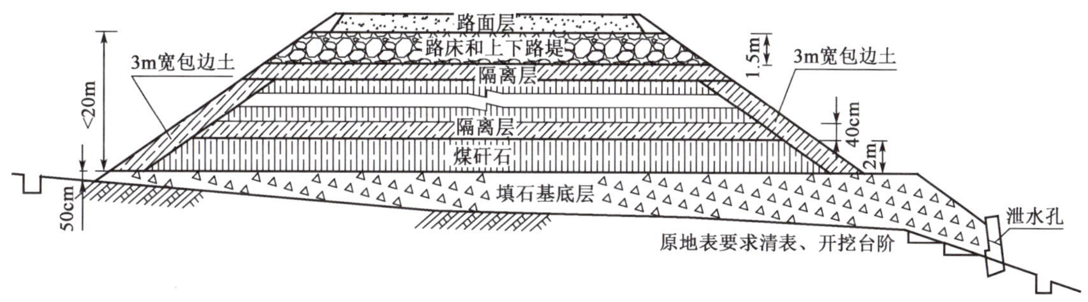

图 3.49 贵州黔大高速煤矸石路堤填筑结构示意图

在煤矸石路基填筑过程中,选择典型断面,在距煤矸石边坡 3m、10m 的位置分别埋设地温计进行地温监测,了解煤矸石路基在填筑过程中路基内部温度的变化,并了解大气温度对煤矸石路基的影响深度。各个桩号煤矸石的地温分布如图 3.50~图 3.54 所示。从图中可见:

距离路基边缘 3m 的温度明显变化较大,基本随着大气温度的变化而变化,而路基中部的温度则比较稳定,基本保持在 18~26℃之间,目前暂未发现煤矸石路基内部温度异常升高的情况。

(1)煤矸石路基内部(距边坡 10m)的温度基本保持在 18~26℃之间,比较稳定,路基边缘的温度变化较路基内部变化大,主要分布在 3℃~18℃之间,随着大气温度的变化而变化。

(2)目前暂未发现煤矸石路基内部温度异常升高的情况,煤矸石路基未发生自燃现象,表明采用图 3.49 所示的结构形式与包边措施是行之有效的。煤矸石路基的自燃是可以避免的。

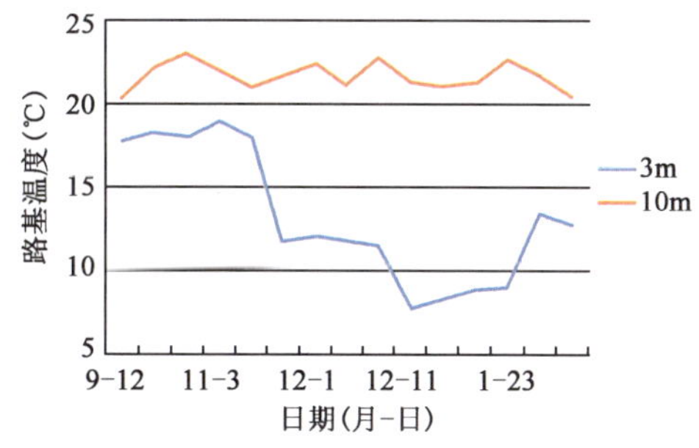

图 3.50 YK42+060~YK42+100 路基温度变化曲线

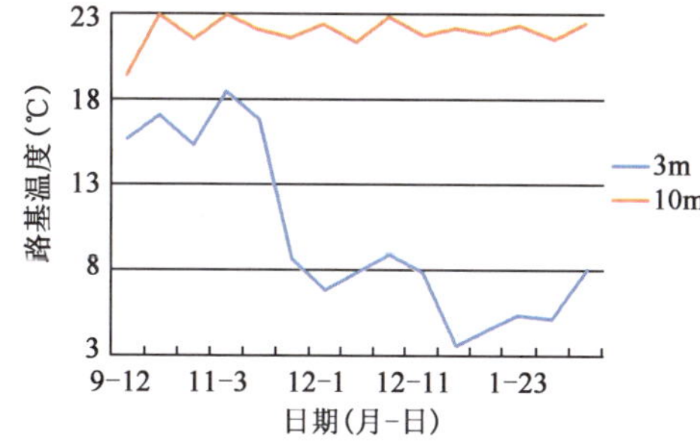

图 3.51 YK42+320~YK42+380 路基温度变化曲线

2)矿区煤矸石路基地温监测

七勃公路大个岭~万宝河段改扩建工程是七台河市"十一五"重点建设项目。其是沟通依兰～七台河、勃利～七台河两条干线公路的重要通道，也是七台河市环线的重要组成部分。采用就近的煤矸石作为路基填筑材料。

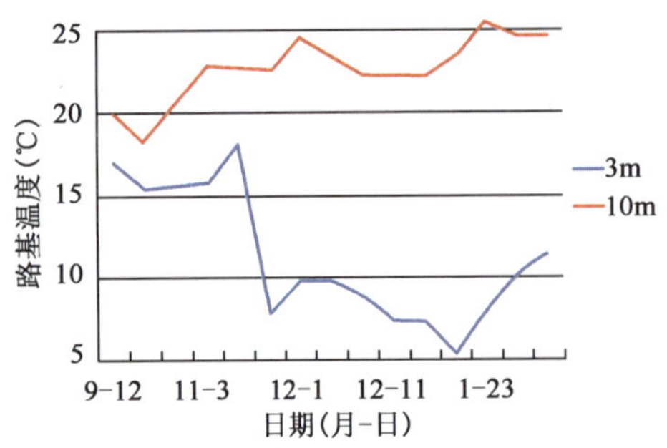

图 3.52　K43＋400～K43＋460 路基温度变化曲线

图 3.53　K43＋480～K43＋600 路基温度变化曲线

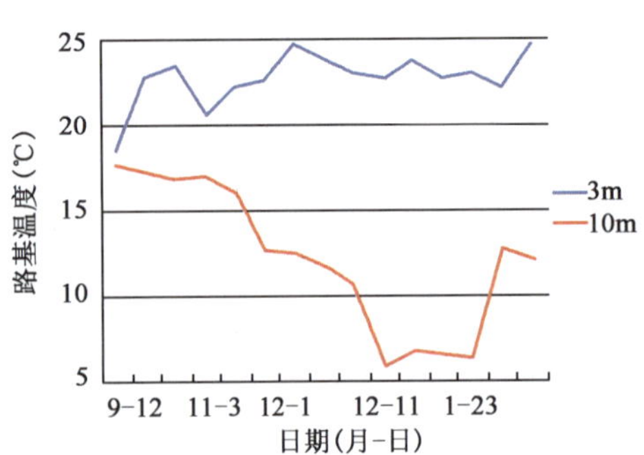

图 3.54　AK1＋500～AK1＋600 路基温度变化曲线

观测点位于七勃公路改扩建工程 K3＋650 断面，路基设计宽度 44m，双向八车道，旧路段填筑材料为低液限黏土。扩建部分拟采用未燃煤矸石进行填筑，煤矸石填筑高度为 5.5m。为了预防填筑后的煤矸石氧化自燃和后期风化导致的稳定性降低，采用黏土进行包边处理，为了确保路基内部排水，设置一定的排水盲沟。现场不同深度测温元件埋设位置如图 3.55 所示。

观测从 2010 年 10 月～2011 年 9 月末，通过近一年的温度监测，得到了土路基和煤矸石路基内部温度数据。根据观测结果，进一步研究未燃煤矸石作为路基填筑材料的可燃性及其路基温度变化趋势。

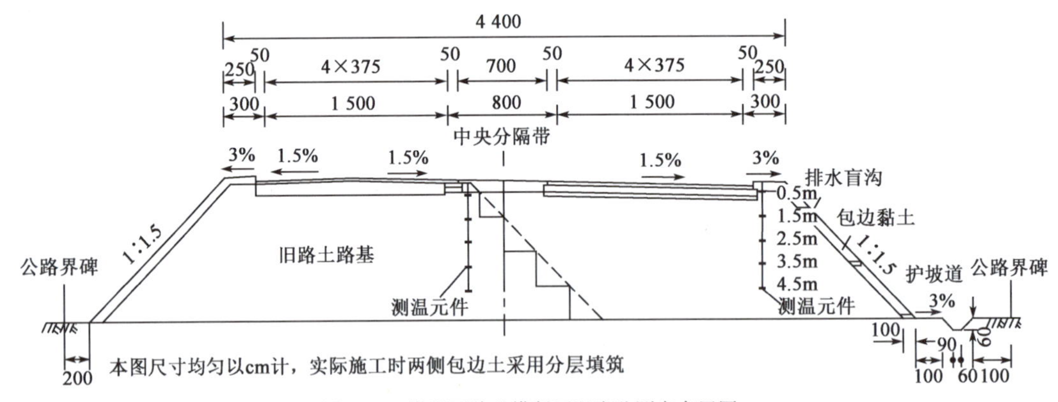

图 3.55　煤矸石路基横断面温度监测点布置图

(1)观测断面路基内部温度变化

土路基温度变化曲线如图 3.56 所示。距地表 0.5～4.5m 深度范围内，实测最低温度为－1.7℃，出现在一月中下旬，最高温度为 24.5℃，出现在八月初。土路基温度随大气温度变化明显，随着路基深度增加，路基内部温度变化幅度逐渐减小，说明路基越深，其受大气温度影响越不明显。

煤矸石路基温度变化曲线如图 3.57 所示。距地表 0.5～4.5m 深度范围内，实测最低温度 -4.3℃，低于土路基最低温度值；路基最高温度为 25.5℃，略高于土路基实测最高温度值，但低于当地大气月平均最高气温值。无论是土路基还是未燃煤矸石路基，不同深度路基的温度变化均存在一定的滞后性，相比土路基内部温度变化，煤矸石路基内未出现明显升温现象。

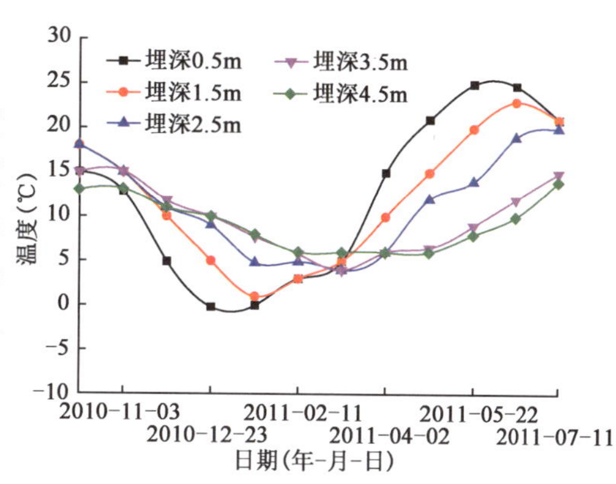

图 3.56　土质路基温度变化

(2)煤矸石路基可燃性分析

实测温度数据显示，无论是土路基还是未燃煤矸石路基，内部温度受大气影响比较明显。对于煤矸石路基而言，路基温度—深度关系呈现非线性变化，如图 3.58 所示，其温度除受大气温度影响外，结构内部自身氧化放热也会造成未燃煤矸石路基内部温度的升高。因此，有必要研究煤矸石作为路基填料的后期可燃性。

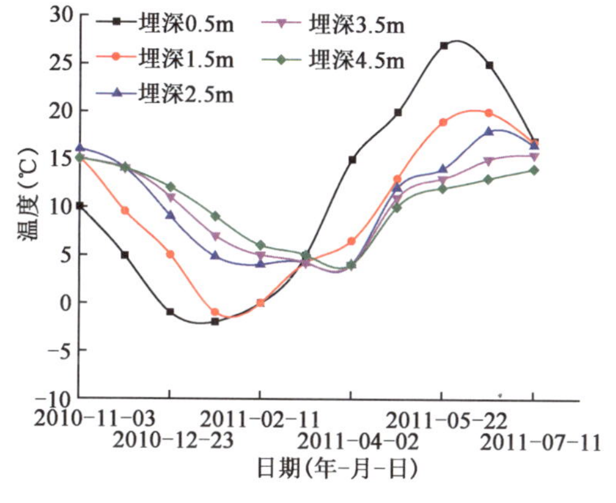

图 3.57　煤矸石路基温度变化

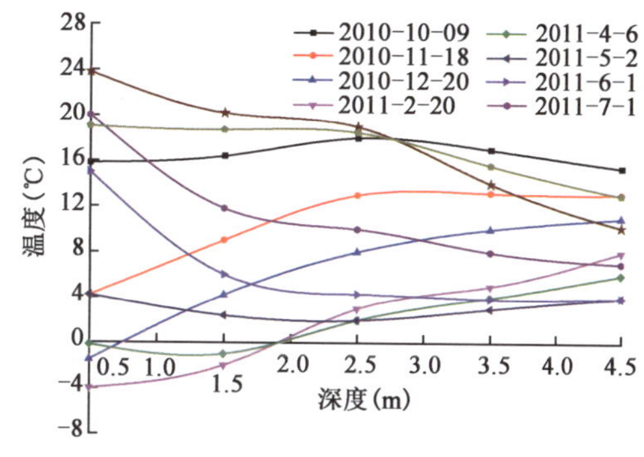

图 3.58　煤矸石路基温度-深度变化曲线

①路基内部整体热量变化。

路基内部热量的变化可以通过所测不同深度的温度平均值间接衡量。如果所测各点平均温度比前期温度高，说明路基内部热量在增加，反之热量在减少。根据这一理论可以用来分析煤矸石作为路基填筑材料氧化放热程度。两种路基不同深度的平均温度如图 3.59 所示。从 3 月初到 9 月，路基内部平均温度升高，说明这段时间路基内部整体处于吸热状态；从 9 月初到次年的 3 月初路基内部温度平均降低，说明这段时间路基内部整体处于放热状态，这一结果和常年大气温度变化基本吻合。两种不同材料填筑的路基内部平均温度变化具有很好的相似性，说明两种不同路基吸热、放热具有很好的相似性。对于土路基而言，内部的吸热放热主要受外界温度的影响，而对于煤矸石这种材料，由于结构内部含有一定的煤成分，天然堆积时会和空气中的氧气发生反应，导致温度的升高。煤矸石内部整体吸热放热具有和土路基相同的变化规律，说明煤矸石结构内部含有的残余煤成分未出现显著氧化放热现象。

②路基内部不同深度温差变化分析。

考虑煤矸石在氧化放热过程中路基内部首先发生升温现象，通过将最深处(4.5m)所测温度与表层(0.5m)观测温度进行温差计算,可以研究煤矸石路基内部的温度变化。路基温差曲线结果如图3.60所示。煤矸石内部温差变化与土路基内部温差变化规律基本上吻合,说明煤矸石路基内部的温度变化主要受大气环境的影响,而煤矸石出现的一定氧化放热不会改变路基内部的温度。

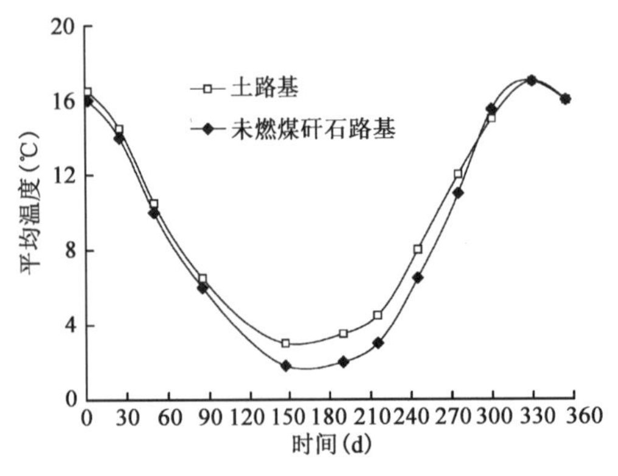

图3.59　煤矸石路基平均温度变化曲线

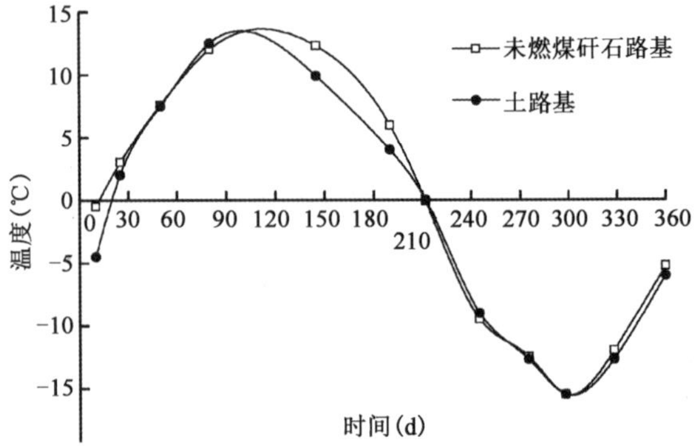

图3.60　煤矸石路基温差变化曲线

3)煤矸石路基温度变化规律

由上述分析可知,贵州省的煤矸石路基与矿区煤矸石路基的温度变化规律基本相似,因此,在本部分的分析中,将矿区煤矸石路基和贵州省的煤矸石路基统称为煤矸石路基进行温度变化规律分析。

(1)煤矸石路基温度主要受大气温度的影响

煤矸石路基内部温度主要受大气环境的影响,基本随外界大气温度的变化而变化,煤矸石出现的一定氧化放热对路基内部温度的改变程度非常有限。

(2)煤矸石路基表层受大气温度影响显著

煤矸石路基表层的温度明显变化较大,而路基中部的温度则比较稳定,因此,煤矸石路基随着路基深度增加,路基内部温度变化幅度逐渐减小,路基越深,其受大气温度影响越不明显。

(3)煤矸石路基包边填筑措施可以有效防止路基的自燃

煤矸石作为路基填筑材料,一方面使结构之间的密实度得到了提高,使得煤矸石内部含有的可燃成分氧化作用减弱,另一方面由于包边土和面层、基层结构隔绝了煤矸石氧化升温发生“烟囱效应”的基本条件,从而使得煤矸石路基内部不会发生自燃,煤矸石路基包边填筑措施可以有效防止路基的自燃。

3.4 煤矸石填方路基

3.4.1 贵州煤矸石路基的主要工程问题

根据工程中的应用经验,主要有以下工程问题:

1)路基沉降量较大

贵州地区的路用煤矸石岩性以碳质泥(页)岩为主,兼具煤矸石和泥岩的工程特性,遇水易崩解泥化、强度低。煤矸石填筑时为粗粒土，透水性强，坡面水与地表水易在路基中渗透，这可能导致路基颗粒的运移与重分布，从而引起路基的沉降。贵州的路基高度普遍较高，其累积沉降量较大。另外，贵州山高坡陡的特点，使得路基在纵、横向高差大，由此可能导致路基在纵、横向上较大的差异沉降，从而引起路基路面的开裂。由于煤矸石的崩解泥化，易引起坡面的冲刷与局部坍塌。

2)路基稳定性差

碳质泥岩遇水后的抗剪强度低。煤矸石在不同含水率时的抗剪强度如图 3.61 所示。饱水后的 φ 值只略大于 20°，甚至低于一般土质的抗剪强度。因此，煤矸石路基的整体稳定性较填石路基、一般土质路基差。在斜坡上填筑煤矸石路堤，或半填半挖路堤时，由于斜坡表面常为地表水流动的通道，易引起煤矸石的软化，煤矸石路堤易沿斜坡表面发生滑动。因此煤矸石路基宜适当放缓坡率。

图 3.61 小煤窑引起的地基失稳

3)采空区对路基稳定性的影响

贵州废弃小煤窑分布广泛，公路沿线可能会经过这些地区，这些废弃小煤窑埋深浅，路线从其附近通过时对公路路基的稳定性会有较大的影响，严重的会导致路基或附近地层的开裂，如图 3.61 所示，危害工程安全。

4)路基的自燃

自燃是煤矸石路基特有的现象，贵州省的多条高速公路曾发生了路基过火自燃，后多采用封闭、注浆等方式处理，处理效果普遍较好，如图 3.62 和图 3.63 所示。对于煤矸石弃土场，由于相关单位不重视或考虑不周，一些弃土场未作封闭处理，导致煤矸石弃土场发生自燃，严重影响了周围的环境。

3.4.2 贵州煤矸石路基的结构形式

如前所述，贵州的地形地貌是山高坡陡，地表局部分布有沟谷型软土、软弱夹层与松散堆积体，年降雨量在 1 200mm 左右，山间沟谷水流丰富。这些因素使得贵州路基填方高、稳定性差。

公路路基应确保三个方面的指标：整体稳定、工后沉降控制与路基强度，对于煤矸石路基，需增加一个防自燃指标。其中路基强度主要取决于路床和上路堤的填料。路床和上路堤一般要求采用路用性能良好的碎石土进行填筑，因此路基强度一般能得到保证。影响煤矸石路基质量的主要因素是整体稳定性与沉降控制。煤矸石路基的设计与施工必须考虑稳定性与沉降量。

图 3.62 冒热气的煤矸石路基

图 3.63 煤矸石路基注浆处理

根据对贵州以往失稳路基的调查分析，贵州路基的整体失稳主要取决于地基或地质状况，而降雨和排水是外因，因此路基的稳定性主要取决于地质状况。路基沉降主要取决于路基高度、路基填料、碾压工艺和自然沉降稳定时间。煤矸石的防自燃措施主要是封闭，为此，煤矸石路基宜采用图 3.64 和图 3.65 所示的结构形式。

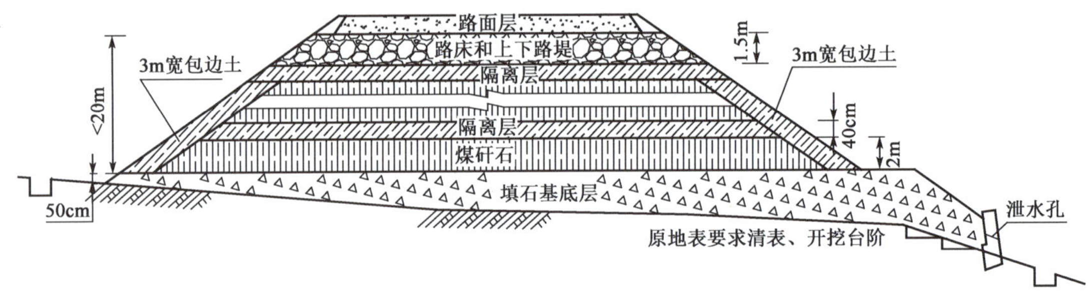

图 3.64 高速公路及一级公路煤矸石路堤填筑结构示意图

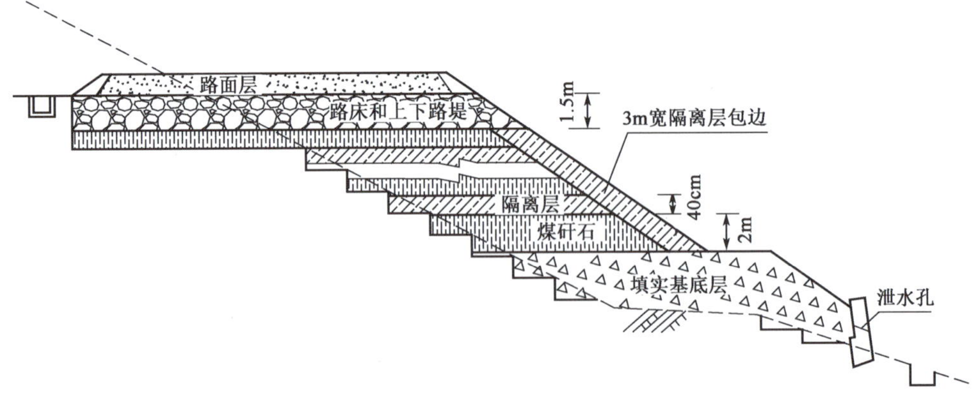

图 3.65 半填半挖煤矸石路堤填筑结构示意图

1)基底填筑

贵州煤矸石的一个重要特性遇水崩解泥化，强度大幅降低。因此防止煤矸石被水浸泡是提高路基稳定性的一个重要方面。在做好地基处理与确保路基整体稳定的基础上，图 3.64 明确提出了基底的填石层填筑。这主要是基于以下方面的考虑：

(1)贵州多山，而路基一般位于坡脚，山上下来的地表水或地下潜水丰富。尽管路基四周设有截水沟，但并不能完全排除渗水尤其是地下潜水的渗流。路基的填筑改变了原来地表、地下水的分布与流态。若路基采用不透水材料填筑，在路基上坡很可能会积水，从而引起煤矸石的崩解、泥化，成为路基新的软弱滑动面。

(2)贵州山区地表常分布有黏性土，虽经清表处理，但不一定干净，易成为陡坡软弱滑动面，采用填石进行基底处理，可有效增加该滑动面的抗滑能力，提高路基沿该面的滑动能力。

(3)基底的渗水可减少对原地表、地下潜水渗流场的影响。

路基底部采用填石路堤，填石料应遇水不易崩解风化。填石料从最低处开始分层水平填筑，每层厚度不超过 50cm，沿路基横向必须填筑水平，保证填石层最薄处至少 0.50m。当填石基底层与煤矸石的粒径相差大时，为防止煤矸石颗粒的渗漏，应设置碎石过渡层或铺设无纺土工布用于反滤。

路基纵向地形变化较大，填石基底层沿纵向无法填筑同一水平高度的，必须设置台阶进行搭接，每级台阶高度不高于 0.50m，台阶长度及搭接长度不小于 3m。

2)路拱横坡

为了迅速排除降落在路面上的水，以减少降水对路面的浸润和沿裂缝或接缝渗漏入路基，通常在路表面和路基上修筑成直线形或抛物线形路拱。因此，为加快排水，同时考虑路基中心的沉降量较大，路基施工时的横坡不小于 4%，以保证路基横向排水能力。

3)隔离层的设置

如前所述，煤矸石路基发生自燃的内因是矸石中含硫、碳，外因是与外界空气的交换与流通，缓慢的氧化反应导致煤矸石内部热量的聚集与温度的升高，最终引起路基的自燃。因此，设置隔离层对煤矸石路基进行封闭是行之有效的方法。贵州黔大高速煤矸石路基的成功案例可说明这一点。

一般可每填 2～3m 厚的煤矸石层设置一层隔离层，每层隔离层厚度约 40cm，可采用一般的非煤矸石路基填料填筑。

4)包边土

煤矸石路基与外界的氧气交换主要通过坡面进行。因此在坡面上设置封闭层，可有效阻绝或减少空气交换。当硫化铁含量高于 3%，发生自燃的可能性较高时，煤矸石路基须进行包边防护，包边宽度 3m。设置 3m 宽的包边土厚度主要是为了施工方便，即设置一个压路机的碾压宽度。

对于包边土的填料，宜采用风化碎石土，既有较好的透水性，又能很好地隔绝空气，同时也可进行边坡绿化。

5)路床与上路堤

煤矸石的 CBR 值在 8～10 之间，刚刚能满足规范对填料的最低要求。但对于路基与路面的衔接而言，用煤矸石作为路床填料，其强度标准无疑是偏低的，不利于路面与路基的应力分布与传递。另一方面，采用煤矸石作为路床，在路基交验时，弯沉指标很难满足设计要求。基于上述考虑，提出对于高速公路与一级公路，路床与上路堤（路基顶面下 1.5m）必须采用水稳性好、强度高的砂砾、碎石渣等填料填筑。对于二级公路，路床（路基顶面下 80cm）必须采用砂砾、碎石渣等填料填筑。三级及以下公路，上路床（路基顶面下 30cm）必须采用砂砾、碎石渣等填料填筑。

6）挡墙

在一些沟谷地区，挡墙是常见的路基收坡方式，对减少占地作用明显。但在工程中也发现，一些挡墙存在泄水不良的现象。这与挡墙背面未设置渗水层，泄水孔堵塞、泄水孔位置不合理等原因有关。因此挡墙施工因重视泄水孔的设置。

7）挖方路段的换填

当挖方路堑段为煤矸石时，根据煤矸石的风化程度与强度特性，高速公路、一级公路应换填 50～80cm 厚的砂砾或碎石层，如图 3.66 所示。二级公路应换填 30cm，以确保路基的强度与长期性能。关于换填的厚度也基于弯沉的考虑，煤矸石路基开挖后表层易风化，若换填厚度薄于 50cm，则弯沉指标可能达不到设计要求，若厚度超过 80cm，则不仅增加了工作量，对弯沉的减少也有限，同时增加了扰动的范围。另一方面，弯沉的代表值不仅取决于平均值，也与其标准差相关，标准差主要取决于填料的均匀性。因此，若想减少弯沉，则应提高填料的均匀性，控制最大粒径，避免粗粒料集中。

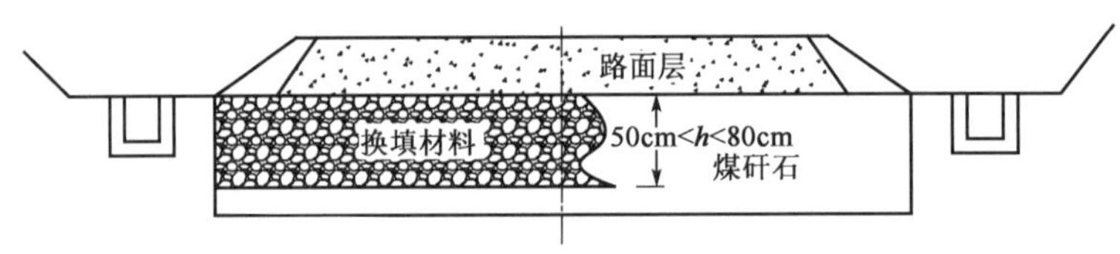

图 3.66　煤矸石挖方路段换填

换填施工前，做好施工期临时排水系统和排水工程，在换填范围内的两侧挖两条纵向排水沟，根据需要增设部分横向排水沟，保证挖除范围内不积水，以防施工中路基受水浸泡，影响换填质量。

挖方段路床换填材料与质量控制标准与填方段相同。

3.4.3　煤矸石路基填筑准备工作

1）材料试验

在铺筑试验段之前需进行煤矸石的物理力学试验，试验内容如表 3.17 所示。其中硫化铁含量主要为评价煤矸石的自燃风险，一般而言，当硫化铁含量小于 3%时，自燃风险较小，反之较大。

室内试验内容　　表 3.17

序　号	试 验 内 容	序　号	试 验 内 容
1	天然含水率(%)	5	自由膨胀率(%)
2	液、塑限(%)	6	最佳含水率(%)
3	承载比 CBR(%)	7	最大干密度(g/cm^3)
4	硫化铁含量(10^{-2})	8	耐崩解性指数(%)

2)试验路铺筑

通过对现场试验段路基的填筑试确定路基填筑时的松铺层厚、松铺系数、碾压遍数、碾压速度、压实度等。参照填石路基的施工经验,采用控制碾压遍数和压实度的措施来保证煤矸石路基的填筑质量。

试验路应达到以下具体目的:

(1)检验煤矸石路堤填筑施工方案的适用性。

(2)明确煤矸石现场含水率的晾晒速度及翻松设备的效果。

(3)确定合适的煤矸石碾压施工工艺,包括松铺厚度、碾压遍数、机具组合等。

(4)确定合适的煤矸石压实质量控制标准与检测方法,包括压实度标准和现场检测方法。

3)基底处理

稳定斜坡上地基表层的处理,应符合下列要求:

(1)当地面横坡缓于 1∶5 时,清除地表草皮、腐殖土,可直接碾压后填筑填石基底层。

(2)当地面横坡为 1∶5～1∶2.5 时,原地面应挖台阶,台阶宽度不应小于 2m。当基岩面上的覆盖层较薄时,宜先清除覆盖层再挖台阶;当覆盖层较厚且稳定时,可予保留。

(3)对于地下水位偏高的路段,应提前开挖纵向及横向边沟排水,以降低路基范围的地下水位及疏干地基,边沟深度可根据地下水位确定,一般不小于 50cm。

(4)对于存在地表汇水、泉水和边坡渗水的沟谷型填筑体应做好相应的排水措施,防止水渗入煤矸石路基。

(5)特殊路基应按相应规范要求处理,处理后的地基应满足整体稳定与工后沉降控制要求。

(6)基底的填石层施工应按填石路堤的相关要求执行。

(7)对于基底设置有排水盲沟的应按设计要求进行施工。

3.4.4 煤矸石填筑

煤矸石路基施工工艺控制除了要遵照一般路基施工原则外,还应该针对其特殊性做出适当的调整。煤矸石的施工总体参照填石路基的要求。

1)填料要求

煤矸石的开挖一般可采用挖掘机进行,直接开挖有困难时可采用爆破方式。煤矸石的最大粒径宜控制在 30cm 以内,层厚不超过 40cm。在料场装料时,应有意识地将每车的粗、细料混合,做到填料均匀,有一定的级配。

2)摊铺与碾压

(1)铺筑完基底填石层后,应在填石层表面铺设一层无纺土工布。

(2)第一层煤矸石上料时,重载车应采用后退式上料方式,推土机应及时将料推平,重载车在推平的煤矸石层上行驶,避免重载车直接在无纺布上直接行驶碾压。

(3)摊铺时根据运输车辆大小和摊铺厚度计算每个方格网面积,车辆在网格内卸料。

(4)煤矸石采用重型压路机,坚持先静压后弱振、先两边后中间的原则,碾压遍数由试验路确定,一般 3～4(来回算一遍)遍即可。

(5)为加快排水,同时考虑路基中心的沉降量较大,雨季施工时路基的横坡宜为 4%。

(6)重视填筑“过渡段”和分段填筑时搭接的长度和宽度的控制,各区段交接处应互相重叠压实,纵向搭接长度 2m 以上。

(7)加强沉降观测设备的保护。

测点保护工作十分重要,很多试验由于观测后期对测点保护不力或不保护,致使测点破坏或管道阻塞而无法进行观测,造成前功尽弃。每个沉降板设置醒目标志或警示牌,板周围用 0.6m×0.6m×0.7m 木架子进行保护,提醒路基施工人员及车辆注意,如图 3.67 所示。为便于找点,请埋板时务必确定出测点的坐标,并在路基两侧设置护桩。对各测点位置(坐标)登记在册,以便在该测点被破坏后能及时恢复,保证测点质量。观测仪标 1 米见方的范围内严禁车辆及施工机械通行,施工单位在碾压时应采用先人工开挖整平,后用打夯机分两层打夯击实,以确保观测仪标不受损坏。

图 3.67 沉降观测点埋设示意图

3)包边土填筑

包边防护层可采用碎石土等,宽度 3m,填筑时须先填筑包边层再填筑煤矸石层,两者可交叉进行。

4)路床与上路堤

(1)上路堤填石最大粒径不超过 20cm,路床不超过 10cm。填料应用一定的级配,肉眼观察不得有粗粒料明显集中的现象。填料粒径小于 2mm 的含量不超过 15%,采用筛分法进行小于 2mm 的含量检测。

(2)肉眼观察路基表面应填料均匀、表面平整。路床顶面不得用细粒土贴皮找平。

(3)采用最大激振力 50t 以上的压路机碾压 4 遍以上,表面无轮迹。

5)填筑速度

(1)争取在雨季来临前完成施工,为煤矸石路基提供较长时间的自然沉降周期。

(2)对于一些地质状况差的陡坡软弱地基或含软弱夹层的松散堆积体路段,应控制填筑速率,必要时进行路基施工监控,对路基的位移等进行监测,确保路基整体稳定和施工安全。

6)煤矸石弃土场

煤矸石弃土场应进行必要的碾压,且弃土完毕后应设置顺地表横坡的排水沟,将水引出弃土场外,每层弃土面应保持与原地面横坡一致,以利于迅速排除地表水。

此外，煤矸石弃土场应做好封闭工作，以防弃土场的自燃。封闭厚度不宜小于3m，可采用高液限土、红黏土等黏性土进行封闭。并对弃土场进行必要的碾压。

3.4.5　煤矸石路基的压实标准与质量控制

如图3.68所示，贵州煤矸石填料的最大粒径一般在几十厘米，填料以粗颗粒为主。击实试验的最大粒径为38mm，显然，粒径小于38mm的填料在煤矸石中含量中的比例并不高，因此击实试验结果并不能反映煤矸石填料的压实特性，若以此击实试验结果确定的最大干密度并作为标准干密度，则灌砂法得到的压实度很可能超百，失去了评判的意义。因此，煤矸石路基不宜采用压实度指标控制。针对煤矸石的大粒径，参照填石路基的质量控制方法是合理的。即煤矸石的压实标准通过试验路确定，包括：压实层厚、最大粒径、碾压机械、碾压遍数。质量控制以施工工艺过程控制为主，配合压实沉降差控制。压实沉降差一般应控制在最后一遍5mm以内，观测精度应达到±1mm。

图3.68　煤矸石填料

3.5　煤矸石填方路基的防排水与边坡防护

3.5.1　路基防排水

1)路基周围截排水

贵州山高谷深的特点决定了填方路基的四周将汇聚大量的地表水，路基的修建无疑改变了原来的地表水系。而煤矸石路基对渗水特别敏感，因此做好煤矸石路基周围的截排水系统对于避免或减少路基病害具有重要作用。我国一般的的截、排水沟多采用矩形或梯形的断面形式。但在实际工程中，由于施工粗糙，截排水沟的沟沿常高于地表，导致地表水不能很好地进入排水沟内，从而极大地降低了排水沟的效能，有些排水沟干脆成了“拦水沟”，如图3.69所示。因此对于煤矸石路基，必须重视排水系统的完善，沟沿与地面应良好顺接，必要时在沟沿与原地面间采用水泥砂浆进行顺接，如图3.70所示。

2)路基底部的渗水盲沟

在一些狭长但汇水量不大的沟谷中在煤矸石路基填筑前应设置渗水盲沟，渗水盲沟的断面尺寸一般为 2.5m×2.5m，盲沟采用石笼的形式，外用无纺布包裹，如图 3.71 所示，对于排水地表渗水具有良好效果，对于一些汇水量的沟谷则应采用排水涵洞的方式。

图 3.69　边沟沟沿高于地表

图 3.70　边沟沟沿与地表顺接良好

3)挡墙排水

在实际工程中，由于填方体多位于沟谷内，客观上周围山体上的地表水、地下潜水将不可避免地渗入路基。由于一些路段坡陡，采用挡墙收坡是常见的防护方式。位于坡脚的挡墙应留有足够大的泄水孔，以确保能及时排除渗入路基内的地下水，避免路基底部被水浸泡，降低强度。

4)路基路面防排水

(1)中央分隔带排水

中央分隔带排水系统的设计应结合工程实际高程做好复核与动态设计。在实际工程中，中央分隔带会存在积水情况，主要原因是高程有误，因此施工过程中应做好复核与动态设计，避免中央分隔带积水。

中央分隔带排水系统应加强施工质量的过程控制。严格砂浆抹面、涂抹沥青、铺设防水土工布、立柱施工和孔隙封水等环节，否则将明显影响中央分隔带的排水效果。中央分隔带包含着多种构造，尤其是防撞护栏立柱的施工将破坏土工布防水层。在实际施工中，一些施工单位未喷涂沥青，防水土工布未平整展铺，防撞护栏立柱打完后未采用沥青与土工布进行封水等，如图 3.72 所示，导致中央分隔带成为路基的水源。在实际施工中，这些环节并不难，但由于人们重视程度不够，导致施工不精细，质量普遍较差。设计的完善并不意味着结果的满意。

图 3.71　沟底渗水盲沟

图 3.72　中央分隔带施工不规范

(2)路面层间水

路面层间水的排除应与路基边沟泄水孔的施工协同考虑,路基施工时必须预埋完善的边沟泄水管。边沟泄水管高程应埋置准确。路面层间水通过路肩的碎石层排向边沟,因此需在砌筑边沟时预埋 PVC 管,且高程应准确。由于边沟砌筑为路基施工单位负责,而路面层间水的排除属路面单位负责,两者间有脱节现象,导致一些边沟未预埋 PVC 管。另有一些工程,碎石透水层没有位于路基顶面以上而是位于基层以上,这样并不能有效排除路面层间水,反而成为蓄水池。因此施工中应对路基路面防排水系统的施工质量进行监控,以确认其有效性。

(3)横向排水

超高路段外侧横向排水管、PVC 横向排水管应确保坡率、管口应防止淤堵。挖方段边沟下设有渗沟或暗沟的路段,应确保出水口畅通。

3.5.2 边坡防护

对于自燃风险较高的煤矸石路基采用包边防护的方式予以隔绝空气。包边防护填料主要为碎石土,具有较好抗冲刷效果。对于自燃风险低的煤矸石路基可不采用包边防护的方式。

煤矸石路堤的边坡适宜采用拱形、菱形护坡。护坡的拱圈应采用工厂化集中预制的方式,以确保质量,防止拱圈损坏坡面水通过坡面渗入路基内。对于菱形骨架,要做好裙边的施工质量,否则坡面水将渗入路基,冲刷坡面。对于未包边的煤矸石路基,应在边坡外培植 30cm 厚的细粒土,以便进行植物防护。边坡植物可采用适合于当地气候条件的植物。从已有的工程看,煤矸石路基的边坡防护对植物并无特别要求。

3.6 工程案例

1)贵州晴隆—兴仁高速

贵州晴兴高速公路是贵州省高速公路网规划中“六纵”毕节至兴义高速公路组成部分,起于普安县新寨河西岸,连接沪昆高速公路,经晴隆、普安、兴仁、兴义四县(市),终点在兴义市红岩洞与汕昆高速公路相接。全长 73.5km,双向四车道、设计时速 80km,路基宽 21.50m,桥隧比例占 38.3%,施工工期(建设期)为 36 个月,总投资概算 53.75 亿元,于 2012 年 12 月 31 日建成通车。

晴兴高速沿线分布有大量的煤矸石,隧道、边坡开挖产生的大量煤矸石大都用于路基填筑,如图 3.73 所示。期间虽有个别煤矸石路基出现了自燃现象,但经注浆封闭处理后效果较好。该路段的煤矸石路堤边坡多采用菱形、拱形骨架植草防护。通车至今未出现明显的质量问题。

2)黔大高速公路

黔大高速公路是《贵州高速公路网规划》“678”网中“二联”部分,设计标准为四车道高速公路,路基宽 21.5m,时速为 80km,项目分为石板至东关段和东关至清丰段。石板至东关段全长 53.038km,起于黔西县城西石板桥,路线行至终点东关。黔大高速公路沿线于 2013 年 4 月正式开工,2014 年底建成通车。

图 3.73　晴兴高速公路煤矸石路基施工现场

黔大高速路基边坡设计坡率最上面一级为 1∶1.5，其下为 1∶1.75，路堤边坡多采用拱形植草护坡方式。黔大高速沿线煤矸石分布很广，许多路基甚至一些高填方路基采用煤矸石填筑，如图 3.74 所示，填筑方式按照 3.4 节进行。煤矸石填方量超过 100 万 m^3。典型路段立面设计图及横断面设计如图 3.75 和图 3.76 所示。对煤矸石路基的沉降变形和地温监测表明，其稳定性满足公路要求。

图 3.74　黔大高速煤矸石施工现场

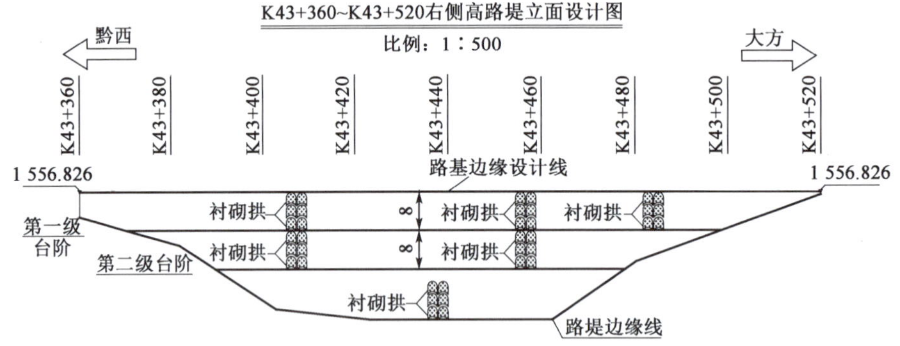

图 3.75　典型路段立面设计图(尺寸单位：m，高程单位：m)

3)宁夏省道 S103 线

为了消化宁夏宁东煤化基地的煤矸石，宁夏省道 S103 线 K13+000～K13+660 段采用煤矸石进行填筑，如图 3.77 所示。该段公路于 2012 年开工，2013 年竣工通车，通车至今效果良好。

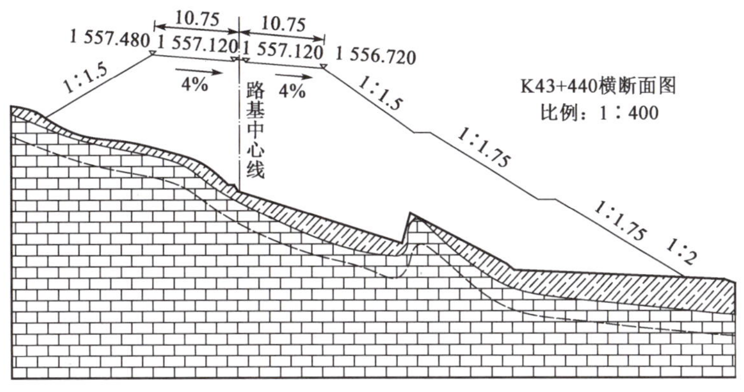

图 3.76　典型路段横断面图(尺寸单位：m，高程单位：m)

图 3.77　宁夏省道 S103 线煤矸石路基

4)其他工程

总体而言，贵州由于煤炭资源分布极其广泛，除东南部地区少煤外，省内其他地区的公路建设均会遇到煤矸石，因此，多条高速公路建设采用了煤矸石路基，总体效果可以，但遗憾的是，省内高速公路建设中对煤矸石路基的研究与观测资料不多，对煤矸石路基的认识以感性认识为主。

本章参考文献

[1] 罗卫华. 山区高速公路陡坡上路基稳定性分析方法与治理对策[J]. 中南公路工程，2005，02：40-44.

[2] 姜静，江晓霞. 广清高速公路煤系土路堑边坡设计[J]. 中外公路，2005，05：29-31.

[3] 王恭先. 滑坡防治中的关键技术及其处理方法[J]. 岩石力学与工程学报，2005，21：20-29.

[4] 简文星，殷坤龙，闫天俊，等. 重庆万州区民国场滑坡基本特征及形成机制[J]. 中国地质灾害与防治学报，2005，04：24-27.

[5] 肖学沛，李天斌. 某滑坡碳质软岩抗剪强度受含水率影响分析[J]. 水土保持研究，2005，

01:75-78.

[6] 卿三惠,黄润秋.西南煤系地层软岩地区坡麓相斜坡软土特性研究[J].水文地质工程地质,2005,02:53-57.

[7] 吴起星.广西第三系泥岩桩端承载力研究[D].南宁:广西大学,2002.

[8] 郑海君.软岩特性研究及其对边坡影响的敏感性分析[D].成都:成都理工大学,2005.

[9] 徐国民.软岩边坡变形失稳机理及防治技术研究[D].昆明:昆明理工大学,2005.

[10] 梁笃堂.贵州地区软质岩石地基(泥岩、泥质白云岩)承载特性研究[D].贵阳:贵州大学,2007.

[11] 陈江.贵州省六盘水机场道中高填方边坡稳定性研究[D].成都:成都理工大学,2008.

[12] 王淑英,周富华,钟守宾.寨任路碳质泥岩边坡稳定性研究及防治措施[J].广西交通科技,2003,02:42-45.

[13] 薛伟.贵新高等级公路K48牟珠洞右边坡综合整治[J].岩土工程界,2003,04:71-74.

[14] 李小和,刘庆辉,钱国玉.京珠高速公路K108路堑高边坡病害分析和整治[J].路基工程,2003,02:63-66.

[15] 刘新喜,夏元友,蔡俊杰,等.降雨入渗下强风化软岩高填方路堤边坡稳定性研究[J].岩土力学,2007,08:1705-1709.

[16] 王天良,黄泓.贵州地区大塘阶黑色软岩的工程病害特性原因分析[J].工程勘察,2007,02:38-40.

[17] 吴辉.贵州山区高速公路边坡滑坡病害分析及治理[J].水土保持研究,2007,05:221-224.

[18] 周训华.贵州山区高速公路主要工程地质问题综述[A].贵州省岩石力学与工程学会.贵州省岩石力学与工程学会2013年学术年会论文集[C].贵州省岩石力学与工程学会,2013:5.

[19] 魏怀瑞,杨瑞东.贵州天柱早寒武世黑色岩系自燃现象的发现[J].地质论评,2009,02:189-190.

[20] 蔡俊杰,刘新喜.强风化软岩用于路基填土时的工程特性研究[J].湖南城市学院学报(自然科学版),2006,01:10-13.

[21] 李育枢,李天斌.煤系地层中碳质泥岩滑带土的初步研究[J].岩土工程技术,2006,02:88-90,93.

[22] 刘新喜,夏元友,刘祖德,等.强风化软岩路基填筑适宜性研究[J].岩土力学,2006,06:903-907.

[23] 卿启湘,王永和,李光耀,等.软岩填筑高速铁路路堤的室内试验研究[J].岩土力学,2006,07:1119-1123,1128.

[24] 徐增辉,刘光廷,叶源新,等.温度对软岩渗透系数影响的试验研究[J].三峡大学学报(自然科学版),2006,04:301-304,311.

[25] 熊孟辉,秦勇,易同生.贵州晚二叠世含煤地层沉积格局及其构造控制[J].中国矿业大学学报,2006,06:778-782.

[26] 桑惕,王立亭,叶念曾.贵州晚二叠世岩相古地理特征[J].贵州地质,1986,02:105-125,127-152.

[27] 卢小明.土工格室在某公路碳质泥岩边坡防护中的应用[J].山西建筑,2008,34:

295-297.
[28] 许泽宁. 煤矸石路基填料应用中的几个问题[J]. 工程与建设,2008,01:86-87,92.
[29] 张杰,孙传敏,杨国峰,等. 贵州下寒武统黑色页岩稀土元素地球化学特征[J]. 稀土,2008,02:72-75.
[30] 王平,周立新,黄晓波. 碳质页岩填料冲击压实性能试验研究[J]. 重庆交通大学学报(自然科学版),2008,04:606-609.
[31] 田卿燕,肖春发,吕建兵. 粤北山区高速公路煤系地层滑坡机理分析[J]. 铁道科学与工程学报,2008,05:61-64.
[32] 窦新钊. 黔西地区构造层划分及其特征[J]. 中国科技信息,2012,04:33,43.
[33] 吴利斌,慕青,陈亮. 某挖填方工程红层软岩的工程特性及施工控制[J]. 山西建筑,2012,07:82-84.
[34] 付宏渊,王意明,刘新喜. 碳质页岩路堤变形特性研究[J]. 中外公路,2012,01:19-23.
[35] 姜利,董建勋,张锦生. 未燃煤矸石路基施工及温度变化监测与分析[J]. 公路,2012,03:122-125.
[36] 邓辉. 碳质泥岩在玉铁高速公路上的试验研究与应用[J]. 沿海企业与科技,2012,03:91-94.
[37] 罗筠. 贵州页岩对公路工程的危害及防治措施[J]. 贵阳学院学报(自然科学版),2012,02:56-59.
[38] 罗根传,付宏渊,贺炜. 碳质页岩崩解特性的试验研究[J]. 中外公路,2012,03:309-311.
[39] 何才生,曹炜,刘海石,等. 煤矸石边坡植被恢复探讨——以郴州市青年大道煤矸石边坡为例[J]. 湖南林业科技,2012,03:50-52.
[40] 张庆华,张伦尉,杨涛,等. 贵州遵义地区黑色岩系多金属矿层研究进展[J]. 矿产勘查,2012,05:583-588.
[41] 卿三惠. 红层软岩地区高速铁路软基路堤沉降控制研究[D]. 成都:成都理工大学,2007.
[42] 谢承平. 软岩边坡主要影响因素及稳定性分析研究[D]. 成都:西南交通大学,2009.
[43] 袁伟. 软岩填料在高速铁路中的适用性分析与沉降研究[D]. 长沙:中南大学,2009.
[44] 储文静. 湘西红砂岩的工程地质特征与工程边坡的稳定性分析[D]. 长沙:中南大学,2009.
[45] 谭勇鸿. 基于GIS的贵州晴兴高速公路沿线滑坡灾害危险性评价[D]. 长沙:湖南科技大学,2010.
[46] 刘鹏辉. 降雨入渗对土石混填路堤边坡稳定性的影响分析[D]. 郑州:郑州大学,2010.
[47] 姜利,董建勋,郭国梁,等. 季冻区未燃煤矸石路基温度变化[J]. 沈阳建筑大学学报(自然科学版),2013,01:93-97.
[48] 曾铃,付宏渊,贺炜,等. 降雨入渗因素对碳质泥岩路堤边坡稳定性的影响[J]. 公路交通科技,2013,03:39-44,58.
[49] 吴旭. 微型钢管桩在大思高速公路工程滑坡治理中的运用[J]. 黑龙江交通科技,2013,05:14-15.
[50] 黄文秀. 碳质岩地区公路工程地质病害特征与处治技术探讨[J]. 广西城镇建设,2013,03:104-106.
[51] 刘志勇. 晴兴高速公路YK5+100～YK5+230滑坡分析及治理[J]. 交通科技,2013,04:

64-66.
[52] 尹栾玉.晴兴高速公路某段路基填方边坡滑坡分析及治理[J].交通科技,2013,05:79-80.
[53] 吴国雄,吴北川,陈乡寿.降雨条件下滇西红层软岩高路堤稳定性分析[J].公路,2014,03:43-47.
[54] 段富凯.晴兴高速公路ZK19+360~ZK19+640滑坡机理分析[J].交通建设与管理,2014,10:76-78,81.
[55] 张维.煤矸石填筑高速公路路堤施工方法[J].广西轻工业,2011,03:24-25.
[56] 陈兵,胡振琪,赵艳玲,等,何松.自燃煤矸石山内部温度拟合研究[J].能源环境保护,2011,02:17-20,24.
[57] 张建军.浅谈公路路基换填材料及排水措施[J].价值工程,2011,15:121-122.
[58] 付宏渊,陈宗浩,刘新喜,等.室内模拟气候条件下碳质页岩崩解试验研究[J].公路与汽运,2011,04:126-128.
[59] 付国华.利用煤矸石填筑路基在邢汾高速公路上的应用[J].交通世界(建养·机械),2011,09:122-124.
[60] 敖亦兵,刘新喜,杨子汉,等.碳质页岩高填方路堤稳定性分析[J].吉首大学学报(自然科学版),2011,05:69-74.
[61] 钱自卫,姜振泉,孙强,等.深部煤系软岩遇水崩解的宏观特征及微观机理研究[J].高校地质学报,2011,04:605-610.
[62] 沈水进,孙红月,尚岳全,等.降雨作用下路堤边坡的冲刷-渗透耦合分析[J].岩石力学与工程学报,2011,12:2456-2462.
[63] 谭凤灵,胡厚田.焦柳线碳质板岩边坡病害的研究[J].路基工程,1995,03:24-27.
[64] 汪益敏.路基边坡坡面冲刷特性与加固材料性能研究[J].岩石力学与工程学报,2004,04:708.
[65] 陈一统.碳质页岩挖方边坡处治实例[J].公路交通技术,2004,03:23-24,34.
[66] 刘伟.煤系地层路堑高边坡加固处理[J].公路交通技术,2004,05:15-18.
[67] 李海光.路基工程中软质岩边坡的几种不良地质现象及其防治[J].岩石力学与工程学报,2002,09:1404-1407.
[68] 马平,施东来.煤矸石膨胀性的研究[J].长春科技大学学报,1999,03:312.

第4章 风化板岩路基

4.1 风化板岩概述

板岩是由粉砂岩、黏土岩等经区域变质作用或高温高压作用形成的，其特殊性表现在板状构造，它既具有变质岩特点，又具沉积岩特点，是一套变质浅、变形强烈，但基本保留原生沉积构造的成层有序的特殊岩体。这种岩体的胶结能力一般较差，极易风化，风化后岩石强度有较大幅度降低。贵州板岩主要分布在贵州东部、东南部的雷山、榕江、从江、黎平、锦屏、天柱、三穗、剑河、台江 9 个县，西部丹寨县也有部分出露。地层为前震旦系上板溪群，自下而上包括 5 个组：甲路组、乌叶组、番召组、清水江组、隆里组，岩性以板岩为主，其中夹有千枚岩、变余砂岩、片岩、绿泥石岩、变余凝灰岩。板岩属浅变质岩，有其特殊的工程特性，在工程上的使用受到建筑工程规模、使用部位和范围的限制。使用板岩作为路堤填料，这些大颗粒软弱岩石填料如何压实，施工质量如何保证，压实质量如何检测；在河岸水位上升侵蚀与冲刷、山区洪水渗透以及地表降雨入渗和冲刷的情况下，板岩填料遇水后会不会发生严重的沉降，稳定性能不能得到保证，以及如何采取防水排水措施等都是问题。

我国高速公路的路堤填筑相对于工业与民用建筑中的地基处理、水利工程中的堆石坝修建和铁路工程的路堤修筑等起步较晚，所以，路堤填筑中的试验方法、评判标准、施工工艺、检测标准等多是借用建筑、水利以及铁路部门的相应规范和指南应用于公路交通行业。在早期的公路建设中，由于所修筑的公路等级较低、通行能力有限、施工机械化水平不高、车辆较小且荷载作用力较低，对于路堤填筑标准的要求也比较低，参照细粒土的压实质量标准制定的路基设计与施工规范基本满足路基填筑要求。随着国民经济的快速发展，我国已修建了大量的高速公路，并且高速公路建设也在向山区延伸，有些设计与施工标准已不能满足高速公路的质量要求。尤其是需用特殊的填筑材料修建路堤，如大粒径的填石路堤、土石混填路堤，涉及高等级公路建设质量中的相关规定尤显不足，于是在 1995 年《公路路基设计规范》(JTJ 013—1995)和《公路路基施工技术规范》(JTJ 033—1995)基础上，补充完善了填石路堤和土石路堤的相关规定，形成了 2004 年《公路路基设计规范》(JTG D30—2004)和 2006 年的《公路路基施工技术规范》(JTG F10—2006)，部分满足了路基修筑的需要。但是对于风化板岩填料路堤的设计与施工规定相对比较模糊，其中针对细粒土评价的压实度、CBR 值及其试验标准并不适合于巨(粗)粒料或板岩类软岩填料的评价，进行缩尺试验所得结果更与工程实际相差较大，尤其是在考虑浸水后的岩石强度变低、填料压缩性增大或抗剪强度降低以及填料颗粒破碎等工程性质时没有相关规定。因此，要考虑能否使用板岩作为路堤填料，以及以怎样的施工标准来使用板岩作为路堤填料，这些问题都成为工程技术人员和工程管理人员所面临的客观难题。

目前国内外在板岩路基方面已取得了一定的研究进展，如在铁路工程建设方面，熊跃华等对长衡客运专线路堤填筑中使用的千枚状板岩等软岩进行了室内模型试验，试验表明，粗颗粒含量及含水率对路堤稳定性有显著影响，在加强防排水的基础进行填筑路堤，全风化千枚状板岩用作路堤填料是可行的。郑明新等针对武广客运铁路专线沿线遇到的大量软质千枚状板岩和泥质粉页岩，在分析风化软岩基本矿物成分、耐崩解性的基础上，结合风化软岩岩块力学强度和击实试验结果，初步判定了风化软岩填筑路基的可行性，同时提出了软岩填筑路基可行性的初步判定方法。钟长云等对武广客运专线中的砂质板岩和砂岩等软岩，进行了以 5mm 为界限在不同粗粒含量下的击实试验，得出对于颗粒小于 38mm 的软岩填料在施工过程中可以采用压实度作为控制指标。并通过对砂质板岩风化料的矿物成分分析、颗粒级配分析、击实试验、固结实验、三轴压缩试验等一系列室内试验研究，初步确定了该风化料作为路基填料的可行性。方焘，郑明新等对武广客运专线全风化及强风化砂质及泥质千枚状板岩填料进行了抗压、直剪、压缩和三轴试验，获取了其主要力学试验指标，同时对比浸水前后强度衰减的情况，研究表明，泥质千枚状板岩和砂质千枚状板岩浸水后极易软化，用于作为路堤填料容易破碎，且容易压实到要求的密实度；用板岩填筑路基时需要对其采取良好的排水措施。卿启湘等对含砾砂岩和泥质板岩两种软岩用作高速铁路路堤填料进行了室内模型试验，提出若测得其中的基床系数 K_{30}、变形模量 E_{v1} 和变形系数 E_{v2} 能满足相关设计标准，则可用作路堤填料，同时还用有限元分析了路堤在准静循环荷载作用下的应力和应变特性，并验证了填料的可行性。同年卿启湘采用现场试验与模型试验相结合的方式，对两种软岩的长期沉降特性进行了深入细致的研究，得出了软岩路堤应力、应变特性受到软岩颗粒级配、粒径大小、压实度、风化成度、含水率和干湿循环等因素的影响较大。王雪红、王永和等在分析千枚状板岩基本特性的基础上，研究了 CBR 值的影响因素，认为影响 CBR 值的主要因素是压实次数和泡水时间，其次为矿物类型及其含量的多少和颗粒粒径的大小；在足够的夯实功作用下，所填筑的路基强度可以达到要求值，CBR 值随泡水时间的延长而降低，该类风化板岩填料不能用于浸水地区路堤的填筑。但汉成等针对武广客运专线沿线遇到的大量软质千枚状板岩，对作为路基填料的软质千枚状板岩的结构特征，包括颗粒组成和破碎特征进行室内实验研究，重点分析千枚状板岩的击实工程特性，包括击实特性、抗剪强度、回弹模量、CBR 值、渗水特性、压缩特性等。通过试验研究得出千枚状板岩全风化体抗剪强度性能较好，用其填筑路堤边坡稳定。就回弹模量来说，千枚状板岩填料能满足路堤在刚度和强度方面的要求。采用风化板岩填筑路基时，当难以通过增大击实功来提高路基的填筑强度时，可通过增加粗颗粒的含量，实现路基强度的提高。同时研究认为千枚状板岩填料组别可划分于 C 组，用于基床底层和基床以下路堤填筑时需进行改良，改良方法可采用加入粗粒土（如中粗砂）进行级配改良或加入石灰或水泥进行化学改良。填筑质量则采用地基系数 K_{30} 和孔隙率双指标控制，建议现场试验增加动态变形模量 E_{vd} 检测。

在板岩改良方面，安爱军就全—强风化泥质板岩填料能否用于铁路客运专线无砟轨道路基的填筑，是否需要对其进行改良，以及如何改良进行试验研究，认为其改良剂的选择应该从其矿物成分组成来考虑，填料经水泥改良后，其强度与水稳性均满足铁路客运专线路基填料的要求。陈湘亮等通过开展泥质板岩改良土的大量室内试验，将石灰、水泥按不同比例与不同含水率的泥质板岩拌和均匀，在不同击实条件下进行击实试验，确定了最大干密度和最佳含水率；并基于此研究了不同击实标准、不同外掺剂及掺灰量、水泥加水拌和延迟制样时间对击实试验结果中最大干密度和最佳含水率的影响。

由于级配碎石对铁路列车荷载具有很好的应力扩散和沉降调节功能，这与公路中的路面结构层有很大的区别，因此，铁路工程中的板岩路堤修筑与施工方面的经验只能作为公路板岩路堤的借鉴和参考。在公路工程建设方面，日本从 20 世纪 60 年代就开始应用软岩填筑路堤，先后在东名高速和中原国道中使用沉积软岩作为路堤填料，但在工后运营阶段由于软岩严重粉化，路基路面在降雨和车辆动荷载的共同作下发生翻浆冒泥，出现了较大的不均匀沉降，随后开展了相关的试验研究与工程总结，并提出：在路床表层采用不易风化且强度较高的软岩材料，同时提高路堤设计标准，使其刚度增加，增大车辆动荷载的应力扩散，以减小对路床的影响；采用重型碾压机械，对路堤软岩填料进行充分破碎，提高压实度；对于严重风化破碎的填料，填筑时应进行改良，严禁填筑膨胀性岩土、高压缩性土和冻土等。日本道路公团还提出了用破碎率和崩解率两个指标来评价软岩填料的压缩性。但目前针对板岩填筑公路路基的施工工艺、施工参数、质量检测以及板岩路基在高速车辆荷载和环境变化等工况下的应力、变形、强度指标和稳定性问题，国内外的研究成果较少。周雷刚等以“十天”高速公路千枚岩、板岩填料为研究对象，通过室内试验和现场试验分析软岩原岩及填料的物理、力学特性，对其能否作为路基填料进行论证。通过现场铺筑试验路，提出了该类软岩填筑路基的施工工艺、质量控制方法。

在板岩水理性质方面，颜文等通过对泥质千枚状板岩、砂质千枚状板岩和泥质粉砂岩这三种软岩的水理特性进行试验研究，得出全风化的泥质千枚状板岩耐崩解性能力差，最好将其当作土来对待；泥质千枚状板岩与砂质千枚状板岩在施工过程中应充分破碎，以防止填土因材料的软化与崩解而发生过大的沉降，影响路基的稳定性与耐久性；软质岩的水理性强弱与所含的黏土矿物有关，也与含水率的交替变化程度有关，一般保持天然含水率状态下浸水的矿岩，水理性显现程度较小，而发生失水过程的矿岩再浸水后，其水理性就变得极其强烈。杨春和冒海军运用电子显微镜、X 电子扫描电镜、粉晶 X 衍射、能谱分析等进行了板岩微观结构分析，得到板岩的矿物组成、含量，内部结构与胶结形式，从微观角度分析了板岩的水理性质，较好地解释了板岩的软化变形特征。吴平等以怀通高速公路 24 标边坡全、强、中和弱风化砂质板岩为研究对象，进行了崩解特性、软化、无侧限压缩、剪切渗透性的系列试验，揭示了砂质板岩受的水理特性。研究表明，砂质板岩具备强烈崩解特性，风化程度越高，崩解越强烈；砂质板岩水理性能由弱到强排序为：全风化砂质板岩<强风化砂质板岩<中风化砂质板岩<弱风化砂质板岩；砂质板岩越干燥，崩解效应越明显，大旱后突降雨会导致板岩的强烈崩解，很容易诱发潜在滑坡。朱俊高等对某板岩粗粒料进行了大型三轴湿化变形试验，分析了湿化体积应变、湿化剪应变等随围压、应力水平变化关系。试验结果表明：湿化体积应变、湿化剪应变随着围压增大或应力水平的提高而增大；分析湿化后剪切强度件质，发现不同应力水平下湿化对粗粒土的强度指标影响很小。韩恺屹等通过单轴压缩蠕变试验研究含水率以及颗粒组成对砂质板岩粗粒土蠕变的影响规律，分析砂质板岩粗粒土在不同影响因素（含水状态、颗粒组成）下的蠕变特

性，并基于与试验结果相符的H-K蠕变模型，探讨含水率、细颗粒含量、应力与蠕变参数之间的关系。

可见，以上研究人员已对板岩填料在公路、铁路和水利等不同应用领域进行了诸多有针对性的研究，室内外试验涉及面也比较广泛，提供了很多有价值的试验结果及工程经验，其中不少成果在工程建设中得到实际应用。但总体而言，关于板岩料填筑路基的系统研究资料并不完善，对其认识也并不充分。由于各个地区地质水文等客观因素不同，风化岩种类不同，其岩石的矿物成分不同，板岩填料路用性能有着明显差异，若照搬以上研究成果，显然是不可取。需要结合具体工程，对板岩路基填料的工程性质、填筑机理、填筑方案、施工工艺、质量检测标准等进行全面系统的研究。

4.2 贵州风化板岩的工程特性

贵州省总面积的1/6以上地区存在大量变质岩，而在变质岩中大部分都是板岩。就分布地区而言，贵州板岩主要分布在黔东南苗族侗族自治州，板岩出露约2.2万km^2，占自治州总面积70%以上。风化板岩作为高速公路填料是否可行，目前国内外尚未有现成的评判方法。为了掌握贵州地区板岩的性质，受贵州高速公路开发总公司委托，中交第二公路设计院与中国科学院武汉岩土力学研究所共同承担了题为“贵州省重载高速公路软岩路堤修筑关键技术研究”的科研课题，通过对三（穗）黎（平）高速公路沿线典型板岩填料工程性质和施工质量控制技术等方面进行系统研究，以指导优化板岩路基设计与施工。三黎高速公路里程虽不足以贯穿贵州省境内全部板岩区域，但沿线板岩却极具代表性，与贵州大部分板岩地区存在相似地形地质条件，进行沿线典型板岩物理力学试验可为贵州板岩工程力学性质提供重要依据和参考。

三黎高速主线长138.066km，采用完全控制出入双向4车道高速公路标准，设计速度80km/h。路幅布设以整体式为主，分离式为辅，整体式路基宽21.5m，分离式路基宽2×11.25m，桥涵一般均与路基同宽，路面采用沥青混凝土路面。路线处于山陵重丘区，地形条件复杂，高填深挖路段极为普遍，路基填料需求量大。根据地质勘查资料，区域分布的地层有第四系、第三系、三叠系、二叠系、石炭系、寒武系、震旦系及前震旦系地层等，路线走廊带出露地层主要为第四系覆盖层、震旦系南沱组、前震旦系板溪群地层。地层岩性以前震旦系板岩、砂质板岩、凝灰质板岩为主，少量分布有震旦系砂质泥岩、石炭系黄龙组灰岩及第四系松散黏土层。沿线区域地层岩性如表4.1所示。

可见，三黎高速沿线经过区分布了大量的凝灰质板岩、砂质板岩、泥岩等软质岩，在路堑开挖的过程中，自上而下或自表及里多表现为全风化、强风化、中等风化、弱风化、未风化，风化程度不等。由于开挖料较多，填方量较大，课题依托沿线大量路堑边坡开挖出的全—强风化板岩和强—中风化板岩填料为研究对象，通过室内试验，从板岩矿物成分、水稳定性、击实性能及强度等诸多方面，来综合判定风化板岩填筑路基的可行性，为三黎高速公路建设提供技术保障，同时为贵州省境内板岩路基设计提供参考。

区域地层岩性一览表 表4.1

地层时代				代号	岩性	工程地质特征
界	系	统	组			
新生界	第四系			Q	砂砾、砂土、黏土、亚黏土	岩性软，承载力低
	第三系			E	浅红色厚层砾岩、砂砾岩、泥沙岩	软质岩易风化塌落
古生界	三叠系	下统	永宁镇组	T_{1yn}	杂色页岩夹泥质灰岩及砂岩	软质岩易风化塌落
			飞仙关组	T_{1f}	泥质灰岩、灰岩及泥灰岩	岩性单一，强度高
	二叠系	上统	吴家坪组	P_{2w}	灰色厚层灰岩及泥质灰岩，底部为黑色页岩	岩性单一，强度高
		下统	茅口组	P_{1m}	浅灰色厚层灰岩	岩性单一，强度高
			栖霞组	P_{1x}	深灰色中至厚层灰岩	岩性单一，强度高
			梁山组	P_{1l}	灰褐色砂岩、粉砂岩及页岩	软质岩易风化塌落
	石炭系	上统	马平组	C_{3m}	灰白色厚层灰岩、白云岩	岩性单一，强度高
		中统	黄龙组	C_{2h}	中厚层灰岩、白云质灰岩	岩性单一，强度高
		下统	大桥组	C_{1d}	灰色厚层灰岩、泥质灰岩夹页岩及粉砂岩	软硬岩相间，强度中等
			岩关组	C_{1y}	灰色厚层灰岩、泥质灰岩、白云岩夹页岩及粉砂岩	软硬岩相间，强度中等
	寒武系	上统	三都组	$\in_{3s}$	深灰色薄至中厚层泥质灰岩、白云岩夹页岩	软硬岩相间，强度中等
		中统	都柳江组	$\in_{2d}$	页岩、砂质页岩及钙质页岩	软质岩易风化塌落
		下统	渣拉沟组	$\in_{1z}$	炭质页岩、白云质黏土页岩、铁质页岩及硅质页岩	软质岩易风化塌落
元古界	震旦系	上统	灯影组	Z_{bd}	灰白色中厚层硅质灰岩	软硬岩相间，强度中等
		下统	南沱组	Z_{an}	变余砂岩夹冰蹟砾岩、砂质泥岩、泥质砂岩	软质岩易风化塌落
	前震旦系	上板溪群	隆里(拉揽)组	P_{tbnb}^{l}	中厚层砂质板岩、变余砂岩、绢云母板岩夹凝灰质板岩	软质岩易风化塌落
			清水江组	P_{tbnb}^{q}	板岩、砂质板岩、钙质板岩夹绢云母板岩	软质岩易风化塌落
			番召组	P_{tbnb}^{f}	绢云母板岩、粉砂质板岩、变余粉砂岩夹凝灰质板岩	软质岩易风化塌落
			乌叶组	P_{tbnb}^{w}	灰黑色碳质石英绢云母板岩、板岩、变余粉砂岩互层	软质岩易风化塌落
			甲路组	P_{tbnb}^{j}	灰绿色绢云母片岩及千枚岩夹变余砂岩	软质岩易风化塌落
		下板溪群	河村组	P_{tbna}^{h}	灰绿色变余砂岩、粉砂岩与绢云母千枚岩互层	软质岩易风化塌落
			风筝组	P_{tbna}^{f}	灰绿色绿泥石绢云母石英片岩、千枚岩夹变余砂岩	软质岩易风化塌落

4.2.1 矿物和化学成分

板岩矿物成分以石英、绢云母、硅质为主，其次含有铁质、泥质，一般石英含量为15%～25%，绢云母含量为30%～35%，硅质含量为35%～39%，泥质为7%～10%，铁质为1%～3%。在化学成分上，板岩既继承了原岩的化学成分，又有变质后新产生的化学成分，主要成分是SiO_2、Al_2O_3、Fe_2O_3、FeO、MnO。板岩的矿物成分与其风化程度有关，随着风化程度的加强，矿物成分也有显著的变化。中、微风化板岩中尚没有黏土矿物生成，而强风化板岩中则有较多的次生黏土矿物高岭石生成，并且含量达到了28%左右。采用X-衍射分析板岩块体和风化碎屑物矿物成分可知，板岩中绢云母的含量较高，对填料的力学性质有一定的影响；强风化板岩所含黏土矿物以高岭石为主，不含蒙脱石等强亲水性岩土，工程性质较好，利于路基工程的长期稳定性，故从矿物成分上认为可以作为高速公路的路堤填料。

4.2.2 液限和塑限

三黎高速板岩填料根据风化程度不同，可分为全-强风化板岩填料和强-中风化板岩填料，强-中风化板岩填料为土石混合粗粒料，不能采用目前《公路路基设计规范》(JTG D30—2015)中有关细粒土填料适用性的液塑限判定标准，而全-强风化板岩填料有类似细粒土的工程性质，可通过液塑限来初步判断其作为路基填料的适用性。取具有代表性的全-强风化板岩填料样品，将其磨碎成细粒土，对其进行液限、塑限试验。试验采用 LG-100 数显式土壤液塑限联合测定仪测试，如图 4.1 和图 4.2 所示。对于 100g 锥，圆锥下沉深度 20mm 时所测得的含水率为液限，塑限确定按《公路土工试验规程》(JTG E40—2007)确定，结果以百分数表示。试验前将岩样用木碾或粉碎机碾碎，过 0.5mm 筛，加水拌匀装入容器，并置入保湿箱，湿润时间 24h。

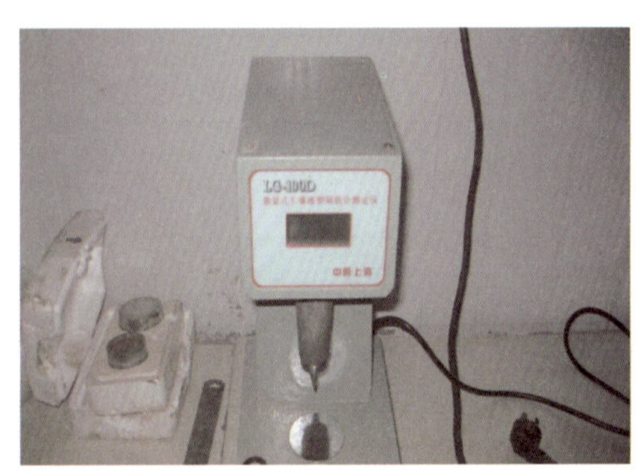

图 4.1 LG-100 数显式土壤液塑限联合测定仪

试验结果如图 4.3 所示，测得强-全风化板岩塑限为 21.9%，液限为 38.4%，属于低液限，根据《公路路基设计规范》(JTG D30—2015)规定：液限>50%，塑性指数>26 的细粒土，不能直接用作路堤填料。试验结果表明，强-全风化板岩填料液塑限满足路堤填筑要求。

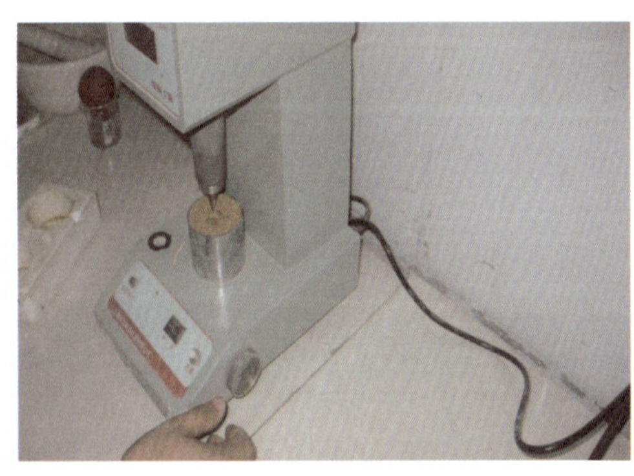

图 4.2 液塑限测试

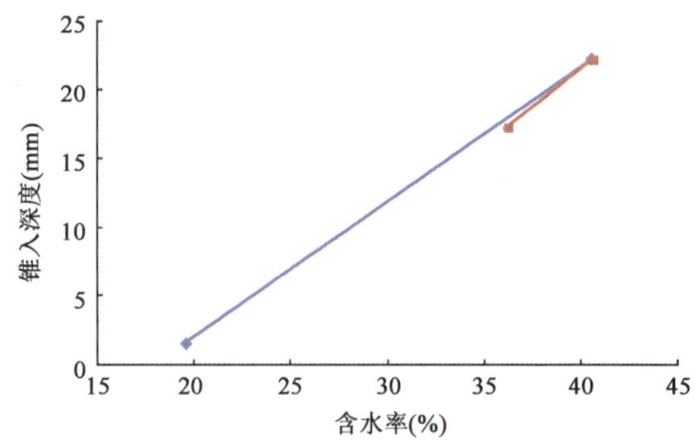

图 4.3 液塑限试验结果

4.2.3 干燥饱和吸水率

干燥饱和吸水率是绝对干燥的不扰动样品的最大吸水量，这一指标特性能够综合反映岩石内部的物质成分、微结构特征、物理化学性质等的影响。因此，不仅在实验室中而且在现场条件下，都可以根据不规则岩块的干燥饱和吸水率指标来进行工程条件下板岩工程性状可能变化的预测。干燥饱和吸水率试验的主要步骤为：

(1)取有代表性的软质岩试样若干块(每块粒径以15～25mm为宜),分置于3个铝盒内,每个铝盒可放置1～3块,以不高出铝盒上沿为准,将铝盒放入烘箱内,在105℃恒温烘干,烘干时间不少于8h。

(2)将烘干后的试样取出,冷却至室温。

(3)在盛试样的铝盒内注入清水,至淹没试样。

(4)试样浸水24h后,倒去铝盒中的清水,将铝盒倒扣于吸水纸上,静置5min,使铝盒内的多余水被吸水纸吸去;然后倒转铝盒,将吸水纸上黏附的土颗粒仔细弹入铝盒内。

(5)测定铝盒内试样的含水率。通过测定干燥饱和吸水率,可判别板质岩的水稳定性。

试验结果表明,板岩试样的干燥饱和吸水率约为13.4%,说明其吸水性较大,施工时应注意其浸水软化现象。

4.2.4　粒度成分

组成填料的颗粒大小不同,其表面积不同,工程性质也必然相差悬殊。通常采用土的不均匀系数和曲率系数来判定填料的级配情况。

不均匀系数

$$C_u = \frac{d_{60}}{d_{10}}$$

式中:C_u——土的不均匀系数;

d_{60}——小于某粒径的土粒质量占土总量60%的粒径,d_{60}称为限定粒径(mm);

d_{10}——小于某粒径的土粒质量占土总量10%的粒径,d_{10}称为有效粒径(mm)。

曲率系数

$$C_c = \frac{d_{30}^2}{d_{10}d_{60}}$$

式中:C_c——土的曲率系数;

d_{30}——小于某粒径的土粒质量占土总量30%的粒径(mm)。

研究发现,在一定层厚下,针对软岩路基存在着一个较为合理的粒径组成,在这种粒径组成下路基压实层宜于压实,能够达到较为理想的压实质量。一般认为级配以不均匀系数C_u=10～50,曲率系数C_c=1～3为宜。

图4.4为筛分试验的照片。筛分结果如图4.5和图4.6。筛分曲线得到全至强风化板岩

图4.4　筛分试验照片

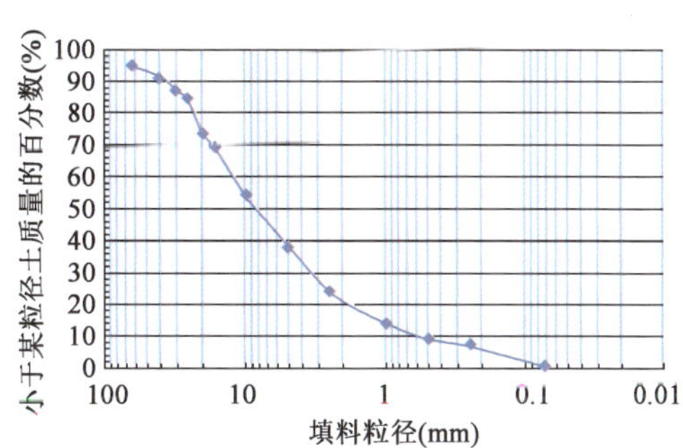

图4.5　全-强风化板岩级配曲线

填料的不均匀系数 $C_u=24$，曲率系数 $C_c=2.04$，强-中风化板岩填料的不均匀系数 $C_u=12.8$，曲率系数 $C_u=1.96$，可见三黎线风化板岩填料级配良好。

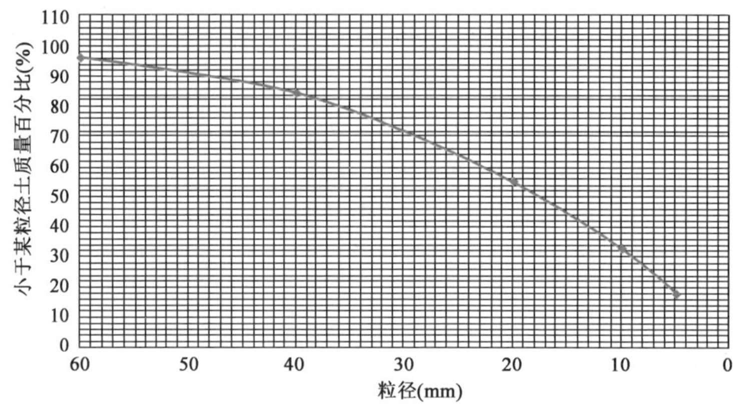

图 4.6 强-中风化板岩级配曲线

4.2.5 板岩压实性能

根据公路路基填料要求，填料必须有良好的压实性能，即满足《公路路基设计规范》(JTG D30—2015)要求。风化板岩作为路堤填料具有自身的特殊性，其粒度组成会随着碾压过程及暴露时间而变化，不像硬岩类填料那样可以采取控制颗粒级配来达到最大干密度，也不能将弃渣全部破碎成土样，采用控制含水率来达到最大干密度。板岩填料的最大干密度测试，根据风化程度的不同，可选用不同的试验方法。全-强风化板岩填料与土质填料相似，宜选用细粒土重型击实试验方法；而强-中风化板岩颗粒组成较复杂，是一种土石混合体，可采用粗粒土重型击实试验或表面振动压实仪测试其最大干密度。

1)全-强风化板岩击实试验

全-强风化板岩填料存在碾压最佳含水率。根据《公路土工试验规程》(JTG E40—2007)对全-强风化板岩填料进行细粒土重型Ⅱ-2 击实试验，试筒直径 15.2cm，高 17cm，如图 4.7 所示。试验时，每组分 3 层进行击实，每层击 98 次，允许最大粒径 40mm。试验采用干土法，按照配比称好干土质量，将干土按照预定含水率喷水闷料 24h。

全-强风化板岩填料击实曲线见图 4.8，全-强风化板岩对含水率较敏感，含水率较低时，颗

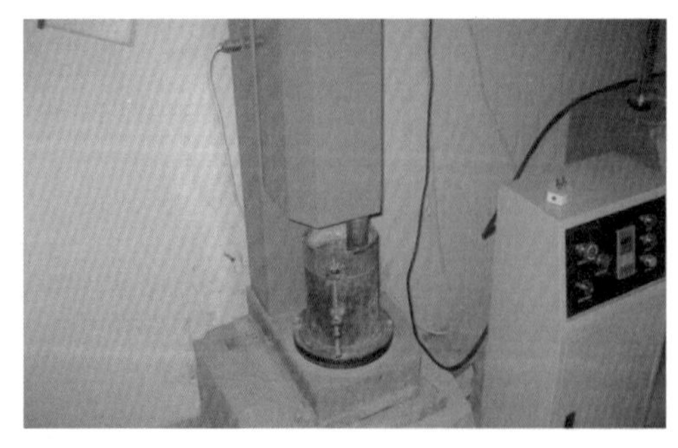

图 4.7 击实试验照片

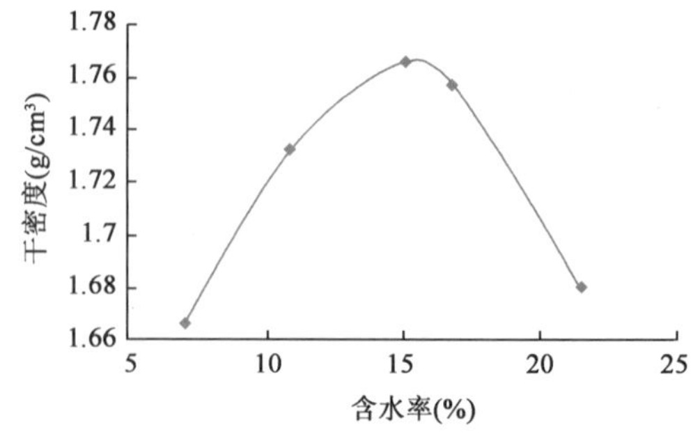

图 4.8 击实试验击实曲线

粒表面水膜较薄,摩擦阻力较大,不易压实。随着含水率的增加,干密度也会随着增加,主要原因是水起润滑作用,颗粒间阻力减小,受击实功作用下,孔隙减小,颗粒易于被挤紧,干密度得以提高。当干密度值至最大值后,含水率继续增大,颗粒孔隙被水分占据,而水分一般不为外力所压缩,因而含水率继续增大时,干密度随之降低。这一特性与土的压实特性相同。全-强风化板岩填料存在最优含水率和最大干密度,试验得到最大干密度为1.77g/cm^3,相应的最优含水率为15%。

2)强-中风化板岩最大干密度试验

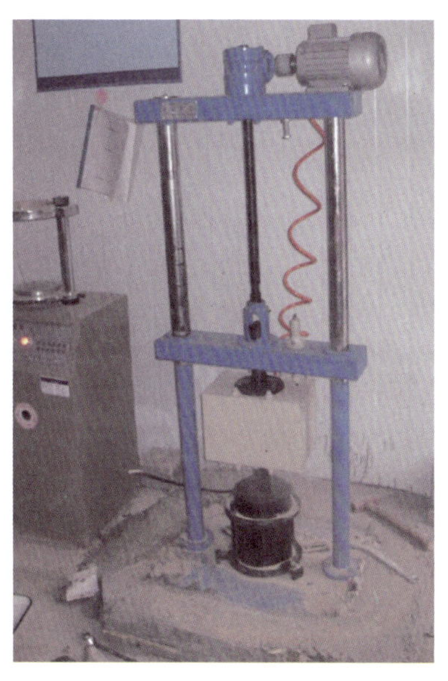

图4.9 BZSY-4212型表面振动压实仪

强-中风化板岩填料的碾压密实度与含水率关系不大,碾压时对含水率不敏感,这一特性和硬质岩块填料相似。由于强-中风化板岩属于土石混填,填料的粒径分布范围广,并且大粒径颗粒含量很高,而《公路土工试验规程》(JTG E40—2007)中规定的标准击实筒的尺寸为152mm×170mm,填料允许最大粒径为40mm,适用于细粒土,试验结果有可能不能控制土石混填路基施工压实质量。为满足强-中风化板岩路基施工质量控制的要求,试验采用表面振动压实仪测试粗粒料的最大干密度。

BZSY-4212型表面振动压实仪见图4.9。试筒有大小两种,大筒内径280mm,小筒内径152mm(同击实仪试筒尺寸)。为了验证表面振动压实仪对板岩压实效果,同一种填料分别采用表面压实仪和击实仪进行干密度试验,两种试验试筒内径均为152mm。

击实试验得到强-中风化板岩土石混填料干密度为1.94g/cm^3,采用表面振动压实仪得到的填料干密度为2.03g/cm^3(采用小筒),由此可见,采用表面振动压实仪得到的土石混填干密度略大于击实试验得到的干密度。从压实前后筛分曲线来看(图4.10),板岩的强度较低,在击实过程中会发生破碎,细颗粒含量增多,其中表面振动压实仪振实后的填料比击实试验击实后的填料更为破碎,颗粒的破碎有利于压实,也进一步佐证了表面振动压实仪压实效果更佳。

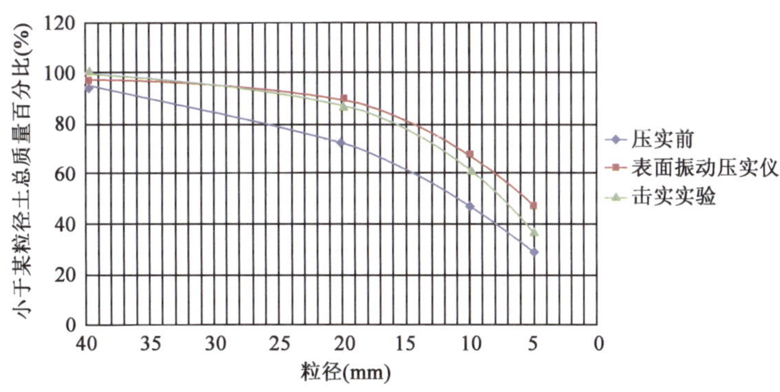

图4.10 压实前后填料颗分曲线对比

采用表面振动压实仪确定强-中风化板岩填料最大干密度,试验按《公路土工试验规程》

(JTG E40—2007)规定进行，试筒采用内径 280mm 大筒，试料采用现场湿土料进行，最大粒径不超过 60mm。首先拌匀试料颗粒级配及含水率，使颗粒分散程度尽可能小，然后分成 3 份分层压实，每层振动压实时间为 6min，第三层振动压实后卸去套筒，将直钢条放在试筒直径位置上，测定振毕试样高度。读数从 4 个均布于试样表面至少距筒壁 15mm 的位置上测得试样高度。

试验做了两个平行试验(编号分别为 1 号和 2 号试样)，得到强-中风化板岩最大干密度平均值为 2.1g/cm³。

3)压实试验前后板岩填料破碎导致颗粒组成的变化情况

压实后的试样人工脱模见图 4.11。板岩填料压实后的颗粒分析结果如图 4.12 所示，压实作用对 5mm 以上的粒组的含量影响显著，其颗粒破碎比例较大，总的趋势是压实使粗颗粒破碎，进而使次一级粒组含量比例相对增加。从压实前后颗粒分布特征看，颗粒愈粗愈容易破碎，在压实过程中，粒组含量比例重新分布，从而使板岩填料的自我结构得到改良，有利于路堤施工压实。

图 4.11 压实后的试样人工脱模

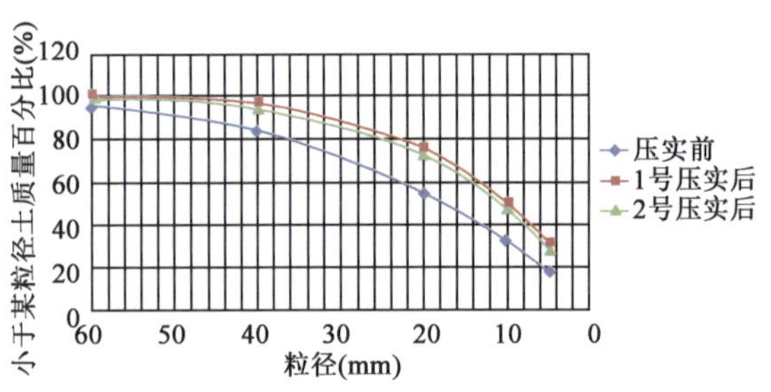

图 4.12 试样压实前后筛分分析

由此认为，板岩填料在击实或压密过程中具有比较显著的颗粒破碎现象，具有较好的压实性能。击实或压密作用改变了板岩填料的粒度组成，使其颗粒级配状况得到自我改良，提高了板岩填料(碾压密实)的工程性质。因此，板岩的颗粒破碎特性有利于其作为路堤填筑材料。由于板岩填料的颗粒破碎性质显著，所以对板岩填料物理力学性质的评价应以压实后的级配特征确定。

4.2.6 点荷载强度

点荷载是将岩石试件置于上下对称的一对球端圆锥体之间，施加集中荷载直至破坏，测得破坏荷载值，然后以此为依据计算出点荷载强度。

该方法的特点是岩石试件可以是规则的方形岩块、不规则岩块或是岩芯。对岩芯岩石试件既可以测定轴向又可以测定径向，对于岩块既可以测定顺岩层方向又可以测定垂直于岩层方向的岩石点荷载强度。试验中，为使岩石试件有良好的受力和传力条件，要求岩石试件各向尺寸之间必须满足一定条件，即岩芯试件的长度与直径之比不小于 1，加荷两点间的距离与直径之比为 0.3～1.0，对不规则岩块试件，加荷处最小宽度与加荷两点间的距离之比为 0.3～1.0，长度不小于两加荷点间距，两加荷点间距约为 30～50mm。

点荷载试验虽然不必对岩石试件进行专门加工，不需统一的形状和同一的标准尺寸，但实践证明，即使在同一种岩石中，由于尺寸不同，试验结果差异较大，尺寸效应显著。为了消除尺寸效应的影响，使不同尺寸的试验资料具有可比性，采用等效直径 $D_e=50$mm 为标准对试验成果进行修正。

1)未修正的点荷载强度的计算

未修正的点荷载强度的计算公式为

$$I_s=\frac{P}{D_e^2}$$

式中：I_s——未修正的点荷载强度(MPa)；

P——破坏荷载(N)；

D_e——等价岩芯直径(mm)。

对岩芯试件进行径向试验时

$$D_e=D'^2 \text{ 或 } D_e=D\cdot D'$$

式中：D——两加荷点间距(mm)；

D'——上下锥端发生贯入试件破坏时两加荷点间距(mm)。

对轴向、方块体或不规则块体试验时，应按下式计算等价岩芯直径 D_e

$$D_e^2=\frac{4WD}{\pi} \text{ 或 } D_e^2=\frac{4WD'}{\pi}$$

式中：W——通过两加荷点最小截面的宽度(或平均宽度)(mm)。

2)点荷载强度的修正

当加荷两点间距不等于 50mm 时，应对计算值进行修正。当其试验数据较多，且同一组试件中的等价岩芯直径具有多种尺寸，而加荷两点间距不等于 50mm 时，应根据试验结果，绘制 D_e^2 与破坏荷载 P 的关系曲线，并在曲线上查找 $D_e^2=2\,500\text{mm}^2$ 对应的 P_{50} 值，按下式计算岩石点荷载强度 I_{s50}

$$I_{s50}=\frac{P_{50}}{2\,500}$$

当加荷两点间距不等于 50mm 且试验数据较少，不宜采用上述方法修正时，应按下式计算岩石点荷载强度

$$I_{s50}=FI_s$$

式中：F——修正系数，$F=(D_e^2/50)^m$，其中 $m=2\times(1-n)$，n 为 $\log P$-$\log D_e^2$ 关系曲线的斜率；岩石不同，m 值有所不同，一般取 $m=0.4\sim0.45$，当试件尺寸接近于 50mm 时，m 可近似取 0.5。

图 4.13 和图 4.14 为三黎高速公路沿线板岩点荷载试验照片，试验表明，试验区板岩点荷载强度介于 0.2～1.0MPa 之间，干燥、天然及饱和状态下的强度值有较大差异，点荷载强度受含水率的影响比较大，含水率越高，点荷载强度越低。一般认为天然状态下填料更有利于破碎压实，施工过程中不宜长期放置，需控制好含水率的情况下再碾压。

图 4.13　点荷载试验照片

4.2.7　CBR 试验

根据路基填筑要求，路基填料必须具备一定强度。加州承载比可以反映填料的局部抗剪强度与水稳定性，是保证路基长期浸泡在水中而填料结构不被破坏的技术依据，已作为一项重要指标在公路路基填料的选择中得到广泛应用。根据板岩室内击实试验结果，按最优含水率配制试样，按《公路土工试验规程》(JTG E40—2007)中规定方法进行承载比(CBR)试验。CBR 试验设备如图 4.15 所示。制样分 3 层击实，每层击数为 98 次，试样最大粒径为 40mm，考虑浸水时间对 CBR 值的影响，浸水时间分别为不浸水(0d)、浸水 48h(2d)，浸水 96h(4d)及浸水 144h(6d)四种工况，试样浸水见图 4.16。

图 4.14　点荷载试样破裂面

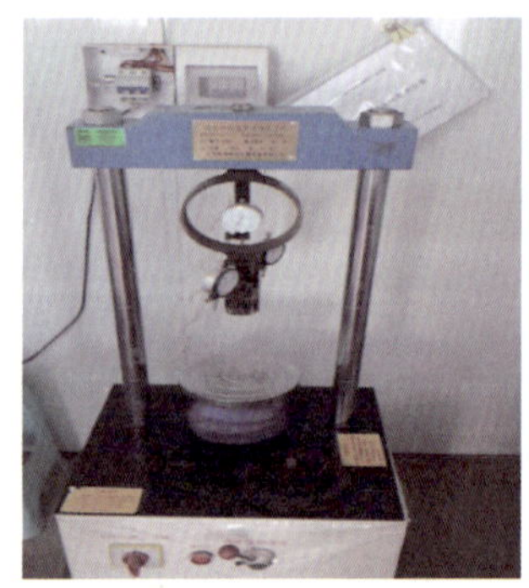

图 4.15　CBR 试验设备

图 4.16　试样浸水饱和

试验结果表明,CBR 值受泡水时间的影响较大,未浸水试样 CBR 值比浸水试样 CBR 值大很多,浸水 2d 的 CBR 值不到未浸水试样 CBR 值的一半,其后 CBR 会随着泡水时间的增长而近似呈线性降低。板岩浸水 4d 后的 CBR 值满足规范中的相关规定。但随着浸水时间的增加,CBR 值还会进一步降低,说明风化板岩填料虽经压实,但仍具有原岩浸水极易软化、强度降低的特点,在实际应用中必须加强坡面防护及路基排水措施,抵御雨水的侵蚀。需要强调的是,风化板岩填料不能直接用于浸水地区路堤的填筑。

4.2.8 崩解特性

软岩具有渐进崩解的特性。软岩受干湿循环影响,结构逐步退化,强度逐步丧失,并逐渐还原为颗粒堆积物,即所谓的软岩崩解特性。为了研究板岩崩解特性及其规律,可采用以下三种崩解试验方法。

1)人工干湿循环崩解试验

首先将代表性岩块置于托盘内,放入 105℃烘箱内进行烘干不少于 12h,烘干并冷却至室温后,将其放入容器加水淹没浸泡 24h,至此完成一个干湿循环,重复上述烘干、冷却、浸泡过程,完成多个干湿循环。

2)自然干湿循环风化崩解

在现场选取有代表性的岩块,定期观测其在日晒、雨淋等自然条件循环作用下风化崩解情况。

3)室内崩解试验

板岩的室内浸水崩解试验的具体方法与步骤如下:

(1)随机取接近立方体岩块试样若干块,将这些试样置于实验室托盘内,放入烘箱内,在 105℃恒温下进行烘干不少于 12h。

(2)烘干后的试样在干燥器内冷却至室温后,放入容器内,在容器内注入清水淹没试样。

(3)记录试样开始崩解时间,并观察试样在不同浸水时间的崩解碎裂情况。

试样崩解情况分 5 种情况描述:

(1)未崩解:浸水后,试样未崩解,或仅在某些棱角处有少量崩解,崩解出的试样质量小于总质量的 1%。

(2)块状:浸水后,试样崩解成粒径大于 10mm 少数大块。

(3)碎块状:浸水后,试样崩解成粒径为 5~10mm 的较多小块。

(4)粒状:浸水后,试样崩解成粒径为 1~5mm 的颗粒状。

(5)渣状:浸水后,试样崩解成粒状与泥状混合状态。

根据观察结果,板岩的浸水崩解性指标可按表 4.2 标准确定。

不同方法的崩解试验结果表明,放在室内的板岩岩块,仅在表层出现少量的微裂纹,整体结构性未破坏,没有发生风化崩解现象,如图 4.17 所示;但经过浸水、烘干、再浸水等多次干湿循环后,明显看出初始微裂纹会进一步扩展,并不断有新的裂纹出现,表面结构被破坏,随着干湿循环次数的增加,试样整体性最终被破坏,可见板岩崩解可在干湿循环的条件下发生,见图 4.18。在现场弃土场选取有代表性的岩块,观测其在日晒、雨淋等自然条件循环作用下的风化崩解情况,半年时间完整岩样几乎全部风化崩解成碎块状土,强度急速下降,如图 4.19 和图 4.20 所示。

板岩浸水崩解性分级　　表 4.2

软岩浸水崩解性分级	描　述
1 级	不崩解，或仅在某些尖棱尖角处有少量崩解，且崩解量不大于总量的 1%，这类软岩的性质与普通岩石无区别，用来填筑路堤时可按一般填石路堤对待
2 级	崩解成块状，这类软岩填筑时性质似土石混合料(石为主)，用来填筑路堤时可按土石混填路堤对待
3 级	崩解成碎块状，这类软岩填筑时性质似土石混合料(土为主)，用来填筑路堤时可按土石混填路堤对待
4 级	崩解成渣状、渣粒状，这类软岩填筑时的性质与普通粉质土类似，用来填筑路堤时可按一般填土路堤对待

图 4.17　板岩室内崩解

图 4.18　板岩人工干湿循环风化崩解

图 4.19　板岩室外风化崩解

图 4.20　板岩室外风化崩解成碎块状土

由此可见，板岩室内耐崩解性较强，但自然干湿循环和人工干湿循环试验下，其抗风化能力和抗水性均差。尤其在日晒、雨淋等自然循环作用下，强度急速下降，易破碎，在施工方法不正确的情况下，是一种路用性能较差的材料。

4.3　风化板岩填方路基适用范围

4.3.1　板岩工程分级

国内外对地下工程岩体分级做了大量的探索和研究工作，已提出了几十种甚至上百种分级方法，但对软弱岩体如板岩的分类研究很少。由于岩体分类的指标对板岩来说显得过于粗糙，因此在现有岩体分类方法中进一步研究板岩的划分是必要的。

我国各部门各专业多采用饱和单轴抗压强度来划分岩石坚硬程度，但与施工有关的岩土分类如水利部和工程建设协会的有关规范，采用的是天然湿度下的单轴抗压强度，而国外一般只提单轴抗压强度而不强调是否饱和或是否天然。各部门所划分的级别数和界限值不尽相同，国内基本上以单轴抗压强度 30MPa(国外多取 25MPa)为硬质岩与软质岩的划分界限，分类指标单一，而且对软岩类细分较为粗糙，对软、硬岩石划分所涉及的指标及个数、分级数及界限值等，不同单位和专业的方案都不尽相同，存在一定的差别。

分类指标选取得合理与否，直接影响到岩石类型判别的可靠程度。分类指标的选取遵循“从各个方面较全面地反映岩石的属性，并且通过试验手段较容易得到”的原则。日本是最早研究软岩能否作为路堤填料的国家，为了分析软岩填料的可行性，专门按实际路基的设计施工标准修筑了试验路堤，并通过长达数年的试验观测研究，提出用破碎率与崩解率两个指标来评价软岩填料的适用性。而我国在这方面则研究不足。研究国内外的资料发现，评价填料可行性的指标繁多，缺乏统一的标准及规定，同时专门针对风化板岩填料可行性分析的资料很少。因此，有必要在总结前人研究成果的基础上，对强度低、易风化、水稳定性差的风化板岩填料的分类问题进行深入的分析研究。

由于单轴抗压强度指标具有直观、简单等优点，长期以来一直为许多研究者所采用，但软弱的板岩往往遇水软化、崩解，难以加工成试件，岩体工程又多处于远离试验设备且交通不便地方，为此多年来国内外科研人员都在研究结构简单、携带方便、适用野外并能快速测得成果的试验设备和方法。岩石点荷载试验就是其中的一种。点荷载可以通过经验公式和转换系数换算为单轴抗压强度。但点荷载强度受人为因素或微裂隙的影响，常出现异常现象，且单一的强度指标未能考虑风化及软化作用的影响。为此应增加 1～2 项辅助指标，而耐崩解性指数和软化系数可用来衡量板岩抗风(软)化能力。耐崩解性为岩石样品对软化及崩解作用所表现出的抵抗能力，可用耐崩解性指数表示，其定义为样品在经干燥和浸水两个标准循环后，残留质量与原质量之比。软化系数定义为岩石浸水后的抗压强度与干燥岩石的抗压强度之比；大量室内试验与工程实践表明，软岩具有很强的软化性，即一定尺寸的软岩块与大气及水相遇后容易软化，力学性质会发生较大变化，其强度及刚度均大幅度降低。由此可提出以饱和单轴抗压强度、填料耐崩解性指数和软化系数作为板岩填料分类指标。当无法取得饱和单轴抗压强度数据时，可用点荷载试验强度换算，换算方法按现行国家标准《工程岩体分级标准》(GB/T 50218—2014)执行。

1)饱和单轴抗压强度界限值

《工程岩体分级标准》(GB/T 50218—2014)中，根据单轴饱和抗压强度将软岩分为极软岩、软岩和较软岩，对应关系如下：

(1)单轴饱和抗压强度＜5MPa，视为较软岩；

(2)单轴饱和抗压强度 5～15MPa，视为软岩；

(3)单轴饱和抗压强度 15～30MPa，视为极软岩。

板岩路用性分级指标中，饱和单轴抗压强度指标阈值选取可以此为依据，并可将较软岩进一步划分。最终板岩路用性划分为 4 级，分级区间如下：

Ⅰ级板岩，单轴饱和抗压强度25～30MPa；Ⅱ级板岩，单轴饱和抗压强度15～25MPa；Ⅲ级板岩，单轴饱和抗压强度5～15MPa；Ⅳ级板岩，单轴饱和抗压强度≤5MPa。

2)板岩软化系数界限值

陈小平通过对重庆市沙溪庙组岩石抗压强度的统计和对软化系数的研究，建立了饱和抗压强度与天然抗压强度之间的经验公式。饱和抗压强度与软化系数关系如图4.21所示。

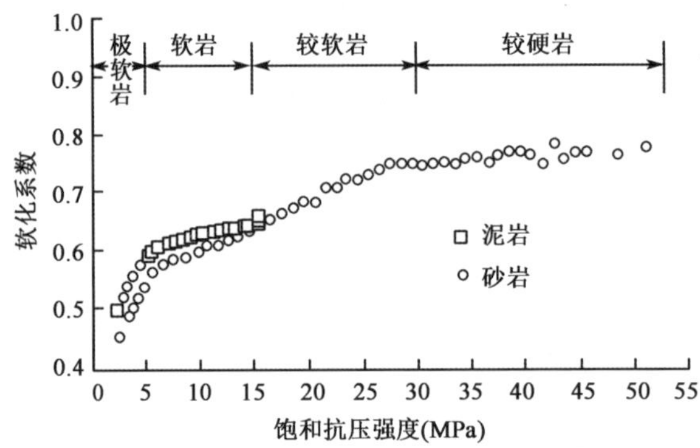

图4.21 重庆市沙溪庙组泥岩和砂岩饱和抗压强度与软化系数关系[27]

统计表明，天然单轴抗压强度与饱和天然抗压强度为乘幂形式时，曲线相关性最好，由此构建函数表达式为

$$y = ax^b$$

式中：x——饱和单轴抗压强度(MPa)；

y——天然单轴抗压强度(MPa)；

a、b——试验待定值。

软化系数$k=\frac{x}{y}$，因此，软化系数与饱和抗压强度或天然抗压强度之间也满足乘幂形式的相关性。

文献[27]给出沙溪庙地层岩石软化系数的经验公式为

$$k = 0.466x^{0.138}$$

三黎高速板岩饱和抗压强度与软化系数的关系如图4.22所示。由图可以看出：

(1)软化系数与饱和抗压强度为非线性函数关系，且为单增函数。

(2)岩石强度增加时，软化系数增速减缓。板岩软化系数的拟合公式为

$$k = 0.1347x^{0.4707}$$

据此可得到，Ⅰ级板岩，软化系数0.60～0.75；Ⅱ级板岩，单轴饱和抗压强度0.45～0.60；Ⅲ级板岩，单轴饱和抗压强度0.30～0.45；Ⅳ级板岩，单轴饱和抗压强度≤0.30。

3)耐崩解指数界限值

《水利水电工程岩石试验规程》(SL 264—2001)规定了岩石的崩解性试验操作规范，文献[28]通过对煤矸石路基现场调研及填料耐崩解性试验研究，根据耐崩解性指数将煤矸石耐崩解能力分为：很低(<30%)、低(30%～60%)、中等(60%～85%)以及高(85%～95%)4个级别。结合三黎板岩崩解试验及其他工点的板岩填料耐崩解试验，认为上述耐崩解能力分级界限值可作为板岩工程分级中耐崩解性指数指标阈值。

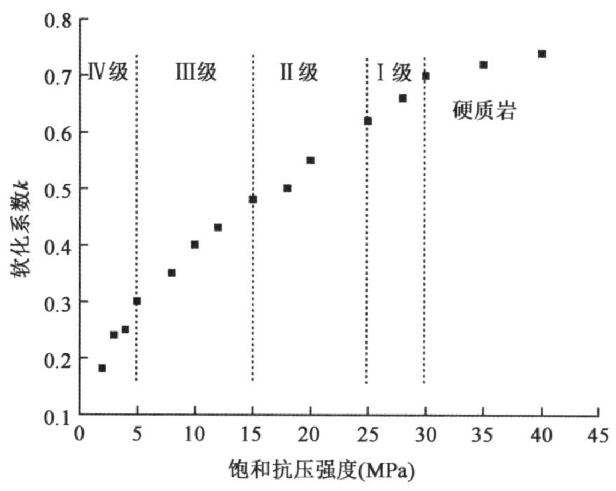

图 4.22　三黎高速板岩饱和抗压强度与软化系数关系

据此可得，Ⅰ级板岩耐崩解性指数 85%～95%，Ⅱ级板岩耐崩解性指数 60%～85%，Ⅲ级板岩耐崩解性指数 30%～60%，Ⅳ级板岩耐崩解性指数≤30%。

通过以上分析，板岩路用性能工程分级应符合表 4.3 规定。

板岩填料路用性能分级　　表 4.3

填料分级	饱和单轴抗压强度(MPa)	软化系数	耐崩解性指数(%)
Ⅰ级	25～30	≥0.60	85～95
Ⅱ级	15～25	0.45～0.60	60～85
Ⅲ级	5～15	0.30～0.45	30～60
Ⅳ级	≤5	≤0.30	≤30

结合实际工程，根据行车荷载对路基不同结构层位的影响，Ⅰ级板岩填料可直接用于填筑下路床和路堤，填筑的路堤可视为填石路堤；Ⅱ级、Ⅲ级板岩填料可用来填筑上下路堤，但不得用于填筑路床，填筑的路堤可视为土石混填路堤；Ⅳ级板岩填料可直接用于填筑下路堤，但不得用于填筑路床和上路堤，填筑的路堤可视为土质路堤。三黎高速以强-中风化为主的风化板岩填料，根据表 4.3 分级标准，应属Ⅱ级或Ⅲ级填料，不得用于填筑路床。但根据其工程力学特性分析，在做好防排水措施的情况下可直接用于填筑上、下路堤结构层。以全-强风化为主的风化板岩应属Ⅳ级填料，在做好防排水措施的情况下可直接用于下路堤填筑，但不得用于填筑路床和上路堤。

4.3.2　风化板岩路基结构设计

风化板岩填筑的路堤强度不是太高，变形较大，若施工达不到标准，在雨水等侵入下使路堤达到或接近饱和，会发生一些较严重的病害。含较多云母成分的板岩自身黏聚力很小，碾压击实过程中受到的剪阻力主要为粒间摩擦力，其主要由颗粒之间的滑动摩擦、咬合摩擦、颗粒破碎效应及重新排列效应组成。虽然板岩较易破碎且易被压实到要求的压实度，但板岩浸水后稳定性较差，极易导致路基失稳。因此，路堤填筑高度不宜过高，一般土质板岩路基填筑高度不宜超过 8m，土石混填板岩路基填筑高度不宜超过 16m，以保证路基稳定性及沉降满足设计要求。由于板岩水稳性较差，建议路基水位线以上、路床顶面1.5m以下部分采用板岩做填料，路床顶面1.5m以上及路基水位线以下部分换填砂砾石。

1)一般填方路段板岩填筑断面形式

对正常的一般填方路段而言，在对填方范围内腐殖土或有机物进行清表和填筑前的夯压后，可利用板岩填料按《公路路基设计规范》(JTG D30—2015)中的要求进行分层填筑和压实，并在施工过程中进行压实质量检测。在填方坡脚设置护坡道和路堤边沟，避免板岩填料受到浸泡导致路堤边坡失稳。当路基较高时按高路堤进行设计，形成阶梯形，平台宽度不小于2m，内边坡设边沟。

板岩水化、软化引起路堤浅层破坏的主要原因是干湿循环的气候作用，因此，可采用包边式路堤结构，在两侧路堤边部1.5～2.0m范围采用其他良好填料封闭，或在路基顶面及两侧采用两布一膜复合土工膜包裹封闭，阻隔干湿循环作用对板岩路堤的影响，达到稳定路堤的目的。当路堤较高时，可宜采用间隔填筑法，在路堤中部加1～2层掺硬质砂砾石改性层，同时路堤边部增设土工格栅加筋等方式来提高路堤边坡的稳定性。

2)一般半填半挖路段填筑断面形式

在常规非浸水的半填半挖路段中，对原始地貌为板岩的段落，由于风化板岩属软岩，坡开挖的坡度应尽可能放缓，并对坡体表面采取封闭措施，在边坡后缘设置坡顶截水沟对边坡水进行疏导。路床范围内($H \geqslant 1.5$m)板岩挖除后，其内采用良好填料填筑，挖除的板岩可填筑于路床以下部分，同样也需对板岩填筑范围做防排水设施。为了减少填挖交界处路基的不均匀沉降，应在填挖结合部位设置格栅加筋。

3)浸水路段板岩填筑断面形式

板岩水稳定性差，因此，板岩用于填筑浸水路段时，设计水位以下的板岩体应一律换填为透水性材料。实施时可将换填高程控制于水位线以上0.5m处，并在换填透水性材料的边坡设置实体护坡或护坦工程，避免冲刷边坡。换填范围之上、路床填筑范围之下的部分填土可采用板岩，具体要求同一般填方路段板岩填筑。

4.4 风化板岩路基施工工艺

4.4.1 基底的处理

为防止基底下沉造成路堤的变形破坏，防止地表水渗入路基，风化板岩路堤基底处理除遵循《公路路基施工技术规范》(JTG F10—2006)一般路基处理的有关规定外，特别要强调地基承载力。对一般地基，经过碾压后的压实度要达到90%以上，对于软弱地基要求软土地基加固处理后地基承载力满足强度和变形要求，对斜坡，无论是纵坡还是横坡，都要挖台阶，保证路基基底稳定。

4.4.2 板岩填料的摊铺

风化板岩完全崩解的时间较长(一般在6个月以上)，很难对风化板岩填料在填筑前进行预崩解处理，风化板岩的崩解发生在路基填筑完成以后，将会导致路基发生较大变形。因此，完全崩解时间较长是风化板岩作为路基填料的一个潜在隐患。这就需要板岩填料在施工过程中，对填料的颗粒级配、最大粒径、摊铺工艺等方面进行控制，使板岩级配趋向合理，碾压过程中充分破碎，尽量避免岩块周围出现落空缝隙。

(1)摊铺前先放样，放出边脚线、盲沟位置等。对于板岩填料路堤的摊铺宜采用渐进式摊铺方法，摊铺长度以当天摊铺当天即能碾压完成为原则确定。同时，在路堤中心、路堤边缘等处设置控制桩，控制其摊铺厚度，使用推土机摊铺。填料最大粒径一般不超过松铺厚度的2/3，松铺厚度由碾压试验确定。为了保证最大粒径不超过规定值，在摊铺时宜增加一道“耙压”工序。所谓“耙压”，就是用推土机将运至工点的板岩填料推平，并借助推土机的履带压碎它，再以推土机后挂的松土齿耙松，耙出大颗粒，再推压大颗粒，或辅以人工破碎，如此反复多遍，直到大颗粒基本压碎为止。耙压的目的不是为了压实而是借助推土机的自重压碎大颗粒。

(2)一台推土机宜配备 2～3 名工人进行人工局部找平，对于摊铺后表面明显缺乏细料的地方，应补充细料。

(3)利用水平分层法施工，当分成不同作业段时，先填地段分层留台阶，使每个压实层相互重叠，搭接长度大于分层厚度的 2 倍，以保证相邻作业段接头范围内的压实度。

4.4.3 填料的含水率控制

全-强风化板岩填料压实质量受含水率的影响比较大，含水率接近最优含水率时压实质量比较好。在施工过程中如果含水率过大，应在摊铺后进行翻晒，如果含水率过小，土料摊铺后应用洒水车按计算水量进行洒水，然后进行虚土搅拌，使碾压达到理想效果。强-中风化板岩填料的压实质量与含水率关系不大，碾压时对含水率不敏感，可以放宽对含水率的控制。

4.4.4 碾压施工

板岩路基需按照碾压试验确定的碾压工艺参数进行施工。施工中，为利于雨天路基横向排水，每一碾压层都应做成 4%路拱横坡。碾压采用中型或重型振动压路机，行走速度 2～3km/h，最大行走速度不超过 4km/h，碾压采用纵向进退式进行，压路机往返一次记为一遍完整碾压。先静压一遍，然后按碾压试验确定的碾压遍数进行振动碾压。压路机横向轮迹一般重叠 0.4～0.5m，前后两相邻施工段纵向重叠碾压 1.0～1.5m，达到无漏压、无死角，要保证路基全宽范围内进行压实。

大于 8m 的填方路基必须采用冲击式压路机进行冲击补强。冲击碾压深度 2m 内无涵洞或其他构造物时，每填高 2m 冲碾一次。冲碾设备无法进入的施工地段，可采用特大功率强振动压路机进行碾压补强。

4.5 风化板岩路基的压实标准与质量控制

4.5.1 质量控制指标

风化板岩路堤压实质量控制，其方法与普通路堤有很大区别。填筑质量的高低主要体现在压实效果上，而评价压实效果的指标主要有压实度、孔隙率、沉降量(或沉降差)、地基系数K_{30}、动态变形模量E_{vd}等，现介绍如下：

1)压实系数K

K为现场土的干密度ρ_d与室内重型击实试验获得的最大干密度ρ_{dmax}之比，用下面表达式表示

$$K=\frac{\rho_d}{\rho_{dmax}}$$

上式表明，ρ_d越接近ρ_{dmax}，K则越接近于1，表明土压实得越好。在实际工程中，随着压实系数K的提高，土的强度提高，地基的稳定性好；土的模量增大，受力后土的变形量减小。

为此压实系数K是路基压实控制标准中最基础的检测指标。

2)孔隙率n

孔隙率是土的孔隙体积与土总体积的比值，其表达式为

$$n=\frac{V_2}{V}$$

式中：V_2——土体中孔隙体积(cm^3)；

V——土总体积(cm^3)。

又可以推导为

$$n=\left(1-\frac{\rho_d}{G}\right)$$

式中：ρ_d——土的干密度(g/cm^3)；

G——土颗粒密度(g/cm^3)。

从孔隙率的计算公式可以看出，当土颗粒密度一定时，孔隙率与干密度成反比，干密度越大，孔隙率越小。控制孔隙率的目的就是要求土的干密度尽量靠近颗粒密度，从而压实系数提高。孔隙率与压实系数存在着对应关系。

在实际操作过程中，孔隙率一般通过孔隙比e求得，孔隙率与孔隙比的关系为

$$e=\frac{n}{100-n}$$

孔隙比e的计算公式

$$e=\frac{G(1+0.01\omega)}{\rho}-1$$

式中：ρ——天然密度(g/cm^3)；

ω——含水率(%)；

G——土颗粒密度(g/m^3)。

孔隙率与压实度的关系可由下面公式得出

$$\rho=\rho_d(1+0.01\omega)=K\rho_{dmax}(1+0.01\omega)$$

$$e=\frac{G(1+0.01\omega)}{\rho}-1=\frac{G(1+0.01\omega)}{K\rho_{dmax}(1+0.01\omega)}-1=\frac{G}{K\rho_{dmax}}-1$$

$$n=\frac{e}{1+e}=\frac{\frac{G}{K\rho_{dmax}}-1}{1+\frac{G}{K\rho_{dmax}}-1}=1-\frac{K\rho_{dmax}}{G}$$

从以上推导可以看出，对特定的填料，压实系数与孔隙率存在着对应关系。

3)沉降量

沉降量是指填筑层由于压实而产生的压缩变形量。路基填料从松散状态压到致密状态时，其填层厚度的变化应该是趋于一个稳定值。根据以往经验，通常以最后两次碾压后的沉降差为主要指标作为压实评定的标准。也有用沉降率来控制填料压实质量的，其原理如下：

摊铺后初始密度

$$\rho_0 = \frac{M}{V_0} = \frac{M}{Ah}$$

式中：M——碾压层总质量(g)；

V_0——摊铺后碾压层的总体积(cm^3)；

h——摊铺后碾压层的平均厚度(cm)；

A——碾压层的面积(cm^2)。

假定碾压层的下卧层沉降忽略不计，碾压前后的面积不变，则碾压 n 遍后填筑层的密度变为

$$\rho_n = \frac{M}{V_n} = \frac{M}{Ah_n} = \frac{M}{A(h-s_n)} = \frac{M}{Ah\left(1-\frac{s_n}{h}\right)}$$

式中：V_n——碾压 n 遍后碾压层的总体积(cm^3)；

s_n——碾压 n 遍后的沉降量(cm)；

h_n——碾压 n 遍后碾压层的平均厚度(cm)。

由此可得

$$\rho_n = \frac{\rho_0}{1-\frac{s_n}{h}}$$

记 $u_n = s_n/h$，可看出，u_n 表示碾压 n 遍后的沉降率。利用等比数列公式，则上式变为

$$\rho_n = \frac{\rho_0}{1-u_n} = \rho_0(1+u_n+u_n^2+\cdots)$$

因为一般情况下，u_n 远小于 1，所以

$$\rho_n \approx \rho_0(1+u_n)$$

$$u_n = \frac{\rho_n}{\rho_0} - 1$$

如果定义 v_n 为碾压 n 遍后密度增加率，即

$$v_n = \frac{\rho_n - \rho_0}{\rho_0} = \frac{\rho_n}{\rho} - 1$$

比较上二式，可得

$$v_n = u_n$$

即密度增加率近似等于沉降率。因此如果沉降率逐渐趋于一定值时，密度也将趋于恒定。

4)地基系数 K_{30}

K_{30} 试验是一种小型平板原位荷载试验，平板的底面直径为 30cm，用静压的方法测定地基土单位压力下的沉降量，在压力 σ 与沉降 S 关系曲线上取沉降在 1.25mm 时对应的荷载值，用

下式计算

$$K_{30}=\frac{\sigma_s}{S_s}$$

式中：K_{30}——由直径30cm的荷载板测得的地基系数(MPa/m)；

σ_s——在σ-S曲线中，下沉量为1.25mm时对应的荷载强度(MPa)；

S_s——下沉量基准值，1.25×10^{-3}m。

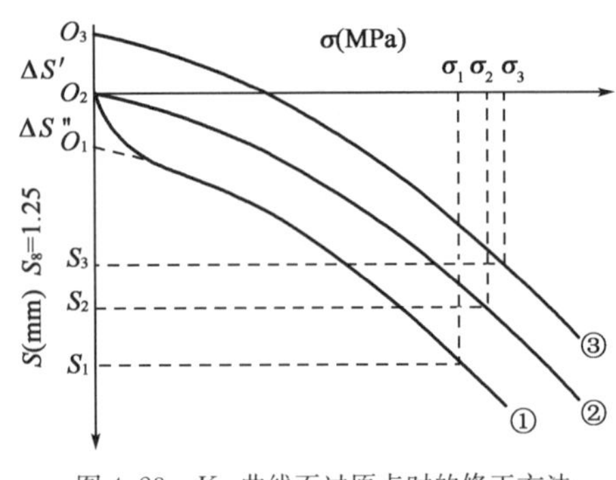

图4.23　K_{30}曲线不过原点时的修正方法

如果σ-S曲线不过原点，需要对S_s进行修正，修正曲线如图4.23所示。当试验曲线为曲线①时，应在曲线出现明显拐点的位置沿正常曲线延伸，使其交S轴于O_1点，此时零点下移$\Delta S''$，标准下沉量$S_1=S_s+\Delta S''$，并由对应的荷载强度σ_1计算出K_{30}。当试验曲线为曲线③时，应在曲线出现明显拐点的位置沿正常曲线延伸，使其交S轴于O_3点，此时零点下移$\Delta S'$，标准下沉量$S_3=S_s+\Delta S'$，并由对应的荷载强度σ_3计算出K_{30}。

K_{30}表示填土厚45～60cm内单位压力下的变形值，它是反映路基土的强度和变形的综合指标，适用于粒径不大于荷载板直径的1/4的各种土类和土石混合填料；测试面必须平整无坑洞，对于粗粒土或混合料造成的表面凹凸不平可用少量细中砂来补平。

5)动态变形模量

基床系数K_{30}是通过施加静荷载测得的，不能反映列车或车辆动荷载作用下路基的真实作用情况。随着高速铁路和高速公路的出现，在高速列车动荷载作用下，路基表现为动态行为(产生动态变形)。为保证列车的安全、正常运行，必须对路基的动变形加以控制。为了在施工现场能准确快速地测定出路基填土的动模量，德国提出动态变形模量的路基压实度无损检测方法。1997年2月德国颁布实施的《德国铁路建设中轻型落锤仪的使用规定》(NGT39)标志着动态变形模量E_{vd}标准开始在铁路工程中正式采用。该标准中明确了动态变形模量E_{vd}与静态变形模量E_{v2}是同等有效的路基压实标准。在美国和日本称为PFWD法。动态变形模量E_{vd}的最大特点是能够反映列车在高速运行时产生的动应力对路基的真实作用状况。动态平板载荷试验是一种快速、方便、准确检测反映路基动荷载特性的承载力指标的新试验方法。动态平板荷载试验是采用动态平板荷载试验仪(即动态变形模量测试仪)监控检测土体承载力指标——动态变形模量E_{vd}的试验方法，它是通过落锤试验和沉陷测定来直接测出反映土体动态特性的E_{vd}，计量单位为MPa。动态变形模量测试仪是由落锤仪和沉陷测定仪组成。动态平板荷载试验测得的土体的变形是由规定的动态冲击荷载产生的；试验时落锤从设定的高度自由下落在阻尼装置上而产生符合测试条件的冲击荷载σ，由此引起的土体的变形S(即荷载板的沉陷值)通过沉陷测定仪采集记录下来，再通过平板压力公式计算得E_{vd}。

$$E_{vd}=1.5\times r\times\frac{\sigma}{S}$$

式中：E_{vd}——动态变形模量(MPa)；

r——荷载板半径(mm)；

σ——荷载板下的动应力(MPa)；

S——荷载板的沉陷值(mm);

1.5——荷载板形状影响系数。

E_{vd}试验条件及要求:动态平板荷载试验适用于粒径不大于荷载板直径 1/4 的各类土和土石混合填料;测试深度范围 40～50cm;测试面尽量水平,其倾斜度不大于 5%;测试面必须平整无坑洞,对于粗粒土或混合料造成的表面凹凸不平可用少量细中砂来补平。

4.5.2 检测方法

针对上述各质量控制指标,采用以下检测方法:

(1)压实度检测方法:可采用灌砂法或灌水法(水袋法),见图 4.24～图 4.27。灌砂法、灌水法测定压实度检测方法按《公路路基路面现场测试规程》(JTG E60—2008)及《水电水利工程粗粒土试验规程》(DL/T 5356—2006)规定的方法进行。压实度检测在路床以下部分每填筑层检测一次;在长度不大于 100m 范围内检测不少于 4 点,在填层中部 2 点、距填层两侧边缘 0.5～1.0m 各 1 点,按左、中、右大致呈梅花形分布。测点距离其他测点间距不应小于 2m。灌砂法检测压实度时如遇到大石块,则此试验点位弃置不用,重新选点试验。

图 4.24 灌砂法挖坑

图 4.25 向表层试坑内灌砂

图 4.26 向下一层试坑内灌砂

图 4.27 灌水法

(2)压实沉降差检测方法:首先在压实后的板岩路堤纵向布点,点位间距 5～8m,横向间距视现场情况而定,应避免在突出的大石上和压路机不能到的地方布点。在布好的点位上用油漆做醒目的标记,测量测点高程,然后用振动压路机碾压,测量各测点高程。各测点在碾压前后的高差就是测点的压实沉降差(图 4.28、图 4.29)。沉降差检测在长度不大于 100m 范围内检测不少于 6 点。测点在填层中部 2 点、距填层边缘 1m 处各 2 点。

图 4.28 水准测量沉降

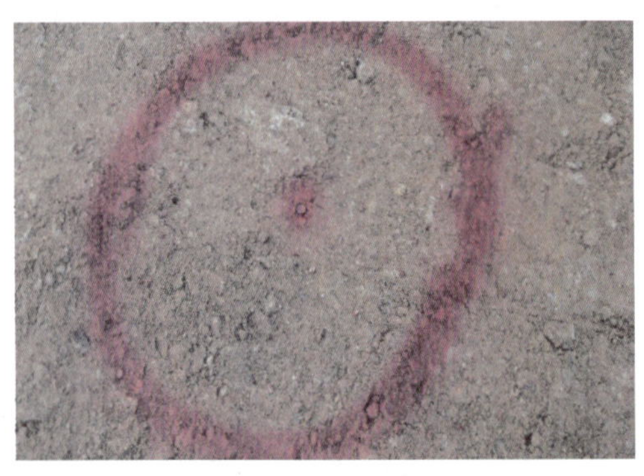

图 4.29 测点布设方法

(3)K_{30}试验与 E_{vd}检测点设在同一位置,对不同碾压遍数条件下的 E_{vd}检测值进行对比。检测方法按《铁路工程土工试验规程》(TB 10102—2010)规定的试验方法进行检验(图 4.30、图 4.31)。在长度不大于 100m 范围内检测不少于 2 点。测点在填层中部 1 点、距填层边缘 2m 处 1 点。

图 4.30 E_{vd}试验照片

图 4.31 K_{30}试验照片

(4)外观检查:要求表面平整密实,无空隙、松石、坑洼及大的石块存在,激振力 50t 以上压路机振压后无明显轮迹。

4.5.3 现场碾压试验

目前专门针对风化板岩路基的现场碾压试验成果并不多,可参考的施工参数指标有限,课题"贵州省重载高速公路软岩路堤修筑关键技术研究"选定三黎高速板岩路基作为试验路段,开展了风化板岩路基现场碾压试验研究,确定了适宜于风化板岩填筑路基的施工工艺及简便、可靠的施工质量控制指标,论证了风化板岩用作高速公路路堤填料的适宜性。

试验选用 22t、26t 及 32t 不同吨位振动压路机作为压实机具,压实作业是先静压一遍,接着进行低速强振,最后一遍光面静压。不同风化程度板岩填料采用不同摊铺厚度,从而得到合理的碾压工艺以及碾压遍数、松铺厚度等施工参数,同时建立板岩在不同压实功率下压实度、沉降差、动态回弹模量 E_{vd}、地基系数 K_{30} 等与施工参数之间的关系，确定板岩压实质量控制标准及检测方法，为今后的板岩填筑路堤施工控制提供依据。

1)铺土厚度的影响

(1)全-强风化板岩路基

①松铺厚度与干密度关系。铺土厚度是填筑施工的一个重要标准，采用 22t 振动光轮压路机分别对摊铺厚度为 30cm、40cm 和 50cm 全-强风化板岩填料进行现场压实试验，剔除一些非正常的密度值，得到不同松铺厚度下干密度与碾压遍数之间的关系，如图 4.32 和图 4.33 所示。

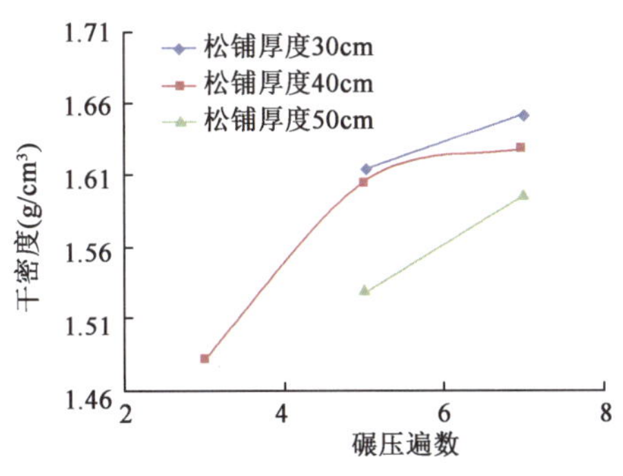

图 4.32　不同松铺厚度干密度与碾压遍数关系

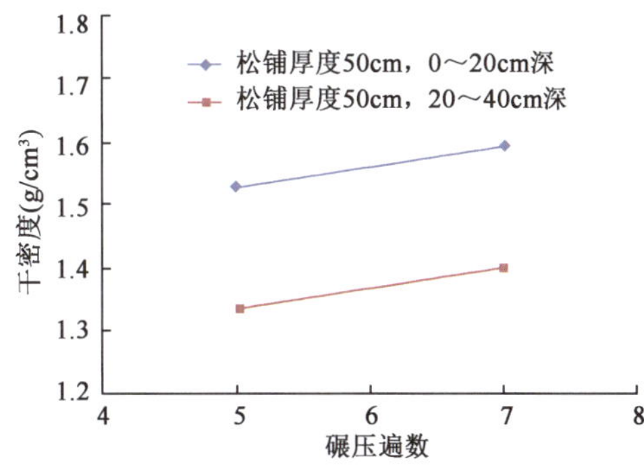

图 4.33　不同深度压实度变化情况

图 4.33 表明，随着松铺厚度的增大，干密度逐渐减小。松铺厚度 30cm，压路机吨位为 22t，碾压 7 遍时，表层(0～20cm 深范围)干密度为 1.65g/cm³，室内击实试验得到该填料的最大干密度为 1.77g/cm³，压实度可以达到 93 区设计标准；松铺厚度 40cm 时，碾压 7 遍时表层压实度为 92%；松铺厚度 50cm 时，碾压 7 遍时的表层压实度为 90%，20～40cm 深范围压实度仅为 79%；松铺厚度为 50cm 时，压路机碾压远远达不到设计标准。

②松铺厚度与沉降差关系。从图 4.34 可以看出，松铺厚度越大，沉降量就越大，沉降差与碾压遍数之间均呈幂函数衰减，相关关系式可以表示为 $y=ax^b$，式中，y 为沉降差；x 为碾压遍数；a、b 为试验待定系数。22t 压路机碾压 5 遍和 7 遍之间的沉降差约为 5mm。

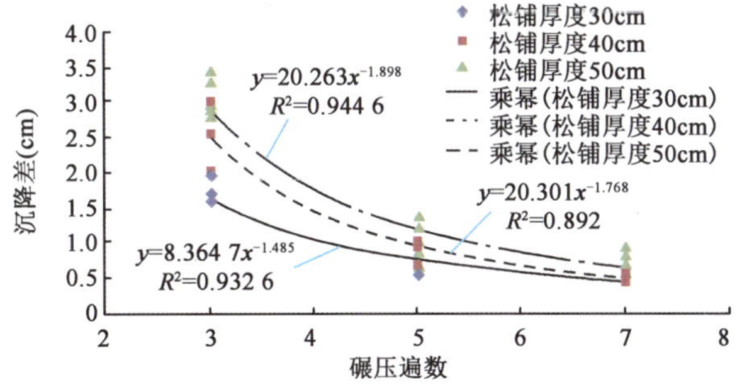

图 4.34　不同松铺厚度沉降差与碾压遍数的关系

③松铺厚度与 E_{vd} 关系。从图 4.35 可以看出，松铺厚度越大，E_{vd} 值就越小。不同厚度下的 E_{vd} 与碾压遍数之间呈幂函数增长，相关关系式可以表示为 $y=ax^b$，式中，y 为 E_{vd} 值；x 为碾压遍数；a、b 为试验待定系数。

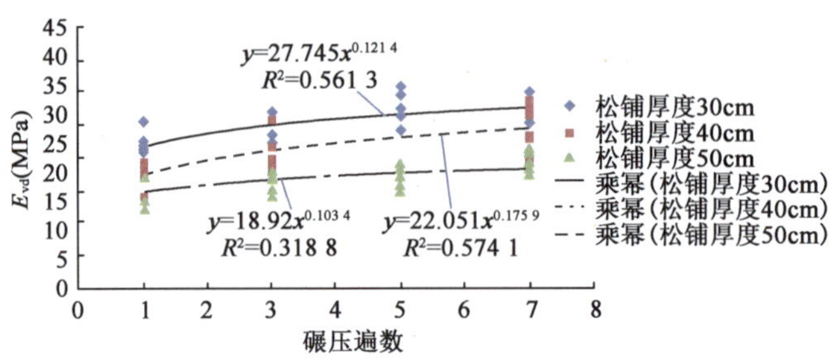

图 4.35　不同松铺厚度 E_{vd} 与碾压遍数的关系

(2)强-中风化板岩

①松铺厚度和干密度的关系。采用 22t 振动光轮压路机分别对摊铺厚度为 40cm、50cm 和 60cm 强-中风化板岩填料进行现场压实试验，土石混填路基不同铺土厚度下干密度与碾压遍数的关系，如图 4.36、图 4.37 所示。

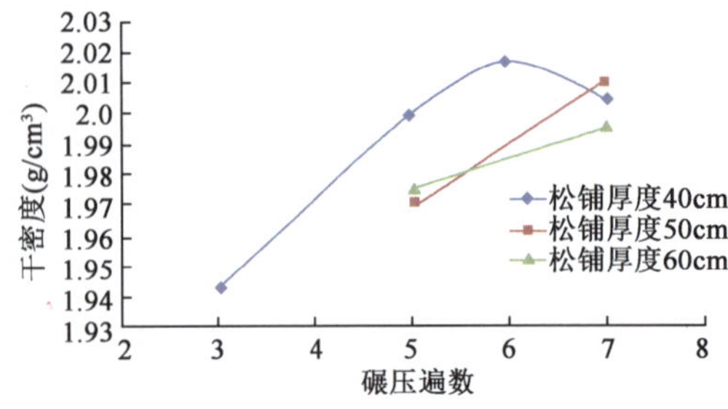

图 4.36　不同松铺厚度干密度与碾压遍数关系

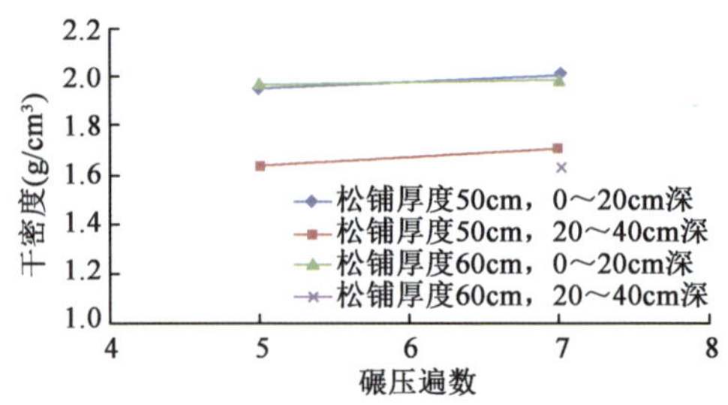

图 4.37　不同深度干密度情况

从图 4.36、图 4.37 中可以看出，在相同的压实条件下，铺土厚度越小，干密度越大。对相同的铺土厚度，试验结果也表明，同一摊铺层沿深度方向，越往上部密度越大，越往下部密度越小。所以减小铺土厚度有利于提高填筑体的压实效果。但并不是铺土厚度越小越好。土石混填铺土厚度的选择受很多因素影响，首先就是最大粒径的影响，《公路路基施工技术规范》(JTJ F10—2006)规定，填土的厚度不小于最大粒径的 1.5 倍，如果厚度太小，很难保持摊铺平整，反而影响压实效果；另外一个关键的问题是经济因素，对不同的铺土厚度的填筑层，经过一定的碾压遍数达到设计所要求的效果，铺土厚度当然应该取成本较低那一种。

22t 压路机碾压，松铺厚度 40cm，碾压 5 遍时，表层干密度为 2.017g/cm³，室内振动压实试验得到的最大干密度为 2.1g/cm³，表层(0～20cm 深范围)压实度可以达到 96 区设计标准，碾压 7 遍时，表层压实度为 95.4%；松铺厚度 50cm，碾压 7 遍时，表层的压实度为 95.6%，20～40cm 深范围的压实度为 81.7%；松铺厚度 60cm，碾压 7 遍时，表层的压实度为 95%，而 20～40cm 深范围的压实度仅为 78.3%，用 22t 压路机在松铺厚度为 50cm、60cm 时深部压实度较低。

由于土石混填料在采用灌砂法进行干密度测试时，个别测点测得的干密度的值偏大，接近甚至超过室内试验得到的最大干密度，有时候干密度还会出现碾压 7 遍的值反而会小于碾压 5 遍的密度值的现象，干密度测试值往往离散性较大，所以，建议不用干密度来控制碾压效果。

②松铺厚度与沉降差的关系(图 4.38)。图 4.38 表明，松铺厚度越大，沉降量就越大，沉

降差与碾压遍数之间均呈幂函数衰减，相关关系式可以表示为 $y=ax^b$，式中，y 为沉降差；x 为碾压遍数；a、b 为试验待定系数。采用 22t 压路机，松铺厚度 40cm、50cm 时，5 遍和 7 遍之间的沉降差约为 5mm；松铺厚度为 60cm 时，5 遍和 7 遍之间的沉降差约为 10mm。

③松铺厚度与 E_{vd} 关系（图 4.39）。从图 4.39 可以看出，松铺厚度越大，E_{vd} 值就越小。不同厚度下的 E_{vd} 与碾压遍数之间呈幂函数增长，相关关系式可以表示为 $y=ax^b$，式中，y 为 E_{vd}；x 为碾压遍数；a、b 为试验待定系数。

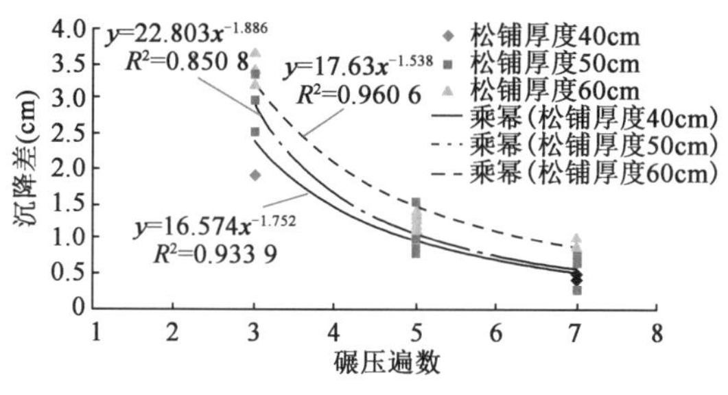

图 4.38　不同松铺厚度沉降差与碾压遍数关系

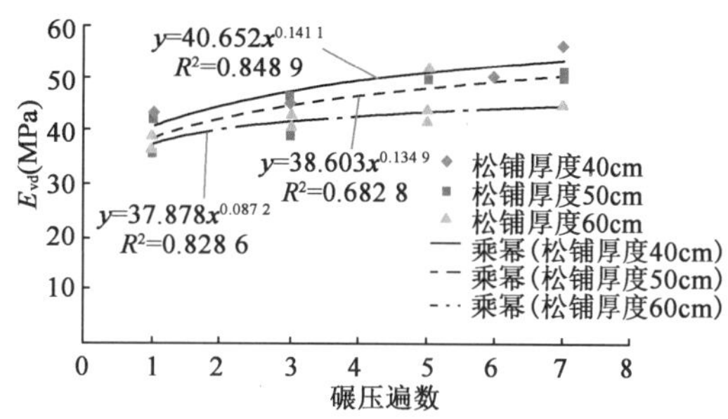

图 4.39　不同松铺厚度 E_{vd} 与碾压遍数关系

2）压实吨位的影响

（1）全-强风化板岩

①压实度。由图 4.40 可见，压路机吨位对填料压实度影响较大，26t 压路机碾压后，不仅表层压实度得到提高，而且 20～40cm 范围内的压实度明显高于 22t 压路机。说明大吨位压路机振动碾压影响深度深，可以提高整个摊铺厚度范围内填料的压实度，压实效果显著。

②沉降差。由图 4.41 可见，对全-强风化板岩，相同松铺厚度 50cm 下，大吨位压路机相邻两遍的碾压沉降差随碾压遍数的增大衰减更快，碾压沉降量更大，从沉降差判断，大吨位压路机碾压效果优于小吨位压路机。

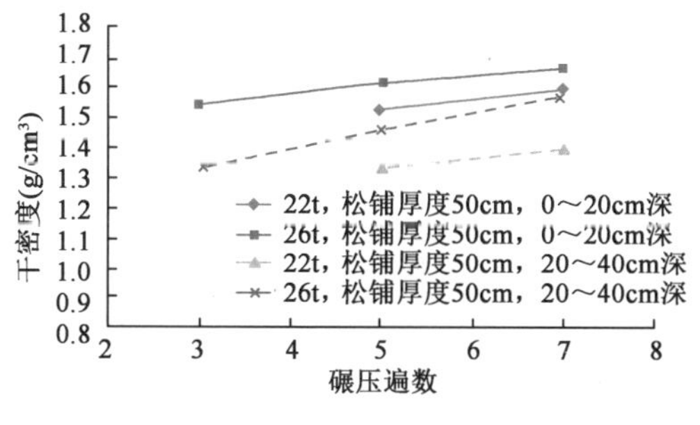

图 4.40　压路机吨位对压实度影响

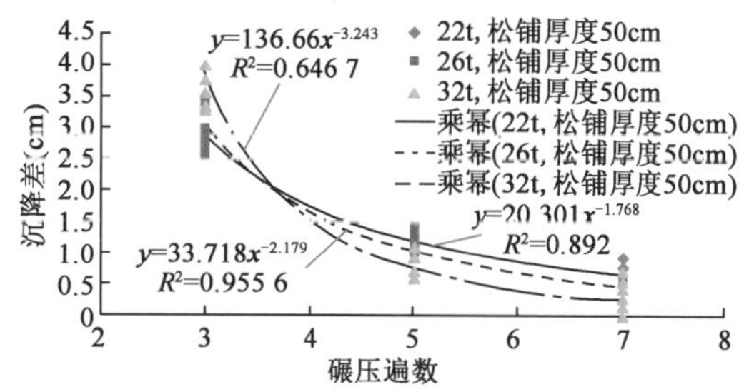

图 4.41　压路机吨位对沉降差影响

③E_{vd}（图 4.42）。由图 4.42 可见，对全-强风化板岩，相同松铺厚度 50cm 下，26t 压路机碾压后的 E_{vd} 强度值比 22t 的要大，而 32t 压路机碾压后的 E_{vd} 值比 26t 的要小，说明对特定填料，在适当范围内，大吨位压路机碾压效果优于小吨位压路机。但当采用特大吨位压路机碾压全-强风化板岩填料时，可使粗颗粒破碎程度更大，导致大吨位压路机压实后最终的强度反而较低。因此从强度判断，压路机吨位并不是越大越好，这与填料的类型有关。

（2）强-中风化板岩

①压实度（图 4.43）。从图 4.43 可以看出，压路机吨位对松铺厚度范围内压实度影响较

大,26t 压路机碾压后,不仅表层压实度得到提高,而且 20~40cm 深层范围内的压实度明显高于 22t 压路机。表明大吨位压路机振动碾压压实深度更深,可以提高整个摊铺厚度范围内填料的压实度,压实效果显著。26t 碾压试验结束后,刨挖至摊铺层底部(图 4.44)。深层填料刨挖时难易程度和表层几乎一样,岩块间孔隙充填紧密,说明深层填料也得到了充分压实。

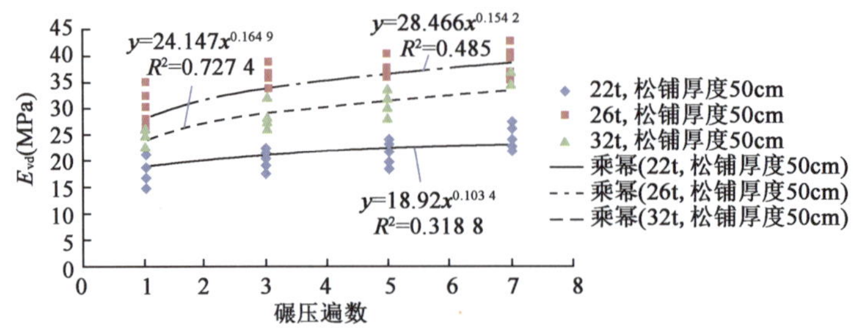

图 4.42 压路机吨位对 E_{vd}影响

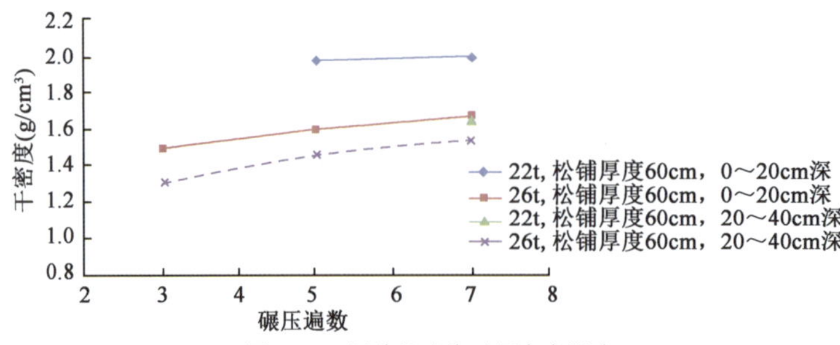

图 4.43 压路机吨位对压实度影响

图 4.44 碾压完成后刨挖路基

②沉降差(图 4.45)。从图 4.45 可以看出,对强-中风化板岩,相同松铺厚度 60cm 下,相比小吨位压路机,随碾压遍数的增大,大吨位压路机相邻两遍的碾压沉降差衰减更快,碾压沉降量更大。从总的沉降量判断,大吨位压路机碾压效果优于小吨位压路机。

③E_{vd}值(图 4.46)。从图 4.46 可以看出,对强-中风化板岩,相同松铺厚度 60cm 下,与 22t 压路机相比,26t 和 32t 压路机碾压后的 E_{vd}强度值反而变小。一般情况下,在填料、含水率及松铺厚度相同的情况下,碾压机械的功率越大,压实效果越好。但是碾压时压路机的单位压力,一旦超过了填料的最大强度,不仅会浪费人力、物力,还会造成级配料粉化、离析现象,损

害路基强度，影响工程的整体质量。

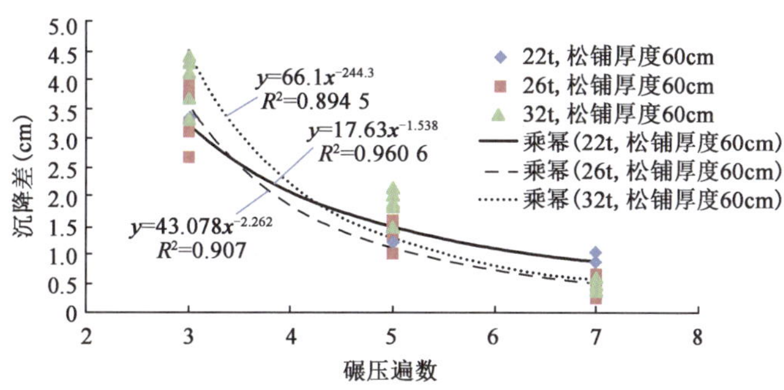

图 4.45　压路机吨位对沉降差影响

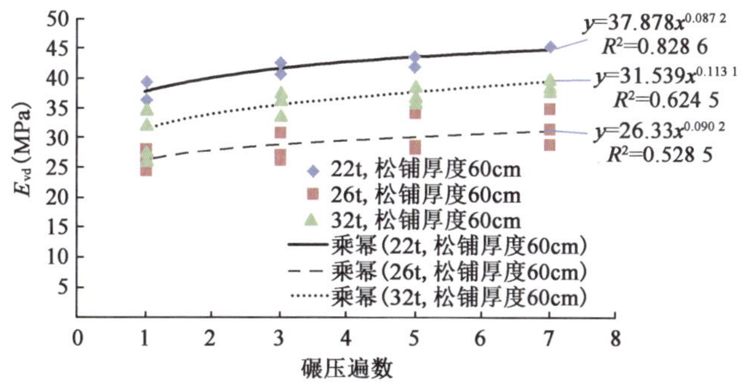

图 4.46　压路机吨位对 E_{vd}影响

因此，填料类型决定碾压机具的型号。如果选用合适的碾压机械，采用合理的碾压方式（强振、静碾、弱振等），并根据碾压效果，不断进行调整，就一定能达到最佳密实状态。

因板岩强度低，受碾压机械破碎作用，表层颗粒破碎比较明显，填筑层由上至下颗粒由细变粗，尤其表层 1～2cm 基本碾压破碎呈粉末状（图 4.47），受雨水浸泡后表层立即发生“泥化”，形成路基的软弱层。故在下一层填筑前应对表层 1～2cm 厚的部分进行铲除。

图 4.47　大吨位压路机碾压后表层粉化

3）E_{vd}与 K_{30}相关关系

大量研究表明，地基系数 K_{30} 与动态模量 E_{vd}之间有着良好的线性相关性（图 4.48～

图 4.53)，相关关系式可以表达为 $y=ax+b$，式中，y 为 K_{30} 值；x 为 E_{vd} 值；a、b 为试验待定系数。本次试验再次验证了两者之间具有很强的线性相关性。但不同材料，E_{vd} 和 K_{30} 强度相关关系的试验待定系数并不相同。即便是同一种填料，不同吨位的压路机由于碾压后的颗粒破碎程度不同，碾压后填料 E_{vd} 和 K_{30} 强度之间的相关关系式也不同，但两者之间的线性相关性不会改变。

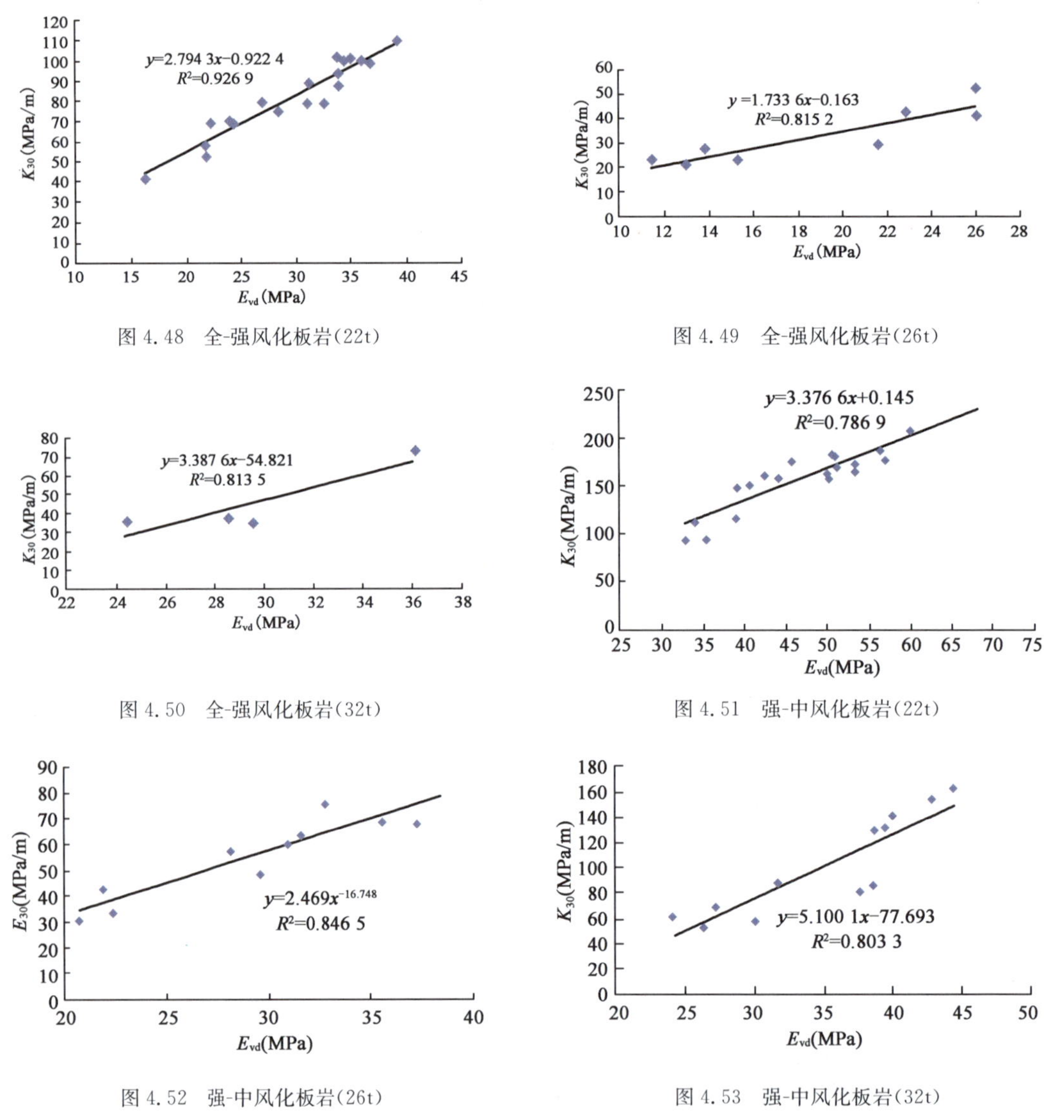

图 4.48 全-强风化板岩(22t)

图 4.49 全-强风化板岩(26t)

图 4.50 全-强风化板岩(32t)

图 4.51 强-中风化板岩(22t)

图 4.52 强-中风化板岩(26t)

图 4.53 强-中风化板岩(32t)

4)试验小结

三黎现场碾压试验表明，板岩填料类型决定碾压机具的型号。路堤的压实机械，一般应选用工作吨位大、激振力大的机型，且最好选用振动压路机。采用渐进式摊铺方法，在摊铺时，宜增加一道“耙压”工序，有利于提高板岩填料路堤的压实质量。强风化板岩土质路基碾压质量控制应以压实度为主，并结合施工参数(含水率、铺土厚度、压实机械、碾压遍数等)来控制，同时用 K_{30}、E_{vd} 检测等手段来配合，松铺厚度宜为 30～40cm，压路机自重吨位宜为 22t；土石混合板岩路基干密度测试具有很大的离散性，建议不用压实度来控制碾压效果，质量控制应以孔隙率或沉降差为主，并结合施工参数（最大粒径、铺土厚度、压实机械、碾压遍数等）来控制，同时用 K_{30}、E_{vd} 检测等手段来配合。松铺厚度宜为 40～50cm，压路机自重吨位宜为 26～32t。其中大吨位振动碾压机松铺厚度取高值，小吨位振动碾压机松铺厚度取低值。

4.5.4　压实标准

国内现行《高速铁路路基工程施工技术指南》（铁建设〔2010〕241 号）、《客运专线铁路路基施工技术指南》（TZ 212—2005）及《公路路基施工技术规范》（JTG F10—2006）中的压实标准，如表 4.4 所示。可见，不管是铁路还是公路部门，均根据实际工程将路基分成若干部位，分区段从物理和力学指标提出控制标准，其中物理指标多采用压实度和孔隙率，而力学指标公路部门采用的是 CBR，铁路部门采用的是地基系数 K_{30} 和动态变形模量 E_{vd}。目前板岩路基压实质量采用哪些指标进行评价更为合理并没有统一的标准。

国内铁路、公路规范压实标准　　表 4.4

规范或指南	填筑部位	填料		地基系数 K_{30} (MPa/m)	动态变形模量 E_{vd} (MPa)	压实系数 K (%)	孔隙率 n (%)	承载比 CBR (%)	其他：中心偏位 (mm)	其他：横坡 (%)
客运专线及高速铁路施工技术指南	基床表层	级配砂砾石或级配碎石		≥190	≥55	≥97	<18	—	20	±0.5
	基床底层	A、B组填料及改良土	改良细粒土	≥110	≥40	≥95	—	—	50	±0.5
			砂类土及细砾土	≥130	≥40	—	<28			
			碎石类及粗砾土	≥150	≥40	—	<28			
	路堤	A、B组及C组(不含易风化软质岩)填料及改良土	改良细粒土	≥90	—	≥90(92)	—	—	50	±0.5
			砂类土及细砾土	≥110	—	—	<31			
			碎石类及粗砾土	≥130	—	—	<31			
公路路基施工技术规范	路床	土质路基		—	—	≥96	—	上路床 8 下路床 5	50	±0.3
		填石路基		—	—	≥96	—			
	上路堤	土质路基		—	—	≥94	—	4	50	±0.3
		填石路基	硬质石料	—	—	—	≤23			
			中硬石料	—	—	—	≤22			
			软质石料	—	—	—	≤20			
	下路堤	土质路基		—	—	≥93	—	3	50	±0.3
		填石路基	硬质石料	—	—	—	≤25			
			中硬石料	—	—	—	≤24			
			软质石料	—	—	—	≤22			

对于板岩填料来说，在级配组成、工程特性等方面的变异性很大，其压实特性与细粒土相比有明显的差异，而路基规范中压实评价及检测指标多是以细粒土压实度、承载比 CBR 值的评价指标为基础的，虽然给出了填石路基的评价标准用孔隙率指标，但是由实际工程现场试验操作中试坑体积较大且体积测量误差变化较大，使孔隙率指标评价存在偏差，往往得不到满意的结果，需要联合其他检测方法共同检测，以相互校正。总结和借鉴前人研究资料，参考表 4.4

中数值，结合课题“贵州省重载高速公路软岩路堤修筑关键技术研究”中控制指标相关关系的研究成果，暂定板岩路基路段内不同部位的各压实指标满足表4.5规定值。

板岩路堤检测项目表　　表4.5

项　次	检查项目		规定值或允许偏差
1	外观		表面平整密实，不得有明显的轮迹、沉降等缺陷，且激振力50t以上压路机振压后无明显轮迹
2	几何尺寸	纵断高程(mm)	+10，−15
		中心偏位(mm)	50
		宽度(mm)	不小于设计值
		横坡(%)	±0.3
		边坡	不陡于设计坡度
		碾压厚度(cm)	符合设计要求
3	沉降差(mm)		试验路确定的沉降差
4	压实度(%)		路床≥96、上路堤≥94、下路堤≥93
5	孔隙率(%)		上路堤≤20，下路堤≤22
6	地基系数 K_{30}(MPa/m)		土石混填：上路堤≥120、下路堤≥90 土质路基：上路堤≥90、下路堤≥70
7	动态变形模型 E_{vd}(MPa)		土石混填：上路堤≥50、下路堤≥40 土质路基：上路堤≥40、下路堤≥35

结合三黎高速公路路基现场碾压试验，可认为只要严格控制好板岩填料的施工工艺，板岩填料填筑的路堤能满足暂定的压实标准。当然，这种适用性主要还是建立在一定的经验基础之上，显然还有待通过板岩路堤在运营状态下的长期稳定性来检验。

4.6　风化板岩路基的沉降变形特征

4.6.1　板岩填料沉降变形机理

用板岩风化料填筑的路堤，影响沉降变形的主要因素依然是压实度和填筑高度。板岩填料的沉降变形机理，可从以下两个方面加以解释。

1)初期变形

板岩填料在填筑初期，由于外力做功(如振动碾压，或上层填料对下层填料的压力作用)而发生弹塑性变形，填土逐步变密，这一变形过程也可称为主压缩变形。外力做功一完成，主压缩变形也基本完成。此阶段板岩颗粒之间以脆性接触为主，主要表现为颗粒棱角大量破碎以及颗粒之间相对位移、相互充填和结构调整。填料除了表现出压缩变形，还会出现一个显著的变形特征，即剪胀性。对于疏松状态的板岩填料，外力作用先使颗粒彼此填充，发生体积收缩。当密度达到一定程度后，再要填充是不容易的，收缩变形减小，随外力进一步增大，迫使颗粒在剪切面发生错动，颗粒翻越或滑动，并出现体积膨胀。因此密实的填料容易出现剪胀，疏松的填料容易出现剪缩。此外，填料的剪胀还与围压、颗粒破碎程度等因素有关。一般而言，填料在低应力下由较小的剪缩很快转为剪胀，而当压力较高时，剪胀有一定的发展过程，之后出现轻微剪缩，当压力达到某一数值时，填料全部表现出剪缩特性，剪胀特性不再出现。

2)后期变形

路堤修筑完成以后，由于填料的自重或风化作用导致粗大颗粒棱角或者软弱颗粒进一步的破碎、细化，颗粒重新排列，产生滑移并充填孔隙，这在宏观上就表现为填料的缓慢变形即蠕变。起初，流变的速率较快，受控于颗粒充填孔隙的速率，后来，颗粒充填排列逐步变慢，填料的流变速率也随之变缓。另外，板岩填料在后期会出现明显的湿化变形特征，即土体由干燥状态遇水变为湿态时，由于颗粒矿物浸水软化以及颗粒之间被水润滑等原因，造成骨架中颗粒破碎、滑移和重新排列而产生土体变形。板岩填料填筑的路堤在地下水位反复升降、雨水入渗又蒸发，甚至由于温度降低而发生的水汽冷凝等因素所造成的干湿循环作用下，会产生明显的后期变形。路堤在后期干湿循环过程中所产生的附加变形还将会使路堤的位移和应力重新分布，造成路堤的不稳定性。

4.6.2 风化板岩填筑路基湿化变形特性

风化板岩填筑路基湿化变形是指风化板岩路基浸水以后，在填料自重和荷载作用下，风化板岩的粗粒料发生崩解、软化等现象，粗粒料和粗粒料之间、粗粒料和细粒料之间以及细粒料与细粒料之间在水的浸润下也会发生相互滑移、破碎、重新排列等现象而产生的变形，并使路基内应力重新分布。目前湿化变形的研究针对粗粒料、堆石料和石坝方面的较多，在用风化岩石填筑路基方面的研究较少。影响粗粒料湿化变形的因素较多，因此很难对湿化变形进行完全理论化的研究。

影响路基湿化变形的因素主要有以下几点：

(1)浸水量。浸水量越大，路基产生的湿化变形也就越大，浸水量的大小导致了水头高度不同，进而影响了渗水速率，导致湿化变形发生变化。

(2)补水来源。补水的来源主要包括地下水和地表水。湿化变形的产生以填料浸水为前提，由于风化板岩路基粗粒料含量较大，孔隙率较大，产生的毛细作用力较小，毛细水上升高度很小，因此地下水对路堤范围影响较小，但应考虑其下承层(土基)受地下水的影响，地下水对路基沉降的影响不一定小于地表水。此外，还应考虑边坡渗水等对路基不均匀湿化变形的影响。

(3)浸水时间。渗水速率相同的前提下，浸水时间越长，渗水量越大，路基产生的湿化变形越大。

(4)路基高度。在相同的浸水条件和荷载条件下，路基高度越大，可能发生湿化变形的区域越大，产生的湿化变形也就越大。因此，风化板岩填料填筑的高路堤应该引起重视。

(5)荷载作用的影响。处于荷载作用下浸水饱和的风化板岩水稳定性较不受荷载作用的浸水饱和的风化板岩差。风化板岩路基的湿化变形是水和荷载共同作用的结果，荷载是湿化变形产生的动力，在浸水条件相同的情况下，路基所受荷载越大，颗粒破碎程度就会越大，发生的湿化变形也就越大。

(6)填料的孔隙率。渗水量跟湿化变形成正比关系,而路基的孔隙率则为水分渗入路基提供了通道,孔隙率越大,渗入路基内部的水分就越多,产生的湿化变形也就越大。同时,路基的孔隙率为路基湿化变形提供空间,路基的孔隙率越大,产生湿化变形的可能性也就越大。

(7)级配情况。路基湿化变形实质是粗颗粒在水和荷载的作用下破碎滑移,填补空隙后产生的变形。级配不良,路基的孔隙率就相对较大,产生湿化变形的可能性就越大。

(8)风化程度。风化程度影响了风化板岩的强度及水稳定性,在作为路基填料时,则体现为影响路基的湿化变形。

风化板岩路基的湿化变形特性是由板岩填料的矿物成分、物理力学性质以及所处环境共同决定的。风化板岩的云母含量高,云母浸水后处于游移状态时,易于剥离,致使风化板岩水稳定性很差,易导致路基松弛;风化板岩原岩软化系数小,在饱水后强度衰减严重;风化板岩填料的室外耐崩解性很差,粗颗粒在外界作用下会崩解成较小的颗粒,加之荷载作用,会加速风化板岩的粉化。

贵州省位于副热带东亚大陆的季风区内,气候类型属中国亚热带高原季风湿润气候。主要气候特点为:全省大部分地区气候温和,冬无严寒,夏无酷暑,四季分明。各地月平均气温的最高值出现在7月份,最低值出现在1月份。7月平均气温为22～25℃,1月平均气温为4～6℃,全年极端最高气温在34.0～36.0℃之间,极端最低气温在－6.0～－9.0℃之间。全省大部分地区的气候四季分明,中心部位的贵阳市在四季划分上具有代表性,四季以冬季最长,约105天,春季次之,约102天,夏季较短,约82天,秋季最短,约76天;常年雨量充沛,时空分布不均。全省各地多年平均年降水量大部分地区在1 100～1 300mm之间,最多值接近1 600mm,最少值约为850mm,一年中的大多数雨量集中在夏季。

湿化变形是以浸水为前提,以荷载为动力的。从贵州典型气候特征可以看出,该地区的雨季较长,降雨量很大,这为湿化变形的产生提供了丰富的水源。路基是一个承载的结构物,在道路的运营过程中,通过车辆为湿化变形的产生提供了荷载条件。由于风化板岩具有的软化、崩解性质,在工程所处的降雨丰富的环境中,作为路基填料,其必然会因为饱水受力发生破碎、崩解和粉化,填料的结构发生变化会导致路基中的应力的重分布,填料发生移动导致湿化变形的产生。

另一方面,风化板岩路基受大气与地下水的变化影响,特别是在与交通荷载甚至是超重车载的耦合作用下,路基土体的力学性能发生剧烈的衰减,且衰变规律非常复杂。主要表现为:

(1)在湿热耦合作用下,水分迁移进入路基内部,弱化路基填料性能从而产生显著的压缩蠕变,随时间增加,引起路堤超量下沉,以及在路堤不均匀荷载作用下产生不均匀变形。

(2)路肩和路基边坡因蒸发效应而开裂,又因降雨而泥化,甚至遇到极端冰雪天气还会出现冻融,因反复的循环作用,其抵抗外部营力的能力急剧衰减,从而出现路基边坡浅层的滑塌。

路基在正常营运过程中,处于地表的路基因受季节性的气候反复作用,增湿变形将不断累积。因此,路基土体的后期沉降主要取决于由于含水率变化所产生的增湿变形。增湿变形模式与应力状态相关,当处于各向等压湿化或围压较低、湿化应力水平较低时,主要表现湿化压缩;当应力水平较高时,湿化变形主要表现为湿化沉降及侧向鼓出等。所以,路基中间部位的土体应属于湿化压缩,靠近路基边坡部分属于湿化沉降或侧向鼓出变形。

4.6.3 板岩路堤沉降监测

由于长久以来软岩填料在铁路、公路中的应用受到限制，因此关于软岩尤其是板岩填料的沉降观测资料很少。通过对板岩路堤实施沉降监测，可以进一步检验板岩填料填筑路基的适用性，检验板岩路堤压实标准的合理性，及时发现路堤填筑过程中以及修筑完成以后板岩填料的沉降变化规律，以便为类似工程提供参考。

路堤沉降监测应主要监测地基的固结沉降以及路堤自身的压密沉降，监测范围应涵盖整个板岩路堤试验段。沉降变形监测数据是路基工后沉降评估的主要依据，故路基面监测点是必不可少的。路基面监测点布置密度应满足变形评估的需要，其布置间距应不大于20m，易产生差异变形部位，监测点的布置应加密。路基面沉降监测点应设置在线路中心及两侧路肩处，采用观测桩设置，测量精度应达到二级水准测量标准。

同时，为了评价沉降的发生与发展规律，预测总沉降量及工后沉降完成时间，还必须在路基填层中以及路基基底布置监测点。路堤自身及路基基底变形监测点的布置应与路基面监测点的位置协调统一，布置在同一监测剖面上。设置密度应满足工后沉降评估的需要，一般间距不宜大于50m。易产生不均沉降地段，监测剖面应加密。一般在地形及地层变化点处及易产生差异变形部位应设置监测剖面。路堤自身的沉降监测点，应分别布置在路基面上以及不同填料界面处；地基沉降监测点，除应布置在地面位置外，对加固层底仍存在压缩地层的地段，在加固层底部也应布置深层位移观测点，以便正确评价地基变形规律，研究相应处理措施。

试验段沉降变形监测宜分为三个阶段进行。第一阶段：路基填筑施工期间的监测，主要监测路基填土施工期间地基土的沉降以及路堤坡脚边桩位移；第二阶段：路基填土施工完成后，自然沉落期及摆放期的变形监测，该阶段应对路基填筑部分沉降以及路基基底沉降进行系统的监测，直到工后沉降评估可满足路面铺设要求为止；第三阶段：试运营期的监测。

一般情况下，第一阶段的监测，应每天监测一次，各种原因暂时停工期间，前2天每天监测一次，以后每3天测试一次；第二阶段的监测，前15天内每3天监测一次，第15～90d每星期监测一次，第90～180d每15天监测一次，以后每个月监测一次。雨后等异常情况下应加密监测频度；第三阶段的监测，主要进行路基面观测桩的监测，一般每月一次，必要时进行路基本体沉降及地基土沉降的监测。

4.6.4 基于实测资料的沉降预测

根据沉降实测资料预测沉降发展规律并推算最终沉降量已成为沉降计算的一种重要指导思想，国内外诸多学者在此基础上提出了各种各样的沉降预测方法，归纳起来大致可分为三类：第一类是曲线拟合法，如双曲线法、指数曲线法、泊松曲线法、s-lg$t$ 曲线法等；第二类是基于数学模型的预测方法，如灰色理论法（GM模型）、时间序列法、神经网络法等；第三类是反演分析法，即利用施工中观测的位移、应力或孔隙水压力等数据通过数值分析方法反演出土体的各参数，再利用这些参数来预测未来土体的位移、应力和孔隙水压力等。

在实际的沉降预测中，不能单纯地依赖某一种方法，而应该了解每一种计算方法的原理、优缺点和计算精度，通过比较分析以后再加以选择。

文献[29]根据武广客运专线实测资料，通过采用多种沉降预测模型来拟合沉降-时间曲线发现(图 4.54)，泊松曲线能够较好地拟合软岩填料填筑层的沉降过程，但最终沉降预测值偏小；Asaoka 法拟合和 GM(1,1)模型拟合效果不如泊松曲线拟合，但二者的最终沉降预测值基本一致。各种沉降预测方法有各自的优势，若将各种预测模型进行加权组合，从理论上来说应该可以得到更准确的沉降预测值。

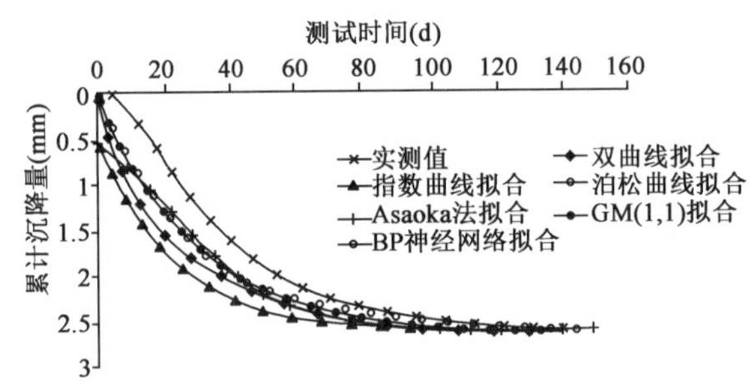

图 4.54 同预测模型拟合路基面(线路中心)的沉降过程

4.6.5 风化板岩填筑路基变形控制建议

水是影响风化板岩填筑路基稳定性的关键因素，而外加荷载仅对路基工作区范围内变形影响较大。路基在自身重力的作用下，在路基工作区范围以下仍会发生各种变形，且较工作区内更严重，因此影响变形的根本是所用填料的工程性质。风化板岩路基变形控制的建议：

(1)明确风化板岩填料的压实特性，在路基施工过程中控制好填料的含水率。

(2)由于风化板岩填料具有崩解、粉化等特性，因此必须严格按照规范控制填料的最大粒径，采用最佳级配的填料，防止产生大孔隙，造成路基发生较大变形。

(3)提高下承层的水稳定性，设置砂砾层阻断地下水的上升。

(4)严格做好路基施工过程中的临时排水。路基内部的水分大部分是施工过程和路面破坏以后进入的，因此控制水分进入路基对控制路基的湿化变形非常重要。在有条件的情况下，降雨时也可采取用防水土工布覆盖等措施，并通过临时排水措施将降水迅速排出路基范围。

(5)路基施工完成以后，应迅速铺筑路面底基层和一层水泥稳定碎石基层，因为基层相对路基具有一定防水作用，但不要急于将基层一次性铺筑完毕并铺筑路面；在路面铺筑之前让路基尽可能沉降变形，若基层随路基发生整体沉降可以考虑适当增加基层高度，并铺筑路面。

(6)在运营过程中，应及时检查路面情况，做好养护工作，防止路面破坏使降水进入路基。

(7)及时疏通路基、路面排水设施，防止堵塞。

4.7 工程案例

迄今为止，有关风化板岩路基的公路工程实例并不多见，以十天高速为例讨论板岩填料的施工工艺、质量控制方法。湖北省十堰市至甘肃省天水市高速公路（简称“十天”线）安康东段穿越秦岭造山带南部，涉及地层有古生界泥盆、志留系、奥陶系、石炭系、二迭系的变质岩系，中生界三叠系西康群，新生界第四系。该区出露地层以古生界变质地层为主，岩性以硅质板岩、千枚岩和绢云母粉砂质片岩为主。大部分岩石多呈薄层状构造，节理裂隙极为发育，岩体极易破碎，多切割呈碎块状或薄片状，抗风化能力、抗水性及抗变形能力较差。由于路堑开挖料较多，填方量较大，级配难以控制，导致填料击实所得最大干密度与最佳含水率在各个标段都会有差异。根据现场各施工路基标段的击实试验，大多填料最佳含水率在6%～10%，最大干密度在2.01～2.25g/cm^3，填筑过程中确保每次填料的最佳含水率变化在±2%范围内，填料级配不均匀系数和曲率系数同时满足$C_u>5$及C_c介于1.0～3.0的要求。碾压机械采用18～20t的振动压路机，压实作业是先静压一遍，接着进行低速强振，最后一遍光面静压。碾压试验得到不同吨位碾压机械时的松铺厚度应小于40cm，碾压采用低速强振碾压遍数为4～6遍。评价现场土质路基填料的压实质量指标是压实度，对于填石路基采用孔隙率或沉降差的指标，评价路堤承载力的指标为承载比(CBR)值。对于填石路堤的压实质量，采用施工参数（压实功率、碾压速度、压实遍数、铺筑层厚等）与压实质量检测联合控制；压实质量采用沉降差或孔隙率法进行检测，孔隙率的检测采用水袋法（灌水法）进行；对于压实参数的选择普遍采用铺筑试验路段的方法，以上方法得到良好验证。

本章参考文献

[1] 曾泉.黔东南地区板岩的工程特性及其应用[J].贵州地质，1999，61(4)：351-353.

[2] 刘海鹏，王晓谋.秦岭山区变质软岩路堤修筑技术研究[R].西安：陕西省交通建设集团公司柞小建设管理处，2010.

[3] 赵明华，刘晓明，苏永华.含崩解软岩红层材料路用工程特性试验研究[J].岩土工程学报，2005，27(6)：667-671.

[4] 熊跃华，刁心宏，郑明新.软岩填筑路基模型试验研究[J].华东交通大学学报，2004，21(4)：15-18.

[5] 郑明新，方焘，刁心宏，等.风化软岩填筑路基可行性室内试验研究[J].岩土力学，2005，(26增)：53-56.

[6] 钟长云，王永和，卿启湘.软质风化岩击实试验的研究[J].路基工程，2005，122(5)：67-69.

[7] 钟长云，王永和，卿启湘，等.砂质板岩风化料的物理力学性质试验分析[J].西部探矿工程，2005，107(4)：5-6.

[8] 方焘，郑明新，郭建湖.软岩填筑路基的压实特性研究[J].路基工程，2006，124(1)：52-55.

[9] 方焘,刁心宏.软岩填筑路基沉降特性研究的模型试验[J].路基工程,2007,134(5):83-85.

[10] 方焘,郑明新,寇东华.风化千枚状板岩填料力学特性试验研究[J].铁道建筑,2007,3:67-69.

[11] 卿启湘,王永和,李光耀,等.软岩填筑高速铁路路堤的室内试验研究[J].岩土力学,2006,27(7):1119-1123.

[12] 卿启湘,王永和,赵明华.软岩填料的长期沉降变形特性及分析[J].岩土工程技术,2002,20(6):282-286.

[13] 卿启湘,王永和,李继超.风化泥质板岩路堤工程性状的模型试验研究[J].铁道科学与工程学报,2007,4(5):45-50

[14] 王雪红,王永和,卿启湘.板岩路基填料CBR特征及影响因素分析[J].湖南工业大学学报,2007,21(2):100-103.

[15] 但汉成,李亮,胡萍,等.风化软岩路基填料击实工程特性室内试验研究[J].铁道学报,2009,31(4):75-81.

[16] 但汉成,田建平.千枚状板岩工程特性试验研究[J].工程勘察,2008,12:5-8.

[17] 安爱军.全-强风化泥质板岩作为铁路客运专线路基填料化学改良方法试验研究[J].公路,2008,6:116-118.

[18] 陈湘亮,王永和,王灿辉.泥质板岩改良土击实试验影响因素分析[J].湖南城市学院学报(自然科学版),2010,19(3):8-11.

[19] [日]薄,宫林,小岛.采用软岩弃渣的大型填土的设计和施工[J].铁道部科学研究院,译.土与基础,1984,32(7):53-59.

[20] 周雷刚.高速公路强风化千枚岩路基填筑技术研究[D].西安:长安大学,2012.

[21] 颜文,周丰峻,郑明新.长衡段软岩水理特性研究[J].华东交通大学学报,2005,22(2):15-17.

[22] 杨春和,冒海军,王学潮,等.板岩遇水软化的微观结构及力学特性研究[J].岩土力学,2006,27(12):2090-2098.

[23] 冒海军.板岩水理特性试验研究与理论分析[D].北京:中国科学院,2006.

[24] 吴平,傅鹤林,鄢定媛.风化砂质板岩水理特性研究[J].公路工程,2013,38(6):10-12.

[25] 朱俊高,Mohamed A. ALsakran,龚选,等.某板岩粗粒料湿化特性三轴试验研究[J].岩土工程学报,2013,35(1):170-174.

[26] 韩恺屹,刘群,宋晓东.砂质板岩粗粒土蠕变特性影响因素试验研究[J].铁道科学与工程学报,2014,11(4):63-67.

[27] 陈小平.重庆沙溪庙组地层岩石单轴抗压强度研究[J].岩土力学,2014,35(10):2994-2999.

[28] 柴亚南.煤矸石路基填料分级标准及沉降特性研究[D].西安:长安大学,2013.

[29] 袁伟.软岩填料在高速铁路中适用性分析与沉降研究[D].长沙:中南大学,2009.
[30] 曹周阳.秦巴山区变质软岩路堤填料路用性能及振动压实工艺研究[D].西安:长安大学,2013.

第5章 高填方路基

一般而言,填筑高度超过 18m(土质)或 20m(石质)的路堤称之为高填方路基。贵州省山高坡陡,沟壑纵横,山地和丘陵占该省面积的 92.5%,素以“地无三里平”著称,由于受线位的影响,高速公路将不可避免地在崇山峻岭间穿梭。为了充分利用高速公路建设中隧道开挖的弃渣和边坡开挖产生的岩土体,避免征用宝贵的耕地,保护环境,高填方路基既是贵州省高速公路建设中不可避免的路基结构形式,也是科学的、合理的路基结构形式。

5.1 贵州高填方路基应用概况

5.1.1 贵州高填方路基特点

贵州是典型的山岭重丘区,地势起伏大,地形复杂。由于地形地貌、地质状况和工程投资的原因,公路建设中遇到大量来源于隧道开挖的弃渣和边坡开挖的岩土体。为了少占耕地,尽量做到填挖平衡,对弃土充分加以利用,因此带来大量的高填方和连续填挖转换路段。贵州省高速公路高填方路基具有以下特点:

1)高填方密集

以厦蓉线水口—都匀高速为例,路线全长 208.022km,桥隧比 66.13%,高填方路段 103 处,合计长 10 285m,高填方路段约占总里程的 5%,平均每隔 2km 就有一处高填方路段。

2)高度大

贵州高填方路基的高度普遍偏高,高度在 30~60m 的高填方路基在贵州比较常见。水都路 BT4 标某高填方中心填高 55m,坡脚至路基顶面最大填高 108m,如图 5.1 所示,其最大填高也许是世界公路之最。

3)纵、横向高差大

由于高填方路段大多地形较陡,因此导致高填方在纵向、横向上高差大。另一方面,在纵向上路基连续填挖转换路段多,高填方有“V”字形、“W”形、“U”形和“S”形等形式。

4)填料复杂

高填方填料以填石路基为主,但各种隧道弃渣、边坡开挖的风化碎石土、泥岩、板岩、煤矸石(炭质泥岩)、残坡积黏性土等也用于高填方路基填筑,路基填料复杂多样。

5)高填方常位于斜坡软弱地基上

高填方多位于沟底或山腰，贵州省高填方大部分地质状况较好，但有一些高填方位于斜坡软弱地基上，斜坡软弱地基是路基整体失稳的主要因素，也是导致路基路面开裂的重要原因。

6)施工工期紧

贵州省高速公路建设工期一般为 2～3 年，由于高填方的填料主要来自于边坡、隧道开挖，因此，高填方的施工工期普遍较紧。一般高填方路段很难经过一个雨季的自然沉降后再铺筑路面，这将导致高填方路基路面的沉降开裂较多，一些路段通车不久甚至在路面铺筑期间即需注浆处理，如图 5.2 所示。

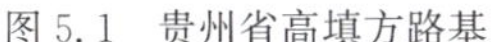

图 5.1 贵州省高填方路基

图 5.2 高填方路基病害注浆处理

5.1.2 贵州省高填方总体应用状况

高填方在贵州高速公路建设中较为普遍，高填方较好地解决了土石方填挖平衡的问题，降低了工程造价，节约了宝贵的耕地，防止水土流失，保护了生态环境。从相关工程来看，高填方路基在贵州总体上是稳定成功的，对于贵州高速公路三年会战起到了积极作用。但不可否认的是，一些高填方由于位于斜坡软弱地基上、高差变化剧烈、排水不良和施工因素等原因，出现了较大的沉降，路基路面出现了开裂等病害，少数高填方也出现了整体失稳等，频繁的维修养护影响了道路的品质与使用寿命。因此，对于贵州高填方路基有必要进一步的跟踪观测与研究，总结经验教训，提升技术水平，更好地服务于贵州省的公路建设。

5.2 贵州高填方路基的主要病害及处治措施

5.2.1 高填方路基主要病害及机理分析

贵州高填方的主要病害可归结为以下几种类型：

1)整体失稳

整体失稳现象在高速公路中虽不普遍，但也时有发生，路基整体失稳既有发生在建设期，也有发生在高速公路通车后的，不仅阻碍交通的正常运营，破坏生态环境，而且严重时还会造成重大的交通事故和人员伤亡，给国家和人民带来无可挽回的巨大的经济损失。根据滑动面的位置又可分为路基开裂型整体失稳和路基整体位移型失稳。

(1)开裂型整体失稳

所谓开裂型整体失稳是指滑动面的位置经过路基填筑体，造成路基路面开裂沉陷，如图 5.3 所示。裂缝长数十米至上百米，裂缝宽数厘米至数十厘米，甚至更宽，以纵向、斜向为主，常沿填挖交界面展开，裂缝多位于凌空的半幅路基。调查可知，高填方失稳大多是开裂型失稳。地形变化较大、软弱地基范围较小的地方常出现此类失稳破坏。

图 5.3 高填方路基拉裂型整体失稳

(2)路基整体沉陷型失稳

这类失稳路基本身无开裂症状，在初始阶段不易被察觉，往往是附近相隔数十米甚至上百米远的老百姓的房子、田埂等发生开裂与错开后才发现，如图 5.4 所示。这类滑动体的范围更宽，路基位于滑动体上，但滑裂面则离路基较远。从地形地貌上判断，发生这类失稳的高填方路基一般位于范围较大的含软弱夹层的斜坡堆积体上。

图 5.4 路基整体沉陷型失稳与田埂开裂

(3)路基整体失稳机理

工程调查与研究表明，导致路基整体失稳的主要内因是地质状况，对众多失稳路基的钻探表明，整体失稳路基大多位于含软弱夹层的斜坡堆积体和软基上，这些斜坡堆积体下数米深的地方常常有黏性土等软弱夹层分布，如图 5.5 所示。路基填筑后改变了原来地下潜水分布，导致土层的抗剪强度、渗透系数和地下水位等发生改变，路基两侧地下水位的落差使得路基成为“坝体”，从而增加了下滑力。另一方面，路基填筑速度过快和高度过高是引起路基失稳的外因。由于路基的地质勘察资料相对较粗，因此，对于一些斜坡路基的地质资料并不十分清楚，当路基填筑速度过快、过高时易导致路基失稳。因此加强对斜坡湿软地基的勘察、控制路基填筑速度、控制路基高度、做好防排水等对确保路基稳定具有基础性作用。贵州的沟谷型软基路段也常因地基导致路基的失稳,而贵州对于沟谷型软基的处治技术仍有待进一步的研究与效果的跟踪验证。因此,斜坡上的软弱地层往往成为导致高填方整体失稳和纵向开裂的"元凶"。

图 5.5 某整体失稳路基地质状况

(4)路基失稳的影响因素

调查也发现,路基的整体稳定性与路基填料、边坡坡率和碾压状况等关系不大。按照我国路基规范,边坡坡率根据路基高度在 1∶1.5～1∶2 之间;山区高填方路基填料大多采用碎石土、填石料等,其内摩擦角一般在 30°以上,路基填料的天然休止角大于路基边坡坡角。若地质状况良好,路基的整体稳定性是有保证的。即使采用一些性能较差的路基填料只要地质状况良好,也很少发生整体失稳现象。

有些"锅"形或"V"形的高填方,当地基为软弱地基或软土时,路基的沉降量可能较大,但由于受周围山体的约束明显,整体失稳的可能性不大。这从另一方面表明,对于贵州一些位于沟谷内的高填方,若采用传统的基于平面假定的稳定分析方法,计算得到的路基稳定系数较低,但在实际工程中又是稳定的。因此,对于受周围地形约束的高填方路基的稳定计算,不宜采用传统的分析方法,采用三维有限元稳定计算所得结果更符合实际。

2)路基沉陷

高填方路基的另一大病害是沉陷。沉陷表现为纵向上沉陷和横向上沉陷两种形式,纵向沉陷往往引起路面的波浪起伏,在行车道线上肉眼即能观察到,表现得很明显,如图 5.6 所示。横向沉陷则表现得不明显些,有时与路面裂缝相伴而生,一般而言横向沉陷位于路基路面的外侧半幅,如图 5.7 所示。在纵向、横向均有沉降的路段,外侧的半幅路基沉降亦相对大些。

高填方路基的沉陷主要与以下因素相关:

(1)地质状况。有些高填方位于软基路段,其工后沉降量一般较大。

(2)路基高度。路基的工后沉降量约占高度的 1%,因此,路基越高,沉降量越大。

(3)填筑质量。有些沟底受地形限制,大型机械无法碾压,故采用倾填的方式;有些为了施工卸料方便,将路基作为堆料场,导致一些路基无法碾压,如图 5.8 所示,导致工后沉降量大;另一方面,其施工质量,如:层厚、填料级配等也影响沉降。

(4)防排水。因高填方尤其是粗颗粒填料高填方的沉降因细小颗粒的运移所致,因此做好防排水对于减少工后沉降效果尤为明显，这从高填方路基的沉降曲线呈台阶形即可得到验证，台阶形沉降曲线的形成主要是间歇性的降雨所致，下几天雨即可下沉数厘米，形成一个台阶。

图 5.6　高填方路段路面波浪起伏

图 5.7　高填方路段路面横向沉陷

图 5.8　路基上堆料

高填方沉陷路段多位于较大的路基填筑体上，在大的填筑体上，路基的总沉降量较大，但差异沉降量较小，因此不易引起路面的开裂。由于高填方多采用粗粒料填筑，加之高填方的坡面汇水面积较大，在强降雨作用下，粗粒土边坡渗水导致路基产生较大的沉陷，这些情况多发生在路面刚铺完的第一年内，甚至刚铺完路面即反映出来。实际上从高填方路基的沉降规律分析得出，路基的沉降在路面铺筑前即已产生，但由于路基材料为散体材料，具有较大的塑性变形能力，产生数十厘米的沉降并一定用肉眼能够观察出来，一旦路面铺筑，即使只有数厘米的快速沉降也可能在行车道线上得到反映。因此，路面铺筑前确保路基经过一个雨季的自然沉降稳定对于减少路面早期病害是非常有益的。

另一方面，贵州水都线格都段的高填方沉降观测结果表明，高填方的沉降在路面铺筑前后是两个完全不同的阶段，路基沉降曲线不连续，在路面铺筑之前，高填方路基的沉降速度较路面铺筑之后要大得多，主要原因是路面铺筑隔绝或大幅减少了渗入路基的水，由此减少了细小颗粒的运移，从而大幅减少了路基的沉降。

3)路面开裂

路基差异沉降是引起路面开裂的主要原因，从裂缝的形态看，大致可分为纵向裂缝、横向裂缝和斜向裂缝，如表 5.1 所示。

裂缝成因与防治　　表 5.1

裂缝类型	纵向裂缝		斜向裂缝		横向裂缝
主要成因	横向沉降差异（地基、路基）	地基（路基）稳定性不足，水平位移	斜向沉降差异（地基、填料）	地基（路基）稳定性不足	纵向沉降差异（地基、路基）
形态与发生部位	路基纵向沉降差异较大处，近似于直线，与地形、路基碾压质量相关性高	路基软弱部位，该种裂缝的平面形态呈现为在两端或一端向路缘方向发展。有斜坡或软基存在	一般在纵向填挖交界部位的挖方与填方过渡处，与地形配合良好	一般一端与纵向裂缝相接，一段接路堤边缘，多发生在填方较高处或路基软弱部位	在纵向填挖交界部位和沉降差异较大部位
发生时间	通车 1～2 年，后逐渐趋于稳定	施工期，通车 1～2 年，病害持续时间长	施工期，通车 1～2 年，后逐渐趋于稳定	通车 1～2 年	通车 1～2 年，后逐渐趋于稳定
防治措施	封闭防水，稳定后处理	及时处理，一般需增加稳定措施	封闭防水，稳定后处理	及时处理，一般需增加稳定措施	封闭防水，稳定后处理

(1)纵向开裂

纵向开裂是高填方路基最常见的病害，如图 5.9 所示。纵向裂缝多位于行车道上，长度从数十米至上百米不等，裂缝的出口多位于同侧路肩。

图 5.9　高填方的纵向开裂

产生高路堤纵向不均匀变形裂缝的内在因素是路堤填土变形稳定性较差，外在因素是高路堤自重较大及动荷载的影响。这类裂缝平面分布近似一直线，平行于路基纵轴线，且相对集中在车辆荷载集中的行车道附近或路基排水不畅的区域，如图 5.10 所示。该种裂缝通常垂直向下发展，如图 5.11 所示。裂缝宽度和错距的发展过程也存在一个变化较快的发展期，之后由快逐渐变缓并趋于稳定而达到稳定期，如图 5.12 所示。一般认为路基两点间的差异沉降率超过 0.6%，就可能产生纵向裂缝。

(2)斜向开裂

斜向开裂的平面形态呈现为在两端或一端向路缘方向发展，斜向裂缝多位于填、挖结合部，与填、挖交界面的位置呈高度吻合，如图 5.13 所示。这类裂缝的发展一般由缓慢逐渐加快，存在一个发展的活跃期，活跃期内裂缝的发展速度快，当发展到一定程度并作封闭处理后一般可重新趋于稳定，如图 5.14 所示。

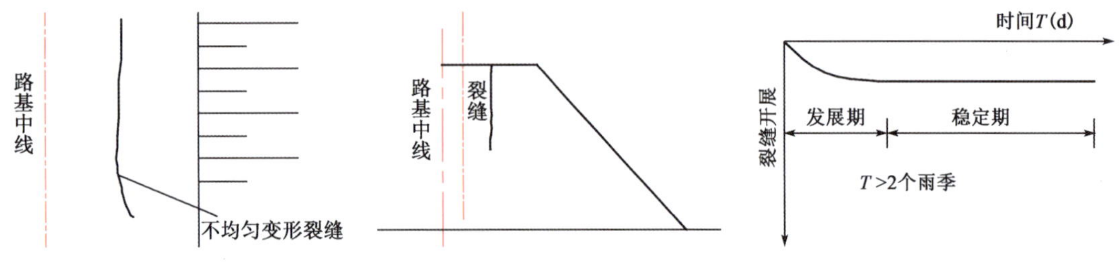

图 5.10　纵向裂缝示意图　　图 5.11　纵向裂缝剖面形态示意图　　图 5.12　纵向裂缝随时间发展示意图

图 5.13　高填方路基的斜向开裂

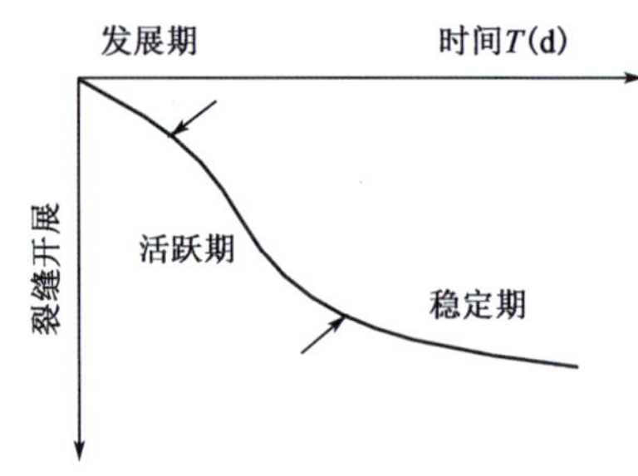

图 5.14　斜向裂缝随时间发展示意图

(3)横向开裂

横向开裂在高填方路基中不多见，横向开裂的条件是较大的纵向上差异沉降，而纵向上较大的差异沉降一般是路基在纵向上的高差所致。但由于路基在纵向上存在侧向约束，因此其纵向上的水平位移小或不太可能发生，由此大幅度减小了裂缝发生的概率。对于纵向上因路基高度、地质状况所引起的差异沉降，在工程中不多，影响有限。

(4)高填方路基开裂原因

高填方路基开裂的原因主要有以下方面：

①强降雨。

强降雨导致路基的快速沉陷，快速沉陷极易引起路面的纵向开裂。高填方路基本身的沉降完全不同于软基的沉降，软基的沉降是软土在外荷作用下孔隙水排出消散、土颗粒挤密的过程，因此软土的沉降机理、计算方法相对较成熟。但对于高填方，路基填料大多采用粗粒料，理论上讲，土体为三相体，对粗粒料为两相体，土颗粒本身是不可压缩的，因此，高填方路基的沉降只能由土颗粒的运移和重新组合排列所致。导致土颗粒运移的原因主要是在降雨后路基渗水等外力作用下，细小颗粒产生运移和重新分布，因此其沉降速率较快，在几天时间内能产生数厘米的沉降量，导致路面开裂，但高填方的总沉降量不一定大，沉降速率快。在软基地区，有些高速公路的沉降量大，但由于是均匀、连续的沉降过程，路基路面材料均为弹塑性，具有一定的塑性变形能力，因此其工后沉降不易导致路面开裂，路面多呈波浪起伏或桥头跳车等病害。

②地形地貌。

另一方面，许多高填方贴着山坡填筑，存在纵、横向上的半填半挖，由此造成路基横向上的差异沉降和纵向开裂，尽管许多工程也采取了开挖台阶、加铺土工格栅等技术措施，但似乎效果有限，难以完全避免。

③路基填料。

南方一些地区，膨胀土与膨胀岩分布较广，路基大规模填筑时由于难免会掺杂进一些膨胀土，由此导致路面纵向开裂。

④施工工艺。

高填方填筑过程中填料的级配较差，粗颗粒集中，层厚过厚(有的达 1m)等因素导致路基的沉降过大。在一些沟谷地区，受地形限制，底层甚至采用推填的方式，直至形成一定的工作面后才进行碾压，这往往是路面开裂的根源。

⑤工期过短，路基稳定时间不够。

众所周知，土体具有结构性，碾压再密实的路基也会产生一定的压缩沉降量，因此，高填方路基需要一定的自然沉降稳定时间，但国内的工程建设期普遍较短，有些路基甚至连半年的沉降时间都不到，导致过大的工后沉降难以避免，轻者路面平整度下降，重者路面开裂，甚至影响行驶安全。

4)护面墙、挡墙外鼓

高填方的另一病害是坡面的侧向位移(鼓胀)，如图 5.15 所示。高填方的侧向位移多发生在坡面有支挡的情况，包括浆砌片石、高挡墙和加筋挡墙等，表现为坡面向外鼓胀或开裂等。路基发生侧向位移的同时也常伴随有路基路面的纵向开裂。

图 5.15 高填方的侧向位移(鼓胀)

产生过大侧向位移的原因主要有以下几个方面：

①边坡过陡，导致高填方对坡面构筑物的侧向土压力较大。

②汇水面积过大，高填方四周未设置截水边沟，导致大量降水渗入路基，由此增加了土体的容重和侧向土压力；另外，高填方路基内临时积蓄的水将形成侧向水压力，不利于边坡及其构筑物的稳定。

③支挡结构设计未充分考虑路基土体的侧滑力，尤其在一些山区斜坡上的高填方。

④支挡防护结构的泄水能力不够。调查中发现，有些高填方位于山坳中，其填筑阻挡了周围降水的排泄，而设计的泄水孔效果不佳或不能迅速排干土体中的水，使得土体的侧压力急剧增大，导致挡墙外鼓，坡面开裂变形。往路基坡体中打斜向渗水孔时有大量的水渗出即是明显的例证，如图 5.16 所示。

图 5.16　往浆砌护面的高填方补打泄水孔

5.2.2　高填方路基病害主要处治措施

由上述分析可知，高填方路基施工期间及通车后，可能会发生沉降过大、整体失稳和路面开裂等病害。产生这些病害的原因主要有：①地基处理不到位；②路基填筑质量差，这主要是层厚过厚，填料级配等原因所致；③防排水措施效果差；④工期紧，路基自然沉降期不足等。针对不同的病害类型与产生机理，对高填方路段的处治应采用不同的方式。

1）路面封闭防水

贵州一些高填方路段在通车不久后即发生路面开裂，发生路面开裂的因素是多方面的。若只是高填方路基的填方部分所致，地基本身是稳定的话，一般可采取对裂缝封闭防水处理，如图 5.17 所示，封闭材料一般采用高黏性的改性沥青，以防止路面结构层的水损坏和下渗到路基，加剧路基沉降。先对裂缝的发展情况进行观察，一般情况下经过数月后裂缝基本能稳定，不必动辄进行注浆处理。

2）注浆

贵州的一些高速公路在施工期间或通车不久就发生了路基路面整体沉陷或路面纵向开裂。通过压力作用，由注浆管将某些能固化的浆液均匀地注入岩土体内，以填充、渗透和挤密等方式排除填筑体颗粒间的水分和气体，并填充其位置，如图 5.18 所示。硬化后将岩土胶结成一个整体，形成一个强度高、压缩性低、抗渗性高和稳定性好的新土体，从而使地基得到加固，减少建筑物的附加沉降，使地基达到稳定。

高填方路基经注浆处理后，填筑土强度得到增强，一般可有效减少或防止裂缝和沉陷的进一步发展。但注浆的适用于透水性材料路基，因路基本身的沉降所致，对于地基引起的沉降或开裂一般无能为力，且深度不宜超过 15m，成本较高。

3）抗滑桩

抗滑桩适用于路基出现整体失稳的症状但未完全失稳的情况，如图 5.19 所示。抗滑桩的抗滑性能与锚固长度密切相关，因此对于一些深厚松散堆积体可能不太适用。另一方面，抗滑桩成本高，施工风险大、工期较长也是其弊端。

4）疏通防排水

一些高填方位于山坳里，汇水面积大，地表、地下防排水系统不完善，导致高填方出现较大的侧向土压力，从而引起路面开裂。对于此类情况应首先截排地表水，同时对高填方进行疏通排水。这种措施有时可以收到很好的效果，如图5.20所示。

图5.17　高填方路面封闭防水

图5.18　注浆处理高填方路基病害

图5.19　抗滑桩处理高填方路基病害

图5.20　疏通排水

5)强夯补压

挖除沉陷、开裂路段的路面结构层(面层和基层)和一定厚度的路基后，进行强夯，然后再重填路基与重铺路面结构层。该方法可消除和缓解路基中的缺陷，尤其适用于存在陷穴、空洞和填料含水率较低的路段。缺点是对周围路段产生一定的扰动，对含水率偏高的土质效果一般。该方法在我国西北黄土地区的高填方路基沉陷处理中应用较多。

5.3　高填方路基的稳定性

稳定是高填方路基填筑的前提。一旦高填方路基失稳将对整个公路造成极大的影响，不仅影响工期，增加造价，而且有可能造成人员的伤亡。因此，高填方在填筑前应确保整体稳定，对高填方进行合理的稳定分析。

5.3.1　高填方路基主要填料及其工程特性

根据填料的不同，高填方路堤又可分为土方路堤、土石混填路堤和石方路堤。填料性能对路堤的稳定性具有一定的影响。贵州省大部分面积是山区和丘陵，高填方路堤填料主要是土石混合料或填石等粗粒土。

1)粗粒土研究概况

填石路基中石料的分类与命名,由于各自的研究应用角度不同,侧重的工程特点不同,所以方法较多。这就需要有一个形式简单、使用方便且统一的工程分类方法来反映填石路基填料的基本工程特性,以确定不同种类填料条件下的填石路基施工工艺以及检测指标,来满足公路工程的要求。

填石路基的填料为较大粒径的石料,与普通填土路基的土料相比,其填料工程性质一般具有以下主要工程特点:

(1)颗粒间黏结力很小,甚至趋于零。

(2)填料中细颗粒的含量较小,空隙率较大。

(3)透水性好,具有较强的自由排水能力。

(4)填料在压实过程中会出现破碎现象。

(5)填料粒径较大,其强度主要以摩擦力为主,抗剪强度较高。

《公路土工试验规程》(JTG E40—2007)根据颗粒组成、塑性指数、有机质等指标分为巨粒组、粗粒组和细粒组。再根据土中各粒组的含量将土分为巨粒土、粗粒土、细粒土和特殊土。我国的巨粒土通常分为三种:

(1)当土中巨粒组含量超过总质量的50%,此时巨粒组在土中起骨架作用,决定土性状,称为巨粒土。其中当巨粒组质量多于75%时,它们在土中所占的体积超过2/3,形成的骨架对土的性状起决定作用,这类土称为漂(卵)石。当巨粒组质量为75%~50%时,巨粒起主要作用,但土料的影响不容忽视,此时称为漂(卵)石夹土。

(2)当土中巨粒组含量为总质量的15%~50%时,土占优势,这时巨粒部分起骨架作用,较细部分起充填作用,称为漂(卵)石质土。

(3)土中巨粒组含量少于总质量的15%时,巨粒体积不足试样总体积的10%,在土中零星分布,对土的性状没有明显影响,则应扣除巨粒后按粗粒土、细粒土相应规定分类。

《公路路基设计规范》(JTG D30—2015)、《公路路基施工技术规范》(JTG F10—2006)将粒径大于40mm且含量超过总质量70%的石料填筑的路堤称为填石路堤。填石路堤材料粗粒含量高,其压实特性、力学特性由填料中的粗粒部分决定。石料含量占总质量30%~70%的土石混合材料修筑的路堤称为土石路堤。土石路堤的填料主要来源于天然巨粒土,即其中粒径大于200mm的颗粒超过总质量50%的漂石土、块石土。当混合料中巨粒土含量多于70%时,其压实作业接近于填石路堤。当混合料中巨粒土含量低于50%时,其压实作业接近于填土路堤。

(1)粗粒土的分类

对于石料,从不同的角度可将其分为很多种类,例如按地质年代分类可分为第三纪砂卵石、砾石土等;按成因可分为冰积土石料、冲积土石料等;按颗粒形状可分为圆砾石、角砾石等;按新鲜、软硬程度可分为风化石渣料、坚硬堆石料等,由此可见,不同的分类所侧重的工程性质是不同的,以下主要就公路方面的分类现状做一概述。

①国内分类概况。

填石路基(包括土石混填路基)填料的分类都是在《公路土工试验规程》(JTG E40—2007)

粗粒土的基础上进行分类的，该规程先根据粒组的含量大小将填料划分成巨粒组、粗粒组和细粒组，再依据细粒含量（2～0.074mm）和类别以及级配情况（不均匀系数、曲率系数）继续加以细分。试样中巨粒组质量多于总质量的50%的土称为巨粒土；粗粒组多于总质量的50%的土称为粗粒土，其中砾类土与砂类土根据其中细粒含量和类别以及粗粒组的级配再继续进行分类。

巨粒土中的巨粒在土中起骨架作用，决定着土的主要性状，而当土中巨粒组质量多于试样总质量75%时，它们在土中所占体积已经超过2/3，对土的性状起主导作用，这类土称为纯巨粒土。当土中巨粒组质量为试样总质量50%～75%时，巨粒虽起主要作用，但是土料的影响也不可忽视，将其定名为漂（卵）石夹土。

②国外分类概况。

美国公路工作者协会主要是按承载力划分，其中粗粒料部分分为A1、A2、A3三类，见表5.2。

美国公路工作者协会粗粒土（粒状料）分类（AASHO） 表5.2

分类编号	小于某一粒径颗粒含量（%）			主要材料成分
	<2mm	<0.42mm	<0.075mm	
A1-a	≤50	≤30	≤15	块石、砾石、砂
A1-b	—	≤50	≤25	块石、砾石、砂
A2	—	—	≤35	粉黏质砂
A3	—	≤51	≤30	细砂

法国道路、堤坝压实规范中有关粗粒土的分类方法中，认为粒径小于0.08mm颗粒含量小于5%，且最大粒径大于250mm的填料为自由排水土和砾石。

澳大利亚道路研究局（ARRB）道路技术委员会根据粒料的最大尺寸等，把填石材料分为块石填方和不规则填方：

a. 块石最大尺寸≥1m，通过0.075mm筛的粒料含量小于10%时为块石填方。

b. 粒料最大尺寸为0.5m，通过0.075mm筛的粒料含量在10%～20%之间者为不规则填方。

日本道路公团对粗粒料的分类则是依据岩质的坚硬、风化程度来划分的，不会因施工时破碎碾压和气象条件等的变化产生细粒化的岩石，且最大粒径大，每层的厚度可达30cm以上的岩石为硬岩；由于施工时碾压而产生细粒化的岩石为中硬岩；由于气象条件的变化（干湿作用）而产生细粒化的岩石为脆弱岩。

③存在问题。

由以上概述可见，填石路基中的填料按照粒径及颗粒特征应属于纯巨粒土，而我国现行规程中粗粒土的分类多是限于最大粒径不超过60mm，粒径范围为0.075～60mm的材料，虽然将粒径大于60mm的材料命名为巨粒土，但其分类过于笼统，没有根据其最大粒径、粒径组成、细粒含量等指标再继续细分、命名。而当前实际工程中的路基填料如碎石、石渣、土夹石等，其粒径远远大于60mm，且颗粒含量较大。所以说，目前的分类标准不能为实际工程需要提供合理、有效地技术指导。

此外，目前对于路基填料的分类主要是按照粒径与颗粒特征来划分的。但是，填料的工程性质除与粒径特征有关外，还与其岩性、强度、抗风化程度以及吸水性有关。若填料的岩性、强度、风化程度等不同，即使是石料的粒径相同，其在路基施工中的工程性质也将会有很大差异。而现场同一标段上，相同粒径大小的石料却存在着不同岩性与风化程度的现象。有的石料强度较大，达到 30MPa 以上；而有的石料强度较低，小于 15MPa，遇水崩解。如若在施工过程中对这些填料不加以分别对待，采取相同的压实工艺和检测方法，将会导致路基中发生不均匀变形，影响公路的长期稳定性。

(2)石料的分类方法

本书在现行《公路土工试验规程》(JTG E40—2007)巨粒土粒径分类的基础上，主要考虑石料的岩性、强度以及风化程度等这些工程特性的影响因素来进行分类。

①影响石料工程性质的因素。

a. 石料的强度。

强度较大的玄武岩、花岗岩、石灰岩等岩性的石料破碎率较低，而且对含水率的影响作用不敏感，同时压实过程中压实功能的效果较好。

b. 石料的风化程度。

石料的风化程度对填石路基的稳定性至关重要，抗风化强度较强的石料在压实效果较佳的条件下，具有足够的承载能力，能够较好地保证路基的长期稳定性；而强风化的石料，在公路运营阶段则有可能由于自然环境等因素的影响而导致石料发生较大的破碎或崩解，从而导致路基发生较大的沉降变形，使路面发生破坏。

c. 石料的吸水性。

一般来说，石料的吸水性越强，其抗风化能力也就越差，填石路基的水稳性也就越差，路基遇水膨胀开裂的可能性越大，所以应严禁将膨胀性岩石填料用于路基填筑。

②分类方法。

首先当填方路基的填料中粒径大于 60mm 的颗粒含量大于 50%，粒径小于 0.074mm 的颗粒含量小于 10%时，将其称为填石路基，然后再依据石料的岩性，主要按照填料的强度，同时结合其风化程度，将其细分为坚硬类石料、次坚硬类石料、软质岩类石料和极软类石料，具体分类见表 5.3，与此填料相对应的填石路基也分为坚硬类岩石填石路基、次坚硬类岩石填石路基和软质岩类填石路基，而对于极软质类石料，严禁将其填入路基。

填石路基的石料分类 表 5.3

石料分类	单轴饱水抗压强度(MPa)	主要岩性	风化程度
坚硬类	＞60	花岗岩、玄武岩、石英砂岩、硅质石灰岩	抗风化能力强
次坚硬类	30～60	熔结凝灰岩、石灰岩、钙质胶结的砂岩	抗风化能力中等
软质类	15～30	泥质砂岩、粉砂岩、砂质泥岩、泥灰岩	弱风化
极软质类	＜15		易风化

(3)填石材料的级配

填石材料粒径比一般土颗粒粒径大很多，最大可达到 600mm。填石材料在岩性组成、强度等级、破碎率、棱角性、粒度组成等方面变异性大，在路基和路面的重力及行车荷载作用下，加上自然环境等因素的影响，使填石路堤的石料有可能被压碎、重新排列、挤密，从而产生沉降、收缩等变形，也可能造成局部大面积的滑坍。填石材料级配是表征填石材料粒度组成特征的重要参数。填石材料的级配对其最大干密度和压实后的力学特性都有很大的影响。对于公路路堤而言，由于路线长、料场多，一般无法按事先设计好的级配曲线来供应材料，只能根据实际挖方材料进行施工。因此，填石材料级配的好坏主要取决于爆破施工方法和岩体本身的结构以及裂隙的发育程度，同时受压实过程的破碎作用影响。

公路工程中对粗粒土采用通过率为60%、30%和10%时的粒径 d_{60}、d_{30}、d_{10} 及最大粒径 d_{max}、不均匀系数 C_u 和曲率系数 C_c 等指标描述其性质，而对填石类巨粒土则缺乏定量描述的指标。在堆石坝工程中除了采用上述粗粒土的指标外，还采用直径为5mm以上的颗粒含量 P_5、小于0.1m的颗粒含量 $P_{0.1}$ 等指标描述其性质。

一般而言，钻孔爆破的细粒含量较多，不均匀系数较大，级配较好。从石料的级配曲线上看，其级配基本上是呈连续分布。当不均匀系数 $C_u<5$ 时，为不良级配；当不均匀系数 $C_u>15$ 时，为良好级配。堆石坝工程中要求石料级配中小于5mm粒径的颗粒含量宜保持在10%～15%左右，最低不能小于5%，相应的不均匀系数 C_u 应大于15。

参考水利工程和公路粗粒土的实践，在填石路堤工程中采用级配曲线及其特征粒径和级配参数来表示填石材料颗粒级配，其级配具有两个明显的特点：一是在受力条件下，其级配是变化的；二是级配变异性较大。

为了满足填石路堤需要的强度和抵抗变形的能力，路堤填石材料需要经过碾压。岩石软弱结构面以及不规则大颗粒在压实功能的作用下以及填石材料自重作用下会发生破碎，从而改变填石材料的级配。填石材料的这种破碎过程在振动压路机压实作用下和高填石路堤中表现得更加突出。此外，填石材料的破碎作用还受颗粒本身大小、矿物成分、地下水和地表水等环境因素的影响。对于软岩材料，严重的颗粒破碎将导致压实后的实际级配与原始级配的巨大差异，甚至有可能使原来的填石材料变成性质迥异的另一种材料。填石材料的破碎与所承受的应力有关，破碎对填石材料的强度和变形将产生影响。

另一方面，对于公路路堤而言，填石材料来源于沿线路堑（或边坡）开挖的石料以及隧道开挖产生的石质弃渣利用。由于路线长、地形地质复杂、岩体结构不同以及隧道和路堑本身施工方法的限制等，使得路堤填石材料的级配变异性很大。这样会导致用级配描述路堤填石材料的组成变得困难。填石材料的级配特性对其最大干密度和压实后的力学特性都有影响。现场压实试验和室内模拟表明：即使填石材料级配范围波动较大，仍能达到较高的密实程度和力学指标。

填石材料由于粒径不同、种类不同、数量不同的碎石块体而具有典型的非均质、非连续性，在力学性质上表现为强烈的各向异性。

实际工程中，岩土体的非均匀性不仅仅表现为物质成分分布的非均匀性，更主要表现为岩土体结构的非均匀性。填石料可以认为是复合型结构体，它可以包含强度相对较低的黏土或砂土充填物以及强度相对较高的岩石块体。不同类型材料的混合决定了其物质组成上的非均质性。同时，所含的碎石块体具有各种各样的空间结构和方向，尺寸也相差很大，决定了它结构上的非均质性。

在路堤填石材料中，由于包含硬度大小不同的两种或多种物质，使其在受力变形时，应力和位移表现为不连续。这时，填石材料的不连续主要体现在两种不同物质的交界面上，岩石块体和土体单元之间可以拉裂和滑移。

正是由于填石材料组成物质上的非均匀性、结构的非均匀性，从而使其物理力学性质表现为明显的非均匀性、各向异性、不连续性以及应力重分布的复杂性。

(4)填石材料的压实特性

填石材料最大干密度可以采用重型击实试验、振动成型试验等方法确定。但由于填石材料颗粒尺寸大，对于同一种填石料，由于级配不同(最大粒径及不均匀系数不同)，不同的试验方法甚至相同的试验方法，其最大干密度也有所差异。在填石路堤施工中，室内试验确定的最大干密度指标只能作为一个参考控制指标，其最大干密度指标还应根据现场碾压试验进行修正。

填石材料颗粒间摩擦力和咬合力，在静力作用下难以克服。但振动力作用下，颗粒处于运动状态，粒间摩擦力减小。同时通过振碾的自重和激振力，或者利用冲击压实技术的冲击力，在填石中产生位移和剪应力，并以压力波形式向填石体内部传播，使填石体产生位移，进而被压实。表层填石在碾压轮和冲击力作用下，内部在相互碰撞之下进一步破碎填充空隙使填石料进一步得到密实。填石的压实是通过静、动外力克服颗粒间摩擦力和咬合力后颗粒间相互密集的过程，并同时伴有不同程度的颗粒破碎和级配的变化。填石路堤压实效果受到填石岩块质量、颗粒形状、硬度、岩块、级配、施工工艺参数等因素影响。其压实密度表现出随深度增加而逐渐减小的规律。路堤压实效果是影响路堤强度、工后变形和长期稳定性的重要因素。

从理论上讲，振动压路机—填石路堤是一个具有无限自由度的分布参数系统。然而，在一定的频率范围内，它的阻抗特性与一个多自由度系统的阻抗特性完全相似。这样，就可以建立一个简单的数学模型来描述复杂的振动压路机——路堤系统的动力学特性。采用质量-刚度-阻尼来描述填石材料参数，采用刚度和阻尼来描述减振器特性，并假定：

①系统简化成平面振动模型。

②填石材料是具有一定刚度的弹性体。

③忽略发动机工作所引起的振动。

④振动压路机在工作过程中分成不起跳和起跳两个阶段。

振动压路机在进行碾压时，对填石材料施加的是一个动态作用力，其大小不仅与振动轮的振幅、频率、静重、激振力等机械参数有关，而且与填石材料的刚度、阻尼等物理特性有关。振动轮对填石材料作用力用 F_s 表示

$$F_s = [(K_2 x_2)^2 + (C_2 \dot{x}_2)^2]^{\frac{1}{2}} \tag{5.1}$$

式中：K_2——填石材料的刚度；

C_2——填石材料的阻尼[N/(m/s)]；

x_2——振动轮的瞬时振幅(m)。

有些振动压路机的激振力很大，但并没有完全作用在填石材料层上。只有对填石材料作用力较大的振动压路机，才能获得较好的压实效果。用 R_T 表示激振力对填石材料作用力的有效率，则

$$R_T = \frac{F_s}{F_0} \tag{5.2}$$

式中：F_0——激振力(N)。

可以看出，压路机机的压实效果不仅与机械本身参数有关，还与被压实土的物理特性有关。另一方面，振动碾压过程中，振动轮下面填石材料颗粒也随着振动，其振动惯性力 I 为

$$I = - m_k e\cos(\omega t + \beta) \tag{5.3}$$

式中：ω——激振频率(Hz)；

m_k——颗粒质量(kg)；

t——振动时间(s)；

β——相位角；

e——振动强度。

振动强度按下式计算

$$e = a\omega^2 \tag{5.4}$$

式中：a——振幅(m)。

当振动强度 e 较小，或颗粒质量 m_k 较小时，颗粒的惯性力 I 也较小，颗粒将在自己原来的位置振动。当振动强度 e 较大，或颗粒质量 m_k 较大时，颗粒的惯性力 I 足够大，可以克服周围其他颗粒摩阻力的作用，使颗粒偏离自己原来的位置。对于相邻颗粒粒径不同，质量 m_k 也就不同，当振动强度 e 相同时，惯性力 I 却不同。这种差别会使颗粒质点间的距离发生微小的变化，对颗粒间的微细咬合作用产生很大的衰减，即内摩擦力减小。

只有当填石体中产生的剪切力 τ 大于填石材料的抗剪强度 τ_f 时，才能使填石颗粒重新排列，压实变密，即

$$\tau > \tau_f \tag{5.5}$$

(5)填石材料的强度特性

填石材料属于散体结构的介质，很少承受拉应力，失稳形态一般是一部分颗粒相对于另一部分颗粒沿某一分界面产生滑移，即剪切破坏。因此，常用抗剪强度表示其强度特征特性。

具有单粒结构的填石材料，黏聚力很小，抗剪强度主要来源于颗粒间的摩阻力。摩擦力是由颗粒的滑动摩擦、咬合摩擦、颗粒破碎效应和重新排列效应所组成，可由内摩擦角来体现。滑动摩擦是由于颗粒表面粗糙不平、在细微处形成咬合而产生的，基本沿接触面的平面产生，剪切作用时不产生体积胀缩，相应摩擦角可用 φ_u 表示。颗粒间距离的微弱增长，会使微细咬合作用产生很大的衰减。

当填石材料颗粒较大时，颗粒之间存在相互嵌挤咬合。受剪破坏过程中，这种咬合作用阻碍了颗粒之间的相对移动，移动时会产生体积胀缩即剪胀现象，相应摩擦角可用 φ_1 表示。颗粒之间的嵌挤咬合对填石材料的整体抗剪性能产生影响。

围压是影响抗剪强度的重要因素。从本质上理解，剪胀与颗粒破碎对抗剪强度的影响主要是通过围压的变化得到反应。

在高应力条件下，由于颗粒破碎而重新排列，即颗粒级配和结构密度发生变化，使得强度包线呈曲线形式，强度增量减小，呈较为明显的非线性性质。主要是内摩擦角 φ 表现出与围压 σ_3 大小有关，σ_3 越大，摩擦角 φ 越小。填石材料的这种非线性性质可由 Duncan 公式表示。

坚质、浑圆、级配良好的填石材料，具有很强的抵抗颗粒挤碎的能力，在较人的围压条件下，强度包线近似为直线。尖角状的填石材料其强度包线较快地出现弯曲强烈的咬合、较高的密度、较低的围压力，将导致强烈的剪胀，相应的抗剪强度增量会迅速增大。反之，将导致剪

缩,相应的强度增量变小。当粗粒含量达60%～70%时,粗、细料形成最佳组合,各部分强度得到充分发挥,抗剪强度为最大。填石料强度的线性表达式用于路堤稳定分析时,其适用范围一般为低应力水平。但具体的适用应力范围,则取决于填石材料的岩性、颗粒形状、级配和密度等。对于坚硬、浑圆且级配优良的砂卵石,其颗粒在大的应力下仍不会破碎。因此,其强度包线在较高的应力水平下仍可保持近似直线关系。而对于棱角尖锐的填石材料来说,由于颗粒破碎的影响,其强度包线在对较小的应力下即发生了弯曲,因而呈现出非线性的特征。试验结果表明,较硬的填石材料破碎压力约为0.8MPa,而填石的强度包线由线性转为非线性的分界应也约为0.85MPa。

(6)填石材料的变形特性

根据砂、砾石和软岩三轴试验测试结果,上述材料在轴向应变小于10^{-5}量级时均具有线弹性性质,此时静力和动力荷载下的变形参数是一致的。因此可以认为填石材料在微小应变(小于10^{-5}量级)时呈线弹性性质。

其变形特性受孔隙比、围压、应力路径与应力历史多因素的制约。其应力应变关系分为应变硬化型和应变软化型,围压和密度是重要的影响因素,应力路径与应力历史的影响较强。试验表明:应力路径相差较大时,应力应变关系、塑性应变及塑性应变增量方向也相差较大,在建立弹塑性本构模型时,应考虑洛德角及应力历史的影响。棱角状颗粒易于破碎,从而产生剪缩,应力应变曲线多是应变硬化型;而圆粒状颗粒具有较高的破碎压力,剪缩性小,强度不能持续增长,因而出现明显的峰值强度。

填石材料压缩性能主要取决于颗粒的重新排列,并且受到压力、密度、颗粒物理性状、破碎率、尺寸效应、级配等诸多因素的制约。各向同性加载时,压缩体积模量随着压力的大小而变化,由于颗粒的破碎和调整,不具有明显的线弹性关系。从简化问题的角度出发,当体积变形较小时,通常近似作增量弹性处理。各向同性卸载时,颗粒经过高压力的作用而挤压破碎,重新排列后达到相对稳定的状态,所以体积变形比较小,接近弹性变形。填石材料在浸水饱和过程中,由于浸水促进了颗粒间位移的发展,使其进入另一个结构更为稳定的平衡状态。压实后湿化变形与其所含矿物成分有关,而且随着围压的增大,湿化变形加大。另外,如果颗粒接触点的应力很大,还会表现出明显的随时间发展的流变变形。

填石材料的压缩性与级配有着较大的关系,不同级配的填石材料,其压缩性不同,但如果级配相似,即使是颗粒的最大粒径不同,其压缩性仍可能表现出相近的特性。碾压的填石材料具有明显的先期固结性质,由于填石材料在填筑过程中采用了重型振动碾压实,使填石材料达到较高的密度,因此,其压缩试验曲线具有类似超固结黏土的先期压缩性,此先期固结压力可采用卡萨格兰德方法(A. Casagrade)确定。

同时,填石材料的强度和变形受填石材料自身的性质、压实功能(围压)等多种因素的影响。在低应力条件下,填石材料的强度符合摩尔-库仑定律。在高应力条件下,填石材料的强度则表现出明显的非线性性质和随时间发展而发展的蠕变特性。

2)粗粒土填料的物理特性

路基填料的工程特性对于路基的稳定性分析、工后沉降与路基强度等具有重要影响。贵州高速公路的高填方路基填料多来自于边坡开挖、隧道弃渣,以板岩风化碎石土和灰岩填石料为代表。

(1)填料的级配组成

图 5.21 为水都高速沿线板岩风化碎石土的筛分曲线，其不均匀系数 C_u=17.15，曲率系数 C_c=2.42，级配良好，粒径 2～20mm 的颗粒占大部分。

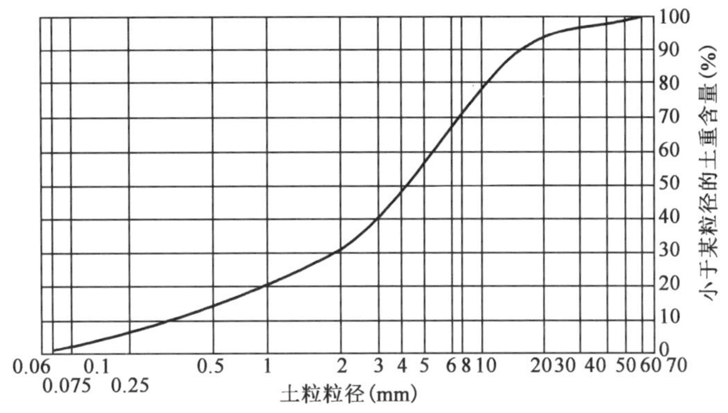

图 5.21　板岩风化碎石土级配曲线

图 5.22 为灰岩填料的筛分曲线，其不均匀系数 C_u=16.4，曲率系数 C_c=2.12，级配良好，粒径 50～120mm 的颗粒占大部分，颗粒明显较碎石土粗。

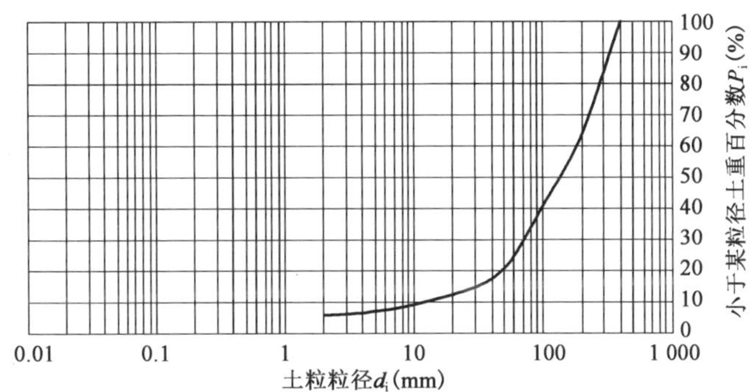

图 5.22　灰岩填石料级配曲线

(2)填料的抗压强度

①风化板岩。

风化板岩填料的抗压强度如表 5.4 所示。从试验结果看，风化板岩填料强度差别明显，有极软、软质和次坚硬等级别。

风化板岩的石料分类与抗压强度　　表 5.4

试样编号	单轴保水抗压强度(MPa)	岩石名称	软化系数
1	7.2	泥质板岩	0.70
2	25.7	砂质板岩	0.78
3	30.4	砂质板岩	0.84
4	40.4	砂质板岩	0.85

②灰岩。

灰岩的抗压强度如表 5.5 所示，填料强度较高，多为次坚硬类，风化程度分别为弱风化和中等风化。

灰岩填料的抗压强度 表 5.5

试样编号	单轴保水抗压强度(MPa)	岩石名称	试样编号	单轴保水抗压强度(MPa)	岩石名称
1	19.3	灰岩	3	42.2	灰岩
2	32.1	灰岩	4	53.0	灰岩

③风化碎石土的击实试验。

风化碎石土的最大干密度为 1.81g/cm^3,最佳含水率为 13.8%。

④承载比 CBR。

风化碎石土的承载比 CBR 试验结果如表 5.6 所示。填料的 CBR 值受压实度的影响很大,当压实度为 93%时,CBR 值在 10 左右,当压实度提高到 96%时,CBR 达 50,因此对风化碎石土而言,做好碾压能大幅提高路基的强度。

风化碎石土的承载比 CBR 表 5.6

含水率(%)	重　型	湿密度(g/cm^3)		干密度(g/cm^3)		压实度(%)	CBR(%)	线膨胀率(%)
	层数×击数	泡水前	泡水后	泡水前	泡水后			
12.7	3×30	1.888	2.032	1.676	1.666	92.7	8.9	0.6
13.4	3×50	1.968	2.071	1.735	1.718	95.9	49.9	1.0
13.8	3×98	2.041	2.118	1.801	1.773	99.6	69.6	1.2

⑤液塑限。

风化碎石土筛分后的土液限 $w_L=39.7$,塑限 $w_P=26.0$,塑性指数 $I_P=13.7$。

⑥颗粒相对密度。

风化碎石土颗粒的相对密度 $G=2.721$。

3)大型三轴剪切试验

大型三轴试验能很好反映粗颗粒填料的力学特性,尤其对高填方而言,填料泡水后在高应力水平下的力学特性是建设者们需要关心的课题。针对现场填料中有易风化填料,为分析其强度是否满足高填方路基填料要求,对干密度分别为 1.75g/cm^3 和 1.8g/cm^3 的填料进行了两组大型三轴剪切试验。

三轴试验所用仪器为 SJ-70 大型高压三轴仪,如图 5.23 所示,其轴向最大出力 250t,最大围压 7MPa,试样直径 300mm,试样高度 700mm。

试验得到主应力差($\sigma_1-\sigma_3$)与轴向应变 ε_1 的关系曲线如图 5.24 所示,从图中可以看出,应力应变关系曲线的形态取决于侧压力的大小。侧压力越大,对剪切破坏中颗粒移动的阻力越大,在相同应变的情况下,应力值亦越大。材料强度包线表现出非线性特征,为了准确的表达堆石在不同应力条件下的有效内摩擦角 φ',采用如下表达式

$$\varphi'=\varphi_0-\Delta\varphi\lg\left(\frac{\sigma_3}{P_a}\right) \tag{5.6}$$

式中:φ_0——围压力为一个大气压时的内摩擦角(°);

$\Delta\varphi$——试验值(°);

σ_3——周围压力(MPa)；

P_a——标准大气压(MPa)。

图 5.23　室内大型三轴剪切试验

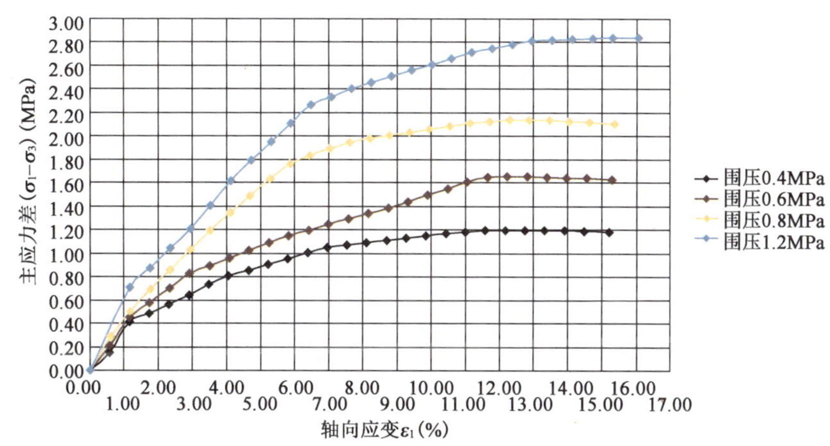

图 5.24　主应力差($\sigma_1-\sigma_3$)与轴向应变 ε_1 关系曲线

图 5.25 是试样在不同围压下的摩尔圆和抗剪强度包线。图示强度包线为曲线，显示出风化碎石土随着围压的增大，内摩擦角减小。

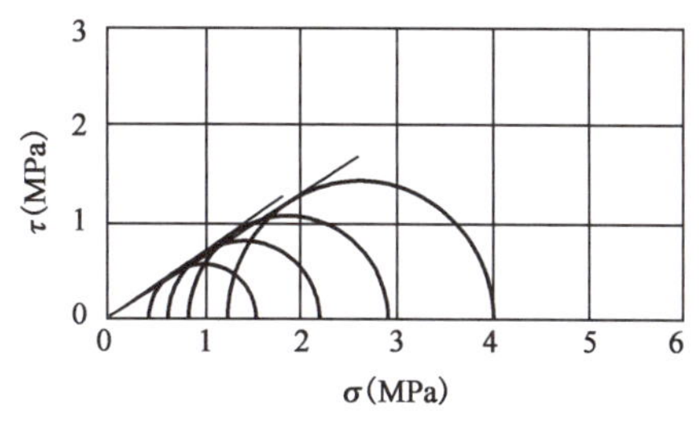

图 5.25　摩尔强度包线

国内外大量的试验证明，粗颗粒土的抗剪强度随着应力水平的提高，其内摩擦角降低，即强度参数逐渐降低，表现出明显的非线性特性。并指出，其抗剪强度参数之所以降低，主要是因为颗粒破碎后细粒含量增加所致。

试验得到破坏应力结果如表 5.7 所示。

不同围压下的破坏应力试验结果　　表 5.7

围压(MPa)	0.4	0.6	0.8	1.2
破坏应力(MPa)	1.197	1.653	2.14	2.838

由公式(5.7)得

$$\varphi = \sin^{-1}\left(\frac{\sigma_1 - \sigma_3}{\sigma_1 + \sigma_3}\right) \tag{5.7}$$

计算试样非线性强度指标 φ 分别为:36.8°,35.4°,34.9°,32.8°。

则:φ_0=41.8°,$\Delta\varphi$=8.1°。

求得线性强度指标:c=0.119,φ=30.5°。

可以看出,材料的抗剪强度参数 φ 随围压增加,逐渐降低。

试验材料为无黏性土,试验结果表明,在较大的应力范围内,无黏性土的强度与法向应力的比例关系并不是一个常数,是随着围压增大而有所降低的。材料的抗剪强度参数 φ 随围压增加而降低,可用 Duncan 等提出的非线性强度参数关系表示,如式(5.8)和式(5.9)所示。

$$\varphi = \varphi_0 - \Delta\varphi \lg\left(\frac{\sigma_3}{P_a}\right) \tag{5.8}$$

$$\tau = \sigma \tan\varphi \tag{5.9}$$

5.3.2 高填方路基稳定性计算与影响因素

边坡稳定性分析是土力学中的经典问题之一。边坡稳定性的分析方法有多种,包括极限平衡法、极限分析法、数值分析法、过渡类型法等确定性方法和在概率基础上发展起来的各种模糊随机分析等非确定性方法。

高填方路基填方高、荷载大、地形地貌复杂、填料多变、汇水面积大和地质状况变异等因素使得其稳定性计算相对较复杂,一旦路基失稳对工程的影响巨大。高填方路基的稳定性计算主要面临如下问题:

1)地质状况与地层参数不明确

根据前面对国内高填方失稳案例的调查发现,大多数高填方的失稳与地质状况相关。由于勘察工作深度不够,一些软弱夹层尤其是斜坡上的深厚软弱夹层未被查明,边坡按一般坡率进行设计,易产生路基的整体侧向位移。

2)填料复杂,计算参数不易确定

现有的稳定性计算方法基于均质填料假定,实际高填方填料复杂多变,对于成层路基的边坡稳定国内外虽有研究,但总体上欠成熟。另一方面,设计阶段很难确定何层路基用什么填料,填料多是与隧道开挖、挖方边坡施工相关。由于高填方路基以填石和碎石土等粗粒料为主,这些材料的计算参数需用大型直剪或三轴试验确定,而国内这些仪器尚不普及,设计人员多参考相关资料确定计算参数。另外,对于填挖交界处的摩擦系数的确定也较困难。因此设计阶段的稳定计算参数难免有纸上谈兵之感。因此,我国路基设计规范要求对高填方进行动态设计。

3)计算边界条件复杂

实际工程中高填方可能呈现“S”形、“V”形、、“锅”形和梯形等多种形式。边坡的稳定计算是基于平面应变假设,即选择一个横断面进行计算,与实际情况有较大出入,许多计算安全系数不够的边坡实际上是稳定的,尤其是对“V”形、锅形高填方,侧向约束强,存在三维空间效应。

4)渗水的影响

高填方汇水面积大,除本身的降水面积,周边山体的地表降水均可能渗入高填方,从而导致土体力学性能的改变,对于一些通过挡墙收坡和浆砌片石护坡的高填方,由于挡墙背或坡面渗水不畅可能产生附加的水压力,从而降低高填方的稳定性,如图5.26所示。但对如何考虑渗压对稳定性的影响需通过现场实测得到,而目前很少有高填方进行这样的监测,往往等到出现了问题才去分析原因。

图5.26　高填方坡面防护

上述因素使得高填方的稳定性计算具有较高的不确定性,既可能偏于保守,也可能因计算参数不全导致事故。由于高填方的失稳对工程影响很大,因此确保其稳定成为人们关注的焦点。

5.3.3　基于极限平衡有限元法的高填方路基稳定性分析

1)水都高速公路粗粒料高填方路基稳定性分析

(1)计算方法与材料参数

分别选用水都高速公路BT4标段、BT14标段和BT22标段高填方路基典型断面作为高填方路堤稳定性分析研究对象。各标段高填方路基典型断面的计算参数如表5.8所示,其中BT4标采用前述的大型三轴试验结果;BT14标段和BT22标段的路基填料为灰岩填石路堤,其计算参数参考相关资料确定。

材料参数　　表5.8

标　段	路堤参数			地基参数		
	重度 γ(kN/m^3)	黏聚力(kPa)	内摩擦角(°)	重度 γ(kN/m^3)	黏聚力(kPa)	内摩擦角(°)
BT4	20	0.119	30.5	26	0	35
BT14	23	0	35	26	0	38
BT22	23	0	41	26	0	43

采用GEO-SLOPE软件中的SLOPE/W模块进行分析计算,稳定分析方法采用摩根斯坦—普拉斯(Morgenstern-Price,M-P)法,分别对不同高填方不同典型断面进行稳定性分析,并分析不同因素对高填方路基稳定性的影响。

(2)计算结果分析

图 5.27 为水都高速 BT4 标段典型断面计算模型与结果。其他断面的类似图限于篇幅未示出。

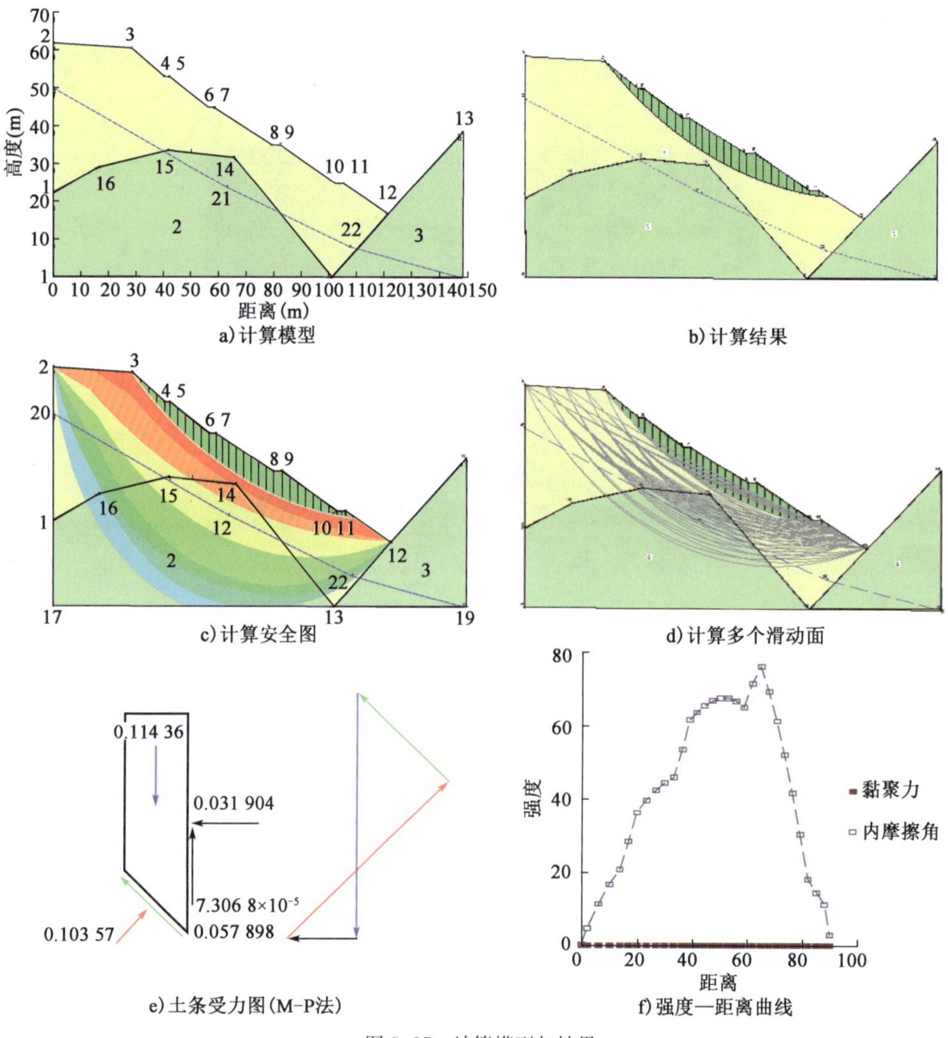

图 5.27 计算模型与结果

①不同计算方法对稳定计算结果的影响。

为了分析不同计算方法对高填方稳定计算结果的影响,分别采用常用的计算方法对各试验段边坡的多个桩号断面的稳定性进行了分析,各高填方的最小安全系数如表 5.9 所示。由表 5.9 中结果可以得出,不同的极限平衡条分法得到的最小安全系数差别很小,不超过 1%。其中,Bishop 法计算最小安全系数最大,M-P 法计算值居中,Ordinary 法与 Janbu 法计算值最小。

②地形地貌的影响。

同一高填方对不同的断面进行稳定计算,其计算结果如表 5.10 所示。从表中可见,同一高填方不同断面的安全系数差别明显,这主要是与地形地貌(计算的边界条件)有关,有些断面高填方的坡脚受到一定的支挡。

不同方法计算的最小安全系数　　表5.9

计算断面＼分析方法	Ordinary法	Bishop法	Janbu法	M—P法
BT4标段 YK123+960m	1.314	1.316	1.314	1.316
BT14标段 BK0+305m	1.485	1.488	1.485	1.487
BT22标段 K202+280m	1.827	1.832	1.827	1.830

采用M-P法计算的试验段高填方各断面的安全系数　　表5.10

断　面	考虑孔隙水压	安全系数
BT4标段		
YK123+910	×	1.373
YK123+920	√	1.321
YK123+940	√	1.316
YK123+960	√	1.316
YK123+970	√	1.318
YK123+980	√	1.378
YK124+020	√	1.325
YK124+040	√	1.392
BT14标段		
BK0+043	×	1.467
BK0+076	√	1.464
BK0+203	√	1.291
BK0+233	√	1.535
BK0+273	√	1.502
BK0+305	√	1.487
BK0+325	√	1.521
BT22标段		
K202+160	√	1.519
K202+180	√	1.449
K202+200	√	1.680
K202+220	√	1.667
K202+260	√	1.752
K202+280	√	1.830
K202+300	√	1.853
K202+320	√	1.803

③路基材料强度对稳定性的影响。

以 BT4 标段高填方 YK123＋960 断面为算例，不同填料强度的 c、φ 值时的安全系数如表 5.11 所示。

BT4 标段 YK123＋960m 高填方稳定性安全系数 表 5.11

项目	方案 1	方案 2	方案 3	方案 4	方案 5	方案 6	方案 7
c(kPa)	0.119	0	0	0	0	0	0
φ(°)	30.5	30.5	35	38	40	43	28
安全系数	1.316	1.290	1.584	1.726	1.854	2.060	1.174

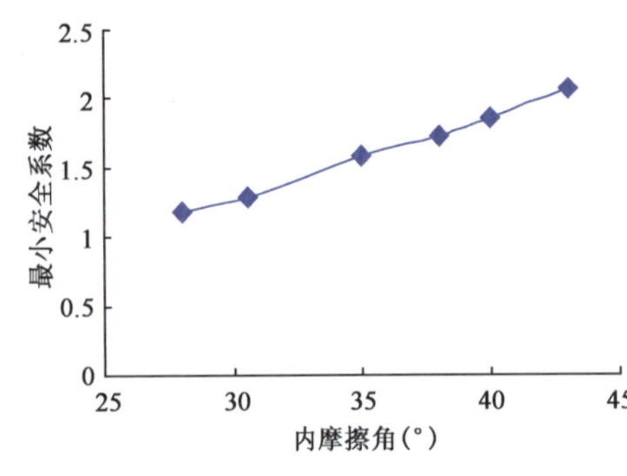

图 5.28 最小安全系数-内摩擦角关系

内摩擦角与安全系数的关系如图 5.28 所示。从图中可以看出，在黏聚力不变的情况下，高填方路基的安全系数基本与抗剪强度（内摩擦角 φ）成正比。

④风化板岩碎石土路基的安全临界高度。

在地质状况良好的情况下，粗颗粒高填方的稳定性主要取决于路基填料的抗剪强度（内摩擦角 φ）。对于风化板岩碎石土，其抗剪强度随着应力水平的增加而降低。为此计算不同坡率下风化碎石土路基的安全临界填筑高度具有现实意义。具体思路如下：

a. 取高填方的稳定系数 1.25；

b. 假定路基为同一坡率；

c. 对于碎石土路基，不考虑地基的情况下，边坡失稳的破裂面形状按直线形考虑；

d. 计算得到不同坡率时路基填料需具有的抗剪强度（内摩擦角 φ）；

e. 根据以下公式确定路基填料的围压 σ_3；

$$\varphi = \varphi_0 - \Delta\varphi \lg\left(\frac{\sigma_3}{P_a}\right)$$

f. 根据静止土压力系数 K_0 计算得到主压力系数 σ_1；

g. 根据 σ_1 确定路基高度，如表 5.12 所示。

风化板岩碎石土填料的安全临界填筑高度 表 5.12

坡率	1∶1.5	1∶1.75	1∶2
临界高度	25	90	—

这里须特别指出的是，由于计算时假定路基不同位置的填料的抗剪强度均按最大应力水平时考虑，因此表 5.12 中所得结果实际上是偏于安全的。

⑤高填方浸水压力线的影响。

当压力线在滑动面以下时，最小安全系数并没有改变；当超过滑动面时，最小安全系数变化较大。水都路高填方基本采用粗粒料填筑，因此，其浸润线多在滑动面以下，浸水对路基稳定性的影响可不考虑，但浸水对填料的抗剪强度将会产生较大的下降，从而影响其稳定性。在实际工程中，由于坡面防护和设置挡墙收坡等，虽在坡面或挡墙上设置有泄水孔，但当雨量较大、泄水不畅时，其水压对高填方的影响不可忽视。

⑥地基的影响分析。

基岩上高路堤失稳表现为直线-圆弧组合滑动，滑动面为坡面圆、路堤与基岩交界面的组合滑面；硬质斜坡地基上高路堤斜坡稳定性随原地基坡度增大而逐渐减小。

地基软弱层的存在是影响斜坡地基上高路堤斜坡稳定性的重要因素，含软弱夹层的高填方，其滑动面主要沿着软弱夹层，计算稳定性时以软弱地层的抗滑能力为主。

2）准兴高速细粒土高填方路基稳定性分析

分别选用准兴高速公路细粒土高填方路基典型断面作为高填方路堤稳定性分析研究对象。高填方路基典型断面的计算参数如表 5.13 所示。

岩土力学参数取值　　表 5.13

参数 岩土体	天然状态			饱水状态		
	γ(kN/m³)	c(kPa)	φ(°)	γ(kN/m³)	c(kPa)	φ(°)
填土体	19.8	30	28.7	21.5	22	21.5
粉质黏土	18.2	20.3	20.5	18.7	15.4	18
基岩	24.7	380	35	24.9	300	20

安全稳定系数分两种情况计算：①坡脚最大充水高度 0m；②坡脚最大浸水高度 5m。结合各剖面的地质条件，通过对各剖面高填方路基稳定性极限平衡法计算，得出最危险滑面的安全系数及滑面形式。以简化 Bishop 法和 Morgenstern-Price 法求得的安全系数为主要参照依据。

计算模型为真实情况的简化，所采用的计算模型为二维的平面应变模型。

采用 Slide5.0 边坡稳定性分析软件进行分析计算。Slide5.0 边坡稳定性分析软件是一个适用于土质边坡和岩质边坡稳定性的分析软件，由加拿大 ROCSCIENCE 公司开发。它具备一系列全面广泛的分析特性，包括支撑设计、完整的地下水（渗流）有限元分析及极限平衡分析。在对准兴重载高速公路高填方稳定性分析中，选用其极限平衡分析模块，计算高填方路基安全系数值。

以 A12 标 K89＋798 段为例计算高填方安全系数，如图 5.29 所示。

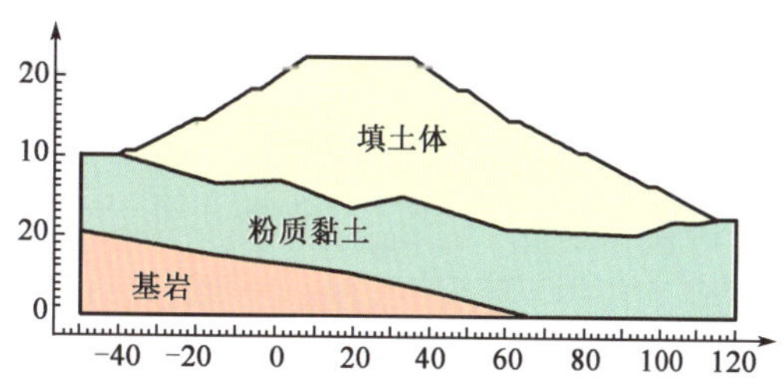

图 5.29　A12 标 K89＋798 路段高填方路基计算剖面图

结合各剖面的地质条件，通过对各剖面高填方路基稳定性极限平衡法计算，得出最危险滑面的安全系数及滑面形式。以简化 Bishop 法和 Morgenstern-Price 法求得的安全系数为主要参照依据，最危险滑面的安全系数见表 5.14，各滑面形式见图 5.30 和图 5.31。

典型剖面在不同情况下的安全系数　　表 5.14

剖面及其滑面号	计算方法	天然条件（坡脚充水 0m）	坡脚充水 5m
K89＋798 剖面右幅最危险滑面	Bishop	1.223	1.197
	Morgenstern-Price	1.221	1.193

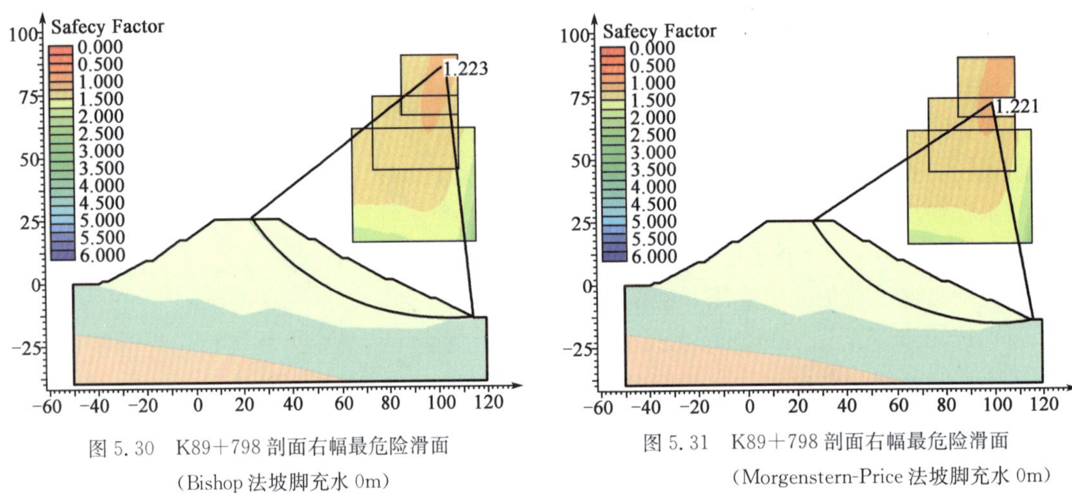

图 5.30 K89+798 剖面右幅最危险滑面（Bishop 法坡脚充水 0m）

图 5.31 K89+798 剖面右幅最危险滑面（Morgenstern-Price 法坡脚充水 0m）

根据上述方法计算得各段高填方安全系数，如表 5.15 所示。

各段高填方不同情况下的安全系数　　表 5.15

标　段	剖面及其滑面号	计 算 方 法	坡脚浸水 0m	坡脚浸水 5m
A3-1	K13+300 右幅	Bishop	1.417	1.382
		Morgenstern-Price	1.416	1.379
A3-2	K18+595 右幅	Bishop	1.412	1.379
		Morgenstern-Price	1.408	1.377
	K19+611 右幅	Bishop	1.514	1.496
		Morgenstern-Price	1.512	1.491
	K19+891 右幅	Bishop	1.531	1.516
		Morgenstern-Price	1.526	1.502
	K20+107 左幅	Bishop	1.353	1.322
		Morgenstern-Price	1.347	1.319
	K25+300 右幅	Bishop	1.485	1.463
		Morgenstern-Price	1.484	1.460
	K25+755 左幅	Bishop	1.310	1.298
		Morgenstern-Price	1.309	1.278
A4-1	K29+455 左幅	Bishop	1.308	1.276
		Morgenstern-Price	1.304	1.268
A8	K59+755 左幅	Bishop	1.350	1.326
		Morgenstern-Price	1.347	1.315
	K67+621 左幅	Bishop	0.872	0.754
		Morgenstern-Price	0.869	0.751
	K68+583 右幅	Bishop	0.823	0.712
		Morgenstern-Price	0.819	0.711

续上表

标　　段	剖面及其滑面号	计 算 方 法	坡脚浸水 0m	坡脚浸水 5m
A9	K69+320 右幅	Bishop	1.443	1.402
		Morgenstern-Price	1.432	1.419
	K72+248 右幅	Bishop	1.433	1.421
		Morgenstern-Price	1.428	1.411
	K73+928 右幅	Bishop	1.487	1.422
		Morgenstern-Price	1.485	1.421
A11-2-1	K85+890 左幅	Bishop	1.467	1.422
		Morgenstern-Price	1.464	1.414
	K86+000 左幅	Bishop	1.604	1.591
		Morgenstern-Price	1.600	1.579
	K86+300 右幅	Bishop	1.243	1.221
		Morgenstern-Price	1.245	1.223
	K87+274 右幅	Bishop	1.183	1.177
		Morgenstern-Price	1.167	1.151
A12	K89+798 右幅	Bishop	1.223	1.197
		Morgenstern-Price	1.221	1.193
	K92+964 左幅	Bishop	1.315	1.232
		Morgenstern-Price	1.314	1.250
	K95+725 右幅	Bishop	1.436	1.405
		Morgenstern-Price	1.434	1.402

从各个高填方段落安全系数的计算结果可以得出以下结论：

(1)根据《公路路基设计规范》(JTG D30—2015)填方高于 20m 的路堤，堤身稳定性宜采用简化 Bishop 法进行分析计算。施工期，路堤的堤身稳定性系数在排水条件良好的情况下应不小于 1.40，在排水条件不好的情况下应不小于 1.20。除 A8 标 K67+610～K67+666、K68+550～K68+600，A11-2-1 标 K86+126～K86+300、K87+000～K87+368 和 A12 标 K89+747～K89+921 段落外，其他段落的安全系数均符合规范要求。对于上述几个存在安全隐患的标段，给出如下施工建议：A8 标的两个设计坡率为 1∶1 的高填方已将坡率放缓至 1∶1.5；A11-2-1 标的两个高填方超填 5～10m；高填方边坡采用“人”字形拱形骨架护坡，台阶为浆砌片石满护。因此路基的整体稳定性已能满足要求。

(2)坡脚浸水情况下的安全系数小于天然条件，因此确保高填方路基排水顺畅，坡脚没有积水，对路基的安全稳定性有积极作用。

5.3.4 基于强度折减有限元法的高填方稳定性分析

传统的极限平衡稳定分析是在明确对象的土质条件的前提下分析其稳定性。对于填方路基而言，填料是可选择的。假定地质状况、地形地貌和边坡坡率等条件不变，确定什么样的填料可以用于路基填筑方能确保其稳定在建设过程中具有重要的工程价值。因此，采用强度折减法来反算填方路基必须具有的强度指标，并进而确定相应的路基填料就能指导路基填筑，确保路基稳定。

1）强度折减有限元法原理

强度折减弹塑性有限元数值分析方法将强度折减技术、极限平衡原理与弹塑性有限元计算原理相结合，首先对于某一给定的强度折减系数，通过逐级加载的弹塑性有限元数值计算来确定边坡内的应力场、应变场或位移场，并且对应力、应变或位移的某些分布特征以及有限元计算过程中的某些数学特征进行分析，不断增大折减系数，直至根据对这些特征的分析结果表明边坡已经发生失稳破坏，将此时的折减系数定义为边坡的稳定安全系数。该方法最早在1975年由学者 Zienkiewicz 提出，当时由于需要耗费大量机时而未得到重视。随着计算速度以几何级数增长，使得强度折减有限元方法在边坡稳定性分析中得到了广泛的应用和发展。许多学者在这方面做了大量的工作，Ugai 假定土体为理想的弹塑性材料，采用强度折减有限元法对直立边坡、倾斜边坡、非均质边坡及存在孔隙水压力的复杂边坡的稳定性进行了较为系统的研究，指出弹塑性强度折减有限元法具有较强的适应性。Ugai 和 Leshchinsky 将强度折减技术引入弹塑性有限元法中进行边坡的三维稳定性分析，并与极限平衡法的计算结果进行了较全面的比较研究，尽管二者的理论基础、实现手段完全不同，但强度折减弹塑性有限元法仍可以得出与极限平衡法近乎一致的效果，从而间接说明了强度折减有限元法是可信的。国内学者宋二祥采用强度折减法对边坡的稳定性进行分析，并以边坡中某一部位的位移作为收敛指标，这是国内关于强度折减法应用于边坡稳定性分析的较早记载。

与传统的极限平衡法相比，有限元法不但满足力的平衡条件，而且考虑了材料的应力应变关系，计算时不需做任何假定，便能自动地求得任意形状的临界滑动面及相对应的最小安全系数，同时还可以反映坡体失稳及塑性区的开展过程，因而在边坡稳定性分析的应用中得到重视。

（1）安全系数的定义

在极限平衡稳定性分析方法中，利用安全系数 F_s 的定义及 Mohr-Coulomb 准则可以得到土体实际所发挥的抗剪强度为

$$\tau_m = \tau = \frac{\tau_f}{F_s} = \left[\frac{c'}{F_s}\right] + \sigma'\left(\frac{\tan\varphi'}{F_s}\right) = c_m + \sigma'\tan\varphi_m \tag{5.10}$$

式中

$$c_m = \frac{c'}{F_s}, \quad \tan\varphi_m = \frac{\tan\varphi'}{F_s} \tag{5.11}$$

1975 年 Zienkiewicz 等人首次在弹塑性有限元数值方法中引入了强度折减系数概念，发展了土坡稳定分析的强度折减弹塑性有限元方法。在弹塑性有限元数值计算中，首先对于某一假定的强度折减系数 F_{trial}，将土的实际强度参数 c'、φ' 按照下式同时进行折减

$$c_r = \frac{c'}{F_{trial}}, \varphi_r = \arctan\left(\frac{\tan\varphi'}{F_{trial}}\right) \tag{5.12}$$

以此对边坡进行弹塑性有限元计算，如果根据一定的失稳判据确定边坡达到极限平衡状态，则与此相对应的强度折减系数就是总体安全系数，否则对于新假定的折减系数重复进行计算，直至土坡达到临界极限平衡状态。当假定各点处的强度发挥程度相同时，对比式(5.11)与式(5.12)可以发现：由上述强度折减弹塑性有限元数值方法所确定的强度折减系数实质上就是极限平衡法中所定义的强度储备安全系数，可作为边坡的整体稳定安全系数。

(2)常用的边坡失稳判据

在强度折减有限元方法考察边坡稳定性的过程中，需要依据一定的失稳判据来判定边坡是否达到极限平衡状态。这种有限元失稳判据的选取，目前在边坡稳定性分析中并没有取得统一，常用的主要有下列三种失稳判据：

①特征点位移曲线的突变性。

边坡体内位移场的变化是边坡失稳最直观的表达。建立特征点处的水平位移或竖向位移与强度折减系数之间的关系曲线，并以曲线上的拐点或突变点作为边坡处于临界破坏状态的判据。Zienkiewicz 最初提出的强度折减有限元方法所采用的失稳判据就是最大节点位移。Tan 和 Donald 用某个节点的位移和折减系数的关系曲线处理为两段直线，用两直线的交点对应折减系数作为安全系数。宋二祥采用坡顶位移与折减系数关系曲线的水平段作为失稳判据，考察了一座土坝的安全系数，其与 Bishop 方法的结果非常相近。

②有限元计算的收敛性。

在该失稳判据认为非线性有限元计算中，若在给定的求解迭代次数和收敛标准内仍未收敛，则认为边坡的临界破坏已达到。如 Ugai 指定迭代上限为 500 次，残差位移的收敛标准为 10^{-5}，如果迭代次数达到 500 次残差位移仍未小于 10^{-5}，则判定边坡已经失稳，此时的折减系数可作为边坡的安全系数。国内学者赵尚毅、张鲁渝、马建勋等也采用有限元计算是否收敛为失稳判据对边坡的稳定性进行了考察。

③广义剪应变或塑性应变的贯通。

边坡的破坏过程总是伴随着一些物理量的出现和发展，如塑性应变区域、广义剪应变区域的发生、发展直到贯通。该失稳判据认为，当边坡体内的塑性应变或广义剪应变达到某一值或其分布基本贯通时，此时相对应的折减系数即可作为边坡的安全系数。

根据理想弹塑性理论，当土体达到极限状态时，荷载不再增加而变形在无限制地增长，从而进入一个完全塑流阶段，此时某些特征点处的位移与变形可能发生突变，塑性区可能相互贯通，此时数值计算不稳定而使数值求解过程无法进行。因此，上述各种不同的边坡失稳判断标准均有一定的依据，但是关于这些判据的广泛适用性或合理性缺乏系统的对比分析与论证。

2)不规则地形高填方的稳定计算

岩土体的整体失稳破坏是指岩土体沿滑面(破裂面)发生滑落或坍塌。此时，整个滑面达到极限平衡状态，并且坡体不能继续承载；同时，滑面上的应变与位移发生突变，岩土体沿滑面快速滑动直至滑落、坍塌。一般认为边坡整个滑面上都达到极限平衡状态，就是整体失稳破坏，因而建议把滑面上塑性区贯通作为整体失稳的判据。不过，也有一些人认为，即使滑面上每点都达到极限应力状态，但由于边界条件的约束，岩土体没有足够的位移仍不会发生滑动破坏。按此观点，把滑面上每点都达到极限平衡作为整体破坏条件不够全面，滑面上塑性区贯通只是破坏的必要条件，而非充分条件，它表征着渐进破坏的开始。认为只有整个滑面上每点的应变也都达到极限应变才会发生滑动。显然，这一观点符合整体失稳破坏的实际情况。边坡失稳，滑体由稳定静止状态变为运动状态，滑面节点位移和塑性应变将产生突变，此时位移和塑性应变将以高速无限发展，直到滑体滑出。可把滑面上节点塑性应变或位移突变作为边坡整体失稳的标志。与此同时，静力平衡有限元计算也正好表现出计算不收敛，因此也可将有限元静力计算是否收敛作为边坡失稳的判据。这也表明目前国际上惯用的以计算机不收敛作为破坏判据是合适的。

基于强度折减法，采用 ANSYS 软件，考虑复杂地形条件，对现场高填方路基稳定性进行三维有限元分析。

(1)“S”形风化碎石土高填方路基稳定性分析

①计算模型。

根据水都线 BT4 标的某高填方的设计与实测资料，如图 5.32 所示，建立计算模型(图 5.33～图 5.36)。该高填方呈现典型的“S”形。

图 5.32　水都线 BT4 标的“S”形高填方

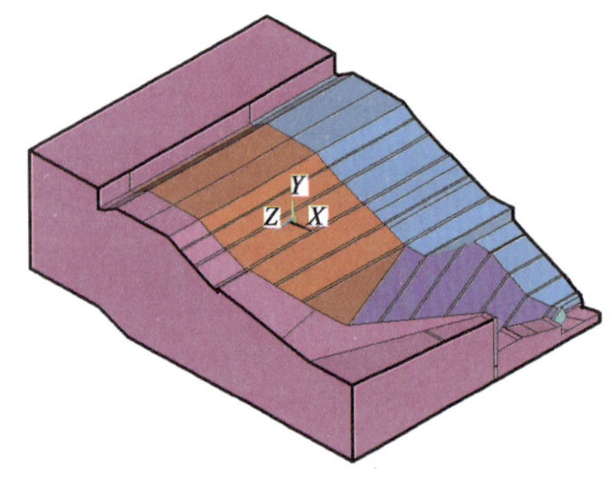

图 5.33　BT4 标整体几何模型图

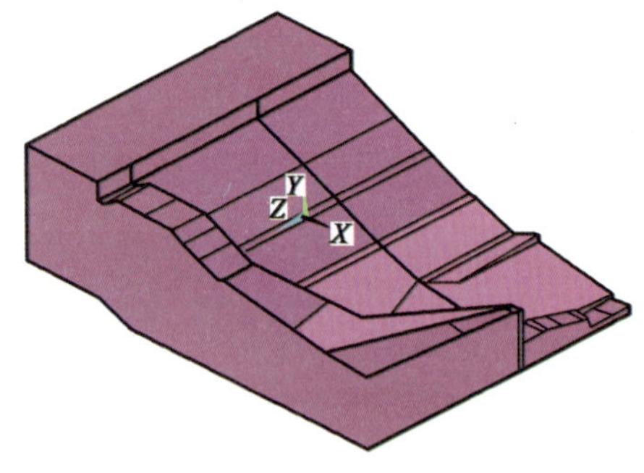

图 5.34　BT4 标高填方地基几何模型图

②计算参数。

地基的计算参数：弹性模量 $E=2\text{GPa}$，泊松比 $\upsilon=0.3$，重度 $\gamma=24\text{kN/m}^3$，黏聚力 $c=0\text{MPa}$，内摩擦角 $\varphi=38°$。

挡墙的计算参数：弹性模量 $E=20\text{GPa}$，泊松比 $\upsilon=0.25$，重度 $\gamma=26\text{kN/m}^3$，黏聚力 $c=0\text{MPa}$，内摩擦角 $\varphi=40°$。

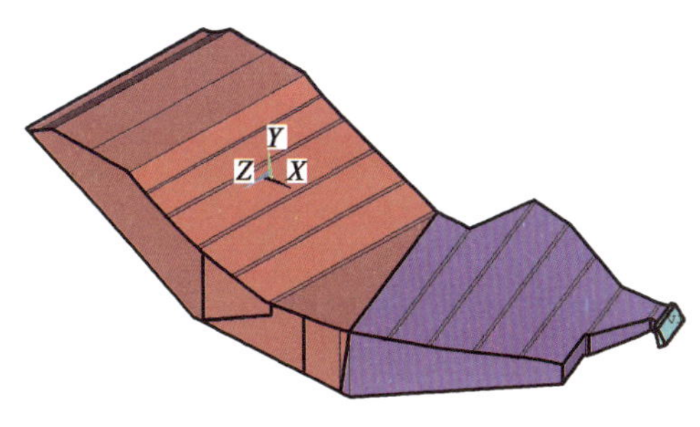

图 5.35 BT 标高填方路堤几何模型图

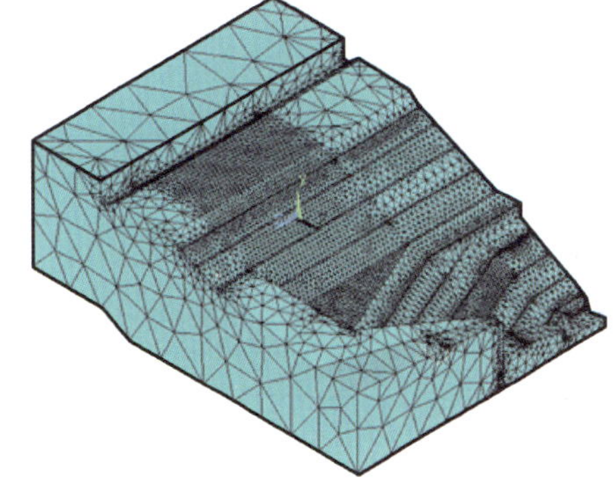

图 5.36 BT4 标高填方整体网格模型图

上路堤碎石土正常状态下 $E=90\text{MPa}$，泊松比 $\upsilon=0.3$，重度 $\gamma=20\text{kN/m}^3$，黏聚力 $c=0.119\text{kPa}$，内摩擦角 $\varphi=30.5°$。下路堤有部分灰岩正常状态下 $E=100\text{MPa}$，泊松比 $\upsilon=0.3$，重度 $\gamma=21\text{kN/m}^3$，黏聚力 $c=0\text{kPa}$，内摩擦角 $\varphi=35°$。

进行强度折减后，不同强度折减系数对应的强度参数如表 5.16 所示。

不同强度折减系数下的路基强度参数　　表 5.16

强度折减系数 F	上路堤		下路堤	
	黏聚力 c(Pa)	内摩擦角 φ(°)	黏聚力 c(Pa)	内摩擦角 φ(°)
1.2	99.2	26.2	0	30.3
1.4	85	22.8	0	26.6
1.6	74.4	20.2	0	23.6
1.8	66.1	18.1	0	21.3
2	59.5	16.4	0	17.5

当路基 $F=1.2$ 时，x 方向最大位移 2mm，y 方向最大位移 6mm，变形量很小。当路基 $F=1.4$ 时，x 方向最大位移 42mm，y 方向最大位移 16mm，变形量较小，尚未产生塑性变形，但较 $F=1.2$ 时增加较快。当路基 $F=1.6$ 时，x 方向最大位移 106mm，y 方向最大位移 86mm。当路基 $F=1.8$ 时，x 方向最大位移 116mm，y 方向最大位移 96mm，尚未产生塑性变形。当路基 $F=2.0$ 时，计算结果分别如图 5.37 和图 5.38 所示。从图中位移变化看，x 方向最大位移 188mm，y 方向最大位移 413mm，边坡已出现较大变形，计算不收敛，认为边坡失稳。因此该高填方稳定性系数为 1.8～2.0。

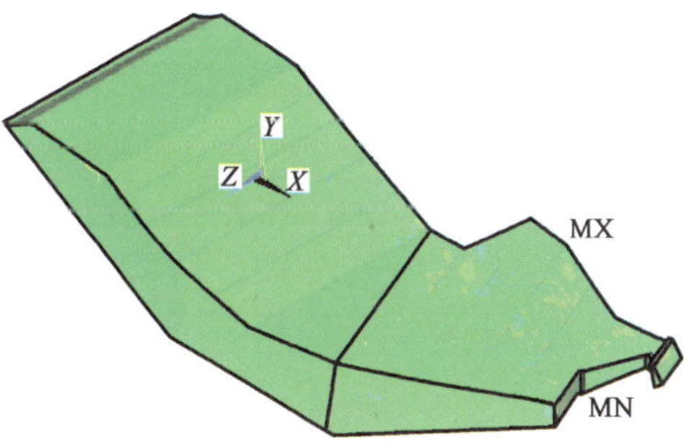

图 5.37 $F=2.0$ 时边坡 x 方向位移场

(2)"V"形灰岩高填方路基稳定性分析

①计算模型。

根据水都线 BT22 标设计与实测资料，如图 5.39 所示，建立填石高填方的计算模型，如图 5.40 和图 5.41 所示。

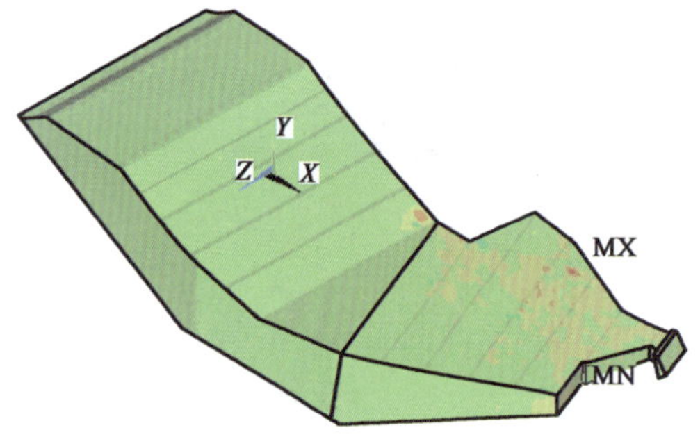

图 5.38 $F=2.0$ 时边坡 y 方向位移场

图 5.39 水都线 BT22 标"V"形填石高填方

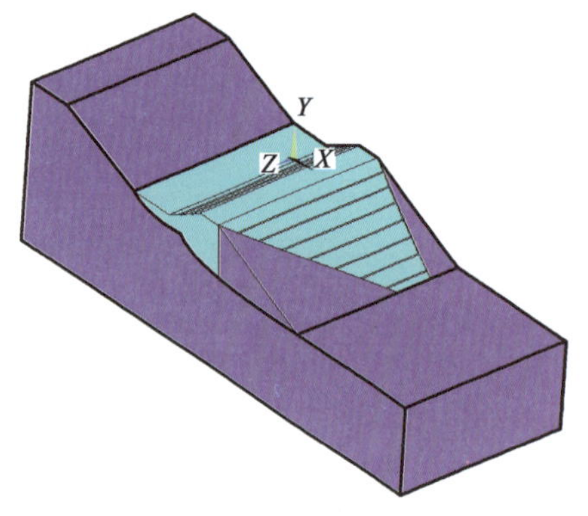

图 5.40 整体几何模型图

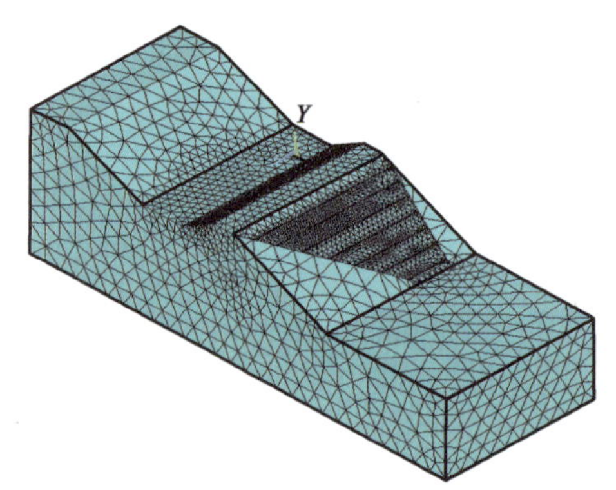

图 5.41 高填方整体网格模型图

②计算参数。

基岩的计算参数如下：弹性模量 $E=2\text{GPa}$，泊松比 $\upsilon=0.2$，重度 $\gamma=24\text{kN/m}^3$，黏聚力 $c=0\text{MPa}$，内摩擦角 $\varphi=43°$。

路基体正常状态下 $E=100\text{MPa}$，泊松比 $\upsilon=0.3$，重度 $\gamma=23\text{kN/m}^3$，黏聚力 $c=0\text{MPa}$，内摩擦角 $\varphi=41°$。进行强度折减后，不同强度折减系数对应的强度参数如表 5.17 所示。

不同强度折减系数下的路基强度参数 表 5.17

强度折减系数 F	黏聚力 c(Pa)	内摩擦角 φ(°)	强度折减系数 F	黏聚力 c(Pa)	内摩擦角 φ(°)
1.2	0	35.9	1.8	0	25.8
1.4	0	31.8	2	0	23.5
1.6	0	28.5			

路基本构模型采用 Drucker-Prager 理想弹塑性模型。从初始状态变形图中位移变化看，尚未产生塑性应变。至 $F=2.0$ 时路基出现较大沉降位移，此时计算不收敛，如图 5.42 和图 5.43 所示。因此认为该高填方稳定性安全系数介于 1.8～2.0 之间。

(3)陡斜坡灰岩填石高填方稳定性分析

①计算模型。

根据水都高速 BT14 标的施工现场如图 5.44 所示，根据设计与实测资料，建立陡斜坡高填方路基的计算模型，如图 5.45 和图 5.46 所示。

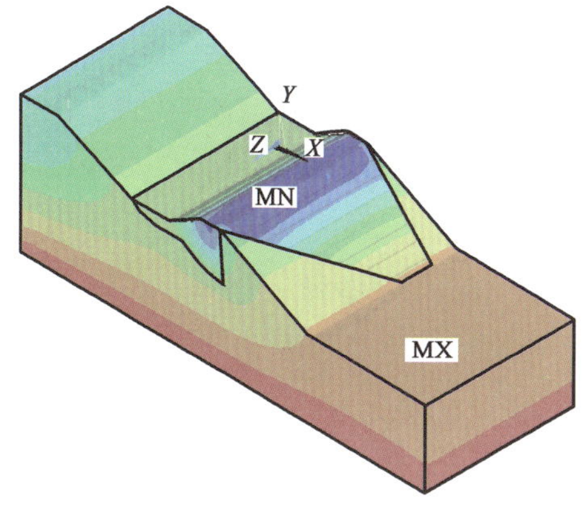

图 5.42 $F=2.0$ 时 y 方向位移场

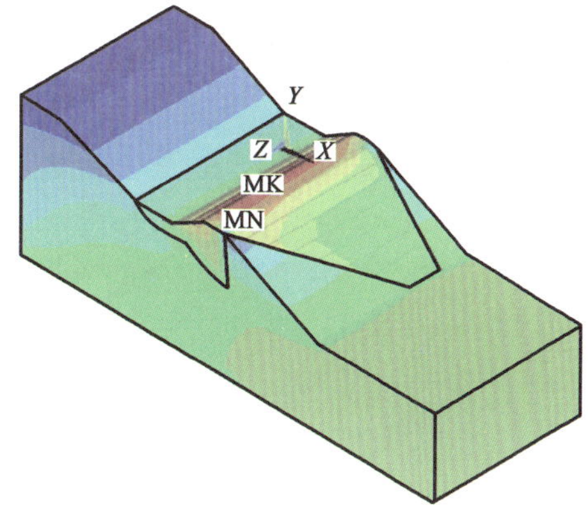

图 5.43 $F=2.0$ 时 x 方向位移场

图 5.44 水都线 BT14 标陡斜坡填石高填方

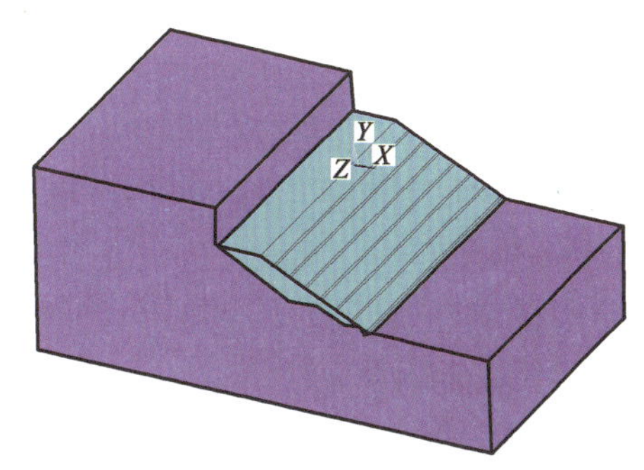

图 5.45 整体几何模型图

②计算参数。

基岩的计算参数如下：弹性模量 $E=3\text{GPa}$，泊松比 $\upsilon=0.2$，重度 $\gamma=26\text{kN/m}^3$，黏聚力 $c=0\text{MPa}$，内摩擦角 $\varphi=35°$。

路基体正常状态下 $E=400\text{MPa}$，泊松比 $\upsilon=0.25$，重度 $\gamma=22.4\text{kN/m}^3$，黏聚力 $c=0\text{MPa}$，内摩擦角 $\varphi=35°$。进行强度折减后，不同强度折减系数对应的强度参数如表 5.18 所示。

图 5.46 高填方整体网格模型

不同强度折减系数下的路基强度参数

表 5.18

强度折减系数 F	黏聚力 c(Pa)	内摩擦角 φ(°)
1.2	0	30.3
1.4	0	26.6
1.6	0	23.6
1.8	0	21.3
2	0	19.3

路基本构模型采用 Drucker-Prager 理想弹塑性模型。从初始状态变形图中位移变化看，尚未产生塑性应变。至 $F=1.8$ 时路基出现较大沉降位移，此时计算不收敛，如图 5.47 和图 5.48 所示。因此认为该高填方稳定性安全系数介于 1.6～1.8 之间。

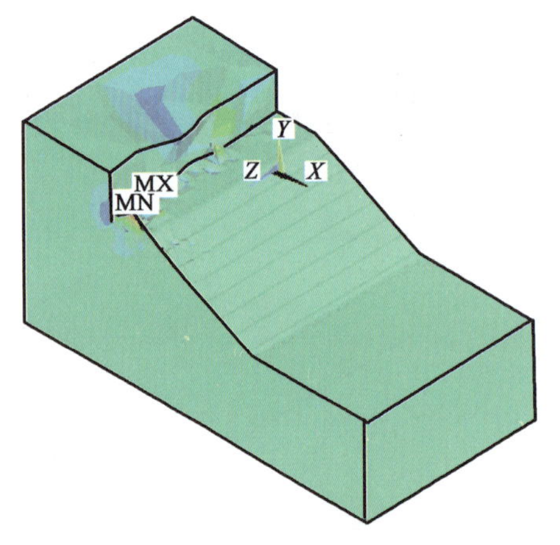

图 5.47　$F=1.8$ 时 y 方向位移场

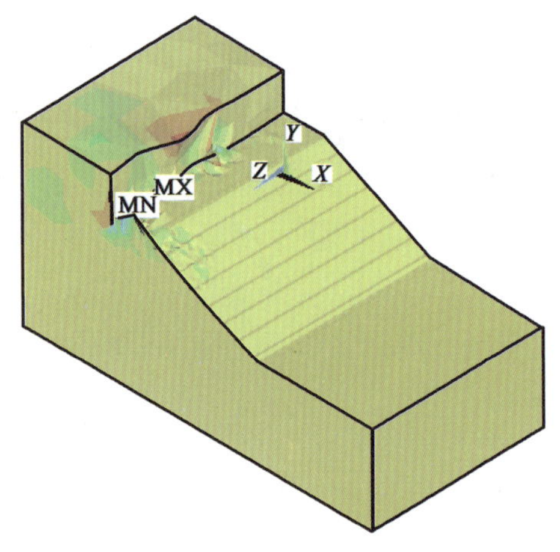

图 5.48　$F=1.8$ 时 x 方向位移场

(4)三维有限元计算结果讨论

①不同的计算方法得到的高填方路基稳定计算结果如表 5.19 所示。从表中可以看出，当高填方路基为“S”和“V”形时，采用三维有限元分析所得的稳定系数远高于二维平面稳定计算结果，也更符合实际，因此设计中对非平面问题的边坡稳定计算应采用三维稳定计算方法。产生这种差异的主要原因有如下方面：

a. 关于路基破坏的判别标准。

常规边坡稳定计算均是基于平面应变的假定，即以某个计算剖面进行稳定分析，得出的结果作为该边坡的稳定计算结果。而判别边坡失稳的标准采用土的抗剪强度指标即摩尔库仑准则。这对于一般的填方路基而言是符合实际情况的，但对于有侧向约束的高填方而言，这种判别标准可能不一定符合实际。如在西南地区经常有一些沟谷型软基，其本身的强度指标不高，若按照计算其抗剪强度不足以满足稳定性要求，但在自然环境下是稳定的。因此对于有侧向约束的高填方，虽然路基底部所承受的应力水平较高，但并不一定出现大的位移，因此可以认为是稳定的。因此在高填方稳定的判别标准方面尚有可改进之处。总体而言，以位移作为稳定控制标准在一定程度上较强度标准更宽泛，但确定位移量标准较困难，而以土的抗剪强度作为控制标准在理论上较明确，对一般边坡也基本适用。

水都高速试验段高填方稳定计算结果　　表 5.19

高填方	BT4	BT14	BT22
三维计算	1.9	1.7	1.9
Ordinary 法	1.314	1.485	1.827
Bishop 法	1.316	1.488	1.832
Janbu 法	1.314	1.485	1.827
M-P 法	1.316	1.487	1.830

b. 应力分布。

复杂地形条件下一个边坡不同桩号的横断面形式不同，其计算得出的稳定性不同，以某个最不利的断面计算结果作为该高填方的安全系数有时会偏于保守，导致计算不稳定但实际是稳定的现象。对于不均匀地形条件下边坡安全系数似乎缺少实用的评价确定方法。因此采用三维有限元来计算分析边坡的位移与应力分布,进而确定其稳定计算方法不失为一种有效的方法与手段,也是将来重要的研究方向。

②强度折减弹塑性有限元数值方法可用于边坡的整体稳定安全系数计算分析。滑面上节点位移突变可作为边坡整体失稳的标志,有限元静力计算是否收敛可作为边坡失稳的判据。

(5)不同行业稳定安全系数取值

表 5.20 为各行业采用的边坡稳定安全系数及其所采用的分析方法,由此可看出,当前安全系数的取值具有如下特点:

①在采用的边坡稳定分析方法上,对填方边坡,一般以瑞典法为基本方法,自然滑坡多以不平衡推力法为基本方法。但近年采用严格条分法与简化 Bishop 法取代不平衡推力法与瑞典法。

②各部门采用的安全系数数值目前还有一些差距,原因是工程重要性不同,以及规范制定者的经验与看法不同。就安全系数取值大小来看,总体上水利部门取值稍高,铁路、公路、建筑部门基本一致,港口部门略低。

③考虑了结构的重要性。越是重要的工程,所取的总安全系数越高,如土石坝的失稳安全系数取 1.5,堤防工程土质边坡依不同等级为 1.1~1.3。

边坡稳定安全系数及稳定分析方法 表 5.20

<table>
<tr><th>部门</th><th colspan="2">工程部位</th><th colspan="3">安全系数</th><th>分析方法</th><th>备注</th></tr>
<tr><td rowspan="9">建筑</td><td rowspan="3">土质地基</td><td>甲级建筑物</td><td colspan="3">1.30</td><td rowspan="3">不平衡推力法</td><td rowspan="3">《建筑地基基础设计规范》(GB 50007—2011)</td></tr>
<tr><td>乙级建筑物</td><td colspan="3">1.20</td></tr>
<tr><td>丙级建筑物</td><td colspan="3">1.10</td></tr>
<tr><td rowspan="4">路堤堤身,路堤和地基</td><td rowspan="2">地基强度指标采用直剪的圆弧快剪或三轴不排水剪指标</td><td>正常工况</td><td>1.45(1.35)</td><td rowspan="6">括号内为二级及二级以上公路的安全系数,括号内为三、四级公路的安全系数</td><td rowspan="4">简化 Bishop 法</td><td rowspan="6">《公路路基设计规范》(JTG D30—2015)</td></tr>
<tr><td>非正常工况Ⅰ</td><td>1.35(1.25)</td></tr>
<tr><td rowspan="2">地基强度指标采用快剪指标</td><td>正常工况</td><td>1.35(1.30)</td></tr>
<tr><td>非正常工况Ⅰ</td><td>1.25(1.15)</td></tr>
<tr><td colspan="2" rowspan="2">路堤沿斜坡地基或软弱层滑动</td><td>正常工况</td><td>1.30(1.15)</td><td rowspan="2">不平衡推力法</td></tr>
<tr><td>非正常工况Ⅰ</td><td>1.20(1.15)</td></tr>
<tr><td rowspan="3">铁路</td><td colspan="2">陡坡路堤边坡</td><td colspan="3">>1.25</td><td>—</td><td rowspan="3">《铁路路基设计规范》(TB 1001—2005)</td></tr>
<tr><td colspan="2">高路堤边坡</td><td colspan="3">1.15~1.25</td><td>—</td></tr>
<tr><td colspan="2">土质路堑边坡高度>20m</td><td colspan="3">1.15~1.25</td><td>—</td></tr>
<tr><td rowspan="6">水利</td><td rowspan="6">堤防工程土质边坡</td><td rowspan="3">一级边坡</td><td colspan="2">正常运用条件</td><td>1.30(1.50)</td><td rowspan="6">括号外为瑞典圆弧法计算结果,括号内为简化毕肖普法计算结果</td><td rowspan="6">《堤防工程设计规范》(GB 50286—2013)</td></tr>
<tr><td colspan="2">非正常运用条件Ⅰ</td><td>1.20(1.30)</td></tr>
<tr><td colspan="2">非正常运用条件Ⅱ</td><td>1.10(1.20)</td></tr>
<tr><td rowspan="3">二级边坡</td><td colspan="2">正常运用条件</td><td>1.25(1.35)</td></tr>
<tr><td colspan="2">非正常运用条件Ⅰ</td><td>1.15(1.25)</td></tr>
<tr><td colspan="2">非正常运用条件Ⅱ</td><td>1.05(1.15)</td></tr>
</table>

续上表

部门	工程部位		安全系数		分析方法	备注
水利	堤防工程土质边坡	三级边坡	正常运用条件	1.20(1.30)	括号外为瑞典圆弧法计算结果，括号内为周化毕肖普法计算结果	《堤防工程设计规范》(GB 50286—2013)
			非正常运用条件Ⅰ	1.10(1.20)		
			非正常运用条件Ⅱ	1.05(1.15)		
		四级边坡	正常运用条件	1.15(1.25)		
			非正常运用条件Ⅰ	1.05(1.20)		
			非正常运用条件Ⅱ	1.00(1.15)		
		五级边坡	正常运用条件	1.10(1.20)		
			非正常运用条件Ⅰ	1.05(1.10)		
			非正常运用条件Ⅱ	1.00(1.05)		

从目前各部门规范的取值情况来看，均不同程度地考虑了边坡工程的重要性、边坡稳定性的计算方法这三方面的因素，研究工作深入的部门，按不同的情况，把安全系数取值分得更细；研究工作开展较少的部门，经验成分重一些，安全系数取值更笼统。

(6)安全系数取值探讨

安全系数取值是人们对所构筑的结构安全度水平的期望，其取值大小与经济有直接联系。在保证结构安全的前提下，应尽可能做到经济，这是安全系数确定的基本思想。路堤的安全系数定得越高，路堤的初期造价随之增大，但其养护费用和破坏后的修复费用却降低；反之，安全系数定得低，路堤的初期造价虽然减少，但日后的养护和破坏后的修复费用却增加，而且还将引起路面破坏甚至中断交通等问题。合理的安全度水平应是安全与经济的最佳平衡点。对一给定的路堤而言，可以计算确定出不同安全度水平下的初期建设费用以及考虑相应失稳概率的修复费用和日后的养护费用等，建立起总费用与安全度水平的关系，得出最佳的安全度水平。对不同的路堤，由于地基情况、路堤几何尺寸及填料等的不同，按此确定的最佳安全度水平也不同。完整的安全度水平的确定应根据期望的公路使用年限，采用可靠性分析，综合考虑各种路堤情况，结合经济进行分析确定。但就目前的基础条件，进行大量的资料搜集和分析还存在较大困难，更多关注的是在保证路堤基本稳定的情况下，考虑初期建设费用的经济。安全度水平的确定也是在分析原有安全度水平合理性的基础上，确定新的安全度，并使按新的安全度水平设计的结构不致引起在费用上的大增和大减。

路堤边坡的稳定破坏与多种因素有关，除设计问题外，施工质量和填筑速率控制等也是影响路堤稳定性的重要原因。从调查情况看，路堤的失稳主要发生在施工期，公路建成通车后出现失稳滑动破坏的路堤并不多见。如将不同高度的路堤段都计算在内，在施工期和公路营运期出现滑动破坏的路堤一般占到1%～2%，如只计及8m以上高度的路堤，失稳滑动破坏的路堤段一般将占到2%～3%。

在山区公路路堤设计中，《公路路基设计规范》(JTG D30—2015)和《公路软土地基路堤设计与施工技术细则》(JTG/T D31—2013)均在应用。在规范的应用和安全系数取值上有以下特点：

(1)由于多数出现失稳的路堤处于沟谷相的软弱地基上，因此，《公路软土地基路堤设计与施工技术细则》(JTG/T D31—2013)较《公路路基设计规范》(JTG D30—2015)应用更多,安全系数也相应按《公路软基路堤设计与施工技术细则》(JTG/T D31—2013)规定取值,且多数采用瑞典法、快剪指标及其相应的安全系数 1.1 进行设计和控制。

(2)对斜坡上的路堤和一般高填方,进行稳定分析的不多,尤其是对一般高填方。《公路路基设计规范》(JTG D30—2015)应用相对较多,安全系数多采用 1.25,路堤出现整体失稳的情况相对较少。《公路软土地基路堤设计与施工技术规范》(JTG/T D31—2013)和《公路路基设计规范》(JTG D30—2015)规定的安全系数在数值上存在较大的差异,但这并不意味实际的安全度要求相差也这么大。

软弱地基上的路堤,地基的状况对路堤稳定性起到了较为重要的作用。当以快速施工、地基不固结作为设计计算的工况时,"软基规范"以 1.1 的安全系数进行控制,但同时强调施工监控;当以考虑地基土固结情况,按有效应力指标进行设计计算时,以 1.4 的安全系数进行控制。路堤填筑有一定的过程,在施工中,地基的固结度介于 0.0～1.0 之间,因此,实际的安全系数控制应在 1.1～1.4 之间。

非软弱地基上的路堤,按《公路路基设计规范》(JTG D30—2015)的安全系数 1.25 进行控制,实际的安全系数也应当比 1.25 大。但由于地基的渗透系数一般较软弱地基大,山区地基起稳定控制作用的覆盖土层往往还较薄,固结较快,因此,在目前设计计算中,一般未考虑地基的固结情况,按快速施工、地基不固结的工况,与考虑固结情况的工况进行设计计算,结果相差没有软弱地基大。

就工程重要性而论,公路路堤边坡应当与铁路路堤边坡、乙级建筑物边坡等大致相当。从与相关规范的比较以及从保证路堤稳定和减少不均匀沉降的角度来看,可以认为目前的安全系数 1.25 基本是合理的,不宜再降低。增大安全系数,必将增大初期建设费用,但采用不同的方法得到的结果不同。对平坦地基上的路堤,采用放缓边坡的方法增大稳定系数,其作用是减小滑动力(或滑动力矩),稳定系数增加与填方数量的增加基本成线性相关关系。对斜坡地基上的路堤,如不设置支挡结构,边坡至多可放缓到与原地面坡度相同,稳定系数只能达到一定值。采用设置支挡结构、进行地基处理、加筋等方法增加路堤稳定性,其作用是增大抗滑力(或滑动力矩),稳定系数也只能提高到一定的数值。对不同的路堤、采用不同的处治方法,其结果不同,很难将不同的路堤、不同的地基情况、不同的处治方法综合在一起,建立安全系数与经济的关系,从经济的角度确定合适的安全系数。

在认为目前 1.25 安全系数基本合理的前提下,要确定由于设计方法变化的安全系数,应分析计算方法和地基土性参数对稳定系数结果的影响。

5.3.5 高填方路基稳定特性及变化规律

(1)高填方路基的失稳形式主要表现为纵向裂缝和侧向位移,引起失稳的主要原因是地基含软弱夹层,因此查明地质状况是确保高填方稳定与安全的前提与基础。

(2)不同的极限平衡法得到的安全系数差别较小,其中,Bishop 法安全系数最大,M-P 法计算值居中,Ordinary 法与 Janbu 法计算值最小。

(3)在清底彻底或地质状况良好的前提下,高填方路基的稳定性与路基高度关系不大,与填料的内摩擦角基本呈线性关系。

(4)考虑压力线的影响，当压力线在某一临界高度以下时，安全系数没有改变；当超过该临界高度时，安全系数变化较大。

(5)当高填方路基为"S"和"V"形时，采用三维有限元分析所得的稳定系数远高于二维平面稳定计算结果，也更符合实际，因此设计中对非平面问题的边坡稳定计算应采用三维稳定计算方法。

(6)强度折减弹塑性有限元数值方法可用于边坡的整体稳定安全系数计算分析。滑面上节点位移突变可作为边坡整体失稳的标志，有限元静力计算是否收敛可作为边坡失稳的判据。

(7)风化碎石土的安全临界高度如表5.21所示。

风化板岩碎石土填料的安全临界填筑高度　　表5.21

坡率	1∶1.5	1∶1.75	1∶2
临界高度(m)	25	90	—

5.4　高填方路基的沉降变形

高填方的沉降引起路基路面沉陷、开裂、波浪起伏等质量病害，直接影响到公路的使用品质和社会影响。因此，分析高填方路基的沉降变形规律、沉降机理与影响因素，对减少或消除高填方路基沉降引起的质量病害，指导路基、路面施工具有重要作用。

5.4.1　风化碎石土路堤的沉降变形

1)高填方概况

高填方(ZK123＋840～ZK124＋040)位于榕江县三江乡有挨村河坝，与巫帮隧道出口相接，为分离式路基，其平面布置如图5.49所示。

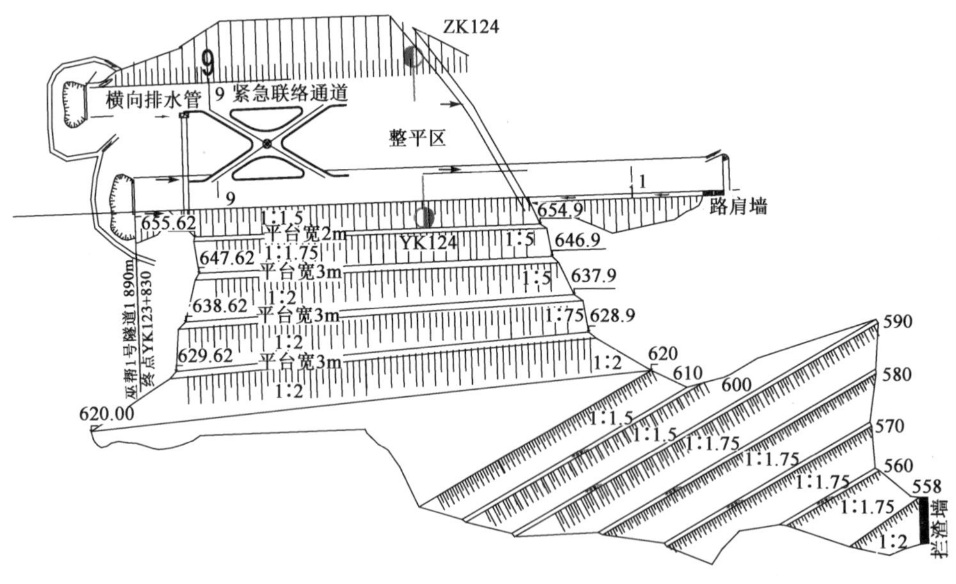

图5.49　巫帮隧道出口高填方平面图

(1)地形地貌

填筑初期的高填方地形地貌如图5.50所示。路堤纵向自然坡度角一般为25°～59°,横向自然坡度角一般为12°～41°。路基纵、横向填筑高度的急剧变化,易引起路基沉陷、路面附加应力增加甚至开裂。

图5.50　高填方初期地形地貌

该高填方的汇水面积约7 500m²,碎石土高填方路基对渗水很敏感,路基渗水可能导致填料强度明显下降,从而影响整体稳定性;渗水也是导致路基沉降的主要诱因。为了截断周围山体地表水大量渗入路基,在路基与坡体交界处、路基的平台上设置了截水沟(图5.51),在横向上设置了过水涵洞。

图5.51　风化碎石土高填方全貌

(2)地质状况

地表上覆松散土层较薄,部分基岩直接出露,沟底为一小溪,常年流水,沟底设置有排水渗沟。填筑前已做清表处理,无不良地质现象。

(3)路基高度

左线(ZK123+840～ZK124+040)长200m,设计路面高程666.21～666.97m,最大中心填高40.73m;右线YK123+859～ZK124+060,总长201m,设计路面高程663.42～664.45m,最大中心填高54.06m,边坡最大填高105m,采用分阶放坡回填。为收坡,坡底设置有拦渣墙。

(4)路基填料

路基填料为既有隧道弃渣等硬质材料,但以边坡开挖产生的风化碎石土为主(图 5.52)。路基填料的实际最大粒径在 30cm 左右,级配较好,具体的工程性质如前所述。

图 5.52 路基填料

2)路基填筑

路基于 2008 年 10 月开始填筑,后因路基坡率不够向外延伸,设计变更后于 2009 年 8 月开始填筑,于 2010 年 5 月完成填筑。路基填筑前进行了清表处理,基底回填 100cm 碎石,碎石层与排水沟连通。振动碾压填筑层厚为 0.3～0.8m,除常规的分层振动碾压 6～8 遍外,每填筑 2m 厚的路基采用 25kJ 三边形冲击压路机冲击碾压 14 遍,以进行追密补压,减少沉降量,如图 5.53 所示。路基的质量控制以层厚、碾压遍数与沉降差检测为主。路基填筑过程曲线如图 5.54 所示。

图 5.53 冲击碾压图

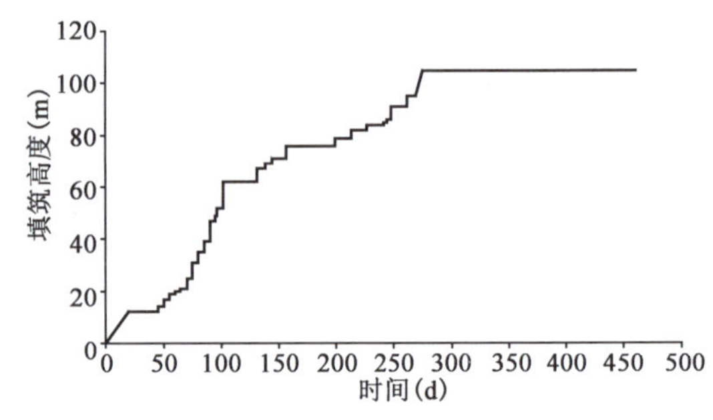

图 5.54 路基填筑过程曲线

3)监测仪器埋设

由于高填方的台阶有十多级,采用高程来表示各台阶。监测项目布置点统计如表 5.22 和图 5.55 所示。监测过程中,部分仪器损坏,因此在分析时,以各平台的沉降量为主,沉降观测随路基填筑进行。

4)监测结果分析

(1)高程 620m 平台侧向位移监测结果

路基填筑至高程 620m 平台(具体位置参见图 5.56)后,为监测分析上部路基填筑对其沉降的影响，在该平台沿路基路线纵向埋设了 8 个沉降观测点，如图 5.56 所示。

BT4 标段试验段监测点统计　　表 5.22

监测项目	数量	监测项目	数量
沉降板	25 个	剖面沉降管	1 680m
沉降钉	36 个	磁环	600 个
测斜管	1 212m	分层沉降管	1 212m

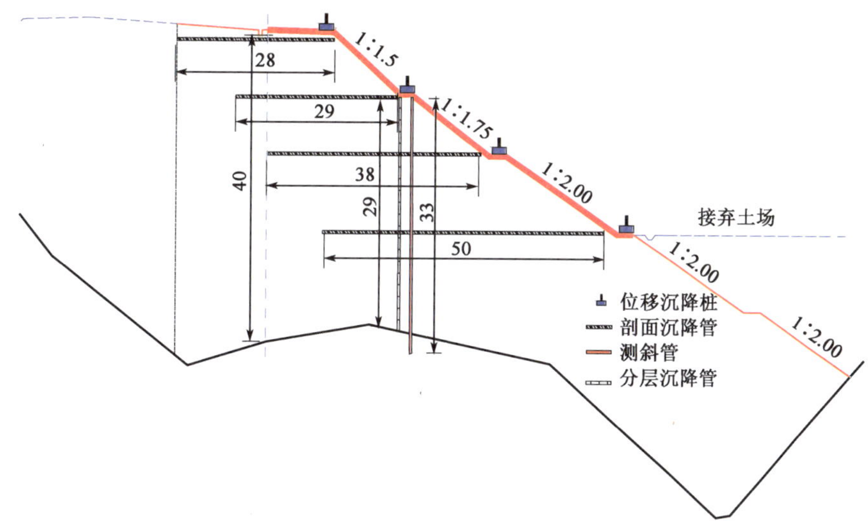

图 5.55　仪器埋设断面示意图(尺寸单位：m)

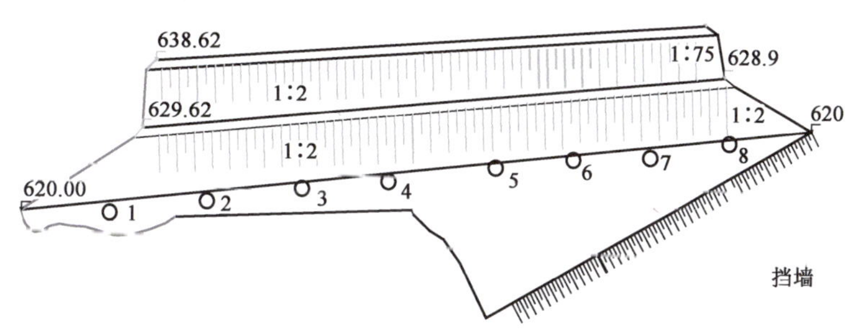

图 5.56　沉降观测点埋设位置

观测起始时间为 2010 年 1 月 1 日，各点测试结果如表 5.23 和图 5.57、图 5.58 所示。

高程 620m 平台沉降观测结果(mm)　　表 5.23

日期 (年-月-日)	监测天数 (d)	监测点位							
		1	2	3	4	5	6	7	8
2010-1-8	7	−2	−6	−2	−4	−9	−10	−7	−6
2010-1-14	13	−4	−8	−3	4	−16	−25	−11	−8
2010-1-27	26	−7	−14	−2	−9	−21	−36	−32	−10
2010-3-10	68	−14	−18	−10	−13	−34	−50	−49	−15

续上表

日期（年-月-日）	监测天数（d）	监测点位							
		1	2	3	4	5	6	7	8
2010-3-24	82	−10	−12	−2	−14	−47	−64	−58	−18
2010-4-6	95	−14	−15	−8	−16	−60	−78	−66	−22
2010-4-21	110	−13	−14	−6	−16	−65	−85	−67	−26
2010-4-24	113	−11	−13	−4	−16	−70	−88	−71	−30
2010-4-28	117	−15	−14	−4	−16	—	—	−71	—
2010-5-12	131	−16	−17	−7	−18	—	—	−72	—
2010-5-19	138	−16	−18	−9	−18	—	—	−73	—
2010-6-9	159	−18	−20	−9	−18	—	—	−74	—
2010-7-27	207	−18	−20	−9	−18	—	—	−103	—
2010-11-5	308	−18	−21	−9	−18	—	—	−111	—
2011-7-16	565	−19	−22	−10	−19	—	—	−128	—

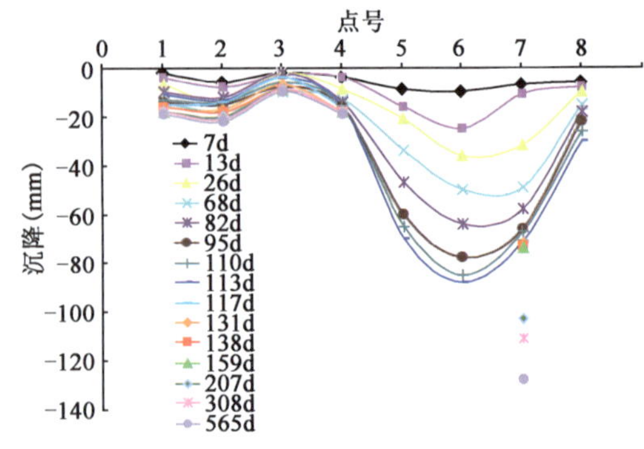

图 5.57　高程 620m 平台各点沉降量

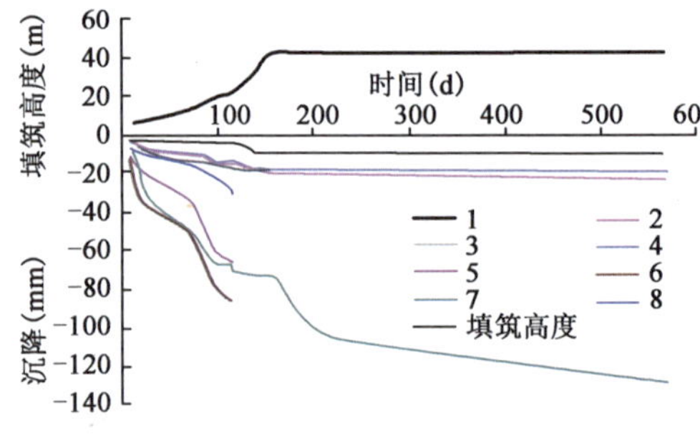

图 5.58　高程 620m 平台各点沉降-时间曲线

由图中各点沉降变化看：

①路基的沉降主要与其下的填筑厚度相关

5、6、7 号三个沉降点的填筑厚度显著大于 1、2、3、4 号和 8 号点，其沉降量也明显较其他点大，因此，在同等情况下路基沉降量与其厚度直接相关。

②路基的沉降机理与特点

在 2010 年 5 月 19 日(138d)到 2010 年 7 月 27 日(207d)两个多月的时间里，上部路基的填筑速率不大(图 5.57)，但其沉降速率快(图 5.59)，这与 5 月～7 月是贵州雨季直接相关。说明碎石土路基等多孔隙介质的沉降主要因细小颗粒的运移与重新分布所致，完全不同于饱和软土的排水固结沉降，表明粗粒土高填方路基的沉降具有台阶性。国内众多高填方在几天强降雨后出现路面开裂的案例同样也说明了这点。因此，采用软土的 e-p 曲线计算沉降的方法在机理上与实践中均是不可行的。另一方面，碎石土高填方沉降的台阶性也使得准确预测其沉降远较软基困难。

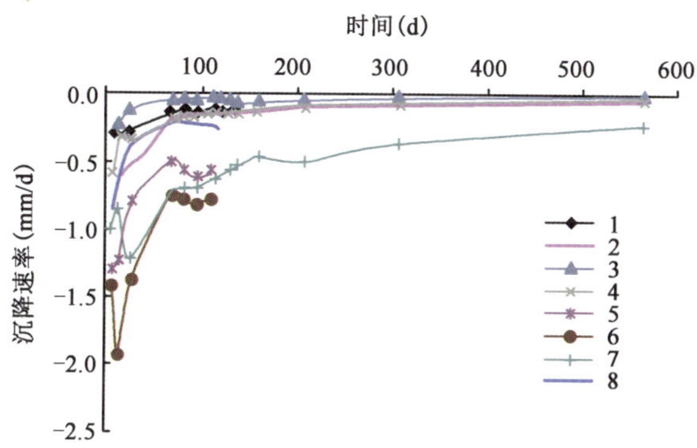

图 5.59 各点沉降速率-时间曲线

(2)高程 638m 平台沉降监测结果分析

在高程 638m 平台填筑完毕后，为监测路基填筑时下部填筑体的沉降规律，在该平台沿路基主体纵向埋设了 5 个沉降观测点，如图 5.60 所示。

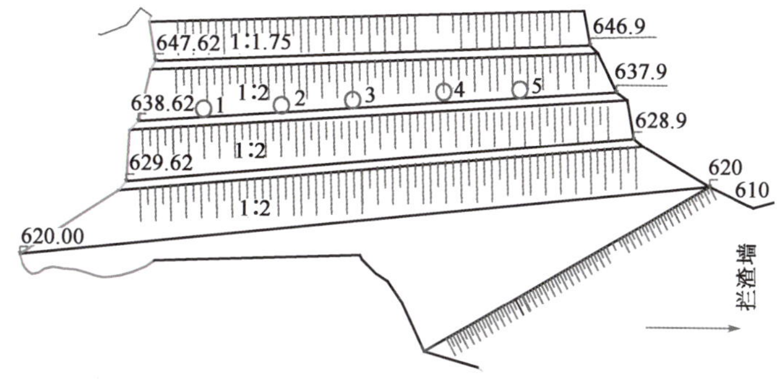

图 5.60 沉降观测点埋设位置

2010 年 4 月 6 日开始观测，观测结果如表 5.24 和图 5.61 所示。

高程 638m 平台沉降观测结果 表 5.24

观测日期（年-月-日）	监测天数（d）	监测点位(mm)				
		1	2	3	4	5
2010-4-21	15	−24	−30	−17	−15	−9
2010-4-24	18	−27	−30	−28	−28	−19
2010-4-28	22	−29	−32	−34	−31	−20
2010-5-12	36	−33	−42	−50	−32	−22
2010-5-19	43	−39	−49	−53	−36	−24
2010-6-9	64	−45	−57	−121	−207	−24
2010-7-27	110	−45	−271	−144	−228	−161

(3)高程 655m 平台沉降监测结果分析

高程 655m 平台埋设了 6 个沉降点，各点沉降量如表 5.25 和图 5.62 所示。

高程 655m 平台沉降观测结果　　表 5.25

观测日期（年-月-日）	监测天数（d）	监测点位(mm)					
		7 号管口	6 号管口	1	5 号管口	4 号管口	2
2010-4-28	4	−65	−28	−29	−21	−13	−15
2010-5-12	18	−115	−73	−59	−45	−11	−22
2010-5-19	25	−140	−88	−59	−60	−25	−27
2010-6-9	46	−187	−163	−98	−65	−39	−151
2011-7-16	448	−256	−225	−146	−124	−66	−206

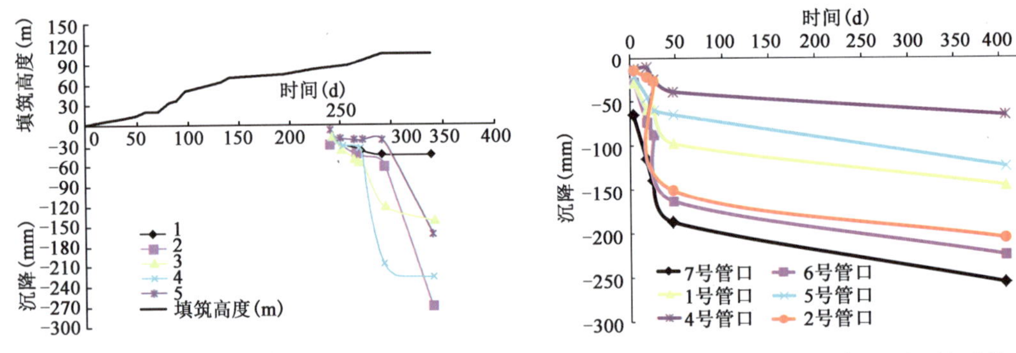

图 5.61　高程 638m 平台沉降观测结果

图 5.62　高程 655m 沉降点沉降-时间曲线

进一步比较高程 655m 与 620m 平台累积沉降变化可以看出，高度增加，累积沉降亦随之增加；高程 655m 平台 406d 累积沉降 25cm，较 620m 平台最大累积沉降值约 10cm，增加 15cm；可以计算出高度增加 38m，高度每增加 1m，累计沉降约增加 4mm。

比较其与 620m 高程平台沉降速率可以看出，随填筑高度增加，沉降速率增加；填筑高度增加 35m，填筑期间最大沉降速率增加约 8 倍，填筑完成后最大沉降速率增加约 6 倍。

(4)路基表面沉降监测结果分析

在路基顶面右侧路肩沿主线纵向设置了 7 个沉降观测点，如图 5.63 所示，1 号靠近隧道出口。2010 年 6 月 9 日开始观测，至 2012 年 11 月 20 日的观测结果如表 5.26 和图 5.64 所示。

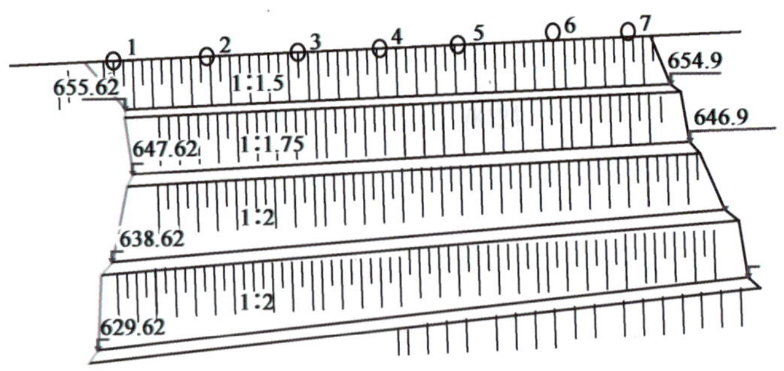

图 5.63　路基表面沉降观测点埋设位置

从图 5.64 可以看出，最大沉降发生在 2 号点附近，即隧道出口外约 50～100m(图 5.65)，对 2012 年底路基顶面沉降率进行分析，路基填筑高度 43m，累计沉降最大约为 40cm，沉降率约为 9‰，监测段落平均沉降率约为 7‰。

BT4 标路基表面沉降量　　表 5.26

监测日期（年-月-日）	监测天数（d）	监测点位（mm）						
		1	2	3	4	5	6	7
2010-7-25	46	−5	−143	−129	−78	−47	−26	−5
2011-7-16	402	−16	−305	−251	−185	−135	−65	−18
2012-11-20	895	−69	−397	−307	−277	−241	−139	−135

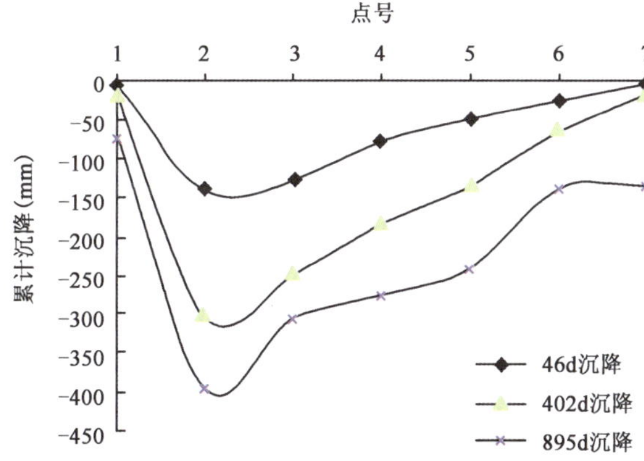

图 5.64　路基表面沉降点沉降曲线

施工期(2010-7-25)

运营期(2012-11-20)

图 5.65　路基顶面沉降

(5)路基填筑完成后各平台的沉降

该高填方于 2010 年 5 月初完成路基填筑，路基各平台在 2010 年 5 月～2011 年 7 月 16 日间的沉降量如表 5.27 和图 5.66 所示。

BT4 标路基完成后各平台最大沉降量(mm)　　表 5.27

平台位置	620	630	638	647	655	664(路基顶)
沉降量	57	31	228	291	256	305

由图 5.66 可以看出，630 平台的沉降量反而小于 620 平台，原因是 620 平台的宽度为 20

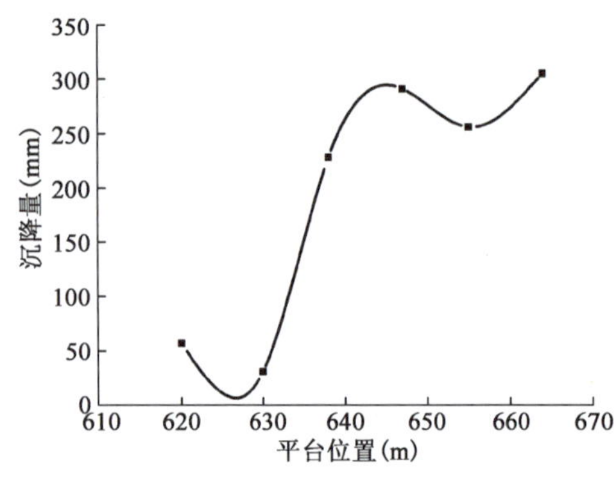

图 5.66 路基填筑完成后各平台的最大沉降量

多米，远大于其他平台。因此，620 平台观测点的垂直填筑高度较 630 平台大，其沉降量也较大。从图上也看出，随着路基高度的增加，其工后沉降量总体上增加，但由于原始地形的复杂性，因此，各观测点的垂直填筑高度并不与路基高度线性相关，各台阶的最大沉降量也出现波动，如 647 平台的沉降量大于 655 平台。因此，对于斜坡上“贴着”的“S”形不规则高填方的沉降量计算难以用坡底高程算起，这也增加了沉降计算的复杂性与难度。

5.4.2 陡斜坡高填方的沉降变形

1)高填方概况

高填方路基位于三都立交范围。

(1)地形地貌。

地形地貌陡峻，自然斜坡坡度约 30°～50°；路线走向大体平行于山体斜坡，路基侧向约束小，如图 5.67 所示。

图 5.67 BT14 高程填方地貌

(2)地质状况。

该高填方地处斜坡湿软地基，软弱地基厚约 5m，易造成高填方的失稳，为此，对湿软地基进行了彻底清表至基岩，因此路基地质状况良好。

(3)路基高度。

左线 ZK161＋715～ZK161＋890 最大中心填高为 31.72m，左侧边坡最高分 6 级，平台宽度 2.0m，第一～三级坡率 1∶1.75，第四～六级坡率 1∶2.0。右线 YK161＋720～YK161＋880 最大中心填高为 28.01m，右侧边坡最高分两级，平台宽度为 2.0m，第一、二级坡率 1∶1.75。ZK162＋000～ZK162＋165 最大中心填高为 39.68m，左侧边坡与 B 匝道相接。YK161＋990～YK162＋155 最大填高为 36.67m，右侧边坡与 D 匝道相接。BK0＋150～BK0＋380 最大填高为 42.92m，右侧边坡最高分八级，平台宽度均为 2.0m；第一～三级坡率 1∶1.75，第四～八级坡率 1∶2.0。CK0＋045～CK0＋172 最大填高为 31.75m，左侧边坡与 D 匝道相接，右侧边坡最高分三级，平台宽度 2.0m；第一～三级坡率 1∶1.75，如图 5.68 所示。

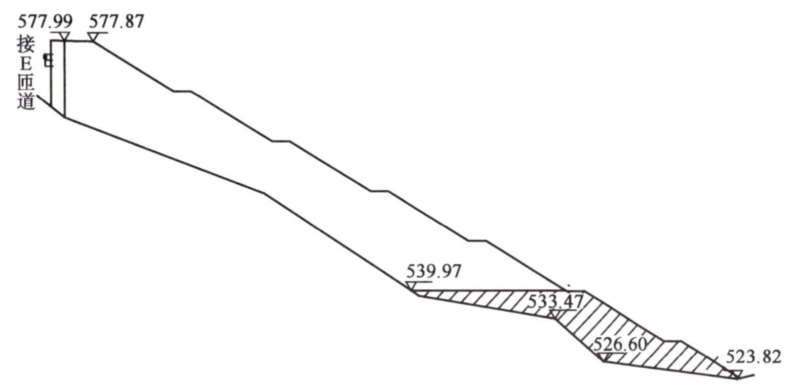

图 5.68 路基设计横断面

(4)路基填料。

路基填料主要为灰岩填石料，最大粒径在 40cm 左右，级配较好，强度高，如图 5.69 所示。

图 5.69 BT14 高程填方路基填料

2)路基填筑

(1)地基处理

路基填筑前清除了 3～5m 厚的软弱地基、松散堆积体，因此地基处理状况良好。

(2)路基填筑

该高填方于 2008 年 11 月 23 日开始填筑，2009 年 10 月基本完成路基施工。路基填料来源于三都互通立交主线和 A 匝道开挖的石方，路基填料以碎石与块石为主，粒径与级配较好，填料强度较高，以微风化和中风化岩石为主。该高填方填筑层厚 30～80cm，碾压遍数 4～8 遍、每 1.5m 左右冲击碾压 14 遍，从压实质量检测结果(表 5.28)来看，总体碾压质量较好，如图 5.70 所示。路基填筑过程如图 5.71 所示。边坡防护采用拱形护坡。

3)监测仪器埋设

为了观测高填方的位移场，在不同的台阶上埋置了沉降观测点，如图 5.72 所示。由于部分仪器受损或观测结果不连续，因此只对各平台的沉降值进行了分析，见图 5.73。监测项目布置点统计见表 5.29。

图 5.70 路基填筑现状图

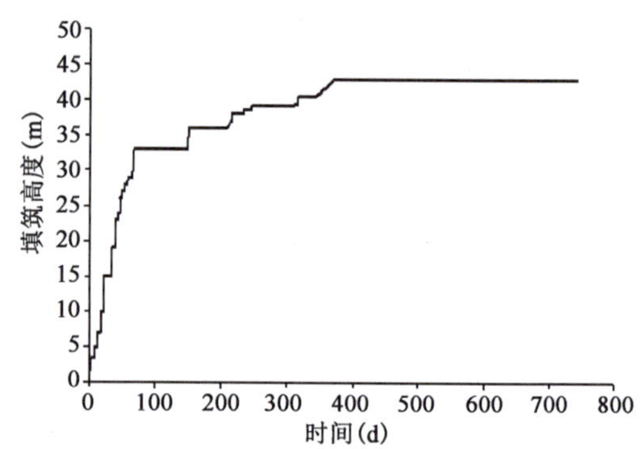

图 5.71 路基填筑过程

压实质量检测结果 表 5.28

点 号	沉降(mm)		点 号	沉降(mm)	
	强振 6 遍	强振 8 遍		强振 6 遍	强振 8 遍
1	8	8	6	17	12
2	12	8	7	18	1
3	12	4	8	9	4
4	9	10	9	0	6
5	0	6	平均值	19	9

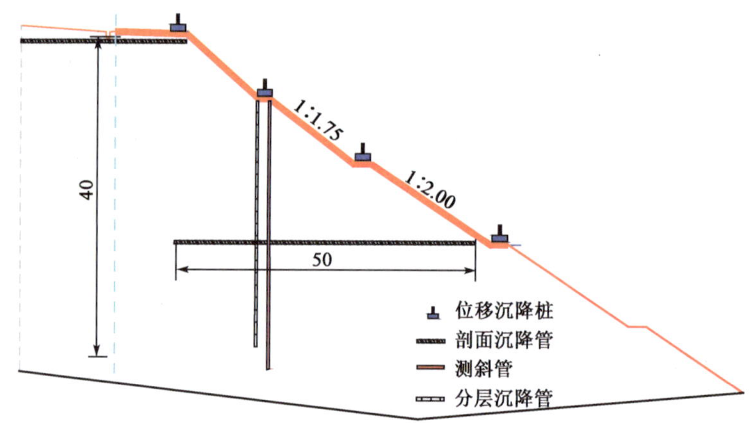

图 5.72 仪器埋设断面示意图(尺寸单位:m)

BT14 标段试验段监测点统计 表 5.29

监 测 项 目	数 量	监 测 项 目	数 量
沉降板	36 个	剖面沉降管	1 440m
沉降钉	24 个	磁环	378 个
测斜管	576m	分层沉降管	576m

4)监测结果

(1)第一台阶沉降

第一台阶的沉降监测结果如图 5.74 所示。

图 5.73　通车后对高填方的沉降观测

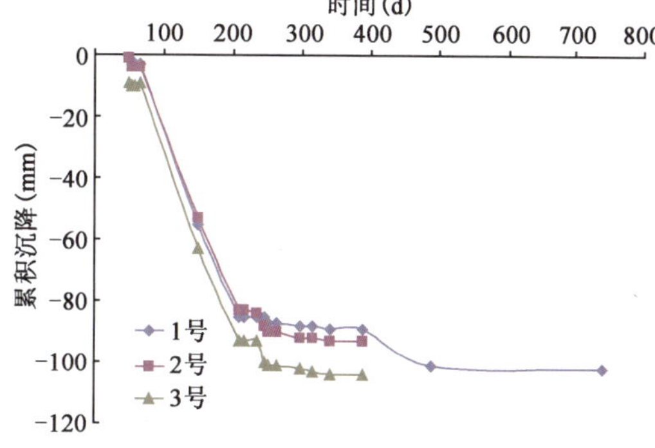

图 5.74　第一台阶沉降量

从沉降—时间变化曲线分析，路基填筑期间的沉降量较大，路基填筑完成后其沉降量在15mm左右，显示地基的沉降量已很小，处于稳定状态。同时由沉降曲线可以看出，路基沉降在填筑完成(图5.74中150d)后150～180d趋于稳定。

(2)第二级台阶沉降

第二级台阶观测点的测试结果如图5.75所示，同样显示出雨季沉降量大，沉降曲线呈台阶状。

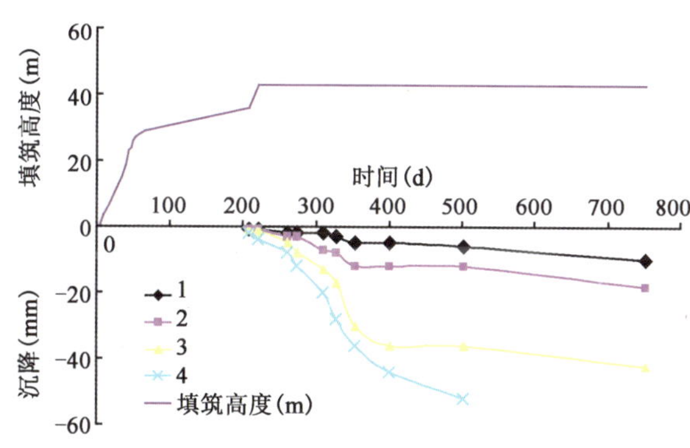

图 5.75　第二级台阶沉降测试结果

(3)第三级台阶沉降

第三级台阶观测点的测试结果如图5.76所示。由图中各点沉降变化规律看，2010年4～6月份3号点累积沉降为10mm，2号点累积沉降为6mm，沉降较小，但相对沉降值大，约占总沉降的1/3。

(4)第四级台阶沉降

第四级台阶观测点的测试结果如图5.77所示。

(5)第五级台阶沉降

第五级台阶观测点的测试结果如图5.78所示。由图中各点沉降变化规律看，5右号点145d最大累积沉降7mm，6右号点145d最大累积沉降8mm，1号点145d最大累积沉降13mm，2号点145d最大累积沉降15mm。100d后各点总体上沉降变化不显著，沉降量小。

(6)路基表面沉降

路基表面观测点测试结果如图 5.79 所示。由图中各点沉降变化规律看，2010 年 6 月～2011 年 7 月，路基竣工 8 个月后一年内的最大累积沉降 58mm，约占填筑高度的 0.13%。这个沉降量小的原因与该高填方地基清基彻底，路基于 2009 年 10 月基本完工有关。

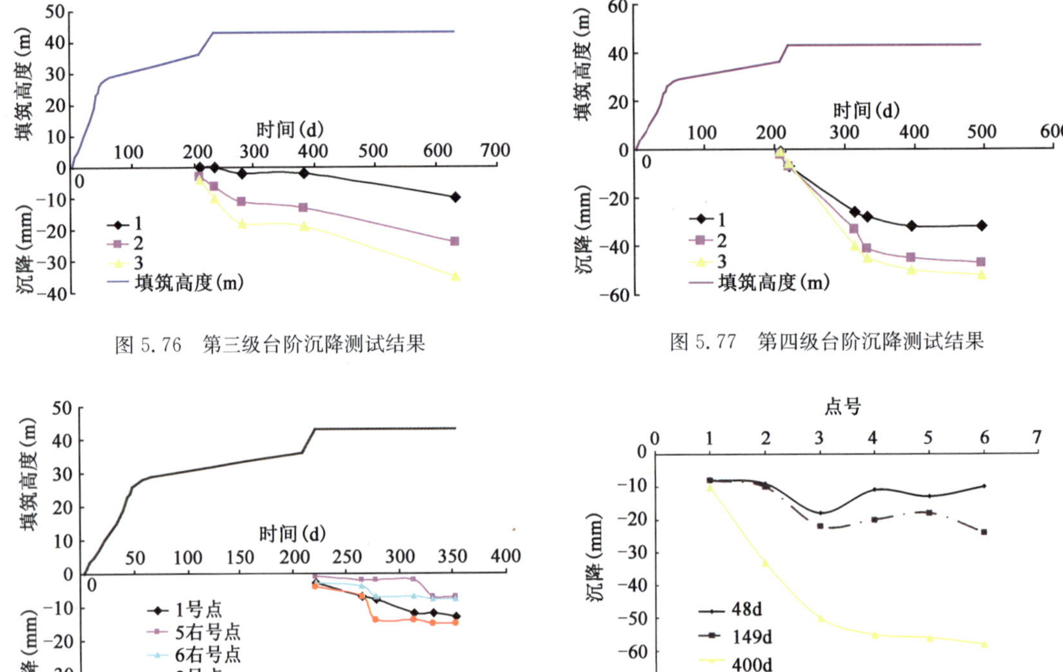

图 5.76　第三级台阶沉降测试结果

图 5.77　第四级台阶沉降测试结果

图 5.78　第五级台阶沉降测试结果

图 5.79　路基表面沉降测试结果

(7)分层沉降观测结果

分层沉降管于 2009 年 5 月 26 日开始观测，其埋设示意图如图 5.80 所示。1、2 号和 3 号分层沉降管的测试结果分别如图 5.81～图 5.83 所示。从图中可以清楚地看出，分层沉降主要发生在路基填筑期间。

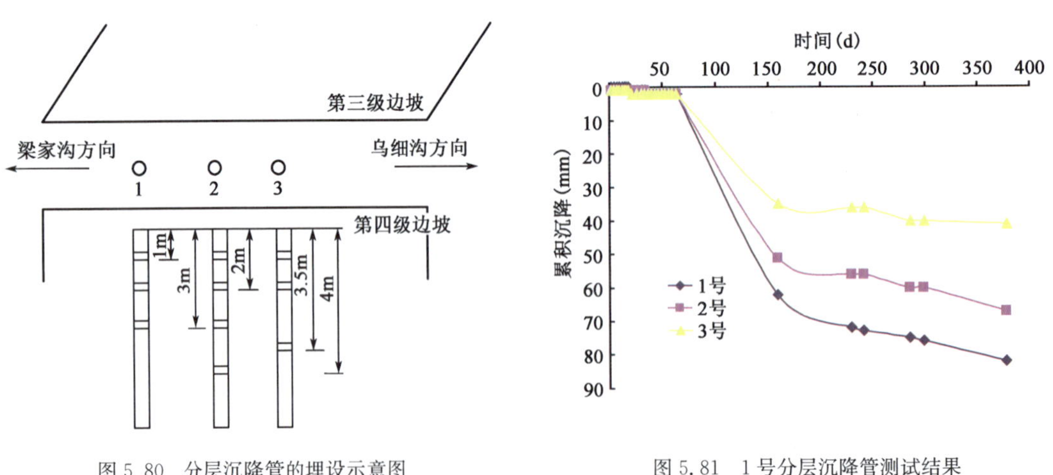

图 5.80　分层沉降管的埋设示意图

图 5.81　1 号分层沉降管测试结果

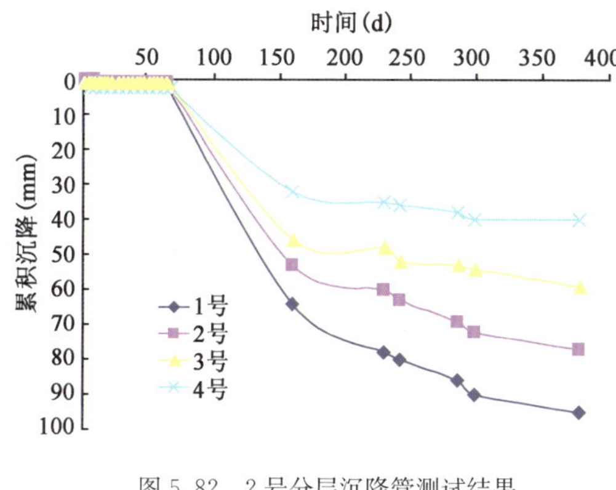

图 5.82 2 号分层沉降管测试结果

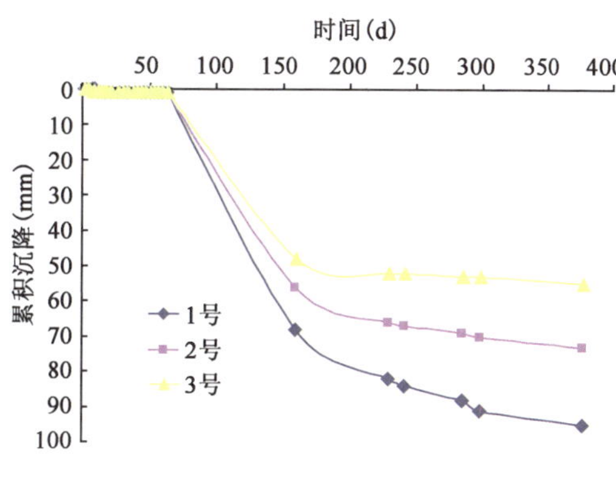

图 5.83 3 号分层沉降管测试结果

5.4.3 "V"形高填石路基的沉降变形

1)高填方概况

BT22 标段高填方路基位于都匀小围寨范围"V"形沟内,具体桩号为 K202＋000～K202＋348.4。填方与地表接触处及路基平台上设置排水沟。

(1)地形地貌

地形地貌陡峻,自然斜坡坡度约 30°～50°;汇水面积较大;高填方位于一山谷内,路基在纵、横向上有较好的侧向约束,路基填筑体呈锅形,整体稳定性好,如图 5.84 所示。

图 5.84 BT22 标段高填方整体现状

(2)地质状况

路基底部的亚黏土地基层约为 3m,以下为基岩,填筑前已将黏土开挖废弃,因此地质状况良好。

(3)路基高度

最大中心填高 52.75m,右侧边坡最高分八级,平台宽度 2.0m,第一～二级坡率 1∶1.5,第三级坡率 1∶1.75,第四～八级坡率 1∶2.0。

(4)路基填料

路基填料以灰岩填石料为主,强度高;填料最大粒径达 50cm 左右,如图 5.85 所示。

图 5.85　BT22 标高填方路基填筑

2)高填方填筑

(1)地基处理

高填方原地基包括厚约 2～4m 的黏土，在高填方路基填筑前已彻底清除，因此地基状况良好。

(2)路基填筑

路基填料主要为泥质灰岩、弱风化含泥质灰岩及微风化灰岩。层厚控制在 60cm 以内，部分微风化灰岩的层厚在 80cm 以内，最大粒径在 50cm 以内。振动压路机的激振力为 50t，振动频率为 30～45Hz，振幅在 1.6mm，速度为 3～5km/h。振动碾压工序为先静压，再振压。碾压遵循先两侧后中间、先低后高。压实路线纵向相互平行，轨迹重叠 20cm，前后相邻区域段应重叠碾压 100～150cm。碾压遍数为 5 遍。路基正常压实后，振动压路机每填筑 2m 后采用 25kJ 三边形冲击压路机进行追密补压 15 遍，冲击碾压施工按《公路冲击碾压应用技术指南》的规定执行。

(3)路基排水与防护

鉴于该路段区域年降雨(水)量较大，地表水雨季集中，坡面岩体裂隙水比较发育的水文地质条件，为防止原地表水、地下水浸入填方路基形成不均匀沉降，为及时、迅速的排出填料内水分，填方与原地表横向斜坡面接触处设置横向排水盲沟，由下向上每 1.0m 设置一道，横向 3‰～5‰，以保证原坡面渗水或岩体裂隙水排出路基。另外，还应在路基边坡设置平台排水沟。

3)监测结果

不同台阶上的各点沉降观测结果如图 5.86～图 5.89 所示。

(1)路基填筑完成后各平台的沉降

该高填方于 2010 年 3 月完成路基主体填筑，路基各平台在 2010 年 5 月 18 日～2011 年 7 月 17 日间的沉降量如表 5.30 和图 5.90 所示。

BT22 标路基完成后各平台最大沉降量(mm)　　表 5.30

平台位置	第一级	第四级	第八级	路基顶
沉降量	−15	−92	−232	−280.7

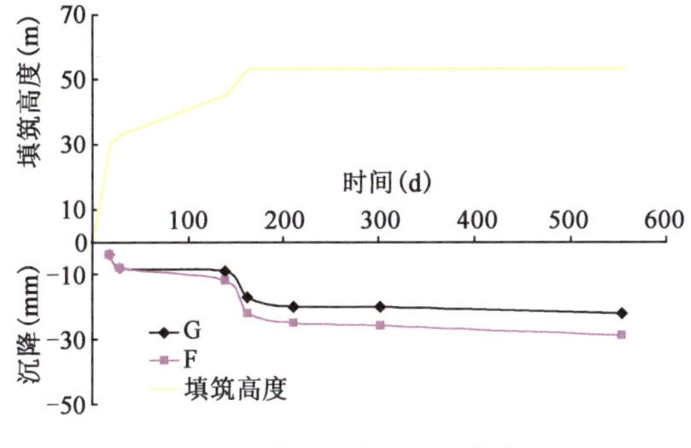

图 5.86 第一级台阶的沉降曲线

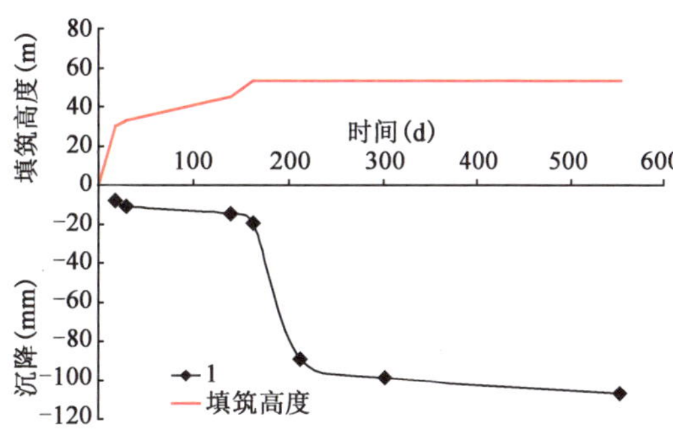

图 5.87 第四级台阶的沉降曲线

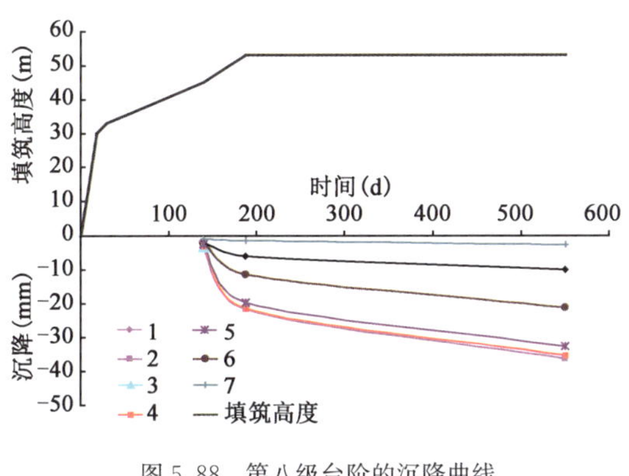

图 5.88 第八级台阶的沉降曲线

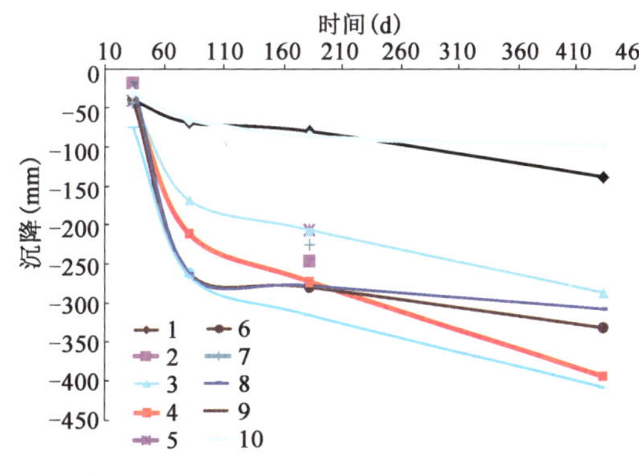

图 5.89 路基顶沉降曲线

(2)沉降监测结果分析

分析各台阶的沉降曲线,可以得到如下结论:

①对于"锅"形填石高填方,路基的沉降量几乎与路基填筑高度呈正比。

②路基于 2010 年 3 月基本完成填筑后,5～7 月雨季沉降迅速,约占观测总沉降量的一半以上,8 月份雨季后沉降明显放缓。因此,高填方路基的沉降曲线呈现出明显的台阶状。

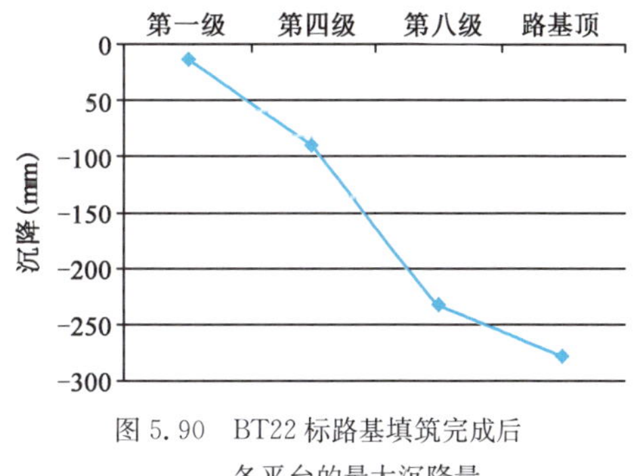

图 5.90 BT22 标路基填筑完成后各平台的最大沉降量

③路基填筑完成后一年半内,高填方填石路堤的沉降量约占总高度的 0.7%,并不比碎石土和细粒土高填方的沉降量小。

④地质状况良好时,高填方路基的沉降速率较快,第一年的沉降量约占总沉降量的 70%。

5.4.4 高填方路基的沉降变形计算

1)高填方路基沉降计算理论

高填方路基沉降由两个部分组成,一部分是地基土在路堤荷载作用下,产生的压缩和固结变形,一部分是填料在外荷载和自重作用下产生的压缩变形和不断增加的后期蠕变变形。沉降计算分两部分内容:一是最终沉降量的计算,另一个是填料沉降随时间过程变化的计算,即固结理论。

《公路路基设计规范》(JTG D30—2015)中建议软土地基中路基和地基沉降采用分层总合法计算。分层总合法是结合地基土层在竖直方向的不同变化将地基分为许多层状单元考虑，对各层土体的计算参数分别取值，即假定地基土在外荷载的作用下变形只发生在有限厚度范围内，将压缩层厚度内的地基土分若干薄层，假定各层次内部应力、应变分布相同，分别求出各分层的应力，然后用土的应力应变关系式求出各分层的变形量，加起来乘以经验修正即为地基的沉降量。

经验计算地基的总沉降 S(经验系数法)的公式如下

$$S = m_s S_c \tag{5.13}$$

式中：S——地基的总沉降(m)；

S_c——主固结沉降(m)；

m_s——沉降(经验)系数，与地基条件、荷载强度、加荷速率等因素有关，一般为 1.1～1.7。

主固结沉降的计算方法主要有用 e-P 曲线法、e-lg(P)曲线法、压缩模量 E_s 法和压缩系数 a_v 法，这里主要介绍常用的 e-P 曲线法。

$$S_c = \sum_{i=1}^{n} \frac{e_{oi} - e_{1i}}{1 + e_{oi}} \Delta h_i \tag{5.14}$$

式中：S_c——主固结沉降(m)；

n——地基沉降计算中，计算分层的层数；

e_{oi}——地基中第 i 层土分层中点，在自重应力作用下稳定时的孔隙比，在未加下级荷载时的状态；

e_{1i}——地基中第 i 层土分层中点，在自重应力与附加应力共同作用下稳定时的孔隙比，在施加荷载后的状态；

Δh_i——地基沉降计算中，分层时第 i 层计算的分层厚度(m)，宜为 0.5～1.0m，在计算分层范围内，当遇到天然地层界限时，作为分层面。

2)红黏土高填方路基沉降计算

(1)工程概述

余凯高速 KT4 标 K34＋600～K35＋120 填方段落坐落在两座山头中间的低洼平地上，地势平缓，地表无明显水流，最大填高 24.4m 位于 K34＋892.5 左侧，地基下覆 3m 厚红黏土。地基情况良好，仅进行清表碎石找平。路基填料为红黏土，边坡采用菱形方格网防护。坡脚设置梯形排水沟，由于处于低洼平地段，本段落共设置了三个排水通道涵。现场照片及 K34＋892.5 横断面图如图 5.91 和图 5.92 所示。

图 5.91　K34＋600～K35＋120 大里程方向

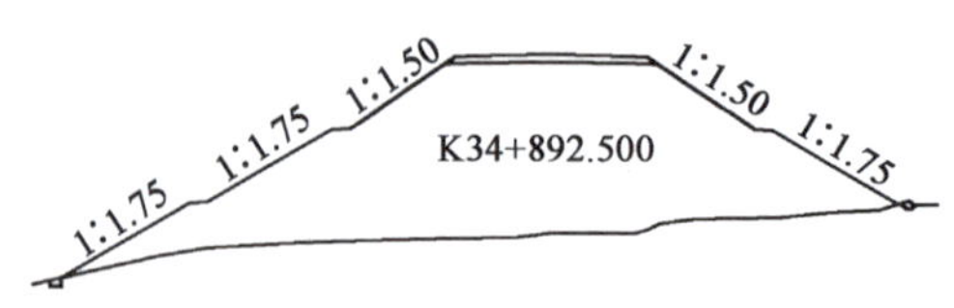

图 5.92　K34＋892.5 横断面图

(2)沉降计算

该路段最大填高 24.4m，路基底宽 94m，经计算路基底部平均附加应力为 284.82kPa，地基土层室内压缩试验成果如表 5.31 所示。沉降计算简图如图 5.93 所示，图中地质剖面及计算参数参照地勘资料并结合室内试验数据取得。各分层处的土体自重应力和附加应力和最终沉降计算结果如表 5.32 所示。

地基土层的 *e-P* 曲线　表 5.31

土名 \ e	P						
	0	50	100	200	300	400	500
红黏土	1.204	1.148	1.114	1.076	1.045	1.01	0.95
粉质黏土	0.978	0.889	0.855	0.809	0.773	0.773	0.773

分层总和法计算地基最终沉降　表 5.32

分层点	深度(m)	自重应力(kPa)	附加应力(kPa)	自重应力平均值(kPa)	附加应力平均值(kPa)	总应力平均值(kPa)	受压前孔隙比	受压后孔隙比	分层压缩量(m)
0	0	0	284.82	—	—	—	—	—	—
1	3	52.8	283.37	26.40	284.09	310.49	1.17	1.06	0.16
2	7	124.8	281.43	88.80	282.40	371.20	0.86	0.77	0.20
3	12	214.8	279.00	169.80	280.21	450.01	0.82	0.75	0.17
4	17	304.8	276.58	259.80	277.79	537.59	0.79	0.74	0.13

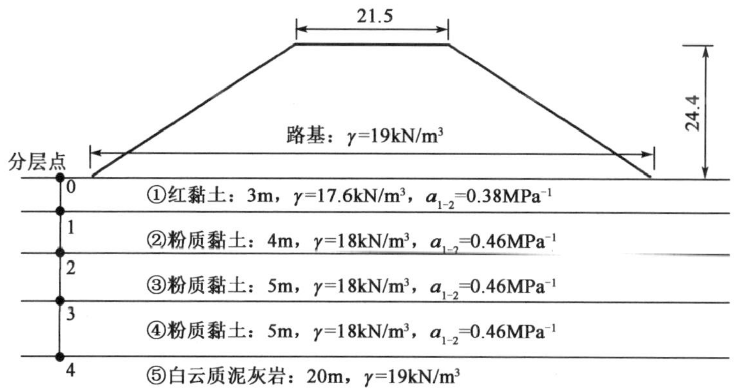

图 5.93　地基土分层(尺寸单位：m)

采用分层总和法计算出的地基最终沉降约为 66cm，因此 K34＋892.5 路段路基中心位置的工后总沉降为 90.4～102.6cm。

3)软基高填方沉降变形计算

(1)工程概述

对余凯高速沿线勘察设计中的软基路段进行实地踏勘，通过开挖探坑发现，10 标 K80＋300、9 标 K79＋723～752、4 标 LK6＋748、LK4＋995、11 标 LK8＋880～900、LK10＋200 处地基实际为厚度 2～5m 的红黏土或砂土，开挖 4～5m 左右可见基岩。根据地质状况及土质条件，对这些路段的地基沉降量(未考虑地基处理)进行了计算，为优化地基处理方案提供参考。

(2)计算内容

计算方法采用:①压缩模量法;②地基土的含水率变化。

计算过程以 11 标 LK10+200 处为例,余凯高速 11 标 LK10+200 处路基填高约 25m,地基土属于典型的红黏土,处于可塑状态,且开挖 4m 达到基岩。

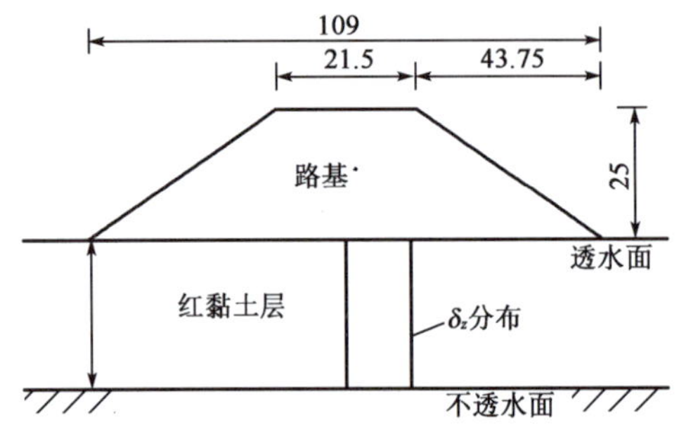

图 5.94 沉降计算简图(尺寸单位:m)

①考虑压缩模量。

沉降计算的计算简图如图 5.94 所示,路基顶宽 21.5m,高 25m,路基底宽 109m,红黏土层厚 4m,4m 以下为基岩,现场地基情况如图 5.95 所示。相对上部较大面积的填方路基,4m 厚的红黏土层较薄,因此其附加应力分布为矩形分布,其值为路基的自重应力 $\sigma_z=\gamma h=19\times25=0.475\text{MPa}$。红黏土层的压缩模量采用工程类比法,参照福建泉三线相似高液限土(液限 61%,塑限 34%)在相近含水率(39%)与稠度(0.8)下的试验参数(3~4MPa)、贵阳地区试验参数(4~8MPa)、11 标地勘资料(5~10MPa),计算中取 4MPa,渗透系数取 $7\times10^{-8}\text{cm/s}$。

图 5.95 地基土现场情况

红黏土层的最终沉降量采用单向压缩量公式

$$S=\frac{\sigma_z H}{E_s}=\frac{0.475\times4}{4}=0.475\text{m}=47.5(\text{cm})$$

该土层的固结系数为

$$C_v=\frac{kE_s}{\gamma_w}=\frac{4\times7\times10^{-8}}{10}=28\times10^{-4}(\text{cm}^2/\text{s})$$

加荷 6 个月后的时间因数为

$$T_v=\frac{C_v t}{H^2}=\frac{28\times6\times30\times24\times3\,600}{4^2}=27.216\times10^{-2}$$

土层的附加应力为矩形分布,其分布参数为 1,由 T_v 查平均固结度与时间因数对照表得出土层的平均固结度为 0.585,则加荷 6 个月后的沉降量为 0.585×47.5=27.79cm。

假设路基填筑速度为 0.3m/d,路基总共分为 3 层填筑,每层时间间隔为 15d,则路基填筑高度-时间-沉降计算结果如表 5.33 所示。填筑高度-时间-沉降曲线如图 5.96 所示。需要说明的是，上述采用一维单向压缩量公式计算的最终沉降量没有考虑土体在加荷瞬间的弹性变形，根据弹性力学理论，如此填高的情况下，还将会有 8～10cm 的瞬时变形。

填筑高度-时间-沉降计算结果　　表 5.33

时间(月)	填高(m)	最终沉降量(cm)	固结度(%)	沉降量(cm)
1	9	17.1	23.9	4.1
1.5	9	17.1	29.4	5.0
2.4	17	32.3	37.2	12.0
2.9	17	32.3	40.9	13.2
3.8	25	47.5	46.8	22.2
5.8	25	47.5	58.5	27.8
11.8	25	47.5	78.2	37.2
17.8	25	47.5	88.8	42.2
23.8	25	47.5	94.1	44.7
29.8	25	47.5	95.4	45.3

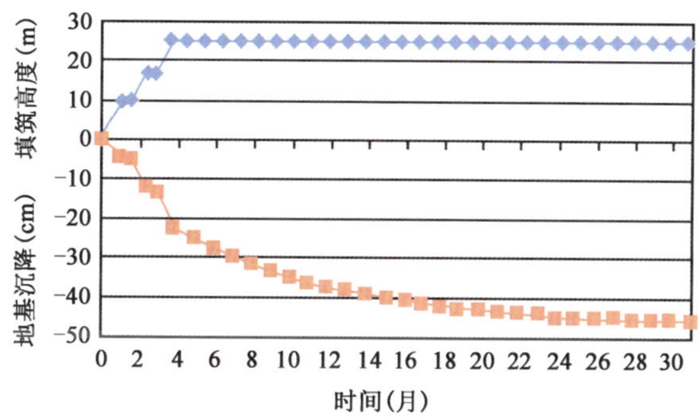

图 5.96　填筑高度-时间-沉降曲线

从图 5.96 和表 5.33 中可以看出，在路基填筑完成时，达到了 46.7%的固结度，沉降量为 22.2cm，填筑完成 1 年后，固结度达到 86%，沉降量为 40.8cm，两年后固结度达到 95%以上，固结基本完成。沉降速率在填筑第二层和第三层的时候最大，填筑完成后沉降速率逐渐减小，到填筑后的 15 个月固结度达到 90%以上时，沉降趋于稳定。

②考虑含水率变化。

对于饱和土的沉降计算已很成熟，但对于非饱和土的压缩变形则尚未成熟，国内也未有公认的计算公式。考虑到现场红黏土的天然含水率普遍在 50%附近，按饱和度计算，其饱和度已接近 100%，因此，本项目对红黏土按饱和土进行压缩变形计算，所得结果与实际情况应较接近。根据部公路所在福建省泉三线的实测数据，高液限土路基在运营期的天然含水率的变化幅度约为 10 个百分点。

由于假定红黏土是饱和土，土粒孔隙完全被水填充，土体的压缩过程就相当于将孔隙水排出的过程，含水率从 ω_1 减小到 ω_2 所产生的压缩量按如下考虑：

空隙比 $e=V_v/V_s=V_w/V_s=m_w/\rho_w/m_s/\rho_s=\omega\rho_s$，压缩量 $S=e_1-e_2/1+e_1H$，故由含水率

变化产生的压缩量应该为

$$S=\frac{(\omega_1-\omega_2)\rho_s}{1+\omega_1\rho_s}H$$

如在 LK10+200 处红黏土层厚 4m，土样含水率由压缩前 50%的减小到压缩后的 40%，红黏土的土粒密度取 2.75g/cm^3，那么土体的压缩变形量为

$$S=\frac{(0.5-0.4)\times2.75}{1+0.5\times2.75}\times4=46.3(\text{cm})$$

这种从含水率的变化近似计算压缩量的方法是在实际工程中有一定的参考意义，与压缩模量方法相比也较接近。

(3)计算结果分析

采用考虑压缩模量和含水率变化两种计算方法对余凯线 6 个段落进行地基沉降计算，结果见表 5.34。从计算结果看两种方法结果基本相近，鉴于含水率参数在实际工程中容易试验获取，现场估算红黏土地基最终沉降时可采用考虑含水率变化的方法。

余凯线红黏土地基沉降计算结果 表 5.34

段落		填高(m)	红黏土地基层厚(m)	最终沉降量(cm)	
				考虑压缩模量	考虑含水率变化(以 50%降至 40%为例)
1	K80+300	20	4	38	46.3
2	K79+723～K79+752	16	5	38	57.9
3	LK6+748	16	5	38	57.9
4	LK4+995	25	4	47.5	46.3
5	LK8+880～LK8+900	21	3	29.9	34.7
6	LK10+200	25	4	47.5	46.3

总体而言，上述调查路段红黏土地基厚度不大，地基土天然含水率与山坡上红黏土相比不算高，红黏土地基总沉降量与软基相比不算大，但固结时间较长。由于位于沟谷间，路基的整体稳定性较好，因此原设计中的地基处理方案可再斟酌。

部分沟谷型地貌条件的高填方路基落段，由于路基在纵向和横向上的填高差异，加上红黏土地基厚度的差异，可能导致路基顶面的差异沉降量较大，对路面长期使用性能带来较大的影响。因此对于一些特殊路段(如软土地基、陡坡高填方、松散堆积体等路段)，有必要进行沉降及稳定观测，并作为路基质量监控和路面铺筑的依据。

5.4.5 高填方路基的沉降变形规律

(1)高填方路基填筑体的工后(指路基填筑完成，下同)总沉降量与填筑高度基本呈线性关系，约占高度的 1%；当路基填筑速度较快和施工控制不严时，可达 1.3%。

(2)路基的沉降与路基填料关系不密切，风化板岩碎石土与灰岩填石路堤的工后沉降量差别不明显；与细粒土填方路基相比，填石路堤的沉降量并不小，甚至可能更大。但灰岩填石路堤的整体稳定性明显高于风化碎石土和细粒土路基。

(3)粗粒土高填方路基的沉降与降雨密切相关。即 5～8 月份路基沉降大于与其相邻月份

的沉降，沉降速度甚至为后续相邻时段的 3～4 倍。高填方路基的沉降曲线在总体上呈抛物线形的同时，呈现出明显的台阶状。

(4)高填方路基的台阶形沉降曲线表明，粗粒土高填方路基的沉降机理是因雨水的渗透作用，导致路基细小颗粒的运移所致，因此，提高路基的级配和防排水对减小工后沉降作用明显。

(5)高填方路基第一年的工后沉降量约为第 2 年的 3～4 倍，约占总沉降量的一半。第一个雨季(5～7 月)的沉降量约占第一年沉降量的 1/2，占总沉降量的 1/4 左右。

(6)高填方路基完工后至少经历一个雨季方可铺筑路面，在工期允许的情况下宜自然沉降稳定一年时间较合适。

(7)地质状况良好的情况下，路基沉降的主要影响因素依次是：路基沉降稳定时间、路基高度、施工层厚、填料级配和碾压工艺等。

(8)高填方路基填筑体两点间的工后差异沉降率普遍较大，多为 0.2%～0.3%，个别点可达 1%，路基边坡的水泥防护砌体早期出现了开裂现象。由于路基填料是弹塑性材料，在路面铺筑前，路基的差异沉降可通过路面底基层、基层和面层逐步调平。因此其差异沉降不会对路面结构层造成太大的影响。对路面结构层影响大的是路面铺筑后路基的差异沉降量，从监测结果分析，路面铺筑后的差异沉降普遍不大，差异沉降率多为 0.1%～0.15%，个别点超过 0.5%，但路面未见裂缝等病害，路基边坡防护砌块亦未见开裂。表明路面开裂与否除与差异沉降率相关外，还与路基的沉降速率有关系，连续均匀的路基沉降有利于路面结构层的塑性变形与应力调整，减小其附加应力，防止路面开裂。

(9)填石路基的沉降变形机理与细粒土有很大差别。按施工的时间划分，填石路基的沉降变形可分为施工期沉降和施工后沉降，其中施工期沉降主要为瞬时变形，工后沉降主要为蠕变变形。监测结果表明填筑体在填筑过程中产生快速沉降，一旦填筑结束，沉降速率随之减小，趋于稳定。

5.5 高填方路基的施工

5.5.1 地基处理

贵州大部分地区为山地，山区沟壑地形、地下水和降水丰富，软土性质、厚度、分布变化较为复杂。在贵州山区高速公路的建设过程中，会面对成因复杂、分布不均的软弱地基，软基处理已成为影响高速公路高填方建设进度、质量和工程造价的关键性控制工程。尤其是部分沟谷型地貌条件的高填方路基段落，由于路基在纵向和横向上的填高差异，加上地基厚度的差异，可能导致路基顶面的差异沉降量较大，对路面长期使用性能带来较大的影响。因此，为保证这些段落路基的稳定，必须采用合理可靠且经济的方案进行地基处理。

(1)软基处理原则

①根据场地工程地质条件、建筑结构类型、使用要求、场地环境特点、施工设备、建筑材料来源及单价以及设计对承载力和变形的要求，初步选定几种可供考虑的地基处理方案。

②对初步选定的几种方案按技术可靠性、施工可行性、工期及造价进行分析比较，并结合

当地已有经验，确定最佳方案。

③注意软基处理方法的联合使用。特殊情况下，单靠某一种处理方法难以满足工程要求，必须根据实际情况选择某两种或几种处理方法联合使用。

(2)常用软基处理方法

常用的软弱地基处理方式从原理上主要分为六大类：换填法、密实法、排水固结法、化学胶结法、加筋法和复合地基法。

换填法是将不符合工程条件的软弱土质进行置换，用强度、承载力等物理性质较高的土、砂、碎石等材料置换软土，与未加固部分形成复合地基，达到提高地基强度的目的。

密实法则是用大的冲击能量强行打击土体，如强夯、抛石挤淤法等，使土体达到强制密实的作用或者用一定的手段，通过振动、挤压使地基土体孔隙比减小，强度提高，达到地基处理的目的。

排水固结法的几种方法原理类似，是利用不同方式构造排水通道，再外加荷载迫使软土排出孔隙水，孔隙比减小，密实度加大，土体强度得到提高，以达到提高地基承载力、减少工后沉降的目的，常用的排水固结的具体方法有袋装砂井预压法、塑料排水板预压法、真空预压法、表层排水法等。所不同的地方是：一、构造的排水系统不同，排水系统有砂井、袋装砂井、塑料排水板等；二、施加外荷载方式的不同，真空预压采用真空泵施加反向荷载，而其他预压方式采用堆载方式。排水固结法通常还需要等载或超载预压以加快土体排水，促进土体固结。

化学胶结法是用石灰、水泥、土壤加固剂等作为拌和剂，掺入表层土中，用人工或机械进行拌和、摊铺、碾压，使地表附近的地基形成一个人工的硬壳层，以提高地基的强度和承载力，达到稳定路基的目的。浅层拌和法是一种浅层地基处理方法，主要适用湿软地基位于地表且厚度一般在 3～5m 之间的情况。

加筋法是在地基中铺设土工合成材料形成加筋土(垫)层，加强地基的整体性，约束地基土的侧向变形，改善湿软地基的应力场，达到提高地基承载力，增强地基稳定性的目的。常用的筋材主要是土工格栅、土工织物等土工合成材料。该方法适用范围广，技术可靠，施工简便，工程造价合理。

复合地基的原理则是在土中加入水泥、碎石桩、预制管桩等一定强度和承载力的构造物，使构造物和土体联合承担荷载，从而大大提高地基承载力的方法，常用复合地基原理的软基处理方式有水泥搅拌桩、CFG 桩、管桩、高压旋喷桩。主要不同点在于在土中形成的构造物不同，因此复合地基的承载力差异也就相对较大。

(3)贵州软弱地基处理方式的使用原则

①3m 浅层软土地基的处理首选采用换填土法。换填土法原理直接，设计和施工工艺简单，质量控制容易，需要取工程性质好的土，施工仅需运输车辆、挖掘、碾压设备等即可，无须专用设备。造价不高，工期短；处理后工后沉降较易控制，承载力也较好。但随着深度的增加，换填土的方量增加，即弃土、借土、运土的费用都会上升。因此在外借土方困难的条件及深度较大的情况下，造价增加较多，要根据实际工程情况、技术经济条件等研究确定。

②6m 以内深度的软土地基处理可以考虑采用强夯法，强夯法原理简单，设备机具较简单，设计及施工工艺简单。造价较低，工期短，软基处理效果较好，不失为一种又快又好的方法。但除了工程上对土质情况要进行考虑外，强夯法冲击力易对周围环境产生影响，使用时要

充分考虑对周围建筑物及居民的影响。佛山地区村屋密布，且村屋大都地基不够牢靠，因此强夯法很少采用。

③超过 6m 的，可采用碎石桩等处理措施。相比于沿海地区的软基，贵州的软基有其自身的特点：

a. 贵州软土多为高液限土，渗透系数小，因此排水固结法不合适。

b. 软土厚薄分布不均，若采用在沿海地区普遍采用的预制管桩，将导致桩体长度变化大，竖向受力不均，由于软基底部为斜坡，因此桩体可能承受较大的水平推力，这也将影响路基的整体稳定性。

c. 由于贵州软土黏性大，因此粉喷桩等在沿海地区常用的方法在贵州并不适用。

1)斜坡湿软地基

贵州山区斜坡湿软地基主要分布于由构造和剥蚀所形成的中低山地貌地区，如图 5.97 和图 5.98 所示，贵州斜坡软基具有两个显著特点：一是湿软土层表面或底部具有一定的斜坡；二是因受地表水缓慢径流长期浸泡，地基土体松散，呈现低强度和高压缩性的特点。由于斜坡湿软地基有其独特的成因、物质组成和工程特性，因而决定了在斜坡湿软地基上填筑路堤时，容易出现路基不均匀沉降和路面纵向裂缝，在斜坡坡度较陡或路堤填方较高的情况下容易产生路堤失稳和滑坡。调查显示，贵州山区斜坡湿软路基病害一般发生在斜坡中下部的半填方半开挖式路基和斜坡下部的全填方式路基中，该区域往往地表和地下水相当丰富。这两点也是引起斜坡湿软路基病害的重要因素。

图 5.97　余凯高速斜坡湿软软基

图 5.98　水都高速斜坡湿软软基

通常情况下，斜坡湿软地基会在路堤荷载的作用下，导致下部某一侧坡脚附近的地基水平变形及剪应变增大，这样一来便很容易引起地基失稳的情况发生。为此，在对斜坡软弱地基进行填方施工时，必须采取科学合理、行之有效地措施消除水平变形和剪应变，以此来确保填方工程的安全性。因此，对斜坡湿软地基填方工程，应首先考虑在坡脚设置侧向约束工程。为减小侧向约束工程量，对软弱地基可进行适当的加固，使侧向约束与地基加固工程共同作用，以达到效果好、工程省的目的。常用的措施有以下几种：其一，将软弱土层全部清除；其二，增强地基基础自身的抗变形能力；其三，对地基的侧向变形进行控制，如图 5.99 所示。

(1)清除软弱土层

这是处治斜坡软基的首要方法，在软弱土层较为薄弱且斜坡较陡的情况下更应如此。当软弱土层厚度小于 5m 时，采用该方法效果最佳。若是在地面或是软弱土层地面横坡缓于 1∶10 的情况下，可将该方案与增加反压护道的方案从经济和技术两大方面进行比较，择优选取。如果横坡陡于 1∶10，并且软弱土层厚度小于 5m，那么便可以采取该方法对斜坡软弱土进行清除。

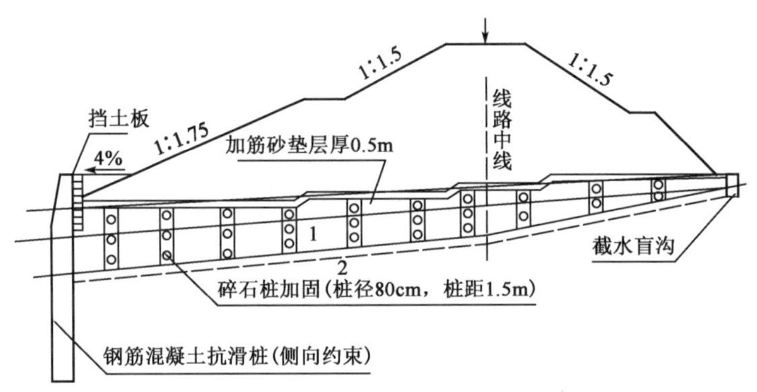

图 5.99　典型斜坡湿软地基处治方案

1-淤泥质黏土；2-灰岩，泥灰岩，炭质页岩互层

(2)增强地基基础的抗变形能力

常用的方法有以下三种：

①通过强夯法来增强地基土体的密实程度。

②通过置换法使地基土体形成复合地基。

③通过复合地基加固技术，使构造物和土体联合承担荷载，从而大大提高地基承载力，常用复合地基的处理方式有碎石桩、CFG 桩等。

(3)限制地基侧向变形

具体有主动限制和被动限制两种途径，前者主要是通过施工钢混桩基础，以此来承受来自于路堤及上部的荷载，达到限制斜坡地基水平变形的目的；而后者则主要是在路堤坡脚的位置处施工钢混侧向约束桩，借此来抵抗地基基础的侧向变形。

①钢混侧向约束桩。在水平软弱地基上可以采用放缓填方坡或是增设反压护道的方式来限制地基基础的侧向变形；而在斜坡地基上，因地面本身具有一定的横坡，若是采用放缓填方坡或是增设反压护道的方法，效果相对较差，为此，应当采用钢混侧向约束桩来限制斜坡地基的水平变形。

②钢混桩基础。该基础实质上是一种桩网结构，其主要是由钢混桩群和桩顶加筋垫层组成，在填土缓慢增加的荷载作用下，因网兜效应的存在，钢混桩群会受到互相牵制，进而形成复合桩群，这样便可使桩体仅仅承受竖向力的作用，可以进一步限制地基基础侧向变形的发生。经过实践证明，钢混桩基础在控制斜坡地基沉降方面的效果要远远高于钢混侧向约束桩。故此，在沉降变形要求较为严格工程中，建议采用钢混基础桩对地基进行加固处理。

(4)以桥代路

当斜坡湿软地基路堤加固工程可靠度较低或工程造价较高时，采用以桥代路是一种合理的选择。以下情形应采用以桥代路方案：

①斜坡软弱地基工程地质复杂，难以查明软弱基底横坡。

②斜坡软弱土层强度低，难以采用复合地基加固时。

③斜坡软弱土层较厚，路基工后沉降难以有效控制时。

在实际填方工程中，斜坡软弱地基填方工程应以限制斜坡软弱地基水平变形为核心，设计原则如下：

①当斜坡较陡且软弱土层较薄时，应优先采取清除软弱土层的措施。

②斜坡坡度较缓，软弱土层较厚且为非饱和土时，应采取强夯或重锤夯实强夯，提高地基土层密实度。

③斜坡坡度较缓，软弱土层较厚且为饱和土时，应采取地基加固措施。

④斜坡坡度较陡，软弱土层较厚时，应优先采取限制地基侧向变形的措施。

⑤对填方工程变形要求严格时，宜优先采用刚性桩—网结构基础。

⑥斜坡坡度较陡时，不宜单一采用复合地基加固方案，可采用坡脚锚固桩侧向约束与复合地基综合加固方案。

⑦斜坡软弱地基路堤加固工程可靠度较低或工程造价较高时，采用以桥代路方案。

2)松散堆积体地基

贵州山区沟谷之间常分布有松散堆积体，厚度多在十多米，厚者可达二三十米，如图5.100～图5.102所示。它是岩石在长期物理风化作用下形成的碎块，在重力牵引的作用下以及受雨水搬运的作用下会逐步被移至山坡坡脚的位置处，进而形成松散的堆积体。主要有崩积或坡积物组成，是一套成因多样、组分复杂、结构无序、土石混杂堆积的特殊地质体，具有物质成分不均、密实程度较差、部分堆积体含黏性土软弱夹层的特点。

图5.100　凯羊沿线的松散堆积体

图5.101　晴兴高速沿线某松散堆积体

在松散堆积体上填筑路基，必须注意以下情况：堆积体是否密实，黏性土含量是否较大，地下水是否发育，是否包含软弱夹层等。松散堆积体，在填土荷载作用下，地基易产生压密变形；而当松散堆积体黏性土含量较大且地下水发育时，在松散堆积体中会形成较多而且分布不均匀的软弱夹层。由于软弱夹层抗剪强度低，不能有效约束土体在竖向变形时产生的横向变形，如果相邻土体也不能有效约束横向变形，则变形范围会越来越大，最后可能导致地基失稳。因此，地下水发育地段的松散堆积体应引起高度重视，需查明松散堆积体软弱夹层分布，必要时采取抗滑桩等侧向约束措施，限制土体横向变形，如图5.103所示。

因此，对松散堆积体填方地基，必须查明其地下水发育情况，查明软弱夹层分布情况及其物理力学特性，对有软弱层存在的松散堆积体地基，应尽量避免高填方，必要时应采取侧向约

图 5.102　晴兴高速沿线某松散堆积体钻孔芯样

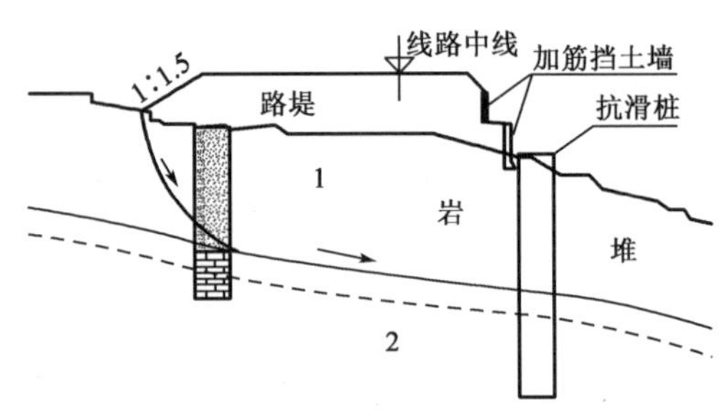

图 5.103　典型松散堆积体处治方案

1-砂黏土夹块石；2-泥灰岩，砂岩夹页岩

束措施。此外，由于软弱层分布不均匀，加固软弱层有很大的盲目性，建议在地基顶面设置加筋垫层，或填筑一层硬质岩块。

3)沟谷型软基

贵州存在大量的沟谷型软基，大多分布在冲沟、谷地、河流阶地，如图 5.104 所示。沟谷型软基主要是由于当地的风化物和地表的有机物质经过流水的搬运，沉积于地形的低洼处，并经过长时间的饱水软化以及微生物的分解作用而形成的，具有成分复杂，分布不均，地下、地表水丰富等特点，易导致高填方路基产生剪切拉裂、软基沉陷、坍塌和滑动破坏。山区沟谷型软基已经成为影响贵州省高速公路路基安全和使用品质的重要因素之一，是贵州省高速公路设计、施工中必须面临和解决的问题。

图 5.104　贵惠高速沿线的沟谷型软基

(1)沟谷型软基处理原则

①沟谷地区地形变化较大，软基纵向、横向分布极不均匀，故应加强勘探和地质调绘，建议要有针对性地加密勘探点，可采取钻孔和触探、挖探、钎探等手段相结合，详细了解软土和地下水分布特点，作为设计的依据。

②沟谷型软基大部分深度在 6m 以内，一些路段软土层面呈倾斜状态，在设计中，除软基处理措施外，还应验算沿残软土层面滑动的可能性，对于较浅的斜坡软基，建议彻底挖除换填。

③沟谷型软基处理应和地表水、地下水处理的防护工程相结合，因为山区软土多半与地下水、季节性流水、泉水等并存，有效的截排水措施可大大改善软基路堤工作状况，提高软基路堤

的整体稳定性。

④沟谷型软基固结后后期强度较高，在深层软基处治时，应考虑这一特点，充分利用软基的后期强度，以节约工程造价。

(2)沟谷型软基常用处治措施

根据贵州地区沟谷型软基的特点，挖淤换填、清表后片石挤淤换填、片石盲沟、土工格栅加筋、反压护道、碎石桩(包括 CFG 桩)等成为常用的处治措施。各种措施的主要特点如下：

①挖淤换填。

挖淤换填是山区公路软土地基处理中最常用的处理方法。它是将路基范围内的沼泽、淤泥全部挖除，再换填满足路基施工要求、透水性较好的土。挖淤换填对浅层软基、斜坡上的软弱夹层有较为良好的处治效果，一般适合于 5m 深度以内的软基和高填方路基。

②挤淤换填或清表后抛石挤淤换填。

对于路基填方不高的软基路堤，在软基较厚时，常常采用抛石挤淤换填的措施。挤淤换填一般在路基底部抛投一定数量片石，将淤泥挤出基底范围，以提高地基的强度。这种方法施工简单、迅速、方便，适用于常年积水排水困难的洼地，软基呈流塑状态、表面无硬壳、抛石能沉达底部的泥沼或厚度为 3～4m 的软土。为提高处治效果，也常常采用清除一部分淤泥(或表土)后再挤淤换填的方法。挤淤换填无法彻底挤出基底软基，在设计和验算中，应注意这一点，以保证路基稳定。

③土工格栅加筋。

土工格栅加筋主要起提高路基整体稳定性的作用。西南地区一般多采用 50kN/m 以上的高强低延伸率土工格栅作为加筋材料，路堤加筋一般设置在路堤的中下部，加筋层数不宜过多(建议不超过 5 层)，常和其他处治措施综合使用。

④片石盲沟。

片石盲沟适合于沟谷地区排水不畅，软基天然强度较高的路段，通过在适当位置设置排水盲沟，一方面起到排水作用，另一方面，地基疏干后，可以提高软基强度。与挖淤换填相比，片石盲沟工程量较小，是山区沟谷地形常用的处理方式，在软基深度较深时，也可以和挖淤换填相结合，在挖淤换填底部设置片石盲沟。片石盲沟主要沿地下水流流向布置，有时，为了加强排水效果、提高路基整体稳定性，也可以布置成网格形式。

⑤碎石桩。

在沟谷地区软土较厚时，也常采用碎石桩、CFG 桩、预制管桩等处治措施，如图 5.105 所示。碎石桩、CFG 桩可有效减少路基的工后沉降量，对提高软基的整体强度有一定的作用，但工程造价相对较高。

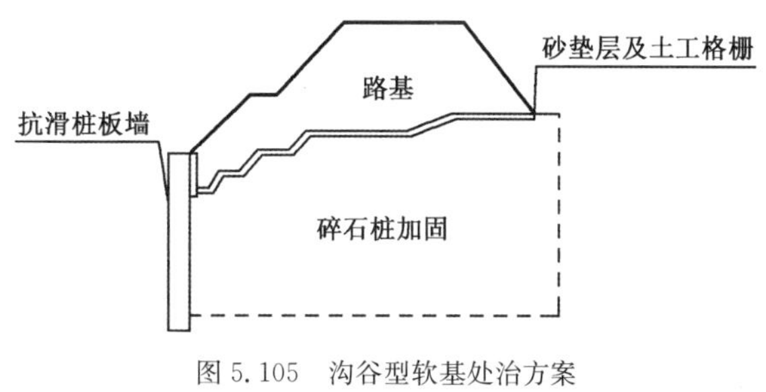

图 5.105 沟谷型软基处治方案

5.5.2 填石路堤

1)振动碾压试验

对于粗粒填料,采用振动压实可以较其他压实方式取得更好的压实效果。这主要是因为粗粒填料间相互摩擦、嵌锁,能承受较大的静压力,但在振动力作用下,填料颗料处于运动状态,填料内部阻力大大减少甚至完全消失,颗粒能克服粒间阻力,产生位移,重新排列组合,有利于填料的压实,从而使强度迅速增长。研究表明,静重 13t 的振动压路机振动时和无振动时,土中的应力比为 5∶1。

目前贵州地区修筑公路主要遇到的填料是粗粒的风化岩石以及土石混合填料较多。选择贵州水都高速公路 BT4 标、BT14 标和 BT22 标三个工点进行振动碾压试验,其中 BT4 标填料为风化板岩碎石土,BT14 标和 BT22 标填料为灰岩。压实机械选用重型单钢轮压路机,整机质量为 20t,振动频率在 28～35Hz 之间,振幅 1.8mm。试验段检测项目:松铺层厚、压实度、碾压遍数、沉降差、孔隙率等。

(1)碾压遍数与压实度

BT4 标段填筑初期,针对风化碎石土进行了碾压试验,碎石土的最大干密度为 1.81g/cm^3。静压一遍,振动碾压 4 遍、5 遍、6 遍时所测的碎石土的压实度如表 5.35 所示。表中显示,碾压 4 遍后其压实度均已满足规范要求;5 遍后压实度增加不明显。

不同碾压遍数时的压实度 表 5.35

碾压遍数	4	5	6
压实度(%)	95.0	96.6	96.8

(2)灰岩孔隙率试验

试验段中 BT14 标、BT22 标均采用灰岩填石路堤,由于填石路堤无法确定其压实度,故试验孔隙率指标,如图 5.106 所示。碾压遍数分别为 6 遍、8 遍和 10 遍时的孔隙率如表 5.36 所示。

灰岩填石路堤不同碾压遍数的孔隙率 表 5.36

碾压遍数	第一次试验			第二次试验		
	6	8	10	6	8	10
孔隙率	18.5	17.2	14.9	17.2	16.3	14.6

(3)压沉量

分别对 30cm、40cm、45cm 和 50cm 层厚的灰岩填料进行了不同碾压遍数与平均沉降差试验,结果如图 5.107 所示。

结果表明,对于灰岩填石路基,当振动碾压 3～5 遍时,沉降差大,随着压实遍数增加,平均沉降差逐渐减小,强振 8 遍后,平均沉降差在 2mm 左右。

不同松铺厚度与所对应的松铺系数关系曲线如图 5.108 所示。

从不同松铺厚度与所对应的松铺系数关系中可以看出,总体而言,松铺厚度越小,松铺系数越大;但过小的松铺厚度不但经济性不好,也影响施工进度,从图 5.108 中看出,根据现有的施工机械,当松铺厚度为 45cm 时,不同点对应的松铺系数分布均匀,因此确定松铺厚度为

45cm 较适宜。7 遍强振后路基沉降差小于 3mm，无明显轮迹，压实质量较好。

图 5.106　现场采用 20t 振动压路机

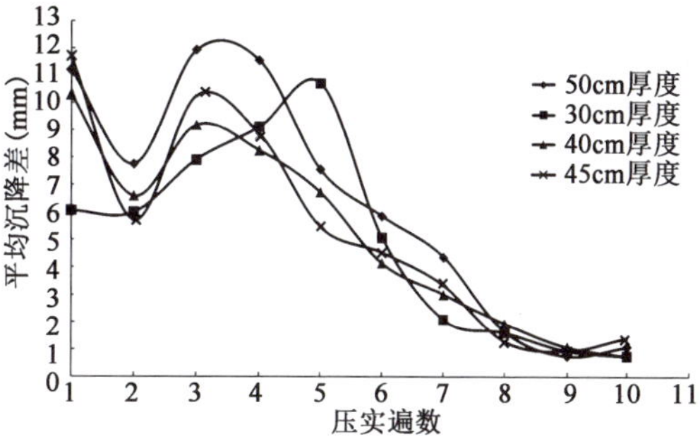

图 5.107　压实遍数与平均沉降差关系曲线

根据模型路堤振动压实遍数与沉降量的关系曲线，可以把振动压实分为三个阶段：第一阶段为塑性压实阶段。填石层产生明显的沉降变化，随着振动压实遍数的增加，密实度迅速提高，填石层主要产生不可恢复的塑性变形；第二阶段为弹性阶段。在一定振动压实遍数之后，填石层产生的沉降变化很小，处于弹性变形阶段，填石层的密实度基本稳定；第三阶段为松动阶段。即随着振压遍数的继续增加，填石层表面出现松动，其密实度不但没有提高，反而降低。填石料的最佳振动压实遍数，不仅与填石料本身的参数有关，而且还与振动压实能级等压实工艺有关。

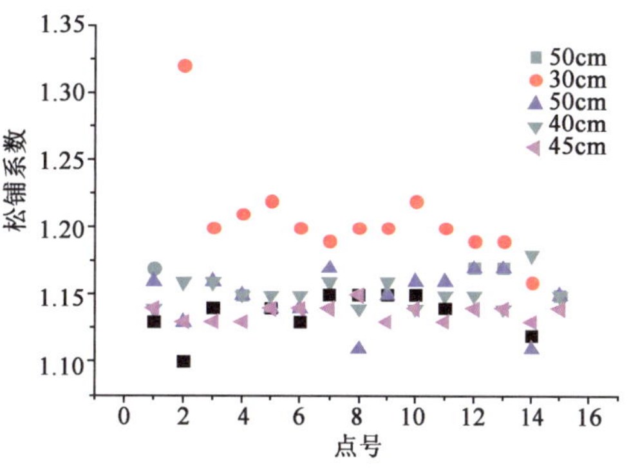

图 5.108　不同松铺厚度下的松铺系数

2）检测方法与质量控制

（1）高填方路基质量控制指标

我国对路基质量的检测与评价主要是压实度与弯沉。贵州山区高速公路路基填料虽多种多样，但填石路基无疑是主要的，对于填石路基而言，压实度与弯沉一般都能满足要求。但并不意味着今后路基不出问题，有些路段在通车不久甚至路面铺筑期间即出现纵向与斜向裂缝。因此，确定合理的路基质量评价指标是必要的。贵州山区高填方路基质量指标应从整体稳定性、路基强度和工后沉降三个方面综合考虑。

①足够的整体稳定性。防止路基结构在自然因素作用下发生整体失稳，发生不允许的变形或破坏，必须采取措施来保证路基整体稳定性。

②足够的强度。相关研究表明，路面的弯沉绝大部分来自于路基，为确保路面在汽车荷载作用下的承载能力，确保路面结构层弯拉应力在容许范围内，路基需有足够的强度；对于填石路基而言，强度较高，一般均能满足要求。

③工后沉降量小。路基的工后沉降将导致路面结构层产生附加应力，而路面结构层附加应力的增加将减小其疲劳作用次数（或使用寿命），甚至产生路面开裂等严重病害。因此须控制路基工后沉降量在较小范围内。

规范中对高填方路基要求尽早开工，但在实际工程中，由于高填方的填料多来自于边坡开挖和隧道弃渣，受制于其他工程的进度，因此其工期往往较长，甚至滞后，不利沉降稳定，因此提高路基的压实质量成为减少工后沉降的有效手段。对于填石路基和土石混填路基的压实质量控制，国内外已进行了多年的研究，基本方法是以施工过程控制为主、检测指标为辅。

(2)高填方路基的质量控制措施

①做好动态设计与施工监控。

在路基施工前，设计单位对高填方通过路段的水文地质状况、软弱地层等的了解并不完全准确，因此施工单位在路基填筑前应对高填方的地质状况进行核实，并评估高填方路基的稳定性，如存在安全隐患，需进行设计变更。此外，在施工过程中对路基的整体稳定性、沉降趋势及对路面铺筑的影响分析等需要做好施工监控，以减少和避免为工程质量留下隐患，确保高填方路基的质量。

②基底处理。

基底处理是影响高填方路基的质量的关键性控制工程，施工时如果没有很好地处理基底，将造成其承载力不足，产生路堤下沉或开裂等质量病害。贵州山区高填方路段存在大量的软弱地基，为保证这些路基段路基的稳定，必须采用合理可靠且经济的方案进行地基处理。

③填料控制。

路基的稳定性主要取决于地基，与路基本身关系不大，我国西北地区的许多高填方采用黄土填筑，很少发生整体失稳。工程观测结果表明，粗粒土路基的工后沉降量并不比细粒土小，这点与人们的感觉有差异。因此高填方路基不一定非得采用填石路堤，其他填料亦可采用。需指出的是，贵州一些高速公路沿线分布有泥岩、炭质泥岩、泥质红砂岩、页岩和风化板岩等软岩，这些填料易风化崩解，长期性能不稳定，在工程中应慎用，尤其应禁止用于路床和上路堤。路床(0～80cm)部分，必须采用水稳性良好的砂砾或碎石渣进行填筑，最大粒径不超过10cm，填料具有较好的级配。当路基沉降时，应采用砂砾或碎石渣进行找平，严禁采用细粒土进行贴皮找平。上路堤(80～150cm)宜采用水稳性良好的砂砾或碎石渣进行填筑。

④施工工艺。

高填方路基填筑前应确认地基处理合格，做好基底的排水，这是关键的一步。对于路基压实质量按影响程度大小有如下方面：

a. 碾压层厚。细粒土路基的压实层厚宜控制在30cm以内，粗粒土为50cm；细粒土层厚超过50cm、粗粒土超过70cm的路基压实质量就会失控，不能突破底线。

b. 填料的级配。粗颗粒或填石路基的压实度与沉降受级配的影响明显，良好的级配是提高压实质量的有效手段。

c. 碾压机械。主要取决于压路机的吨位，这个差别不大，基本能满足要求。

d. 碾压遍数等。对处于松散堆积体或斜坡软弱地基上的路基，应合理安排工期，控制填筑速度。填筑期间应进行沉降与位移监测，避免路基填筑速率过快导致整体失稳。

⑤工期安排。

高填方的沉降变形有如下特点：

a. 沉降曲线总体呈抛物线的同时，表现出明显的台阶状，也就是说下一场大雨路基的沉降量就上一个台阶。其中第一个雨季的沉降量约占总沉降量的1/4，第一年的沉降量约占总沉降量的 1/2。

b.路面铺筑前后的沉降曲线完全不同。路面铺筑前路基的沉降变形大、速率快，路面铺筑后沉降量要小得多。路面的封水作用大幅减少了路基的沉降，这从另一方面表明，粗粒土路基的沉降与水的渗透密切相关。因此某种程度上可以说，降雨和沉降时间是减少高填方工后沉降的最有效武器。

基于对高填方沉降规律的认识，高填方应优先安排施工，充分利用降雨以减少高填方的工后沉降，化不利因素为有利因素。高填方路基完成填筑后至少经过一个雨季或 6 个月以上的自然沉降期方可铺筑路面。

(3)水都高速高填方路基质量控制措施

水都路高填方路基以灰岩填石路基和风化碎石土为主。针对水都路高填方的路基填料特点，进行高填方路基的施工工艺与质量控制技术研究。参照以往填石路基的施工经验，采用控制碾压遍数、碾压沉降差、碾压后填料表面轮迹情况和孔隙率等措施来保证填石路基的填筑质量。

①水都路沿线的高填方多位于沟谷中，其表层软弱地层厚度在 3～5m 之间，甚至更薄，因此，为确保高填方的稳定，减少沉降，宜将软基彻底清除换填。

②风化碎石土振动碾压 4 遍后压实度达到 95%，5 遍后压实度提高不明显。因此，对于风化碎石土的层厚控制在 35cm 以内，碾压遍数在 5 遍左右较为合适。

③碾压工艺。对于灰岩填石路堤，每层的松铺厚度约为 45cm，碾压遍数在 7 遍，基本做到路基顶面无轮迹，最后两遍碾压路基沉降差小于 3mm，孔隙率在 17%以内。

④从现场观察，对于灰岩填石路堤，填料的级配组成与摊铺工艺密切相关，当推土机进行远距离整平时，其前沿部分的路基填料往往是粗粒径填料集中，如图 5.109 所示。因此，对于填石路堤的填料摊铺距离在 10m 以内为宜，采用网格上料平整较为合适。

⑤冲击压实可以有效地提高路基密实度，减少路基的工后沉降量，对填石路堤效果尤为明显。国内外的研究表明，对填石路堤，冲击碾压的有效影响深度在 2.5m 以内；对土质路基，在 2m 以内。因此，针对水都路填料主要风化碎石土与灰岩填石路堤的现状，每分层碾压 2m 进行冲击追密补压对于提高路基的密实度，减少工后沉降均有明显的作用。

⑥对于风化碎石土路基，可采用压实度作为质量检测指标，压实度在 96%以上，粗粒径填料含量较高时，则采用施工工艺控制。对于灰岩填石路堤，则采用施工工艺与沉降差相结合的质量控制方法，除施工工艺满足要求外，最后两遍的沉降差小于 3mm。

⑦在高填方的周围设置截水沟，避免大量降水渗入路基对于确保高填方的整体稳定、减少沉降量大有益处。截水沟的沟边缘高度应略低于地表，以使降水能及时汇入沟中。

⑧水都路沿线雨量丰沛，汇水面积大，有些沟底常年渗水，因此在沟底设置排水涵洞或渗水沟非常必要。

⑨水都沿线坡陡谷深，许多高填方在纵向上高度变化剧烈，开挖台阶困难，加之沟底因工作面所限，施工碾压困难，形成碾压死角，易产生过大的差异沉降，从而导致填挖交界处路面开裂，如图 5.110 所示。因此对于坡底的路基填筑，在可能情况下应采用强夯处理。

⑩对于采用桩板墙收坡的高填方，在坡面采用浆砌片石等防护措施时，应充分考虑周围山体渗入高填方的水量，泄水孔的设置必须能够及时排出路基体内的渗水。

图 5.109　推土机远距离推平导致的粗颗粒集中

图 5.110　高填方填挖交界处的裂缝

5.5.3　冲击增强补压

高填方路堤过大的工后沉降往往引起高速公路的早期破坏，加强碾压是减少工后沉降直接有效的措施，冲击压路机对填方路堤的增强补压可有效地减少路基的工后沉降，是防止高速公路早期破坏的重要技术措施。

1）冲击增强补压机理

路基的增强补压是指在振动压实达到设计（规范）要求后，为进一步提高路基的密实度与均匀性，减少工后沉降与差异沉降而进行的补充冲击碾压。冲击碾压利用冲击式压路机低频大振幅冲击力作用于填土，并快速连续周期性地作用，产生强烈的冲击波并向下深层传播，对路基填土进行补充压实，提高填土的密实度，提高路基的均匀性与整体强度，减少工后差异沉降，对于填石路堤等效果尤为明显，这已在国内外多个工程上得到验证，交通部公路科学研究所也编制了行业指南《公路冲击碾压应用技术指南》。

冲击碾压施工时，从路基的一侧向另一侧转圈冲碾，冲碾顺序应符合“先两边，后中间”错轮进行，轮迹覆盖整个路基表面为冲碾一遍。当施工场地宽度大于冲击压路机转弯半径的四倍时，以道路中心线对称地将场地分成两半，压实行驶路线如图 5.111 所示；当施工场地的宽度小于四倍转弯半径时，可按图 5.112 的冲压方式进行，根据实际情况在施工场地的两端设置所需的转弯场地。冲击碾压距路肩外边缘宜保持 1m 的安全间距，行驶速度约 10～15km/h。

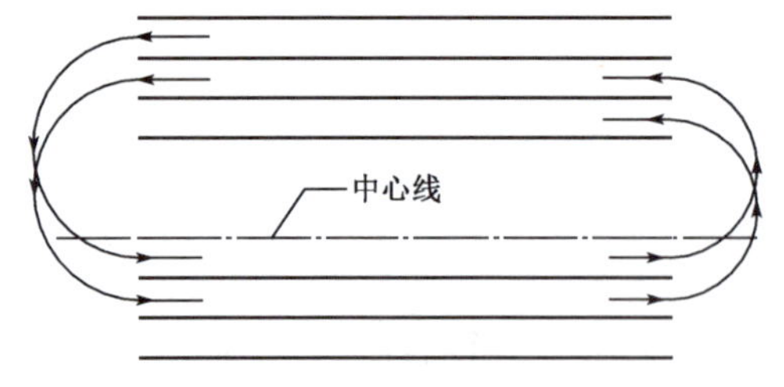

图 5.111　冲击碾压路线示意图 A

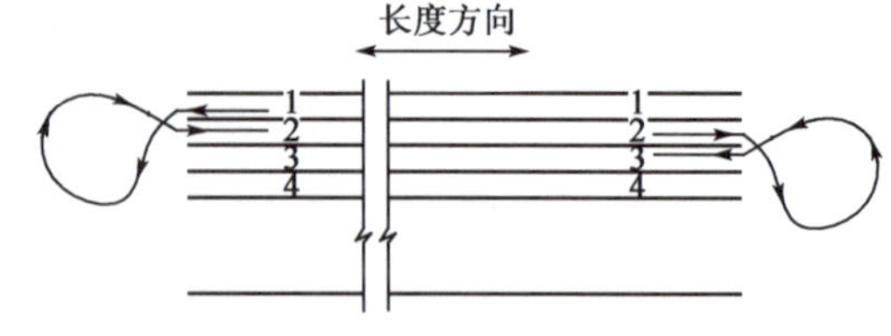

图 5.112　冲击碾压路线示意图 B

2）冲击增强补压试验

水都高速公路分层振动碾压合格后，在路基表面每隔 2m 层厚进行冲击碾压，采用 25kJ 三边形冲击压路机进行冲击碾压，如图 5.113 所示，试验结果如表 5.37 所示。

图 5.113 现场冲击补压

冲击碾压试验结果

表 5.37

冲碾遍数	6 遍	12 遍	14 遍
平均沉降差(mm)	70	109	113

经过 14 遍的冲击压实,平均产生 7～11cm 的压缩沉降量,可以进一步地提高路基的密实度,减小路基的不均匀沉降。同时发现填料强度高的灰岩路基冲击后的沉降量要大于碎石土。其原因是灰岩填石料的粒径大,填料间架空现象明显,常规的振动碾压难以消除此现象。冲击碾压强大的冲击力在灰岩等硬质材料下作用力易传播,破坏石料间的"支架"结构,从而导致路基填筑体产生较大的沉降变形。强度较低的风化碎石土在冲击前已较为密实,冲击碾压的能量易被土吸收,其传播深度有限,故冲击后沉降量较小,这种现象也在国内的多个工程得到验证。

3)冲击增强补压施工技术要求

(1)冲击增强补压主要适用于以下情况:

①对填高 4m 以上路基进行分层增强补压。

②填挖交界路段冲击碾压。

③对振动碾压已达标的下路床顶面进行冲击碾压。

(2)经试验段验证,冲压 20 遍后的平均沉降量若小于 30mm,则不需进行冲击增强补压。

(3)路床的最佳增强补压位置在路床设计高程下 100mm。

(4)路基的分层补压,每层厚度一般为 2.0～2.5m,细粒土路堤取小值,粗粒土路堤取大值。增强补压时路基不作加宽处理。

5.5.4 强夯

1)强夯压实机理

强夯法是法国工程师梅纳(L,Ménard)于 1969 年首先提出的一种地基加固方法,该法又称动力固结法,就是将大吨位重锤提升到一定高度,使其自由下落,按特定的工艺对软土地基或填料进行强力夯实,将机械能转化为势能,再变为动能,即夯击能对土体产生作用,以达到加固地基的施工方法。它利用重锤高落距产生的高夯击能给地基一冲击力,并在地基中产生冲击波，在冲击力作用下，夯锤对上部土体进行冲切，土体结构破坏，形成夯坑，并对周围土进行动力挤压。巨大的能量瞬间释放产生的压缩波使土体孔隙水压力急剧增大，土体局部液化，其强度锐减，随之在剪切波作用下使土体的原有结构解体，待波消失后，土粒落到一个新的较稳定的位置，同时有相当一部分水排走，从而使土体迅速固结，降低了土体的压缩性，提高了地基的承载力，改善土的振动液化条件，并能消除湿陷性黄土的湿陷性，提高土层的均匀度等。强夯加固模式如图 5.114 所示。

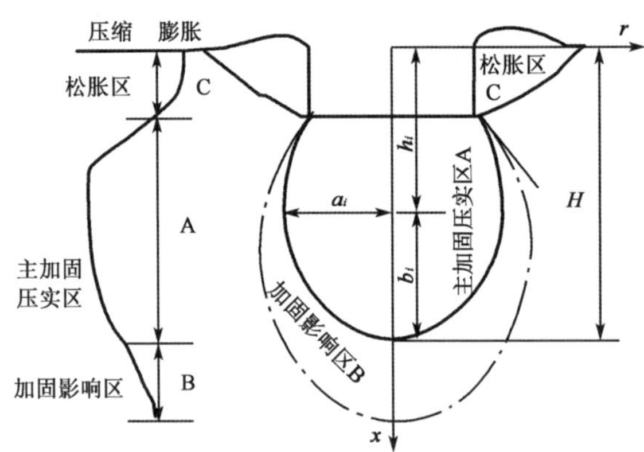

图 5.114　强夯加固模式图

贵州山区高填方路基处理较有效的方法是采用碎石及土混合分层碾压到一定高度后采用强夯补强法进一步处理，如此分层碾压—强夯—分层碾压—强夯，直至达设计高程，解决路基的不均匀沉降及提高压实度的问题，满足工程量大、工期紧等要求。

2)强夯补强试验

(1)试验段工程概况

贵州省思南至剑河高速公路三穗至施秉 K128＋890～K128＋990 合同段，进行了填方路基强夯补强试验。该段位于“V”形沟谷内，如图 5.115 所示，填方最大填高 60.5m，采用宇通重工 YTQH400 型液压履带式强夯机强夯。按设计要求，第一层强夯高度从填方高度6～8m范围内开始，其上路堤每填高 6m 强夯一次，可以有效减小路堤自身沉降，防止路面开裂。

图 5.115　特高填方原始地貌

(2)强夯参数确定

强夯处理前应进行试夯，以确定合理的施工参数和工艺，包括单击夯击能、夯锤落距、单点夯击次数等技术参数。

①单击夯击能试验。

单击夯击能一般根据加固土层的厚度、地基状况和土质成分确定。场区填方为碎石巨粒混合土，适宜的单击夯击能的确定是达到强夯处理的效果的一个较为重要的问题。将填方区按为四个区域，决定对Ⅰ区、Ⅱ区、Ⅲ区、Ⅳ区分别采用 1 000kN·m、2 000kN·m、3 000kN·m、4 000kN·m 的夯击能试夯。试夯采取单点方式，锤重 20t，圆形锤，锤底面积 5.31m^2，落距分别为 5m、10m、15m、20m。试夯成果见表 5.38。

前期试夯成果表　　表 5.38

单击夯击能（kN·m）	击数（击）	总夯沉量（m）	总隆起量（m）			填土厚度（m）
			距锤边 1.25	距锤边 2.50	距锤边 3.75	
1 000	5	0.312	0.03	0.003	0.001	7
2 000	5	0.632	0.082	0.014	0.004	7
3 000	5	0.789	0.094	0.018	0.006	7
4 000	5	0.911	0.118	0.021	0.008	7

从试夯成果表可以看出：在相同击数下，强夯能级越大，夯沉量越大；强夯能级越大，夯坑周围隆起越高；3 000kN·m 和 4 000kN·m 隆起影响范围相当，1 000kN·m 和 2 000kN·m 隆起影响范围小，仅 1.25m 左右。

②群夯试夯和满夯试夯。

该段高填方路基设计要求第一层强夯高度从填方高度 6～8m 范围内开始，根据场区地质条件和地基变形指标要求及前期试夯结果，故在从原地面起填筑至 7m 位置时进行试夯。选择填方 7m 按设计要求进行群夯试夯和满夯试夯，试夯参数如表 5.39 所示。

试 夯 参 数 表　　表 5.39

试夯区	里 程 范 围	夯击面积	夯击方式	夯击能（kN·m）	夯点间距	夯击遍数（遍）	击数（次）
填至 7m 高	K128+890～K128+990	20m×20m	点夯	4 000	3.5m	3	5
填至 7m 高	K128+890～K128+990	10m×10m	满夯	600	2	1	3

a.填方 7m 群夯试夯。

该区域夯点共有 42 个，按设计要求采用交错夯击三遍，其中 1 号点夯 8 击、3 号点夯 9 击、8 号点夯 10 击，其余点夯 5 击。试夯时观测夯沉量和隆起量，夯后测量了夯点间总隆起高度。最后在夯点上进行动力触探试验、载荷试验，在夯点间进行了动力触探试验。

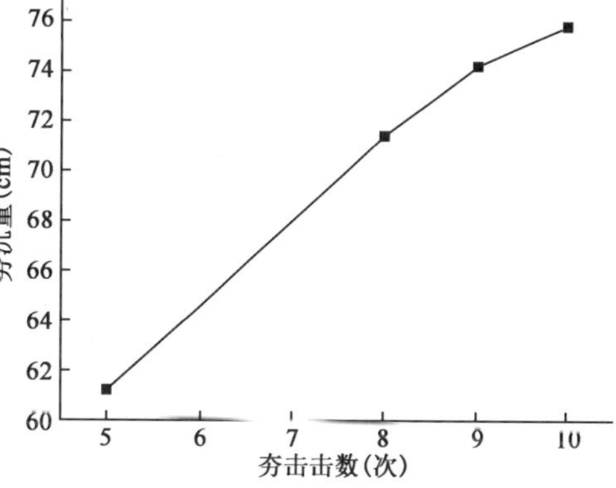

图 5.116　夯击击数与夯沉量关系图

夯击击数与夯沉量关系如图 5.116 所示。从图中可以看出，单点夯 3～4 击后夯沉量增大，说明 3～4 击后碎石土有破坏现象；群夯试夯各点的夯沉量比单点试夯夯沉量小，说明各夯点间有挤密作用；在相同能级、相同击数、相同密实度条件下，填方高度越大，夯沉量越大；单击夯沉量随夯击次数的增加而逐渐减小，单击夯沉量曲线趋于收敛；累计夯沉量随击次逐渐增大，但增幅逐渐减小，累计夯沉量曲线趋于平直。

1号、5号夯点分别观测了地面隆起情况，隆起量与群夯击数的统计结果如表5.40所示，从表中可以看出，3～4击后隆起量也有增大现象。总体上看，有效夯实系数较小，原因在于夯点间距过密，中部夯点间隆起过大（达0.297m）也说明了这一点。

隆起量与群夯击数统计表 表5.40

点位	击数	总体积夯沉量（m^3）	总体积隆起（m^3）	有效夯沉体积（m^3）	有效夯实系数
1	5	3.25	1.27	2.89	0.61
5	8	3.79	1.63	2.16	0.57

对比夯前、夯后动力触探、荷载试验等检测结果可以得出以下几点：

a）强夯后夯击点上表层动探击数有所降低，表明表层有所松动。松动层以下动探击数明显比夯前大幅度提高，反映出夯后地基土承载力和变形模量大幅度提高，7m以下提高不明显，说明影响深度约7m；夯点间动探也反映出表层夯后有所松动，松动层以下动探击数开始提高，说明夯点间的挤密作用和上下土层的挤压作用显著。

b）荷载试验检测结果表明，夯后碎石土基本承载力160kPa，变形模量10.2MPa，回弹模量61.4MPa。试验点荷载板明显刺入土中，周围地面出现多条裂隙，地面无隆起现象，由于试验是在夯坑中进行的，这反映出夯后表层松动，承载力和变形模量下降，因此必须进行满夯加固。

b. 填方7m满夯试夯。

7m试夯区内夯点共有36个，其中测量了15个点的夯沉量，满夯平均每击夯沉量6.23cm，夯前夯后的动力触探结果表明，0.5m深度范围内动探击数较夯前降低，说明夯后表层有所松动，主要是高能量点夯造成；0.5m深度以下夯后动探击数较夯前开始增大，至1m处增加显著，满强夯影响深度约为2m。夯后载荷试验显示，421kPa压力下沉降量26.9cm，承载力基本值312kPa，变形模量24.82MPa，回弹模量129.34MPa。

通过对7m填方区域试夯，确定了施工强夯参数，如表5.41所示。

强 夯 设 计 参 数 表5.41

施工参数＼填方区域	填方0～7m			
夯击遍数	4			
	第1遍	第2遍	第3遍	第4遍
夯击方式	点夯	点夯	点夯	满夯
夯点布置	三角形	三角形	三角形	三角形
夯击能（kN·m）	4 000	4 000	4 000	600
点距（m）	$a=3.5$	$a=3.5$	$a=3.5$	$a=2$
夯击击数（击）	5	5	5	3
夯击方（法）	点夯	点夯	点夯	夯锤搭接0.6m
间隔（d）	3	3	3	—

(3)强夯有效加固深度研究

强夯有效加固深度是重要的设计参数,它不仅是选择地基处理方法的重要依据,也是反映强夯处理效果的重要参数。强夯处理地基的影响深度与有效加固深度具有不同的内涵,有效加固深度是与加固目标值紧密相连的,是指地基土经强夯加固后能够满足特定工程要求的深度,而影响深度是指强夯后地表下土体物理力学性质发生变化的某一深度。强夯有效加固深度的研究对实际工程意义重大,按阶段可分为夯前预估和夯后检测。

①夯前预估。

根据场地地质条件和试夯结果,估计场地不同强夯能级的有效加固深度,为强夯施工提供设计参数即为夯前预估。目前,有关软土、黏土、砂土和大块抛石地基强夯处理有效加固深度方面的计算方法较多,但还未有关于碎石巨粒混合土强夯有效加固深度方面的研究报道。

强夯创始人 Ménard 提出的加固影响深度 H 的计算公式为

$$H = \sqrt{0.1Wh} \tag{5.15}$$

式中:H——加固影响深度(m);

W——夯锤重(kN);

h——落距(m)。

采用公式(5.15)计算出来的有效加固深度与工程中实测的有效加固深度相差较大,且均偏大。近年来众多学者建议对式(5.15)进行修正,从而提出了修正的 Menard 公式

$$H = \alpha\sqrt{0.1Wh} \tag{5.16}$$

式中:α——修正系数,与多种因素有关。

考虑到单击夯击能和夯击次数的影响,中国建筑科学研究院地基所张永均等人根据现场试验和室内模型试验所揭示的碎石土在强夯冲击荷载作用下的变形特征,利用功能原理,结合工程实践经验,推导出了大块抛石地基有效加固深度计算公式为

$$H = f\beta Wh \tag{5.17}$$

式中:β——综合修正系数,取值如表 5.42 所示;

f—— 与夯击次数有关的系数,$N=1\sim20$ 击时,$f=0.745\times10^{-3}\sim2.158\times10^{-3}$。

综合修正系数与强夯能级的关系 表 5.42

单击夯击能(kN·m)	1 000	2 000	3 000	4 000	5 000	6 000
综合修正系数 β	2.9	1.7	1.3	1.1	1.0	0.9

实践表明,夯锤底面积和土体阻尼对强夯加固深度也有影响,为此 Billam 提出了下面的公式

$$z = \frac{MhK}{B^2} \tag{5.18}$$

式中:z——强夯加固深度(m);

M——夯锤质量(t);

h——落距(m);

B——夯锤底面直径(m);

K——折减系数,与土的种类和初始密度有关,一般取 0.10~0.16。

思南高速 K128+890～K128+990 路基为碎石巨粒混合土填筑，试夯得出场区夯击能和有效加固深度关系如图 5.117 所示。

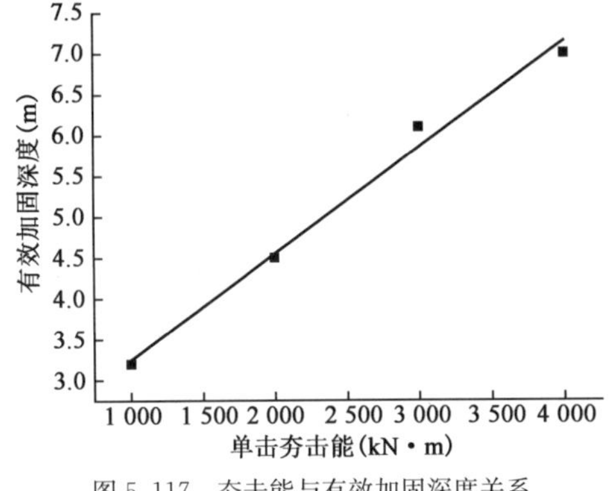

图 5.117 夯击能与有效加固深度关系

$$H = 0.0013Wh + 1.95 \tag{5.19}$$

式中：H——有效加固深度(m)；

Wh——单击夯击能(kN·m)。

相关系数：r=0.994 7，说明有效加固深度与单击夯击能有明显的线性关系。显著性检验：F=187.8>$F_{0.01}(1,2)$=98.5，说明强夯处理地基的影响深度与单击夯击能密切相关。

根据上述方程计算出的有效加固深度如表 5.43 所列。

按回归方程计算的有效加固深度　表 5.43

单击夯击能(kN·m)	1 000	2 000	3 000	4 000
有效加固深度(m)	3.25	4.55	5.85	7.15
偏差(m)	0.05	0.05	−0.25	0.15

由表 5.43 可知，最大偏差 0.25m，最小偏差 0.05m，平均偏差 0.125m，产生偏差的一个主要原因在于回归方程仅考虑了单击夯击能一个因素，同时样本数目也较少。

若按修正的 Ménard 公式 $H=\alpha\sqrt{0.1Wh}$ 估算，则得到碎石巨粒混合土地基强夯有效加固深度的修正系数 α=0.32～0.35，平均值为 0.335，且当强夯能级较低时($Wh\leqslant$2 000kN·m)，α 取小值；当强夯能级高时($Wh\geqslant$3 000kN·m)，α 取大值。若按张永均和 Billam 的方法计算，则计算结果如表 5.44 所示。

单击夯击能与计算有效加固深度(m)　表 5.44

单击夯击能(kN·m)	1 000	2 000	3 000	4 000
实测结果	3.2	4.5	6.1	7.0
张永均法计算结果	3.18	3.73	4.28	4.83
Billam 法计算结果	2.37	4.73	7.10	9.47
Ménard 公式计算结果	10	14.14	17.32	20

由表 5.44 可见，Ménard 公式计算结果与实测结果偏差很大，张永均法和 Billam 法计算结果与实际较接近。

Ménard 公式计算出来的深度只是表明影响深度与锤重和落距的关系，而不是真正的加固深度，其主要缺点是没有考虑土的基本特性和施工因素。1990 年，王成华通过对强夯加固效果的实质研究，综合考虑了工程地质情况、锤底面积及形状、强夯效率、夯击能量、地面变形模量、地下水位情况等情况，明确提出了强夯有效影响深度的拟静力估算法公式：

a. 加固深度内无地下水时($h<d_w$)。

$$h = \frac{aP_e}{0.2\gamma + b\dfrac{P_e}{D}} \tag{5.20}$$

b. 加固深度内有地下水时($h>d_w$)。

$$h=\frac{aP_e-0.2(\gamma-\gamma')d_w}{0.2\gamma'+b\dfrac{P_e}{D}} \tag{5.21}$$

式中:a、b——常数,对圆形锤 $a=0.135$,$b=0.024$;对方形锤 $a=0.167$,$b=0.029$;

h——加固深度(m);

γ——土的重力密度(kN/m³);

γ'——水下土的有效重力密度(kN/m³);

d_w——地下水位(m);

P_e——等效拟静压力,$P_e=\sqrt{\eta\kappa E_0WH/C(1-\mu^2)D^3}$;

C——锤形常数,对圆形锤 $C=0.62$,对方形锤 $C=0.89$;

η——强夯效率系数,一般取 $\eta=0.67$;

κ——模量系数,依经验查表选用;

W——锤重(kN);

H——落距(m);

D——锤径或边长(m);

μ——地基土的波松比;

E_0——地基土的变形模量(MPa)。

拟静力估算法考虑因素全面,对设计和施工具有指导意义,实际测试值与设计计算值基本相符。该法考虑因素最全面,在勘察资料准确全面的情况下,可用该法估算强夯有效加固深度。

钱尧锋等人根据有限元分析结果、弹性理论分析结果及现场检测成果等结论,提出了强夯有效影响区的钻石状模型,并推导出计算有效影响深度的公式

$$Z=H_1\left[1+\tan^2\left(45^\circ+\frac{\varphi}{2}\right)\right]+L \tag{5.22}$$

$$H_1=\frac{-b+\sqrt{b^2-4ac}}{2a}$$

$$a=4\tan\left(45^\circ+\frac{\varphi}{2}\right)\left[\tan\left(45^\circ+\frac{\varphi}{2}\right)-1\right]$$

$$b=4D\left[\tan\left(45^\circ+\frac{\varphi}{2}\right)-1\right]$$

$$c=D^2-4W\left(h+\sum_i^{N-1}L_i\right)\cos\frac{\left(45^\circ+\dfrac{\varphi}{2}\right)}{\pi P_uL_N}$$

式中:D——圆夯锤底面直径(m);

φ——土体内摩擦角(°);

W——夯锤锤重(×10kN);

h——夯锤落距(m);

L_N——第 N 击贯入度(m);

$\sum_{i}^{N-1}$——第 N 击时已有的夯沉量(m)；

P_u——有效影响区边界土体夯后极限强度(×10kPa)；

N——单点夯击数。

若考虑强夯全过程，L_N 以平均值 L/N 代入，以上 $L/2$ 代替 $\sum_{i}^{N-1}$。这样，计算 c 的公式可改写为

$$c = D^2 - 4WN\left(H+\frac{l}{2}\right)\cos\frac{\left(45^\circ+\frac{\varphi}{2}\right)}{\pi P_u L} \tag{5.23}$$

注意若 N 无限大，L/N 值就无限小，Z 会无限大，这不符合实际情况。N 应为强夯稳定时的夯击数；规范中强夯稳定标准为：$L_{N-1}+L_N \leqslant A$，Wh 较小时，$A=10$cm；Wh 较大时，$A=20$cm。

该计算公式的主要特点是包含了较全面的物理量，引进平均夯沉量这一参数更具有特别意义，它将强夯参数、土体参数与土体对强夯的反应特征有机地结合在一起，并使得未能包含在式中的物理参数能以隐函数形式产生影响。西宁曹家堡机场、重庆钢厂废渣场、沈阳天使乐园、鞍钢老年公寓等地基的强夯处理实践表明，该公式计算结果与现场实测资料吻合良好。该公式适合于碎石土、砂土及低含水率黏性土的强夯施工。

②夯后检测。

强夯有效加固深度到底多大，最终要由强夯后地基土体检测结果来定。采用标准贯入试验，其目的是检验强夯后地基下部各土层承载力，通过和夯前对比判断有效加固深度。该法用于确定强夯有效加固深度是非常直接和有效的。

强夯法用于处理碎石巨粒混合土路基是适宜的，但当粉质黏土含量较多时夯实效果不佳，强夯有效加固深度较小。碎石巨粒混合土强夯的有效加固深度可按张永均或 Billam 法计算。若采用修正的 Ménard 公式计算，则修正系数取 0.32～0.35 为宜。

虽然用修正的 Ménard 公式计算出来的加固深度有时与实际情况差别较大，但由于其形式简单，使用方便，因此在实际中得到了广泛应用，特别是在待强夯场地资料缺乏时更显优势。在没有经验和对比参考资料时，可以按表 5.45 列出的不同夯击能和不同土类情况下的有效加固深度进行预估，但该表 4 000kN·m 能级以上强夯的有效加固深度没有参考值。

强夯法的有效加固深度(m)　　表 5.45

单击夯击能(kN·m)	碎石巨粒混合土或相似土体	单击夯击能(kN·m)	碎石巨粒混合土或相似土体
1 000	3.0～4.0	3 000	5.0～6.0
2 000	4.0～5.0	4 000	6.0～7.0

实践表明，影响强夯有效深度的因素众多，如锤重、落距、锤型、锤低静压力、夯击数、土的地质构成及特性、地下水位及土的含水率、施工工艺等。其中，锤重、落距(即单击夯击能)的影响最大，此外锤重与落距的组合、工程地质条件和单位面积夯击能等影响也较显著。因此，研究强夯有效加固深度时，有必要考虑地质条件和各种强夯参数，从而得出不同场地地质条件下有效影响深度的估算方法，综合上述因素，我们研究组提出的碎石巨粒混合土强夯的有效影响深度的计算式。

(4)强夯施工流程

此段高填路堤需进行强夯补强处理,施工流程如图 5.118 所示。

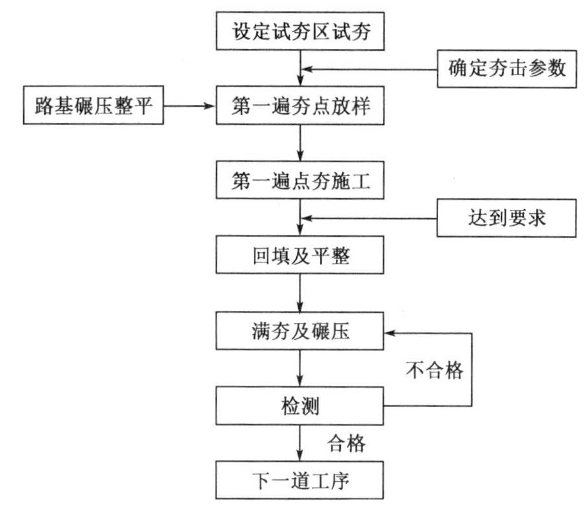

图 5.118 强夯施工流程

①强夯参数。

点夯夯锤质量选择 20t,直径 2.6m,底面积 5.31m^2,夯锤落高最高为 20m,单点最大夯击能为 4 000kN·m。夯击就位时选择场地较为平坦的地方安放,确保机械施做时正常运行,点夯时由专人指挥夯锤的起落,夯锤初始落距以 10m 开始试夯,做好周围安全警示标志,夯锤落下后如出现倾斜情况及时回填石块调整夯锤,待起落正常后提升落锤高度至 20m。现场技术员测量每次夯锤落距、夯锤下沉深度、周边土体隆起高度,做好记录,待达到最后 2 击夯沉量之差小于 6cm 时停止夯击,记录单点夯击次数。

根据试夯测量数据,绘制夯击次数与夯沉量关系曲线,保证土体竖向位移达到最大以及横向位移为最小值,进而确定全面夯击时夯锤落距、单点夯击次数等技术参数,为后续工作作指导。

②夯点布设。

先计算出平面图中各点的工程坐标值,然后利用全站仪将各点测放定位,并在场地外设置施工保护桩。控制桩应在四周浇注 25cm 厚 C20 混凝土固定,并设置围栏保护,以免在施工过程中受到干扰破坏。

按照设计要求全面布设夯点,间距 3.5m×3.5m,正方形布置,如图 5.119 所示,同时做好点位点号记录。用白灰圈做好明显的标示,点位轴线用木桩标记,如需要,点位可用红色塑料带标示。强夯区域周边做好施工警戒,由专人巡视。

③强夯施工。

根据试夯得出的经验数据参数,做好施工安排,点夯采取跳跃式夯击,流水式作业。尽量保证第一遍强夯完成后紧接着进行第二遍强夯施工,以满足施工工期要求。第一层强夯高度以填方高度以 6～8m 范围内开始,其上路堤每填高 6m 强夯一次,可以有效减小路堤自身沉降,防止路面开裂。高填方强夯补强见图 5.120。

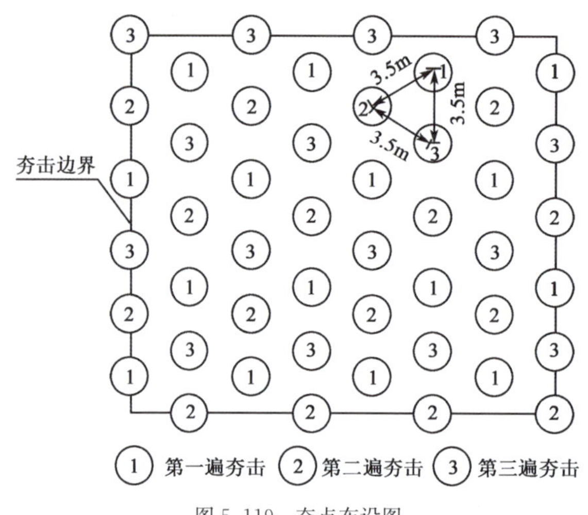

图 5.119　夯点布设图

图 5.120　高填方强夯补强

④满夯施工。

满夯施工提升 3m，夯击能 600kN·m。满夯施工要点：满夯按锤印搭接不小于 0.5m，每次 1～3 击，对局部地质较差的部位，可以增加满夯一遍，保证施工质量。

⑤夯击遍数。

填土是碎石巨粒混合土，夯击产生的超孔隙水压力消散较快，按设计要求点夯三遍，三遍强夯结束后，应满夯一次，落距 1.5～3.0m，锤印彼此搭接不小于 0.5m，单点一般不小于 1～3 击。

(5)强夯效果检测

现场的测试工作是强夯施工的一个重要组成部分，强夯地基的质量检测包括施工过程中的质量监测以及夯后地基的质量检测。其目的是为了检验强夯施工是否达到了预定的加固地基的目的以及设计参数是否合理，以便及时修正参数和检测实际的施工质量。目前国内外基本上都用勘察原位测试方法进行，采用的方法主要有静力触探、十字板剪切、动力触探、荷载试验和波速试验等。对重要工程应增加检验项目，如现场大压板荷载试验。检验的深度应该不小于设计处理的深度。一般根据工程地质和结构要求对监测的结果和施工记录应认真检查，若不符合设计要求时应补夯或采取其他措施。

强夯施工后的地基质量检测应间隔一定时间，待地基强度恢复和提高后再进行，对碎石土和砂土地基一般为夯后 1～2 周；对低饱和度的粉土和黏性土地基可取 2～4 周。

一般尽量采用两项以上的测试项目，以便进行结果比较，检测深度和位置按设计要求确定，同时现场测定每夯击点后的地基平均变形值，以检验强夯效果。

根据检测项目的需要，本次工程采用动力触探、静荷载试验方法。试验点线在考虑勘测阶段勘探点线位置及强夯设计文件的要求的基础上进行。

强夯效果检测得到了以下指标：地基承载力和地基固结沉降量。

根据检测方法的需要，采用的检测设备有：超重型动力触探仪；静载测试仪。

①压实度。

分析整理收集的 100 点的沉降差测量资料，路槽表层的沉降差均小于 3mm 的要求，检测合格率达到 100％。

这充分说明强夯加固填方土层时，尤其是本次采用的大能级强夯，冲击型动力荷载在使土体体积缩小，土体密实，承载力提高，由于土体颗粒发生相对位移重新排列，土体中的气体被排出，经过强夯处理后，土体达到最密实状态，孔隙体积大为减少，从而使得密实度大大提高。

②回弹弯沉。

回弹弯沉经检测，该段路基弯沉代表值为 82.4，达到了设计不大于 200 的要求。

土体中高势位不稳定平衡状态的土颗粒在强夯工程中容易产生滑动，移向低势位稳定的位置，而导致土骨架振密的趋势，土粒间的有效应力发生变化，原来由砂土颗粒承担的部分有效应力转变为孔隙水压力。由于强夯时巨大的冲击能量，使得土体产生强烈的振动和应力，而导致土体收缩，土体局部液化，夯击点周围产生裂隙，形成良好的排水通道，孔隙水顺利溢出，土体迅速固结，达到了减少沉降提高承载力的目的。

③动力触探。

强夯加固后各区地基承载力达到了地基力学指标要求，特别是 2m 以下提高更为明显。提高近 30％。未进行满夯施工区域的表层地基很容易受降雨的影响。

④夯前夯后效果对比。

从静荷载、压实度、动力触探以及回弹弯沉的测试结果看，经过强夯后，地基力学指标明显得到提高，尤其是 2m 以下的部位，强夯能级高(4 000kN·m)的加固区 5m 以下的地层大部分变为坚硬地层。路基表面各项指标检测合格，达到设计要求。

从总的检测数据看，强夯加固后场地地基土的变形模量和承载力大幅度提高，达到设计要求，说明强夯法处理碎石巨粒混合土特高填方地基是可行的。在本次实际工程应用中取得了良好的效果。

3)强夯施工技术要求

(1)夯击点偏差不大于5cm。

(2)强夯机械起重机臂杆部设置防止落锤时机架倾斜的辅助装置,配备自动脱钩装置。

(3)夯击锤设置两个排气孔,保证通气畅通,以利于夯击时空气排出和减小起锤时的吸力。

(4)强夯过程中,严格按规定和统一表格记录每一夯点的夯击过程的施工情况。每夯一击均需用水准仪测出夯击点的夯沉量,每次测量时塔尺应位于夯锤正中位置。

(5)当夯坑周边隆起时,应在夯点收锤时测量记录隆起量。

(6)强夯施工时要切实注意安全,有专人统一指挥机台作业,夯击时所有人员应退至安全线外,各种机械设备施工前认真检查,确保性能良好,并有熟练的机械手操作。

5.5.5 自然沉降与工期安排

1)工后沉降控制标准

路基的沉降指标有工后沉降量、沉降速率、差异沉降率等。工后沉降量是《公路软土地基路堤设计与施工技术细则》(JTG/T D31-02—2013)规定的控制软土地区路基变形的强制性指标。但从贵州省已建高速公路的调查分析,采用工后沉降量指标并不能完全消除路面的开裂,在一些高填方路段,路基的工后沉降量远远小于规范规定值,但路面开裂问题仍然存在。究其原因,是因为在贵州山区高速公路建设过程中,由于地形起伏大、地质构造复杂、路堤填筑较高、路基工程竣工后容易发生差异沉降造成的。路基差异沉降是由路基不均匀沉降造成的沉降差,路基差异沉降过大,将可能影响路面排水、行车舒适性,甚至导致路面结构的破坏,影响路面结构的使用性和耐久性。因此,路基差异沉降控制是贵州山区高速公路工程建设过程中的重要内容。因此对于贵州山区高填方路基的变形控制除采用工后沉降量外,还应考虑采用差异沉降率控制。

(1)高填方路基的工后沉降量计算方法

高填方路基沉降变形的成因及演化机制极其复杂,沉降变形是一个高度复杂的非线性系统,影响高填方路堤沉降的因素较多,因此预测高填方路堤沉降是一个复杂的过程。尽管如此,时间-沉降量曲线仍能揭示路堤沉降变形的一些规律,因此很久以来人们就十分重视路堤沉降变形的预测研究,在这方面也取得了一些成果。归纳起来,高填方路堤沉降预测的方法主要有三种:一是以弹性理论结合太沙基固结理论为基础的解析方法或称理论公式法,二是以Biot固结理论结合多种本构模型为基础的数值计算方法,三是以现场实测沉降时间过程为基础的各种经验推算方法。其中理论公式法包括一维沉降计算法、改进的沉降计算方法、应力路径法、三维计算法等,数值计算方法是将复杂的沉降计算问题编成计算机程序,进行运算的,广泛使用的是有限元法和有限差分法。由于这两种预测方法计算参数较多,影响因素较多,都需要做大量试验来获取尽可能接近实际的参数,使得在计算时引入了许多简化假定,对参数选取及边界条件的设定趋于理想化,在工程设计中的应用有一定局限性。目前在设计中还不能将此方法作为路堤沉降计算的主要方法。

大量研究表明,基于现场实测数据所绘制出的沉降-时间曲线具有一定规律性,因此利用前期观测的数据来预测后期沉降的结果,可以避免建立各种土工模型,同时也避免各种土工模型参数的选取难易性、各种模型假设性及所存在的局限性。这种基于实测资料回归分析的方法逐渐在土工中发展起来，随着研究的深入与不断的实践，这种方法的预测精度也能满足工程建设的需要。利用沉降观测资料预测后期沉降的主要方法有如下几种：各类曲线拟合法、灰色系统理论法、人工神经网络法、遗传算法，见图 5.121。各种理论预测方法都有其自身优缺点和适用条件，加之工程地质条件的复杂性，不能单纯依靠一种预测方法，而应该在对各种方法进行全面了解后，根据实际情况选取方法进行预测分析。

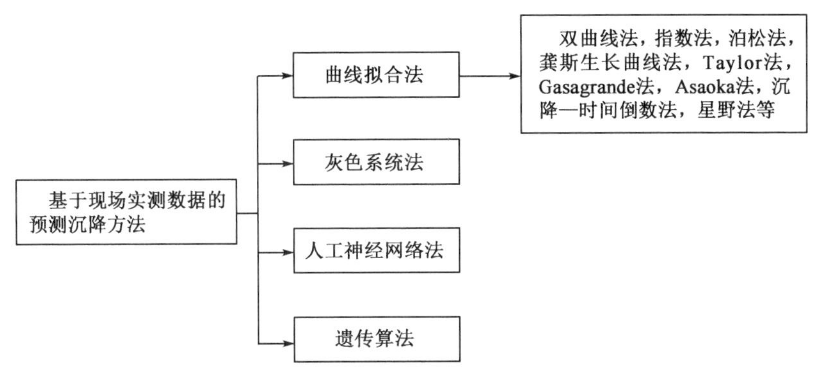

图 5.121 基于现场实测数据的沉降预测方法

①曲线拟合法。

该方法属于经验方法，即采用与沉降预测曲线相似的曲线进行拟合，然后外延求出后期沉降量。常用的方法有：对数曲线法、双曲线法等。

②灰色系统法。

灰色系统法预测的基本思路是：把随时间变化的一随机正的数据列，通过适当的方式累加，使之变成非负递增的数据列，用适当的方法逼近，以此曲线作为预测模型，对系统进行预测。一般意义的灰色模型为 GM(n,h)，表示对 h 个变量建立 n 阶微分方程。做预测用的模型一般为 GM(n,1)，在沉降预测中实际应用最多的是 GM(1,1)模型。

③人工神经网络法。

地基沉降受多种因素的影响和制约，其变化的自然规律很难用一个显式的数学公式予以表示。而人工神经网络是这一领域的一个突破，该方法视传统函数的自变量和因变量为输入和输出，将传统的函数关系转化为高维的非线性映射，而不是显式的数学表达式。该方法在处理非线性问题上，具有独特的优越性。在针对软土地基沉降预测时，计算利用实测资料对复杂的非线性的土工结构进行直接建模。具体做法是：先应用 ANN 建立沉降影响因素参数（如处理方式、软土层厚度、地基硬壳层厚度、软土的压缩模量、硬壳层的压缩模量、路堤宽高比、施工期和竣工时沉降量）与沉降之间的非线性关系，再将待测点的实测沉降影响因素参数输入到已训练好的网络中，即可得到预测的沉降量。

④遗传算法。

软土地基沉降非线性模型的参数识别实质上是一个优化问题，而建立在种群遗传和自然选择的基础上，模拟了自然界“物竞天择，适者生存”的遗传算法是处理复杂优化问题的理想方法。遗传算法是一种具有高度并行、随机、自适应搜索的新计算方法。同常规的优化方法相比（如梯度下降法），遗传算法不直接和模型参数打交道，而是处理代表参数的编码；遗传算法在整个操作过程中，同时控制着一个解群，而不是局限于一个点，这就大大提高了搜索效率，并避免陷入局部极值；求解时，不计算目标函数的微分，故对目标函数和约束条件没有苛刻要求，这在处理高度非线性问题方面与传统方法比较，具有明显的优势。

为了得到较为准确的后期沉降量推算结果，必须对路基的沉降进行准确的观测，应该在路堤开始填筑时就进行观测，同时应尽可能地进行长期观测，在数据处理时应选择有实际意义的数据。而且在实际的沉降预测中，并不单纯地依赖某一种方法，了解每一种计算方法的原理、优缺点和计算结果的精度，在实际的运用过程中灵活地选择。以上预测计算均可由软件程序实现。

有研究指出，曲线拟合法属于静态预测的方法，双曲线法和指数曲线法仅适合瞬时施工加载情况下的沉降预测，对于路堤最终沉降的预测，则要求路堤有一定的放置期，这在实际工程中往往无法满足。在预测时人为假定瞬时沉降为零，这与实际情况不符。另外，使用双曲线法和指数曲线法计算时，必须使用曲线变换段进行预测，这就要求工程在施工期结束后有较长期的沉降观测资料，才能准确的预测，该方法有一定的局限性。研究表明双曲线法预测路堤沉降，所得预测结果值偏大；指数曲线法预测路堤沉降，得到的预测结果往往偏小，这两种预测方法都不太准确。遗传算法、灰色系统理论法、神经网络法属于动态预测的方法，最大特点是可以根据原始沉降数据的变化趋势不断调整，将实测数据的变化纳入系统中，使沉降预测结果更为合理准确。近些年来，基于灰色理论预测模型以及 BP 神经网络预测模型得到了人们广泛重视，被认为是一种较好的预测路堤沉降变形的方法。

(2)高填方路基差异沉降率计算方法

目前，关于路基差异沉降计算的控制指标主要有防止路面破坏、路面排水和行车舒适性等方面。

①防止路面破坏的路基横向差异沉降。

路基沉降呈“弯盆”形状，即在路基的横断面方向，路基中心沉降最大，两侧逐渐变小，从而产生路基的横向不均匀沉降，路面各结构层随之发生变形，在结构层内产生附加应力；当附加应力超过结构层材料的极限抗拉强度时，结构层便会产生裂缝。因此，要保证各结构层不因路基不均匀变形而产生裂缝，应对路基的不均匀变形进行有效控制。路基的不均匀沉降以路基横向差异沉降变化率 Δi_h 表征，即路基横向差异沉降值 $\Delta\delta$(路基中心沉降 δ_z 与边缘沉降 δ_b 的差值)与路基横向半幅宽度 $B/2$ 的比值，B 为路基宽度(m)，如图 5.122 所示。

$$\Delta i_h = \frac{2\Delta\delta}{B} \times 100\% \tag{5.24}$$

相对高速公路路面的使用年限而言，路基的不均匀沉降在短时间内即达到稳定，因此，基于路面破坏的沥青路面结构层的弯拉应力，应以新建路面结构层材料的极限抗拉强度为控制标准；在能保证路面结构层不产生破坏的情况下，允许的最大差异沉降变化率，即为基于防止路面破坏的路基横向差异沉降控制的标准。

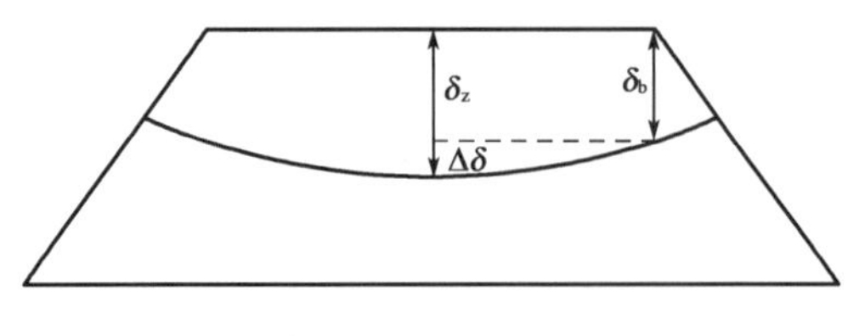

图 5.122 路基沉降变形

为此，首先确定沥青路面各结构层极限抗拉强度，沥青路面结构层材料极限抗拉强度可在实验室按标准试验方法测定。然后通过有限元分析，试算不同路基差异沉降时各路面结构层拉应力，当计算路面某结构层拉应力与其材料极限抗拉强度相等时，路基差异沉降为 $\Delta\delta_{\max}$，则基于防止路面破坏的路基横向容许差异沉降变化率为

$$\Delta i_{\mathrm{h}} = \frac{2\Delta\delta_{\max}}{B} \times 100\% \tag{5.25}$$

式中：$\Delta\delta_{\max}$——路基横向允许大的最大差异沉降。

②基于路面纵向排水的路基差异沉降。

高速公路常采用集中排水系统，即沿路肩外侧边缘设置拦水带，汇集路面表面水，然后通过泄水口和急流槽排离路堤。要保证汇集的路面表面水能够及时流至泄水口或急流槽，应对公路的纵坡有一定的要求；公路路基的不均匀沉降将可能引起纵坡的变化，一种情况是导致沿排水方向纵坡变大，另一种情况是导致沿排水方向纵坡变小。当沿排水方向纵坡变小时，将可能导致路面表面水无法顺利排出。因而，应当对公路纵向不均匀变形进行控制，以保证路面排水通畅。

对于设置拦水带或拦水路缘石路段，可将拦水带处视为一个排水沟，即拦水带排水沟，如图 5.123 所示（i 为路表横坡坡度，b、h 分别为拦水带排水沟宽度和高度）。所以可近似认为，拦水带排水沟所排泄的流量为路基路面所需排泄的设计流量 Q，首先计算设计流量 Q 和拦水带排水沟泄水能力 Q_{c}，然后计算在 $Q_{\mathrm{c}} \geqslant Q$ 时纵坡的取值范围。设计纵坡与保证路面排水能力情况下纵坡的最小值之差，即为基于路面排水的路基容许差异沉降变化率。

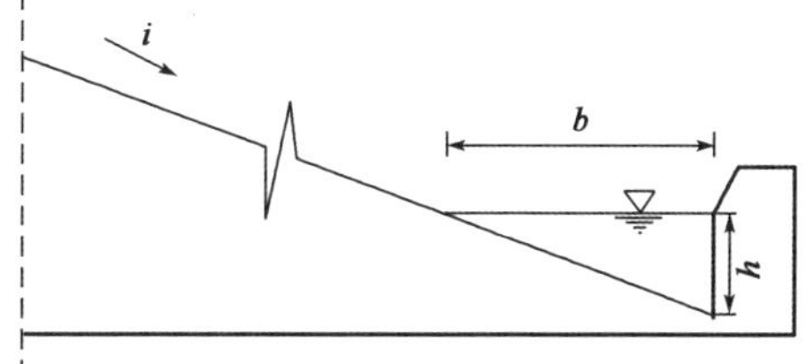

图 5.123　拦水带排水横断面

参考《公路排水设计规范》(JTG/T D33—2012)，拦水带排水沟所需排泄的流量可按下式计算：

$$Q = 16.67\varphi q F \tag{5.26}$$

式中：Q——设计流量($\mathrm{m^3/s}$)；

q——设计重现期和降雨历时内的平均降雨强度(mm/min)，可利用气象站观测资料计算，高速公路路基路面排水的设计重现期为 5 年；

φ——径流系数，沥青混凝土路面和水泥混凝土路面取值 0.95；

F——汇水面积，$F = L_{\mathrm{s}} \times B_{\mathrm{m}}$；

L_{s}——泄水口或急流槽间距(m)；

B_{m}——半幅路面宽度(m)。

则有

$$Q = 16.67\varphi q L_{\mathrm{s}} B_{\mathrm{m}} \tag{5.27}$$

参考《公路排水设计规范》(JTG/T D33—2012)中排水沟的泄水能力计算公式，拦水带与路面组合排水结构泄水能力按下式计算

$$Q_{\mathrm{c}} = vA \tag{5.28}$$

$$v = \frac{1}{n} R^{\frac{2}{3}} I^{\frac{1}{2}} \tag{5.29}$$

式中：v——拦水带与路面组合排水结构的平均流速(m/s)；

A——过水断面面积，$A=0.5bh$；

n——沟壁的粗糙系数，沥青路面(光滑)取值0.013，沥青路面(粗糙)取值0.016，水泥混凝土路面(镘抹面)取值0.014，水泥混凝土路面(拉毛)取值0.016；

R——水力半径，以直角三角形为例，则 $R=0.5b/1+\sqrt{1+m^2}$；

m——拦水带坡度；

I——水力坡度，取拦水带纵向排水坡度。

将式(5.29)代入式(5.28)得

$$Q_c=\frac{1}{n}\frac{(0.5b)^{\frac{5}{3}}}{(1+\sqrt{1+m^2})^{\frac{2}{3}}}hI^{\frac{1}{2}} \tag{5.30}$$

由式(5.27)及式(5.30)，令 $Q_c\geqslant Q$，计算可求得拦水带最小纵向排水坡度为

$$I_{\min}=\left[8.335\varphi qnL_sB_m\frac{(1+\sqrt{1+m^2})^{\frac{2}{3}}}{h(0.5b)^{\frac{5}{3}}}\right]^2 \tag{5.31}$$

式中：$I_{\min}$——拦水带最小纵向排水坡度。

设路线设计纵坡坡度为 i_z，则基于路面纵向排水的路基容许差异沉降变化率 Δi_{zs} 为

$$\Delta i_{zs}=i_z-I_{\min}=i_z-\left[8.335\varphi qnL_sB_m\frac{(1+\sqrt{1+m^2})^{\frac{2}{3}}}{h(0.5b)^{\frac{5}{3}}}\right]^2 \tag{5.32}$$

③基于路面横向排水的路基差异沉降。

不设超高的路面设置横坡的目的主要是用于路面的排水，以防止路面积水而导致对路面结构的破坏，《公路沥青路面设计规范》(JTG D50—2006)中对不同等级公路的横坡标准有相应的规定；《公路工程技术标准》(JTG B01—2014)规定路面宜采用较大的路拱横坡。高速公路在路基自身压缩或地基沉降等因素下会形成一个盆式沉降(图5.124)，从而引起路基中心沉降较大，路拱横坡坡度降低。当路拱横坡变小时，将可能导致路面排水不畅或路面积水。对于设置集中排水的公路路面，将拦水带与路面组成的纵向排水系统称为拦水带排水沟；而路面排水系统由坡面汇流与拦水带排水沟排水汇流两部分组成。在一定的降水强度下，要想保证路基排水系统的正常运行，减少对路面的水损坏，应当使路基的横坡保持一定的坡度。根据《公路排水设计规范》(JTG/T D33—2012)，降雨历时一般应取设计控制点的汇流时间，其值为由汇水区最远点到排水设施处的坡面汇流历时与在排水沟或管内的沟管汇流历时之和。即在公路运营过程中，要想保证公路排水系统功能正常，应当保证路面坡面汇流历时与拦水带排水沟汇流历时之和小于设计汇流历时 t。路面坡面汇流历时的计算式为

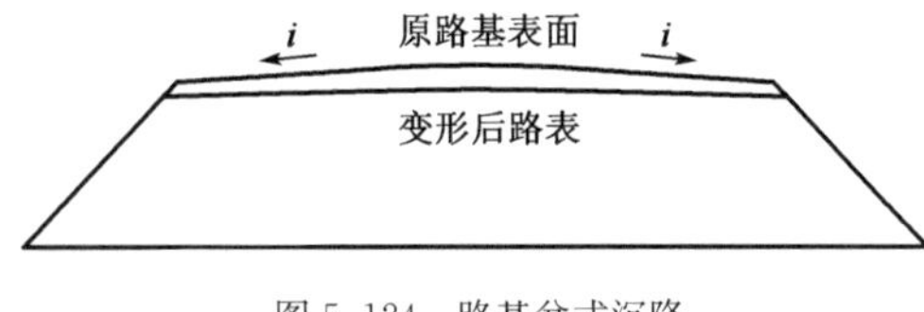

图5.124　路基盆式沉降

$$t_1=1.445\left[\frac{m_1L_s}{\sqrt{i_s}}\right]^{0.467} \tag{5.33}$$

式中：t_1——路面坡面汇流历时(min)；

L_s——泄水孔或急流槽等路面集中排水设施间距(m)；

i_s——地面流的坡度，本文为基于路面排水的路拱横坡；

m_1——地表粗度系数，沥青路面、水泥混凝土路面取值均为 0.013。

$$t_2 = \frac{l}{60v_1} \tag{5.34}$$

式中：t_2——拦水带排水沟汇流历时(min)；

l——拦水带排水沟长度(m)；

v_1——拦水带排水沟内水流平均流速(m/s)。

根据《公路排水设计规范》(JTG/T D30—2012)中沟管的平均流速计算公式，拦水带排水沟的平均流速 v 按下式近似估算

$$v = 20i_g^{0.6} \tag{5.35}$$

式中：i_g——该段拦水带排水沟的坡度，指路线设计纵坡。

要想保证路面排水系统的正常运行，应该使路基坡面汇流历时 t_1 与拦水带排水沟汇流历时 t_2 的历时之和小于汇流历时 t，即

$$t_1 + t_2 \leqslant t \tag{5.36}$$

式中：t——设计汇流历时。

由式(5.33)～式(5.36)联立可得保证路面横向排水的最小路拱横坡为

$$i_{smin} = \left\{ \frac{m_1 L_s}{\left[\frac{(t-t_2)}{1.445}\right]^{2.141}} \right\}^2 \tag{5.37}$$

式中：i_{smin}——保证路面横向排水的最小路拱横坡。

设路面设计横坡为 i，则基于路面横向排水的路基容许差异沉降变化率 Δi_{hs} 为

$$\Delta i_{hs} = i - i_{min} = i - \left\{ \frac{m_1 L_s}{\left[\frac{(t-t_2)}{1.445}\right]^{2.141}} \right\}^2 \tag{5.38}$$

④基于行车舒适性的路基差异沉降。

a. 行车舒适性评价指标。

行车舒适性一般可通过平整度来评价。路面平整度是用来表征路面使用性能的一项指标，良好的平整度可以保证行车的安全性和舒适性；较差的平整度可能导致汽车颠簸，从而影响行车舒适性和安全性。

《公路技术状况评定标准》(JTG B01—2014)对路面的平整度用路面行驶质量指数 *RQI* 进行评价。其计算式 I_{RQI} 为

$$I_{RQI} = \frac{100}{1 + \alpha_0 \theta^{\alpha_1 I_{IRI}}} \tag{5.39}$$

式中：*IRI*——国际平整度指数(m/km)；

I_{IRI}——其计算值；

α_0——系数，高速公路和一级公路取值 0.026；

α_1——系数，高速公路和一级公路取值 0.65。

评定标准如表 5.46 所示。

路面行驶质量 *RQI* 评定标准 表 5.46

技术等级	优	良	中	次	差
RQI	≥90	≥80,<90	≥70,<80	≥60,<70	<60
IRI(m/km)	≤3.09	>3.09,≤4.49	>4.49,≤5.42	>5.42,≤6.18	>6.18

运营过程中对公路行驶质量进行评价,对于高速公路应当保证路面保持“良”的状态。可根据路面平整度为“良”时 *RQI* 的范围,确定国际平整度指数 *IRI* 的范围,如表 5.47 所示。

***IRI* 与波幅,波长的关系** 表 5.47

波长 λ(m)	波幅 d(m)	*IRI*(m/km)	$\frac{d}{\lambda}\times 100\%$
6	0.005	3.78	0.08
6	0.010	7.55	0.17
6	0.015	11.33	0.25
6	0.008	6.04	0.13
6	0.020	15.10	0.33
6	0.002	1.51	0.03
6	0.003	2.27	0.05
6	0.004	3.02	0.07
6	0.006	4.53	0.10

b. *IRI* 与路面波长波幅的关系。

国际平整度指数 *IRI* 是以四分之一车辆模型计算的,该车以规定速度(80km/h)行驶在路面断面上,在行驶距离内由动态反应悬挂系统的累积竖向位移量作为国际平整度指数。该模型实际上是一个考虑黏性阻尼的两自由度车辆强迫振动模型,其激励源就是路面的高程变化,即不平整性。路面变形视为由不同波长 λ 及波幅 d 的路面波组合形成,因而可以建立 *IRI* 与 λ、d 的关系。考虑到人体对车辆垂直振动的响应最敏感的时间频率范围为 4~8Hz,高速公路设计的最大行驶速度为 120km/h,则波长为 4.1~8.3m 的范围内人体对车辆振动的承受能力最小,取中值波长约为 6.0m。可计算当波长为 6.0m 时,对应不同波幅时 *IRI* 的计算结果,如表 5.47 所示。

c. 路基纵向差异沉降计算。

路面变形是由波幅和波长组成的,其中波幅即为一定波长上的最大差异变形,波幅与波长的比值即为路基纵向差异沉降变化率。令 $\Delta I_{hp}=d/\lambda$,对 *IRI* 与 ΔI_{hp}这两组数据进行拟合,建立 *IRI* 与 ΔI_{hp}的关系式

$$\Delta I_{hp}=-4.09\times 10^{-5}+0.022I_{IRI} \tag{5.40}$$

式中:ΔI_{hp}——基于行车舒适性的路基纵向差异沉降复化率。

对于高速公路应当保证路面保持“良”的状态,将路面平整度对应“良”时查表 5.40 可知,*IRI* 小于等于 4.49m/km。

将 *IRI* 小于等于 4.49m/km 代入式(5.40),求得 $\Delta I_{hp}\leqslant 0.1\%$。

即以路面舒适性为标准的路基容许差异沉降变化率为 0.1%。

⑤路基差异沉降指标的确定。

基于防止路面破坏和路基横向排水提出了路基横向差异沉降变化率；基于纵向排水和行车舒适性提出了路基横向差异沉降变化率；考虑最不利情况，取路基差异沉降变化率最小值作为路基差异沉降指标。

路基横向容许差异沉降变化率计算式为

$$I_h = \min(\Delta i_h, \Delta i_{hs}) \tag{5.41}$$

式中：I_h——路基横向容许差异沉降变化率；

Δi_h——基于防止路面结构破坏的路基横向容许差异沉降变化率。

路基纵向容许差异沉降变化率 I_z

$$I_z = \min(\Delta i_{zs}, \Delta i_{hp}) \tag{5.42}$$

式中：Δi_{hp}——基于行车舒适性的路基纵向差异沉降变化率。

(3)贵州高填方路基的工后沉降控制标准

①工后沉降现有控制标准。

我国《公路软土地基路堤设计与施工技术细则》(JTG/T D33—2012)对软土地区路基变形的控制采用工后总沉降量，即在沉降控制基准期内路堤沉降的数值，一般从路面铺筑完工开始算起，到路面设计年限末结束(一般为15～20年)。高速公路一般路段的工后沉降量不大于30cm，涵洞、箱涵、通道处不大于20cm，桥台与路堤相邻不大于10cm，如表5.46所示。唐婀依据《客车平顺性评价指标及限值》(QC/T 474—2011)和中国客车舒适性评价指标的限值，提出了基于汽车行驶舒适性的路基沉降标准，如表5.48所示。

容许工后沉降　　表5.48

道路等级 \ 容许工后沉降 \ 工程位置	桥台与路堤相邻处	涵洞或箱形通道处	一般路堤
高速公路、一级公路	≤0.10m	≤0.20m	≤0.30m
二级公路(采用高级路面)	≤0.20m	≤0.30m	≤0.50m

傅珍等就山区高速公路的差异沉降标准进行了研究，认为考虑路面结构抗拉破坏能力时，差异沉降引起的容许变坡率为0.58%；考虑路面材料疲劳衰减性能时，差异沉降引起的容许变坡率为0.23%；考虑路面横坡要求时，差异沉降引起的容许变坡率为0.50%；考虑路面平整度要求时，差异沉降引起的容许变边坡率为0.46%。我国《公路路基设计规范》(JTG D30—2015)中，对软土拓宽路基新老路基差异沉降也做了相应的标准，但此标准针对软土拓宽路基中的新旧路基，对于一般性的路基尚无规定。闫强等分别从防止路面破坏、路面排水和行车舒适性等方面对路基差异沉降变化率进行了研究，并计算了内蒙古阿荣旗—博克图高速公路某路段的差异沉降率，认为基于路面破坏的路基横向容许差异沉降变化率为0.6%，以路面舒适性为控制标准的路基容许差异沉降变化率 ΔI_{hp} 为0.1%。樊庆雅通过对我国高速公路差异沉降控制标准的总结，认为我国对于路基的差异沉降率应控制在5%～6%间才能避免路面的开裂。

②贵州山区高填路基工后沉降控制标准。

高填方路基的沉降受地质条件、路基设计参数、施工工艺、路面结构、行车荷载等因素的影响，因此，仅考虑差异沉降对行车舒适性的影响时，以差异沉降变化率 0.1%作为沉降控制标准；考虑路面结构和功能时，应根据公路具体设计参数计算确定差异沉降变化率，这能更客观准确地表征路基差异沉降标准。

一般而言，路基本体(不考虑地基)的工后沉降量约占路基高度的 1%，碾压质量控制不严时可达到 1.5%。贵州地形地表坡度约在 15°～25°之间，因此路基因高度差异产生的差异沉降率约在 0.27%～0.58%之间，碾压质量较差时，则在 0.4%～0.97%之间。根据交通运输部公路科学研究院的相关研究成果，当路基两点间的差异沉降率超过 0.6%时，将发生路面开裂。为了便于制定路基沉降控制标准，且考虑到保证路基的稳定性众多外界因素的影响，在满足规范和设计要求的工后沉降量的前提下，以路面铺筑前路基差异沉降率应控制在 0.6%以内，作为贵州地区高填方路基填筑质量是否合格的依据。因此设计时考虑高填方路基的差异沉降是必要的，设计中可以采取的措施除做好地基处理、路基碾压外，应明确要求对高填方路基进行纵、横向的差异沉降观测。

2)工期安排

高填方路基填筑高，填筑量大，对地基土施加了较大压力，导致地基土产生压缩变形，同时填筑体在自身重力作用下也要发生压密变形，这两个变形都需要一定的时间才能完成，并逐步达到稳定。因此，为了确保高填方路基的质量，提高高速公路的耐久性，在铺筑路面前要保证路基有足够的时间固结。

高填方路基的工后沉降控制标准，为路基和路面的合理设计与施工提供科学了依据。根据试验资料和观测资料，推算出沉降计算公式，进而求得路面铺筑时间。任一时刻 t，对于某一确定的公路路堤的某一点沉降可用下列函数表示

$$S_t = f(t) \tag{5.43}$$

(1)双曲线法

设 S_t 采用双曲线方程，则

$$S_t = \frac{t}{\alpha + t} S \tag{5.44}$$

式中：S_t——在 t 时刻的沉降量(m)；

S——$t \to \infty$ 最终沉降量(m)；

t——沉降的时间(月)；

α——沉降参数。

经化简整理得

$$t(S - S_t) = \alpha S_t \tag{5.45}$$

根据路基沉降变形的公式可计算出总沉降量 S。

根据 $S-S_t$=沉降控制标准值，可以求得 S_t。将其代入式(5.44)，可以求得

$$t = \frac{S_t}{S - S_t} \times \alpha \tag{5.46}$$

根据某一时刻的观测值，可确定 a 的值，将其代入式(5.43)，就能确定路面铺筑的时间 t。即当路基完成填筑完后，且使填筑的路基沉降 t 个月，再进行路面铺筑，基本上能保证工后沉

降量小于标准值。

(2)指数曲线法

设 S_t 采用指数曲线方程,则

$$S_t = S(1 - e^{-\alpha t}) \tag{5.47}$$

式中符号意义同上。

用同样的沉降标准和同样的一组观测数据;可推算得路基完成 t 个月后,进行路面铺筑工作,能保证工后沉降量小于沉降控制标准值。

用不同的方法计算的结果的差异较大,这主要是用指数曲线拟合沉降后期的增长较快的原因。如果能满足施工的工期要求,将明显减小工后的沉降量。如果工期不满足这个要求,则必须对路基填筑采取技术处理措施。

(3)贵州省高填方路基工期安排

贵州高速公路建设工期短,依据上述方法计算出的路面铺筑时间通常较长,在高速公路的建设过程中,基本不能实现。因此,需要根据贵州高填方路基的沉降变形规律,在工期固定的前提下,综合考虑气候、施工工艺及其他技术措施等因素,保证高填方路基的沉降满足控制标准。

贵州省高填方的沉降变形有如下特点:

①沉降曲线总体呈抛物线的同时,表现出明显的台阶状,也就是说下一场大雨,路基的沉降量就上一个台阶。其中第一个雨季的沉降量约占总沉降量的 1/4,第一年的沉降量约占总沉降量的 1/2,如图 5.125 所示。

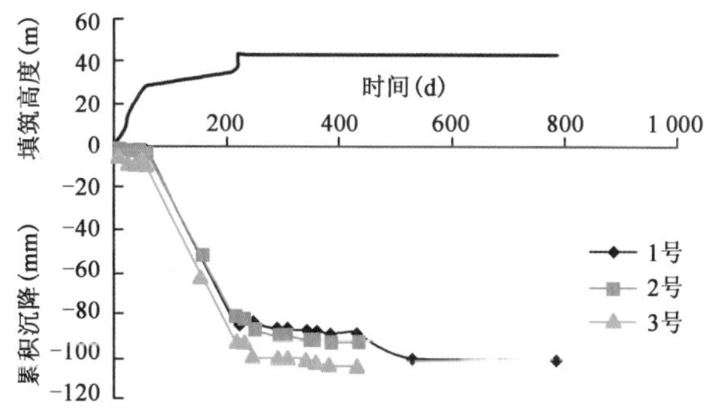

图 5.125 水都高速公路典型高填方路基沉降-时间曲线

②路面铺筑前后的沉降曲线完全不同。路面铺筑前路基的沉降变形大、速率快,路面铺筑后沉降量要小得多。路面的封水作用大幅减少了路基的沉降,这从另一方面表明,粗粒土路基的沉降与水的渗透密切相关。因此某种程度上可以说,降雨和沉降时间是减少高填方工后沉降的最有效措施。

基于对高填方沉降规律的认识,在高速公路施工过程中,高填方路基应优先安排施工,利用雨季作为路基填筑的预压期,充分利用降雨以减少高填方的工后沉降,避免在路面铺筑前仍存在较大的沉降趋势。因此,高填方路基完成填筑后至少经过一个雨季或 6 个月以上的自然沉降期方可铺筑路面。

3)路面铺筑

目前路基沉降与稳定尚没有具体的控制标准。实际工程中往往从沉降与时间的关系曲线上看，认为沉降曲线趋于平缓时，路基沉降趋于稳定；但具体怎样才是平缓，还是不确定的。在实际操作过程中，一般路基沉降稳定的控制采用双重标准，既要求推算的工后沉降量小于设计容许值，同时要求连续2～3个月观测的月均沉降速率不大于某一规定值，同时满足以上两个条件时才可以进行路面铺筑。

(1)实测沉降速率

由于在实际工程施工中，有些路段沉降监测数据不全，造成推算最终沉降不准确，因此有些工程以沉降速率作为基层、面层各结构层施工时间安排的决策依据，并且取得了良好的效果。从工程实践经验看，当路基沉降速率连续3个月不大于5mm/d时，可以进行柔性路面底基层施工；当路基沉降速率连续3个月不大于3mm/d时，可以进柔性路面基层和面层施工。

高填方路基填筑体两点间的工后差异沉降率普遍较大，多在0.2%～0.3%之间，个别点可达1%，路基边坡的水泥防护砌体早期出现了开裂现象。由于路基填料是弹塑性材料，在路面铺筑前，路基的差异沉降可通过路面底基层、基层和面层逐步调平。因此其差异沉降不会对路面结构层造成太大的影响。对路面结构层影响大的是路面铺筑后路基的差异沉降量，从监测结果分析，路面铺筑后的差异沉降普遍不大，差异沉降率多在0.1%～0.15%之间，个别点超过0.5%，但路面未见裂缝等病害，路基边坡防护砌块也未见开裂。表明路面开裂与否除与差异沉降率相关外，还与路基的沉降速率也有关系，连续均匀的路基沉降有利于路面结构层的塑性变形与应力调整，减小其附加应力，防止路面开裂。

(2)路面铺筑时间

我国西部地区高速公路存在软土地基，软基深，路基沉降量大，时间长，为了确保新铺筑的路面不因路基沉降而引起开裂，我国各条公路根据实际情况确定了相应的控制标准，如：京津塘高速公路在沉降速率达到8mm/月时卸去预压土，开始路面结构层施工；连徐、福宁高速公路确定的沉降速率为5mm/月；沪宁高速公路以路床顶面作为预压计算高度，在沉降速率达到5mm/月时，卸预压土做底基层和基层，在基层铺上后继续预压，待沉降速率达到3mm/月时铺面层。成雅高速公路在沉降速率路基沉降速率不大于1.0cm/月时铺筑路面底基层；路面底基层沉降速率不大于0.5cm/月时铺筑基层；基层沉降速率不大于0.3cm/月时铺筑路面上面层；成南高速公路在沉降速率不大于1.0cm/月时铺筑底基层和基层；在沉降速率不大于0.5cm/月时铺筑油面层；在沉降速率不大于0.3cm/月时铺筑油面上面层。

总结已有成果与工程经验，在弯沉检测符合设计要求的前提下，认为贵州山区旱季高填方的侧向位移应控制在3mm/月以内，雨季应控制在5mm/月以内。旱季高填方的竖向沉降应控制在5mm/月以内，雨季应控制在8mm/月以内。同时路基任意两点间的差异沉降率应控制在0.6%以内。只有满足上述条件时方可进行路面铺筑。

5.6 高填方路基的边坡防护与防排水

高填方路基尤其是粗粒料高填方路基的沉降与降雨密切相关，路基的沉降曲线呈现出明显的台阶形，下数天雨后路基即沉降数厘米。因此，边坡的防护与防排水对于减少高填方路基的沉降，确保路基稳定具有积极作用。

5.6.1　边坡防护

高填方路堤的边坡设计应根据填料种类、边坡高度、基底条件、排水情况等综合确定，一般采用上陡下缓的折线形，且必须进行稳定性验算。除此之外，还应根据沿线地形、地质情况以及填料性质对边坡进行防坡，可采用浆砌片石拱形骨架防护、预制空心六棱块、浆砌片石护坡、码砌护坡、植物护坡、菱形骨架等方式。当地面横坡较陡，路堤填筑高度较高时，需要收缩坡脚，或者当路堤占地面积较大时，可设置挡土墙。由于高填方路堤建于山区，石料丰富，可就地取材，建议使用重力式挡土墙。在路堤填筑时，每填高 1m，需及时修整边坡，在边坡上做临时泄水槽，防止因排泄路堤上的雨水而冲刷边坡造成水土流失。此外也可种植一些刺槐、紫穗贵等小灌木或草皮，既可美化环境又达到稳定边坡的目的，效果较好。

1)填石路基高填方

填石路基高填方在贵州较为普遍。填石路基本身的稳定性较好，但这并不意味着填石路基高填方的沉降量小，水都线格都段的高填方监测结果表明，填石路基的沉降量也较大，且与降雨密切相关，一场大雨往往能使路基沉降量达数厘米。这也表明粗颗粒填料路基的沉降主要是细小颗粒在雨水作用下运移所致。因此做好边坡防护、减少雨水渗透对于减少填石路基高填方的工后沉降量具有较好的效果。

贵州的填石路基主要是灰岩、白云岩、红砂岩、砂岩、板岩等。其中灰岩、白云岩、砂岩和红砂岩类边坡适用的防护措施主要有:拱形骨架防护、码砌护坡和自然防护等方式。红砂岩、砂岩、板岩等填料高填方的适用防护方式主要是拱形骨架。这里须指出的是，对于填方边坡不做人工防护完全采用自然防护方式需有一定的适用条件:填料的防冲刷性能好;填料的耐崩解性好;一般位于路基底部，经过了一个以上雨季的自然沉降，雨水渗透不会对其产生较大的沉降。因此，对于工期紧、路基沉降稳定时间短的情况采用自然防护方式并不适用。

拱形骨架防护对于减少边坡的冲刷效果明显，拱圈内可培土(也可不培土)作植物防护，兼具工程防护与美观效果，是贵州省高速公路边坡防护中最普遍的形式，如图 5.126 和图 5.127 所示。

图 5.126　拱形护坡与自然护坡

图 5.127　通车两年的拱形护坡与自然护坡

填石路基采用块石码砌的方式也是行之有效的防护方式，如图 5.128 所示。

2)碎石十高填方

碎石土多由风化板岩、碳质泥岩、泥岩、红砂岩等风化而成，这类填料强度低、易风化、耐冲刷能力一般。对于此类高填方边坡，适用的防护方式为拱形、菱形护坡，如图 5.129 所示。对于拱形护坡的护圈传统上采用现浇的方式，但在实际施工中质量很难把握，造成边坡的冲刷明显，如图5.130所示。因此，应强调小型构件的工厂化集中预制，如图5.131所示。

图5.128　填石路堤边坡的码砌

图5.129　碎石土拱形护坡

图5.130　拱形护坡的拱圈掉落

图5.131　小型构件的工厂化集中预制

另一方面，若不能进行工厂化预制的工程，在浇筑拱圈或裙边时，应在浆砌处理砌筑时预留拱圈的连接石笋，以增强拱圈与浆砌片石的连接，如图5.132所示。

3)细粒土高填方

贵州的纯细粒土高填方不多，细粒土高填方一般采用红黏土、高液限土或其他黏性土、粉性土填筑。这些填料耐冲刷性较强。一般采用拱形护坡，效果良好，如图5.133所示。

图5.132　浆砌片石施工预留拱圈的连接石笋

图5.133　红黏土填方边坡防护

4)桩板墙与浆砌片石护面

贵州山高坡陡,为了收坡,一些高填方常采用桩板墙支档结构。另一方面,一些坡面的坡率较陡,为了防止冲刷,坡面采用浆砌片石、水泥砂浆护面。在实际工程中,由于这些高填方多位于山坳里,地表水汇水面积大,加之四周的截水沟不完善,导致部分地表水、地下潜水渗入高填方体内,而高填方体由于桩板墙和坡面渗水不畅,导致高填方外鼓和路基路面沉陷开裂,如图 5.134 所示,最后不得不采取钻孔排水的方式处治,如图 5.135 所示,因此,贵州高填方的坡面不宜采用浆砌护面等方式。

图 5.134 抗滑桩挡墙与坡面封闭引起的路基路面沉陷开裂与外鼓

5.6.2 防排水

图 5.135 高填方浆砌片石坡面的钻孔排水处治

高填方路基的沉降受多种因素影响,但地下水、地表水的影响是最重要的诱因。国内对路基尤其是粗粒土路基的沉降机理未形成共识,但可以认为在坡面渗水、地表和地下潜水的渗透作用下细小颗粒的运移与重新分布是导致路基沉降的主因。因此做好防排水工作对于减小、减缓路基的沉降作用明显。高填方路基防排水主要应做好如下几个方面:

图 5.136 高填方沟底的渗水盲沟

1)路基基底设置渗沟、盲沟

贵州高填方多位于山坳里,汇水面积大,若不能及时将进入高填方的水排走,则必将对高填方产生较大的侧向土压力,同时因雨水的渗透作用,也将大幅增加路基的沉降,导致路面开裂,这方面的工程案例已有数起。因此有必要在清表后的谷底设置大尺寸(2.5m×2.5m 左右)的渗水盲沟。渗水盲沟采用铁丝网石笼的形式,石料尺寸宜为 20～30cm,外包透水无纺布,如图 5.136 所示。

2)做好填方体四周截排水

截断流向高填方的地表水对于减少贵州高填方路基的沉降及其病害具有直接作用。贵州高填方以填石料、碎石土为主要路基填料。在干旱状态下，路基的稳定性较好、沉降量较小，但雨水一下渗即可能产生较大的沉降。对相关工程的调查表明，地表水在路基高填方的下渗中占有重要相对密度。在实际工程中，有些施工单位将排水作为附属工程，对其施工质量不太重视，一些边沟沟沿高度高出地表许多，导致一些排水沟成为拦水沟，如图 5.137 所示。当对边沟施工质量重视时，则能将地表水很好地截离高填方，截水沟沟沿应与地表接顺，沟沿略低于地表，有些在沟底甚至铺设了防水土工布，如图 5.138 所示。

图 5.137　沟沿高于地表导致排水沟成为拦水沟

图 5.138　高填方截水沟与防渗土工膜处理

3)挡墙等支挡结构做好泄水孔

挡墙收坡是贵州高填方常用的方式，由于挡墙位于沟底，少数挡墙未设泄水孔，或墙背回填料透水性差，导致挡墙底部土体排水不畅。

4)路面、坡面排水系统完善

路面、坡面渗水是高填方路基的重要渗水来源，也是沉降的主要原因。对于路面水应做到集中汇集、排放，不宜散排。坡面排水系统应完善有效，各级平台上的排水沟应与拱形护坡等设施有效衔接，确保坡面水能顺利进入边沟。同时平台上的边沟应有合理的纵坡，以使边沟里的水能及时排走。

5.7　高填方路基的沉降监测

如前所述，高填方路基在路基中造成的病害较多，在贵州加快公路建设的背景下，做好高填方路基的稳定与沉降监测对于确保工程安全、明确路基沉降变形规律、合理评价路基质量、预估工后沉降量和指导路面铺筑等均具有重要作用。

5.7.1　监测目的与意义

1)确保工程安全

贵州一些高填方位于斜坡湿软地基和松散堆积体上，由于工期紧，对地质状况的勘察也不够详细，加之一些施工单位没经验、赶进度，路基填筑速率过快，导致一些高填方出现整体失稳的现象，影响了周围的建筑物，处治难度大、成本高。若在施工过程中能及时进行稳定与沉降观测，根据观测结果进行稳定分析，及时调整施工方案，控制路基填筑速率，则可确保与提高高填方路基的安全性。贵州在这方面成功与失败的案例均有。

2)明确路基沉降变形规律

明确高填方路基的沉降与填筑高度、填筑材料的关系，分析高填方路基沉降变化规律，确定高填方路基沉降的主要影响因素。

3)合理评价路基质量

我国对路基质量的检测指标主要是压实度与弯沉，但压实度与弯沉对于粗颗粒填料并不适用，而实际对路面影响大的是路基的沉降。因此，对高填方路基的沉降观测是评价路基质量的重要指标。

4)预估工后沉降量

高填方路基的沉降机理至今仍不明确，因此，对于高填方路基的沉降计算仍无相应公式，目前预估工后沉降较为可行的方法是基于高填方的长期沉降监测数据，这是预估高填方工后沉降量的基础。

5)指导路面铺筑

路基沉降对路面铺筑的影响是不言而喻的，但贵州省目前对路基铺筑仍缺乏路基沉降控制标准，导致路面铺筑的随意性大，由此严重影响了路面质量，甚至导致路面开裂等。因此，在对路基稳定性分析的基础上，确定路面铺筑时间对于提高与确保路面质量具有重要作用。

6)验证设计方案

通过沉降监测结果，检验设计参数的合理性，为优化设计参数及施工设计提供依据，为填方路基设计、施工提供借鉴并起指导作用。

5.7.2 监测内容及要求

1)监测项目

高填方的整体稳定性观测应根据高填方的类型确定。对稳定性差的高填方要明确进行施工监测，监测指标包括位移监测与沉降监测。对于稳定性好但沉降量大的高填方应进行沉降观测，沉降观测应能明确高填方在纵向、横向上的差异沉降率。总体而言，设计应加强对高填方监测的规定。具体监测内容如表5.49所示。

高路堤稳定和沉降观测　　表5.49

观测项目	仪具名称	观测目的
地表水平位移量及隆起量	地表水平位移桩(边桩)	用于稳定监控，确保路堤施工安全和稳定
地下土体分层水平位移量	地下水平位移计(测斜管)	用于稳定监控与研究，掌握分层位移量，推定土体剪切破坏位置。必要时采用
路堤顶沉降量	地表型沉降计(沉降板或桩)	用于工后沉降监控，预测工后沉降趋势，确定路面施工时间

2)监测断面设置要求

(1)高填方路基沉降变形观测应根据填方高度、地基条件、堆载预压等具体情况来设置沉降变形观测断面。同时应根据施工过程中掌握的地形、地质变化情况调整或增设观测断面。

(2)观测点应设在观测数据容易反馈的部位,如坡脚附近。地基条件差、地形变化大、设计问题多的部位和土质调查点附近也应设置观测点。同一路段不同观测项目的测点宜布置在同一横断面上。

(3)一个高填方的观测断面不宜少于两个。当路基在纵向、横向上的高度变化剧烈或地质状况较差时,可增加断面数量,一般间隔 20m 设置一个。

3)监测频率

各项监控内容的监测频率如表 5.50 所示。在监控数据异常情况下,需加密监控,确保填筑体稳定。正常运营期间开放交通后监控 6 个月,2 个月内每两周监控一次,随后每月监控一次。

监 测 频 率 表 5.50

序 号	项 目	观 测 频 率		
		填筑阶段	路基完工后	
			两个月内	两个月后
1	深层水平位移	1 次/周	1 次/2 周	1 次/2 月
2	地表水平位移及隆起	1 次/周	1 次/2 周	1 次/2 月
3	地表沉降	1 次/周	1 次/2 周	1 次/2 月
4	台阶及路基顶沉降	1 次/周	1 次/2 周	1 次/2 月

4)数据处理分析

高填方的沉降一般包括地基沉降与路基本身沉降两部分,地基沉降主要通过埋设的沉降板进行观测。路基各台阶及路基顶沉降一般通过埋设或浇筑的水泥桩进行观测。

(1)路基沉降曲线

观测结果应及时绘成图表,如图 5.139 所示。

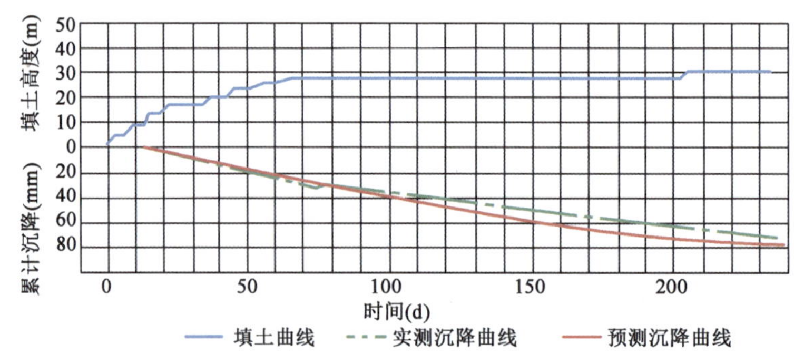

图 5.139 路基填筑高度-沉降-时间曲线

(2)路基两点间的差异沉降

在贵州省高速公路建设过程中,由于地形起伏大、地质构造复杂,路堤填筑较高,路基工程竣工后容易发生差异沉降。过大的路基差异沉降使得路面结构产生较大附加应力，当附加应力大于材料的抗拉强度时，路面结构将发生开裂破坏，形成裂缝、错台等病害，直接影响路面结构的使用性和耐久性。因此，路基差异沉降控制是贵州省高速公路工程建设的重要内容，应绘制路基的纵向、横向差异沉降曲线，如图 5.140 所示。

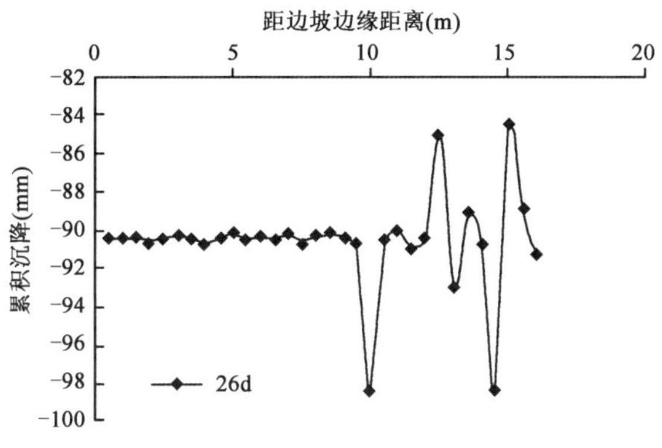

图 5.140 高填方路基横向不均匀沉降曲线

5.8 工程案例

交通基础设施建设对贵州来说具有全局性和战略性意义。已建、在建以及将建的高等级公路，高填方路基成为常见的结构形式。厦蓉线贵州境内的格龙—都匀段即是其中典型的案例。

厦蓉线水口至都匀高速公路是厦门至成都高速公路(以下简称厦蓉线)的组成部分。厦蓉线(贵州境)是国家高速公路“7918”网中的第 16 横，是贵州境内的 5 条国家高速公路网项目之一，也是目前我国同类地形条件下设计标准最高的高速公路之一。水都高速公路为设计速度 100km/h 的双向四车道高速公路的技术标准，整体式路基宽度 26m，分离式路基宽 2×13m，桥梁设计荷载为公路—Ⅰ级，初步设计桥隧比为 66.13%。起点为桂黔省界处，终点为上跨贵新路桥梁终点，路线全长 208.022km，其中水口至榕江格龙段长 109.463km；榕江格龙至都匀段长 98.528km，主要控制点为榕江、四格、羊甲、大坪、都匀。路基土石方 2 944 万 m^3，弃方 2 176万 m^3；特大桥 14 326m/15 座、大中小桥 51 239m/185 座，隧道 71 988m/58 座，互通式立交 11 处，停车区 3 处，服务区 5 处，监控通信分中心 1 处。

水都格都段由于地形地貌、地质状况和工程投资的原因，公路建设中遇到大量来源于隧道开挖的弃渣和边坡开挖的岩土体。为了少占耕地，尽量做到填挖平衡，对弃土充分加以利用，因此带来大量的高填方和连续填挖转换路段。厦蓉线格龙—都匀段沿线总计有 25 处高填方，如表 5.51 所示。其中 YK123＋859～ZK124＋060 高填方最大中心填高 54m，从坡底至路基顶面的高度达 108m，如图 5.141 所示，也许是世界之最。大多高填方路段地形较陡，有“V”字形、“W”形和“U”形。地基表面常有斜坡软弱层，但一般都进行了挖除，因此地基处理总体较好。填方路堤的填料复杂，有隧道弃渣、边坡开挖的风化碎石土、灰岩和坡残积黏土等。

水都高速格都段高填方路基统计表　　表 5.51

编号	桩　　号	中心填高(m)	边坡最大填高(m)	长度(m)	高边坡位置(左/右)
1	ZK108+800～ZK108+860	28	30	60	左
2	ZK109+300～ZK109+440	25.1	45	140	左
3	ZK110+940～ZK111+060	30.7	52	120	左
4	ZK114+415～ZK114+660	46.8	76	245	左
5	YK109+260～ZK110+020	32.6	48	760	左
6	YK123+859～ZK124+060	54.06	108	201	左、右
7	K134+390～K134+440	43	26	50	左
8	K134+185～K134+435	48.5	53	250	右
9	K139+370～K139+570	40	68	200	左
10	K144+220～K144+290	34	30	70	左
11	K144+400～K144+505	35	33.5	105	左
12	K148+045～K148+200	30	48	155	左
13	K147+311～K147+380	挖方	28	69	右
14	K157+570～K157+600	26.7	17	30	左、右
15	K158+450～K158+510	28.2	22	60	左、右
16	K173+645～K173+779	45	47	134	左
17	K180+620～K180+800	50	42	180	左、右
18	K185+530～K185+600	21	39	70	左
19	K187+995～K88+080	21	28	85	左
20	K197+790～K197+920	18	34	130	左
21	K200+420～K200+676	38	37	256	右
22	K200+775～K200+952	29	32	177	右
23	K205+780～K205+800	21	17.5	20	左
24	K205+745～K205+802	23.5	17.5	57	右
25	K205+870～K205+900	21	22	30	右

格都段高速公路于 2008 年开工，2011 年初通车，工期两年半。针对格都段高填方特点，施工期间开展了高填方的施工监控，以过程确保结果。实践证明，高填方只要地基处理到位、施工过程规范，高填方路基的工程质量是有保障和可控的，完全可以用于高速公路工程。

图 5.141　贵州格都段 BT4 标高填方

本章参考文献

[1] 李桂贤.高填方边坡的稳定性分析与治理措施研究[D].西安:西安建筑科技大学,2012.

[2] 向冲.山区高速公路陡斜坡高路堤破坏模式分析及治理技术[D].昆明:昆明理工大学,2012.

[3] 陈乡寿.滇西红层软岩地区特高路堤稳定性研究[D].重庆:重庆交通大学,2012.

[4] 冯伟.山区高速公路软土地基处理方法适用性研究[D].重庆:重庆交通大学,2012.

[5] 邸小勇.G42 沪蓉高速重庆段松散堆积层区域路基边坡稳定性分析及加固方法研究[D].重庆:重庆交通大学,2012.

[6] 刘姗.高填方路堤病害调查与模型试验研究[D].重庆:重庆交通大学,2011.

[7] 黄磊.山区高填方地基强夯试验及加筋土挡墙工作性能研究[D].杭州:浙江大学,2013.

[8] 曹光栩.山区机场高填方工后沉降变形研究[D].北京:清华大学,2012.

[9] 丁静声.V 形冲沟多层多向荷载作用下超高路堤整体稳定性研究[D].重庆:重庆交通大学,2011.

[10] 戴俊涛.傍山软基高填方路堤稳定性及路基沉降分析[D].泉州:华侨大学,2013.

[11] 丛林.山区高填方路堤沉降规律及稳定性分析[D].武汉:湖北工业大学,2013.

[12] 王常冬.基于不良山区地基处理技术的重要分析[J].科技风,2013,22:158.

[13] 曹晓春.毕威高速公路高填方质量控制[J].黑龙江交通科技,2014,03:40,42.

[14] 卫斌.冲击碾压在高速公路路基施工中的应用[J].黑龙江交通科技,2014,05:8-9.

[15] 邓卫东.高填路堤稳定性研究[D].西安:长安大学,2003.

[16] 刘保健.公路路基沉降过程试验与理论分析[D].西安:西安理工大学,2005.

[17] 崔溦.山区高速公路沟谷软基处理技术研究[D].天津:天津大学,2005.

[18] 柳雁玲.草炭土路基沉降与变形特性研究[D].长春:吉林大学,2006.

[19] 杨成忠.陡坡上高填石路堤稳定性和沉降预测理论及应用研究[D].南京:南京林业大学,2008.

[20] 戴仲宇.山区公路高填方路基病害的处治措施综述[J].交通世界(建养·机械),2012,04:161-162.

[21] 付国云.冲击碾压技术在高速公路路基施工中的应用[J].交通世界(建养·机械),2012,11:94-95.
[22] 曾山,徐兮.高填方路基沉降监测分析与评价[J].测绘通报,2012,12:59-61.
[23] 毛雪松,王楠,高胜雨,等.川藏公路南线(西藏境)松散堆积体类型[J].长安大学学报(自然科学版),2014,05:8-14.
[24] 李微微,韩松.高填方路基施工的工艺技术探讨[J].科技创新与应用,2013,02:161.
[25] 魏小楠.山区斜坡湿软地基上填方路基滑动机理分析及治理[J].公路交通技术,2013,01:9-11.
[26] 闫强,支喜兰,刘保健.高速公路路基差异沉降标准[J].长安大学学报(自然科学版),2013,02:16-21.
[27] 叶延福.浅析高填方路堤沉降机理及防治措施[J].福建建材,2013,02:69-71.
[28] 高胜雨,王楠.川藏南线松散堆积体常见地质灾害及防治措施[J].甘肃科技,2013,10:38-41.
[29] 张志耕.高原地区湿地软基及路基边坡病害处治技术研究[D].天津:天津大学,2007.
[30] 宋焕宇.粗粒土斜坡高路堤变形性状与稳定性研究[D].武汉:华中科技大学,2007.
[31] 资建民.高填方路基快速施工与沉降控制研究[D].武汉:华中科技大学,2008.
[32] 周世生.高路堤涵洞空间竖向压力理论及结构型式优化研究[D].西安:长安大学,2008.
[33] 张卫兵.黄土高填方路堤沉降变形规律与计算方法的研究[D].西安:长安大学,2007.
[34] 邢玉东.辽宁西部湿陷性黄土特性与处治技术研究[D].沈阳:东北大学,2008.
[35] 王玉清.山区高速公路沉降分级处治措施与质量控制标准研究[D].西安:长安大学,2010.
[36] 崔坤燕.堆积体路基修筑技术研究[D].西安:长安大学,2011.
[37] 刘秀军.软基地段斜坡高填路堤稳定性研究[D].湘潭:湖南科技大学,2011.
[38] 王顺兴.山区高填路基差异沉降标准和控制技术研究[D].西安:长安大学,2008.
[39] 孙迪.高填方软基公路纵向裂缝的分析与防治[D].长春:吉林大学,2009.
[40] 郑乃涛.高速公路沟谷型软基路堤稳定性研究[D].西安:长安大学,2009.
[41] 高志伟.基于目标的山区高速公路差异沉降主动控制研究[D].西安:长安大学,2009.
[42] 孙笑峰.山区高速公路典型工程项目造价特征分析[D].西安:长安大学,2009.
[43] 赵恒.高填方路基施工质量控制的探讨[J].科技资讯,2009,10:42.
[44] 王玉廷,张德贤.注浆技术在高速公路路基病害处理中的应用[J].公路交通技术,2009,04:7-10.
[45] 郦迎新,冯廷华.高填方地基处理应注意的几个问题[J].建筑施工,2009,10:858,863.
[46] 陈涛.山区机场高填方地基变形及稳定性研究[D].郑州:郑州大学,2010.
[47] 张永清.山区高速公路路基差异沉降特性与控制措施研究[D].西安:长安大学,2009.
[48] 谷复光.吉林省某路段高填方路基沉降分析与研究[D].长春:吉林大学,2011.
[49] 金生吉.高填方多级挡土墙路基沉降规律与稳定性数值模拟研究[D].沈阳:东北大学,2009.
[50] 杨俊泉.内昆铁路李子沟段软基处理措施及荷载试验[J].铁道建筑,2006,04:48-50.
[51] 芮勇勤,唐承平,肖春发,等.沟谷软基区箱涵高路堤变形失稳三维数值模拟[J].东北大

学学报,2006,07:814-818.

[52] 刘润星,栗新燕,王亚军.高填方路基不均匀沉降的机理分析[J].内蒙古公路与运输,2006,02:9-11.

[53] 魏永幸,罗强,邱延峻.斜坡软弱地基填方工程特性及工程技术研究[J].铁道工程学报,2006,09:10-15.

[54] 梅源.黄土山区高填方沉降变形控制技术试验研究[D].西安:西安建筑科技大学,2010.

[55] 崔晓如.高填方路基沉降变形分析与预测及其控制标准研究[D].长沙:长沙理工大学,2010.

[56] 魏永幸.松软倾斜地基填方工程安全性评价方法[J].地质灾害与环境保护,2001,02:73-75,79.

[57] 卢正伟.高填方路基挡土墙设计及施工方法浅析[J].山西交通科技,2001,04:18-20.

[58] 周兴,张卫.高填方路基后处理技术浅析[J].价值工程,2011,03:118-119.

[59] 肖涛,魏小楠,罗勇.贵州山区典型斜坡湿软土路基地基病害发育特征研究[J].交通科技,2011,05:48-49.

[60] 颜晓明,彭文夫,刘安刚.填挖交界路基差异沉降分析及其处理措施[J].交通标准化,2011,20:89-92.

[61] 肖衡林,瑜璐,李丽华.路基剖面沉降现场试验研究[J].地下空间与工程学报,2011,S2:1788-1791.

[62] 龚玉华,曾耀.山区陡坡高填方路堤稳定性分析及处治措施研究[J].公路交通科技(应用技术版),2011,11:135-138,145.

[63] 尤昌龙,赵成刚,张焕城,等.高原斜坡软土地基处理实践[J].岩石力学与工程学报,2003,01:126-130.

[64] 刘宏力,陈华兴,龙森.强夯法在贵州高等级公路特殊路基中的应用[J].山西科技,2010,04:115,117.

[65] 董锋.公路路基强夯试验分析研究[J].科学之友,2010,16:20-22.

[66] 郭红霞.松散堆积体边坡防排水技术研究[J].中外公路,2010,05:63-66.

[67] 郑治.山区沟谷软弱地基的特点与处治措施分析[J].公路交通技术,2010,05:6-9,15.

[68] 卢忠,黄良,万明军.路基分层沉降观测的方法与应用[J].山西建筑,2007,16:281-282.

[69] 成子桥.沟谷地形高速公路路基病害与防治措施研究[J].公路工程,2007,05:14-18.

[70] 李安顺,涂号.浅谈贵州山区农村公路选线的原则[J].科技信息(科学教研),2007,29:265.

[71] 甘厚义,周虎鑫,林本銮,等.关于山区高填方工程地基处理问题[J].建筑科学,1998,06:16-22.

[72] 张剑.灌浆法处治路基不均匀沉降研究[D].重庆:重庆交通学院,2004.

[73] 高雪梅.贵州省六盘水机场东北端高填方体地基稳定性研究[D].成都:成都理工大学,2008.

[74] 张力滨.鹤伊公路不良路段的处理研究[D].沈阳:东北林业大学,2002.

[75] 唐娴.路基沉降机理与超限沉降标准的研究[D].西安:长安大学,2003.

[76] 王毅.极软岩填方路堤变形特性研究——以西攀高速公路为例[D].成都:成都理工大学,2004.

[77] 马骏.路基沉降量计算分析[D].济南:山东大学,2006.
[78] 何长明.强夯法加固高路堤的试验与研究[D].长沙:中南大学,2006.
[79] 陈宇亮.山区高速公路鸡爪沟地形路基修筑关键技术研究[D].长沙:长沙理工大学,2004.
[80] 刘江波.填石路堤沉降分析与质量控制方法研究[D].长沙:湖南大学,2006.
[81] 周岳.山区高填方路堤涵洞结构运用探讨[J].西部探矿工程,2005,03:187-188.
[82] 崔春涛,赵学峰.湿软地基路基修筑技术的研究现状及展望[J].科学之友(B版),2008,02:29-30.
[83] 耿敏.土工格栅加筋高填方路堤变形与稳定性研究[D].天津:河北工业大学,2013.